Helmut F. Spinner

# Begründung, Kritik und Rationalität

Zur philosophischen Grundlagenproblematik des Rechtfertigungsmodells der Erkenntnis und der kritizistischen Alternative

Band 1
Die Entstehung des Erkenntnisproblems im griechischen Denken und seine klassische Rechtfertigungslösung aus dem Geiste des Rechts

Vieweg

1977

Satz: Friedr. Vieweg & Sohn, Braunschweig
Druck: E. Hunold, Braunschweig
Buchbinder: W. Langelüddecke, Braunschweig
Printed in Germany

ISBN 3 528 08376 X

# Vorwort

Eine so ausgreifende historisch-systematische Arbeit über ein weitverzweigtes philosophisch-geistesgeschichtliches Thema von höchstem Schwierigkeitsgrad ist ein einigermaßen riskantes Unternehmen, das sich nicht von selbst versteht – weder für den Autor noch für den Leser. Vom Thema ganz abgesehen, dessen Meisterung jedem ernsthaft Interessierten alles abverlangt, macht auch der Umfang der zweibändigen Untersuchung das Verständnis des Gedankengangs nicht gerade leicht. Um mein schlechtes Gewissen zu beruhigen, darf ich deshalb dem geduldigen Leser, der den Ausführungen vom Anfang bis zum Ende folgen will, und dem ungeduldigen Rezensenten, der dies notgedrungen tun muß, eine kleine Hilfestellung geben. Die folgende Übersicht soll es dem Leser, dem Rezensenten und nicht zuletzt auch dem Autor (der, erschlagen vom Detailwissen der Legionen von Spezialisten, die sich vor ihm schon mit dem Thema befaßt haben, und erschöpft von den eigenen Anstrengungen, das Beste für seine Sache daraus zu machen, nicht aus dem Gedächtnis verlieren will, wie die Geschichte ausgegangen ist) ermöglichen, den Weg mit Siebenmeilenstiefeln zurückzulegen, den der Verfasser und die vielen Meisterdenker, auf deren Forschungsergebnisse er dankbar zurückgegriffen hat, erheblich langsamer, vielleicht auch bedächtiger und nicht ohne gelegentliches Stolpern abgeschritten haben. Die Satz-für-Satz-Lektüre des Haupttextes und der Anmerkungen, in die ich neben den üblichen bibliographischen Verweisen nicht selten auch wesentliche Auslassungen zur Sache verpackt habe, mag dieser Orientierungsrahmen erleichtern, kann und soll sie aber natürlich nicht ersetzen.

## 1 Zum Gesamtprojekt

Zentraler Untersuchungsgegenstand ist die *Rationalität der (wissenschaftlichen) Erkenntnis:* gleichzeitig *historisch betrachtet* im ideengeschichtlichen Sprungverfahren von den Anfängen bis zur Gegenwart hinsichtlich ihrer Bedeutung für die sogenannte Geburt der Wissenschaft im griechischen Denken sowie ihrer Rolle in der modernen Wissenschaft(stheorie), und *systematisch analysiert* in ihren beiden einflußreichsten, paradigmatischen Grundformen als begründungsorientierte „certistische" Rechtfertigungsrationalität traditioneller Prägung einerseits, widerlegungsorientierte „fallibilistische" Kritikrationalität im Sinne des *Popper*schen kritischen Rationalismus andererseits.

Die Auseinandersetzung zwischen certistischer und fallibilistischer Rationalitätsauffassung in Anwendung auf alle erkenntnistheoretischen Probleme, die mit Wahrheit, Wissen und Wissenschaft zusammenhängen, bildet den Hauptkonflikt, um den es in der philosophischen Erkenntnislehre „von *Parmenides* bis *Popper*" letztlich fast ununterbrochen geht. Den Exponenten beider Lager ist das voll bewußt, wie die folgenden programmatischen Deklamationen prominenter Vordenker – denen man mühelos Dutzende ähnlich klingende philosophische Leitstimmen hinzufügen könnte, in die Heerscharen von Schüler unisono einfallen – so einprägsam bezeugen, als ginge es ihnen darum, für die vorliegende Arbeit das passende Doppelmotto zu liefern:

> *„Das Wesen aller Wissenschaft besteht im Gesichtspunkt der Sicherheit.* Denn Unsicheres haben wir so viel als wir nur wollen, dazu brauchten wir keine Wissenschaft. Alles Streben in der Wissenschaft muß also von vornherein auf das denkbar höchste Maß von Sicherheit gerichtet sein, dieses höchste Maß ist aber die *absolute* Sicherheit. Diese muß stets das unverbrüchliche letzte Ziel aller Wissenschaft bilden, bis zum evtl. Beweis ihrer Unmöglichkeit, d.h. bis zum *absoluten* Beweis ihrer Unmöglichkeit."
>
> *Hugo Dingler* (in DINGLER 1938, S. 39; Hervorhebungen im Original)

Auffällig an diesem certistischen Credo exklusiver Wissenschaftlichkeit ist weniger die – keineswegs ungewöhnliche – Apodiktik, fast schon unverbrämte Dogmatik, mit der vermeintliches Wesenswissen über Wissenschaft vorgetragen wird, sondern die Art, wie dieser moderne Autor zielbewußt, aber völlig unverständig den *Satz vom zureichenden Grunde* einsetzt, um die Beweislast der Gegenpartei aufzubürden. Wie die meisten Wissenschaftstheoretiker unserer Zeit weiß auch Dingler ganz genau, was er will, aber nur sehr ungefähr, was er tut. Offensichtlich ist ihm der ursprüngliche, „juristische" Sinn dieses alten griechischen Erkenntnisprinzips nicht mehr gegenwärtig, von dem er hier einen so entschiedenen, aber sozusagen rein „rituellen" Gebrauch macht – jenen Eingeborenen vergleichbar, die Stammesrituale weiter praktizieren, deren Sinn längst aus ihrem Bewußtsein verschwunden ist. Der Prozeß der Sinn-Entleerung, den Ethnologen am leerlaufenden Ritual „primitiver" Naturvölker im Zuge einer vermeintlich nur bei diesen beobachtbaren kulturellen Degeneration festgestellt haben (vgl. JENSEN 1960, S. 91 ff. et passim), macht allem Anschein nach auch vor der fortgeschrittensten Philosophie, als die sich die moderne Wissenschaftstheorie im Selbstverständnis zu präsentieren pflegt, nicht halt.

Wird bei *Dingler* und seiner Philosophengeneration „alter" Schule (*Peirce, Russell, Husserl,* u.a.) über den *Sinn* certistischer Rationalität schon keine Rechenschaft mehr abgelegt, so macht man sich in der Nachfolgergeneration der Wissenschaftstheoretiker modernster Schule nicht einmal mehr Gedanken über den *Zweck* des ganzen Verfahrens, als verstünde es sich von selbst, "that the task of philosophy consists in reducing all knowledge to a basis of certainty" (CARNAP 1963, S. 50) – *whatever it means,* muß hier der Leser weiterdenken. Der philosophische Sinn einer „zureichenden" Begründung interessiert nicht mehr, und über das Ziel der Erkenntnissicherung wird auch nicht diskutiert. Nur das *Verfahren* steht noch zur Debatte. So führt die certistische Rationalitätskonzeption in der modernen Wissenschaftstheorie zur Verdrängung von philosophischer Reflexion durch logische Verfahrenstechnik. Das ist der Sieg der „logifizierten" Methodologie des modernen Rechtsfertigungsdenkens über die vom griechischen Rechtsdenken aus wohlerwogenen Gründen „jurifizierte" Erkenntnistheorie – ein Pyrrhussieg ersten Ranges allerdings, wie sich noch herausstellen wird.

Wenn der Prozeß der Sinn-Entleerung bei der fallibilistischen Rationalitätskonzeption noch nicht so weit fortgeschritten ist, dann liegt das weniger an der größeren philosophischen Einsicht ihrer führenden Vertreter als an der historischen Tatsache, daß diese Entwicklung sich vielfach noch im Anfangsstadium befindet. Vom Vorzeichen abgesehen, das sich ins Gegenteil verwandelt hat, sind die programmatischen Deklamationen der Advokaten einer vorgeblich rechtfertigungsfreien Kritikrationalität mit denen einer angeblich kritikfreien Rechtfertigungsrationalität im Ausschließlichkeitsanspruch, in der Diktion sowie in der philosophischen Reflexionsverkürzung durchaus vergleichbar:

"There is only one element of rationality in our attempts to know the world: it is the critical examination of our theories. These theories themselves are guesswork. We do not know, we only guess. ... This, I believe, is the true theory of knowledge ...: the theory that knowledge proceeds by way of *conjectures and refutations.*"

"Equating rationality with the critical attitude ..."

"Thus the belief in scientific certainty ... is just wishful thinking: *science is fallible, because science is human.*"

"The quest for certainty, for a secure basis of knowledge, has to be abandoned. ... Security and justification of claims to knowledge are not my problem."

*Karl R. Popper* (in POPPER 1963, S. 152 und 248; POPPER 1962 II, S. 375; POPPER 1972, S. 37; alle Hervorhebungen im Original)

*„Alle Sicherheiten in der Erkenntnis sind selbstfabriziert und damit für die Erfassung der Wirklichkeit wertlos."*

*Hans Albert* (in ALBERT 1968, S. 30; Hervorhebung im Original)

Damit sind die philosophischen Fronten im Hauptkonflikt der Erkenntnislehre von den Anfängen bis zur Gegenwart abgesteckt. Geklärt ist damit allerdings noch nichts, denn zum Verständnis der Rationalitätsproblematik tragen diese überpointierten Kurzformeln kaum etwas bei. So sind wesentliche philosophische Komponenten und Aspekte der beiden rivalisierenden Rationalitätskonzeptionen nicht nur für den jeweiligen Gegner, sondern in beträchtlichem Ausmaß auch für die eigenen Anhänger bis heute unverstanden geblieben. Unkenntnis der philosophischen Tradition — insbesondere des Anfangsstadiums der griechischen Erkenntnislehre, in dem die Weichen für die weitere Entwicklung gestellt werden —, Voreingenommenheit gegenüber der anderen Seite, Verhärtung der Fronten durch übereilte Parteinahme für die eigene Sache, *bevor* man die Alternativen zur Kenntnis genommen hat, um sie *vor* der pauschalen Verwerfung „für sich selbst sprechen zu lassen": dies alles und noch viel mehr steht dem philosophischen Verständnis der gegnerischen *und* der eigenen Position im Wege. Wo die Rationalitätsfrage gar in weit überzogener Polemik auf die grobe Formel *„Kritik" versus „Dogma"* zugespitzt wird, ist der Prozeß der Sinn-Entleerung, des verständnislosen Praktizierens eines Rituals der Auseinandersetzung, auf seiten des kritischen Rationalismus genausoweit gediehen wie auf der Gegenseite. Einen Fortschritt des philosophischen Denkens wird man in *diesen* Beiträgen der modernen Wissenschaftstheorie zur Erkenntnislehre schwerlich entdecken können.

Die vorliegende Arbeit soll zur philosophischen Klärung der Probleme beitragen. Dies erfordert, abweichend von der derzeitig vorherrschenden Praxis der inner- und zwischenparteilichen Diskussion, meines Erachtens zwei Dinge, um das Verständnis *beider* Rationalitätskonzeptionen zu fördern: erstens den *Rückgriff auf die philosophische Tradition,* vor allem auf die griechische Erkenntnislehre der archaischen Dichter *(Homer, Hesiod)* und frühen Philosophen (*Parmenides* vor allem); zweitens den *Übergriff auf die Gegenposition(en),* um die fortbestehenden Gemeinsamkeiten in der grundsätzlichen Problemstellung zu erkennen und die Unterschiede in den spezifischen Problemlösungen herauszuarbeiten. Jene bis heute im wesentlichen maßgeblich gebliebene „griechische" Stellung des Erkenntnisproblems zu rekonstruieren, die für eine beträchtliche Konvergenz der erkenntnistheoretischen Standpunkte bis in die Gegenwart hinein gesorgt hat; davon ausgehend die philosophische Differenz zwischem dem certistischen und dem fallibilistischen Lösungsansatz zu verdeutlichen, ohne ihn zu verabsolutieren; die ganz undialektische „Einheit der Gegensätze" zu restituieren, ohne wirkliche Gegensätze zu nivellieren — darum geht es mir in erster Linie, auch wenn ich schließlich im Fortgang der Geschichte offen Partei nehme und mich für die fallibilistische Alternative entscheide.

Als ein Erkenntnisunternehmen, das auf möglichst allgemeine und genaue symbolische Naturwiedergabe mittels Theorien ausgerichtet ist, charakterisiert sich *Wissenschaft* einerseits sozusagen aus sich selbst heraus durch einen bestimmten *Erkenntnisstil*, andererseits durch eine diesem von der Erkenntnis*lehre* aufgepfropfte *Rationalitätskonzeption*. Ein potenziert theoretischer Erkenntnisstil, verbunden entweder (gemäß der traditionellen, d.h. griechischen und neuzeitlich-klassischen Erkenntnistheorie) mit der certistischen oder (gemäß der modernen Wissenschaftstheorie des kritischen Rationalismus vor allem) mit der fallibilistischen Rationalitätskonzeption, kennzeichnet also die Wissenschaft aller Zeiten, die sich nach dieser Auffassung *nur* durch die philosophische „Rationalisierung" — die auf eine Ideologisierung im Sinne bestimmter Rationalitätsdoktrinen hinausläuft — vom *Mythos* unterscheidet, der schon immer wissenschaftsähnliche Naturwiedergabe in demselben theoretischen Erkenntnisstil betrieben hat.

Die Eigenart des gewählten Erkenntnisstils und die Bedingungen seiner Verwirklichung in dieser Welt bestimmen die grundsätzliche, allgemeine *Stellung* des „wissenschaftlichen" Erkenntnisproblems, dessen spezielle *Lösung* sich aus der akzeptierten Rationalitätsdoktrin ergibt. Die griechische Option für sichere, zureichend begründete und so „gerechtfertigte" Erkenntnis mit festem Geltungsgrund führt zur *parmenideischen Lösung aus dem Geiste des Rechts,* die moderne Option für hypothetische, ungesicherte aber fortschrittsfähigere Erkenntnis ohne Fundament zur *popperschen Lösung aus dem Geiste der Kritik.*

Die Geschichte der philosophischen Erkenntnislehre ist die Geschichte des Kampfes zwischen certistischer und fallibilistischer Rationalitätskonzeption um das Recht, ein für allemal zu bestimmen, welche Art von Erkenntnis „als Wissenschaft wird auftreten können" *(Kant).* Unter dem Gesichtspunkt der permanenten Auseinandersetzung zwischen diesen beiden paradigmatischen Alternativauffassungen von Wahrheit, Wissen und Wissenschaft ist nach Meinung des Autors die Geschichte der Erkenntnis- und Wissenschaftstheorie „von *Parmenides* bis *Popper*" neu zu schreiben. Dies wird — ansatzweise und mit vielen Auslassungen — in der vorliegenden Abhandlung versucht, wobei der Schwerpunkt der Darstellung auf dem Anfang dieser Entwicklung in der vorsokratischen Philosophie und auf dem vorläufigen Ende in der modernen Wissenschaftstheorie liegt.

## 2 Zum vorliegenden Band I: Die Entstehung des Erkenntnisproblems im griechischen Denken und seine klassische Lösung aus dem Geiste des Rechts

Die Entstehung des Erkenntnisproblems im griechischen Denken von *Homer* bis *Aristoteles* wird Schritt für Schritt rekonstruiert und der überragende Beitrag *Parmenides'* zur ersten, für die gesamte vorpoppersche Erkenntnisphilosophie buchstäblich *Maß*-gebenden Muster-lösung besonders ausführlich dargestellt. In der philosophischen Diagnose erweist sich der griechische Erkenntnisstil als strukturidentisch mit dem wissenschaftserzeugenden theoretischen Erkenntnisstil uralt-modernster Prägung, überlagert von der certistischen Tendenz der griechischen Erkenntnistheorie, die sich unter dem überwältigenden Ein-fluß des parmenideischen Denkens von Beginn an als Rechtslehre der Erkenntnis in die Philosophie eingeführt hat, um das „wissenschaftliche" Erkenntnisproblem auf der quasi-juristischen Grundlage eines philosophischen *Wahrheits-Rechts* seiner klassischen Rechtfertigungslösung zuzuführen. Dieses Ur-Rechtfertigungsmodell der Erkenntnis wird im Detail rekonstruiert, seine Vorzüge und Nachteile eingehend gewürdigt sowie dessen weitere – in der aristotelischen Epoche progressive, im Dreigestirn *Platon/Aristoteles/Euklid* kulminierende, in der neuzeitlichen Epoche degenerative – Entwicklung bis zur popperschen Zeitenwende der Erkenntnistheorie „vom Certismus und Fundamentalismus zum Fallibilismus" in der Gegenwart verfolgt.

Die Hauptergebnisse des ersten Bandes sind:

*Erstens* eine neue geistesgeschichtliche Darstellung und philosophische Deutung der legendären *Geburt der Wissenschaft* im griechischen Denken, die in Wirklichkeit eine *Wieder*geburt war. Der in der Fachliteratur fast konkurrenzlos herrschenden Meinung vom „griechischen Wunder", das für die damit nur scheinbar erklärte Entstehung der Wissen-schaft verantwortlich gemacht wird, setzt der Autor im Rahmen seiner Wiedergeburtstheo-rie die These von der *permanenten Renaissance* des wissenschaftlichen Erkenntnis-stils in der Entwicklungsgeschichte des menschlichen Geistes entgegen. Die wirkliche Erstgeburt der Wissenschaft hat demnach schon im Paläolithikum mit dem Aufkommen des vollentwickelten *homo sapiens* stattgefunden. In der neolithischen „Steinzeit-wissenschaft" hat dann der wissenschaftliche Erkenntnisstil bereits sein erstes Reife-stadium erreicht, um in der vorsokratischen Naturphilosophie seine erste und in der neuzeitlichen Naturwissenschaft seine zweite epochale Renaissance zu erleben, ohne daß damit der Prozeß der beständigen Wiedergeburt seinen Abschluß erreicht hätte. Nicht die Wissenschaft ist von der vorsokratischen Philosophie nach Meinung des Autors erstmals zur Welt gebracht worden, sondern die Wissenschafts*theorie*; nicht jene von der Philosophie im nachhinein als „wissenschaftliche Erkenntnis" anerkannte Art der Naturwiedergabe durch Theorien, sondern die zu ihrer „Rationalisierung" von den Griechen entwickelte Erkenntnis*lehre*. Was die philosophische Weihnachtslegende von der „Geburt der Wissenschaft" zum Advent der Wissenschaft hochstilisiert und als „griechisches Wunder" glorifiziert hat, erweist sich bei näherer Betrachtung als die Ge-burtsstunde der philosophischen Erkenntnistheorie; modern ausgedrückt: der *Proto*- und *Meta*wissenschaft.

*Zweitens* eine angemessene Würdigung des bislang unbemerkten oder zumindest stark unterschätzten Einflusses des griechischen *Rechtsdenkens* auf die nach der vorliegenden Darstellung davon zutiefst geprägte philosophische Erkenntnislehre, die von den maßgebenden griechischen Philosophen – allen voran *Parmenides* – vom Ansatz her als *Rechtslehre der Erkenntnis* inauguriert worden ist, deren Hauptaufgabe es ist, ein Wahrheits- oder Geltungsrecht für das menschliche Wissen zu kodifizieren. Der vom parmenideischen Denken bahnbrechend vollzogene „Einbruch von Gesetz und Ordnung" in den Erkenntnisbereich bewirkte die folgenreiche Umwandlung der „wilden" Denkformen des angeblich vorwissenschaftlichen, prälogischen und präkritischen Mythos in wissenschaftliche *Disziplinen,* um für sie das „wissenschaftliche" Erkenntnisproblem nach der griechischen Formel „Logik + Recht" seiner erstmaligen und für über zwei Jahrtausende im Grundprinzip einmaligen Lösung zuzuführen.

Zum allgemein anerkannten Beitrag der *Logik* kommt somit ein ebenso wesentlicher Beitrag des *Rechtsgedankens* hinzu, der für die griechische Problemstellung als *quaestio iuris* verantwortlich und für die klassische Rechtfertigungslösung des Erkenntnisproblems ausschlaggebend ist. Das vielzitierte, von seinen Anhängern und Kritikern gleichermaßen (als kryptotheologisches Offenbarungsmodell u. dgl.) mißverstandene „Rechtfertigungsdenken" ist in Wirklichkeit von Anfang an ein auf Erkenntnisfragen angewandtes *Rechtsdenken* gewesen – eine später vor allem zugunsten des Logikgedankens oberflächlich wegrationalisierte Bestimmung, die nicht einmal von der fallibilistischen Revolution der Erkenntnistheorie im 20. Jahrhundert völlig annulliert worden ist.

Als interessantestes Nebenprodukt liefert die Rekonstruktion der griechischen Stellung und Lösung des wissenschaftlichen Erkenntnisproblems eine etwas ungewöhnliche Neuinterpretation des *Satzes vom zureichenden Grunde,* das im Begründungsprogramm des griechischen Rechtfertigungsmodells nicht als logisches Beweisprinzip, sondern als quasijuristisches Prinzip der *Beweislastverteilung* fungiert. In dieser erkenntnistheoretischen Umfunktionierung einer ursprünglich juristischen Verfahrensregel, um eine logisch unauflösbare Pattsituation zur Entscheidung zu bringen, liegt nach Meinung des Autors die in der Fachliteratur übersehene oder mißverstandene Pointe der parmenideischen Lösung des Erkenntnisproblems.

*Drittens* eine von der gängigen Einschätzung stark abweichende *Neubewertung der certistischen Tradition;* damit verbunden eine der ebenso sentimentalen wie selbstgerechten Selbstdarstellung des kritischen Rationalismus diametral entgegengesetzte *Umwertung der kritischen Tradition.* Nicht der „Dogmatismus" von vorgriechisch, vorkritisch, vorwissenschaftlich denkenden „geschlossenen Geistern" steht hinter dem Rechtfertigungsdenken, sondern das gerade *nicht* in dogmatischer Selbstbeschränkung, sondern in kritischrationaler Risikoabwägung und -ausschaltung Sicherheit suchende Rechtsdenken „offener Geister".

Die von *Popper* in naivem Enthusiasmus gefeierte kritische Einstellung der vorsokratischen Philosophen (Pythagoreer ausgenommen) stellt nicht das Ende, sondern lediglich das dringend erforderliche Gegengewicht dar, um den von der Wissenschaft *selbstgeschaffenen* Dogmatismus mit Müh' und Not in Schach zu halten. *Kritik* und *Dogma* sind beide gleichermaßen legitime Produkte des wissenschaftlichen Erkenntnisstils; sie sind die zwei Seiten derselben Münze: tendenziell entgegengesetzt, aber prinzipiell zusammengehörig!

*Viertens* schließlich als Frucht dieser Überlegungen eine unkonventionelle Einschätzung der *„Idee der Kritik"* sowie des *Wahrheitsgedankens* hinsichtlich ihrer im allgemeinen weit überbewerteten geistesgeschichtlichen Rolle, die sie beim Aufkommen des wissenschaftlichen Erkenntnisstils im griechischen Denken gespielt haben sollen. Die Bedeutung dieser beiden Lieblingsideen der traditionellen Philosophie wie der modernen Wissenschaftstheorie wird auf ein vernünftiges, realistisches Maß zurückgeschraubt. Für die Geburt — oder vielmehr: die Wiedergeburt — der Wissenschaft in der vorsokratischen Philosophie hat sich die Wahrheitsidee viel *zu früh* (schon im epischen Zeitalter *Homers* und *Hesiods*), der Kritikgedanke dagegen viel *zu spät* in das griechische Denken „eingeführt", von der vor- und außergriechischen Geistesentwicklung ganz zu schweigen.

## 3 Zum nachfolgenden, abschließenden Band II: Die fallibilistische Alternativlösung aus dem Geiste der Kritik

Hier wird die kritizistische Alternative — das fallibilistische Erkenntnismodell des kritischen Rationalismus — aus dem *Popper*schen Ansatz heraus entwickelt, dargestellt und auf seine Fähigkeit hin untersucht, das Erkenntnisproblem auf „rechtfertigungsfreie" Weise zu lösen. Wichtigstes Doppelergebnis ist:

*Erstens* die Einsicht, daß das kritizistische Programm einer „Erkenntnis ohne Fundament" *(Feyerabend)*, ohne stützende, absichernde „Grundlagen" also, auch eine erkenntnistheoretische *Grundlagenproblematik* hat, die von Vertretern des kritischen Rationalismus übersehen oder bagatellisiert, auf jeden Fall aber zum Schaden der eigenen Position vernachlässigt worden ist. Die naive Auffassung, daß wissenschaftliche „Erkenntnis ohne Grundlagen" philosophische „Erkenntnistheorie ohne Grundlagenproblematik" bedeutet, wird als wissenschaftstheoretische Naivität entlarvt. Man kann auf „Rechtfertigung", „Begründung" und „Beweis" verzichten, man kann „Fundamente" und „archimedische Punkte" der Erkenntnis eliminieren, man kann „Evidenzen", „Wahrheitsgarantien" und „Offenbarungen" zum Teufel jagen, also dem philosophischen Gegner ins Nest legen — aber man kann nicht auf die philosophischen „Folgekosten" dieser Maßnahme „verzichten", d.h. von den mit diesem Verzicht verbundenen Problemen einfach absehen. Darin liegt eben die erkenntnistheoretische Grundlagenproblematik des fallibilistischen Erkenntnismodells, die anders gelagert, aber keineswegs kleiner, leichtgewichtiger und von vornherein lösbarer erscheint als die des Rechtfertigungsmodells. Der Verzicht auf das neuerdings vielgeschmähte „Rechtfertigungsdenken" ist philosophisch sehr erwägenswert; eine „Verzichtslösung" für die Probleme dieses Verzichts dagegen nicht. Eine Erkenntnis- oder Wissenschaftslehre ohne unverkürzte Grundlagendiskussion wäre philosophisch unseriös.

*Zweitens* der Nachweis, daß im kritischen Rationalismus die philosophische Grundlagenproblematik des fallibilistischen Erkenntnismodells bislang nur teilweise — wenn man mit dem Autor zwischen horizontaler und vertikaler Grundlagenproblematik unterscheidet, kann man sagen: genau genommen nur zur Hälfte — gelöst worden ist. Diese Grundlagenproblematik wird systematisch aufgerollt; soweit sie noch ungelöst ist, werden Lösungsvorschläge gemacht und eingehend auf ihre Tauglichkeit hin untersucht.

## 4 Zum philosophischen Standort des Autors

Der Autor ist aus der Schule des kritischen Rationalismus hervorgegangen, wobei er in seinem philosophischen Entwicklungsgang vor allem von *Popper, Albert* und *Feyerabend* beeinflußt worden ist, denen er sich weiterhin im Denken stark verpflichtet fühlt, ohne ihnen in allen Punkten folgen zu können. Er vertritt einen *offenen, kritischen* „kritischen Rationalismus" auf der Grundlage eines konsistent entwickelten, konsequent durchgehaltenen epistemologischen Fallibilismus und theoretischen Pluralismus: den ersteren ohne *Popper-Albert*sche Rationalitätsideologie und die dadurch bedingten Verhärtungen, Blickverengungen, Abschließungs- und Ausschlußtendenzen, vor allem aber auch ohne die seiner Meinung nach ebenso selbstgerechten wie selbstschädigenden neuerlichen Ansätze zur Dogmatisierung der „Idee der Kritik" und zur Monopolisierung des „Ideals kritischer Rationalität" im Rahmen der zur Orthodoxie erstarrten *Popper*schen Philosophie; den letzteren ohne den „possibilistischen", salonanarchistischen Schwanz, den *Feyerabend* seiner pluralistischen Philosophie inzwischen angeklebt hat.

Die Kritik an *diesem* unkritischen „kritischen Rationalismus" und possibilistisch zerdehnten *(Feyerband: „Alles ist möglich!")*, anarchistisch verwässerten *(Feyerabend: „Mach, was du willst!")* Pluralismus, die der Verfasser erstmals in seinem Buch *Pluralismus als Erkenntnismodell* (1974) vorgebracht hat, wird für die Erkenntnis- und Wissenschaftstheorie in der vorliegenden Abhandlung, für die Sozial-, Polit- und Geschichtsphilosophie in der gleichzeitig entstandenen, thematisch ergänzenden Untersuchung *Popper und die Politik* (ebenfalls zwei Bände, 1977/78; Band I im Druck) fortgesetzt.

## 5 Dank

Meinen philosophischen Dank habe ich im Text auf die übliche Weise all' denen abgestattet, auf deren Vorarbeiten ich aufbauen und deren Gedanken ich apologetisch oder kritisch zurate ziehen konnte.

Für äußerst großzügige finanzielle Förderung einer dreijährigen Forschungsarbeit, die unter anderem auch in dem vorliegenden Band ihren Niederschlag findet, bin ich der *Fritz Thyssen Stiftung* — mir gegenüber vertreten durch Herrn Professor Dr. *Gerd Brand,* dem ich in diesem Zusammenhang alles zu verdanken habe — zu größtem Dank verpflichtet. Aus dem Forschungsprojekt der Thyssen Stiftung über die Entstehung und Entwicklung der Wissenschaft, die Eigenart des theoretisch-wissenschaftlichen Erkenntnisstils und die Gangart des wissenschaftlichen Erkenntnisfortschritts habe ich alles übernommen, was im Ersten Teil des vorliegenden Bandes zum Generalthema „Geburt der Wissenschaft", Entstehung des Erkenntnisproblems, griechischer Erkenntnisstil und zu einigen in unmittelbarer Nachbarschaft angesiedelten Randthemen ausgeführt wird.

Meine Frau *Ilse Spinner-Offterdinger* hat mir viel geholfen. Ihre kritisch-verständnisvolle Mitarbeit beschränkte sich vor allem in der Schlußphase keineswegs auf — an sich schon sehr verdienstvolle — Schreib- und Korrektur-Hilfsarbeiten. Wenn sie etwas unverständlich gefunden hat, *war* es in der Regel auch unsinnig.

Im März 1977                                                                                          *Helmut F. Spinner*

# Inhaltsverzeichnis

# Einleitung

## Die Idee einer Erkenntnis, die als Wissenschaft wird auftreten können

Als Ganzes genommen und ohne erkenntnistheoretische Vorzensur betrachtet, ist menschliche Erkenntnis ein *komplexes* Phänomen äußerst *heterogenen* Charakters, das eine tiefergehende, durchgängige Einheitlichkeit in Form oder Inhalt, Struktur oder Funktion, Anstoß oder Resultat, Methode oder Zielsetzung, Leitmotiv oder Bezugsrahmen zumindest prima facie nicht erkennen läßt. So gesehen ist Erkenntnis ein permanenter, im Verlauf der kognitiven und sozialen Evolution zunehmend dominant gewordener, aber alles andere als homogener und invarianter Faktor in der Entwicklungsgeschichte der Menschheit. Das zeigt jede unvoreingenommene, in diesem Sinne „rein phänomenologisch" konstatierende Naturgeschichte der menschlichen Erkenntnis, die nicht von vornherein mit normativen Vorbedingungen an die Erkenntnis der Erkenntnis herangeht und wenigstens zunächst — bei der ideengeschichtlichen Bestandsaufnahme dessen, was so alles in der Selbstinterpretation als Erkenntnis auftritt — auf jene restriktiven Selektionen verzichtet, wie sie bei Betrachtungen „vom wissenschaftlichen Standpunkt aus" üblich sind, der nur als Erkenntnis gelten läßt, was nach *heutigem* Verständnis als Wissenschaft auftreten darf.

Eine umfassende Bestandsaufnahme einer nichtdiskriminierenden Naturgeschichte der menschlichen Erkenntnis kann ein weites Spektrum zueinander komplementärer, disjunkter und konträrer, teils friedlich koexistierender, teils erbittert rivalisierender Erkenntnisunternehmen präsentieren: angefangen mit den sogenannten primitiven, angeblich prälogischen *(Lévy-Bruhl)* und unkritischen *(Popper)*, deswegen auch für vor- oder unwissenschaftlich erklärten Denkformen wie Mythos, Magie, archaische Kunst, Dichtung und Religion einschließlich modernisierter „Träume von Geistersehern" *(Kant)* und anderer degenerierter Ableger „wilden Denkens" *(Lévi-Strauss)*; über die mehr zeitlosen, auch in unserem zivilisierten Zeitalter der Wissenschaft noch ungebrochen lebendigen Formen des Aberglaubens pseudowissenschaftlicher „Weltanschauungen" und „Künste"; bis zu den intellektuellen Manifestationen hochkultivierter Denkartistik der neueren Menschheitsgeschichte wie spekulative Metaphysik, Ideologien aller Art, sakrale und profane Scholastiken, Dogmatiken der Vernunft und der Unvernunft. Dazu kommt neuerdings — „neuerdings" nach den epochalen Maßstäben der Menschheitsgeschichte, d.h. irgendwann zwischen dem Paläolithikum, dessen Kunst das älteste „Dokumentarmaterial" für das theoretisierende Denken des wissenschaftlichen Erkenntnisstils und dessen Art der Naturwiedergabe verkörpert, und dem Beginn des wissenschaftlichen Zeitalters — auch die Wissenschaft, die sich selbst in betonter Abhebung von den genannten, aus wissenschaftlicher Perspektive für überholt und überwunden gehaltenen Erkenntnisunternehmen als Krönung der intellektuellen Evolution des Menschen versteht.

An der legendären *Geburt der Wissenschaft* ist jedoch nicht nur das „Phänomen" selbst höchst umstritten. Auch der Zeitpunkt mußte zwangsläufig kontrovers und für unterschiedliche Antworten offen bleiben, weil bereits die Fragestellung vieldeutig ist. Je nachdem, ob man sie als Frage versteht *(1)* nach dem historischen Tatbestand des erstmaligen Auftretens eines *„wissenschaftlichen"* — d.h. dem Denkstil unserer Wissenschaft hinreichend ähnlichen – *Erkenntnisstils;* (2) nach dem philosophischen Tatbestand der Erkenntnis des *Problems* der wissenschaftlichen Erkenntnis, also *(2a)* der tatsächlichen Problemstellung und *(2b)* der expliziten Rekonstruktion der Problemsituation; *(3)* nach der Etablierung der Denkinstitution *Wissenschaft* als selbständiges Erkenntnisunternehmen; *(4)* nach den ersten praktischen *Erfolgen* wissenschaftlicher Naturerkenntnis und dem unangefochtenen *Sieg* der Wissenschaft über die Konkurrenzunternehmen kognitiver Weltorientierung; oder schließlich *(5)* nach einer bestimmten *Lösung* des wissenschaftlichen Erkenntnisproblems, hat die Geburt der Wissenschaft (für Frage *1* ) im Paläolithikum vor zweieinhalb Jahrzehntausenden, (für *2* ) im vorsokratischen Zeitalter der Naturphilosophie des *Thales (2a)* oder der Erkenntnisphilosophie des *Parmenides (2b)*, (für *3* ) mit dem Aufkommen der modernen Naturwissenschaft in der wissenschaftlichen Revolution des 17. Jahrhunderts, (für *4* ) im Verlauf des 19. Jahrhunderts oder schließlich (für *5* ) zu jedem beliebigen Zeitpunkt zwischen dem Beginn und der fernsten Zukunft der Menschheitsgeschichte stattgefunden – in Abhängigkeit davon, *welche* Problemlösung man gelten zu lassen bereit ist. Die bevorzugten Ansatzpunkte dafür sind das antike Zeitalter der klassischen griechischen Philosophie oder das gegenwärtige Zeitalter der modernen Wissenschaftstheorie, sofern man das „fundamentalistische“, begründungsorientierte Erkenntnisprogramm platonisch-aristotelisch-euklidischer Provenienz oder das „fallibilistische“, widerlegungsorientierte Alternativprogramm *Einstein-Popper*scher Prägung akzeptiert. Wer *beide* Lösungsansätze mit ihren sämtlichen Spielarten verwirft, muß für die Geburt der Wissenschaft auf die Zukunft hoffen – und einstweilen mit der Gegenwart der Wissenschaft fertig werden, deren faktische Existenz kaum geleugnet werden kann, obgleich sie nach dieser Auffassung philosophisch nicht rechtens wäre.

Kein Wunder also, daß die vielzitierte „Geburt der Wissenschaft“ zu einem *legendären* Ereignis der Ideengeschichte geworden ist, das hauptsächlich als fiktiver Projektionspunkt für die jeweiligen Vor-Urteile über das postulierte „Wesen“ der Wissenschaft herhalten muß. Wer die Wissenschaft auf dem Begründungsprinzip aufbaut, sieht sich genötigt, das Wirksamwerden dieses so in eine wissenschaftskonstitutive Rolle gedrängten Postulats in den Geburtsakt zu verlegen; wer dagegen auf das Prinzip der Kritik setzt, wird auch dieses von Anfang an in der Wissenschaft am Werk sehen. Da beide Standpunkte üblicherweise die Geburt der Wissenschaft in der vorsokratischen Philosophie ansetzen, finden sie *ihre* jeweils bevorzugten Erkenntnisprinzipien zumindest in nuce auch schon bei den Vorsokratikern[1], unbeschadet selbstverständlich der frei in Anspruch genommenen Möglichkeit, die volle Einsicht, richtige Deutung und konsequente Praktizierung dieses Tatbestands in die Gegenwart zu verlegen, um sie für den eigenen philosophischen Standpunkt reklamieren zu können. In diesen wie in anderen Fällen handelt es sich übrigens um eine fragwürdige historische Rückdatierung eines epistemologischen Sachverhalts aufgrund der *heutigen* Problem-Prioritäten, die dem vergleichsweise bescheidenen Platz erkenntnistheoretischer Überlegungen in dem eindeutig ontologisch – von der „Seinsfrage“, um es mit *Heideggers* treffendem Slogan zu sagen, ohne dessen eigenwillige Auslegung zu übernehmen – dominierten Denken der Vorsokratiker[2] nicht entsprechen. Schon hier ist zu ersehen, daß der *Zeitpunkt* der sogenannten Geburt der Wissenschaft vor allem deswegen umstritten ist und vielleicht noch lange unbestimmt bleiben mag, weil eben *die Sache selbst*, um deren ideengeschichtliche Karriere es geht, bis heute kontrovers geblieben ist.

Konfrontiert mit dieser heterogenen, ungeordneten, ungereinigten und unabgegrenzten, in allem unverkürzt „realistischen" Problemsituation, deren Tiefe noch unausgelotet, deren Rahmen noch nicht abgesteckt, deren Kern noch nicht fixiert, deren Komplexität noch nicht auf künstlich übervereinfachte Lehrbuch-Fragestellungen reduziert ist und deren Struktur oder „Logik" es erst noch herauszuarbeiten gilt, wird es nun zur Hauptaufgabe der Erkenntnislehre, eine *Theorie der Erkenntnis* zu entwickeln, die es ermöglicht, die – wie auch immer definierte – „*echte*" *Erkenntnis als solche zu erkennen*, d.h. ihrer Eigenart nach grundsätzlich zu bestimmen und sie so zunächst einmal *im Prinzip*, aber bereits auch im Hinblick *auf die Praxis* von allen unechten, illegitimen Konkurrenzprodukten zu scheiden. Was macht Erkenntnis zur Erkenntnis, zur *wissenschaftlichen* Erkenntnis insbesondere? Wodurch ist echte Erkenntnis gegenüber allen Formen von Scheinerkenntnis, wodurch wissenschaftliche Erkenntnis im Vollsinne gegenüber Erkenntnis minderer, nichtwissenschaftlicher Art *ausgezeichnet*? Wie läßt sich die wahlweise als „objektiv", „informativ", „kritisch", „rational" u.dgl. apostrophierte „echte" Erkenntnis, die nach *Kants* berühmter, auf den besonders problematischen Fall der Metaphysik gemünzter Formulierung „als Wissenschaft wird auftreten können", als solche *identifizieren*; sodann gegenüber „unechter" Scheinerkenntnis sowie weniger qualifizierter Quasi-Erkenntnis *abgrenzen*; schließlich aus dem Meer von Sagen, Mythen, Märchen, Träumen, Fiktionen, Legenden, Erdichtungen, bloßen Ausgeburten ungezügelter Phantasie und blinden Aberglaubens, wilden Spekulationen, unhaltbaren Vorurteilen der Vernunft wie der Erfahrung, Ideologien, pseudokognitiven Leerformeln, irrationalen Dogmen, nicht zuletzt auch sogenannten wissenschaftlichen Wahrheiten, deren Erkenntnisanspruch ja auch nicht immer über jeden Zweifel erhaben ist, *herausfiltern*? Kurz und bündig: wie und womit, zu welchem erkenntnistheoretischen Zweck und mit welcher Aussicht auf praktischen Erfolg lassen sich auf dem Feld der Erkenntnis Spreu und Weizen voneinander scheiden?

Dies ist das grundsätzliche *Erkenntnisproblem*, wie es sich die Erkenntnislehre in allgemeinster, umfassendster Formulierung stellt und von ihr nur im Rahmen einer systematisch entwickelten und detailliert ausgearbeiteten erkenntnistheoretischen Konzeption – eines *Erkenntnismodells* also –, aus der sich ein praktikables *Erkenntnisprogramm* ergibt, voll gelöst werden kann. Ausgehend von einer philosophischen „Idee", d.h. einer metaphysischen Theorie dessen, was als Erkenntnis – oder, in eingegrenzter und zugleich verschärfter Problemstellung: als Wissenschaft – wird auftreten können, muß ein solches Erkenntnisprogramm Zielpostulate, Kriterien, Methoden und Strategien zu liefern imstande sein, um zu einer vollen Lösung der ganzen Erkenntnisproblematik zu kommen.

In dieser Problemstellung erweist sich die allgemeine Erkenntnisproblematik zunächst als ein *Identifikations-, Abgrenzungs-* und *Selektionsproblem*, dessen Lösung im Rahmen eines umfassenden Erkenntnisprogramms eine *Idee* erfordert, die postuliert, was überhaupt gesucht ist, und spezifiziert, nach welchen *Kriterien* das Gesuchte erkannt und mit welchen *Methoden* es selektiert werden kann. Konkrete *Strategien* schließlich sollen die Realisierbarkeit des ganzen Programms gewährleisten. Ein Erkenntnisprogramm, das zu einer realisierbaren Lösung des Erkenntnisproblems führen soll, muß also alles in allem dazu imstande sein, der Erkenntnispraxis Ziele zu setzen, die anzustreben sind; methodische Handlungsanweisungen zu geben, nach denen mit Aussicht auf Erfolg vorzugehen ist; und für das ganze Unternehmen Erfolgskriterien zu präzisieren, die es erlauben, die

Resultate der Erkenntnisbemühungen im Hinblick auf die Realisierung des Erkenntnisziels zu beurteilen. Wenn ein Erkenntnisprogramm schon keinen Erfolg garantieren, vielleicht nicht einmal in Aussicht stellen kann, so muß es wenigstens ermöglichen, zwischen Erfolg und Mißerfolg zu unterscheiden. (Ob diese Problemstellung systematisch unvollständig ist, ob etwa die Aufgabe der Erkenntnislehre über die hier ansatzweise skizzierte Problematik hinaus grundsätzlich durch ein *Rechtfertigungs- oder Begründungsproblem* erweitert werden muß — und ob dafür gegebenenfalls auch eine Lösung erbracht werden kann —, ist die eine zentrale Frage dieses Buches. Die andere ist die Frage nach einer möglichen Alternative zum Rechtfertigungsprogramm.)

Das der Erkenntnislehre so allgemein gestellte grundsätzliche Erkenntnisproblem ist ein *theoretisches Problem auf normativem Hintergrund* und als solches insgesamt von ethischer Relevanz. Es hat einen normativen Bezug selbst dann, wenn es nur als Erklärungsproblem und nicht als Rechtfertigungsproblem konzipiert ist. Denn die Frage danach, was als Erkenntnis oder Wissenschaft wird auftreten können, kann im explanatorischen Rahmen den normativen Bezug zwar einklammern, aber nicht eliminieren, ohne die Kernproblematik ungelöst zu lassen. Was als Erkenntnis oder Wissenschaft wird auftreten *können*, schließt auch die Frage ein, was so wird auftreten *dürfen* und *sollen*. In seinem explizit gemachten normativen Bezug stellt sich das Erkenntnisproblem als Problem der *Wahl* zwischen echter — genauer: der Auswahl, was überhaupt als „echte" Erkenntnis anzuerkennen ist — und vermeintlicher, zwischen „guter" und „schlechter" Erkenntnis, zugespitzt auf die Wahl zwischen alternativen Erkenntnisprogrammen, die festlegen, was sie grundsätzlich als Erkenntnis gelten lassen, und spezifizieren, wie es in realistischen Problemsituationen um die Chancen zur Erreichung des anvisierten Erkenntnisziels steht.

Eingeengt auf ein im allgemeinsten Sinne *wissenschaftliches* Erkenntnisprogramm, von dem unbeschadet aller weiteren Bestimmungen erwartet wird, daß es der Idee *kritischer* Erkenntnis verpflichtet ist, wird das normative Erkenntnisproblem zum Problem der Wahl zwischen verabsolutierter, *unkritisch* gesicherter, um den Preis ihrer weiteren Verbesserung der Kritik und Revision prinzipiell entzogener Erkenntnis — die hier, um nichts zu präjudizieren, nicht durch eine definitorische Vorentscheidung von vornherein verbal zur bloßen Scheinerkenntnis abgewertet werden soll —, wie sie zum Beispiel degenerierte Mythologien, dogmatisierte Ideologien und unaufgeklärte Metaphysik zu liefern pflegen, auf der einen Seite, und kritisch-fallibler, prinzipiell widerlegbarer und permanent revidierbarer, somit auch potentiell fortschrittsfähiger Erkenntnis, wie sie von rationaler Philosophie und Wissenschaft mit Recht erwartet wird, auf der anderen Seite. In beiderseitiger polemischer Verkürzung der Problemperspektive läßt sich die durchgängige normative Komponente des Erkenntnisproblems auf die Frage der Wahl zwischen *Dogmatismus* und *Kritizismus* zuspitzen. Konkretisiert und zugleich auf die Ebene menschlicher Verhaltensweisen transponiert, geht es hier um die Verhaltensalternative von dogmatisch-irrationaler und kritisch-rationaler Einstellung, die beide nach vorherrschender, meines Erachtens allerdings problematischer Auffassung[3] allgemeine, in der Verhaltensorientierung antagonistische „Lebensformen" bedingen.

Als „kritisch" oder „kritizistisch" darf in diesem Problemkontext der erkenntnistheoretischen „Prolegomena", in dem es erst einmal um eine adäquate, keine mögliche Lösungsalternative des Erkenntnisproblems von vornherein diskriminierende Problemstellung geht, jedes Erkenntnisprogramm gelten, das sich selbst so versteht und auf *kritisierbare* Erkenntnisresultate abzielt. Im Spielraum dieses weit gefaßten „kritizistischen" Ansatzes, dem eine entsprechend restriktiv interpretierte Konzeption des „Dogmatismus" gegenübersteht, liegen *alle* Erkenntnismodelle, die kritisch-rationale Erkenntnis in dem angedeuteten, lediglich von den extremsten Formen des Dogmatismus abgesetzten Sinne anstreben. Deshalb liegt in dieser Problemstellung für „kritische" Erkenntnis lediglich eine — von der „Idee" der Wissenschaft her motivierte — Vorentscheidung gegen dogmatische Erkenntnissperren, aber keinerlei Präjudiz etwa zugunsten des fallibilistischen Kritizismus *Popper*scher Prägung, der in diesem programmatischen Zusammenhang bestenfalls als *eine,* relativ spezielle kritizistische Erkenntniskonzeption im weiteren Rahmen unbeschränkt vieler möglicher Alternativen angesehen werden kann.

Mit dem im allgemeinen impliziten, hier explizit gemachten Verdikt gegen Dogmatismus aller Art werden lediglich *unkritische, irrationale, unaufgeklärte* Ansätze ausgeschlossen, die das certistische Programm der Erkenntnissicherung als Absicherung wirklicher oder vermeintlicher Erkenntnis *gegen* Kritik verstehen. Von der erkenntnistheoretischen Problemstellung her bleibt also der Weg für rechtfertigungsorientierte Formen des Kritizismus grundsätzlich ebenso offen wie für rechtfertigungsfreie Ansätze, für das *Aristotelische,* *Kant*sche, *Hegel*sche oder *Hilbert*sche Begründungsprogramm wie für *Popper*schen Fallibilismus und *Dingler*schen Certismus. Deshalb — sowie aus anderen Gründen, die noch zur Sprache kommen werden; kurz gesagt: weil „Dogmatismus" meiner Ansicht nach ein Übel, aber keine philosophische Kategorie ist, durch die *irgendeine* bestimmte, im hier angesprochenen Problemkontext relevante Position adäquat charakterisiert werden könnte — wird die Hauptalternative, um die es in diesem Buch geht, nicht *Kritizismus-versus-Dogmatismus,* sondern *Fallibilismus-versus-Certismus* heißen. Dabei ist die Möglichkeit rechtfertigungsorientierter Kritik ebenso ins Auge zu fassen wie die Möglichkeit fallibilistischer Dogmatik, zum Beispiel in Gestalt von *hypothetischen* Begründungsansätzen, die nicht um jeden Preis durchgehalten und im (als Möglichkeit einkalkulierten) Scheitern zur Kritik der sich als unbegründbar erweisenden Position werden, einerseits, und von *certistischen* Widerlegungsansätzen, die um jeden Preis durchgehalten werden, dabei die Möglichkeit der Widerlegung von Widerlegungen aus dem Auge verlieren und so die Idee der Kritik dogmatisieren, andererseits.

Ethische Entscheidungen grundsätzlicher Natur gehen also der Wissenschaft voraus und bilden deren „existentielle Basis" (*Albert*[4]) in Form einer *normativen Rationalitätskonzeption.* In diesem Problemzusammenhang sind deshalb moralische Erwägungen keineswegs abwegig. Sie verstoßen auch nicht gegen das (richtig verstandene) Postulat der Wertfreiheit der Wissenschaft. Moralische Argumente sind im vorgelagerten Proto- sowie im übergelagerten Metabereich der wissenschaftlichen Erkenntnis für bestimmte programmatische Fragestellungen grundsätzlich relevant[5] und notwendig, um zu Problemlösungen für das Erkenntnisproblem zu kommen, wenn sie auch — wie übrigens Argumente *aller* Art — im Einzelfall verfehlt sein können.

Diese normative Basis der Wissenschaft bildet allerdings eine erkenntnistheoretische „Grundlage" eigener Art, die sie von der Basisinstanz — im Sinne des vom Rechtfertigungsdenken vergeblich gesuchten oder konstruierten „Fundaments der Erkenntnis", das im Begründungsprogramm als letzte Rechtfertigungsbasis fungieren soll — des noch ausführlich zu diskutierenden fundamentalistischen Erkenntnismodells ebenso abhebt wie vom transzendentalphilosophischen kategorialen Rahmen notwendiger, exklusiver „Bedingungen der Möglichkeit von Erkenntnis oder Wissenschaft überhaupt".

Der „Geltungsstatus" der normativen Basis ist *hypothetisch*, ihr „Wahrheitswert" *konventionell* — insofern ein Fall *Quine*scher "truth by convention" —, ihr Erkenntniswert (im Sinne informativen Eigenwerts) gleich *Null*, ihre Funktion als erkenntnisleitende Prinzipien rein *regulativ* und ihre Stellung insgesamt die von *möglichen*, mehr oder weniger zweckmäßigen, bestenfalls optimalen, aber nie exklusiven Basisnormen kraft vorgängiger erkenntnistheoretischer Grundsatzentscheidungen, die *so oder so*, also mit nie ausschließbarer *Alternativenmöglichkeit*, der Wissenschaft zugrunde liegen. Mangels Absolutheit und eigenem informativem Erkenntniswert ist diese normative Basis der Wissenschaft kein „Fundament der Erkenntnis" (im Sinne des epistemologischen Certimus und Fundamentalismus), also keine Reduktionsbasis, auf der die wissenschaftliche Erkenntnis, durch eine Begründungsrelation fest verankert, *ruhen* könnte. Mangels Exklusivität und konstitutiver Funktion kann sie aber auch kein transzendentaler Bezugsrahmen der Erkenntnis oder Wissenschaft sein, der nicht hintergehbar, revidierbar, ersetzbar und überschreitbar wäre.

Im Lichte eines konsequenten Kritizismus, der schlechthin nichts dem Postulat der Kritisierbarkeit entzieht und nicht nur die Resultate, sondern auch die Bedingungen und Voraussetzungen des kritizistischen Erkenntnisprogramms der Kritik offenhält[6], wird die normative Basis der Wissenschaft zu einem *so oder so* vorausgesetzten Orientierungsrahmen mit regulativer Funktion, von dem die Wissenschaft *ausgeht* und den sie im weiteren Verlauf des Erkenntnisfortschritts grundsätzlich jederzeit *verlassen* kann, um sich eine andere, zweckmäßigere normative Grundlage zu geben, *ohne deswegen notwendigerweise Rationalität oder Wissenschaftlichkeit schlechthin aufzugeben.* Die normative Rationalitätskonzeption, von der die Wissenschaft ausgeht, muß nicht mit jener identisch sein, zu der sie schließlich findet — möglicherweise erst nach einem sehr langen Prozeß des Erkenntnisfortschritts, in dessen Verlauf der Ausgangspunkt aus dem Auge verloren wird oder sogar aufgegeben werden *muß*, weil er zum Erkenntnishindernis geworden ist. Rationalität, Erkenntnis und Wissenschaft konstituieren sich nicht nur auf *eine*, exklusive, ein für allemal feststehende und unüberholbare Weise, die certistisch-fundamentalistischer oder transzendentalphilosophischer Festschreibung unterworfen werden könnte. Auch hier, im vorgelagerten Protobereich und im übergelagerten Metabereich der Erkenntnis, besteht grundsätzlich die permanente Möglichkeit von Alternativen, und sei es auch nur in der marginal abweichenden Form von „familienähnlichen" (im *Wittgenstein*schen Sinne) Erkenntnisprogrammen, die aus dem Bereich von Rationalität und Wissenschaftlichkeit auszuschließen willkürlich wäre. Um *jeden* Preis an der Rationalitätskonzeption festzuhalten, die einmal als normative Basis der Wissenschaft akzeptiert worden ist, könnte um den Preis kritischer Rationalität und Erkenntnis sein.

Ein Ergebnis der folgenden Untersuchung vorwegnehmend: Es ist *unmöglich*, ohne einen vorausgesetzten, sozusagen „auf Kredit" akzeptierten Anfang der Erkenntnis mit Erkennen anzufangen. Aber es ist *unvernünftig,* an diesem Anfang ein für allemal festzuhalten, und *unnötig,* zu ihm unbedingt wieder zurückzukehren, um sich seiner, wie es zuweilen in schlechter Anwendung *Hegel*scher Dialektik heißt, immer wieder zu versichern. Das gilt auch für das normative Ausgangspotential der Wissenschaft, dem damit der Charakter einer *absoluten* Voraussetzung kraft angeblich unhintergehbarer Dezisionen genommen ist, ohne deswegen seine Bedeutung als so oder so unentbehrliches normatives „Startkapital" zu schmälern.

Die hier vertretene These von der normativen Funktion der Erkenntnislehre[7] sowie der ethisch-normativen Grundlage der Wissenschaft widerspricht also weder dem Wertfreiheitspostulat in der meines Erachtens grundsätzlich richtigen *Weber-Albert*schen Deutung[8], noch der in meiner Kritik des epistemologischen Fundamentalismus noch zu explizierenden These, daß alles menschliche Wissen in und außerhalb der Wissenschaft ausnahmslos *Erkenntnis ohne Fundament*[9] sei. Indem ich hier für den Fall der normativen Basis der Wissenschaft auf die im folgenden vertretene fallibilistisch-pluralistische Deutung der Erkenntnis vorgreife, habe ich allerdings das einleitende, programmatische Stadium einer relativ neutralen, alternativen Lösungsansätzen möglichst weit offenen Problemstellung bereits zugunsten eines bestimmten Problemlösungsvorschlags verlassen, für den in diesem Buch plädiert wird[10].

Entgegen der traditionellen Erkenntnislehre, die es bis zu *Kant, Hilbert* und *Dingler* bei der Lösung des Erkenntnisproblems mit Möglichkeits- und Unmöglichkeitsbeweisen versucht hat — *Kant* zum Beispiel im Rahmen seines Programms der transzendentalen Deduktion der Kategorien mit seinen beiden zentralen „Beweisen" von der Möglichkeit einer systematischen Erfahrungserkenntnis einerseits und von der Unmöglichkeit einer Erkenntnis jenseits der Grenzen möglicher Erfahrungserkenntnis andererseits —, scheint es ein allgemeines Charakteristikum grundlegender erkenntnistheoretischer Probleme zu sein[11], daß sie nicht durch (Wahrheits-, Notwendigkeits-, Möglichkeits- oder Unmöglichkeits-)Beweise gelöst werden können, sondern *erstens* durch normative *Grundsatz-Entscheidungen*[12] über Erkenntniskonzeptionen; verbunden mit dem hypothetischen Nachweis, *zweitens*, daß diese Beschlüsse hinsichtlich der damit akzeptierten Erkenntnisprogramme überhaupt *realisierbar* sowie für die Erreichung des postulierten Erkenntnisziels *fruchtbar* sind; und *drittens*, daß die dadurch erreichbaren Ziele unter Berücksichtigung der „Kosten", also der in Kauf zu nehmenden Mittel und Nebenfolgen, auch *erstrebenswert* sind. Bei dieser programmatischen Entscheidungsproblematik (die als allgemeines Entscheidungsproblem den vielen speziellen Entscheidungsproblemen in der Wissenschaft vor- und übergelagert ist) geht es primär um die normative, beim Realisierbarkeits- und Fruchtbarkeitsproblem um die „technologische", bei der „Ertragskalkulation" neben gleichfalls „technologischen" Erwägungen im Rahmen einer erkenntnistheoretischen Kosten-Nutzen-Analyse insbesondere auch um den moralischen, im engeren Sinne ethischen Aspekt der Erkenntnisproblematik. Allerdings besteht kaum eine Möglichkeit, glücklicherweise aber auch kein zwingender Grund, alle hier aufgeführten Komponenten und Aspekte der erkenntnistheoretischen Gesamtproblematik scharf voneinander zu trennen. In jedem Falle genügt zur Problemlösung die rein analytische Unterscheidbarkeit, der keine wirkliche, empirisch durchführbare Trennung vorangehen oder folgen muß.

Die *ethische Fragestellung* stellt das Erkenntnisproblem in einen von der erkenntnistheoretischen Wahrheits- oder Geltungsproblematik zur allgemeinen Wertproblematik erweiterten Kontext, in dessen Bezugsrahmen sich die schlichte, schon von *Aristoteles* aufgeworfene Frage stellt, ob überhaupt, inwieweit, wodurch, warum und wozu Erkenntnis für den Menschen *gut* ist. Da Erkenntnis im allgemeinen und sogenannte wissenschaftliche Erkenntnis im besonderen „nur *einen* möglichen Gegenstand der Wertschätzung unter vielen"[13] bilden, muß sich in ethischer Perspektive auch die moderne, ihres Selbstwerts allzu gewisse Wissenschaft trotz und gerade wegen ihrer unstreitigen praktischen Bedeutung wertmäßig „relativieren" lassen, und zwar sowohl unter dem Aspekt des Wertes von Erkenntnis schlechthin für den Menschen als auch im Hinblick auf den speziellen Beitrag der Wissenschaft zur menschlichen Erkenntnis, verglichen mit dem alternativer Erkenntnisunternehmen.

Bei der (hier nicht weiter verfolgten) Suche nach einer humanen Lösung für diesen von der modernen Wissenschaftstheorie weitgehend verdrängten Aspekt der Erkenntnisproblematik ist nicht nur *Nietzsches* These zu berücksichtigen, derzufolge „keine prästabilierte Harmonie zwischen der Förderung der Wahrheit und dem Wohle der Menschheit"[14] besteht, sondern auch die weiter differenzierende Einsicht, daß sowohl der ethische Eigenwert als auch der praktische Nutzen einer Sache nicht notwendigerweise mit ihrer Qualität und Quantität steigen. Auch wenn Erkenntnis für den Menschen grundsätzlich gut ist, muß sie dies nicht immer, überall, unter allen Umständen und in jedem beliebigen Ausmaß sein. Wenn die Wissenschaft heutzutage allen anderen Erkenntnisunternehmen *erkenntnismäßig* überlegen sein mag, so muß sie dies nicht auch *wertmäßig* sein − es sei denn, daß wissenschaftliche Erkenntnis zum absoluten Eigenwert erhoben wird. Selbst wenn sich also die Förderung nichtwissenschaftlicher Erkenntnisformen erkenntnistheoretisch nicht gutheißen ließe, so könnte − von dem im Lichte der hier vertretenen Pluralismuskonzeption[15] auch erkenntnistheoretisch sehr relevanten Gesichtspunkt der Förderung des Erkenntnisfortschritts durch Kritik mittels Alternativen, die auch aus außerwissenschaftlicher Konkurrenz entstehen können, ganz abgesehen − sie doch aus ethischen Gründen geboten sein, und sei es auch nur, um jeden eventuellen Anspruch der Wissenschaft auf ein Erkenntnis- und Rationalitätsmonopol von vornherein zu unterminieren. Mag das Streben nach Erkenntnis noch so „natürlich" und darüber hinaus auch gut sein, so unterliegt die Forderung nach Rationalität und strenger Wissenschaftlichkeit aller unserer Erkenntnis sowie die noch mehr gesteigerte Forderung nach Maximierung des wissenschaftlichen Erkenntnisfortschritts um nahezu jeden Preis der ethischen Beurteilung, die zur rein erkenntnistheoretischen Beurteilung hinzukommen muß, um zu einer vollen, in jeder Hinsicht allgemeingültigen Lösung des Erkenntnisproblems zu kommen. Die Ausdifferenzierung des *Hume-, Kant-* und *Popper*schen Problems − also, grob gesprochen, des Induktions-, Abgrenzungs- und Fortschrittsproblems[16] − aus der allgemeinen Erkenntnisproblematik bedarf also der Ergänzung durch die *Aristotelische* Problemstellung[17], die auch den ethischen Bezugsrahmen mit seinen spezifischen Bedingungen für adäquate Problemlösungen explizit macht, ohne deren angemessene Berücksichtigung eine Gesamtlösung des Erkenntnisproblems nicht möglich ist.

Die prinzipielle Unentbehrlichkeit und die programmatische, statt initiativ allerdings vielfach als konstitutiv[18] mißverstandene Rolle ethischer und in ihrem Gefolge epistemologisch-methodologischer Entscheidungen für Erkenntnis, Wissenschaft und Rationalität sind in der modernen Erkenntnis- und Wissenschaftslehre von *Popper, Kraft, Albert, Feyerabend* und *Lakatos,* aber auch von mehr positivistisch orientierten Philosophen wie *Carnap* und *Feigl*[19] mit großer Klarheit herausgearbeitet worden. Philosophische Standpunkte unterscheiden sich nicht dadurch, daß die einen ohne solche Entscheidungen auskommen könnten, während die anderen dagegen „dezisionistisch" *(Habermas)* seien, sondern lediglich durch den Grad der selbstkritischen Einsicht in die eigene „dezisionistische" Grundstruktur sowie durch die Bereitschaft, diese kritischer Prüfung auszusetzen und der Ideenkonkurrenz mit Alternativen — in der Sache mehr oder weniger divergierenden, in der Form aber grundsätzlich gleichermaßen „dezisionistischen" Konzeptionen — offenzuhalten.

Dieser *aufgeklärte Dezisionismus*[20] anstelle des von *Albert* und *Habermas* gleichermaßen mit Recht kritisierten „puren" Dezisionismus[21] ist allerdings nur im Rahmen eines *kritischen Dualismus*[22] möglich, der Fakten und darauf bezogene Naturgesetze von auf Konvention beruhenden normativen „Gesetzen" (Standards, Regeln), deskriptive Geltung kraft Korrespondenz mit einer unabhängigen Realität von normativer Geltung kraft Konsens zu unterscheiden weiß. Da die Differenzierung zwischen „Natur" und „Konvention", zwischen Erkenntnis und Entscheidung — verbunden mit der sich allmählich durchsetzenden Einsicht in die Interdependenz von Erkenntnis und Entscheidung sowie der Anerkennung des sogenannten „menschlichen Anteils" an der Erkenntnis, d.h. der Entscheidung *in* der Erkenntnis — eine notwendige Vorbedingung für die Entstehung der rationalen Wissenschaft abendländischer Prägung ist, überrascht es nicht, daß sie, wie die Idee der Wissenschaft selbst, nach vorherrschender Auffassung auf die Vorsokratiker zurückgeht, so daß auch hier *Popper*s Maxime „Zurück zu den Vorsokratikern!"[23] auf den richtigen Ausgangspunkt verweist. Die Tatsache, daß die Geburt der Wissenschaft auch von einer gleichermaßen exemplarischen Revolution der Kunst — dem „griechischen Wunder", das im Erwachen der Kunst aus archaischen, fälschlicherweise für „primitiv" gehaltenen Darstellungsweisen besteht[24] — begleitet war, rundet das Bild dieser für die spätere Entwicklung von Erkenntnis und Wissenschaft wahrhaft Maß-gebenden geistesgeschichtlichen Epoche ab, die uns *das* Charakteristikum aufgeklärter abendländischer Kultur vererbt hat: die Idee der kritisch-rationalen Erkenntnis, konkretisiert vor allem in Philosophie, Wissenschaft, dramatischer Dichtung und Kunst.

Die griechische Revolution des Denkens und Sehens, die eine neue Tradition begründete und bewirkte, daß Kritik zum „charakteristischste(n) Beitrag unserer Kultur"[25] geworden ist, war nur möglich auf Grund der wohl größten „Verfremdungsleistung" der Geistesgeschichte. Dadurch wurde erstmals gezeigt, daß „Verfremdung" — im Sinne radikaler, permanenter und irreversibler Zerstörung der Unmittelbarkeit — erst jene kritische Distanz zum Erkenntnisobjekt sowie, in Rückanwendung auf den Erkenntnisprozeß auf der höheren Ebene philosophischer Reflexion, zur Erkenntnis selbst ermöglicht, aus der die Welt „wissenschaftlich" erkannt werden kann, was immer das zusätzlich zum allgegenwärtigen kritischen Moment auch im einzelnen besagen mag. Im Ergebnis führt diese Verfremdung als Folge der vorsokratischen griechischen Revolution zur Destruktion der vertrauten Erfahrungswelt und der ihr korrespondierenden relativ „direkten" mythischen Erkenntnisweise in der „Wissenschaft vom Konkreten" *(Lévi-Strauss*[26]*)* zugunsten der *rationalen Dialektik* einer gesteigert „theoretischen" Erkenntnisweise aus kritischer Distanz zur „Welt" und letztlich zur Erkenntnis selbst; im soziopolitischen Bereich schließlich zur Sprengung der auf der Identität von Natur und Konvention gegründeten geschlossenen Gesellschaft zugunsten einer „offenen Gesellschaft" *(Popper* [27] *)*, in der die erkenntnistheoretische Idee der Kritik in kritische *Praxis* und theoretische Aufklärung in praktische *Emanzipation* umschlägt.

Das Ergebnis jener grundsätzlichen programmatischen Entscheidungen sind zunächst einmal *Forderungen* [28], die wir – normativ!– an alle Erkenntnis stellen, „die als Wissenschaft wird auftreten können", und die sich in Erkenntnisprogrammen für die Wissenschaft niederschlagen. Die „Idee" der Wissenschaft, die das durchgängige Leitmotiv für das wissenschaftliche Erkenntnisideal liefert, das es in der Wissenschaft anzustreben gilt; die epistemologischen Kriterien und Standards sowie die methodologischen Regeln, die den Erkenntnisprozeß normieren und regulieren, indem sie Ziele setzen und methodische Anweisungen zum Handeln geben: sie alle werden nicht *gefunden*, sondern *erfunden*. Sie sind nicht von Anfang an vorgegeben und deshalb auch nicht als empirisches oder transempirisches („ideales", „transzendentales") *Faktum* einfach zu entdecken, sondern konstruktiv zu entwerfen – dies allerdings vernünftigerweise immer zugleich auch unter dem Aspekt ihrer Realisierbarkeit.

Erkenntnistheoretisch gesehen handelt es sich dabei also um *Festsetzungen*, durch die erst bestimmt wird, was als (wissenschaftliche) Erkenntnis auftreten darf. *Entdeckt* werden im strengen Sinne des Auffindens eines gegebenen empirischen Tatbestandes der wirklichen Welt oder eines strukturell eingebauten „theoretischen" Tatbestandes transempirischer „möglicher Welten" können diese Komponenten der normativen Basis der Wissenschaft lediglich einerseits als *produziertes Faktum* in der erkenntnistheoretischen Rekonstruktion eines historischen Ereignisses oder Vorgangs der vergangenen Wissenschaftsentwicklung – dies insbesondere im Zusammenhang mit der philosophischen Auswertung der sogenannten „Geburt der Wissenschaft" –, andererseits als bloße *Möglichkeit* in der erkenntnistheoretischen Reflexion. Beide Ansätze verfehlen jedoch die eigentliche erkenntnistheoretische Problematik, indem sie entweder deren kritisch-normative oder deren realistische Dimension abschneiden. Das, worum es bei der normativen „Grundlegung" der Wissenschaft geht, zum „Faktum" zu erklären, geht zu weit; es als bloße „Möglichkeit" zu entdecken, nicht weit genug, um das wissenschaftliche Erkenntnisprogramm philosophisch zu legitimieren und praktisch in Gang zu setzen, um also wissenschaftliche Erkenntnis als kritisch-rationale Erkenntnis *auszuzeichnen* – sei es durch Begründung (wie im traditionellen Rechtfertigungsansatz), sei es auf eine andere, als rechtfertigungsfrei intendierte Weise (wie im *Popper*schen Fallibilismus) – und in *dieser* Welt zu verwirklichen.

Denn das Bestehende ist für sich allein genommen ohne normative Potenz. Daß etwas existiert, ist noch kein Grund anzunehmen, daß es *gut* sei, und zu postulieren, daß es so bleiben *solle*. Außerdem ist die Welt der reinen Faktizitäten zu sehr festgelegt und wäre deshalb zu restriktiv als Orientierungsrahmen für die Konstruktion alternativer Konzeptionen, selbst wenn die Betrachtung von vornherein auf das Teilproblem der realisierbaren Möglichkeiten eingeschränkt werden würde. Die Welt der reinen Possibilitäten ist dagegen zu permissiv. Das transempirische Universum des überhaupt Möglichen besteht aus gar weichem Material, dem sich vieles, allzu vieles einprägen läßt. Folgerichtig stellt deshalb *Naess* seine Philosophie des „Possibilismus" unter das Motto: *Alles ist möglich!*[29] In diesem possibilistischen Universum fehlt es angesichts des fast uneingeschränkten Spielraums für mögliche Alternativen am Widerstand gegenüber dem, was unter den tatsächlichen Bedingungen *unserer* empirischen Welt nicht vernünftig, nicht zweckmäßig oder überhaupt nicht realisierbar wäre. Die Beschränkung der philosophischen Reflexion auf die erkenntnistheoretische Rekonstruktion dessen, was ist, schließt das spekulative, kritische, normative und konstruktive, auf Verbesserung des Bestehenden drängende Moment aus, filtert also zu stark und läßt damit *zu wenig* Problemlösungsmöglichkeiten offen, während die Erweiterung der Perspektive auf die Dimension des überhaupt Möglichen zu schwach selektiert und infolgedessen *zu viel* offen läßt. Daß insgesamt zu wenig Optionen angeboten werden, so daß in der Regel nicht erwartet werden kann, daß die jeweils beste der möglichen Alternativen im Spielraum der Entscheidung verbleibt und unter den gegebenen Umständen überhaupt zur Wahl steht, ist dabei die größere Gefahr, die durch die stereotype Berufung der Philosophen auf „Denkzwänge" kaum weniger gefördert wird als durch den analogen Rekurs der Technologen auf „Sachzwänge".

Durch das metatheoretische[30] System der epistemologisch-methodologischen Forderungen des kritischen Erkenntnisprogramms wird ein *Ideal* implizit definiert: ein Erkenntnisideal, das es in der Wissenschaft anzustreben gilt, und dessen Realisierung zu jener postulierten Art kritischer Erkenntnis führen soll, die als Wissenschaft auftreten kann. Sie wird so auftreten können, insofern sich als ideal erweist, was für das Erkenntnisprogramm der Wissenschaft postuliert wird, und als realisierbar, was durch das Erkenntnisprogramm angestrebt wird. So gesehen erweist sich unser Erkenntnisstreben, wie schon von *Platon* beschrieben, „als ein Suchen, aber nicht als ein solches aufs Ungefähr hin, sondern wir suchen, war wir finden wollen"[31]. Wenn das so ansetzende normative „Denken in Idealen und Programmen" auf keinerlei Widerstände stoßen würde, die es erst zu überwinden oder als einschränkende Bedingungen für die anvisierten Problemlösungen zu respektieren gilt, dann könnte jeder überhaupt denkbare, nach freiem Belieben ausgewählte Sachverhalt zum Ideal erhoben und als Sollwert des Erkenntnisprogramms genommen werden. Der Tendenz zur willkürlichen Übersteigerung und bedingungslosen Vervollkommnung des Ideals wären keine Grenzen gesetzt. Erkenntnisprogramme müssen jedoch im Hinblick auf die von ihnen verfolgten Erkenntnisideale eine Fülle einschränkender Vor- und Nebenbedingungen beachten, deren wichtigste sich aus der vorausgesetzten normativen Rationalitätskonzeption sowie aus dem Realisierbarkeitspostulat ergeben.

Um zu einem vernünftigen und praktikablen Erkenntnisprogramm führen zu können, muß das Erkenntnisideal nicht nur eine *in sich stimmige Konzeption der Erkenntnis* bilden, sondern auch *ethisch akzeptabel* und zumindest partiell oder approximativ *realisierbar* sein. Aber weder ist jede dieser Bedingungen für sich genommen ohne weiteres erfüllbar noch sind beide unbedingt miteinander vereinbar. Dies gilt insbesondere bei zunehmender Steigerung und Strenge dieser Bedingungen. Hier kann ein Erkenntnisprogramm leicht in ein *Dilemma* geraten: Die Perfektionierung des Erkenntnisideals im Sinne der angenommenen Rationalitätskonzeption erleichtert normalerweise zwar seine normative Akzeptierbarkeit, wird aber unter Umständen seine Realisierbarkeit erschweren oder kann sie ganz unmöglich machen. Umgekehrt löst sich das Realisierbarkeitsproblem von selbst, wenn das Erkenntnisideal nur ohne weiteres Realisierbares oder gar bereits Erreichtes umfaßt, um jedoch unter diesen Umständen den normativen Erwartungen an Erkenntnisprogramme – *deren* progressive Entwicklung über den Status quo hinaus von einer an der Idee universellen Erkenntnisfortschritts orientierten Rationalitätskonzeption in der Regel ebenso verlangt wird wie der Fortschritt der wissenschaftlichen Theorien selbst – nicht mehr gerecht werden zu können. Je perfekter das Erkenntnisideal konstruiert ist, desto unproblematischer dürfte der ethisch-normative Aspekt des Erkenntnisproblems sein, aber um so schwieriger die Lösung des Realisierbarkeitsproblems werden. Unter diesen Umständen wird jede ausgewogene Gesamtlösung der Erkenntnisproblematik zu einer echten *Optimierungsaufgabe*, die Maximallösungen für einzelne Teilprobleme von vornherein ausschließt [32].

Wenn auch alle Aspekte des Erkenntnisproblems grundsätzlich berücksichtigt und partielle Maximallösungen von Teilproblemen ausgeschlossen werden, so bleibt trotzdem die Gefahr *unausgewogener Gesamtlösungen* in doppelter Hinsicht bestehen. Unausgewogene Lösungen ergeben sich, wenn Erkenntnisprogramme die in sie eingebauten Erkenntnisideale in ihrer normativen oder faktischen Dimension überziehen, indem sie die Konzeption der Erkenntnis und ihres Fortschritts entweder überperfektionieren oder konformistisch dem Status quo des im wesentlichen – wenn nicht faktisch, so doch zumindest im Prinzip – bereits Erreichten anpassen.

Im ersten Fall, wenn die Erkenntniskonzeption normativ überzogen und irgendeine Idee des schlechthin perfekten Wissens zum Erkenntnisideal erhoben wird, kann das Erkenntnisprogramm zur *Utopie* werden. Diese Gefahr besteht keineswegs nur für revolutionäre, auf radikalen Bruch mit der Tradition angelegte Erkenntnisprogramme, sondern auch für konservative Ansätze. In einer sich ständig wandelnden „Welt im Werden" sind die auf Beharrung und Bewahrung gerichteten Ideale der Konservativen fast noch utopischer als die auf radikale Veränderung gerichteten Ideale der Revolutionäre [33]. Normativ überzogen und perfektionistisch übersteigert bis zur in *dieser* Welt nicht mehr realisierbaren Utopie kann das Stabilitäts- und Kontinuitätsideal der „permanenten Tradition" ebenso leicht werden wie das Fortschrittsideal der „permanenten Revolution". Im zweiten Fall, wenn das Erkenntnisprogramm seinen kritisch-normativen Anspruch auf progressive Veränderung der Erkenntnissituation zugunsten des faktischen Bezugs so sehr verkürzt, daß das Erkenntnisideal sich auf die distanzlose Beschreibung oder bestenfalls extrapolierende Fortschreibung des Status quo beschränkt, kann das Erkenntnisideal zur *Kopie* der Erkenntnisrealität werden. Bei der Utopie ist der Abstand zwischen Ist- und Sollzustand zu groß für eine Heranführung der Erkenntnisrealität an das Erkenntnisideal, während er bei der Kopie so gering ist, daß das Erkenntnisprogramm über eine bloße Reproduktion der Erkenntnisrealität kaum hinauskommt. Als Kopie der etablierten Erkenntnispraxis verliert ein Erkenntnisideal seine kritische Funktion gegenüber der Erkenntnisrealität, als Utopie seine erkenntnisleitende Funktion für die Forschungspraxis [34].

Man kritisiert auch Erkenntnis und Wissenschaft am schärfsten, indem man sie mit ihrem Ideal konfrontiert [35]. Auch wenn die faktische Existenz des Phänomens Wissenschaft außer Frage steht, muß sich deswegen das wissenschaftliche Erkenntnisideal keineswegs in der Realität vorfinden lassen, denn die Wissenschaft ist – jedenfalls in erkenntniskritischer Hinsicht – ganz und gar nicht „in Ordnung, wie sie ist", um es mit einer vielzitierten, auf die Sprache gemünzten Formulierung Wittgensteins[36] zu sagen. Und man verbessert auch die Wissenschaft am ehesten, indem man beim Status quo *ansetzt* und von ihm *ausgeht,* um ihn allerdings im Prozeß des Erkenntnisfortschritts möglichst schnell und möglichst weit *hinter sich zu lassen.*

Den praktischen, durch institutionelle Verankerung verfestigten Erkenntnisbetrieb in und außerhalb der Wissenschaft kann nur ein Denken ändern, das noch in der Lage ist, das jeweils „Gegebene" zu transzendieren und das, *was ist,* im Namen dessen, *was sein soll* und *sein kann,* kritisch in Frage zu stellen – wenn nicht unter den gegenwärtigen Verhältnissen, so doch möglicherweise unter verbesserten Bedingungen, die in Zukunft zu erwarten oder auch notfalls erst herzustellen sind. Dieses gleichzeitig spekulative und konstruktive, im Ansatz transempirische und in der Tendenz kritisch-progressive Denken „gegen den vorherrschenden Wind" von Erfahrung, Tradition und Geschichte beginnt zunächst unvermeidlich als *Utopie,* wird für die Praxis zum *Ideal,* konkretisiert sich in der Wissenschaft als *Forschungsprogramm* und endet, wenn alles gut geht, als *neue Praxis,* um in dieser realisierten, durch Institutionalisierung sozusagen „verdinglichten" Form seinerseits zum Objekt der Kritik im Lichte eines neuen Ideals vom Charakter einer *Alternative* zu werden.

Das Erkenntnisideal kritisiert den Status quo, indem es ihn übersteigt. Das daraus abgeleitete Wissenschafts- oder Forschungsprogramm schließlich verändert die tradierte Praxis im Sinne des postulierten Ideals, indem es sie im Gang der eigenen Realisierung verdrängt und sich selbst als neue Praxis etabliert, um früher oder später auf die gleiche Weise abgelöst zu werden. Die in der Sozialphilosophie im Zusammenhang mit der Rationalitäts- und Realisierbarkeitsproblematik zu *der* programmatischen Alternative kritischen Denkens schlechthin verabsolutierte Fragestellung „*Reform oder Revolution?*"[37] ist im hier angesprochenen analogen Problemkontext der Erkenntnistheorie nicht von entscheidender Bedeutung. Es handelt sich bei dieser zugleich übervereinfachten und überdramatisierten dichotomischen Fragestellung um eine im Ansatz systematisch verfehlte, in der Problemexplikation mangels präziser Kriterien vage, vieldeutige, theoretisch unzureichend entwickelte sowie im Ergebnis, wie immer es auch ausfallen mag, für die Lösung des Rationalitäts- und Realisierbarkeitsproblems der Erkenntnis insgesamt wenig hilfreiche Pseudoalternative (wie übrigens meines Erachtens auch in der Sozialphilosophie[38]).

Denn in der erkenntnistheoretischen Fragestellung nach dem Verhältnis von Erkenntnisideal und Erkenntniswirklichkeit, von wissenschaftstheoretischer Programmatik und Wissenschaftspraxis, geht es um die grundsätzliche Lösung des Rationalitäts-, Realisierbarkeits- und Fortschrittsproblems der Erkenntnis schlechthin. Das aber heißt in erkenntnistheoretischer Perspektive: Es geht um die Ermittlung des für die Lösung dieser Problematik günstigsten „Abstandes" zwischen Erkenntnisideal und Forschungspraxis, der jedoch – entgegen der vorherrschenden inadäquaten Problemstellung – kein entscheidender Faktor für die insofern systematisch verfehlte Alternative *Reform-versus-Revolution* ist. Dafür sind solche in der Konzeption der gradualistischen Sozialtechnologie des *Popper*schen "piecemeal engineering"[39] und des *Lindblom*schen Inkrementalismus[40] zu Unrecht ignorierten, in der erkenntnistheoretischen Fragestellung nach dem angemessenen Verhältnis programmatischer Erkenntnisideale zur etablierten Erkenntnispraxis dagegen mit Recht als für die grundsätzliche Problemlösung nicht entscheidend angesehenen Faktoren wie die Realisierungsgeschwindigkeit für Innovationen und der Änderungswiderstand viel wichtiger als das absolute Ausmaß der Veränderung, „gemessen" als Differenz zwischen Soll- und Istzustand, zwischen Ideal und Wirklichkeit. Bei hinreichend großem Änderungswiderstand (der, von *Popper* ebenfalls übersehen, gerade durch gradualistisches Vorgehen provoziert und im Verlauf der einzelnen inkrementalen Reformschritte, in die „große" Innovationen durch die Methode des "piecemeal engineering" zerlegt werden, bis zur Unüberwindbarkeit gesteigert werden kann) und starkem Zeitdruck für den Realisierungsprozeß werden selbst Innovationen relativ geringen Ausmaßes („lokale Alternativen") unter Umständen nur über „Revolutionen" praktisch durchsetzbar, während „radikale Änderungen" größten Ausmaßes („globale Alternativen") bei geringem Änderungswiderstand und ohne Zeitdruck ohne weiteres in den Realisierbarkeitsbereich „friedlicher", schrittweiser Reformpolitik kommen können. Langfristig gesehen löst sich also die überzogene, problemabschneidende Alternative *Reform-versus-Revolution* in nichts auf, um der Analyse der für die Rationalitäts-, Realisierungs- und Fortschrittsproblematik wirklich maßgebenden Faktoren Platz zu machen. Das gilt insbesondere im Zusammenhang mit Erkenntnisidealen, die ja im allgemeinen nicht als Nahziele der Wissenschaftspolitik gedacht sind[41]. Für die grundsätzliche Lösung des Erkenntnisproblems spielt die Fragestellung „Reform oder Revolution?" also keine wesentliche Rolle, auch nicht im Hinblick auf das Realisierbarkeitsproblem. Wenn es um die erkenntnistheoretische Beurteilung von Erkenntnisidealen und Wissenschaftsprogrammen geht, sind rein strategische, auf einen verkürzten Problemkontext abgestellte und nur *innerhalb* dieses engen Rahmens sinnvolle Überlegungen der Realisierungstechnologie und -politik zweitrangig oder gar völlig irrelevant.

Insgesamt gesehen besteht die *kritisch-normative Funktion der Erkenntnis- und Wissenschaftstheorie* darin, daß sie ein Erkennen – als Prozeß wie als Resultat – anstrebt, *das besser ist als das tatsächliche,* wie gut und fortgeschritten dieses auch immer sein mag. Um dieses sich permanent selbststeigernden Zieles willen darf sie sich weder mit einer positivistischen noch – auf höherer, der Wissenschaft vorgelagerter („protowissenschaftlicher") oder übergelagerter („metawissenschaftlicher") philosophischer Ebene[42] – mit einer transzendentalphilosophischen (Kantianismus), dialektischen (*Hegel;* Frankfurter Kritische Theorie), prototheoretischen (Operativismus der Erlanger Schule um *Lorenzen*), hermeneutischen *(Gadamer)* oder transzendentalhermeneutischen *(Apel, Habermas) Deskription* der irgendwie, empirisch oder transzendental, „gegebenen" oder auch erst herzustellenden, kurzschlüssig zu unhintergehbaren „Lebensformen" *(Wittgenstein)* mit eigener „Logik" und autonomer Rationalität (*Winch* im Gefolge des späten *Wittgenstein;* neuerdings auch *Popper* mit seiner hyperrealistischen Theorie der „dritten Welt") erklärten Erkenntnisweisen und -bedingungen begnügen. Eine *Theorie* kritisch-progressiver Erkenntnis, die selbst ebenso kritisch und progressiv sein will, muß vielmehr *in kritischer Distanz zur Praxis,* wie sie nur von einem transempirischen, potenziert theoretischen[43] Denken gewahrt werden kann, ein (zunächst vielleicht utopisches) Erkenntnisideal entwerfen und in ein konkretes Fortschrittsprogramm umsetzen, das die Argumente für die Kritik und den Impetus zur Verbesserung des etablierten Wissenschaftsbetriebs zu liefern imstande ist. Wenn „Idee" und Wirklichkeit, Wissenschaftsideal und tradierte Forschungspraxis sich zu gegebener Zeit nicht decken sollten, so ist diese Differenz grundsätzlich zunächst einmal der zurückgebliebenen Erkenntnispraxis anzulasten — „desto schlimmer für die Tatsachen", würde *Hegel* sagen —, folglich als *Kritik an der Praxis* anzusehen und *deren* Anpassung zu fordern. Denn auch die Philosophie der Erkenntnis und Wissenschaft sollte, entgegen *Wittgensteins* konformistischem Diktum, nicht alles lassen wie es ist[44].

Es ist sicherlich ein legitimes Ziel, erkenntnislogische Theorie und wissenschaftliche Praxis miteinander in Einklang zu bringen, wie es von *Dewey*[45] gefordert wird. Auf diese Weise kann auch die Erkenntnispraxis zu *einer* kritischen Instanz für die Erkenntnistheorie werden. Aber hier wie überall darf die Anpassung der Theorie an die Praxis nie so weit gehen, die eingespielte Praxis, wie vernünftig und erfolgreich sie auch immer sein mag, für vorbildlich „normal" und normativ verbindlich zu erklären. Die Grenze für die angemessene Orientierung der Wissenschaftstheorie an der Wissenschaftspraxis liegt dort, wo aus der kritischen Orientierung — der „negativen" Anpassung durch korrigierende Kritik — eine ideologische Orientierung wird, die das, was bestenfalls ein historisches *Faktum* ist, zur *Norm* erhebt, der sich die Theorie im Sinne „positiver" Anpassung bedingungslos unterzuordnen hat. Als Vergleichsinstanz für die Erkenntnistheorie ist die Erkenntnispraxis zwar unentbehrlich, aber grundsätzlich unzureichend in doppelter Hinsicht: Erstens ist sie nur *kritische*, nicht normative Instanz, und zweitens nur *eine* kritische Instanz[46]. Im Verhältnis von theoretischem Erkenntnisideal und historischer Erkenntniswirklichkeit ist völlige „Einheit von Theorie und Praxis" unmöglich und wäre, wenn möglich, schlecht. Denn auch in der Wissenschaft ist nicht alles Vernünftige wirklich und nicht alles Wirkliche vernünftig. Unter diesen sehr realistischen Umständen wäre erkenntnistheoretischer Konformismus im Ergebnis ideologischer Opportunismus. Der Hinweis auf die tatsächliche, „bewährte" Forschungspraxis kann deshalb selbst dann, wenn sie sich zweifelsfrei bewährt haben sollte, nie das letzte Wort sein. Die „bewährte Praxis" entspricht bestenfalls tendenziell einem Erkenntnisideal, verkörpert es aber nicht. Sie mag einer Norm folgen, repräsentiert sie aber nicht. Selbst wenn das historische Faktum vorfindlicher Forschungspraxis dem akzeptierten Erkenntnisideal voll entsprechen sollte, wäre sie nur *ein* Realisierungsfall, der das Erkenntnisprogramm nicht ausschöpft. Die Erkenntnistheorie geht *immer* über die Erkenntnispraxis hinaus. Die Norm transzendiert die Realität selbst dann, wenn sie im Einzelfall verwirklicht ist. Schon aus diesem Grunde kann die Praxis nicht zur Norm für die Theorie werden, es sei denn in ideologisch kurzgeschlossener „Einheit von Theorie und Praxis". Das gilt in und außerhalb der Wissenschaft, für den Erkenntnisbereich ebenso wie für den Handlungsbereich.

Dieses radikalkritische Denken, das zugleich normativ und spekulativ und beides *in kritischer Absicht* ist, hat schon *Hegel* zu diskreditieren versucht: „Es ist ebenso töricht zu wähnen, irgend eine Philosophie gehe über ihre gegenwärtige Welt hinaus, als, ein Individuum überspringe seine Zeit, springe über Rhodus hinaus. Geht seine Theorie in der Tat darüber hinaus, baut es sich eine Welt, wie sie sein soll, so existiert sie wohl, aber nur in seinem Meinen, — einem weichen Element, dem sich alles Beliebige einbilden läßt."[47]

Auf dieser Linie liegt auch *Gadamers* Programm einer traditionsorientierten, tendenziell konservativen Hermeneutik, in deren Theorie des Vor-Urteils ein massives Vorurteil für durch Tradition und Geschichte geheiligte Vorurteile eingebaut ist. „Im Grunde schlage ich *keine Methode* vor, sondern beschreibe, *was ist*", schreibt *Gadamer* in Verkennung seines eigenen Erkenntnisprogramms und bezeugt damit wieder einmal die Unfähigkeit der Hermeneutik, sich selbst zu verstehen, von adäquater Rekonstruktion oder gar Kritik des hermeneutischen Ansatzes ganz zu schweigen. „Mit anderen Worten, ich halte es allein für wissenschaftlich, *anzuerkennen, was ist*, statt von dem auszugehen, was eben sein sollte oder sein möchte."[48] Die *kritische* Wissenschaftstheorie hält es anders, und die *kritische* Wissenschaft auch, die sich allerdings mit der vorherrschenden Wissenschaft und Wissenschaftstheorie nicht unbedingt decken. Hier muß sich deshalb die philosophische Kritik gegen die Wissenschaft und gegen die Wissenschaftstheorie gleichermaßen wenden. Darauf hat vor allem *Feyerabend* immer wieder mit Recht hingewiesen. Es lohnt sich, ihn in diesem Zusammenhang einmal etwas ausführlicher zu Wort kommen zu lassen:

"Modern science and its methodology started as a rebellion of a few people against established modes of thought. These thinkers disagreed with the most fundamental beliefs of their time, which where held by scholars and by laymen alike and which also had impressive evidence in their favor. ... An immense optimism is at work here, an optimism which is prepared to abandon the products of the combined efforts of many generations and 'to begin the whole labor of the mind again' (Bacon). Ernst Mach who initiated the movement of modern positivism criticized the science of his time in the very same spirit. This is the attitude which has led to the sciences as we know them today. Every philosopher of science lives off the products of this great and distant past. But it is also clear that the contemporary tendency to dwell at length on *what is*, and either to oppose, or not to be concerned with, *what should be* would never have permitted such products to arise. It is time for the philosophers to recognise the calling of their profession, to free themselves from the exaggerated concern with the present (and the past) and to start again anticipating the future"[49].

Eine im weitesten, aber — wie sich noch zeigen wird — *im großen und ganzen* doch treffenden Sinne „wissenschaftliche" Problemlösung ist eine spezifisch „theoretische" Lösung, d.h. eine *Problemlösung durch Theorie*. Um zu einer solchen Lösung irgendeines Problems zu kommen, bedarf es zunächst einmal einer adäquaten *Problemstellung*; ferner einer geeigneten allgemeinen *Methode* und schließlich einer daraus abgeleiteten, auf die Bedingungen der konkreten Problemsituation abgestellten *Strategie*. Damit ist allerdings lediglich ein mehr oder weniger systematischer und erfolgversprechender „Denkweg" zur Problemlösung gewiesen, noch nicht die gesuchte Problemlösung selbst präjudiziert oder gar erreicht.

Das gilt natürlich auch für das Erkenntnisproblem und seine Lösung. Was sich, alles in allem, aus den bis zu diesem Diskussionspunkt hier entwickelten erkenntnis- und wissenschaftstheoretischen Überlegungen ergibt, ist bestenfalls — sofern sie sich als sachlich richtig und normativ akzeptabel erweisen sollten — eine adäquate Problemstellung und ein aussichtsreicher „Denkweg" zur vollen Problemlösung, nicht diese Lösung selbst; ferner eine Methode zur Konstruktion eines Erkenntnisideals sowie einer programmatischen Strategie zur Entwicklung eines praktikablen Wissenschaftsprogramms, nicht schon das fertige Erkenntnisideal und das ausgearbeitete Forschungsprogramm.

16

Es gilt nun also, von dieser erkenntnistheoretischen Ausgangslage her ein Ideal jener Art von Erkenntnis systematisch und detailliert auszuarbeiten, die der Problemstellung gemäß „als Wissenschaft wird auftreten können". Davon ausgehend ist sodann ein Wissenschaftsprogramm zu entwickeln, das in *dieser*, historisch vorfindlichen Welt mit ihren vielen zusätzlichen, auch rein praktischen Restriktionen Wissenschaft als Erkenntnisunternehmen möglich macht: in einer Welt, die der menschlichen Erkenntnis zugänglich sein mag, aber vermutlich nicht speziell daraufhin angelegt ist; in einer Welt, deren eingebaute Widerstände und Hindernisse gegen ihre eigene Erkennbarkeit es erst zu überwinden gilt und die unter normalen Umständen Wissenschaft bestenfalls ermöglicht, ohne sie – als *eine* in Zielsetzung und Methode ziemlich *einseitige* „besondere Art, sich mit der Welt auseinanderzusetzen"[50], d.h. als *ein* Erkenntnisunternehmen unter vielen alternativen Möglichkeiten, denen unsere empirische Welt teilweise bessere Erfolgschancen bietet – besonders zu begünstigen.

Angesichts des *Dilemmas,* mit dem zum Zwecke der Wissenschaftsinitiierung angenommenen Erkenntnisprogramm den Status quo der tradierten Erkenntnispraxis entweder unter Verfehlung der normativen Rationalitätspostulate *unkritisch zu reproduzieren* oder unter Verfehlung der empirischen Realisierbarkeitspostulate *uneinholbar zu transzendieren,* scheint auf der Suche nach einem möglichst kritischen und zugleich hinreichend realisierbaren Erkenntnisideal nichts natürlicher und unproblematischer zu sein, als in dieser schwierigen erkenntnistheoretischen Problemsituation an eine Idee von Erkenntnis anzuknüpfen, die im Verlauf der Ideengeschichte gezeigt hat, *daß sie jederzeit als Wissenschaft wird auftreten können:* einfach dadurch, daß sie zum Entstehen des historischen Phänomens der Wissenschaft, wie wir es heute kennen, praktizieren und als *Wissenschaft* anerkennen, geführt hat. Wenn *John Burnets* These stimmt, daß es eine adäquate Charakterisierung der Wissenschaft sei, "to say that it is 'thinking about the world in the Greek way' "[51], dann würde *Poppers* Wegweiser *Zurück zu den Vorsokratikern!* (der allerdings, wie alle Wegweiser, den Weg nicht selbst geht und stattdessen die Vorsokratiker in sentimentaler und parteiischer Glorifizierung zu Vorpopperianern macht) zumindest *einen* möglichen Ausweg aus dem Dilemma aufzeigen.

Unter dieser Voraussetzung wäre also mit dem historischen Faktum Wissenschaft immerhin *ein* Erkenntnisideal vorgegeben und ein Wissenschaftsprogramm präsentiert, das sich als kritisch und realisierbar erwiesen hat – beides zumindest in dem Ausmaß, das zur Initiierung von Wissenschaft ausreichend ist. Wenn es überhaupt irgendeine Art von Erkenntnis gibt, die mit Recht als Wissenschaft auftritt, dann darf die Erkenntnistheorie zur Lösung des hier anstehenden Problems auf die legendäre „*Geburt der Wissenschaft"* zurückgreifen, um die im historischen Geburtsakt der Wissenschaft erstmals und exemplarisch praktizierte Musterlösung adäquat zu rekonstruieren und als *metawissenschaftliches Paradigma „wissenschaftlicher" Erkenntnis* zu rezipieren. Denn was für die historische Geburt der Wissenschaft verantwortlich ist, hat sich damit zwar noch nicht unbedingt als substantielle, voll realisierte Erkenntnis und – insbesondere wegen des praktisch unvermeidlichen Realisierungsdefizits „idealer" programmatischer Forderungen – als fertige Wissenschaft ausgewiesen, wohl aber als kritisches Erkenntnis*ideal* und Wissenschafts*programm* im Sinne dieser Wissenschaftskonzeption qualifiziert. Der Rekurs auf historische Fakten legitimiert zwar weder dieses Phänomen selbst noch die es erklärende Theorie, liefert aber immerhin *einen* möglichen und nach Lage der Dinge ohne weiteres praktikablen Ansatzpunkt zur Überwindung des erkenntnistheoretischen Dilemmas. Als historisches Faktum würde die im griechischen Denken — nach der philosophischen Weihnachtslegende von der „Geburt der Wissenschaft" *erstmals,* nach der im folgenden vertretenen Wiedergeburtsthese *erneut* — zur Welt gebrachte Wissenschaft die Realisierbarkeitspostulate, als (hinreichend realisiertes) Erkenntnisideal die Rationalitätspostulate erfüllen.

Dank der für unstreitbar gehaltenen Existenz des Phänomens Wissenschaft scheint also nichts natürlicher, erlaubter und, zumindest als erster Schritt in Richtung auf eine volle Problemlösung, auch fruchtbarer zu sein als die metawissenschaftliche Strategie, mit der *Konstruktion* eines kritischen Erkenntnisprogramms für die Wissenschaft bei der Entstehung der Wissenschaft anzusetzen, um jene Idee von Erkenntnis zu *rekonstruieren,* die Wissenschaft möglich gemacht und von Anfang an gegenüber allen alternativen Erkenntnisformen ausgezeichnet hat.

# Erster Teil

# Die Entstehung des Erkenntnisproblems

## 1. Kapitel

## Die sogenannte Geburt der Wissenschaft im griechischen Denken und die kritische Tradition

Wenn nach vorherrschender und in einem noch zu präzisierenden Sinne im wesentlichen auch richtiger Auffassung mit dem von *Burnet* angesprochenen Erkenntnisprogramm des Denkens über die Welt auf griechische Art und Weise „mit gewissen Griechen des siebten und sechsten Jahrhunderts v.Chr. in das menschliche Streben nach Erkenntnis etwas Neues hineingekommen ist, das zu der modernen Wissenschaft in einer gewissen Beziehung steht"[52] – nämlich „Neues an Erkenntnismethoden und Erkenntnisweisen"[53], wie *Kurt von Fritz* in seiner ausgezeichneten, die Pointen des neuen griechischen Erkenntnisstils in den wesentlichen Punkten richtig setzenden Darstellung weiter verdeutlicht –, dann ist damit zwar die wissenschaftshistorische Frage nach den Erfindern und Initiatoren unserer Wissenschaft griechisch-abendländischer Tradition, vielleicht auch schon die Nebenfrage nach den ersten „Wissenschaftlern"[54], wenn auch zunächst nur grob und bedingt, in etwa beantwortet, aber noch nicht die vorgängige, problematischere und gewichtigere „Hauptschwierigkeit" gemeistert, nämlich überhaupt erst einmal „festzustellen, was denn eigentlich Wissenschaft sei"[55]. Daß bei den in der vorsokratischen Naturphilosophie zum Durchbruch gekommenen angeblich ebenso neuen wie exemplarisch „wissenschaftlichen" Erkenntnismethoden und Erkenntnisweisen aus heutiger Sicht nicht mehr alles Gute neu und alles Neue gut erscheint, weil einerseits vorgriechisches Denken einige nach modernem Wissenschaftsverständnis ausgesprochen wissenschaftliche, andererseits griechisches Denken „zum Teil ... höchst unwissenschaftliche Züge"[56] aufweist, vergrößert zwar diese Schwierigkeit, akzentuiert aber den wesentlichen Punkt der Problemstellung: das spezifisch „Wissenschaftliche" in *allen* Erkenntnisformen, gleichgültig, ob sie sich im Selbstverständnis *als Wissenschaft* verstehen oder nicht und nach modernem Fremdverständnis als solche auftreten dürfen oder nicht. Der gängigen globalen Charakterisierung des *Greek way of thinking about the world* als „wissenschaftlich" und der vorgriechischen Erkenntnisformen als „vorwissenschaftlich", „nichtwissenschaftlich" oder gar in einem zur moralischen Verwerfung gesteigerten abwertenden Sinne als „pseudowissenschaftlich" ist damit von vornherein der Boden entzogen. Derartige Pauschalurteile über historisch vorfindliche Erkenntnisunternehmen, die von verschiedenen Erkenntnisstilen ausgehen und auf alternative Erkenntnisformen abzielen, werden weder der erkenntnistheoretischen noch der ideengeschichtlichen Sachlage gerecht.

Die legendäre „Geburt der Wissenschaft" im griechischen Denken hat zwar bei weitem nicht all das erstmals und exemplarisch zur Welt gebracht, was ihr üblicherweise in verklärenden Darstellungen zugeschrieben wird – als ob das Aufkommen „wissenschaftlicher" Erkenntnis mit der Geburt „rationaler", „objektiver", „kritischer" Erkenntnis schlechthin zusammenfiele, während es sich in Wirklichkeit allenfalls um die Geburt eines neuen *Typs* von Erkenntnis und Rationalität handelt –, aber doch etwas grundsätzlich Neues: einen *neuen Erkenntnisstil*, der allerdings weder sogleich zur Wissenschaft im modernen Sinne führt noch sich von vornherein und im Verlauf der weiteren Entwicklung auf Wissenschaft beschränkt.

Dieser neue Erkenntnisstil öffnet *alles*, was er erfaßt, von der Kunst und Dichtung über den engeren Bereich der eigentlichen Wissenschaft bis zur konkreten Alltagspraxis mit ihren verschiedenen Lebensformen, dem Einflußbereich des heute – im nachhinein – als „wissenschaftlich" diagnostizierten Denkstils, indem er ein im Selbstverständnis *universalrelevantes neues Erkenntnisideal und Rationalitätsmodell* aufstellt. Der Zusammenhang dieses neuen, „wissenschaftlichen" Erkenntnisideals mit der durch Realisierung des daraus abgeleiteten Erkenntnisprogramms entstandenen Wissenschaft selbst ist allerdings etwas anderer Art, als es die vorherrschende philosophische Deutungshypothese postuliert. Da sich nach der hier vertretenen Auffassung Wissenschaft überhaupt nicht auf *eine,* ein für allemal feststehende und nach transzendentalphilosophischer Manier – durch Rekurs auf angeblich exklusive „Bedingungen der Möglichkeit von Wahrheit, Wissenschaft und Rationalität überhaupt" – festschreibbare Weise bildet, wird die Geburt der Wissenschaft weder erkenntnistheoretisch noch ideengeschichtlich durch die philosophische Hypothese adäquat erklärt, derzufolge zwischen der neuen Konzeption von Erkenntnis und Rationalität einerseits und der Wissenschaft andererseits ein *konstitutiver* Gründungszusammenhang besteht.

Was dieses „wissenschaftliche" Erkenntnisideal und das daraus abgeleitete Forschungsprogramm für die Wissenschaft im griechischen Zeitalter geleistet hat und in einem fortdauernden universalhistorischen Akt *permanenter Erkenntnisschöpfung* weiterhin leistet, ist nicht die erstmalige und in ihrer Art einmalige Realisierung der Bedingungen der Möglichkeit von Wissenschaft überhaupt, in deren Rahmen sich Wissenschaftlichkeit und Rationalität ein für allemal *konstituiert*, sondern die im griechischen Denken begonnene und bis heute andauernde *historische Einführung eines neuen Erkenntnisstils*, der *von Anfang an alles, was er erfaßt, in den Umkreis des neuen, „wissenschaftlichen" Denkens zieht* und schließlich – nicht auf einmal, nicht definitiv und irreversibel, nicht ohne Vorgänger, Umwege und Abwege – zur *Entstehung von Wissenschaft* im griechisch-abendländischen, bis heute maßgebenden Sinn geführt hat. Mit dem neuen, griechischen Erkenntnisstil ist Wissenschaft nicht auf einmal und endgültig „zur Welt gekommen", sondern *programmiert* und *auf lange Sicht initiiert* worden. Darin besteht die auf ihre Art sowohl erkenntnistheoretisch wie ideengeschichtlich durchaus *enge*, möglicherweise sogar in einem ideengeschichtlich kausalen Sinne einmalige und andere Zusammenhänge ausschließende historische Verbindung zwischen griechischem Erkenntnisstil und moderner Wissenschaft, so daß mit dem neuen Erkenntnisstil auch die Wissenschaft als grundsätzlich „eingeführt" betrachtet werden kann. Aber mit der Einführung von Wissenschaft in dem hier vorgeschlagenen programmatischen, initiativen Verständnis dieses historischen Aktes hat sich wissenschaftliche Erkenntnis weder *konstituiert* noch ist sie damit als Wissenschaft in einem erkenntnistheoretisch relevanten Sinne *begründet* worden. Dementsprechend ist die „Geburt der Wissenschaft" als ein *permanenter* Prozeß zu verstehen, der im griechischen Denken wieder einmal *begonnen* hat, ohne darin — trotz bemerkenswerter, vor allem auch überraschend schneller Ergebnisse in der Verfolgung des „wissenschaftlichen" Erkenntnisprogramms — sein Ende zu finden.

Ob im „griechischen Wunder" schon — oder erst! — die Geburt der „eigentlichen Wissenschaft" im modernen Sinne gesehen werden darf, mag daher alles in allem zweifelhaft erscheinen angesichts der Tatsache, daß das, was im Milet des sechsten vorchristlichen Jahrhunderts als „wissenschaftliches" Denken aufkam, „in schlichtester Weise"[57] begann und durch die ganze Geschichte der griechischen Wissenschaft hindurch einige nach modernem Wissenschaftsverständnis „höchst unwissenschaftliche Züge"[58] aufwies. Mag also die Wissenschaftlichkeit der griechischen „Wissenschaft" in doppelter Hinsicht — ob griechisches Denken in seinen Erkenntnisresultaten oder wenigstens in seinem Erkenntnisprogramm volle Wissenschaftlichkeit *überhaupt* jemals erreicht; wenn ja, ob es damit die Wissenschaftlichkeit *erstmals* verwirklicht und als ein absolutes Novum eingeführt oder lediglich, in mehr oder weniger gesteigerter Form, fortgeführt hat — kontrovers bleiben, so steht doch außer Frage, daß mit der griechischen Kultur ein *neuer Erkenntnisstil* zum Durchbruch gekommen ist, selbst wenn bei den Griechen im Vergleich zum vorgriechischen Denken noch nicht „alles von Anfang an ganz anders"[59] gewesen sein sollte.

Was hat es nun „mit dem grundsätzlich Neuen" des griechischen Erkenntnisstils auf sich, „mit dem prinzipiell gerichteten begrifflichen Denken der Physiker und Metaphysiker, … mit dem neuen kritischen Denken, so wie es unter den Theoretikern die Zwietracht säte und mit einer gleichfalls aus der Theorie geborenen konsequenten Durchsetzung des rationalen Prinzips"[60]? „Von entscheidender Wichtigkeit" ist nach *Schachermeyr*[61], „daß man sich jetzt erkühnte, ganz *apodiktisch* Behauptungen aufzustellen, ja *Theorien* zu formulieren, daß man *Beweise* beibrachte, um eigene Denkleistungen als Lehrmeinungen aller Welt kundzutun. … Damit öffneten sich aber auch dem *kritischen Denken* die Tore. Die Thesen neuen Stils waren ja eifersüchtig gleich einem Jehova und duldeten keine widersprechende Ansicht neben sich. Sie lebten von *Intoleranz*, von *Kritik* und *Antikritik* und traten vor die griechische Öffentlichkeit gleich Wettkämpfern in den Agonen. … Als letztes tritt uns auch noch die *Ratio* mit weit höheren Forderungen als bisher entgegen. … Zusammen mit einem mehr oder weniger säkularisierten Rechtsbegriff begann nun auch diese Ratio ganz allmählich den Charakter eines *neuen, universalen Tabus* anzunehmen." In diesen treffenden Ausführungen *Schachermeyrs* sind im Grunde schon alle wesentlichen Elemente des neuen Erkenntnisstils angesprochen, wenn auch noch nicht *en detail* expliziert. Den griechischen Erkenntnisstil in seinen Hauptzügen zu rekonstruieren und diese erkenntnistheoretisch zu analysieren, soll im folgenden in aller Kürze versucht werden. Für die Rekonstruktionsaufgabe kann man vor allem in *Kurt von Fritz'* kenntnisreicher Darstellung der griechischen Wissenschaft sowohl die Fülle der konkreten Details als auch die gelungene Synthese der wesentlichen Aspekte griechischen Denkens finden, die zusammen den neuen Erkenntnisstil ausmachen[62]. Die erkenntnistheoretische Analyse muß allerdings im Detail wie im Ganzen über die ideengeschichtliche Rekonstruktion hinausgehen.

Zuvor aber soll auf einen bemerkenswerten Aspekt der *Schachermeyr*schen Ausführungen hingewiesen werden, weil er geeignet ist, ein aus moderner, „kritischer" Sicht — die kritische Analyse ideengeschichtlicher Tatbestände mit der Projektion kritizistischer Postulate in den Gegenstand der Analyse verwechselt — heroisiertes, im Sinne des eigenen Wissenschaftsverständnisses ideologisch überzogenes Wunschbild einer vorsokratischen „Denkschule" in einem wichtigen Punkt zu korrigieren, zu dessen Verbreitung neuerdings insbesondere *Popper* beigetragen hat. In *Poppers* sentimentaler Rückschau auf die Vorsokratiker durch den „kritisch" verengten Sehschlitz seiner eigenen Philosophie des kritischen Rationalismus wird zur vorbildlichen — im Klartext: vorpopperschen — *Schule* der neubegründeten „kritischen Tradition" einer angeblich "simple straightforward *rationality*"[63] gemacht, was in Wirklichkeit ein vielschichtiges, im Ansatz teilweise recht dubioses und in seinen praktischen Konsequenzen durchaus zwiespältiges, ja zwielichtiges Unternehmen war. Die von *Popper* zur „einfachen, geradlinigen Rationalität" der Vorsokratiker (und kritischen Rationalisten!) emporstilisierte, ja im Ergebnis zur *einzigen* rationalen Komponente des ganzen Erkenntnisunternehmens[64] verabsolutierte und zur Haltung undogmatischer *Toleranz*, letztlich sogar zur Grundlage der Freiheit[65] verklärte „kritische Einstellung" dürfte zwar im vorsokratischen Denken *allmählich* zum Durchbruch gekommen sein, obwohl es mit ihr, „nicht anders wie in allen Frühzeiten, zu Anfang noch gute Weile"[66] hatte. Aber was *Popper* damit den vorsokratischen Philosophenschulen, mit *Thales* beginnend und die Pythagoreer pauschal ausnehmend, als *die* für rationale Erkenntnis und humanitäre Lebensart gleichermaßen entscheidende Innovation zuschreibt, ist weder ein absolutes Novum, das es vor *Thales* nicht gegeben hätte, noch waren seine intellektuellen und sozialen Auswirkungen von Anfang an — für *Popper* nicht zufällig mit der Geburt der Wissenschaft zusammenfallend![67] — so dramatisch, vor allem aber so eindeutig positiv (im Sinne einer humanitären Ethik, die auf „rationale Lebensformen" im Rahmen einer „offenen Gesellschaft" ausgerichtet ist), wie *Popper* anzunehmen scheint.

Die von *Popper* als epochale Wende des Denkens, als Einführung einer neuen Rationalität und Ausgangspunkt aller Wissenschaftlichkeit gefeierte kritische statt tabuistischer Einstellung zur Tradition ist nicht erst in der griechischen Kultur, nicht erst mit der vorsokratischen Philosophie aufgekommen. Bereits im epischen Zeitalter ist die kritische Einstellung in Griechenland erwacht. „Man kann beobachten", betont *Hermann Diels*[68] in diesem Zusammenhang, „wie die Dichter selbst an ihren Vorgängern Kritik üben, so die jüngeren Dichter der Ilias an den älteren, die Meliker von Stesichoros bis Pindar an der Epik, später dann die Dramatiker an den Stücken der Vorgänger und die Komödie an aller Welt." Eine grundsätzliche, dramatische Steigerung dieser kritischen Einstellung gegenüber der Tradition oder gar gegenüber „aller Welt" hat die vorsokratische Philosophie nicht gebracht. Noch weniger aber ist jene von *Popper* allen Vorsokratikern (die Pythagoreer ausgenommen) attestierte *undogmatische* Einstellung gegenüber den eigenen Erkenntnisfrüchten, die der eigenen Meinung *kritisch* und fremden Gegenmeinungen *tolerant* gegenübersteht und nach *Popper* in der Aufforderung an die eigenen Schüler zur Kritik der Lehren des Meisters im Rahmen dieser vom dogmatischen Schultyp "strikingly different"[69] neuen Philosophenschule gipfelt, von Philosophen des vorsokratischen Schlags zu erwarten, deren jeder in der „kühnen Zuversicht (lebte), daß ihm persönlich die volle Erkenntnis des Wesens der Welt zugänglich war" und dies durch „eine einzige, in sich geschlossene Aussage über das Wesen der Dinge überhaupt" ausdrückte, wobei die Antwort immer erst von der Frage her einen Sinn bekommt, so daß die Lehre „sich selber rechtfertigt"[70].

Fragwürdig ist in diesem Zusammenhang weniger die systematische Funktion der Kritik im Erkenntnisprozeß und ihre historische Rolle bei der Entstehung der Wissenschaft — beide Punkte hat *Popper* meines Erachtens grundsätzlich richtig gesehen, den ersten mehr, den zweiten weniger — als die in *Poppers* Darstellung stark verzeichnete Position der „kritischen Einstellung" innerhalb des von ihm in die vorsokratische Philosophie projizierten Orientierungsrahmens jeder rationalistischen Aufklärungsphilosophie, abgesteckt durch die Eckwerte Rationalität, Humanität und Fortschritt im Hinblick auf ihre Verwirklichung in und vor allem auch außerhalb der Wissenschaft. Konkret geht es im vorliegenden Zusammenhang um die in überzogener Schwarz-Weiß-Malerei allzu einseitig gesehenen Beziehungen zwischen *Kritik und Toleranz* auf der Habenseite sowie zwischen *Kritik und Dogmatismus* auf der Sollseite der vorsokratischen Philosophie (und, in Anwendung auf die heutige Situation, des kritischen Rationalismus[71]).

Die *kritische Einstellung* und die nach *Poppers* Überinterpretation der vorsokratischen Philosophie *von Anfang an* dahinter stehende neue („fallibilistische") Rationalitätskonzeption lösen nicht Dogmatismus und Intoleranz „geschlossener" Erkenntnis-, Verhaltens- und Sozialsysteme ab, wie *Popper* uns glauben machen will, sondern bilden vielmehr *den notwendigen Ausgleich* für den erst im Rahmen des „wissenschaftlichen" Erkenntnisstils entstehenden intellektuellen Dogmatismus besonderer Prägung und Schärfe sowie für die mit der neuen Rationalitätsidee aufkommende Intoleranz. Bei der von *Popper* enthusiastisch gefeierten neuen, militanten Rationalität der Kritik handelt es sich keineswegs immer, insbesondere nicht von Anfang an um eine durchweg fortschrittliche, dem Programm undogmatischer Erkenntnis, der Ethik der Toleranz, einer humanen Lebensform sowie einer offenen Gesellschaft, kurz: dem kognitiven und sozialen Fortschritt eindeutig förderliche Sache, sondern eher um eine zwiespältige, dem Anlaß wie den Auswirkungen nach ambivalente Angelegenheit.

Nach der von *Popper* den Vorsokratikern unterstellten Idee einer „einfachen, geradlinigen Rationalität" wäre die mit dem neuen, griechischen Denk- und Schultyp zum Durchbruch gekommene kritische Einstellung zunächst als direkte Ablösung des natürlichen Dogmatismus „primitiver(er)"[72] Denkformen und Schultypen, als Ansatzpunkt zur Auflösung geschlossener, tabuisierter Erkenntnis- und Gesellschaftsstrukturen überhaupt zu verstehen. In Wirklichkeit handelt es sich bei der im griechischen Denken aufkommenden Kritik um ein Heilmittel ganz besonderer Art gegen Dogmatismus und Intoleranz. Es ist eine Medizin gegen eine Krankheit, die es sicherlich auch vorher schon gegeben hat, aber kaum in dieser Verbreitung und Ausprägung. Die kritische Einstellung ist das Gegenmittel gegen einen virulenten Dogmatismus neuer, militanter Art, den der „wissenschaftliche" Erkenntnisstil der vorsokratischen Philosophie selbst provoziert, jedenfalls erheblich verschärft, weitgehend sogar *durch sein eigenes Aufkommen erst erzeugt hat* und im Rahmen der daraus entstandenen Wissenschaft weiterhin — bis heute! — nachhaltig fördert.

So erweist sich die einfache, geradlinige Rationalität der Vorsokratiker wie die der kritischen Rationalisten zwar ihrer ehrlichen Intention nach immer und ihrer Wirkung nach wenigstens zuweilen als durchaus antidogmatisch, baut aber mit der kritischen Einstellung sowie den darauf ausgerichteten Traditionen und Institutionen nur das erforderliche, oft unzulängliche Gegengewicht auf, um die militanten Geister in Schach zu halten, die man selbst gerufen hat. Ein Heilmittel gegen Dogmatismus und Intoleranz ist das nicht und soll es auch gar nicht sein, denn diese Krankheit läßt sich nur zusammen mit dem Patienten — der Wissenschaft — ausmerzen. Sie kann bestenfalls mehr oder weniger wirksam unter Kontrolle gehalten werden. Dazu ist die Kritik da und in der Regel auch gut genug, soweit die konkreten Umstände es erlauben.

Die in der Wissenschaft gepflegte, von ihr auch maßvoll, d.h. *in Grenzen* geförderte und von bestimmten Richtungen der Wissenschaftsphilosophie als allgemeine „Lebensform" für alle Erkenntnis- und Lebenslagen maßlos angepriesene [73] kritische Einstellung erweist sich somit mehr als *Abwehrreaktion* gegen dogmatische Tendenzen des wissenschaftlichen Erkenntnisstils, durch die „Kritizismus" und „Dogmatismus" wenigstens im Rahmen der Wissenschaft selbst (aber kaum in außerwissenschaftlichen, weniger privilegierten und zumeist kritikfeindlicheren Bereichen!) *bestenfalls* in prekärer, störanfälliger „kritischer Balance" gehalten werden, denn als radikale Überwindung von Intoleranz, irrationaler Autorität und Dogmatismus.

Der griechische Erkenntnisstil, wie er auch in die Wissenschaft eingegangen ist, zielt auf eine Erkenntnisform ab, die kritischer und dogmatischer Verwendung gleichermaßen zugänglich ist, wobei sich nicht einmal ohne weiteres sagen läßt, daß in der ersten Möglichkeit der richtige Gebrauch wissenschaftlicher Erkenntnis zu sehen sei, während die zweite Möglichkeit von vornherein als Mißbrauch betrachtet werden könne und deshalb *legitimerweise* ausgeschlossen werden dürfe. Durch seine Ausrichtung auf wissenschaftliche *Theorien*, d.h. möglichst allgemeine, genaue, riskante und entschiedene Aussagen, die in Geltungsanspruch, Anwendungsbereich und Informationsgehalt weit über das bekannte Ausgangsmaterial (die „Daten") hinausgehen und entsprechend viele Möglichkeiten alternativer Zustände und Behauptungen *ausschließen,* erweitert dieser Erkenntnisstil die Möglichkeit des „Dogmatismus" wie die des „Kritizismus" gleichermaßen und *aus demselben Grunde.* Von der noch zu behandelnden certistischen Tendenz des griechischen Erkenntnisstils ganz abgesehen, die ein nicht unbeträchtliches Ausmaß von Dogmatismus geradezu erzwingt, ist festzustellen, daß *dieselbe* Eigenart dieses Erkenntnisstils Dogmatismus und Kritizismus gleichermaßen förderlich ist, ohne daß die eine Alternative von vornherein als „richtig" und die andere als „falsch" qualifiziert werden könnte. Denn beide Möglichkeiten sind lediglich *die beiden Seiten derselben Münze,* nämlich natürliche Konsequenzen der neuen Idee von Erkenntnis und Rationalität, die im griechischen Denken zum Durchbruch gekommen ist. Zugunsten der Kritik kann dabei aufgrund dieser Problemsituation nicht mehr gesagt werden als: daß mit den Chancen des „Dogmatismus" die des „Kritizismus" gleichermaßen wachsen und daß sich im Rahmen dieses Erkenntnisprogramms *aus beidem* die *Notwendigkeit* von Kritik ergibt.

Entgegen der durch *Poppers* Darstellung zumindest nahegelegten Auffassung fungiert also, historisch gesehen, die kritische Einstellung (oder die damit verbundenen Methoden, Traditionen, Institutionen, etc.) weder als Initialzündung für die Entwicklung des wissenschaftlichen Erkenntnisstils noch bedeutet sie das Ende von Intoleranz, Dogmatismus, geschlossenen Erkenntnis- und Gesellschaftssystemen. Sie ist vielmehr die *notwendige Antwort darauf*. Die Toleranzidee als „Instrument der Verständigung und der Eintracht"[74] steht dem additiven Erkenntnisstil mit seiner „archaischen Parataxe" des „Nebeneinanderstellen(s) und Aneinanderreihen(s)"[75] insgesamt näher als der „wissenschaftlichen Hypotaxe" des neuen, auf apodiktisch beanspruchte universale Geltung, ausschließliche Wahrheit, hierarchische Gliederung, Kritik von Alternativen und Rundumabgrenzung fixierten „wissenschaftlichen" Erkenntnisstils.

„Vom kritisch wägenden Denken drohte somit die Gefahr", wie *Schachermeyr*[76] zutreffend feststellt, für das „unter Verzicht auf kritisches Denken und theoretisches Fragen" gediehene archaische „Paradies an Glaubensreichtum und Toleranz". *Kritik* als subjektive Einstellung, wissenschaftliche Methode, historische Tradition oder soziale Institution mag für die Wissenschaft tatsächlich so lebenswichtig sein wie *Popper* behauptet, auch wenn sie vielleicht weniger dem neuen Erkenntnisstil zugrunde liegt als vielmehr dessen Begleiterscheinung oder Folge sein dürfte. Aber schon ihre hier angedeuteten zumindest ambivalenten Beziehungen zur Toleranzidee und zu dem darauf abgestellten Humanitätsideal sollten genügen, um jeden Versuch von vornherein auszuschließen, sie nach Art des kritischen Rationalismus als moralisch verbindliche *allgemeine Lebensform* zu inthronisieren[77].

So erweist sich *Poppers* Behauptung von der angeblich starken "emotional intolerance which is characteristic of all traditionalism, an intolerance against which rationalists have always and rightly stood out"[78], als eines der vielen vorurteilgeladenen Schwarz-Weiß-Klischees des kritischen Rationalismus, das in doppelter Hinsicht nicht stimmt. Es trifft für das im hier angesprochenen historischen Kontext der „Geburt der Wissenschaft" relevante archaische und frühklassische Zeitalter der griechischen Kultur ebensowenig zu wie für den Traditionalismus vieler, auch zeitgenössischer, „primitiver" Völker, bei denen nicht selten ein Ausmaß von Toleranz zu finden ist, das dem militanten „kritischen Geist" des wissenschaftlichen Zeitalters fremd ist. Andererseits haben sich die Beziehungen des aufklärerischen Rationalismus zur Toleranzidee in der griechischen Kultur wie in der Neuzeit als insgesamt doch etwas problematischer erwiesen, als *Popper* anzunehmen scheint. Und selbst wenn die philosophische Haltung in der Toleranzfrage und allem, was damit zusammenhängt, absolut eindeutig wäre — wie es im kritischen Rationalismus *Popper*scher Prägung im wesentlichen der Fall ist —, so sind die praktischen Auswirkungen des von der alten wie von der neuen rationalistischen Aufklärung einhellig und einseitig propagierten „wissenschaftlichen Denkens" in dieser Hinsicht differenzierter, also sicherlich nicht *nur* positiv, zu beurteilen.

Daß Toleranz und Wissenschaft sich gegenseitig nicht unbedingt förderlich sind, ja zuweilen auf direkten Kollisionskurs geraten können, zeigt ein Blick auf den hier als Demonstrationsfall benützten Zeitabschnitt der frühgriechischen Kultur. Und daß dies kein Zufall ist, sondern mit der Eigenart des neu aufkommenden „wissenschaftlichen" Erkenntnisstils zusammenhängt, geht daraus ebenfalls hervor. Dogmatismus ist weder eine perverse Verirrung noch eine notwendige, unvermeidliche Folge dieses Erkenntnisstils, wohl aber eine im Spielraum seiner Entfaltungsmöglichkeiten liegende, insofern ganz natürliche und völlig legitime Spielart des wissenschaftlichen Denkens. Zu sagen daß der griechisch-wissenschaftliche Erkenntnisstil Kritik *und* Dogmatismus ermöglicht — bloß *ermöglicht,* im Sinne eines rein passiven Zulassens, ohne aktive Begünstigung und positive Förderung — stellt die Verbindung in *beiden* Fällen schwächer dar, als sie in Wirklichkeit ist.

Als argumentative oder gar, in problematischer Erweiterung zur allgemeinen „Lebensform", als soziale Praxis[79] schlechthin steht Kritik sowohl ihrer erklärten Absicht („rationale" Selektion bestimmter, für akzeptabel gehaltener Problemlösungen) wie auch ihrer tatsächlichen Folgen (hochgradige Selektionswirkung durch drastische Verengung des Akzeptierbarkeitsbereichs, in der Regel verbunden mit tendenzieller Eliminierung der nichtakzeptablen Problemlösungen) nach der dogmatischen Einstellung gegenüber Lösungs- und Verhaltensalternativen weit näher als der Toleranz. Dies gilt keineswegs nur im Falle der Pervertierung von Kritik, wenn „rationale" in „irrationale" Diskriminierung umschlägt.

Als wissenschaftliche Methode hat Kritik ihre unbestreitbaren Vorzüge, wie sich noch zeigen wird, insbesondere im Rahmen eines fallibilistischen Erkenntnismodells, das einen positiven Zusammenhang zwischen *Kritik* und *Erkenntnisfortschritt* herstellt. Aber als allgemeine Einstellung in *allen* möglichen Problemsituationen, insbesondere auch jenen der alltäglichen Lebenspraxis, ohne Rücksicht auf deren Natur, Besonderheiten und Randbedingungen — als *Lebensform* also — ist das Verhältnis der Kritik zu einer Ethik der Toleranz und Humanität, die auch weniger gute, bloß „zweitbeste" Alternativen *leben* läßt, sofern sie zu unserem Glück beitragen, insgesamt kaum weniger problematisch als das unterkritischer („dogmatischer") und überkritischer („radikalskeptischer") Verhaltensalternativen. Zum Konflikt wird es dabei natürlich umso eher kommen, je mehr die kritische Einstellung im Sinne fragwürdiger ethischer oder technologischer Perfektionspostulate („Maximierung der Kritik"[80]) verselbständigt, radikalisiert, übersteigert und ohne Rücksicht auf Ziele, Umstände sowie Nebenfolgen praktiziert wird. Wo Kritik nicht auf der einen Seite durch Schutz des Kritikers gegen Sanktionen, auf der anderen Seite durch Absicherung des Kritisierten gegen übermäßige negative Konsequenzen in ihren Auswirkungen *begrenzt* ist — wie es praktisch nur im Bereich institutionalisierter Wissenschaft ausreichend der Fall sein dürfte —, ist die *Praxis* der Toleranz durch Kritik grundsätzlich kaum weniger gefährdet als durch Dogmatismus und Certismus. („Theoretisch" stellt sich die Sachlage etwas anders dar, denn in der Theorie und als Theorie pflegt Kritik immer auf seiten der Toleranz zu stehen.) Sind diese Bedingungen nicht erfüllt, dann erfordert praktische Toleranz einen gewissen *Kritikverzicht,* der umso weiter gehen muß, je weiter die Toleranz gehen soll. Da im Rahmen aller derzeitig praktizierten Gesellschaftsordnungen ein so weitgehender Schutz des Kritikers und des Kritisierten immer noch als ein außergewöhnliches *Privileg* zu betrachten ist, ergibt sich daraus, daß unter diesen Umständen praktische Toleranz nur *jenseits* von Dogma *und* Kritik gedeihen kann, die insofern — wie auch die Geschichte des „kritischen Denkens" in und außerhalb der Wissenschaft bestätigt — keineswegs nur negativ, als Antithesen und Alternativen, miteinander verbunden sind.

Der historische Vorgang der *Geburt der Wissenschaft* im griechischen Denken des vorsokratischen Zeitalters ist in philosophischer Retrospektive längst zu einem legendären Ereignis mit ideologischer Legitimationsfunktion zugunsten des jeweils favorisierten Wissenschaftsverständnisses geworden. Die *legendären Züge* verdankt das hochstilisierte und parteilich korrigierte Bild von der Geburt der Wissenschaft vor allem der Tendenz moderner wissenschaftstheoretischer Standpunkte, die wesentlichen, für unverzichtbar gehaltenen Komponenten ihrer eigenen Wissenschaftskonzeption in den Entstehungsvorgang jener Art von Erkenntnis zu projizieren, von der angenommen wird, daß sie sich von Anfang an als *die* Wissenschaft schlechthin qualifiziert hat und infolgedessen auch allen alternativen Erkenntnisunternehmen ohne Rücksicht auf deren kognitives Anspruchsniveau und tatsächliche Leistungsbilanz Wissenschaftlichkeit völlig absprechen darf oder bestenfalls im defizienten Sinne einer „vorwissenschaftlichen Wissenschaft"[81] zugestehen muß.

Die *ideologische Legitimationsfunktion* zugunsten des eigenen Standpunktes ergibt sich daraus, daß der historische Geburtsprozeß der Wissenschaft zum Gründungsakt für die eigene Rationalitätskonzeption gemacht und damit praktisch aus historischer Faktizität erkenntnistheoretische Legitimität abgeleitet wird. So verlegen *Dingler* und *Popper* die Pointe ihrer gerade in diesem für entscheidend gehaltenen Punkt diametral entgegengesetzten Wissenschafts- und Rationalitätsauffassung — das fundamentalistische Postulat der Sicherheit (*Dinglers* „certistische Tendenz") auf der einen und die fallibilistische Idee der Kritik auf der anderen Seite — an den Anfang der Wissenschaft im griechischen Denken, wobei beide bezeichnenderweise jedoch nicht soweit gingen, den griechischen Denkern bereits vollen Erfolg in der theoretischen Entwicklung oder gar praktischen Realisierung des certistischen bzw. kritizistischen Erkenntnisprogramms für die Wissenschaft zuzugestehen. Es scheint ja zur provisorischen Legitimation des eigenen Wissenschaftsverständnisses zu genügen, wenn darauf hingewiesen werden kann, daß mit der Geburt der Wissenschaft eine diesem Standpunkt entsprechende Wissenschafts- und Rationalitätskonzeption wenigstens der „Idee" nach inauguriert worden ist, auch wenn diese erst viel später zur bewußten, philosophisch abgeklärten und nachhaltig erfolgreichen Praxis geworden sein mochte.

„Eigentliche Wissenschaft", läßt sich so *Dingler*[82] auf seine gewohnt apodiktische Weise vernehmen, „hebt erst an von dem Moment, wo die Griechen das Verfahren absoluter Sicherheit im Schließen, den Beweis und die Logik, entdeckten. Unsicheres Wissen gab es auch vor den Griechen genug. Erst dieses sichere Wissen nannten sie Wissenschaft (Episteme)." Gefordert wird vom griechischen Erkenntnisprogramm nach *Dingler* „das Ziel absoluter Sicherheit für alle Wissenschaft", erreicht hat es sie allerdings nur für das logische Schließen. „ … auch im Übrigen der Naturlehre absolute Sicherheit zu gewinnen", hat dann *Dingler* zur Hauptaufgabe seines eigenen Wissenschaftsprogramms gemacht und dafür zugunsten des von ihm vertretenen operativistischen Ansatzes (dem *Dingler*schen „Herstellungsstandpunkt") volle Problemlösung reklamiert.

Dagegen glaubt *Popper*, als *den* entscheidenden Punkt der „einfachen, geradlinigen *Rationalität* der Vorsokratiker", zu der es nach *Popper* zurückzukehren gelte, die *kritische Einstellung* und die sich daraus ergebende *Tradition der kritischen Diskussion* diagnostizieren zu können[83], die er ja im kritischen Rationalismus zum Angelpunkt seiner eigenen Auffassung von Wissenschaftlichkeit und Rationalität gemacht hat. So wird von *Popper* wie von *Dingler* zum einstmals verborgenen, nun aber gebührend herausgestellten "secret of the ancients"[84] dramatisiert, was nichts weiter als das offene „Geheimnis" ihrer eigenen

Philosophie ist. Von der ideengeschichtlichen Zuverlässigkeit der *Popper*schen (und *Dingler*schen) Darstellung einmal ganz abgesehen[85], ist hier en passant anzumerken, daß diese neue, kryptowissenschaftliche Rationalität wohl kaum so einfach, geradlinig und eindeutig gewesen sein kann, wenn man den bereits erwähnten historischen wie systematischen Zusammenhang zwischen kritischer und dogmatischer Einstellung oder Methode im Rahmen des griechischen Erkenntnisstils in Betracht zieht.

So bekommt das nach Maßgabe des eigenen Wissenschaftsverständnisses zurechtgerückte Bild von der Geburt der Wissenschaft in der *Dingler*schen und *Popper*schen Darstellung nicht nur einige ausgesprochen legendäre Züge, sondern wird bei Vereinigung der beiderseitigen Vorurteile zu einem Gesamtbild sogar widersprüchlich. Denn nach der einen Auffassung fällt die griechische Entdeckung der Möglichkeit von Wissenschaft mit der Entdeckung der Möglichkeit — und der Einsicht in die Notwendigkeit — von *Beweisen* zusammen[86], während nach der anderen Auffassung dafür die Entdeckung der Möglichkeit von *Kritik* verantwortlich ist, deren Notwendigkeit nach dieser Interpretation aus der Einsicht in die Unmöglichkeit von Wahrheitsbeweisen für unsere Naturerkenntnis resultiert.

Nicht unbedingt sachlich zutreffend, aber doch wenigstens widerspruchsfrei wäre das Gesamtbild von der Geburt der Wissenschaft, wenn man *Poppers* fallibilistische und *Dinglers* certistische Tendenz, die kritische und die dogmatische Einstellung oder Methode als konträre, aber nicht unbedingt kontradiktorische Komponenten des griechischen Denkstils auffassen würde, die am Anfang der Wissenschaft — als die beiden Seiten derselben Münze — noch zusammengehört haben und erst im Verlauf der späteren Entwicklung durch Verselbständigung, Radikalisierung und bis ins Extreme gesteigerten Perfektionierung der Eigenart jeder Alternative sozusagen auseinanderdividiert worden sind. Diese Deutung scheint mir nicht nur ideengeschichtlich plausibler als die *Dinglers* und *Poppers* zu sein, sondern könnte auch von systematischem Interesse für die Erkenntnistheorie werden. Denn damit müßte die von fallibilistischer Seite ausgeschlossene Möglichkeit von *Kritik durch Begründung* ebenso in Betracht gezogen werden wie die komplementäre, im *Peirce*schen Fallibilismus angesprochene Möglichkeit von *Begründung durch Kritik* — ein doppelter Gesichtspunkt, der bei der Analyse des *Dingler*schen wie des *Popper*schen Erkenntnisprogramms gleichermaßen relevant erscheint.

Die dem *Dingler*schen wie dem *Popper*schen Bild von der Geburt der Wissenschaft gleichermaßen zugrunde liegende Auffassung, daß das, was nach dem eigenen Wissenschaftsverständnis wesentliches, unverzichtbares Charakteristikum wissenschaftlicher Erkenntnis ist, bereits mit der Geburt der Wissenschaft vorliegen müsse — sonst wäre es ja nicht Wissenschaft, was im griechischen Denken „geboren" worden ist —, erscheint zwar vor dem Hintergrund der eigenen Vorraussetzungen plausibel und wird im Ansatz beider Autoren konsequent durchgehalten, ist aber nichtsdestoweniger ideengeschichtlich fehlerhaft und erkenntnistheoretisch problematisch. Das Ergebnis ist in jedem Falle, daß aus der Sicht der *Popper*schen wie der *Dingler*schen Eigenperspektive die Geburt der Wissenschaft im Sinne des anderen Standpunkts damals nicht stattgefunden hat und auch für alle Zukunft nicht erfolgen kann, weil das eine schlechterdings „unmögliche Tatsache" wäre.

Denn nach *Popper* ist die Möglichkeit von Wahrheitsbeweisen für die Naturerkenntnis (im weitesten Sinne verstanden, der zumindest alle *informative* Erkenntnis umfaßt) bis heute nicht entdeckt worden und *kann* aus entgegenstehenden zwingenden erkenntnistheoretischen Gründen überhaupt nicht bestehen. Andererseits kann nach *Dingler*scher Auffassung aus dem fallibilistischen Ansatz *Popper*scher Prägung niemals Wissenschaft hervorgehen. Wenn man also das *Dingler*sche certistische Postulat der universellen Begründbarkeit (die zumindest partiell als strenge Beweisbarkeit zu deuten ist) als Negation des *Popper*schen fallibilistischen Postulats der universellen Widerlegbarkeit deutet — und entsprechend auch umgekehrt —, dann folgt aus der Konjunktion beider Standpunkte die These von der *Nichtexistenz der Wissenschaft* (wie aus der Konjunktion von „Alle Raben sind schwarz" und „Alle Raben sind nichtschwarz" logisch folgt, daß es überhaupt keine Raben gibt, was zwar in sich keineswegs widersprüchlich, aber mit der Existenz von Raben unvereinbar ist).

Derartige kontrafaktische, diesen retrospektiven Deutungsansatz — dem nichts ferner liegt als der Nachweis der Nichtexistenz „unserer" Art von Wissenschaft, als deren Apologet er auftritt — *ad absurdum* führende Konsequenzen ergeben sich fast zwangsläufig aus einem in das eigene Rekonstruktionsprogramm eingebauten Vorurteil, das sich die Entwicklung desjenigen Erkenntnisstils, der *im Verlauf* seiner eigenen Karriere im Endeffekt tatsächlich zur Entstehung von Wissenschaft geführt hat, gar nicht anders vorstellen kann denn als ein geradliniges Fortschreiten in Richtung auf die moderne Wissenschaft hin, ausgehend von einem legendären Anfang, in dem durch einen Geburtsakt etwas „zur Welt gekommen" ist, das bei aller Unvollkommenheit im Prinzip bereits alles Wesentliche enthält, was Wissenschaftlichkeit der Erkenntnis konstituiert. So verstanden bedeutet „Geburt der Wissenschaft" demnach auf der Argumentationsebene der Wissenschaftstheorie die Antizipation unseres modernen Wissenschaftsverständnisses im Sinne der von uns postulierten ewigen „Idee" von Wissenschaft; auf der Ebene der Wissenschaftspraxis der Start zur approximativen Verwirklichung dieser Wissenschaftskonzeption in der Naturgeschichte der menschlichen Erkenntnis im Rahmen eines langfristigen Prozesses der sukzessiven Annäherung an die moderne Wissenschaft.

In Wirklichkeit ist jedoch der Anfang der Wissenschaft — verstanden als eine in der Ideengeschichte vorfindliche Frühphase der Entwicklung unserer Erkenntnis in Richtung auf Wissenschaft, sei es nun der angenommene absolute oder nur ein vergleichsweise weit zurückliegender Startpunkt — von moderner Wissenschaft gerade im Hinblick auf jene Wesenszüge, die *Popper* und *Dingler* in den Mittelpunkt ihrer Wissenschaftskonzeption stellen, der „Idee" wie der „Praxis" nach noch denkbar weit entfernt. (Immerhin muß dabei *Dingler* zugestanden werden, daß er mit seinem certistischen Postulat dem tatsächlichen Sachverhalt „am Anfang" der Wissenschaft zweifellos näher kommt als *Popper* mit seinem fallibilistischen Credo der Kritik. Aber auch *Dinglers* Interpretation trifft ebenso wie die *Poppers* nicht den Kern des wissenschaftlichen Erkenntnisstils, sondern nur eine seiner *Varianten,* d.h. eine seiner Entfaltungsmöglichkeiten, allerdings eine frühere und damit der „Geburt der Wissenschaft" nähere!) „Die Entwicklung *aus* einem Anfang", schreibt *Kurt von Fritz*[87], „ist in gewisser Weise naturgemäß eine Entwicklung dessen, was in diesem Anfang noch unentfaltet enthalten war, in gewisser Weise aber doch auch eine Entwicklung von diesem Anfang weg." Wegführen vom Anfang kann eine Entwicklung nicht nur in dem begrenzten Sinne eines durchgängigen Perfektions- und Progressionsprozesses, der lediglich zur Reife bringt, was im Keim schon vorhanden

war, und der Anfang und Ende der Entwicklung durch eine ununterbrochene Fortschrittslinie miteinander verbindet, sondern auch im radikaleren Sinne einer *Fort*entwicklung,
die nichts von dem konserviert, was der Anfang tatsächlich schon enthält oder wenigstens — aus späterer Sicht beurteilt — „im Prinzip" vorwegzunehmen scheint. Was am
Anfang der Wissenschaftsentwicklung steht, hat möglicherweise die Entwicklung zur
Wissenschaft *initiiert*, aber nichts von dem *konstituiert*, was Wissenschaft geworden ist.
Ideen sind keine Embryos mit eingebautem Fahrplan. Hier verliert die biologische Metapher von der „Geburt der Wissenschaft" ihren Sinn.

Zutreffend an diesen durch Aufpfropfung der eigenen Rationalitätskonzeption den historischen Vorgang der Wissenschaftsentstehung rückwirkend verfälschenden Überlegungen zur sogenannten Geburt der Wissenschaft scheinen mir lediglich zwei historisch
nachweisbare Tatbestände zu sein: erstens das Aufkommen eines neuen *Erkenntnisstils*
im griechischen Denken, inauguriert insbesondere durch die vorsokratische Naturphilosophie (ein Ereignis, das angesichts der neu entdeckten „Steinzeitwissenschaft"[88] nichts
von seiner Bedeutung für die Wissenschaft, aber einiges von dem ihm üblicherweise zuge-
schriebenen Charakter einer *Erst*geburt verliert und, menschheitsgeschichtlich gesehen,
Züge einer echten Renaissance aufweist); zweitens das Bestehen eines positiven *Zusammenhangs* zwischen der Durchsetzung dieses im nachhinein (!) als „wissenschaftlich" diagnostizierten Erkenntisstils und der Entstehung jener Art von Erkenntnis, die nach dem
heute vorherrschenden Wissenschaftsverständnis als Wissenschaft auftreten kann.

Was von der „Geburt der Wissenschaft" nach Abzug der späteren legendären und ideolo-
gischen Zutaten im nüchternen Ergebnis übrigbleibt, ist also im wesentlichen ein relativ
neuer, in seiner von den Vorsokratikern wesentlich verbesserten Form sogar absolut neuer
Erkenntnisstil, der sich an einem explizit gemachten philosophischen *Erkenntnisideal*
orientiert und als echtes Novum in der Ideengeschichte der Menschheit in kürzester Zeit
ein detailliert ausgearbeitetes *Erkenntnisprogramm* vorgelegt hat, aus dessen allmählicher
Verwirklichung schließlich Wissenschaft im modernen Sinne hervorgegangen ist, ohne daß
sich daraus für diese Art von Erkenntnis ein Exklusivanspruch auf Wissenschaftlichkeit ableiten ließe.

Diesen neuen, griechischen Erkenntnisstil gilt es in seinen Hauptzügen zu rekonstruieren,
um seine Grundeigenschaften zu erkennen und seine Qualitäten zunächst völlig unabhängig von der Frage des Wissenschaftscharakters dieser Art von Erkenntnis würdigen zu
können.

## 2. Kapitel

### Der griechische Erkenntnisstil

Der griechische Erkenntnisstil steht unter dem Leitmotiv: *Das Wesentliche von allem in
seinem Gesamtzusammenhang möglichst genau und möglichst sicher erkennen!* Vereinfacht ausgedrückt, zielt dieses neue Erkenntnisideal darauf ab, alles das, was menschli-

chen Erkenntnisbemühungen zugänglich und wert erscheint – und das ist nach griechischer Vorstellung, „was die Welt im Innersten zusammenhält", also primär die kosmologischen Gesetzmäßigkeiten –, zusammenhängend, umfassend, präzis und definitiv zu erkennen, d.h. im vollen Sinne zu *wissen*.

Die Erkenntnisrichtung zum absolut Allgemeinen, absolut Genauen und absolut Sicheren hin charakterisiert den neuen Erkenntnisstil im Hinblick auf Form, Zielsetzung und Methode der Erkenntnis, allerdings nicht ohne ein Moment der Überbestimmung, das ihm bereits eine *spezielle*, für das griechische Denken jedoch unverzichtbare Qualifikation verleiht. Diese zeigt sich in einer spezifischen *Fragestellung*, von der ausgehend in der griechischen Philosophie das Erkenntnisproblem aufgerollt wird. Wenn nach dem griechischen Erkenntnisideal unser Wissen von der Welt allgemein, genau und sicher sein soll, so handelt es sich dabei nach griechischem Selbstverständnis nicht um einen philosophischen Wunschkatalog selbständiger, voneinander trennbarer und in beliebiger Kombination grundsätzlich frei wählbarer Erkenntnisqualitäten, sondern um verschiedene Aspekte derselben Sache, deren Zusammentreffen in der echten Erkenntnis erst eigentliches, volles Wissen in dem emphatischen Sinne des (insbesondere von der späteren platonischen Tradition geprägten) *Episteme*-Begriffs ausmacht und dieses über die falsche *und* wahre Meinung (*Doxa*) stellt. Im Verlauf der weiteren Diskussion wird sich allerdings herausstellen, daß es hier – mit *Popper*, gegen *Dingler*! – zu trennen gilt, was griechisches Philosophieren verbunden hat.

„Das Streben der Griechen war von Anfang an auf eine universale Erkenntnis der Welt gerichtet", betont *Kurt von Fritz*, wobei es „keineswegs vornehmlich auf die Vorraussagbarkeit von zukünftigen Ereignissen"[89] ankommt, sondern vielmehr „auf eine Gesamterklärung der Welt als Ganzes und ... auf die Exaktheit im Einzelnen ..."[90]. Damit vereinigt der griechische Erkenntnisstil zwei Tendenzen, die in der „vorwissenschaftlichen", d.h. vorgriechischen Epoche „schon *getrennt* vorhanden sind"[91] und in modernen Abgrenzungen zwischen Philosophie und Wissenschaft (zum Beispiel bei *Jaspers*) erneut getrennt zu werden pflegen: die Tendenz zu ganz allgemeinen, die gesamte Realität umfassenden Erklärungen, möglichst aus *einem* universalen theoretischen Prinzip, sowie die Tendenz zur absoluten Exaktheit insgesamt und für jeden Einzelfall. Dazu kommt, ebenfalls von Anfang an als originäres Motiv griechischen Denkens, als dritte Tendenz das Bestreben, diese Erkenntnis als definitives Wissen in seiner ganzen Allgemeinheit und Präzision auf eine bestimmte Art auszuweisen, die dem griechischen Erkenntnisstil den Charakter der verbreitetsten, aber nichtsdestoweniger *speziellen* Spielart des theoretisch-wissenschaftlichen Erkenntnisstils schlechthin verleiht.

Die erkenntnistheoretische Analyse des griechischen Erkenntnisstils sowie die detaillierte Rekonstruktion des ihm zugrunde liegenden Erkenntnisideals einschließlich des sich daraus ergebenden Wissenschaftsprogramms wird erschwert durch die Tatsache, daß denjenigen, die dem neuen Denken zum Durchbruch verholfen haben, die (theoretische) „Seinsfrage" (um es mit *Heideggers* Wort, aber nicht ganz in seinem Sinn zu sagen) wichtiger war als die (modern ausgedrückt: metatheoretische) „Erkenntnisfrage". Damit folgt das griechische Denken lediglich der allgemeinen Erfahrungsregel, nach der überall in der Ideengeschichte die unreflektierte Anwendung eines Erkenntnisstils zur Lösung der anstehenden

Probleme der expliziten erkenntnistheoretischen Reflexion über die Eigenart und Eigenprobleme des angewandten Erkennntnisstils voranzugehen pflegt. Dabei muß der griechischen Philosophie jedoch zugute gehalten werden, daß bei ihr die (erkenntnisphiloso-
phische) Reflexion der (naturphilosophischen) Anwendung schneller folgt als im Rahmen jeder anderen Kultur.

Der neue Erkenntnisstil wird vom griechischen Denken zunächst einfach als ein probates
Mittel für einen guten Zweck angesehen und, der natürlichen Rangordnung von Mittel und
Zweck entsprechend, anfänglich noch nicht in den Mittelpunkt der Aufmerksamkeit gestellt. Das Denken als späteres Lieblingsobjekt der Philosophie, als „gedachter", hintersinni-
ger „Gegenstand" des reflexiv gewordenen Denkens, hat im frühgriechischen Zeitalter der
Geburt der Wissenschaft den originären, „wirklichen" Gegenstand des griechischen Den-
kens, die Realität selbst, noch nicht verdrängt. Die Erkenntnistheorie, schreibt *Guthrie*[92]
in diesem Zusammenhang, "occupied a much humbler place in the mind of a fifth-century
thinker, where it was completely overshadowed by the search for being, or ontology."
So hat das griechische Denken die Grundfrage der Schöpfungsmythen *Woher kommt die
Welt?* in seinem ersten, ontologischen Stadium[93] nicht durch die epistemologische Frage
*Was ist Erkennntnis?* ersetzt, sondern zunächst einmal und für längere Zeit (mit geringen
Abstrichen, vor allem auch ihn selbst betreffend, bis *Aristoteles*) der ontologischen Frage
*Was ist die Welt?* Priorität eingeräumt. „... aus Kosmogonie ist Ontologie geworden", faßt
*C. F. von Weizsäcker*[94] diese Etappe der Entwicklung des philosophischen Denkens auf
dem Weg zu Wissenschaft und Wissenschaftstheorie zusammen, der sich dann später die
Wende zur Epistemologie (grob gesprochen: von *Sextus Empiricus* bis *Kant* und *Hegel*)
und viel, viel später (im zeitgenössischen Denken *Dinglers* und *Poppers*) die Wende zur
Methodologie anschließen werden. Es spricht für die bahnbrechende Bedeutung der
„Seinsfrage" und zugleich für die geringe Fruchtbarkeit einer vornehmlich auf sich
selbst gestellten, mit sich selbst beschäftigten Erkenntnistheorie, daß die Explikation des
Erkenntnisproblems in „moderner" Fragestellung (als *quaestio iuris*, die nach dem „Recht"
des Geltungsanspruchs unserer Erkenntnis frägt) und die Entwicklung des bis heute für
vorbildlich „wissenschaftlich" gehaltenen Lösungsansatzes (im Rahmen eines Rechtfertigungsmodells, das unter der certistischen Maxime strenger Begründungspflicht steht)
unter dem Banner der Ontologie erfolgte. Philosophie und Wissenschaft scheinen immer
dann am fruchtbarsten zu sein, wenn sie sich in erster Linie mit der Wirklichkeit statt mit
sich selber befassen.

Infolgedessen kann die Rekonstruktion des griechischen Erkenntnisstils aus dem verfügbaren „Material" nur indirekt, anhand der auf Realitätserkenntnis (in der Kosmologie)
statt auf Erkenntnis der Erkenntnis (in der Epistemologie) gerichteten Lehren, erfolgen,
wobei die Erkenntnisauffassung der griechischen Philosophie dem historischen Blick sogar in doppelter Weise durch deren Realitätsauffassung „vermittelt" – teils enthüllt, teils
verdeckt – erscheint. Zunächst einmal muß wegen des weitgehenden Mangels expliziter
erkenntnistheoretischer Überlegungen der griechische Erkenntnisstil vom Hauptprodukt
dieses Denkens, den kosmologischen Theorien der vorsokratischen Naturphilosophie, sozusagen abgelesen und aus den Denkresultaten im nachhinein herausgedeutet werden.
Für die hier gestellte Aufgabe ist das allerdings keine neue Problemsituation. Beim vorgriechischen Denken, das überhaupt keine literarischen Zeugnisse erkenntnistheoretischen

Inhalts hinterlassen hat, besteht diese Schwierigkeit in viel größerem Ausmaße. Eine Analyse des zugrunde liegenden Erkenntnisstils wird dadurch sicherlich zuweilen erschwert, aber keineswegs unmöglich gemacht. Darüber hinaus ist die Erkenntnisauffassung der griechischen Philosophie zu der Zeit, in der üblicherweise die „Geburt der Wissenschaft" angesetzt wird, noch stark von der Objektauffassung dieses Denkens abhängig und *muß in dieser „ontologischen" Abhängigkeit gesehen werden*, um ihm gerecht zu werden und seine Eigenart richtig zu erfassen. "Presocratic as well as classical Greek philosophy was mainly concerned with being, i.e. it was, strictly speaking, ontology", betont *Helene Weiss*[95], *Martin Heidegger* für diese Einsicht dankend, und fährt fort: "The search for being, which even as a problem is hardly understandable in later centuries, was the chief endeavour of Greek philosophers from Parmenides to Aristotele". So ist zum Beispiel *Demokrits* Wahrnehmungstheorie mit seiner Atomtheorie eng verbunden und nur unter Berücksichtigung dieser ontologischen Abhängigkeit voll verstehbar. Indem die griechischen Philosophen von Anfang an bis zu *Aristoteles* "primarily and essentially investigated being and only secondarily the human faculties of grasping being"[96], machten sie die Ontologie zur Grundlage der gesamten Philosophie. Im Rahmen dieses für die griechische Philosophie charakteristischen, im Rahmen der modernen Philosophie nur noch als ideengeschichtliche Anomalie wiederkehrenden Prioritätsverhältnisses zwischen der Seinsfrage und der Erkenntnisfrage wird die Erkenntnistheorie zur *Ontologie der Erkenntnissituation*[97], in der "degrees of knowledge... intimately connected with, and dependent on, the degrees of reality in its objects"[98] sind.

Welchen Einfluß diese ontologische Grundorientierung auf den griechischen Erkenntnisstil hat, wird an zwei Stellen besonders deutlich. Einerseits unterscheidet sich der griechische Erkenntnisstil von alternativen Erkenntnisstilen unter anderem durch seine spezifische, wesentlich andersartige Gegenstands- und Weltauffassung, wie sie in der aristotelischen Konzeption des Substanzuniversums (im Gegensatz zum homerischen Aggregatuniversum und zum mythischen Einheitsuniversum) ihren reifsten Ausdruck findet[99]. Und andererseits entspringt der griechische Erkenntnisstil einer grundsätzlichen Umorientierung des Denkens, dessen allgemeinste, tiefste und folgenreichste Voraussetzung eine „Annahme" von subtil ontologischem Charakter ist. Wird diese ontologische Verankerung, Verfremdung und Abhängigkeit der erkenntnistheoretischen Problematik in die Analyse einbezogen und dabei auch der *Popper*sche retrospektive Historizismus[100] vermieden — der durch Schluß aus partiellen Analogien auf totale Analogie, d.h. durchgehende Übereinstimmung im Wesentlichen[101], zur Gleichsetzung des griechischen Erkenntnisstils mit dem Erkenntnisstil *unserer* Wissenschaft sowie beider mit dem wissenschaftlichen Erkenntnisstil schlechthin führt, was in *Poppers* philosophischem Ethnozentrismus ein Fehler ist, aber auch in weniger anfechtbarer Form eine Übertreibung wäre —, dann scheint mir eine Rekonstruktion des griechischen Erkenntnisstils möglich zu sein, die sowohl seiner erkenntnistheoretischen Eigenart als auch seiner ideengeschichtlichen Bedeutung für das Aufkommen der Wissenschaft gerecht wird.

Ausgangspunkt des griechischen Erkenntnisstils ist eine unserem Denken in Wissenschaft wie Commonsense längst bis zum Absinken unter die Bewußtseinsschwelle selbstverständlich gewordene, aber an sich — als *eine* bestimmte, speziell ausgeprägte Möglichkeit der Erkenntnishaltung und Weltorientierung — ganz und gar nicht selbstverständliche, sondern revolutionäre Neuorientierung in der Stellung des Menschen zur Welt. Diese subtil ontologische „Annahme" im Zwielicht von Erkenntnis und Entscheidung – halb normatives philosophisches Postulat, halb anthropokosmologische Zustandsbeschreibung, aber in jeder Gestalt mehr absolut vorausgesetztes Dogma als kritisch reflektierte Maxime oder Hypothese – ist die allgemeinste Voraussetzung des griechischen Erkenntnisstils. Als solche liegt sie *allen* erkenntnistheoretischen Doktrinen der Wissenschaft zugrunde, steht „hinter" ihnen und überlagert sie, obwohl in der Regel nur diese explizit gemacht und als erkenntnistheoretisch relevante Voraussetzungen der wissenschaftlichen Erkenntnis anerkannt zu werden pflegen. Dabei handelt es sich bei dieser ontologischen Annahme in Wirklichkeit um eine nichts weniger als selbstverständliche, vielmehr für die Entstehung der Wissenschaft äußerst folgenreiche und dementsprechend problematische Voraussetzung des griechischen Erkenntnisstils.

„Ein wesentlicher Unterschied des Griechischen vom Indischen und Chinesischen" – und, worauf der Autor nicht eingeht, hier aber besonders relevant ist: vom Erkenntnisstil des Mythos – liegt nach *Snell*[102] darin, „daß die Griechen von früh ab stärker als der Osten den Gegensatz entwickelt haben zwischen dem erkennenden Menschen und der erkannten Welt. Das Modell, mit dessen Hilfe sich der Mensch zurechtfindet in seiner Umgebung, aber auch in seinen inneren Erfahrungen, ist hier der Mensch, der staunend um sich blickt und dem etwas Geordnetes, Schönes, Sinnvolles vor Augen steht. Schon in der vorphilosophischen Zeit ist dieser Zug für die Griechen charakteristisch: ... Das führt auf der einen Seite dazu, einen Kosmos, eine Physis ('Natur') zu postulieren, auf der anderen Seite dazu, das Wesen des Menschen zu analysieren, die Seele vom Körper zu scheiden, das Denken vom Fühlen usw. Solcher Glaube, daß wir einer Natur gegenüberstehen, in der es mit rechten Dingen zugeht und die wir deshalb erkennen können, liegt der europäischen Naturwissenschaft zugrunde. Uns ist er so selbstverständlich, daß wir kaum danach fragen, ob es auch andere Möglichkeiten gibt, sich mit der Welt auseinanderzusetzen."

Daß dieses kosmologische Orientierungsschema, wonach der erkennende Mensch einer erkennbaren Welt, erkennende „Subjekte" der „objektiven" Natur (der auch der Mensch selbst angehört) *gegenüber* steht, als Ausgangspunkt und Bezugsrahmen unseres Erkenntnisstrebens weder naturgegeben noch notwendig – also weder durch faktische noch logische Alternativenlosigkeit ausgezeichnet – ist, zeigt ein Vergleich mit anderen Erkenntnisstilen. Und daß es sich dabei auch nicht um einen neutralen, erkenntnismäßig nichts präjudizierenden und folgenlosen Ansatz handelt, zeigt die Geschichte der Wissenschaft von den Anfängen bis zur Gegenwart. Tatsächlich liegt in diesem griechischen Erkenntnisschema eine kosmologische und eine davon abgeleitete epistemologische Einseitigkeit[103] von größter Tragweite, gegen die sich manches sagen läßt, die aber genau jene Art einseitiger Erkenntnis- und Wirklichkeitsauffassung verkörpert, aus der die griechisch-abendländische Wissenschaft entstanden ist.

Einen ontologischen und epistemologischen *Dualismus*[104], wie er in der neuzeitlichen Philosophie, vor allem im Rahmen der cartesischen Tradition, zu finden und von dort in die moderne Wissenschaft eingegangen ist, impliziert diese Einseitigkeit allerdings nicht, denn im griechischen Denken bleibt der Mensch auch als „Erkenntnissubjekt" voll der „Natur" zugehörig. Das Gegenüber von Mensch und Welt ist hier noch nicht zum Gegensatz zwischen einem verabsolutierten, zum körperlosen „Ich" als einem Organ des reinen Denkens geschrumpften „Erkenntnissubjekt" einerseits und einem gleichfalls verabsolutierten, rein materiellen „Erkenntnisobjekt" andererseits übersteigert worden.

Aber auch ohne diesen scharfen Dualismus erwächst dem griechischen Denken als Folge der genannten ontologischen Annahme ein gewaltiges erkenntnistheoretisches Problem, dessen Behandlung noch im vorsokratischen Zeitalter eine „ungeheure Wandlung in bezug auf die Frage der adäquaten Erkennbarkeit der Dinge überhaupt" herbeiführt, die mit dem Atomismus *Demokrits* „einen vorläufigen Abschluß" findet[105] und im übrigen die ideengeschichtliche Wende von der primär ontologischen zur primär epistemologischen Problemstellung der Philosophie einleitet.

Wie im Mythos der vorgriechischen Kulturen und der Naturvölker aller Zeiten, so findet das Erkenntnisproblem auch im archaisch-griechischen Denken eine *vergleichsweise* einfache, sehr „natürlich" erscheinende Lösung, deren Grundprinzip *Kurt von Fritz* treffend beschreibt: „Solange die Gegenstände der Erkenntnis durchweg als etwas Lebendiges oder dem Lebendigen nahe Stehendes oder Analoges aufgefaßt wurden, konnte die Frage der Erkennbarkeit der Dinge keine prinzipiellen Schwierigkeiten machen: die Qualitäten und wirkenden Kräfte draußen in der Welt der Dinge, das Warme und das Kalte, das Helle und das Dunkle, das Leichte und das Schwere, das Trockene und das Feuchte, wurden sowohl durch die Analogie als auch nach Analogie der entsprechenden Qualitäten und Kräfte im Menschen unmittelbar wahrgenommen, verstanden und erkannt"[106]. Unter diesen Umständen konnte das frühgriechische Denken den ontologischen Grundsatz *Gleiches zu Gleichem*[107] ohne weiteres zum Erkenntnisprinzip erheben: *Gleiches erkennt Gleiches!* Nach dieser pythagoreischen Erkenntnislehre bildet der Kosmos einen Gesamtorganismus[108], in dessen Rahmen Mensch und Welt in einem unmittelbaren Lebenszusammenhang stehen. Das erkennende Subjekt ist dem erkannten Objekt insoweit „gleich", als die Wahrnehmungs- und Erkenntnisorgane des Wissenden mit dem Gegenstand seines Wissens durch einen vitalen Zusammenhang verbunden sind, der sich aus der inneren Verwandtschaft von allem mit allem im Kosmos ergibt. Gleiches erkennt Gleiches aufgrund dieser vitalen Relation, die den Menschen die Welt durch *Partizipation* erkennen läßt. Diese kognitive Partizipation wird dabei lediglich als eine spezielle Ausprägung des allgemeinen kosmologischen Partizipationsprinzips verstanden, demzufolge im Kosmos Gleiches Gleiches affiziert („Gleiches zu Gleichem!"). Mit der unter Philosophen, Prähistorikern und Ethnologen auch heute noch weitverbreiteten, aber nichtsdestoweniger törichten Meinung, daß der archaische Mensch aufgrund seines entwicklungsgeschichtlich rückständigen, also „primitiven" Geisteszustandes nicht in der Lage gewesen sein soll, zwischen dem Objekt und seiner symbolischen Repräsentation durch Bilder oder Zeichen zu unterscheiden – ein aus Vorurteil und Ignoranz abgeleiteter Tatbestand, der von vielen Autoren ohne Rücksicht auf entgegenstehende neuere Forschungsergebnisse[109] zu dem charakteristischen Merkmal des mythischen Denkens erhoben worden ist[110] –, hat diese scharfsinnige griechische Partizipationstheorie der Erkenntnis schlechterdings nichts zu tun.

Was *Empedokles* eingeleitet hat, ist von *Demokrit* vollendet worden: die erste philosophische Revolution der Erkenntnislehre, in deren Verlauf die so „natürlich" anmutende

Deutung der Erkenntnis als Partizipation durch die uns erst richtig „philosophisch" vorkommende Interpretation der Erkenntnis als *Kontemplation* abgelöst wird. *Verdenius*[111] beschreibt diese „revolutionäre Wendung in der Geschichte des Denkens" wie folgt: Bei *Demokrit* „gehen nicht mehr, wie noch bei Empedokles, die Dinge selbst in den erkennenden Menschen über, sondern von den Dingen lösen sich kleine Bilder (*deikela* oder *eidola*) ab, die in dem Auge einen Abdruck verursachen. So wird der direkte Kontakt mit dem Objekt durch eine formale Relation ersetzt. … Die Erkenntnis ist nicht mehr mit der Wirklichkeit identisch, sondern korrespondiert mit der Wirklichkeit. Diese Korrespondenz impliziert nicht die Entstehung eines Duplikates oder einer Kopie, sondern die Wiedergabe der Wirklichkeit in einer anderen, nämlich menschlichen Sphäre. … Die Erkenntnis löst sich aus der Lebensgemeinschaft der *physis*. Der Mensch geht nicht mehr in der Wirklichkeit auf, sondern stellt sich ihr gegenüber. Es kommt eine Scheidung zwischen Subjekt und Objekt zustande. An die Stelle der Partizipation *(koinonia)* tritt die Kontemplation *(theoria)*." Allerdings verschwindet die Partizipationslehre der Erkenntnis nicht spurlos und nicht für immer. Über die Philosophie der Vorsokratiker hinaus hat sie − als eine Art Affektions- oder Liebestheorie der Erkenntnis und Erziehung − eine lange Nachwirkung in der Geschichte des Denkens gehabt: von *Platon* bis zu den modernen Theorien des Verstehens[112].

Das ändert allerdings nichts daran, daß die erkenntnistheoretische Fragestellung mit der Abkehr vom Prinzip *Gleiches erkennt Gleiches* eine tiefgehende und folgenreiche Änderung erfahren hat. Die Notwendigkeit, Erkenntnis als Naturwiedergabe im Rahmen und mittels eines grundsätzlich *andersartigen* Mediums zu begreifen, ist eine Folge der erwähnten ontologischen Annahme und zugleich eine wichtige Voraussetzung für die (von *Parmenides* ausgehende) Entwicklung des Erkenntnisproblems zum Rechtfertigungsproblem. Wenn Subjekt und Objekt nicht nur unterschieden, sondern durch eine *ontologische Kluft* voneinander getrennt sind, die es zu überbrücken gilt, um Erkenntnis überhaupt erst möglich zu machen, kann die Erkenntnisbeziehung nicht mehr als naturgegebene physische Teilhabe des Gleichen am Gleichen begriffen werden. Sie verdünnt sich unter diesen Umständen zu einer nicht mehr naturgemäß bestehenden, sondern durch geistige Anstrengung[113] erst herzustellenden „Korrespondenz" zwischen zwei sich fremden Sphären. Erkenntnis wird so zum „künstlichen" Produkt geistiger Kontemplation, dessen Naturtreue zweifelhaft und deshalb legitimationsbedürftig ist. Wenn also *Demokrit*, dessen atomistische Kosmologie für diese philosophische Revolution der Erkenntnislehre hauptverantwortlich ist, weiterhin das Prinzip *Gleiches zu Gleichem* (Gleichartiges, und nur Gleichartiges, wirkt auf Gleichartiges!) vertritt, so bewegt er sich damit nicht, wie *Kurt von Fritz* überzeugend nachweist, auf der Linie der pythagoreischen Lehre, sondern stellt sich in Gegensatz zu ihr. *Demokrits* Prinzip ist im engeren Sinne ein rein kosmologisches Prinzip, das „von Anfang an zu seiner Theorie der physischen Verursachung" gehört und als solches mit dem (fast) gleichlautenden Erkenntnisprinzip, wonach Gleiches nur von Gleichem wahrgenommen werden kann, „schlechterdings nichts zu tun hat"[114]. Aus der „extrem allgemeinen"[115] kosmologischen Doktrin *Gleiches zu Gleichem,* die in spezieller Deutung und Anwendung *auch* als Erkenntnisprinzip fungiert, ist bei *Demokrit* eine − modern ausgedrückt − naturwissenschaftliche Theorie der „mechanischen"[116] Verursachung („Gleiches bewirkt und wirkt auf Gleiches!", wobei es hauptsächlich um

Größengleichheit geht) von geringerer Allgemeinheit, aber größerer Genauigkeit geworden, die nicht mehr (metatheoretisches) Leitprinzip, sondern normales (theoretisches) Produkt unserer Erkenntnisbemühungen ist.

Ausgangspunkt dieser ersten philosophischen Revolution der Erkenntnislehre ist die Ablösung des anthropomorph gedeuteten mythischen Einheitsuniversums, in dem alles mit allem in einem physisch elementaren Sinne „verwandt" ist, durch das mit der erwähnten ontologischen Annahme eingeführte *Mensch/Natur*-Erkenntnisschema des frühgriechischen Denkens, das selbst lediglich die ideengeschichtlich früheste, spezielle Ausprägung eines viel allgemeineren analytischen Denkschemas – der *Intern/Extern*-Denkfigur[117] – darstellt. Im Zuge der Entmythologisierung – grob und negativ ausgedrückt: der „Entseelung"; positiv aber ebenso undifferenziert ausgedrückt: der „Rationalisierung" in dem einseitigen, uns geläufigen Sinne – der Natur wird die Brücke zwischen Außenwelt (Kosmos, Natur, Dinge) und Innenwelt des Menschen (Empfindung, Wahrnehmung, Bewußtsein) abgebrochen. Damit entfällt die ontologische Basis des epistemologischen Analogieschlusses, auf sich den das Prinzip *Gleiches erkennt Gleiches* stützt. Mensch und Welt „gleichen" sich nicht mehr in dem für die Möglichkeit dieses Analogieschlusses wesentlichen Sinne, der es erlaubte, Erkenntnisfähigkeit des Menschen und Erkennbarkeit der Dinge in eine direkte physische Beziehung natürlicher Harmonie zu setzen, kraft derer die Welt durch eine besondere Eigenschaft der Gegenstände – ihre Intelligibilität – menschlichem Erkenntnisstreben „geöffnet" ist.

Als Folge dieser Entwicklung nimmt die Frage der menschenmöglichen Erkennbarkeit der außermenschlichen Realität zwangsläufig „eine ganz andere Form an"[118]. Ist der direkte, innere Wirklichkeitskontakt kraft Naturverwandtschaft von Mensch und Welt[119] ein für allemal durchbrochen, so daß eine ganz natürliche „Offenheit" der Seele des Menschen und des Wesens der Dinge füreinander nicht länger als selbstverständlich unterstellt werden darf, entsteht eine *ontologische Lücke* im Erkenntnisschema, die es zu *überbrücken* gilt[120]. Die Überbrückung der Lücke im *Subjekt/Objekt*-Erkenntnisschema kann nur mit philosophischen Mitteln erfolgen, d.h. durch Erkenntnistheorie, die anstelle der eingestürzten physischen eine *logische* Brücke baut und damit erstmals Epistemologie (neben Ontologie) zur Lösung des Erkenntnisproblems ins Spiel bringt.

Was damit durch das griechische Erkenntnisprogramm von dessen Ansatz her der Erkenntnistheorie als Problem zu lösen aufgegeben wird, ist nichts weniger als das erkenntnistheoretische *Rechtfertigungs- oder Begründungsproblem* in seiner allgemeinsten, wenngleich noch nicht präzise herausgearbeiteten Form, das sich hier erstmals stellt. In der parmenideischen Philosophie wird die Lücke größer, die Kluft vertieft und als Folge davon das Überbrückungsproblem zu *dem* zentralen, schwierigen und bis heute akuten Grundproblem der Erkenntnistheorie. Mit *Parmenides* „beginnen alle *Probleme der Rechtfertigung*, die nichts anderes sind, als Probleme des Verhältnisses zwischen den so radikal voneinander getrennten Bereichen. Man trennt, was harmonisch zusammenhängt, und bemüht sich dann unter Aufbietung aller Geisteskräfte, das Getrennte wieder zu vereinigen"[121].

Diese These über die Entstehung der erkenntnistheoretischen Rechtfertigungsproblematik entspricht weder in systematischer noch historischer Hinsicht der vorherrschenden Auffassung. So mag die hier gegebene Deutung des Rechtfertigungsproblems zu weit und der angenommene Zeitpunkt für sein erstmaliges Aufkommen zu spät angesetzt erscheinen: *zu weit interpretiert,* weil die spätere Entwicklung ja gezeigt habe, daß die erkenntnistheoretische Überbrückungsproblematik von der Rechtfertigungskomponente, die es der certistischen Tendenz des griechischen Erkenntnisideals verdankt, ablösbar, also davon grundsätzlich unabhängig und deshalb als selbständiges Problem zu behandeln sei; *zu spät angesetzt,* weil sich für jede Art von Erkenntnis innerhalb jeder gegebenen Problemsituation das Rechtfertigungsproblem aufwerfen ließe, Erkenntnis- und Rechtfertigungsproblematik also *von Anfang an* miteinander verbunden seien.

Beiden Argumenten liegt eine an sich durchaus richtige erkenntnistheoretische Einsicht zugrunde. Sie verfehlen jedoch die historische Problemsituation, um die es im vorliegenden Zusammenhang geht. Als Argumentation gegen die hier vorgetragene historische These über das erstmalige Akutwerden der erkenntnistheoretischen Rechtfertigungsproblematik ist diese Kritik aus ideengeschichtlichen Gründen nicht stichhaltig. Beim ersten Einwand geht es um die zwar immer mögliche, aber faktisch eben erst sehr viel später – mit aller Konsequenz erst im *Popper*schen epistemologischen Fallibilismus – erfolgte Ausdifferenzierung von zwei selbständigen Aspekten des Erkenntnisproblems, die im griechischen Denken noch untrennbar miteinander verbunden waren. Der zweite Einwand stellt zutreffend fest, daß das Rechtfertigungsproblem im Zusammenhang mit der Erkenntnisfrage grundsätzlich immer aufgeworfen werden *kann,* weil es sich hierbei um eine allgegenwärtige, für alle denkbaren Erkenntnissituationen aktualisierbare logische Möglichkeit handelt. Das ist ein unbestreitbarer, für die Entstehungsgeschichte des Rechtfertigungsdenkens jedoch irrelevanter Tatbestand. Denn maßgebend ist nicht die bloße Möglichkeit, die Rechtfertigungsfrage für unsere Erkenntnis aufwerfen zu können, sondern allein die Notwendigkeit, sie innerhalb einer bestimmten Problemsituation stellen zu *müssen.* Erst mit dem akuten Anlaß, nach einer rechtfertigungsorientierten Problemlösung zu suchen, ist die Rechtfertigungsfrage für das griechische Erkenntnisprogramm zum erkenntnistheoretischen *Problem* geworden. Akut ist aber die Rechtfertigungsproblematik für den griechischen Erkenntnisstil erst im Laufe jener Entwicklung geworden, die den Rückgriff auf das *Gleiches-durch-Gleiches*-Prinzip zur Erklärung der Erkenntnisbeziehung zwischen Mensch und Welt unmöglich macht[122]. Diese für die weitere Entwicklung des Erkenntnisproblems entscheidende „kritische Phase" des griechischen Denkens setzt mit *Parmenides* ein und findet im Atomismus *Demokrits* ihren vorläufigen Abschluß. Den Höhepunkt und endgültigen Abschluß dieses Maß-gebenden Denkabschnitts der Ideengeschichte markiert die Philosophie *Platons* und *Aristoteles'* sowie die Wissenschaft *Euklids.*

Damit ist die menschliche Erkenntnis in einer bislang nicht gekannten, radikalen Weise fragwürdig geworden. Zwar wurde auch vorher schon die Möglichkeit von Irrtum und Täuschung erkannt. Aber dieser Gefahr konnte man durch Erforschung der dafür verantwortlichen Umstände und Ergreifen geeigneter Vorsichtsmaßnahmen mit so guten Erfolgsaussichten begegnen, daß die Möglichkeit von Erkenntnis deswegen noch lange nicht *grundsätzlich* in Frage gestellt werden mußte. Aber jetzt, als Folge der vom parmenideischen und demokritischen Denken aufgerissenen erkenntnistheoretischen Lücke, ist die menschliche Erkenntnis grundsätzlich, d.h. hinsichtlich *ihrer Möglichkeit überhaupt,* problematisch geworden. Als akutes Problem ergibt sich daraus für die Erkenntnislehre die Notwendigkeit, den in der Erkenntnis herzustellenden Wirklichkeitskontakt auf eine neue Weise zu erklären, die menschliche Welterkenntnis auch unter den radikal veränderten Bedingungen eines „entseelten", dem Menschen fremd gewordenen Universums ohne direkte, „innere" Verbindung zwischen objektiver Welt und subjektivem Erkenntnisapparat (Empfindung, Vorstellung, Wahrnehmung, Bewußtsein) überhaupt als *möglich* und es darüber hinaus als *machbar* erscheinen läßt, sich der *zur Gänze* zweifelhaft gewordenen Resultate dieses hochproblematischen Erkenntnisstils beständig zu *vergewissern.*

Was zur Lösung des damit erstmals in „wissenschaftlicher" Weise gestellten Erkenntnisproblems erforderlich ist, sind zunächst einmal *neue Erklärungsprinzipien* für die Deutung des Erkenntnisbezugs zwischen Mensch und Welt sowie zur Lösung der Überbrückungsproblematik im Falle mehr oder weniger streng voneinander getrennter, durch Auseinanderphilosophieren einander „fremd" gewordener Bereiche, zwischen denen es im nachhinein kognitive Verbindungen wieder herzustellen gilt. Ferner bedarf es *neuer Methoden,* die es ermöglichen, die *grundsätzlich* problematisierten Geltungsansprüche menschlicher Naturerkenntnis angesichts dieser tendenziell ins Uferlose gesteigerten Fragwürdigkeit überzeugend zu sichern. Der kognitive Zugang zur Natur ist dem Menschen so schwierig, sein vermeintliches Wissen von der Welt so fragwürdig und das ganze Erkenntnisproblem so komplex geworden, daß sich damit erst — jetzt allerdings sofort mit aller Schärfe — die Rechtfertigungsfrage der Erkenntnis als vordringliches, ernstzunehmendes erkenntnistheoretisches Problem stellt und gleichzeitig die explizite Reflexion über Lösungsmöglichkeiten beginnt. So ist der Anfang dieser Problemgeschichte zum Beginn der philosophischen *Erkenntnistheorie* geworden, deren Grundproblem bis heute die Überbrückungs- und Rechtfertigungsproblematik der Erkenntnis geblieben ist.

Dieses kosmologische Denk- und Deutungsschema, das die epistemologisch noch nicht festgelegte Erkenntnisbeziehung zwischen „Mensch" und „Welt" in einen bestimmten *ontologischen Bezugsrahmen* stellt, ist eine *universelle metaphysische Annahme,* die dem griechischen Erkenntnisstil als wichtigster *impliziter* Orientierungsrahmen zugrunde liegt. Nach Art eines Spiels mit verteilten Rollen kann diese Grundannahme an verschiedenen Stellen (am Anfang als „erste Voraussetzung" oder am Ende als „letzte Konsequenz", auf dieser oder jener Ebene der kognitiven Stufenleiter) auftauchen sowie überall in verschiedener Gestalt (in der Maskerade von Prinzipen, Postulaten, Kategorien, Definitionen, etc.) und Deutung (konstitutiv oder regulativ, deskriptiv oder normativ, dogmatisch oder hypothetisch) fungieren. Auf diesem verwirrenden Tatbestand beruht die *sehr* große, vom eigenen Erkenntnisstil nicht weiter eingeengte Allgemeinheit, Anwendbarkeit und Flexibilität derartiger impliziter Annahmen metaphysischen Charakters, die man deshalb auch immer nur in einer bestimmten Stellung, Gestalt und Deutung explizit machen kann. Was durch explizite Formulierung fixiert werden kann, ist also immer eine bestimmte, einengend spezifizierte *Variante* dieser allgemeinsten Erkenntnisprinzipien. Für sie gilt, was nach *Lévi-Strauss* allgemein für Mythen gilt: Sie sind durch die Gesamtheit ihrer Varianten bestimmt, die deshalb grundsätzlich „alle mit dem gleichen Ernst"[123] in Erwägung zu ziehen sind. Es gibt keine als solche durch ausschließliche Geltung ausgezeichnete „authentische" Version, deren Betrachtung die Berücksichtigung anderer Varianten überflüssig machen könnte. Nur *eine* Variante der Analyse zugrunde zu legen, bedeutet eine Festlegung, die den betreffenden Erkenntnisstil restriktiver interpretiert als er es in Wirklichkeit ist. Der Universalitätsanspruch alternativer Erkenntnisstile leitet sich davon ab, in möglichst vielen Spielarten ihre Verwirklichung zu finden. Eine Variante allein kann diese Flexibilität nicht gewährleisten, auf die sich der Anspruch auf Relevanz für alle möglichen Problemsituationen stützt.

Dem kosmologischen Denkschema läßt sich zwar bereits weit mehr über die Eigenart des griechischen Erkenntnisstils entnehmen, als nach positivistischer Auffassung eine − zumal „verborgene" − so vage metaphysische Annahme überhaupt enthalten kann. Aber obwohl ihr meines Erachtens keineswegs nur „thematische"[124] Bedeutung zukommt, ist der griechische Erkenntnisstil durch sie allein nicht annähernd vollständig bestimmt. Um dessen Eigenart und vor allem auch dessen Konsequenzen für den daraus hervorgehenden wissenschaftlichen Erkenntnisstil zu erfassen, müssen auch die Erkenntnisprinzipien in die Analyse einbezogen werden, von denen der griechische Erkenntnisstil *explizit* ausgeht. Implizite Annahmen und explizite Prinzipien *zusammen* können erst den griechischen Erkenntnisstil in seinen wesentlichen Zügen bestimmen.

Es handelt sich dabei um *zwei originäre Grundtendenzen des griechischen Erkenntnisstils*, welche diesem in expliziter Form zugrunde liegen und im Ergebnis eine bestimmte Art von Erkenntnis bedingen, die sich praktisch von Anfang an durch eine bestimmte Eigenschaftskombination von allen anderen Erkenntnisformen abhebt und sich ihnen gegenüber im Verlauf der weiteren Entwicklung als ausschließliche, allein maßgebliche „wissenschaftliche" Erkenntnis durchzusetzen vermag.

(1) Aus dem Streben nach Allgemeinerkenntnis, durch die nach griechischer Auffassung das Wesentliche, das allen Dingen Gemeinsame erfaßt wird, resultiert die *Tendenz zum Allgemeinen*, die sich konkret in der Bereitschaft zur schrankenlosen spekulativen *Verallgemeinerung* der jeweils gegebenen, relativ speziellen Ausgangserkenntnis (Startinformation) manifestiert. In direktem, zusammenfassendem Ausgriff auf die „ganze Welt" wird zur Erkenntnis der Natur schlechthin kühn verallgemeinert, was man bestenfalls in wenigen Einzelfällen konkret erfahren und, streng genommen, für gar keinen Fall *wissen* kann. Das Verfahren ist hochgradig spekulativ, nicht induktiv; mehr (stufenweise) verabsolutierend als (schrittweise) generalisierend. Auch wenn dabei zuweilen von Beobachtungsergebnissen ausgegangen wird, hat das Vorgehen mit Induktion (im Sinne des neuzeitlichen Empirismus oder gar modernen Methodenverständnisses) nichts zu tun.

Die Tendenz zum Allgemeinen kommt im griechischen Erkenntnisstil nicht allmählich auf, sondern setzt sich von Anfang an voll durch und bedingt eine bestimmte Erkenntnis*form*. "This advance to higher generalizations constitutes the essence of the new step taken by the Greeks", betont *Guthrie*[125] in diesem Zusammenhang.

Durch die *allgemeine* Erkenntnisperspektive hebt sich der griechische Erkenntnisstil schon in der Problemstellung von vornherein deutlich vom additiven Erkenntnisstil des archaischen (vor- und frühgriechischen) Denkens ab, der im Ansatz speziell bleibt und die Ergebnisse nicht über die vergleichsweise enge Fragestellung hinaus verallgemeinert. So werden etwa in der babylonischen Mathematik „mathematische Probleme ... stets nur mit speziell für die Koeffizienten der Gleichungen gewählten Zahlenwerten ausgedrückt" und die Lösungen „nur in Form spezieller Beispiele dargestellt"[126].

Die Allgemeinheitstendenz des griechischen Erkenntnisstils in Richtung auf eine *Weltwissenschaft*, die durch spekulative Verallgemeinerung zu universaler Naturerkenntnis führen soll, hat schon in der Frühphase der Entwicklung – mit der Philosophie des *Parmenides* als spekulativem Durchbruch und dem Atomismus *Demokrits* als vorläufigem Abschluß – die Eigenart, das Leistungspotential und die Eigenprobleme der auf diesem Wege erreichbaren Erkenntnis deutlich gemacht. Als direkte Konsequenzen der Tendenz zum Allgemeinen ergeben sich für das griechische Denken:

(a) Wie nicht anders zu erwarten ist, schlägt sich die Tendenz zum Allgemeinen zunächst einmal in sprunghaften, hochspekulativen, „außerordentlich kühnen Verallgemeinerungen aufgrund von verhältnismäßig begrenzten Beobachtungen"[127] nieder. Das Ergebnis sind universale Theorien, die die ganze Welt umfassen, aber ohne tragendes Fundament[128] sind, weil sie das vergleichsweise spärliche Ausgangsmaterial, das allenfalls zur Verfügung steht, weit überschreiten. Dabei werden riesige *Wissenslücken* qualitativer und quantitativer Art im Erkenntnisprozeß – zwischen Ausgangspunkt und Endresultat, Erfahrung und Theorie, Erscheinung und Wesen, etc. – aufgerissen, die es im nachhinein erkenntnistheoretisch zu überbrücken gilt. So ist die spekulative Naturerkenntnis der Vorsokratiker nach *Kurt von Fritz* „charakterisiert durch die riesigen Sprünge gewaltiger und gewaltsamster Verallgemeinerungen, bei denen nicht das logische Denken, sondern die konstruktive Phantasie die maßgebende Triebkraft gewesen ist"[129].

(b) Die allgemeine, allen Einzelexemplaren gemeinsame Grundbeschaffenheit der Dinge gilt es durch Erkenntnis zu erfassen. Aber wie die Dinge uns *erscheinen,* hängt von vielen Umständen ab. Je nach den Umständen, erscheint dem Auge Gleiches ungleich und Ungleiches gleich. Das Erscheinungsbild der Dinge *variiert* mit den konkreten Bedingungen der Erkenntnissituation. Unter praktisch allen Umständen aber herrscht der Eindruck der *Verschiedenheit* der Dinge vor. Die den äußeren Sinnen allein zugängliche sichtbare Oberflächenbeschaffenheit der Dinge variiert, jedenfalls dem Eindruck nach, stärker als deren mutmaßliche gemeinsame Natur: „Wesen" und „Erscheinung" decken sich nicht; auf die Sinneserkenntnis ist kein Verlaß; die Wahrheit liegt nicht „vor aller Augen" an der Oberfläche.

Wenn also das Wesentliche das ist, was den Dingen gemeinsam ist, was ihnen trotz aller individueller Verschiedenheit einheitlich *zugrunde* liegt, dann kann im Erscheinungsbild der Dinge nicht die gesuchte Wahrheit liegen. Das Streben nach Allgemeinerkenntnis kann in der Erfassung der „Phänomene" nicht seine Erfüllung finden. Darin liegt die Absage des griechischen Erkenntnisstils an Empirismus und Positivismus. Trotzdem hält er an der Möglichkeit universaler Naturerkenntnis fest. Beispielhaft dafür ist *Demokrit*, dessen bekannte skeptizistische Passagen in den überlieferten Fragmenten es nach *Guthrie* verbieten, "to interpret Democritus as a complete sceptic, denying altogether the possibility of attaining knowledge of reality. *Truth is indeed in the depths*"[130].

Ist die umfassende Wahrheit aber nur in der Tiefe der Dinge zu finden – den äußeren Sinnen kaum zugänglich: verborgen, aber nicht unauslotbar –, dann kann die gesuchte Allgemeinerkenntnis weder *empirisch* (d.h. auf die „Phänomene" beschränkt) noch *konkret* sein. *Tief* ist das Allgemeine und deshalb auch *abstrakt*. Dies bringt im Streben nach dem Allgemeinen den Begriff der *Abstraktion* ins Spiel, "as a unity with a nature of its own", als theoretisches Erkenntnismittel "with its limitless possibilities and (we must add) its inherent danger ..."[131]. Die weitere Verwirklichung der Allgemeinheitstendenz auf dieser Entwicklungslinie, die hier nicht weiter verfolgt werden kann, führt schließlich zum Begriff des *Naturgesetzes*.

Das Wesentliche ist das Allgemeine, das Abstrakte, das Invariante, das die *innere* Einheit und den *tiefen* Zusammenhang der Natur verbürgt. Dies gilt es in unserer Erkenntnis zu erfassen. So führt die Tendenz zum Allgemeinen im griechischen Erkenntnisstil zum Bestreben, das *Wesen* der Dinge zu erfassen — modern, aber (wie insbesondere der Atomismus *Demokrits* zeigt) keineswegs anachronistisch ausgedrückt: zu *Struktur- und Gesetzeserkenntnis*, deren Allgemeinheit Tiefe, Abstraktheit und Gesetzmäßigkeit in sich vereinigt.

Was die Analyse der Folgen des Strebens nach universeller Erkenntnis ergibt, deckt sich im Ergebnis mit der tatsächlich eingetretenen historischen Entwicklung des griechischen Denkens. Die Bestrebungen der Griechen, stellt *Kurt von Fritz* zutreffend fest, „sind ganz und gar auf Strukturerkenntnisse gerichtet"[132].

(c) Die Tendenz zum Allgemeinen, die sich in universeller Strukturerkenntnis zu verwirklichen sucht, wirkt sich sogar auf den praktischen Ablauf des Erkenntnisprozesses aus und beeinflußt nicht zuletzt auch die Vorstellung vom richtigen, vernünftigen Erkenntnisziel — letzteres in einer Weise, die uns modernen Nachgriechen ausgesprochen paradox erscheinen mag. Das Allgemeine zu erkennen ist keine Frage der Voraussagbarkeit individueller Ereignisse. Nicht die richtige Prognose, sondern die adäquate *Erklärung* des Besonderen im Lichte des Allgemeinen ist das primäre Anwendungsproblem, auf dessen Lösung das griechische Erkenntnisprogramm ausgerichtet ist (soweit es sich im Frühstadium der Wissenschaftsentwicklung überhaupt mit Anwendungsproblemen befaßte). Die praktisch-operative Umfunktionierung des Erkenntnisziels im Sinne des modernen, technologischen Erkenntnisinteresses von der Erklärung zur Prognose, vom Verstehbaren zum Machbaren, von der theoretischen Erfassung zur praktischen Beherrschung der Natur liegt dem griechischen Denken selbst dort noch fern, wo es praxisorientiert ist[133].

Paradoxerweise[134] hat sich jedoch im Verlauf der Wissenschaftsentwicklung eindeutig herausgestellt, daß die erklärungsorientierte „Erkenntnis um ihrer selbst willen" in der griechischen Erkenntnisform der *Theorie* dem technologischen Erkenntnisinteresse weit dienlicher sein kann als jene Erkenntnisstile und -formen, denen es primär um Prognose geht. Der Grund dafür liegt darin, daß im praktischen Anwendungsfall — sofern Erkenntnis also überhaupt zur Anwendungsreife gediehen ist — mit der Erklärungskraft auch die Prognosekraft wissenschaftlicher Theorien wächst[135]. Was andere Erkenntnisunternehmen — von der babylonischen Astronomie bis zur modernen Astrologie[136] — mit aller Kraft anstrebten, aber nur mit vergleichsweise mäßigem Erfolg erreicht haben, hat der griechische Erkenntnisstil ganz *en passant* geleistet, indem er eine Erkenntnisform entwickelt hat, die besser als jede andere für die Anwendung zwecks Voraussage zukünftiger Ereignisse geeignet ist.

Das enorme Prognosepotential der modernen Wissenschaft ist ein unbeabsichtigtes, zunächst kaum gesehenes und noch weniger geschätztes Nebenprodukt des griechischen Erkenntnisstils, das sich dieser mit der Entwicklungsform der *Theorie* ungewollt und lange ungenutzt geschaffen hat. Diese „moderne" Anwendungsmöglichkeit von um ihrer selbst willen angestrebter Erkenntnis griechischen Stils brauchte nur im Zuge veränderter Prioritäten explizit gemacht und in der Praxis entsprechend forciert zu werden, um das theoretische Prognose- sowie das praktische Handlungspotential moderner Wissenschaft aufzubauen. Dazu mußte sich weder der griechische Erkenntisstil noch die griechische Erkenntnisform grundlegend ändern, sondern lediglich das *Erkenntnisinteresse* hinsichtlich der Verwendungsmöglichkeiten für diese Art von Erkenntnis, was *nachträgliche* Modifikationen des ursprünglichen Erkenntnisprogramms allerdings nicht ausschließt. Diese halten sich jedoch in Grenzen und stehen im übrigen hier nicht zur Debatte. Sie betreffen weniger die Allgemeinheitstendenz des griechischen Erkenntnisstils als dessen Genauigkeitstendenz, wie sie im folgenden beschrieben wird.

Indem der griechische Erkenntnisstil den Zugang zur Grundstruktur der Welt freilegt, liefert er gleichzeitig den Schlüssel zur Erfassung jedes möglichen Realitätszustandes, der dadurch grundsätzlich prognostizierbar wird. Ungeachtet der geänderten Prioritäten in der Anwendungsfrage bleibt das griechische Erkenntnisprogramm auch für die moderne Wissenschaft weiterhin insofern maßgebend, als es beiden im Gefolge *Demokrits* „auf die Strukturerkenntnis als solche ankommt"[137], die sich im Verlauf der Wissenschaftsentwicklung als für Prognosezwecke vorzüglich geeignet erweisen sollte, ohne deswegen ihren Erkenntniswert im griechischen Denken davon abzuleiten. Vom griechischen Erkenntnisprogramm her gesehen ist das Prognosepotential der modernen Wissenschaft weder beabsichtigt noch zufällig, sondern als von Anfang an eingebaute Konsequenz dieses Erkenntnisstils notwendig damit verbunden, gleichgültig, ob es explizit gemacht und in Anspruch genommen wird oder nicht.

(2) Neben der Tendenz zum Allgemeinen ist der griechische Erkenntnisstil gleichermaßen von der *Tendenz zum Genauen* beherrscht. Allgemein *und* exakt soll nach griechischer Auffassung die Naturerkenntnis sein, in der sich somit „die Tendenz auf eine Gesamterklärung der Welt und die Tendenz auf Exaktheit im Einzelnen"[138] vereinigen.

Das Streben nach dem absolut Exakten ist für den griechischen Erkenntnisstil nicht weniger bestimmend als das Streben nach Universalität, aber an sich weit weniger eindeutig und muß deshalb durch Bezug auf den griechischen Problemkontext erst einmal näher bestimmt werden.

(a) Ohne zusätzliche Qualifizierungen sind Exaktheitsforderungen irgendwelcher Art alles andere als genau. Die erstrebte Genauigkeit kann sich auf diesen oder jenen Zug unserer Erkenntnis und auch darüber hinaus noch auf vielfältige Tatbestände beziehen. Auf Genauigkeit der Erkenntnis und des Handelns kommt es nicht nur in der Wissenschaft an, die in der Verwirklichung von Exaktheitsidealen von außerwissenschaftlichen Programmen kognitiver Weltorientierung nicht selten weit übertroffen wird. So ist es für magische Rituale „ungeheuer wichtig, die wirkkräftigen Symbole auf die einzig korrekte Weise zu handhaben und die Worte der rituellen Formeln in genau der richtigen Reihenfolge auszusprechen"[139]. Wenn dies nicht exakte Erkenntnis ist, so doch zumindest eine äußerst präzise Anwendung vorgeblicher Erkenntnis.

In Religion und Ritual, Mythos und Magie, „Vorwissenschaft"[140] und moderner Pseudowissenschaft werden Genauigkeitsforderungen vielfach sehr ernst genommen und zuweilen auch in beeindruckender Weise verwirklicht. Aber dies ist nicht die Art von Exaktheit, die vom griechischen Erkenntnisstil in Theorie und Praxis angestrebt wird.

(b) Ebenso irreführend wären in diesem Zusammenhang aber auch jene Exaktheitsideen, wie sie im modernen Wissenschaftsverständnis vorherrschen. Soweit sie an den mathematisch-experimentellen Naturwissenschaften orientiert sind und im wesentlichen auf Operationalisierung und Quantifizierung der Erkenntnis hinauslaufen, verfehlen sie das griechische Exaktheitsideal.

Obwohl die griechische Idee exakter Erkenntnis ebenso wie diese der modernen Wissenschaft praktisch von Anfang an aufs engste mit *Mathematik* verbunden war, ist sie von *Quantifizierung* (Metrisierung) und Operationalisierung auch dort noch weit entfernt, wo es – wie insbesondere im pythagoreischen Programm[141] – um die Anwendung von Zahlbegriffen sowie um die Bestimmung von zahlenmäßig gedeuteten Tatbeständen und Beziehungen geht. Das erkenntnistheoretische Leitmotiv der pythagoreischen Doktrin *Alles ist Zahl* gipfelt in der Annahme, daß das mathematische Zahlenverhältnis (die „Proportion") als solches „einen Einblick in eine Sache gibt oder ihre wahre Natur ausdrückt"[142].

Wenn man von diesem gewagten mathematischen Ansatz zur Naturerkenntnis die religiös inspirierte Zahlenmystik[143] abzieht, ergibt sich daraus ein „wissenschaftliches" Erkenntnisprogramm, das eher qualitativ als quantitativ orientiert bleibt und insgesamt *strukturell* – d.h. auf die Erfassung formaler (qualitativer) Strukturanalogien abzielend –, nicht *metrisch* zu deuten ist. Es geht hier um die Anwendung *qualitativer* Mathematik, die den qualitativen Aspekt der Dinge zumindest nicht völlig ausschaltet, auch wenn programmgemäß möglichst *alles* „mathematisch", d.h. in Zahlen ausgedrückt wird. Nach *Whitehead* „schloß Pythagoras ohne Zweifel die Gestalthaftigkeit der (geometrischen, H.S.) Gestalt ein, die keine rein mathematische Wesenheit ist"[144]. Demgemäß ist es nach *Kahn* "precisely because of this qualitative aspect of early Greek arithmetic and geometry that the Pythagorean correspondences are meaningful"[145].

Wenn nach der pythagoreischen Lehre die Zahl das Prinzip aller Dinge ist und allen physikalischen Objekten zugrunde liegt; wenn also die Theorie der Zahlen eine viel tiefere Schicht der physikalischen Realität aufdecken kann und den Schlüssel zur mathematischen Erklärung des Kosmos liefern soll, dann geht es um mehr als Zählen und Messen. Vielmehr bedeutet Zahl in diesem Zusammenhang für *Pythagoras* „den Ausdruck zweier fundamentaler Erscheinungen der physikalischen Welt – Ausdehnung *und* Form"[146].

Wir mögen zwar aus *Pythagoras'* Lehre die Forderung ableiten, „daß wir *messen* sollen, um so die Qualität als zahlenmäßig bestimmte Quantität festzulegen"[147]. Aber das ist unsere *moderne* Ausdeutung des pythagoreischen Programms, für die meines Erachtens entgegen *Erich Frank* nicht gilt, daß in der modernen Wissenschaft „keine wesentlich anderen Denkmotive maßgebend"[148] seien als zwei Jahrtausende früher.

Das pythagoreische Erklärungsprogramm unterscheidet sich vom Erklärungsprogramm der modernen, experimentellen Naturwissenschaft trotz grundsätzlicher Übereinstimmung im philosophischen Leitmotiv – mathematische Erklärung der Natur als Erkenntnisziel – in einem wesentlichen Punkt, nämlich in dem hierzu für entscheidend gehaltenen Aspekt des „Mathematischen" als kosmologischem Erklärungsprinzip. Die fundamentale Eigenschaft des Zahlensystems, an der sich das pythagoreische Programm primär orientiert, ist nicht das „Quantitative" (im Sinne einer metrischen Ordnung), sondern die *Harmonie*[149], die sich nach pythagoreischer Auffassung allerdings am klarsten in bestimmten numerischen Verhältnissen verwirklicht, ohne sich jedoch darauf zu beschränken. Diese Harmonie „drückt sich im Verhältnis der Teile zum Ganzen aus"[150], das sich durch den mathematischen Begriff der Proportion darstellen läßt. Die Ordnung des Kosmos wird durch die Zahlenharmonie ausgedrückt und läßt sich durch mathematische Zahlenspekulation, also durch reines Denken erfassen[151]. Die Natur wird durch Zahlen geordnet, nicht „gemessen". Aus der pythagoreischen Doktrin von der Universalität der Zahl spricht „ein unbedingter Glaube an die ordnende Macht von Zahl und Harmonie im Kosmos"[152] und damit die Überzeugung von der mathematischen Erfaßbarkeit der Natur. Das ist von einem quantitativen Weltbild im Sinne der modernen Naturwissenschaft noch weit entfernt. Der Unterschied ist grundsätzlich, nicht nur graduell.

Auch wenn für *Demokrit* und die Pythagoreer tatsächlich „die Dinge rein *quantitativ* bestimmt"[153] sein sollten, demnach alles bloß Zahl, Zahlenverhältnis oder Zahlensumme wäre, so stand doch die *Messung* dieser „Quantitäten" in der griechischen Wissenschaft nicht zur Debatte — eher schon ihre apriorische Bestimmung durch rein denkerische „Berechnung".

Die These von der immensen Bedeutung des pythagoreischen Programms für die Entwicklung der modernen exakten Naturwissenschaft sowie die Zusatzthese, derzufolge die mathematische Idee der *Zahl* den Schlüssel zum Verständnis dieser Wissenschaftskonzeption liefert, ist zwar grundsätzlich richtig, aber ihre rein quantitative Deutung[154] verkennt den Sinn des dem griechischen Erkenntnisstils zugrunde liegenden Exaktheitsideals und verfehlt damit die Pointe des Ausgangsprogramms.

*Alles ist Zahl* involviert eine Exaktheitsforderung für unsere Erkenntnis, die nicht durch empirische Messung, sondern durch apriorische Einsicht in invariante mathematische Strukturen zu realisieren ist. Der Versuch, dieses *qualitative* Exaktheitsideal durch Experiment und Messung seiner Verwirklichung näherzubringen, ist ein Mißverständnis, das „modern" zu nennen die Tatsache verbietet, daß die Pythagoreer selbst nicht völlig frei davon waren. "The trouble about Pythagoras and his followers was that they were not quite aware of what they had done", betont *Guthrie*[155] und erklärt dies wie folgt: "Consequently, though they were in fact describing only the structural scheme of things — in itself a perfectly legitimate procedure — they believed that they were describing their material nature too: that it was possible to speak of things as made up entirely of numbers, regarded in a threefold way as arithmetical units, geometrical points, and physical atoms."

Nicht der moderne *Mythos der Messung* (Quantifizierung, Operationalisierung, etc.) ist die Hauptbotschaft des pythagoreischen Programms für den Aufbau einer exakten Wissenschaft, sondern der alte *Mythos der Invarianz*[156], der das Erkenntnisinteresse der Wissenschaft auf die Erfassung nomischer Strukturen richtet. Desgleichen besteht die große Bedeutung des mathematischen Elements im Rahmen des pythagoreischen Erkenntnisprogramms weniger in der Akzentverschiebung "from a qualitative to a quantitative view of the world"[157] als in der zum Leitmotiv erhobenen Idee, die Struktur des Kosmos — der Natur im ganzen wie auch der einzelnen Dinge — *mathematisch* zu deuten und damit in mathematischen Mustern den Schlüssel zur Erkenntnis universaler, invarianter Strukturen zu sehen.

Diese Auffassung von der Rolle der Mathematik für die Naturerkenntnis im Rahmen eines Ansatzes, der Strukturerkenntnis eher qualitativ als quantitativ versteht, findet übrigens in der modernen Mathematik wieder zunehmende Resonanz[158].

(c) Damit sind die einschränkenden Qualifikationen deutlich geworden, durch die die Genauigkeitstendenz des griechischen Erkenntnisstils inhaltlich sowie in ihrem Verhältnis zum Exaktheitsideal der modernen Naturwissenschaft näher bestimmt wird. Aus dem Vergleich des griechischen Strebens nach exakter Erkenntnis mit den Genauigkeitsforderungen für magische Rituale, wissenschaftliche Experimente und logische Operationen wird deutlich, daß es in jedem Fall um eine *ganz bestimmte Idee von Exaktheit und deren Verwirklichung* im Erkennen oder Handeln geht.

Kein Erkenntnisstil strebt nach dem schlechthin Exakten; keine Erkenntnis, keine Idee, kein Begriff, keine Theorie, keine Operation ist allseitig genau. Die spezielle Art von Genauigkeit, die der griechische Erkenntnisstil anstrebt, ist *qualitative Exaktheit* für unsere Erkenntnis, also propositionale Präzision (Genauigkeit in der „Aussage"), deren Bezugsrahmen die Sprache (Aussagen statt Formeln), deren Mittel begriffliche Schärfe (Distinktion statt Messung) deren Methode qualitative Strukturierung (statt quantitativer Metrisierung) und deren Zweck schließlich differenzierte Information ist, die in der Form abstrakter Theorien gesetzmäßige Naturerkenntnis liefert, welche gleichzeitig allgemein und genau ist.

Exaktheit in diesem qualitativen Sinne ist „nichts anderes als ... äußerste Genauigkeit", die erst im Rahmen des modernen naturwissenschaftlichen Denkens eine so *spezielle* Deutung erhält, daß sie zur „Hinwendung und schließlich Beschränkung auf die quantitative Seite der Erscheinungen"[159] führt. In dieser rein qualitativen Bestimmung unterscheidet sich das griechische Exaktheitsideal von den zumindest partiell quantitativ-metrischen Genauigkeitsforderungen der modernen Wissenschaft[160].

(d) Wer qualitative Genauigkeit gegenüber quantitativ-metrischer Exaktheit für inferior hält, sollte die wichtigste Konsequenz der Genauigkeitstendenz des griechischen Erkenntnisstils nicht aus dem Auge verlieren. Immerhin hat das qualitative Exaktheitsideal völlig ausgereicht, um den griechischen Erkenntnisstil in einem entscheidenden Punkt über das vorgriechische Denken hinauszuführen, der für den Aufbau der Wissenschaft und die Fortschrittsfähigkeit dieser Art von Erkenntnis von kaum überschätzbarer Bedeutung ist.

Das Streben nach Genauigkeit zwingt den griechischen Erkenntnisstil, mit äußerster Sorgfalt unter Beachtung aller Konsequenzen zwischen richtigen, d.h. *genauen* und bloß *ungefähren, mehr oder weniger angenäherten* Problemlösungen zu unterscheiden. Trotz raffinierterer mathematischer Methoden und fortgeschrittenerer Technik im Lösen von mathematischen Problemen unterschieden die Babylonier — wie natürlich auch die Ägypter — nicht zwischen exakten und bloß approximativen Problemlösungen, „da auf jedem Gebiet die Approximationen für das Gebiet, auf dem eine Aufgabe zur Anwendung kam, ausreichend waren"[161].

So wird etwa nach allem, was wir davon wissen, in der babylonischen Mathematik nicht zwischen exakten und approximativen Bestimmungen der Kreiszahl $\pi$ oder der Winkelsumme im Dreieck unterschieden. Wie im Rahmen des additiven Erkenntnisstils üblich, werden die verschiedenen, nach *unseren* Maßstäben miteinander unvereinbaren mehr oder weniger richtigen Lösungsvorschläge nicht zueinander in Beziehung gesetzt, nicht in ein kritisches Vergleichsverhältnis gegenseitiger Korrektur gebracht, um bloß ungefähre Resultate als falsch auszuscheiden und – zumindest in der Tendenz – die genaue, exakt richtige und allein gültige Problemlösung zu ermitteln.

Sofern sich ein Ergebnis für die Lösung der anstehenden praktischen Aufgabe als brauchbar erweist, wird es akzeptiert – und *dabei bleibt es!* So wird zum Beispiel mal dieser, mal jener, für die eine Aufgabe ein feinerer, für die andere ein gröberer Wert von $\pi$ genommen, ohne daß man sich genötigt sieht, nach dem exakten, theoretisch allgemeingültigen Wert zu suchen.

Im Gegensatz zur vorgriechischen Mathematik ist diese erkenntnistheoretisch fundamentale Differenzierung zwischen exakten und approximativen Problemlösungen „fast von Anfang an charakteristisch für die griechische Mathematik"[162]. Das involviert *Kriterien,* die Erfolge und Mißerfolge auf der Suche nach Problemlösungen – also Erkenntnis*fortschritt* – zu identifizieren erlauben und eröffnet die Möglichkeit, durch geeignete *Methoden* die Entwicklung der menschlichen Erkenntnis in Richtung auf das Erkenntnisziel zu steuern. Deshalb ist diese Errungenschaft der griechischen Erkenntnis für die Entstehung und die weitere Entwicklung der Wissenschaft von größter Bedeutung. Welch enormer Vorteil – in Gestalt eines wesentlich erweiterten Fortschrittspotentials – sich daraus für den griechischen Erkenntnisstil ergibt, zeigte sich an den Früchten, die sich fast von Anfang an, buchstäblich auf Anhieb, einstellten. Das beste Beispiel dafür liefert die Frühgeschichte der griechischen Mathematik, in der die Tendenz zum absoluten Exakten naturgemäß die besten Vorbedingungen für ihre Verwirklichung findet. Der spektakulärste Fall ist die Entdeckung der *Irrationalität der Quadratwurzel aus 2* und die damit verbundene Entwicklung der *Theorie der Inkommensurabilität* bereits im 5. Jahrhundert v. Chr. durch *Hippasos von Metapont*[163]. Diese Entdeckung ist aus mehreren Gründen wahrhaft erstaunlich: erstens, weil sie sensationell früh erfolgte, als „die mathematische Wissenschaft der Griechen noch in den Kinderschuhen steckte"[164]; zweitens, weil sie der Beschäftigung „mit den elementarsten oder, wie viele moderne Mathematiker geneigt sind zu sagen, trivialsten Problemen"[165] entsprang; drittens, weil sie mit minimalem Einsatz von vergleichsweise primitiver mathematischer Technik und Methodik erreicht wurde; schließlich, um dem Ganzen die Krone aufzusetzen, viertens, weil die große Bedeutung dieses Problems und die weitreichenden Folgen der (negativen) Problemlösung praktisch von Anfang an erkannt worden sind. Dies alles, vielleicht mit Ausnahme des letzten Punktes, hängt direkt mit der Exaktheitstendenz des griechischen Erkenntnisstils zusammen, ohne die schon die Erkenntnis und Stellung des Problems praktisch unmöglich wäre. Ohne scharfe Unterscheidung zwischen exakten und approximativen Problemlösungen kann eine derartige Problemsituation überhaupt nicht entstehen, in der es um feine begriffliche Distinktionen und präzise gedankliche Differenzierungen geht.

Das griechische Streben nach dem absolut Exakten erzeugt eine Art von *erkenntnistheoretischer Überbelichtung*, die, wie die Geschichte des Inkommensurabilitätsproblems zeigt, selbst eine beträchtliche Zurückgebliebenheit in der (mathematischen) Methodik und Technik des Problemlösens im Endergebnis wettzumachen vermag. Kein Wunder also, daß die Ägypter und sogar die Babylonier trotz überlegener mathematischer Technik „die Existenz dieses Problems nicht einmal ahnten"[166]. Noch beeindruckender als durch die verblüffende Entdeckung der Inkommensurabilität selbst wird das überlegene Fortschrittspotential des griechischen Erkenntnisstils dadurch unter Beweis gestellt, wie die Griechen sich auf die neue Situation eingestellt und das Problem durch Ausdehnung der Proportionenlehre auf inkommensurable Größen *progressiv* – nicht defensiv oder gar degenerativ[167] – gemeistert haben[168].

Das Streben nach dem absolut Allgemeinen und das Streben nach dem absolut Genauen müssen *zusammen* gesehen werden. Erst im Zusammenspiel entfalten sie jene Wirkung, die den griechischen Erkenntnisstil prägt. Ohne Kopplung an die Allgemeinheitstendenz wirkt sich die Exaktheitstendenz ganz anders aus, zum Beispiel im Rahmen des additiven Erkenntnisstils oder, noch deutlicher, im Zusammenhang mit ritualistischen Praktiken. Dasselbe gilt für die von der Exaktheitstendenz losgelöste Allgemeinheitstendenz. Während die Synthese von Allgemeinheit und Exaktheit im Brennpunkt beider Tendenzen sozusagen zur Überbelichtung der Problemsituation führt, die auch kleinste Details in abgelegenen Problemregionen erkennbar macht, läßt Allgemeinheit ohne Exaktheit, wie das Beispiel der Mystik zeigt, alles unscharf-verschwommen, sozusagen in Unterbelichtung erscheinen. Für die Möglichkeit, Fehler zu erkennen, sowie für die Chance, Erkenntnisfortschritt zu erzielen, ist dieser Belichtungsunterschied wesentlich.

Das Zusammenspiel beider Tendenzen im griechischen Erkenntnisstil verstärkt die Wirkung so sehr, daß sich alles weitere hinsichtlich der Eigenart, Form, Entwicklung, etc. der so vorprogrammierten Erkenntnis fast von selbst daraus ergibt. Erkenntnis, die zugleich allgemein und genau ist, kann nicht in der Konstatierung des erfahrbar in der Sinneswahrnehmung Gegebenen bestehen; sie kann also nicht rein empirisch, konkret und bloß deskriptiv sein. Sowohl das ganz Allgemeine als auch das ganz Genaue ist unseren Sinnen verschlossen. Das kann man nur im *Denken* erschließen und durch *Theorien* erfassen, die das jeweils Gegebene transzendieren[169]. Allgemeine und genaue Erkenntnis muß notwendig *abstrakt* sein und den Oberflächenbereich der „Phänomene" in doppelter Richtung verlassen: als Erkenntnis von *Strukturen* geht sie in die *Tiefe;* als Erkenntnis von *Gesetzmäßigkeiten* der Natur geht sie in der *Allgemeinheit* weit über die Beschreibung der Welt der „Dinge"[170] und „Erscheinungen" des – empirisch oder intuitiv, dem „äußeren" oder „inneren Auge" – Gegebenen hinaus. Solche Erkenntnis konstatiert nicht einfach die Phänomene, sondern *erklärt* sie im Zusammenhang und aus dem Zusammenhang[171].

Dabei ist „Erklärung" hier im Gegensatz zu bloßer Beschreibung und Prognose, nicht im Gegensatz zum Verstehen gemeint. *Verstehen* als geistige Einsicht in das und subjektives Verständnis dessen, „was die Welt im Innersten zusammenhält", ist durch diese Art der Naturerklärung nicht ausgeschlossen, sondern beabsichtigt. Nicht das Streben nach tieferem, kritischem Verstehen der Wirklichkeit kollidiert mit dem griechischen Erklärungsprogramm, sondern lediglich das Stehenbleiben bei einem *naiven* Naturverständnis – wie überhaupt jeder vorzeitige Abbruch der Erkenntnisbemühungen.

48

Die Zusammenfassung der Allgemeinheits- und Genauigkeitstendenz zu einer selbständigen erkenntnistheoretischen Einheit mag auf den ersten Blick willkürlich erscheinen, zumal sie den vollen „Sinn", d.h. das *ganze* Erkenntnisprogramm, des griechischen Erkenntnisstils offensichtlich verfehlt: nach unbestreitbarer Auffassung in *einem* entscheidenden Punkt; nach weitergehender, meines Erachtens problematischer Deutung sogar in *zwei* wesentlichen Aspekten. Trotzdem scheint mir der hier gewählte erkenntnistheoretische Deutungsansatz berechtigt, der in analytischer Absicht (erkenntnis-)„theoretisch" trennt, was praktisch zweifellos ein zusammenhängendes „Ganzes" bildet, das ideengeschichtlich als Blockkonzeption in der Wissenschaft zur Wirkung gelangt ist. Denn hier, in der Analyse der maßgebenden Einzeltendenzen und ihres Zusammenspiels, liegt der Schlüssel zum Verständnis des wissenschaftlichen Erkenntnisstils und der Entstehung der erkenntnistheoretischen Grundproblematik für wissenschaftliche Erkenntnis, der Geburt und weiteren Entwicklung der Wissenschaft sowie der Transformation des antiken zum modernen Wissenschaftsverständnis. Diese Behauptung bedarf einer Erläuterung.

(1) Der einzige, meines Erachtens zugleich notwendige und hinreichende Grund für die Zusammenfassung der Allgemeinheits- und Genauigkeitstendenz zu einer selbständigen kognitiven Einheit, unter Vernachlässigung eventueller anderer „Tendenzen" des griechischen Erkenntnisstils, liegt darin, daß ihr dynamisches Zusammenspiel eine neue, für die Entstehung von Wissenschaft (im griechisch-abendländischen Sinn) maßgebende Erkenntnisweise – den *theoretischen Erkenntnisstil* – kreiert, aus der sich die „typisch wissenschaftliche" Erkenntnisform der *Theorie* ergeben hat.

(2) Daß mit der Rekonstruktion dieser beiden Tendenzen der griechische Erkenntnisstil noch nicht *vollständig* erfaßt und *hinreichend* charakterisiert worden ist, steht außer Frage. Dies ist zumindest solange nicht erreicht, als die *certistische Tendenz* des griechischen Erkenntnisstils unberücksichtigt bleibt – wie es hier bislang absichtlich geschehen ist, um sie erst später, an funktionsgerechter Stelle, wenn dieses Prinzip zur Problemlösung tatsächlich erforderlich scheint, in die erkenntnistheoretische Problemsituation einzuführen. Für eine adäquate Charakterisierung des griechischen Erkenntnisstils ist die Einbeziehung der certistischen Tendenz in das Gesamtbild unabdingbar, nicht dagegen für die Rekonstruktion des theoretischen Erkenntnisstils schlechthin, obwohl dieser in *einer* bestimmten, ideengeschichtlich dominanten Ausprägung *auch* im griechischen Erkenntnisstil enthalten ist.

(3) Nach einer weitergehenden, betont „modernen" Interpretation des griechischen Denkens, die diesen Erkenntnisstil mit einem bestimmten zeitgenössischen Wissenschaftsverständnis in engsten Zusammenhang bringt – unter praktisch völliger Gleichsetzung in dem für entscheidend gehaltenen Punkt, nämlich der kritischen Einstellung oder Methode –, verfehlt die hier in den Hauptlinien skizzierte Rekonstruktion des griechischen Erkenntnisstils den für das Vorliegen echter Wissenschaft unverzichtbaren und damit für deren Geburt im griechischen Denken hauptverantwortlichen Aspekt der Gesamtproblematik. Damit ist die Frage aufgeworfen, ob zum griechischen Erkenntnisstil auch noch eine zusätzliche, im Rahmen des Ganzen relativ eigenständige *kritische Tendenz* als gleichermaßen originäre Grundtendenz gehört.

Man darf sich in diesem Zusammenhang nicht durch den Tatbestand – einmal angenommen, daß es sich dabei um eine unbestreitbare Tatsache handelt! – irritieren lassen, daß nach unserem Wissenschaftsverständnis das ganze „kritische Syndrom" (Kritik als erkenntnistheoretisches Prinzip und/oder methodisches Postulat, kritische Einstellung und Methode, Offenheit für Kritik, Antidogmatismus, Lern- und Korrekturbereitschaft, hypothetischer Behauptungsstil, etc.)[172] ein wesentlicher, fast schon selbstverständlicher Bestandteil praktisch aller modernen Wissenschaftskonzeptionen ist. Ebensowenig kann dem griechischen Erkenntnisstil schon deswegen eine von Anfang an wirksame kritische Einstellung oder Methode attestiert werden, weil er *uns* kritisch erscheint, d. h. weil sich die daraus hervorgehenden Theorien aus moderner Sicht, in kritischer Absicht betrachtet und mit unseren Mitteln der Kritik angegangen, als *kritisierbar* erweisen. Daß griechische Erkenntnis „kritisch" im Sinne von kritisierbar ist, steht außer Frage. Aber das gilt mehr oder weniger für jede Art von Erkenntnis gleich welchen Erkenntnisstils, sofern das Anlegen unserer – also möglicherweise *fremder* – Maßstäbe und der Einsatz der damit verbundenen Methoden erlaubt ist. Die Frage ist vielmehr, ob der griechische Erkenntnisstil über diese rein *passive* Kritisierbarkeit hinaus auch ein *aktives* kritisches Potential, eine originäre Tendenz zur Kritik im Sinne des erwähnten „kritischen Syndroms", aufzuweisen hat. Nur als ein praktisch von Anfang an vorliegendes, frühzeitig dominant gewordenes und – gegenüber den anderen Tendenzen – eigenständig wirkendes Charakteristikum des griechischen Erkenntnisstils könnte die kritische Tendenz für die Entstehung der Wissenschaft jene Geburtshelferrolle gespielt haben, die zeitgenössische Wissenschaftstheoretiker wie *Popper* ihr zuschreiben.

Auf den ersten Blick scheint allerdings alles für die Anerkennung einer von Anfang an wirksamen kritischen Tendenz als Bestandteil des griechischen Erkenntnisstils zu sprechen. Denn die bereits diagnostizierte Ausrichtung des griechischen Erkenntnisstils auf das absolut Allgemeine, Genaue und gegebenenfalls Sichere zwingen dieses Denken von vornherein zur scharfen begrifflichen Differenzierung und sorgfältigen Prüfung, um das Allgemeine vom Besonderen, „das Gesicherte und Exakte von dem nicht Gesicherten und Exakten zu unterscheiden"[173]. So ergibt sich direkt aus den Grundtendenzen des griechischen Erkenntnisstils die Notwendigkeit von *Korrekturen* und die Möglichkeit von *Kritik* – aber noch *keine eigenständige kritische Tendenz*, die über den (in sich nicht unbedingt „kritischen") Versuch zur Einlösung der Allgemeinheits-, Genauigkeits- und Sicherheitsforderungen hinausgeht.

Wo dies zur Kritik der Theorien führt, wie es bis zu einem gewissen Grad im griechischen Denken in der Tat der Fall war, steht die kritische Haltung völlig im Dienste der anderen Tendenzen und endet genau dort, wo diese ausreichend realisiert erscheinen. Soweit tatsächlich vorhanden, handelt es sich bei dem ganzen „kritischen Syndrom" um einen *Folge-* oder *Begleit*tatbestand – ersteres in Beziehung zur Allgemeinheits- und Genauigkeitstendenz; letzteres zur certistischen Tendenz –, d.h. um ein *abgeleitetes* Charakteristikum des griechischen Erkenntnisstils. Kritik ist demnach kein originäres Leitmotiv, keine zusätzlich wirkende, eigenständige Grundtendenz dieses Erkenntnisstils, sondern eine ursprünglich in ihrer Rolle und Funktion deutlich *beschränkte* Konsequenz: eine „Tendenz" des griechischen Erkenntnisstils also, aus der sich im Anfangsstadium der Wissenschaftsentwicklung kein selbständiger, erst durch sie ermöglichter Beitrag zur Lösung des Erkenntnisproblems – etwa im Sinne des noch ausführlich zu diskutierenden fallibilistischen Lösungsvorschlags *Popper*scher Prägung – ergeben hat. Die in Form von allgemeinen und exakten Theorien vom griechischen Erkenntnisstil aufgrund der hier aufgezeigten originären Grundtendenzen programmierte Erkenntnis würde *ihrer Struktur und Funktion nach nicht wesentlich anders beschaffen sein, wenn sie dogmatischer statt kritischer Intention entspränge* (wie es zumindest anfangs weitgehend der Fall war). Lediglich die weitere Entwicklung dieser Art von Erkenntnis – also der spätere Erkenntnisfortschritt – würde anders verlaufen.

Weder ist die Wissenschaft im griechischen Denken aus einem besonderen kritischen Impuls heraus geboren und durch den griechischen Erkenntnisstil von Anfang an mit einer sozusagen eingebauten kritischen Tendenz versehen worden, noch hat sie umgekehrt dem im griechischen Denken allmählich wirksam werdenden „kritischen Syndrom" ihrerseits erst auf die Beine geholfen. Letzteres ist nämlich, wie bereits im Zusammenhang mit der Toleranzfrage ausgeführt[174], *vor* der sogenannten Geburt der Wissenschaft bereits im frühgriechischen (archaischen) Denken zum Durchbruch gekommen und von der neuen philosophisch-wissenschaftlichen Denkweise zunächst eher zurückgedrängt als verstärkt worden. Der Unterschied zwischen aktiver Kritik im Sinne eines effektiven kritischen Potentials und passiver Kritisierbarkeit, zwischen Kritik als methodischem Prinzip mit eigenständiger erkenntnistheoretischer Funktion einerseits und kritischer Prüfung als Erfüllungsgehilfe im Dienste anderer Erkenntnisprinzipien andererseits, wird auch von Experten der griechischen Geisteskultur leicht verkannt. So etwa von *Snell*, wenn dieser die Freiheit, Offenheit und den insgesamt betont kritischen Charakter des von den Griechen inaugurierten neuen „wissenschaftlichen" Denkens herausstellt[175]. Dagegen wendet *Kurt von Fritz* meines Erachtens mit vollem Recht ein, daß dieses neue Denken auf der Linie des griechischen Erkenntnisstils, „*soweit* als es zur Erkenntnis unbedingt gültiger Gesetze gekommen ist, nicht mehr offen ist. Die Freiheit und Offenheit gilt also nur für das *noch nicht* endgültig Erkannte, und sofern die Wissenschaft fortschreitet, erweitert sich ständig der Kreis dessen, was nicht mehr offen ist"[176].

Hier muß man zwischen dem griechischen Denken im allgemeinen (für das *Snells* Urteil im wesentlichen zutrifft) und dem neuen „wissenschaftlichen" Erkenntnisstil der griechischen Philosophie unterscheiden, in der militante Kritik konkurrierender Standpunkte auf eine aggressive, für Selbst- und Fremdkritik wenig offene Weise betrieben wird. Diese „kritische Einstellung" steht ihrer ganzen Art und Wirkung nach einer dogmatischen Geisteshaltung weit näher als dem von *Popper* in den Geburtsakt der Wissenschaft projizierten, durch Offenheit für Kritik, Lernbereitschaft durch Kritik und Meinungsvielfalt in einer Atmosphäre der Toleranz charakterisierten „kritischen Syndrom". Hinsichtlich der zu Unrecht für die ersten griechischen Philosophen/Wissenschaftler reklamierten Einführung der kritischen Einstellung und Tradition in das menschliche Denken liegt – wie zum Beispiel auch in politischer Hinsicht[177] – die Führungsrolle eindeutig bei den Dichtern des epischen Zeitalters, die sich auch als erste der für einen selbstbewußten Individualismus „charakteristischen Ichform der Kritik"[178] bedienen.

Zu den Dichtern, deren kritischer Geist sich vor allem in der *Homer*-Kritik („Homer lügt!") einübt, gesellen sich die frühgriechischen Historiker *(Hekataios, Herodot, Thukydides)* mit ihrer rationalistischen Kritik der Überlieferung[179]. Für diesen Aspekt des griechischen Denkens hat in der Anfangsphase die Poesie vor der Prosa, Kunst (einschließlich Drama) vor der Philosophie, Geschichtsschreibung vor der Wissenschaft die Führung der geistesgeschichtlichen Entwicklung übernommen[180].

Wie sich die Verschiebung der ideengeschichtlichen Priorität auf Philosophie und Wissenschaft, also auf die hier analysierten Manifestationen des griechischen Erkenntnisstils, wenigstens zunächst auf das „kritische Syndrom" sowie auf die allgemeine geistige Atmosphäre ausgewirkt hat, läßt sich aus *Diels'* zusammenfassendem Bericht entnehmen: „Es war ein wichtiger Wendepunkt im griechischen Geistesleben, als man aus der heiteren, bunten Welt der Phantasie, wie sie das homerische Epos erfüllte, in die strenge, verstandesmäßige Abstraktion monistischer Wissenschaft eintrat.... Ein monistischer Zug geht bereits durch das Epos. ... An die Stelle der pluralistisch schaffenden Phantasie tritt eine monistisch gerichtete Spekulation, an die Stelle der Poesie tritt die wissenschaftliche Prosa"[181].

Wenn sich im Verlauf der späteren Entwicklung der kritische Geist auch in der Wissenschaft einen zentralen Platz erobert — nicht sofort und nicht ohne schwere Rückschläge, wie die Wissenschaftsgeschichte bezeugt —, dann ist es allerdings ein anderer kritischer Geist: kontrolliert, diszipliniert, spezialisiert und innerhalb dieser selbstgesetzten Grenzen von größter Effektivität. Wie die wissenschaftliche Erkenntnis selbst, so gerät auch die Kritik mehr und mehr in den Herrschaftsbereich des Spezialistentums und wird zu einer Sache für den *Experten*[182]. Damals wie heute bedeutet Verwissenschaftlichung der Kritik Verbesserung der Ansatzmöglichkeiten für Kritik sowie Verstärkung des kritischen Instrumentariums bei gleichzeitiger Verengung der Zielperspektive.

Als Ergebnis kann festgehalten werden, daß der Einbruch des kritischen Geistes in die Wissenschaft eine verhältnismäßig späte Entwicklung ist, die schon aus chronologischen Gründen historischer Periodik für die Entstehung der Wissenschaft keine ausschlaggebende Rolle gespielt haben kann, umgekehrt in den Anfängen von der neu aufkommenden Wissenschaft kaum profitierte. Hier wie sonst darf man nicht von der *aktuellen* Bedeutung der Kritik für die moderne Wissenschaft auf eine vergleichbare Rolle im Entstehungsprozeß zurückschließen. *Sub specie aeternitatis*-Konzeptionen der Wissenschaft[183] — wie sie sich zum Beispiel aus den bereits erwähnten Konstruktionen *Dinglers* und *Poppers* ergeben —, die glauben, das Phänomen Wissenschaft ein für allemal als solches bestimmen und abgrenzen zu können, machen diesen Fehlschluß vom Ansatz her fast unvermeidlich.

Da eine eigenständige kritische Tendenz des griechischen Erkenntnisstils in den Anfängen noch nicht wirksam geworden und damit für die Entstehung der Wissenschaft nicht ausschlaggebend gewesen sein kann, erübrigt sich für die hier diskutierte Geburtsphase die Frage, ob diese Tendenz mit der (unbestreitbar gegebenen, wie sich im nächsten Kapitel erweisen wird) certistischen Tendenz des griechischen Erkenntnisstils vereinbar ist.

Zusammenfassend läßt sich von der hier skizzierten Rekonstruktion des griechischen Erkenntnisstils sagen, daß sie — abgesehen von der ausdrücklich zugestandenen bisherigen

Vernachlässigung der certistischen Tendenz sowie unbeschadet aller Unzulänglichkeiten im Feinbild, dessen Details in vielem kontrovers sind — nach Inhalt und Stellenwert den für die „Geburt der Wissenschaft" in dem bereits erläuterten Sinn unstreitig wichtigsten Aspekt des griechischen Erkenntnisstils grundsätzlich richtig erfaßt. Dieser im Zusammenhang mit dem Aufkommen von Wissenschaft griechisch-abendländischer Prägung entscheidende Punkt liegt darin, daß der griechische Erkenntnisstil als Ergebnis der oben analysierten Doppeltendenz zum Allgemeinen und Exakten zur „wissenschaftlichen" Erkenntnisform der *Theorie* und eben damit schließlich auf längere Sicht auch zur *Wissenschaft* selbst geführt hat.

Diese Auffassung schließt zwei Behauptungen ein, die im Rahmen der vorliegenden Rekonstruktion der Problemlage wohl die beiden einzigen unstreitigen Thesen sein dürften: *Erstens*, daß der griechische Erkenntnisstil wesentlich auf eine ganz bestimmte Art der kognitiven Naturwiedergabe in der begrifflichen Symbolik von abstrakten Theorien ausgerichtet ist und in dieser Erkenntnisform seine paradigmatische, für die weitere Entwicklung der menschlichen Naturerkenntnis Maß-gebende Realisierung findet. *Zweitens*, daß ungeachtet aller im Verlauf der Wissenschaftsentwicklung sich immer wieder herausbildenden Differenzen und deshalb erforderlichen zusätzlichen Qualifikationen dasselbe grundsätzlich auch für die Wissenschaft gilt. Von ihren Anfängen, wo immer sie auch im einzelnen liegen mögen, bis zu ihrem Reifestadium, wann immer es auch erreicht (worden) sein mag, findet das Erkenntnisprogramm der Wissenschaft seine höchste Erfüllung in Theorien. Was den griechischen mit dem spezifisch wissenschaftlichen Erkenntnisstil, also antike Denkweise mit moderner Wissenschaft verbindet, ist die beiden gemeinsame Erkenntnisform der Theorie als Produkt der hier beschriebenen Doppeltendenz zum Allgemeinen und zum Genauen. Das ist der wahre Kern der darüber hinaus weitgehend falschen Legende von der Geburt der Wissenschaft im griechischen Denken.

Diese Verbindung zwischen *Theorie* und *Wissenschaft*, zwischen der neuen Erkenntnisform als der wichtigsten Errungenschaft des griechischen Erkenntnisstils einerseits und der Aufgabe der Wissenschaft, eine oder vielmehr *die* „Theorie über etwas aufzustellen" *(Aristoteles),* wird in der aristotelischen Erkenntnis- und Wissenschaftslehre explizit und systematisch im Sinne einer verbindlichen Festlegung dessen, was als Wissenschaft auftreten darf, hergestellt. „So wird das ursprüngliche Wesen der Wissenschaft von Aristoteles als Theorie verstanden. Wissenschaft ist da gegeben, wo es um theoretische Erkenntnis geht. Diese Bestimmung ist bis heute geläufig geblieben", schreibt *Joachim Ritter* in seiner Abhandlung über die Lehre vom Ursprung und Sinn der Theorie bei *Aristoteles*[184].

Das gilt aber für den Zusammenhang zwischen griechischem und wissenschaftlichem Erkenntnisstil nicht erst seit *Aristoteles*. Aus diesem Grunde ist es, nebenbei bemerkt, erlaubt und sinnvoll, „den Ausdruck ‚Mathematiker' aus dem fünften Jahrhundert ... mit ‚Theoretiker' (zu) umschreiben"[185]. *Theoretisch* in dem hier charakterisierten Sinne ist der Erkenntnisstil, *Theorie* die dazugehörige Erkenntnisform allemal, worin „Philosophen", „Mathematiker" und „Wissenschaftler" aller Zeiten die Ergebnisse ihres Denkens zu fassen und, wenn es soweit gekommen ist, auf den erkenntnistheoretischen Begriff zu bringen suchten. Angesichts dieses Anfänge und Gegenwart der Ideengeschichte, zugleich

Philosophie, Wissenschaft und weite Teile sogenannter „Vorwissenschaft" verbindenden Tatbestandes muß jeder Streit darüber, ob zum Beispiel die Vorsokratiker „Wissenschaftler" gewesen sein mögen (was von *Dicks* entschieden bestritten und von *Popper* offengelassen wird[186]), die Pointe des griechischen und zugleich auch des wissenschaftlichen Erkenntnisstils verfehlen.

Wenn also die wissenschaftliche Erkenntnis von den Anfängen bis zur Gegenwart ihrer Natur nach *theoretisch* ist[187], so ist doch hier schon gegen jede eventuelle Gleichsetzung von Theorie und Wissenschaft die Frage aufzuwerfen, ob es wirklich „keine theoretische Erkenntnis von Gegenständen (gibt), die nicht wissenschaftliche Erkenntnis ist", wie *Ritter* für *Aristoteles* behauptet[188]. Dieser Einwand wirft die grundsätzlichere Frage auf, ob der griechische bzw. der ihm in diesem zentralen Punkt völlig deckungsgleiche wissenschaftliche Erkenntnisstil der *einzige* „theoretische", d.h. exklusiv theorienerzeugende Erkenntnisstil ist. Eine vergleichende Analyse des mythischen Erkenntnisstils — die hier nicht vorgenommen werden kann[189] — im Lichte dieser Fragestellung würde zu einer negativen Antwort führen.

## 3. Kapitel

## Die certistische Tradition und die Frage nach dem zureichenden Grund der Wahrheit — oder: der Einbruch von Gesetz und Ordnung in den Wissensbereich und die Verrechtlichung des Erkenntnisproblems zum Rechtfertigungsproblem

Im vorangehenden Kapitel ist der griechische Erkenntnisstil durch die in ihn vom Ansatz her eingebaute strukturelle Doppeltendenz zum Allgemeinen und zum Genauen charakterisiert worden. Diese beiden vom griechischen Denken zur Synthese gebrachten Grundzüge weisen ihn als einen „theoretischen" Erkenntnisstil aus, der in der „typisch wissenschaftlichen" Erkenntnisform der *Theorie* seine Erfüllung findet, weil eben nach Maßgabe dieses den Griechen vielleicht nicht in Fleisch und Blut, aber doch in Sprache und Geist[190] eingegangenen Erkenntnisstils „zu jedem Tatsachenkomplex eine Theorie gehört und ... die Tatsachen eigentlich nur da sind, um die Theorie zum Ausdruck zu bringen."[191]

Auch wenn die bisherigen Ausführungen zum griechischen Erkenntnisstil und seiner Bedeutung für die Geburt — oder Wiedergeburt — der Wissenschaft unanfechtbar wären (was angesichts der komplizierten Sachlage und kontroversen Literaturlage sicherlich nicht angenommen werden kann), so dürfte es damit auf keinen Fall sein Bewenden haben. Denn die Beschreibung und Deutung des griechischen Erkenntnisstils, wie sie bis jetzt vorliegt, ist wenn nicht falsch so doch *unvollständig* und deshalb unvermeidlich *irreführend*. Wenn man die vorherrschende Auffassung zum Vergleich heranzieht, so fehlen mindestens zwei wesentliche Komponenten des griechischen Erkenntnisstils; nach dem hier vertretenen Standpunkt ist bislang zugestandenermaßen[192] immerhin eine Komponente unberücksichtigt gelassen worden, die als *dritte* „Tendenz" für den griechischen Erkenntnisstil charakteristisch ist.

Was damit zusätzlich ins Blickfeld der Darstellung kommt, sind die angeblich gleichermaßen wichtigen, den griechischen Erkenntnisstil prägenden Ideen der *Sicherheit* und *Wahrheit*. Was noch fehlt, um die Charakterisierung des griechischen Erkenntnisstils durch Aufweis der in ihn eingebauten, sein Erkenntnisideal bestimmenden und sein Forschungsprogramm leitenden Grundtendenzen hinreichend und insofern auch vollständig zu machen, ist also das Wahrheitspostulat und/oder die certistische Tendenz, deren Rolle für das griechische Denken und die Wissenschaft überhaupt noch zu klären sind. Wegen dieser Beschreibungs- und Deutungslücke steht auch die Antwort auf die Eingangsfrage *2* nach der geistesgeschichtlichen Orts-, Zeit- und Urheberschaftsbestimmung für den philosophischen Durchbruch zum *Problem* der wissenschaftlichen Erkenntnis[193] immer noch aus. Es geht dabei um die Frage nach der „Erkenntnis der (wissenschaftlichen) Erkenntnis" im Sinne der erstmaligen Einsicht in die philosophische Kernproblematik der wissenschaftlichen Erkenntnis: also des Bewußtwerdens und Bewußtmachens einer bestimmten, für die Wissenschaft zentralen erkenntnistheoretischen Problematik; des Aufwerfens dieses Problems für die Wissenschaft und des Sich-ihm-Stellens für die Philosophie; der expliziten Rekonstruktion der Problemsituation und des Vorschlagens einer buchstäblich *Maß*-gebenden Musterlösung.

Alle diese Fragen werden im folgenden zusammen beantwortet, denn sie hängen aufs engste miteinander zusammen. Die Rekonstruktion der Entstehung des Erkenntnisproblems im griechischen Denken aus der Sicht des soeben formulierten Fragenbündels liefert gleichzeitig auch die Antwort auf die vorangehende Frage nach der Stellung des Wahrheitspostulats und der certistischen Tendenz im Rahmen des griechischen Erkenntnisstils.

Nach einhelliger Auffassung handelt es sich bei der epochalen Innovation, die mit der Geburt — oder Wiedergeburt — der Wissenschaft im griechischen Denken in die Ideengeschichte eingeführt worden ist, nicht um konkrete Erkenntnis*inhalte* oder bestimmte Erkenntnis*resultate,* sondern um eine grundsätzlich neue *Frage- oder Problemstellung,* die durch eine „Änderung der Richtung" der Erkenntnisbemühungen die „Wendung zur Wissenschaft" herbeigeführt hat[194].

Diese Wende zur Wissenschaft läßt sich durch den Hinweis auf die Doppeltendenz des griechischen Erkenntnisstils zum Allgemeinen und Genauen allein nicht ausreichend erklären. Dies gilt zumal dann, wenn man — wie in der vorliegenden Abhandlung — den Standpunkt vertritt, daß der theoretische Erkenntnisstil nach Art dieser Doppeltendenz vom griechischen Denken potenziert, nicht aber als ein absolutes Novum inauguriert worden ist[195]. Selbst wenn die Allgemeinheit, Genauigkeit, Objektivität, Intersubjektivität, Wirklichkeitstreue, Nachprüfbarkeit, Tradierbarkeit, Fortschrittsfähigkeit, der Informations- und Wahrheitsgehalt, der theoretische Charakter und systematische Zusammenhang der menschlichen Erkenntnis — alles Eigenschaften, auf denen nach modernem Wissenschaftsverständnis griechisch-abendländischer Prägung die Wissenschaftlichkeit der wissenschaftlichen Erkenntnis beruht — durch die aufgezeigte Doppeltendenz mit einem Schlage von Anfang an eine erhebliche Steigerung oder Ausweitung erfahren hätten, dann ergäbe sich daraus allenfalls ein mehr oder weniger großer *gradueller* Unterschied zur „Vorwissenschaft".

Für die kognitive Richtungsänderung zur Wissenschaft im Sinne eines qualitativen Sprungs unserer Erkenntnis auf ein höheres, grundsätzlich abgehobenes Erkenntnisniveau wären demnach andere Faktoren verantwortlich zu machen, deren Wirken die Wissenschaft letztlich zur Welt gebracht hat und weiterhin dafür sorgt, daß die Schöpfung der „dritten Welt"[196] der Wissenschaft herrlich wie am ersten Tag ist. Diese Herrlichkeit der Wissenschaft liegt nach vorherrschendem Wissenschaftsverständnis in der globalen *Rationalität* des wissenschaftlichen Erkennens, mit deren Selbstkonstitution nach dieser Auffassung von der „Geburt der Wissenschaft" der griechische Erkenntnisstil den entscheidenden *qualitativen Zugewinn* gegenüber allen vorgriechisch-vorwissenschaftlichen Erkenntnisunternehmen erzielt hat. Da wissenschaftliche Rationalität alles in allem weit mehr beinhalten soll als ein bloßes Mehr — einfach ein größeres Quantum sozusagen — an Allgemeinheit, Genauigkeit, etc. (siehe oben), läßt sich der historische Umschlag „vom Mythos zum Logos", von vorwissenschaftlicher Irrationalität zu hochwissenschaftlicher Rationalität, aus der Doppeltendenz des griechischen Erkenntnisstils zum Allgemeinen und zum Genauen allein nicht hinreichend erklären.

Das unausgesprochene, vom griechischen Denken wegweisend in die Erkenntnistat umgesetzte Schöpfungswort „Es werde Wissenschaft!" müßte demnach jener Seite des griechischen Erkenntnisstils entstammen, die in der vorliegenden Darstellung bis jetzt außer Betracht geblieben ist. Dies ist die in der Einleitung im programmatischen Vorgriff auf die folgenden Ausführungen bereits erwähnte spezifische *normative Rationalitätskonzeption*[197], die dem griechischen Erkenntnisstil zugrunde liegt und der üblicherweise die Wende des menschlichen Denkens zur Wissenschaft kraft „neue(r) griechische(r) Fragestellung"[198] zugeschrieben wird. Diese normative Rationalitätskonzeption wirkt sich auf den griechischen Erkenntnisstil dahingehend aus, daß sie ihm in Ergänzung der bereits ausführlich abgehandelten Grundtendenzen zum Allgemeinen und zum Genauen noch die zur Wahrheit und/oder Sicherheit hinzufügt. So bleibt also zur Vervollständigung der Darstellung der griechische *Zug zur Wahrheit* sowie die von *Dingler* nicht erfundene, sondern lediglich von der griechischen Philosophie auf die moderne Wissenschaftstheorie übertragene *certistische Tendenz* im Hinblick auf ihren Stellenwert für den griechischen Erkenntnisstil noch zu würdigen.

Daß der griechische Erkenntnisstil einen mit allen Erkenntnismitteln forcierten „Zug zur Wahrheit" aufweist, kann nicht bestritten werden. „Die Griechen waren zumal in ihrer Frühzeit mit all ihren Werken, denen der bildenden Kunst und denen der Literatur, in der Poesie nicht minder als in der Prosa, auf Erkenntnisse aus", betont *Snell*[199] und beklagt, „daß man diesen Zug zur ‚Wahrheit' an den Werken griechischer Dichtung nicht ebenso hervorgehoben hat wie den Zug zur ‚Schönheit'." Zu bezweifeln ist jedoch, wie aus *Snells* zutreffender Situationsbeschreibung selbst im Grunde klar hervorgeht, ob das Wahrheitsstreben das Erkenntnisprogramm der griechischen Philosophie und das der Wissenschaft schlechthin in einer Weise auszeichnet, die den griechischen Erkenntnisstil von alternativen Erkenntnisstilen *wesentlich abhebt*. Ob *jede* Art der kognitiven Weltorientierung gleich welchen Erkenntnisstils wahrheitsorientiert ist, braucht hier nicht im einzelnen überprüft zu werden, wobei jedoch am Rande daran erinnert werden darf, daß jede Kultur dazu neigt, „die gegenstandsbezogene (und damit auch wahrheitsbezogene, H.S.) Orientierung ihres Denkens zu überschätzen, was beweist, daß sie niemals fehlt."[200]

Unbestreitbar ist, daß das menschliche Erkennen nicht erst vom griechischen Erkenntnisstil im Zusammenhang mit dem Aufkommen von Philosophie und Wissenschaft auf Wahrheit hin normiert worden ist. Die Forderung nach einer wie auch immer verstandenen „Richtigkeit" der Naturwiedergabe im Wahrheitssinne ist weit älter. Sie gilt für den additiven Erkenntnisstil der archaischen Frühzeit des griechischen Zeitalters nicht weniger als für die späteren Epochen, die allenfalls eine Steigerung im *Pathos* der Wahrheitsverpflichtung mit sich gebracht haben. „... von der ernsten epischen Dichtung erwartet man in der Frühzeit, daß sie die Wahrheit berichtet," betont *Snell*[201], „denn wo sich Kritik erhebt, lautet sie: die Dichter lügen ..."

Ob die Einführung des Anspruchs, die Wahrheit zu erkennen und zu berichten, vorphilosophischen und vorwissenschaftlichen Ursprungs oder der aufkommenden Philosophie und Wissenschaft zu verdanken ist, hängt natürlich davon ab, wann, wo und bei wem man eigentliche Philosophie oder Wissenschaft als ein für allemal „eingeführt" betrachtet. Folgt man der vorliegenden Darstellung, die auf den griechischen Erkenntnisstil abhebt, der nicht vor *Thales* aufgekommen und nicht vor *Parmenides* voll entwickelt ist, dann muß man innerhalb der griechischen Kultur auch hier den Dichtern Priorität gegenüber den Philosophen und „Wissenschaftlern" einräumen. Spätestens mit *Hesiod* ist der Anspruch auf Wahrheit selbstverständlich[202], die Tendenz zur Wahrheit in das griechische Denken ausdrücklich aufgenommen.

Betrachtet man die „Wahrheitssituation" *außerhalb* der griechischen Kultur, dann wird die Sachlage noch eindeutiger. Ohne die Annahme eines ihr zugrunde liegenden Anspruchs auf Naturtreue im Sinne wahrheitsmäßiger Realitätsadäquanz, verbunden mit dem ernsten Bemühen um dessen Erfüllung, ist meines Erachtens der erstaunliche, auch den modernen Betrachter äußerst beeindruckende „Realismus" der paläolithischen Kunst nicht zu erklären[203]. Ähnliches gilt für die „Steinzeitwissenschaft" und andere Erkenntnisunternehmen, die nicht in der griechischen Tradition stehen. Der Zug zur Wahrheit im menschlichen Erkennen mag durch das griechische *Pathos der Wahrheit* nachhaltig verstärkt – zuweilen allerdings auch geschwächt –, vor allem aber in eine ganz bestimmte Richtung auf „wissenschaftliche Wahrheit" hin gelenkt worden sein, ist aber weder mit dem griechischen Erkenntnisstil erst entstanden noch damit zu verwechseln. Die Wahrheitsorientierung steht in einem durchaus engen, aber keineswegs exklusiven Zusammenhang mit dem griechischen Erkenntnisstil. Dieser hat zweifellos eine Tendenz zur Wahrheit, forciert sie sogar in größtmöglicher Weise, hat sie aber weder erfunden noch für sich gepachtet. Das absolute Novum, das der griechische Erkenntnisstil in Gestalt einer neuen normativen Rationalitätskonzeption mit sich gebracht haben soll, kann der Wahrheitsidee allein jedenfalls nicht entstammen, da diese selbst keineswegs neu ist. Der qualitative Sprung des menschlichen Denkens zur neuen, wesentlich abgehobenen Stufe griechischer Rationalität und Wissenschaftlichkeit darf der kritischen Tendenz nicht gutgeschrieben werden, weil diese – entgegen *Poppers* verklärender Darstellung – im Anfang, als es angeblich zur „Geburt" gekommen ist, *noch nicht* vorhanden, jedenfalls noch nicht genügend ausgebildet war, um eine solche epochale Innovation bewirken zu können. Der

Wahrheitstendenz darf diese Errungenschaft ebenfalls nicht kreditiert werden, weil der Zug zur Wahrheit *vorher schon* existiert hat.

Um die vorliegende Charakterisierung des griechischen Erkenntnisstils durch Aufweis der in ihn eingebauten „Grundtendenzen" sowie durch Klärung der ihm insgesamt zugrunde liegenden normativen Rationalitätskonzeption zu vervollständigen, seine spezifische Eigenart hinreichend zu bestimmen und die Wende zu erklären, die er — nach vorherrschender Auffassung: bahnbrechend zur Wissenschaft — genommen hat, bleibt also nur noch der Rekurs auf die bereits erwähnte *certistische Tendenz*. Dies ist nach der vorliegenden Dastellung die *dritte* selbständige Grundtendenz, durch deren folgende Behandlung die noch offenstehende Erklärungslücke ausgefüllt und das Bild vom griechischen Erkenntnisstil abgerundet werden soll. Wenn man, wie der Autor dieses Buches, der Auffassung ist, daß der theoretische Erkenntnisstil viel älter ist als der mit ihm teilidentische — bezüglich der Doppeltendenz zum Allgemeinen und zum Genauen — griechische Erkenntnisstil und daß infolgedessen die „Geburt der Wissenschaft" im griechischen Zeitalter eine Wiedergeburt war, dann ist in der certistischen Tendenz tatsächlich die „griechische Pointe" unseres Wissenschaftsverständnisses zu sehen. Sie stellt den ureigenen griechischen Beitrag zur „Idee der Wissenschaft" in Gestalt der für die ganze vorpoppersche Wissenschaftsauffassung maßgebenden normativen Rationalitätskonzeption certistischer Prägung dar.

Die Einführung der *certistischen Rationalitätskonzeption* in das menschliche Denken und die äußerst weitreichenden Folgen dieses epochalen geistesgeschichtlichen Vorgangs sind das Thema der folgenden Ausführungen. Mit ihm werden nicht Erkenntnis, Wahrheit und Wissenschaft, wohl aber Erkenntnis*lehre*, Wahrheits*doktrin(en)* und Wissenschafts*theorie* in die Ideengeschichte eingeführt; mit ihm stellt sich das Erkenntnisproblem für die Wissenschaft auf eine Art und stellt sich ihm die Philosophie auf eine Weise, die für Wissenschaft und Philosophie lange Zeit ausschließlich galt und auch heute noch vorherrschend sein dürfte. Die Einführung der certistischen Rationalitätskonzeption markiert tatsächlich eine Wende des menschlichen Denkens, deren enorme ideengeschichtliche Bedeutung völlig unabhängig davon ist, ob dies *die* — erstmalig oder überhaupt erfolgte — Wende zur Wissenschaft gewesen ist, die im nachhinein als „Geburt der Wissenschaft" interpretiert zu werden pflegt.

Im folgenden soll nun jene für die weitere Entwicklung von Philosophie und Wissenschaft auf Jahrtausende hinaus wegweisende Epoche im Gang des Geistes verfolgt werden, die im Rahmen des griechischen Erkenntnisstils zur Entstehung des („wissenschaftlichen") Erkenntnisproblems und unter dem Einfluß der certistischen Tendenz dieses Denkens zu einer bestimmten Musterlösung des Erkenntnisproblems geführt hat, aus der sich einige bis in die Gegenwart *Maß*-gebende *Lehrstücke* der Erkenntnis- und Wissenschaftstheorie ergeben. Was dabei von den drei dominierenden Figuren der Erkenntnislehre im griechischen Zeitalter — allen voran *Parmenides*, gefolgt von *Platon* und *Aristoteles* — beispielhaft erarbeitet worden ist, führt im einzelnen

zur *Stellung* — logischen Konstruktion und philosophischen Interpretation — *des Erkenntnisproblems* in einer dem griechischen Erkenntnisstil angemessenen Weise, die den kognitiven Sinn eines auf theoretische Naturwiedergabe abzielenden Erkenntnisprogramms klärt;

zur Ausbildung einer dafür geeigneten *Standardkonzeption der Wahrheit*, die sich über den engeren Bereich „grobsinnlicher" Erfahrungserkenntnis durch direktes, bildhaft-konkretes Sehen und der dadurch gewonnenen handfesten Augenzeugen-Kenntnis hinaus auch auf rein theoretisches Wissen als anwendbar erweist;

unter dem Einfluß der certistischen Tendenz zur philosophischen Idee des echten, perfekten *Wissens* im Sinne einer gemäß den Allgemeinheits-, Genauigkeits- und Sicherheitsforderungen des griechischen Erkenntnisstils ins Vollkommene gesteigerten *systematischen* Art und Weise theoretischer Naturerkenntnis;

unter der Herrschaft der certistischen Rationalitätskonzeption und der Systemauffassung der Erkenntnis zur Aufstellung des Ideals einer *beweisenden Wissenschaft*, was praktisch bewirkt, daß das menschliche Erkennen erstmals philosophischer „Strenge" unterworfen und dadurch rigoros diszipliniert wird (mit der bekannten Spätfolge der Selbstverherrschung von Philosophie und Wissenschaft zu einem hierarchisch gegliederten Bau aus hochspezialisierten „Disziplinen");

im Dienste dieses Erkenntnisideals zur Ausbildung „zureichend begründender" *logischer Argumentationsweisen* des „reinen Denkens" und schließlich zur Wissenschaft der *Logik* überhaupt, wobei die Logik von Anfang an ihrer Intention nach als „Beweistheorie" konzipiert wird;

im Zuge der Wegauffassung des Erkenntnisprozesses zur Konzeption von „Denkwegen", aus denen sich alternative *Methoden* herauskristallisieren, die im Verlauf der weiteren Entwicklung Gegenstand der (nach der Logik) zweiten verselbständigten erkenntnistheoretischen Disziplin – der *Methodologie* – werden;

im Gefolge dieser ganzen Entwicklung, dazu richtungsweisend angeleitet von der Rechtsauffassung der Erkenntnis – genauer: der Verrechtlichung des Erkenntnisproblems im Hinblick auf die präjudizierend ausdeutende Frage nach dem „Recht" zunächst des wissensreklamierenden Subjekts, später der als subjektlos aufgefaßten Erkenntnis selbst, für Behauptungen über die Beschaffenheit der Wirklichkeit einen allgemeinverbindlichen Geltungsanspruch auf objektive, Gegenansprüche ausschließende Richtigkeit („Wahrheit") zu erheben –, zum *Rechtfertigungsmodell der Erkenntnis.*

Wie es, ausgehend von der certistischen Rationalitätskonzeption, im Rahmen des griechischen Erkenntnisstils zur Entwicklung des Rechtfertigungsmodells der Erkenntnis gekommen ist, bleibt zu erklären. In dieser Absicht werden die einzelnen Etappen auf der zentralen Entwicklungslinie rekonstruiert, wobei die Hauptaufmerksamkeit jenen Denkschritten gilt, mit denen die Weichen für das Rechtfertigungsmodell gestellt werden. Beiläufig wird sich dabei herausstellen, *erstens,* daß das „Rechtfertigungsdenken" – um mich hier der Kürze halber der gängigen, höchst diffusen Apostrophierung eines hochkomplexen, jedoch eng begrenzten Tatbestandes zu bedienen – alles in allem genommen eine *mehrfache* Wurzel hat, aus der man zwar mit einiger Gewaltsamkeit so etwas wie eine Hauptwurzel herausdestillieren kann, die sich jedoch, *zweitens,* nicht mit einem von jenen Faktoren („Dogmatismus" zum Beispiel) deckt, die nach vorherrschender, insbesondere vom kritischen Rationalismus propagierten Auffassung dafür verantwortlich gemacht werden.

Ideengeschichtliche Entwicklungslinien einer fernen Vergangenheit deutend zu rekonstruieren, ist ein einigermaßen riskantes Unternehmen, das viele Fallstricke birgt. Von den normalen Gefahren abgesehen, denen mit den üblichen Vorsichtsmaßnahmen – zu denen an erster Stelle das Bemühen zählt, den Stand der Forschung möglichst gewissenhaft zur Kenntnis zu nehmen – zu begegnen ist, bestehen für historisch-systematische Erforschungen von Frühzeiten und damit verbundene Deutungsversuche irgendwelcher „Anfänge" vor allem zwei zusätzliche, spezielle Gefahren, gegen die man auch durch das vollständigste Expertenwissen (das der Autor dieses Buches jedenfalls in diesem Punkte nicht für sich reklamieren kann) nicht automatisch gefeit ist. Im vorliegenden Zusammenhang gilt es, zunächst einmal der Versuchung zu widerstehen, das Denken einer anderen Epoche der Ideengeschichte und einer vielleicht nahe verwandten, aber sicherlich nicht deckungsgleichen Geisteskultur einfach auf die Ebene unseres eigenen Denkens zu projizieren und aus unseren „modernen" Überlegungen heraus in unvermeidlich „verfremdender", leicht verfälschender Ausdeutung zu verstehen, also in aller Regel mißzuverstehen[204].

Die Darstellungen der Entstehungsgeschichte des sogenannten Rechtfertigungsdenkens sind voll von Fehldeutungen, die daraus resultieren, daß dieser Versuchung zur Projektion moderner Vorurteile – die für unsere Zeit durchaus ihre Berechtigung haben mögen – in die Anfänge der geistesgeschichtlichen Entwicklung fast widerstandslos nachgegeben worden ist. Dazu gehört etwa der meines Erachtens gänzlich abwegige Versuch, die Wurzel des „Rechtfertigungsdenkens" von seiten seiner Apologeten auf die Wahrheitsidee als solche, von seiten seiner Kritiker auf „Dogmatismus" oder ähnliche *Fehl*haltungen des Denkens zurückzuführen. Ferner sollte man sich davor hüten, alle Unterschiede zwischen dem frühzeitlichen und dem gegenwärtigen, für „fortgeschrittener" gehaltenen Stand der Problematik mit Hilfe der *generellen* Annahme erklären zu wollen, daß geistesgeschichtliche Entwicklungen dieser Art wesentlich darin bestünden, daß am Ende geklärt erscheint, was im Anfang noch konfus gewesen ist. So mag man zum Beispiel versucht sein, die Entwicklung von *Parmenides* zu *Popper* als einen eindeutigen, linearen Fortschrittsprozeß zu deuten, dessen Pointe darin zu sehen ist, daß *Popper* Differenzierungen in die Problemlage eingeführt habe – etwa die Unterscheidung zwischen dem Wahrheitsaspekt an sich und dem Sicherheitsaspekt unseres Wissens, zwischen Erkenntnis und Entscheidung, u. dgl. –, zu denen seine Vorgänger noch nicht fähig oder bereit gewesen seien. Das mag im Einzelfall zutreffen, aber als generelle Erklärungshypothese genommen ist diese Annahme verfehlt[205]. Sie ist ein Ausfluß jenes falschen Evolutionismus[206], der einfach a priori postuliert, daß die Anfänge jeder Entwicklung „primitiv" gewesen sein *müssen*, weil er sich anders Fortschritt nicht erklären kann.

Für die folgende Rekonstruktion der schrittweisen Entstehung des („wissenschaftlichen") Erkenntnisproblems und der Ausbildung des Rechtfertigungsmodells der Erkenntnis gilt *cum grano salis* – mit bemerkenswert wenig relativierendem Salz sogar! –, daß in der griechischen Frühzeit alle Entwicklungslinien zu *Parmenides* hinführen (später, mit erheblich mehr Salz gesagt: zu *Platon* und *Aristoteles*). Von *Parmenides* werden die Weichen für die gesamte Entwicklung zur „modernen" und im Grunde doch so alten erkenntnis- und wissenschaftstheoretischen Grundproblematik im Sinne des Rechtfertigungsmodells gestellt, das ja weit mehr philosophische Substanz aufweist als die naiven Ausflüsse eines dogmatisch verfestigten, rechthaberischen „Rechtfertigungsdenkens".

*Parmenides* gilt als der „Vater der Logik" und „Begründer der Erkenntnistheorie"[207]. Nach der hier vertretenen Auffassung darf man ihn auch als „Vater des Rechtfertigungsmodells der Erkenntnis" apostrophieren, der das Erkenntnisproblem erstmals als *quaestio iuris* gestellt hat. In diesem Sinne markiert das parmenideische Denken nicht nur den bedeutendsten Wendepunkt in der Geschichte der vorsokratischen Philosophie[208], sondern der Erkenntnislehre überhaupt. Denn die parmenideische Wende ist durch die spätere *Popper*sche Wende — die in dessen Sicht eine *Rück*wende "Back to the Presocratics"[209] ist, was so allgemein gesagt zweifellos falsch ist, denn *Parmenides* war auch ein Vorsokratiker — sicherlich nicht *gänzlich* aufgehoben worden. Trotz aller Absagen an das „Rechtfertigungsdenken" behält das Erkenntnisproblem im Rahmen des kritischen Rationalismus einige wesentliche Züge einer *quaestio iuris*, die von *Popper* lediglich auf andere Weise zur Entscheidung gebracht wird. Behält man diese quasi-rechtliche Deutung des Erkenntnisproblems im Auge, die keine *Um*deutung gewesen ist, weil es vorher keine andere explizite philosophische Problemstellung gegeben hat, dann kann man mit *Gigon* in aller Schlichtheit und Klarheit sagen: „Das eigentliche Erkenntnisproblem entsteht mit Parmenides"[210], von ihm selbst gestellt als Forderung nach „durchgehende(r) Begründung seiner ‚wahren‘ Lehre"[211]. Es ist eine angemessene Würdigung der Bedeutung dieser Wende, wenn von ihr gesagt wird, daß sie die Philosophiegeschichte „in ein vor- und ein nachparmenideisches Zeitalter scheidet"[212]. Auch vor *Parmenides* hat es schon Erkenntnis *aller* — einschließlich der später „wissenschaftlich" genannten — Arten, Formen und Stile gegeben, aber danach erst gibt es eine philosophische Erkenntnis*theorie*. Im wesentlichen dasselbe ist von der Wahrheit und der philosophischen Wahrheits*lehre* zu sagen.

Der erste Schritt zur Entstehung des Erkenntnisproblems im griechischen Denken wird mit der Erhebung des *Anspruchs* auf Wahrheit gemacht. Der diese Denkepoche abschließende Schritt besteht in der *Verrechtlichung* des Wahrheitsanspruchs durch Aufweis des „Rechts", sich der in Anspruch genommenen Wahrheit *sicher* und zur *Lehre* der Wahrheit autorisiert zu sein. Zwischenschritte verbinden den ersten und letzten Schritt der Entstehung des Erkenntnisproblems zu einer durchgehenden Entwicklungslinie, deren Hauptetappen durch die Namen *Homer, Hesiod, Xenophanes* und *Parmenides* bezeichnet werden können. Dieser vorsokratische Abschnitt der Problemgeschichte wird durch *Platon* und *Aristoteles* in der Grundtendenz fortgeführt, womit eine Entwicklung des Denkens zum Abschluß gebracht wird, deren Auswirkungen weit über das griechische Zeitalter hinausgreifen. So ist diese Entwicklungslinie für die gesamte Philosophiegeschichte bestimmend geworden.

(1) Am Anfang des Erkenntnisproblems steht die *Wahrheitsfrage*. Ihre Einführung macht das menschliche Erkennen zu einem *Wissensproblem*. Diese Entwicklung setzt im griechischen Denken mit dem homerischen Epos ein, das für sich die Frage aufwirft, woher der Dichter die Kenntnisse der Tatbestände hat, von denen ein Wissen zu haben er ausdrücklich beansprucht. *Homer* beantwortet die Frage durch Berufung auf die *Musen*, wobei er „klare und einfache Vorstellungen vom Wissen" seinem Standpunkt zugrunde legt: „je breiter die Erfahrung, desto größer das Wissen"[213].

Gemäß dem im frühen, vorparmenideischen Denken vorausgesetzten Vorrang des Auges unter den Sinnen[214] gilt als Erkenntnis in erster Linie „das handfeste Wissen des Augenzeugen"[215]. Da die Möglichkeiten des Menschen, selbst Augenzeuge der Vorgänge in der Welt zu sein und sich auf diesem direkten Wege Wissen aus erster Hand zu verschaffen, äußerst beschränkt sind, kann das Problem der Wissensbeschaffung unter diesen Voraussetzungen nur durch die Mithilfe der Musen gelöst werden, deren angenommene Allgegenwart ihnen volle Erfahrung — im Sinne einer Rundum-Augenzeugenschaft — ermöglicht.

*Homers* Berufung auf die Musen signalisiert einen klaren Anspruch darauf, eine zutreffende Darstellung der Ereignisse zu geben, von denen im Epos berichtet wird. Da *Homer* Kenntnisse beansprucht, die offensichtlich nicht eigenem Wissen entspringen — im authentischen Sinne einer Zeugenschaft dessen, der selbst dabeigewesen und alles mit eigenen Augen gesehen hat —, beinhaltet die Richtigkeitsbehauptung den Anspruch des Dichters, dank des Beistands der Musen größere, genauere, zuverlässigere, also insgesamt bessere Kenntnis von bestimmten Vorgängen in der Welt zu haben, als Menschen von sich aus eigentlich wissen können. Was mit der Berufung auf die Musen, die in der damaligen Zeit keine unverbindliche Floskel aus dem rhetorischen Formalienschatz des Dichters darstellt, deutlich gemacht werden soll, ist nichts weniger als der volle Anspruch darauf, Bericht davon geben zu können, *wie es wirklich gewesen ist.* Dies alles, aber auch *nicht mehr* besagt der homerische Wahrheitsanspruch, der in einer Weise auf die uneingeschränkte Richtigkeit der eigenen Darstellung pocht, die noch keinerlei „Spitze gegen die Unwahrheit anderer Berichte"[216] enthält. Das ist der für das Verständnis der weiteren Entwicklung der Erkenntnisproblematik entscheidende Punkt der homerischen Richtigkeitsannahme, die ich deshalb im Gegensatz zu dem *emphatischen Wahrheitsanspruch* der Folgezeit — beginnend mit *Hesiod,* gipfelnd im philosophischen Denken — den *lapidaren Wahrheitsanspruch* nennen möchte.

Was es mit diesem lapidaren Wahrheitsanspruch à la *Homer* auf sich hat und worin der Hauptunterschied zum emphatischen Wahrheitsanspruch der griechischen Philosophen — aber keineswegs nur dieser Vertretergruppe einer neuen Wahrheitsmilitanz — besteht, läßt sich am besten anhand eines Vergleichs des homerischen mit dem biblischen Wahrheitsanspruch machen, dessen auf die „ganze Welt" ausgreifender Expansions- und die „ganze Wahrheit" ergreifender Besitz- und Ausschließlichkeitsdrang ihn dem ähnlich gesteigerten Wahrheitsanspruch der griechischen Philosophie geistesverwandt macht[217].

Im homerischen Epos werden Vorgänge aus einem räumlich und zeitlich eng begrenzten *Ausschnitt* der Wirklichkeit geschildert, wobei es beim Vortrag hauptsächlich darum geht, ein leiblich anwesendes Publikum durch Rühmen von Rühmenswertem zu unterhalten. Dies entspricht der ursprünglich oralen Natur dieser Art von Heldendichtung[218]. Nicht eine „Lehre" soll verkündigt und gegen rivalisierende Doktrinen verteidigt, sondern ein Stück *Wirklichkeit* beschrieben werden. Diese Schilderung soll durchaus zutreffend sein und involviert infolgedessen, wie schon erwähnt, einen Wahrheitsanspruch, den sich der Dichter durch eine übermenschliche Autorität bestätigen läßt. Aber die „Ergebnisse" werden in keiner Weise verallgemeinert[219]. Vom herangezogenen *Stück* Wirklichkeit wird nicht auf das *Ganze* der Welt geschlossen. Die homerische Dichtung tritt weder in Verdrängungswettbewerb zu ähnlichen Beschreibungen von *anderen* Stücken Wirklichkeit noch in Geltungsrivalität zu abweichenden Schilderungen *desselben* Stücks Wirklichkeit. Es wird eine „wahre" Geschichte erzählt, aber nicht ausgeschlossen, daß es auch andere Geschichten geben mag, die für die von ihnen geschilderte Version mit gleichem Recht Wirklichkeitsgehalt beanspruchen dürfen. Lapidar, im Vertrauen auf die Musen, wird Wahrheit für die eigene Darstellung reklamiert, ohne sich deswegen verpflichtet zu sehen, abweichende Darstellungen als zwangsläufig falsch zu diffamieren. Da keine Doktrinen vorgetragen werden, entfällt jegliche Notwendigkeit des Überzeugenmüssens und der Proselytenmacherei. Wer's nicht glauben will, soll's bleiben lassen. Im übrigen kann man mit Heldengeschichten unterhalten, ohne in Abrede zu stellen, daß andere Geschichten oder andere Versionen einer Geschichte denselben Zweck erfüllen können, und das heißt: ein Stück Wirklichkeit zutreffend und anregend schildern. Und man kann sich durch solche Geschichten unterhalten lassen, ohne an ihre Wahrheit zu glauben. Und selbst wenn man sie als im wesentlichen zutreffend ansieht, braucht man ihnen deswegen noch lange keinen Alleinvertretungsanspruch in Sachen Wahrheit zuzubilligen. Man kann, aber man *muß* nicht an sie glauben, selbst wenn und gerade wenn man die Voraussetzungen des ganzen Unternehmens akzeptiert.

Die Selbstbeschränkung des homerischen Epos auf die Schilderung von sachlich, örtlich und zeitlich eng begrenzten Ereigniszusammenhängen läßt andere, davon unabhängige, davor, daneben oder danach liegende Ereigniszusammenhänge ohne weiteres zu, läßt sie als denkbar, ja wahrscheinlich erscheinen. Die Selbstbeschränkung des lapidaren Wahrheitsanspruchs auf die rein defensive Wahrung des eigenen Standpunktes unter Verzicht auf negative Konsequenzen hinsichtlich des Wahrheitsanspruches anderer Standpunkte schließt andere Schilderungen desselben Ereigniszusammenhangs nicht aus. Man kann eben eine Geschichte so oder so erzählen, ohne das Wahrheitspostulat zu verletzen. Folglich fehlt hier jeder Versuch, andere Sachlagen als unmöglich hinzustellen und abweichende Darstellungen als unerlaubt, widersinnig oder zumindest zwangsläufig falsch abzustempeln.

Mit den biblischen Erzählungen und dem damit verbundenen Wahrheitsanspruch verhält sich „alles ... ganz anders", bemerkt *Auerbach*[220] richtig, irrt sich meines Erachtens jedoch darin, wenn er dafür ausschließlich den religiösen Charakter dieser Geschichten verantwortlich zu machen sucht. Der Wahrheitsanspruch der Bibel ist nicht nur dramatischer, eindringlicher und in der Absicht, jedermann um jeden Preis zu überzeugen, weit bedrängender als der des homerischen Epos. Er ist darüber hinaus im Hinblick auf den für die biblischen „Wahrheiten" reklamierten Geltungsbereich *total*, in seiner Ausschließlichkeitstendenz *monistisch*, in seiner Selbstgewißheit offen *dogmatisch* und in der Art seiner Vertretung *tyrannisch*. (Allenfalls der letzte Zug mag dabei religiös bedingt sein; alle anderen Merkmale sind durchaus weltlicher Natur, wie der hier sehr angebrachte Vergleich mit der griechischen Philosophie zeigt. Universalitätsansprüche, Apodiktizität und Exklusivitätsstreben im Verfolgen der Wahrheit sind kanonische, aber keineswegs spezifisch religiöse Eigenheiten.)

Die biblischen Erzählungen wollen nicht einfach eine, irgendeine „wahre Geschichte" über einen begrenzten Ausschnitt der Wirklichkeit zum besten geben, sondern nichts weniger als *die* Wahrheit der Weltgeschichte schlechthin – die Geschichte der Welt vom Anfang bis zum Ende, „von Ewigkeit zu Ewigkeit" – verkünden. Nicht Unterhaltung ist das Ziel, sondern autoritative *Belehrung* aus berufenem Munde. Zu diesem Zweck muß der

Wahrheitsanspruch verschärft werden, um ihn ganz in den Dienst der eigenen Sache stellen und gegen Konkurrenzunternehmen ins Feld führen zu können. Der Wahrheitsanspruch der Bibel ist unversöhnlich; er duldet keine Abstriche und geht keine faulen Kompromisse ein. Wo der homerische Wahrheitsanspruch duldsam oder wenigstens uninteressiert bleibt, insistiert der biblische Wahrheitsanspruch auf *Berichtigung*. Der eigenen Wahrheit muß immer und überall zu ihrem „Recht" verholfen werden. Dieses Ausschlußverlangen richtet sich gegen alle anderen Standpunkte, denen damit — zumindest, meist aber mehr als — Wahrheit abgesprochen wird. Richtigstellung ist die unterste Eskalationsstufe dieser emphatischen Wahrheitsmilitanz, die sich in direkter Polemik gegen vorhandene Wahrheitskonkurrenten, darüber hinaus sozusagen prophylaktisch gegen Alternativen schlechthin wendet.

Der biblische Wahrheitsanspruch spricht allen anderen Darstellungen von vornherein jegliche Daseinsberechtigung ab, von ihrer Wahrheit ganz zu schweigen. Er insistiert auf Ausschließlichkeit kraft umfassender Zuständigkeit und uneingeschränkter Geltung. Er verlangt Buchstabengläubigkeit an den unverrückbaren Wortlaut der Botschaft bei faktisch variabler Interpretation, die eine Anpassung des Sinnes durch „ausdeutende Umformung"[221] unter Festhalten am vorgegebenen Text erlaubt. In Verbindung mit dem verstärkenden Element der *Schriftlichkeit* führt der biblische Wahrheitsanspruch zur Vorstellung „Heiliger Bücher"[222], aus der sich im Verlauf ihrer Säkularisierung eine vielgestaltige, sinnreiche Buch- und Schriftmetaphorik — „Buch der Natur"; die Schöpfung als ‚lebendiges Buch', das vom Schöpfer „geschrieben" und den Menschen zum „Lesen" aufgegeben worden ist; Erkennen als „Lesen" in einem „offenen Buch" und ausdeutendes „Verstehen" eines Textes; Natursymbolismus der „Chiffren"; etc.[223] — sowie eine darauf abgestellte spezielle Form der Naturforschung („Buchgelehrsamkeit") ergeben haben. Während der homerische Wahrheitsanspruch auf Mündlichkeit angewiesen zu sein scheint, ist der biblische Wahrheitsanspruch, wie das Wirken der alttestamentarischen Propheten, philosophische Seminare und Politikerreden zeigen, keineswegs an Schriftlichkeit gebunden, deren Verstärkereffekt er sich allerdings gerne zunutze macht.

Die biblische Art der Wahrheitsverfolgung und -vertretung ist hier dem lapidaren homerischen Wahrheitsanspruch gegenübergestellt worden, weil sie einen Vorgeschmack von dem ihm zugrunde liegenden emphatischen Wahrheitsanspruch der griechischen Philosophie gibt. Übrigens ist die Haltung der Griechen in dieser Frage zwiespältig geblieben. Während sie sich der Gefahren der Schriftlichkeit voll bewußt waren[224], gegen die noch *Platon* leidenschaftlich gekämpft hat[225], ist ihnen die ganze Fragwürdigkeit des emphatischen Wahrheitsanspruchs in Verbindung mit der certistischen Tendenz ihres Erkenntnisstils weniger aufgegangen. Sonst wäre es wohl kaum zu der im folgenden beschriebenen Entwicklung des griechischen Denkens gekommen.

Festzuhalten bleibt für den Fortgang der Argumentation, daß der lapidare Wahrheitsanspruch des homerischen Epos *nicht* die Ausschließlichkeitstendenz des emphatischen Wahrheitsanspruchs aufweist, der eine neue Eskalationsstufe der Militanz in den Erkenntnisprozeß einführt, von der im Vorgriff auf die folgenden Ausführungen anhand des biblischen Wahrheitsanspruchs berichtet worden ist. Der homerische Wahrheitsanspruch ist rein defensiv, nur für die eigene Darstellung gemeint und nur zum Gebrauch in eigener Sache vorgesehen. Da er sich gegenüber anderen Standpunkten kein Recht auf Berichtigung herausnimmt, läßt er jederzeit die *Möglichkeit von Alternativen* in der Wahrheits-frage offen. Mit ihm verpflichtet man *nur sich selbst*, schließt Alternativen nur für die eigene Darstellung, nicht *zur* eigenen Darstellung aus. Der emphatische Wahrheitsanspruch dagegen ist offensiv, exklusiv, zuweilen auch tendenziell aggressiv – immer mit einer deut-lichen Spitze gegen konkurrierende Wahrheitsansprüche versehen. Er hat Ausschließungs-charakter, aus dem Konsequenzen zulasten aller denkbaren Alternativen gezogen werden.

Der homerische Wahrheitsanspruch zeigt eine deutliche Affinität zum additiven Erkennt-nisstil, zur Denk- und Darstellungsfigur der *Parataxe.* Beides, homerische Wahrheitsauf-fassung und Parataxe, harmonieren aufs beste mit der frühgriechischen Neigung, alles (Dinge, Ideen, Ereignisse, Vorgänge, etc.) *getrennt* zu betrachten und *selbständig* zu beur-teilen[226], anstatt sie nach klassisch-griechischer und moderner Manier in einen umfassen-deren Zusammenhang zu stellen, mit anderem zu vergleichen und in Gegensatz zu stellen, um möglichst alles in der Welt allgemeinen Prinzipien zu unterwerfen und „theoretisch abzuleiten".

(2) Den zweiten Schritt macht *Hesiod* mit seinem explizit erhobenen, emphatisch gestei-gerten Anspruch, die *Wahrheit* und – im Gegensatz zu späteren Denkern, wie zum Bei-spiel *Parmenides,* die sich nicht *nur* mit der Wahrheit abgeben – nichts als die Wahr-heit zu lehren[227]. Im Gegensatz zu *Homer* wendet sich *Hesiod* mit seinem Wahrheitsan-spruch *gegen* andere Dichter und Darstellungen, insbesondere gegen *Homer.* Die eigene „Wahrheit" wird der „Unwahrheit" (oder bloßen „Wahrscheinlichkeit") anderer Ge-schichten in kritisch-polemischer Absicht entgegengestellt. Andere, abweichende Berichte *müssen* falsch sein: nicht weil sie konkrete Wissensmängel oder Wahrheitsdefekte aufwei-sen (etwa nur auf Hörensagen beruhen, frei erfunden oder erlogen sind), sondern allein schon deswegen, *weil der eigene Bericht allein wahr ist,* was sich *Hesiod* von den Musen ausdrücklich bestätigen läßt. Anders als die anderen gibt sich *Hesiod* nicht mit Lug und Trug ab. Seine Theogonie „geht nur auf Wahrheit und Belehrung aus"[228]. *Hesiod* wird damit zum Erfinder des *Lehr*gedichts und Verkünder einer streitbaren Wahrheit, die – unter der Schutzherrschaft der (guten, nicht der bösen) *Eris* stehend – für sich Daseins-recht in einem elementaren, fast schon offen „juristischen" Sinn in Anspruch nimmt, das sich anderen Standpunkten gegenüber als *Recht auf Richtigstellung* durch korrigierenden Eingriff geltend macht. Dieser generelle Berichtigungsanspruch gegenüber abweichenden Berichten äußert sich bei *Hesiod* in einer polemisch verschärften „Scheltrede", deren Wahrheitsmilitanz lebhaft an alttestamentarisches Prophetengebaren gemahnt[228 a]. So wird die von *Hesiod* eingeführte literarische Sitte, einen ausdrücklichen Wahrheitsan-spruch an den Anfang von Lehrgedichten zu stellen, zur festen Tradition der nachfol-genden griechischen Poesie und Prosa. Ihr folgen *Xenophanes, Heraklit, Parmenides, Empedokles, Protagoras* und viele andere[229].

*Hesiod* führt damit den emphatischen Wahrheitsanspruch ein, der dem eigenen Stand-punkt pauschal Recht und abweichenden Meinungen ebenso pauschal Unrecht gibt. In seiner Hand wird der Wahrheitsanspruch zur Waffe, mit der er sich gegen die Tradition stellt[229 a]. Nicht aus dem logischen Satz vom ausgeschlossenen Widerspruch, sondern aus dem zur Selbstgewißheit gesteigerten, von bereitwilligen Musen abgesegneten *Pathos der Wahrheit* schöpft *Hesiod* das Recht zur globalen Verneinung konkurrierender Wahrheitsansprüche und auf einen darauf gestützten Berichtigungsanspruch. Denn dieses Zusprechen von Wahrheit zugunsten des eigenen Berichts und das damit verbundene Absprechen von Wahrheit zulasten anderer Darstellungen – „Wahrheit für mich, Irrtum für dich!" – ist ein pauschales Verdikt, das nicht an das Vorliegen formallogischer Widersprüche zwischen eigener und fremder Version gebunden ist. Im übrigen gibt der Satz vom ausgeschlossenen Widerspruch der widersprechenden Alternative nur dann Unrecht, *wenn* das „Recht", d.h. die Wahrheit, des eigenen Standpunktes gewährleistet ist, was logische Gesetze dieser Art bekanntlich nie zu leisten vermögen. Der Satz vom Widerspruch hätte also *Hesiod* in dieser Situation nichts genützt, auch wenn er ihm bekannt gewesen wäre.

Die Ausschließungstendenz des emphatischen Wahrheitsanspruchs – sein forcierter *Monismus* – ist außerlogischen Ursprungs. Die unterstellte, von *Hesiod* gegen *Homer* polemisch ausgespielte *Alternativenlosigkeit* in Sachen Wahrheit und der davon abgeleitete Rundum-Berichtigungsanspruch gegenüber allen abweichenden Darstellungen ist keine Frage der Logik, sondern des *Rechts*, das ein Verdikt überhaupt erst ermöglicht. Dieses Verdikt im ursprünglichen Sinne ist allerdings nicht das Ergebnis „gerichtlicher" Entscheidung kraft Anwendung formalen Rechts („Gesetzen", Satzung), sondern Urteil im wortwörtlichsten Sinne autorisierter *Sprüche* [230] von dazu befugten Instanzen. Der Wahrheitsanspruch bei *Hesiod* ist auch keine Frage des Recht-habens und um jeden Preis Recht-behalten-wollens im modernen Sinne, der unterschwellig immer das Dogmatismusmotiv ins Spiel bringt, sondern eine Frage des Recht-forderns, Im-Recht-seins und Ins-Recht-gesetzt-seins. Der Lügner kann deshalb keinen echten Wahrheitsanspruch geltend machen; er „erhebt immer nur einen Scheinanspruch" [231], aus dem sich kein Berichtigungsverlangen ableiten läßt.

Dem Wahrheitsanspruch liegt im frühgriechischen Denken der *Rechtsgedanke* zugrunde [232]. Der Rückgriff auf die Logik zur Unterstützung des emphatischen Wahrheitsanspruchs monistischer Erkenntnismodelle ist eine spätere Rationalisierung, die mit *Parmenides* einsetzt, ohne daß deswegen von der Rechtsidee in der Wahrheitsfrage Abschied genommen würde, wie noch zu zeigen sein wird. Diese logisierende, formalisierende Rationalisierung spielt bei *Hesiod* noch keine Rolle. Sie konnte die pluralistische Gegenbewegung zum emphatisch gesteigerten Monismus lange Zeit aufhalten, aber nicht auf Dauer verhindern [233].

Mit der bereits bei *Homer* angedeuteten [234], von *Hesiod* [235] deutlich angesprochenen, aber noch unausgearbeitet gelassenen *Verbindung von Wahrheit und Recht* und der damit eingeleiteten speziellen Ausdeutung von Richtigkeitsfragen als Rechtsfragen ist eine neue Entwicklungslinie des Denkens gestartet worden, die für den weiteren Ablauf der Problemgeschichte des griechischen Erkenntnisstils von größter Bedeutung ist. Die entscheidende Wende des griechischen Denkens in seiner Auffassung von Erkenntnis und Wissenschaft kommt nicht vom angeblich neuen Wahrheitsprogramm *Homers* oder *Hesiods* – denn die Wahrheitsidee in ihrer allgemeinsten Fassung ist meines Erachtens keine griechische Spezialität, sondern ein schlechthin allgemeinmenschlicher Besitz –, sondern von der wirklich neuen Einführung des Rechtsgedankens in den Erkenntnisbereich. Hier hat *Hesiod* das Präjudiz für die parmenideische Deutung und Lösung des Erkenntnisproblems im Sinne einer *quaestio iuris* geliefert. Die Verbindung mit dem Recht stellt die Erkenntnis in den Rahmen einer vorgegebenen, unerschütterlichen Ordnung, aus der sich mit dem Rechtsgedanken ein einfacher, strenger, sicherer, klar umschriebener und leicht handhabbarer Maßstab für die Wahrheit ergibt[236]. Was nach vorherrschender Auffassung die Wissenschaft als reine Forschungsgemeinschaft ("scientific community") und den Wissenschaftler als lauteren Wahrheitssucher auszeichnet — Liebe zur Wahrheit und Respekt vor dem Recht[237] — , heute aber längst nicht mehr so innig vereint ist und unproblematischerweise auf einen gemeinsamen Nenner gebracht werden kann, ist im frühgriechischen Denken vorgezeichnet, fließt hier kraft inniger Verbundenheit von *Dike* und *Aletheia* noch in eins.

Gleichgültig, ob man in *Hesiod* den Endpunkt einer auslaufenden Entwicklungslinie (nämlich des archaischen Denkens) oder den Anfangspunkt einer neuen Entwicklungsphase (des philosophischen Denkens[238]) sieht — er ist eben in vielerlei Hinsicht „eine Gestalt des Übergangs"[239], die nicht restlos der einen oder anderen Seite zugeschlagen werden kann —, so werden durch *Homer*[240] die Fronten in der Wahrheitsfrage geklärt und die in der vorliegenden Arbeit vertretene Auffassung[241] bestätigt: Auch im griechischen Zeitalter, von dem hier ausschließlich die Rede war, ist der Wahrheitsanspruch *vor* dem Aufkommen des griechisch-wissenschaftlichen Erkenntnisstils zum selbstverständlichen Bestandteil des menschlichen Denkens geworden. Die griechische Philosophie hat lediglich die *Theorie* dazu nachgeliefert und damit die Erkenntnis*lehre* eingeführt, was allerdings nicht ohne Rückwirkungen auf die Wahrheitsidee sowie die gesamte Auffassung von Erkenntnis und Wissenschaft geblieben ist.

Bei der hier versuchten Rekonstruktion der Problemgeschichte des griechischen Denkens im Hinblick auf die schrittweise Entstehung des „wissenschaftlichen" Erkenntnisproblems im Rahmen des griechischen Erkenntnisstils geht es mir vor allem darum, die wichtigsten Weichenstellungen für die Entwicklung des Rechtfertigungsmodells der Erkenntnis herauszuarbeiten. Mit dieser Fragestellung im Auge kann jetzt schon eine *Zwischenbilanz* vorgelegt werden, aus der hervorgeht, daß bis zum Ende des epischen Zeitalters noch *keine* entscheidende Weichenstellung erfolgt ist, obwohl bereits zwei Grundgedanken der späteren Problemsituation als „eingeführt" betrachtet werden können: der *Wahrheitsgedanke* und der *Rechtsgedanke*. Beide sind sogar praktisch von Anfang an in eine positive Verbindung zueinander gebracht worden, aus der sich jedoch noch nicht die für den griechischen Erkenntnisstil charakteristische Stellung und Lösung des Erkenntnisproblems ergeben hat.

Der Grund dafür liegt in dem Umstand, daß der griechische Erkenntnisstil bei *Homer* und auch bei *Hesiod* noch nicht zum Durchbruch gekommen ist und damit die von ihm ausgehende Wende des griechischen Denkens in Richtung auf die potenziert[242] theoretische Erkenntnisweise von Philosophie und Wissenschaft noch nicht eingetreten sein kann. Dies gilt selbst dann, wenn man *Hesiod* eine Vorahnung dieses Erkenntnisstils zubilligt, indem man ihm bescheinigt, „nicht am Einzelfall, sondern am Prinzip, am System"[243] interessiert gewesen zu sein. Zu diesem Zeitpunkt ist unter den Dichtern, bald gefolgt von den Historikern, von Wahrheit genug die Rede, von der Wissenschaft aber noch kaum etwas zu sehen. Desgleichen ist von Recht, sogar in ausdrücklichem Zusammenhang mit Wahrheit, die Rede, vom Rechtfertigungsmodell der Erkenntnis aber ebenfalls noch nichts zu sehen. Der Rechtsgedanke hat bei *Hesiod* noch nicht die Funktion eines erkenntnistheoretischen Prinzips wie später bei *Parmenides*. Würde man am Ende des epischen Zeitalters eine Bilanz des griechischen Denkens ziehen, dann müßte man den Wahrheitsgedanken — im Sinne eines Wahrheitspostulats als eingeführte Erkenntnisbedingung — und den Rechtsgedanken unter den Aktiva aufführen, während vom griechischen Erkenntnisstil selbst allenfalls einige noch nicht bilanzierungsfähige Vorposten verbucht werden könnten.

Es ist also nicht der Wahrheitsanspruch an sich, der das menschliche Wissen „zu einem durchgängigen Begründen"[244] drängt. Und es ist auch nicht der Rechtsgedanke als solcher, der in Verbindung mit dem Wahrheitsanspruch die „Sorge des Wissens" zur "Sorge der Begründung"[245] macht. Erst mit der Einbettung beider Leitideen in den griechischen Erkenntnisstil wird die erkenntnistheoretische Wende zur Entstehung des Erkenntnisproblems und zu dessen begründungsorientierter Lösung im Rahmen des Rechtfertigungsmodells vollzogen. Bei *Parmenides* drängt der Wahrheitsanspruch zum Rekurs auf einen ersten Grund und bei *Platon* ist die Sorge des Wissens Sorge um dessen zureichende Begründung, wie *Boeder* und *Gadamer* vermutlich richtig meinen, ohne es ausdrücklich zu sagen.

Immerhin haben jedoch *Homer* und *Hesiod* zwei wichtige Vorausschritte im Gang der Problemgeschichte des griechischen Denkens gemacht, wie sich an der Entwicklung vom lapidaren zum emphatischen Wahrheitsanspruch ablesen läßt. Das griechische Denken kennt drei Möglichkeiten des kognitiven Umgangs mit „Gegenständen" aller Art[246]: Die Objekte, Sachverhalte oder Ereignisse werden im Erkenntnisprozeß, *erstens*, als selbständig bestehend angesehen und *getrennt* voneinander erkannt. Tatsächliche Beziehungen untereinander werden nicht berücksichtigt, gedankliche Beziehungen zwischen ihnen nicht hergestellt. Nicht nur die Gegenstände, sondern sogar *Teile* davon — das heißt: was *wir* als unselbständige Teile auffassen würden, zum Beispiel Glieder des menschlichen Körpers[247] — werden so behandelt. Oder die Gegenstände werden, *zweitens*, in eine unmittelbare Beziehung zueinander gebracht und die sie repräsentierenden Kognitionen direkt miteinander in Vergleich gesetzt, um sie in ein positives oder negatives Abhängigkeitsverhältnis zueinander zu bringen. Dies geschieht durch *Nebeneinanderstellung*, vor allem aber durch *Entgegensetzung* im Sinne eines antithetischen „Denkens in Gegensätzen", wobei die eine Sache (oder Idee) jeweils die andere ausschließt[248]. *Drittens* schließlich kann man *Prinzipien* einführen, um die einzelnen Gegenstände, Sachverhalte oder Ereignisse aus verallgemeinernder Sicht — aus der Perspektive von *Theorien* also — *im Zusammenhang* zu erkennen, aus dem Zusammenhang zu verstehen und mit Hilfe allgemeiner Prinzipien zu erklären.

Die beiden ersten dieser drei Möglichkeiten — die nicht als zwangsläufig aufeinander folgende Entwicklungsstufen des menschlichen Denkens zu verstehen sind, wie es der bereits mehrfach erwähnte falsche Evolutionismus unterstellt — entsprechen der Naturwiedergabe im additiven Erkenntnisstil mit Hilfe der Denk- und Darstellungsfigur der Parataxe, wie sie für die Erkenntnis-[249], Gegenstands-[250], Kunst-[251] und Sprachauffassung[252] der frühgriechischen Zeit, nicht jedoch der Frühzeit der Menschheitsgeschichte schlechthin[253], typisch war. In Anwendung auf Ideen entspricht der ersten Möglichkeit der homerische Wahrheitsanspruch, der zweiten der emphatische Wahrheitsanspruch, wie er von *Hesiod* eingeführt worden ist. Zwischen der zweiten und der dritten Möglichkeit liegt der

Einschnitt, für den die obige Zwischenbilanz gemacht worden ist. Hier stehen wir nun an der Wende vom archaischen zum theoretischen Denken im Sinne des griechischen Erkenntnisstils, der mit dem nächsten Schritt eingeführt wird und Zug um Zug seine vollentwickelte Gestalt gewinnt.

(3) Nicht die Wahrheitsidee und auch nicht der Rechtsgedanke brachte die geistesgeschichtliche Wende zum theoretisch-wissenschaftlichen Denken, an der sich die Legende von der „Geburt der Wissenschaft im griechischen Zeitalter" emporrankt, sondern erst der Durchbruch des griechischen Erkenntnisstils im Gefolge der im 6. Jahrhundert aufkommenden „reinen", durch Abkehr vom anschaulichen, parataktisch zusammengesetzten *Bild* der Welt zur abstrakten, hypotaktisch strukturierten, begrifflich dargestellten *Idee* entarchaisierten – aber damit keineswegs entmythologisierten [254] – Philosophie.

Mit seiner These, daß diese „reine" Philosophie „plötzlich und ohne ersichtlichen Anlaß" auf der Bildfläche der griechischen Kultur erschienen sei, verweist *Fränkel* [255] auf die Tiefe des Einschnitts, den die Einführung des griechischen Erkenntnisstils für die Ideengeschichte bedeutet, und bezeugt damit die Diskontinuität dieser Entwicklung, ohne allerdings eine Erklärung dafür zu bieten. Tatsächlich bestehen über die Kluft zwischen vorgriechischem (einschließlich archaisch-frühgriechischem) und griechischem Denken hinweg Problemzusammenhänge, die die Einführung des griechischen Erkenntnisstils als folgerichtigen Schritt erscheinen lassen – womit der Grund, aber noch nicht der konkrete Anlaß des dritten Schrittes zur Entstehung des Erkenntnisproblems ersichtlich gemacht ist. Dasselbe und nicht mehr, nämlich zutreffende Betonung ohne jegliche Erklärung, besagt die gängige Redeweise vom „griechischen Wunder" [256]. Bewunderung ruft dieses angebliche Wunder in der Regel deshalb hervor, weil es im griechischen Zeitalter *so früh* eingetreten ist. Angesichts der neuerdings von Archäologen, Anthropologen, Psychologen, Kunsthistorikern und Sprachforschern ziemlich einhellig hervorgehobenen Tatsache, daß *im Anfang das Allgemeine war* [257], sollte eher Verwunderung erregen, warum in der griechischen Kultur das archaische Denken *so spät* erst vom theoretischen Denken abgelöst worden ist. Daß man die Welt zuerst konkret, dann abstrakt sieht; zuerst das Besondere, später erst das Allgemeine erkennt; daß man zuerst in einfachen Sätzen (Hauptsätzen) spricht, um davon ausgehend allmählich Satzerweiterungen (durch Nebensätze) vorzunehmen; allgemein: daß in der Ideengeschichte das Einfache – die vielzitierten „primitiven Anfänge" – immer dem Komplexen, Komplizierten, dem nach *unserer* Vorstellung von geistiger Entwicklung „Fortgeschrittenen" vorangeht, erscheint plausibel, ist aber schlicht falsch.

Daß es sich in der Epoche der „Geburt der Wissenschaft" nach vorherrschender Darstellung umgekehrt verhält, ist das eigentliche „Wunder", das nach einer Erklärung verlangt. Zu erklären wäre zum Beispiel nicht, warum die Generalisierungstendenz des menschlichen Denkens im griechischen Erkenntnisstil schließlich durchgebrochen ist, sondern warum sie im vorgriechischen Denken so lange auf sich warten ließ. Eine derartige Erklärung, die weit über die Aufgabenstellung der vorliegenden Arbeit hinausgehen würde, kann hier nicht geboten werden [258]. Ich muß mich vielmehr auf die engere, „griechische" Problemstellung beschränken, die da heißt: Wie ist der Durchbruch des griechischen Erkenntnisstils in der damaligen Situation zu erklären, die sich nach der Einführung des emphatischen Wahrheitsanspruchs durch *Hesiod* ergeben hat? Wo ist der dritte Schritt – die Einführung des griechischen Erkenntnisstils – in die Problemgeschichte des griechischen Denkens einzuordnen?

Eine denkbare Erklärung, die sich völlig im Rahmen des griechischen Problemkontextes hält, bestünde darin, die Generalisierungstendenz, mit der das Denken auf griechische Art bei *Thales* einsetzt, in einen direkten Zusammenhang mit dem emphatischen Wahrheitsanspruch zu setzen. Da dessen Ausschließlichkeitstendenz mit der Verallgemeinerung der mit Wahrheitsanspruch vorgebrachten Behauptungen expandieren würde, ließe sich die Generalisierungstendenz als konsequente Fortsetzung der Wahrheitsradikalisierung deuten. Es kann jedoch nicht verschwiegen werden, daß es sich hier um eine spekulative Vermutung handelt, die im verfügbaren Quellenmaterial keine Stütze findet. Nichts spricht dafür, daß die griechischen Philosophen den griechischen Erkenntnisstil als Antwort auf und direkten Anschluß an den durch die Dichter mit *Hesiod* erreichten Stand der Entwicklung in der Wahrheitsfrage eingeführt haben. Lassen wir also den philosophischen Grund offen und den konkreten Anlaß ruhig im Dunkeln; beschränken wir uns mangels besseren Wissens auf eine Beschreibung des Vorgangs, ohne dessen tatsächliche Vorgeschichte – die von der hier gelieferten rationalen Rekonstruktion wesentlich abweichen mag – im Detail zu erhellen. Etwas anderes bleibt dem Chronisten beim gegenwärtigen Stand der Forschung kaum übrig.

Da die Eigenart des griechischen Erkenntnisstils in den vorangehenden Ausführungen bereits ausführlich dargestellt worden ist, kann ich mich hier auf die Modalitäten seiner Einführung beschränken. Der griechische Erkenntnisstil ist in der obigen Beschreibung durch seine drei Grundtendenzen zum Allgemeinen, Genauen und Sicheren charakterisiert worden, anhand derer nun auch seine Einführung in das griechische Denken verfolgt werden kann. Der dritte Schritt auf dem Wege zur Entstehung des Erkenntnisproblems umfaßt also, genau genommen, *drei* zusammenhängende, thematisch eng verbundene, aber inhaltlich unterscheidbare und auch zeitlich nicht gänzlich kongruente *Teilschritte*.

Über die historische Reihenfolge ihres erstmaligen Auftretens im griechischen Denken gibt das verfügbare Quellenmaterial – die Fragmente der Vorsokratiker einschließlich aller Hilfsquellen – leider keine klare Auskunft.

Dasselbe muß auch von der Fachliteratur gesagt werden, die zu diesem Punkt völlig schweigt oder allenfalls pauschale Vermutungen äußert. Nach *Kurt von Fritz* macht sich die Allgemeinheitstendenz im griechischen Denken „von Anfang an"[259], die Sicherheitstendenz – in der sehr „modern" anmutenden Gestalt von Verifikationsbestrebungen mit Hilfe von Beweisen – sogar schon „am allerersten Anfang"[260] bemerkbar. Nach einer anderen Feststellung desselben Autors ist es im griechischen Denken jedoch „im allgemeinen" so, „daß *zuerst* ganz weite Verallgemeinerungen gemacht werden und erst dann der Versuch gemacht wird, das so Gewonnene im einzelnen auszubauen und bis zu einem gewissen Grade damit zu ‚verifizieren'. "[261] Schließlich hat nach einer letzten Stellungnahme dieses Autors die griechische Wissenschaft einträchtig „mit der Suche nach dem absolut Exakten und Gesicherten begonnen. "[262] Nimmt man die erste Äußerung mit pedantischer Akkuratesse beim Wort, dann muß die certistische Tendenz eine Kleinigkeit *vor* der Allgemeinheitstendenz aufgekommen sein. Nach der ausnahmsweise eindeutigen zweiten

Äußerung ist es genau umgekehrt gewesen, und nach der dritten Bekundung darf Gleichzeitigkeit angenommen werden. Einigkeit besteht lediglich in der „Personifikation" der Einführung des griechischen Erkenntnisstils, an dessen Anfang in jedem Falle der Name *Thales*[263] steht, woraus sich jedoch nichts über die Reihenfolge der drei Grundtendenzen entnehmen läßt. Keine der drei Thesen findet irgendeine Stütze im Quellenmaterial; *Kurt von Fritz* gibt auch an keiner Stelle in seinen ansonsten vorbildlich belegten Ausführungen nachprüfbare Belegstellen an. Darüber hinaus muß von der ersten Spekulation — um mehr handelt es sich in keinem der drei Fälle — gesagt werden, daß sie, problemgeschichtlich gesehen, keinen Sinn ergibt, weil sie das Sicherheitsstreben zeitlich *vor* die tiefgehende Problematisierung der Erkenntnisfrage im Zuge des Allgemeinheitsstrebens stellt, als deren *Antwort*, im Sinne der unmittelbaren Reaktion auf eine vorangegangene Herausforderung, das Sicherheitsprogramm wohl gedacht ist.

Da sich aus der Quellenlage kein Fingerzeig ergibt, muß die rationale Rekonstruktion der Problemgeschichte die Frage der Reihenfolge um den Preis von gravierenden Deutungslücken offen lassen oder versuchen, aus anderen Überlegungen heraus auf eine annehmbare Reihenfolge zurückzuschließen. Wenn man hier mangels zitierbarer Quellenbefunde schon *e silentio* argumentieren muß, dann sollte das Ergebnis wenigstens einen vernünftigen Sinn ergeben, was bei *Kurt von Fritz* meines Erachtens nur für die zweite Hypothese zutrifft. Die im folgenden vorgeschlagene Reihenfolge soll eine *sinnvolle Problemfolge* ergeben, von der die geschichtliche Abfolge der von den Vorsokratikern tatsächlich eingeleiteten Entwicklung mehr oder weniger abweichen mag. Sinnvolle Problemorientierung ergibt zugegebenermaßen nicht unbedingt Authentizität.

(3a)  Die sinnvollste Reihenfolge im Hinblick auf die Entstehung des Erkenntnisproblems, die mit den Quellenbefunden vereinbar ist — ohne durch sie, wie bereits hervorgehoben, ausdrücklich bestätigt zu werden —, ergibt sich meines Erachtens, wenn wir annehmen, daß die Aufstellung allgemeiner Behauptungen in Gestalt rudimentärer Theorien den Auftakt zur Einführung des griechischen Erkenntnisstils bildet. Diese Theorienembryos brauchen übrigens nicht durch Verallgemeinerung in dem buchstäblichen Sinne entstanden zu sein, daß Erkenntnisse, die *zuerst* am Einzelfall gewonnen worden sind, nachträglich auf alle Fälle der fraglichen Ding- oder Eigenschaftsklasse übertragen werden oder daß dabei gar auf sozusagen induktive Weise vom Einzelfall auf den allgemeinen Fall „geschlossen" wird. Alles spricht dafür, daß die ersten Theorien gerade *nicht so* zustande gekommen sind. Deshalb sollte man, streng genommen, in diesem Zusammenhang nicht von einer Verallgemeinerungs- oder Generalisierungstendenz des griechischen Erkenntnisstils sprechen, sondern sprachlich korrekt von einer *Allgemeinheits*tendenz. (Da dies nun ein für allemal klargestellt worden ist, kann ich mich nun weiterhin des verschiedentlich schon benutzten laxeren Sprachgebrauchs bedienen, ohne großen Schaden anzurichten.) Weder durch Verallgemeinerung einzelner Beobachtungen noch durch geistige „Berechnung" sind die ersten Theorien entstanden, sondern durch philosophische *Spekulation* reinsten Wassers, um die anstehenden Probleme — hopplahopp! — auf einen Streich zu lösen.

*Fränkel* beschreibt diese Anfangsphase sehr treffend: „Die frühen Denker *begannen und endeten* mit einem metaphysischen Wissen, durch das die Welt und ihr Lauf, einschließlich des menschlichen Daseins, mit einem Schlage gedeutet wurde. Jeder Philosoph machte eine einzige, in sich geschlossene Aussage über das Wesen der Dinge. Falls er schrieb, verfaßte er ein kurzes Buch, das später, als die Bücher Titel erhielten, den monumentalen Titel ‚Über die Natur' erhielt. Jedesmal richtete sich die Aussage darauf, was der eigentliche Grund des Ganzen, und *somit von jedem Einzelnen*, sei, und in welcher Weise sich das Einzelne aus dem Grund herleitet. ... *Abgeleitet wird die gewonnene Erkenntnis nicht*, wohl aber werden gern allerlei Fakten herangezogen, die geeignet sind die Lehre zu bekräftigen. ... An unsrer eignen Wissenschaft gemessen, erscheint die griechische Wissenschaft und Philosophie als überwältigend reich an Ideen und unverantwortlich voreilig in ihren Behauptungen. Sie versuchte nicht einen langsamen, geduldigen Aufbau ... Der griechische Philosoph der Frühzeit lebte in der kühnen Zuversicht, daß ihm persönlich die volle Erkenntnis der Welt zugänglich war "[264].

Am Anfang des griechischen Erkenntnisstils steht also nach dieser Hypothese die Tendenz zum Allgemeinen. Es begann – nach ziemlich einmütiger Auffassung bei *Thales* – mit der Benutzung von Allgemeinbegriffen (später „Universalien" genannt), mit der Aufstellung allgemeiner, zumeist in einem einzigen Satz zusammengepreßter Aussagen (später „Theorien" genannt), mit umfassend gemeinten und apodiktisch[265] vorgetragenen Behauptungen über das ganze Universum, über die Struktur des Kosmos, über alles in der Welt, über ihren Anfang, ihr Wesen und ihre Bestimmung. Kosmologisch in dem, *was* sie zur Sprache bringen, metaphysisch in dem, *wie* sie es sagen, theoretisch im Stil und in der Form der Naturwiedergabe, handelt es sich bei diesen ersten griechischen Prototypen wissenschaftlicher Theorien um philosophische Lehren, deren hervorstechendste Eigenschaft darin besteht, daß sie *so allgemein wie nur irgend möglich* formuliert sind. *Alles ist Wasser! Alles ist Zahl! Alles fließt!* Alles ist dieses oder jenes, oder ist es nicht, oder *ist* einfach – allgemeiner kann man nicht behaupten, knapper nicht ausdrücken, apodiktischer nicht vorbringen, was man „Über die Natur" (wie die Buchtitel der einschlägigen Philosophentraktate bald heißen werden) zu wissen glaubt.

Hinsichtlich der Einlösung dieses Allgemeinheitspostulats in der theoretischen Erkenntnis lassen sich, wobei am Horizont bereits die moderne Wissenschaft ins Blickfeld kommt, grundsätzlich drei Realisierungsmöglichkeiten unterscheiden: Bei der *Generalisierung* wird von einem Fall (oder wenigen Fällen) auf alle gleichartigen Fälle innerhalb einer bestimmten Klasse von Dingen „geschlossen". Bei der *Universalisierung* wird eine Behauptung von einer Klasse auf viele Klassen familienähnlicher, strukturgleicher Fälle übertragen. Bei der *Totalisierung* schließlich wird etwas über schlechthin alles im Kosmos, diesen selbst nicht ausgenommen, gesagt.

Im Zuge der Entwicklung und Praktizierung des griechischen Erkenntnisstils sind die ersten Denker dieser Ausrichtung von Anfang an voll in die Allgemeinheitstendenz eingestiegen, indem sie ohne Umwege, ohne Einschaltung von Vorstufen oder Zwischenstadien, Theorien von größtmöglicher Allgemeinheit – also „totale" Theorien im Sinne des dritten Verallgemeinerungsgrades – aufstellten. Der von *Popper* gerade auch im hier angesprochenen Zusammenhang überzeugend kritisierte *Baconsche Mythos*[266] trifft für keine Phase der Wissenschaftsentwicklung wirklich zu. Aber für keine Zeit ist seine versimpelte Vorstellung von der angeblichen Entstehung wissenschaftlicher Theorien durch „induktive" Verallgemeinerung „empirischer", durch Beobachtung am Einzelfall gewonnenen Befunden abwegiger als für die griechische (Wieder-)Geburtsphase der Wissenschaft, an deren Anfang metaphysische Märchen ohne empirisches Fundament stehen[267].

72

Am Anfang der Wissenschaft steht also keines von jenen angeblichen Leitprinzipien, von denen sich die moderne Wissenschafts*theorie* zur Konstruktion eines falschen Bildes von der „Geburt der Wissenschaft" verleiten ließ. Nicht von dem Kritikgedanken oder gar von dem Abgrenzungsgedanken ist das wissenschaftliche Theoretisieren im griechischen Erkenntnisstil ausgegangen, wie *Popper* anzunehmen scheint. Auch der System- und Sicherheitsgedanke steht nicht *ganz* am Anfang, wie *Dingler* unterstellt[267a], obwohl wir damit der Sache schon näher kommen. Vom Wahrheitsgedanken abgesehen, der — wie oben argumentiert — schon vorher da war, ist im Anfang das *Allgemeine* gewesen. Die Umstellung der Wahrheitsidee auf Allgemeinerkenntnis ist der erste Teilschritt zur eigentlichen Einführung des griechischen Erkenntnisstils.

Die wichtigste Folge für die weitere Problemgeschichte liegt in der tiefen, globalen, grundsätzlichen *Problematisierung der Erkenntnis*, die sich aus dem ersten Teilschritt ergeben hat. Da diese Entwicklung bereits ausführlich beschrieben worden ist[268], genügt es hier, noch einmal an das Ergebnis zu erinnern. Für menschliche Wesen mit beschränkter Erfahrung kann Allgemeinerkenntnis sinnvollerweise nicht mehr als Wissen kraft persönlicher Augenzeugenschaft gedeutet werden. Sichtbar, wahrnehmbar, erfahrbar sind dem Menschen immer nur lokale Ausschnitte des Gesamtgeschehens. Für ortsgebundene Menschen bedeutet Dabeisein zwangsläufig, andernorts abwesend zu sein. Die Grenzen dieser handfesten Auffassung von Erkenntnis sind viel zu eng gezogen, um auf Theorien anwendbar zu sein. Die Stellvertreterdoktrin — die Einschaltung von Augenzeugen, die kraft übermenschlicher Fähigkeiten immer und überall dabei sind, folglich alles durch Selbst-gesehen-haben aus erster Hand wissen und auserwählte Menschen an ihrem totalen Wissen teilhaben lassen — eignete sich als Lückenbüßer nur solange, als man sich im griechischen Zeitalter noch glaubwürdig auf Götter und Musen berufen konnte. Mit der rationalistischen Aufklärung haben sich die griechischen Philosophen diesen Ast selbst abgesägt. Ehrlicherweise kann ein aufgeklärter Philosoph menschliche Wissenslücken nicht mehr durch Berufung auf persönliche Teilhabe an göttlichem Wissen ausgleichen. Die Musen haben ihre Alibifunktion eingebüßt. Der alte, auf unmittelbares Sehen und Wahrnehmen gegründete Wissensbegriff läßt sich nicht mehr aufrechterhalten; die Wahrheit liegt nicht mehr vor aller Augen, ist nicht mehr unverborgen. Eine neue Wahrheits- und Wissensauffassung ist vonnöten, die auch auf Allgemeinerkenntnis voll anwendbar ist. So erfordert die Einführung des griechischen Erkenntnisstils von Anfang an, als zwingende Konsequenz bereits des ersten Teilschritts, die Entwicklung einer *neuen Erkenntnislehre für theoretisches Wissen*. Diese Entwicklung wird von *Hesiod* vorbereitet und — je nachdem, wieweit man ihm ein Interesse am Allgemeinen zugesteht[269] — in die Wege geleitet. Voll eingesetzt hat sie allerdings erst mit der Einführung des griechischen Erkenntnisstils am Ende des epischen Zeitalters, also mit dem Beginn der griechischen Naturphilosophie.

(3b) Der zweite Teilschritt auf dem Wege zum griechischen Erkenntnisstil ist die Einführung der Tendenz zum Genauen in dem bereits ausführlich erläuterten Sinne. Es besteht weder eine Möglichkeit, diesen Teilschritt vom ersten abzutrennen, noch die Notwendigkeit, sich über ihre Reihenfolge Gedanken zu machen. Für die Rekonstruktion der Entwicklungsgeschichte des griechischen Erkenntnisstils genügt es, den Punkt ihres Zusammentreffens im griechischen Denken aufzuzeigen und auf das wichtigste Erkenntnisprodukt der Doppeltendenz zum Allgemeinen und zum Genauen hinzuweisen, nämlich *Theorien.*

Obgleich man beim genaueren Hinsehen der Allgemeinheitstendenz nicht nur eine gewisse sachliche Priorität, sondern auch einen leichten zeitlichen Vorsprung einräumen muß, darf, ohne sich damit eines gravierenden Rekonstruktionsfehlers schuldig zu machen, der Einfachheit halber angenommen werden, daß im griechischen Denken beide Grundtendenzen ungefähr gleichzeitig aufgekommen sind, wobei der Name des *Thales* für deren Einführung eine Personalunion anzeigt[270]. Wichtig ist, daß der zeitlichen Koordination eine sachliche entspricht: beide Tendenzen arbeiten bei der Problematisierung der alten Wissensauffassung und der Entwicklung der neuen Erkenntniskonzeption für Theorien Hand in Hand. Die Genauigkeitstendenz schließt sich der Allgemeinheitstendenz unmittelbar an und wirkt dabei im Hinblick auf die weitere Entwicklung des Erkenntnisproblems als nachhaltiger Verstärker und Beschleuniger.

Genaue Erkenntnis höchsten Exaktheitsgrades — wie sie etwa bei der erstaunlich frühen Entdeckung der Inkommensurabilität ihren ersten Triumph feiert — kann ebensowenig Beobachtungswissen eines Augenzeugen sein, der an vorderster Front dabeigewesen ist und „alles genau gesehen" hat, wie streng allgemeine Erkenntnis. Wenn wissenschaftliche Theorien allgemeine und genaue Auskunft über die Beschaffenheit des Kosmos geben sollen, dann kann diese Art von Information aus *doppeltem*, gleichermaßen wichtigem Grunde nicht dem grobschlächtigen, in seiner Allgemeinheit wie in seiner Genauigkeit drastisch begrenzten Wissen des Augenzeugen gleichgesetzt werden. Allgemeine und genaue, also theoretische Erkenntnis im Sinne des griechischen Erkenntnisstils, kann nicht empirisch sein. Mit Hilfe von Theorien dringt der griechische Geist in Erkenntnisbereiche vor, von denen es Augenzeugen-Wissen grundsätzlich nicht gibt — streng genommen nicht einmal für Götter. (Für griechische Götter, wohlgemerkt, die ja die Welt nicht *ex nihilo* selbst erschaffen haben, folglich nicht von Anfang an dabei gewesen sind und deshalb einige Wissenslücken aufweisen, die sie gerade bei der Aufstellung von Kosmogonien nach *Hesiod*scher Art als Gewährsleute nur bedingt tauglich erscheinen lassen[271].)

So verstärkt die Tendenz zum absolut Genauen die Problematisierungswirkung der Allgemeinheitstendenz und beschleunigt im Zuge ihrer Selbstverwirklichung die Entwicklung der neuen Erkenntnisauffassung, die dem Begriff der theoretisch-wissenschaftlichen Erkenntnis überhaupt erst einen vernünftigen Sinn gibt. Dies gilt aber nur für die Exaktheitstendenz *in Verbindung mit der Allgemeinheitstendenz*. Für sich allein genommen wirkt sie sich in der Regel ganz anders aus. Ein erkenntnistheoretisch isoliertes Exaktheitsstreben macht sich bereits in der frühgriechischen Kunst bemerkbar, ohne daß es ähnliche Auswirkungen gezeigt hätte. So erscheint es fraglich, ob man in den protogeometrischen Vasenmalern, deren Kunst „mit mathematischer Genauigkeit" zwecks Verwirklichung einer „abstrakten Präzision' ausgeführt ist, die Vorläufer der Philosophen und Mathematiker im Hinblick auf die Exaktheitstendenz des griechischen Erkenntnisstils sehen darf. Daß es sich in beiden Fällen um völlig verschiedene Problemsituationen handelt, wird in *Websters* Urteil[271a] nicht berücksichtigt.

(3c) Ist die zeitliche Reihenfolge der beiden ersten Teilschritte für das Verständnis des griechischen Erkenntnisstils und die Umstände seiner historischen Einführung verhältnismäßig unwichtig, so ist die Frage der richtigen Reihen- und Rangfolge für den dritten Teilschritt — das Aufkommen und die Auswirkungen der certistischen Tendenz — um so wichtiger. Während die Doppeltendenz zum Allgemeinen und zum Genauen von der traditionellen Erkenntnislehre wie von der modernen Wissenschaftstheorie mit größter Einmütigkeit als wissenschaftserzeugende Leitgrundsätze menschlichen Denkens akzeptiert wird, ist die dritte Tendenz des griechischen Erkenntnisstils heute umstrittener denn je zuvor.

Die philosophische Einschätzung der Tendenz zum Sicheren in der Erkenntnis schwankt zwischen zwei extremen Wertungen, denenzufolge es sich dabei um einen Zug höchster Reife oder höchster Unreife menschlicher Erkenntnisbemühungen handelt. Nach *Poppers* Urdogmatismusthese[272] müßte man die certistische Tendenz als ein Prinzip der reinen Unvernunft ansehen, das in vorwissenschaftlicher Zeit kritisch-rationales Denken verhinderte und nach dem griechischen Durchbruch zur kritisch-rationalen Einstellung weiterhin als antiwissenschaftliches Gegenprinzip wirkt, das für dogmatische Entartungserscheinungen des Erkenntnisprozesses verantwortlich ist. Aus der Perspektive *Poppers* erweist sich die certistische Tendenz geradezu als ein Sabotage- und Degenerationsprinzip menschlichen Denkens, das den angestrebten Reifezustand vollentwickelter Wissenschaftlichkeit im Anfang lange verhindert hat und am Ende wieder aufzuheben droht. Nach *Dingler* dagegen, der hier fast die gesamte philosophische Tradition auf seiner Seite hat, ist eher das Gegenteil der Fall. Was für den einen ein zählebiges Rudiment archaischer Primitivität ist, ist für den anderen ein reifes Spätprodukt der Vernunft, ein wesentliches Merkmal höchster Rationalität und Wissenschaftlichkeit. So diametral stehen sich — hier in Anwendung auf die sogenannte Geburt der Wissenschaft im griechischen Denken — fallibilistische und certistische Rationalitätskonzeption gegenüber.

Folgerichtig versucht *Popper* mit allen Mitteln einseitiger Textauslegung, Ignorierung von Gegenstimmen und Projektion parteilinienkonformer Vorurteile die certistische Tendenz aus dem griechischen Denken zu exorzieren, dem *Dingler* und seine Schüler mit nicht geringerer monomanischer Auslegungskunst nach Kräften entgegenarbeiten[273]. Das Ergebnis dieser Bemühungen ist hier bereits in der Einleitung geschildert worden. Von der mangelnden Quellentreue ganz abgesehen, haben diese parteiischen Darstellungen den Nachteil, daß sie durchweg nicht imstande sind, dem Aufkommen der certistischen Tendenz im griechischen Denken — nicht vorher, nicht nachher, sondern genau dort, wo sie tatsächlich zum Durchbruch gekommen ist — einen vernünftigen Sinn abzugewinnen und sie in die Problemgeschichte der Erkenntnis einzuordnen. *Poppers* und *Dinglers* Bild von der „Geburt der Wissenschaft" im griechischen Denken ist nicht nur einseitig, parteilich und im entscheidenden Punkt unbelegt, sondern darüber hinaus in sich *unstimmig*. Die certistische Tendenz wird von dem einen ebenso unmotiviert ausgetrieben, wie sie von dem anderen unmotiviert eingeführt wird, als handle es sich um eine Sache, mit der alles endet oder alles beginnt, was Rationalität und Wissenschaftlichkeit der Erkenntnis ausmacht. In jedem Fall wird der Problemzusammenhang, *innerhalb* dessen die certistische Tendenz im griechischen Denken auftaucht und einen ganz bestimmten, weder unwichtigen noch rein negativen Platz einnimmt, ignoriert oder mutwillig abgeschnitten, um die Harmonie des selbstfabrizierten Bildes von der Wissenschaft nicht zu beeinträchtigen.

Die Erweiterung und die Vertiefung der menschlichen Erkenntnis im Zuge ihrer Verallgemeinerung und Präzisierung über alle Grenzen hinweg, die dem Augenschein und der Erfahrung gezogen sind, erzwangen die Aufgabe der alten, an ein Anwesenheits- und Sichtbarkeitspostulat gebundenen Wissensauffassung im Sinne der Augenzeugen- und

Stellvertretertheorie. Schon die allerersten Versuche im theoretisierenden Erkennen ließen eine völlig neue Erkenntnissituation entstehen, der die alten Lösungsvorschläge nicht mehr gerecht werden konnten. Eine neue Wahrheits- und Wissenskonzeption für theoretische Erkenntnis mußte erst erarbeitet werden. Dies war die große Herausforderung, die das neue Denken im griechischen Erkenntnisstil an die Philosophie stellte.

Mit *Poppers* Urdogmatismusthese wird die certistische Tendenz *zu früh*, mit seiner Degenerationsthese *zu spät* in die Problemgeschichte des Erkennens eingeführt. *Dinglers* Darstellung terminiert das Aufkommen der dritten Grundtendenz des griechischen Erkenntnisstils ungefähr richtig, *plaziert* sie aber falsch: an den Anfang nämlich, als ob das theoretisch-wissenschaftliche Denken nach Art der Griechen damit begonnen hätte. Sachlich richtig plaziert im vorliegenden Problemzusammenhang und zeitlich zumindest nicht wesentlich falsch terminiert scheint mir die Einführung der certistischen Tendenz zu sein, wenn man sie als *Antwort* auf die genannte Herausforderung versteht. Genauer: die certistische Tendenz ist der direkte, von den ersten Philosophen ersonnene und deren unmittelbaren Nachfolgern sorgfältig ausgearbeitete *Gegenzug* auf die grundsätzliche, globale Problematisierung der Erkenntnis als Folge der Allgemeinheits- und Genauigkeitstendenz. Die dritte Grundtendenz des griechischen Erkenntnisstils verhält sich also zu den beiden ersten Grundtendenzen — die hier deshalb immer als eine in dieser Hinsicht zusammenwirkende Doppeltendenz aufgefaßt worden sind — wie eine Reaktion zur vorangehenden Aktion. (Deshalb ist hier, anders als im Verhältnis der beiden ersten Tendenzen untereinander, die zeitliche Reihenfolge ihrer Einführung nicht unwichtig.) Die certistische Tendenz ist die Antwort auf die mit der Doppeltendenz zum Allgemeinen und zum Genauen aufgeworfene Frage nach dem Verständnis dieser neuen, hochtheoretisierten Art von Erkenntnis. Ob es eine angemessene Antwort oder vielleicht eine aus der damaligen Situation heraus verständliche, auf lange Sicht aber doch unvernünftige *Überreaktion* gewesen ist, wird noch zu prüfen sein. Mit der bereits gelieferten[274] Charakterisierung des theoretisch-wissenschaftlichen Erkenntnisstils durch die Doppeltendenz zum Allgemeinen und zum Genauen — unter völliger Aussparung der certistischen Tendenz, die meines Erachtens zu einer unnötigen und schädlichen Überbestimmung führt — ist die Antwort darauf im Grunde schon vorweggenommen worden.

So gesehen erweist sich der Rückgriff auf das Sicherheitspostulat mit allen sich daraus ergebenden Konsequenzen als der folgerichtige dritte, abschließende Teilschritt in der programmatischen Entwicklung — die Ausarbeitung des Erkenntnisprogramms zur vollen Problemlösung steht zu diesem Zeitpunkt selbstverständlich noch aus — des griechischen Erkenntnisstils. Mit der certistischen Tendenz ist der griechische Erkenntnisstil voll „eingeführt".

Der Problematisierung der Erkenntnis versuchte das griechische Denken mit einem Sicherheitsprogramm für das menschliche Erkennen und Handeln zu begegnen[275]. Mit dem Unsicherheitsgrad wuchs das Sicherheitsbedürfnis, das in der Verfolgung der certistischen Tendenz seine Erfüllung suchte. *Wann* genau deren Einführung im griechischen Denken erfolgt ist und *wem* diese Leistung gutgeschrieben werden darf, ist umstritten. Die Quellenlage gibt darüber keine klare Auskunft. Nach *Kurt von Fritz* hat alles mit *Thales* begonnen, den er auch für die dritte Grundtendenz des griechischen Erkenntnisstils verantwortlich macht. „Der erste, der nach dem Zeugnis der antiken Überlieferung mit der Tradition gebrochen und auf Grund eigener Beobachtung und Forschung zu einem sicheren Wissen zu gelangen versucht hat, ist Thales", betont dieser Autor[276], der *Thales* nicht nur die Einführung der certistischen Tendenz, sondern mit „sehr grosse(r) Wahrscheinlichkeit" auch den ausgedehnten Gebrauch elementarer *Beweismethoden* zuschreibt[277], um mit deren Hilfe wenigstens auf dem mathematischen Gebiet die selbstgestellten Sicherheitsanforderungen einzulösen. Dabei gibt *Kurt von Fritz* allerdings selbst zu bedenken, daß *Thales* diesbezüglicher Versuch zwar „einen sehr wichtigen ersten Ansatzpunkt" für die weitere Entwicklung auf diesem Wege darstellt, aber „noch weit entfernt ist von dem Unternehmen, ein System der Mathematik auf Definitionen, Axiomen und Postulaten aufzubauen, wie es für die griechische Mathematik ... charakteristisch ist."[278]

Noch weiter geht in dieser Hinsicht *B. L. van der Waerden*, der genau das *Thales* kreditiert, was ihm *Kurt von Fritz* noch nicht ganz zutraut, nämlich einen streng logischen Aufbau und systematische Beweismethoden für die Mathematik. Beides hat nach diesem Autor die griechische Mathematik „von Anfang an gehabt, und es war *Thales,* der ihr diesen Charakter gegeben hat."[279] So wird das griechische Denken nach diesen beiden hochkompetenten Interpreten buchstäblich vom allerersten Anfang an von der certistischen Tendenz beherrscht, um ja „keine dunklen Stellen, keinen Schatten eines Zweifels an der Richtigkeit der erworbenen Einsichten"[280] aufkommen zu lassen.

Damit, finde ich, wird des Guten zuviel getan. Für diese äußerst wohlwollende Beurteilung der philosophischen und wissenschaftlichen Leistungen des *Thales* findet sich nicht nur kein Beleg in den überlieferten Fragmenten[281], sondern auch kein überzeugendes spekulatives Argument, das diese Lücke in den Quellenzeugnissen kompensieren könnte. Im übrigen widerspricht, streng genommen, die erheblich weitergehende These der zitierten Autoren nicht der hier vorgetragenen Auffassung, derzufolge die certistische Tendenz mit einer vielleicht ganz kleinen, aber entscheidenden Verzögerung auf die bahnbrechende und wegweisende Doppeltendenz zum Allgemeinen und zum Genauen eingeführt worden ist. Es ist immerhin denkbar, daß die Dreierschrittfolge in der Entwicklung des griechischen Erkenntnisstils bereits von *Thales* sozusagen in einem Zug durchgespielt worden ist. Kein zwingender Grund steht dieser Annahme entgegen, aber da auch nichts dafür spricht, besteht kein Anlaß, sie zu akzeptieren. Dies gilt allerdings nur für die Einführung der certistischen Tendenz selbst, nicht für die Konzeption einer darauf abgestellten *Lösung* des Erkenntnisproblems, wozu meiner Auffassung nach die detaillierte Ausarbeitung eines Begründungsprogramms sowie die Entwicklung dafür geeigneter systematischer Beweismethoden gehören. Dies kann nicht *vor* den im folgenden erläuterten Schritten geschehen sein, die aber erst *nach* der Zeit des *Thales* erfolgt sind. Zieht man das Schweigen der Quellen, den aktuellen Stand der Forschung sowie die Problemlage jener Zeit in Betracht, dann wird meines Erachtens *Klowskis* abschließendes Urteil in dieser Frage der Gesamtsituation am besten gerecht: „Da schon Aristoteles und Theophrast nicht ermitteln konnten, wie Thales seine Lehre begründet hat, scheint es methodisch am korrektesten zu sein, anzunehmen, er habe sie gar nicht begründet."[282]

Nach der hier vorgenommenen Einordnung in die Problemgeschichte ist die certistische Tendenz die Antwort auf die außer Kontrolle geratene Problematisierung der Erkenntnis im Zuge ihrer Vertheoretisierung, durch die sie ihren handfesten Sinn als Augenzeugenwissen und ihre empirische Grundlage verlor. Für allgemeine und genaue Naturerkenntnis sind

Sichtbarkeits-, Anwesenheits- und Anschaulichkeitsbedingungen weniger als eine Hilfe, die ihren Wahrheitsanspruch untermauern könnte. Sie sind im Gegenteil ein direktes Hindernis, das dem Anspruch der Theorien auf Allgemeingültigkeit massiv im Wege steht. So mußte die Allgemeinheits- und Genauigkeitstendenz im Ergebnis zwangsläufig in eine anti-empiristische Tendenz einmünden. Und der certistische Gegenzug führt ebenso folgerichtig zur Entwicklung neuer Beweismethoden, die nicht mehr auf die Möglichkeit des „Aufzeigens" der Wahrheit durch Sichtbarmachen, Veranschaulichen und Offenlegen – nach dem biblischen Motto: *Wer Augen hat zu sehen, der sehe!* – angewiesen sind[283]. Diese Einzelentwicklungen bilden eine vernünftige, folgerichtige, konsequent durchgezogene Problemfolge, bei der alle „Tendenzen" zusammenspielen, Züge und Gegenzüge aufeinander folgen. So geht bei der Einführung des griechischen Erkenntnisstils alles Hand in Hand.

An diesem Punkt der Problementwicklung stellt sich nun die Frage, ob die certistische Antwort auf die Problematisierung der Erkenntnis nichts weiter sei als ein *dogmatischer* Gegenzug auf eine *kritische* Herausforderung, als ein irrationaler Versuch zur *Stabilisierung* verunsicherter Erkenntnisansprüche und zu ihrer *Immunisierung* gegen alle mögliche Kritik, die zur erneuten Verunsicherung führen könnte, wie es heutzutage vornehmlich vom kritischen Rationalismus gesehen wird. Damit kommt der in der Einleitung bereits erwähnte und schon dort als unzulässige Vergröberung verworfene *Popper*sche Kampfslogan *Kritizismus-versus-Dogmatismus* noch einmal in die Debatte. Im folgenden soll kurz gezeigt werden, daß diese Schwarz-Weiß-Malerei der originären griechischen Problemsituation noch weniger gerecht wird als den certistischen Denkströmungen in der neuzeitlichen Philosophie.

Aber sind in den vorangehenden Ausführungen die Vorsokratiker nicht als hartgesottene „Dogmatiker" hingestellt worden, die ohne die geringste Spur des Zögerns, von keinerlei Zweifel angekränkelt, mit einem erstaunlichen Ausmaß von Rechthaberei und Leichtfertigkeit dubiose Behauptungen über Sachverhalte aufstellen, von denen sie gar nichts wissen *können* und über die sie ehrlicherweise allenfalls vorsichtige Mutmaßungen anstellen dürften? So ist es[284], aber was folgt daraus über die Beziehungen zwischen epistemologischem Certismus und gewöhnlichem Dogmatismus? Nichts, was ihre Gleichsetzung erlauben würde! Ist die Deutung der certistischen Tendenzen in der neuzeitlichen Philosophie (bei *Descartes, Kant* oder *Hegel* zum Beispiel) und in der modernen Wissenschaftstheorie (etwa bei *Dingler* oder *Russell*) als „Dogmatismus" eine Härte, die diesen Positionen philosophisch kaum gerecht wird, so ist sie im Hinblick auf die originäre certistische Tendenz der vorsokratischen Erkenntnislehre eine Fehlinterpretation von gravierendem Ausmaß – nicht weil der Dogmatismusvorwurf gegen diese frühen Denker jeder Grundlage entbehrte, sondern *obgleich er weitgehend berechtigt ist.* Das gewichtige Stück Dogmatismus, das in der griechischen Philosophie selbst bei den skeptischsten ihrer Vertreter noch zu finden ist, erschwert die differenzierende Problemanalyse, entbindet aber nicht von der Notwendigkeit, die erkenntnistheoretischen Unterschiede zwischen Certismus und Dogmatismus sorgfältig herauszuarbeiten.

Unbeschadet gewisser thematischer Familienähnlichkeiten, tendenzieller Konvergenzen in den praktischen Auswirkungen sowie im Verlauf der weiteren Entwicklung geschlossener Allianzen zwischen dem epistemologischen Certismus der von den ersten griechischen Philosophen eingeführten Art auf der einen Seite und dem ihnen keineswegs fremden gewöhnlichen Dogmatismus jener von *Popper* mit Recht als erkenntnisfeindlich und fortschrittshemmend charakterisierten Art auf der anderen Seite verbleibt doch ein gewaltiger *philosophischer* Unterschied, der gerade bei der Einführung der certistischen Tendenz im griechischen Denken sehr deutlich sichtbar ist, auch wenn er später zuweilen verwischt worden ist. Dieser Unterschied besteht darin, daß der Dogmatismus Sicherheit *in der Beschränkung* sucht, während der griechische Certismus sich in gegenteiliger Richtung auswirkt. Was er erstrebt, ist Sicherheit als zwangsläufiges Ergebnis des Durchspielens aller möglichen Problemfälle — in der Hoffnung, die Unzahl der Alternativen im gesamten Möglichkeitsfeld auf eine einzige Problemlösung reduzieren zu können, die dann als „gesichert" gilt. Nicht dogmatische Verengung, sondern wagemutige Erweiterung der Problemsituation, nicht defensive „Immunisierung" gegen Kritik, sondern offensives Parieren aller überhaupt denkbaren Einwände durch Abdecken aller Schwachstellen mittels geeigneter Gegenbeweise ist das Operationsziel der certistischen Tendenz, um am Ende eines langen Weges, als verdienten Lohn für ein äußerst riskantes erkenntnistheoretisches Manöver, Sicherheit zu finden.

Solange die certistische Tendenz in den theoretisch-wissenschaftlichen Erkenntnisstil eingebunden ist und auf dessen Erkenntnisziel ausgerichtet bleibt, steht sie zu jedem Dogmatismus auf *Gegenkurs*. Das ist keineswegs so zu verstehen, als wäre die certistische Tendenz zwar an und für sich durchaus dogmatisch, würde aber in diesem Ausnahmefall im Rahmen des griechischen Erkenntnisstils, insbesondere durch dessen Allgemeinheitstendenz, im großen und ganzen erfolgreich in Schach gehalten. Dann wäre die certistische Tendenz immer noch als „dysfunktionale" Gegentendenz anzusehen, deren Störungseffekt lediglich durch glückliche Umstände kompensiert wird. Tatsächlich gehört die dritte Grundtendenz ebenso wie die beiden ersten Tendenzen als gleichermaßen wesentlicher Bestandteil dazu, weil ohne sie das griechische Erkenntnisziel nicht erreichbar wäre. Für diese Zielsetzung ist sie ebenso „funktional" wie die Doppeltendenz zum Allgemeinen und zum Genauen. (Ob dieses Ziel vernünftig und realistisch, d.h. sinnvoll und *überhaupt* erreichbar ist, ist eine andere Frage, die uns noch beschäftigen wird).

Das Erkenntnisziel des griechischen Denkens kann allerdings aus dem Auge verloren, das ursprüngliche Manöverziel der certistischen Tendenz in Vergessenheit geraten, der Erfolg statt in mühseligen Beweisversuchen durch kurzschlüssiges Räsonieren — der Unterton von Rechthaberei ist nicht zufällig — gesucht werden. Dies ist im Verlauf der weiteren Entwicklung nur allzu oft geschehen, in neuerer Zeit vor allem auch als Folge von Enttheoretisierungsbestrebungen in der modernen Wissenschaft(stheorie). Dann allerdings rückt der so seines erkenntnistheoretischen Zieles beraubte Certismus in gefährliche Nähe zum Dogmatismus.

An die Beschränkung der Ziele, die Verengung des Horizontes, das unbedingte Festhalten am Erreichten — wie wenig es auch sein mag — um jeden Preis, die Wahrung des kognitiven Besitzstandes durch ängstliches Vermeiden aller Risiken, an totale Immunisierung gegen Kritik und willkürliche Problemabschneidungen aller Art ist die vordergründige, billige Sicherheit gebunden, die der Dogmatismus anzubieten hat. Er läßt geschlossenes Denken seine engen Kreise in abgeschottetem „Gehäuse"[285] ziehen, um den Geist

„nie aufs Ganze gehen, sondern nur innerhalb eines festliegenden Ganzen vom Einzelnen zum Einzelnen schreiten"[286] zu lassen. Im Dogmatismus öffnet sich kein Zugang zu radikalen Fragen, kein Tor zur befreienden Idee oder Tat. Schon immer „hatten die Dogmen, mit denen man um sich zu werfen gewohnt war, Halt genug an dem Selbstvertrauen, mit dem sie ausgesprochen wurden. *Die Technik des Beweisens auszubilden war da wenig Anlaß.* "[287] Wozu auch, „wo es so viel einfacher war die Erkenntnisse, auf die man es abgesehen hatte, ohne alle Präliminarien kurzweg eben so wie man sie sich dachte, zu behaupten?"[288]

Davon hebt sich griechisches Denken als offenes Philosophieren[289] mit grenzenlosem Horizont deutlich ab. Zwar bedienen sich die frühen griechischen Weltdenker mit Vorliebe einer apodiktischen Sprache[290], die nicht nur zartbesaiteten Skeptikern schockierend dogmatisch erscheint. Aber dieselben Philosophen haben sich gerade mit der certistischen Tendenz eine *Begründungspflicht* eingehandelt, der nachzukommen — wenn überhaupt — *nur unter Absage an jeglichen Dogmatismus* möglich ist. Daß nach eigenem Eingeständnis von hervorragenden Vertretern des „Rechtfertigungsdenkens" sogar erstklassige Begründungsversuche zuweilen erfolglos bleiben, zeigt das Risiko dieses Unternehmens. Daß alle Begründungsansätze ohne jegliche überhaupt denkbare Ausnahme von vornherein zum völligen Scheitern verurteilt sind, wie deren Kritiker behaupten (dazu, sehr ausführlich, später), bezeugt ungewollt den großen Abstand des epistemologischen Certismus griechischer Prägung zum gewöhnlichen Dogmatismus, denn dieser *ist* zugestandenermaßen nur allzu erfolgreich. Certistisch in diesem Sinne, d.h. durch zureichende oder unzureichende Begründungen gesicherte Theorien sind in höchstem Grade widerlegbar — meist sogar doppelt: auf direktem Wege durch Falsifikation und indirekt durch Unterminierung mittels Widerlegung ihrer angeblichen Beweise —, dogmatisch abgesicherte Theorien dagegen nicht, weil diese sich gegenüber jedem kritischen Einwand verschließen.

Ob eine erkenntnistheoretisch relevante Sicherung unserer Erkenntnis durch zureichende Begründung ihres Wahrheitsanspruchs überhaupt möglich ist, das ist die Frage, um die es in den späteren Ausführungen gehen wird. Auch wenn sich dies als unerreichbar herausstellen sollte, bleibt der Unterschied bestehen zwischen dem dogmatischen Weg zur Gewinnung von Sicherheit aus der Selbstbeschränkung und dem griechischen Versuch, sie im erweiterten Rahmen eines weltoffenen Horizontes zu suchen. Da sich der griechische Erkenntnisstil dank und mitsamt seiner certistischen Tendenz in gesteigertem Maße der Kritik exponiert, kann man sein Sicherheitsstreben kaum unkritisch, auf keinen Fall aber dogmatisch nennen.

So ermöglicht die hier vorgeschlagene problemorientierte Interpretation der certistischen Tendenz als folgerichtige Antwort auf eine vorangegangene Herausforderung, als Teilschritt innerhalb einer sinnvollen Problemfolge, nicht nur eine plausible historische Einordnung, sondern erleichtert auch das philosophische Verständnis der Sache selbst. Geschichtliche und systematische Einordnung der certistischen Tendenz lassen sich am Anfang der Entwicklung, in der Einführungsphase des griechischen Erkenntnisstils, in einer Weise zur Deckung bringen, die deutlich macht, wo die Fehlentwicklung einsetzt, die zu der späteren Verbindung zwischen certistischem und dogmatischem Denken führt. Was in der neuzeitlichen Philosophie und zeitgenössischen Wissenschaftstheorie wie eine natürliche Allianz aussehen mag, ist im Anfang lediglich eine falsche Assoziation gewesen — nicht der griechischen Denker, sondern ihrer modernen Interpreten.

(4) Der vierte Schritt in der Entstehungsgeschichte des Erkenntnisproblems schließt sich unmittelbar an die Einführung des griechischen Erkenntnisstils an. Er hängt mit dem dritten Schritt weit enger zusammen als dieser mit den beiden ersten. Im vierten Schritt wird das *Prinzip der epistemologischen Kohärenz* in die Erkenntnis eingeführt.

Die Bedeutung dieses Prinzips für die Entwicklung des Erkenntnisproblems läßt sich am besten anhand von Problemsituationen erläutern, in denen es *nicht* gilt. Es gilt nicht für den additiven Erkenntnisstil des Denkens „in Parataxe", wie er in vorgriechischer Zeit in der altägyptischen Kunst[291] und babylonischen „Listenwissenschaft"[292], in der frühgriechischen Epoche des epischen und archaischen Zeitalters vornehmlich in Kunst und Dichtung[293], in neuerer Zeit immer noch im Heldenlied[294] zum Ausdruck kommt.

Charakteristisch für die parataktische Denk-, Rede- und Darstellungsweise ist die „geradvorstellige" (*Schäfer*), flächig-frontale Sicht der Realität ohne perspektivische Verkürzungen, Schattierungen und tektonische Überschichtungen; die Verselbständigung der Teile und deren getrennte kognitive Erfassung; die Komposition von „Ganzheiten" (Dinge, lebendige Gegenstände wie der menschliche Körper[295], Sachverhalte, Ereignisse, Szenen, Satzgefüge, u. dgl.) aus der „Summe" ihrer Teile durch nebenordnende „Auflistung" gleichrangiger, unabhängiger Elemente (Merkmale, Eigenschaften, Bilder, Worte, Verse, Sätze, Ideen, etc.); die bruchlose, stufenlose, virtuell endlose Verknüpfung der einzelnen Sachverhalte nach dem Prinzip der Reihung ohne inneren, übergreifenden „theoretischen" Zusammenhang, der Tiefen- und Fernbeziehungen zwischen nicht unmittelbar benachbarten Gliedern in der Reihe und nicht direkt feststellbaren Oberflächeneigenschaften zum Ausdruck bringt; schließlich das völlige Fehlen eines geistigen Mittelpunktes, eines Zentrums in der Gegenstands- wie in der Erkenntniswelt, auf den hin alles zugeschnitten und nach Art eines geschichteten Gefüges, eines lebendigen Organismus oder eines hierarchischen Systems zugeordnet ist, von dem aus alles aufgebaut und gesteuert wird in dem Sinne, daß irgendetwas da ist, das diese Welten „im Innersten zusammenhält" (für Personen zum Beispiel ein Steuerungszentrum, später „Geist", „Wille" oder einfach „Ich" genannt, das für den „ganzen" Menschen denkt, entscheidet, handelt und damit erst aus einer Sammlung von selbständigen Gliedern mit partikularem „Eigenwillen"[296] einen Organismus macht; für die Dinge eine allen Phänomenen zugrunde liegende „Substanz", ein innerstes „Wesen", als Träger aller besonderen Merkmale und Eigenschaften[297]; für die Welt als Ganzes ein „Kern", von dem sich die „Schale" abhebt wie die Oberflächenbeschaffenheit von der Tiefenstruktur; und so weiter).

Für diese parataktische Erkenntnis- und Wirklichkeitsauffassung des additiven Erkenntnisstils – der übrigens ein Erkenntnisstil *sui generis* ist, nicht die „primitive Vorform" zur theoretisch-wissenschaftlichen Denkweise – gelten im einzelnen folgende Grundsätze[298]:

Die *Identifikation* und Abgrenzung der kognitiven bzw. ontologischen Grundelemente erfolgt nach dem *Prinzip der Separation*, der Einzelauffassung[299] aller Elemente, aus denen sich die Welt der Dinge und der Erkenntnis zusammensetzt. Die Natur besteht aus Dingen, Ereignissen, Vorgängen; diese wiederum setzen sich aus Teilen zusammen, die ihrerseits als separate Elemente aufgefaßt werden.

Der Aufbau von größeren Einheiten im Erkenntnis- und Wirklichkeitsbereich aus den Grundelementen vollzieht sich nach dem *Kompositionsprinzip der parataktischen Aggregation*, also durch *Neben*ordnung der koexistierenden Elemente auf der Grundlage von Nachbarschaftsbeziehungen. Ein Gegenstand ist die „Summe" – Aggregat, Kollektion, Zusammenballung; *nicht*: Haufen (zu chaotisch) oder Gefüge (zu systematisch) – seiner Teile. Die Wirklichkeit, die Welt der Natur, setzt sich aus Einzeldingen und Einzelereignissen („Szenen") zusammen, die zum „Aggregat" nebeneinander- oder zur „Serie" hintereinandergeschaltet gedacht sind, wobei ein „durchgängiger, engster Anschluß zwischen den Nachbargliedern angestrebt wird. Dagegen sind die Fernbeziehungen locker und willkürlich, sie können aufgenommen oder vernachlässigt werden. Ebensowenig wird eine mehrere oder alle Glieder durchziehende Norm geachtet …"[300] Zusammenhänge höherer als parataktischer Ordnung bleiben völlig unberücksichtigt. Die Allgemeinheitsdimension, die Ferner- und Tieferliegendes in die Darstellung einbezieht und „im Prinzip" mit einem Griff (Satz, Aussage) zu erfassen sucht, ist drastisch verkürzt auf das Konkrete, Gegenwärtige, Benachbarte.

Für die parataktische Aggregierung stehen dem additiven Erkenntnisstil mehrere Kompositionsschemata zur Verfügung, von der völlig unstrukturierten Kette über die mehr oder weniger stark gegliederte Reihe oder Serie bis zur Kreis-, Ring- oder Schlingkomposition mit oder ohne Periode. Die letzten Aggregatsformen entsprechen am besten der Idee der reihenden, aufzählenden Nebenordnung, die idealerweise nicht nur keine Brüche und Sprünge, sondern auch keinen Anfang und kein Ende, dafür aber Wiederholungen als charakteristische Stileigenschaft kennt. (Die berühmte Fülle und „Breite" homerischer Schilderungen wird nicht von der Darstellungsseite, vom Erkenntnisstil her, sondern von der Gegenstandsseite begrenzt. Es ist einzig und allein die Masse des darzustellenden „Stoffes"[301], die der an sich endlosen Folge von nebeneinander oder hintereinander gesetzten Elementen ein Ende setzt. Wenn alle Elemente, Merkmale, Szenen, etc. vollständig aufgeführt sind, ist Schluß.)

Für die erkenntnistheoretische *Bewertung* und Beurteilung – Zuschreibung des kognitiven „Stellenwerts" im Erkenntnisprozeß – der Grundelemente gilt das *Autonomie-, Isonomie-* und *Souveränitätsprinzip:* Alle Glieder der Reihe sind selbständig und einander gleichgeordnet; jedes Element wird kraft souveräner Eigenständigkeit in volle Geltung gesetzt, die von der Geltung aller anderen Elemente unabhängig ist. Grammatikalisch spiegelt sich diese Stileigenschaft in der Sprache des additiven Erkenntnisstils wider, die auf „eine rein beschreibende Sachlichkeit"[302] hin angelegt ist und in dieser Absicht vorzugsweise *Hauptsätze* – unter möglichstem Verzicht auf Satzgefüge, Satzverbindungen und Abstrakta, die Beziehungen der Unterordnung, Überordnung, Abhängigkeit, Abstufung, Konsequenz, u. dgl. zum Ausdruck bringen und für jede entwickelte „wissenschaftliche" Sprache typisch sind[303] – in strenger Parataxe aneinanderreiht.

Das eigentliche *Erkenntnis-* und *Darstellungsprinzip* für die symbolische Naturwiedergabe im additiven Erkenntnisstil könnte schlichter, einfacher, klarer nicht sein. Es ist das *Prinzip der linearen Aufzählung*, der „erzählenden", „addierenden" Aneinanderreihung der Bild- oder Sprachelemente, die, logisch gesehen, auf diese Weise in Konjunktion – allenfalls noch Disjunktion, aber nicht Subjunktion oder Konsequenz – zueinander gesetzt werden. So führt die Aggregatkonzeption der Erkenntnis zur *Listenwissenschaft* der Babylonier, deren Wissenschaftsverständnis im Rahmen der modernen Wissenschaftstheorie in *Wittgensteins* "Traktat" sowie in *Neuraths* physikalistischem „Enzyklopädismus" eine kurzlebige Wiederauferstehung feierte. Entfernte Nachklänge des archaischen Denkens dringen neuerdings wieder in *Feyerabends* erkenntnistheoretischem „Dadaismus" durch, so insbesondere in dessen Ersetzung von allgemeinen, „zwingenden" Methoden durch flexible, situationsgerechte Faustregeln, von verbindlichen, universellen Regeln durch kluge, aber weniger prätentiöse Rezepturen. Wie weiland, mit etwas weniger Getöse, die archaischen Dichter und Denker, so wendet sich unser philosophischer Dadaist — halb Parsifal, halb Simplizissimus — gegen „allgemeine Grundsätze, allgemeine Gesetze, allgemeine Ideen"[304], als ob man aus einem einmal „eingeführten " Erkenntnisstil mit einer Erklärung an die staunende Öffentlichkeit einfach wieder austreten könnte. So überrascht es keinen kundigen Leser, daß *Wittgensteins, Neuraths* und *Feyerabends* einschlägige Veröffentlichungen zu dieser Thematik mitnichten „im reihenden Stil *Homers*" abgefaßt sind, wenngleich sie sich zuweilen einer etwas gewaltsam vereinfachten Sprache bedienen, die jedoch mit dem additiven Erkenntnisstil genausowenig zu tun hat wie das dahinterstehende Denken, das durch und durch „griechisch" (d.h. theoretisch) bleibt. *Heidegger* wußte es besser, daß man eine jahrtausendelange Denktradition nicht so leicht überwindet ...

Dies ist also eine Erkenntnisauffassung, die das Prinzip der epistemologischen Kohärenz nicht kennt. Warum im Rahmen des additiven Erkenntnisstils das „wissenschaftliche" Erkenntnisproblem griechischer Prägung nicht entstehen kann, ist klar, wenn man die Auswirkungen der obigen Prinzipien auf die Erkenntnissituation in Betracht zieht. Was in der Listenwissenschaft fehlt, ist der theoretische, gesetzmäßige Zusammenhang zwischen den Bausteinen der Natur und der Erkenntnis, der es erlaubt, vom Bestehen oder Nichtbestehen eines Sachverhalts auf das Bestehen oder Nichtbestehen eines anderen Sachverhalts, von der Wahrheit oder Falschheit einer Behauptung auf die Wahrheit oder Falschheit einer anderen Behauptung zu schließen. Diesen Mangel jeder reinen Aggregatkonzeption der Wirklichkeit und Erkenntnis an ontologischer und epistemologischer Kohärenz hat *Wittgenstein* in zwei Thesen seines „Traktats" festgehalten: „Eines kann der Fall sein oder nicht der Fall sein und alles übrige gleich bleiben" (Tractatus, 1.21). „Aus dem Bestehen oder Nichtbestehen eines Sachverhaltes kann nicht auf das Bestehen oder Nichtbestehen eines anderen geschlossen werden" (Tractatus, 2.062).

Kein Wunder also, daß ein Erkenntnisstil, dem allgemeine Aussagen (Theorien) fremd sind und der das „Ganze" der Erkenntnis nicht im Zusammenhang sieht und aus dem Zusammenhang versteht, kein Erkenntnisproblem aufkommen läßt, das die *Möglichkeit* der Begründung oder Kritik unserer Erkenntnis — durch Beweis oder Widerlegung von Teilen der Erkenntnis mit Hilfe von anderen Teilen, oder auch des Ganzen — vorsieht. Denn diese Möglichkeit ist zunächst einmal an das Vorliegen von interpropositionalen, intertheoretischen *Zusammenhängen* gebunden, die in der Reichweite über Nachbarschaftsbeziehungen und in der Qualität über additive Verknüpfungen hinausgehen. Dem stehen die hier aufgeführten Prinzipien des additiven Erkenntnisstils entgegen, die es nicht erlauben, eine „systematische" Ordnung der Erkenntnis von der Art herzustellen, daß sich zwischen den verschiedenen Elementen, oder zwischen ihnen und dem Ganzen, ein Geltungszusammenhang von (beweisenden oder widerlegenden) *Gründen und Folgen* konstruieren ließe. Dies erfordert *Theorien* und (metatheoretische) *Prinzipien*, die im Rahmen des additiven Erkenntnisstils einfach nicht vorgesehen sind. Kein Wunder also auch, daß die vorgriechische Mathematik weder Axiome noch Theoreme, weder Beweise noch logische Argumentationen überhaupt kennt[305].

Die Eigenart der archaischen Listenwissenschaft — im Gegensatz zur Prinzipien- oder Theorienwissenschaft[306] des griechischen Erkenntnisstils — ergibt sich wesentlich aus dem Umstand, daß im additiven Erkenntnisstil die griechische Allgemeinheitstendenz durch eine sozusagen homerische *Vollständigkeitstendenz* ersetzt ist. Die parataktische Erkenntnis- und Wirklichkeitsauffassung macht *vollständiges Wissen* grundsätzlich möglich. Die Naturwiedergabe ist vollständig, wenn alle Teile, Eigenschaften oder Aspekte eines Gegenstandes oder Vorgangs in der Darstellung *zur vollen Summe aufaddiert* sind. Im Rahmen des theoretischen Erkenntnisstils ist vollständige Naturerkenntnis dagegen undenkbar, weil die Allgemeinheit der Theorien eine listenmäßige Erfassung des Gegenstands- oder Merkmalbereichs ausschließt. Dies ist, von den „Grundtendenzen" beider Erkenntnisstile her gesehen, der wichtigste erkenntnistheoretische Unterschied[307]. Daraus ergibt sich eine unterschiedliche Argumentationsform. Soweit der additive Erkenntnisstil den Wahrheitsanspruch mit immanenten Mitteln — also nicht durch Berufung auf das übermenschliche Wissen der Götter — zu „begründen" versucht, tritt an die Stelle der hypotaktischen Begründungs*leiter* die parataktische Argumentations*kette*, deren Verstärkereffekt sich nicht aus „Obersätzen" irgendwelcher Art (Prinzipien, Prämissen, Axiomen, etc.) ableitet, sondern letztlich aus *Wiederholungen*, die damit zur grammatikalischen auch noch eine besondere erkenntnistheoretische Funktion übernehmen: „Man bringt den Anfang einer Reihe fast wörtlich noch einmal, um anzudeuten, daß damit die Kette abgeschlossen sein soll. ... Es ist klar, daß die Wiederaufnahme des programmatischen Anfangs den Eindruck eines Abschlusses machen kann: *Quod erat demonstrandum*, ergänzt man unwillkürlich."[308]

Das ist selbstverständlich keine „wissenschaftliche" Begründung der uns geläufigen Art, die im Rahmen des additiven Erkenntnisstils mangels aller Voraussetzungen dafür — wozu insbesondere logische Abhängigkeitsbeziehungen zwischen verschiedenen Teilen der Erkenntnis gehören — nicht einmal als Problemstellung denkbar ist. Andererseits ist das parataktische Argumentationsschema der *Begründung durch Wiederholung* auch modernen Menschen, Wissenschaftler nicht ausgenommen, durchaus geläufig. Sie kommt im Alltag häufig und wohl auch in der Wissenschaft öfter vor, als Wissenschaftstheoretiker wahrhaben wollen. Ob sie durchweg als wertlose Scheinbegründung abgetan werden kann, ist eine heikle Frage, die hier nicht weiter verfolgt werden kann.

Der additive Erkenntnisstil überzieht das menschliche Wissen nicht mit einem ausgebauten, fein verästelten logischen Beziehungsnetz, das eine ausgedehnte epistemologische Kohärenz herstellt, die grundsätzlich alle kognitiven Elemente einbezieht und aus unserem Wissen in letzter Konsequenz ein *Erkenntnissystem* macht. Dieser Mangel an epistemologischer Kohärenz (und Differenz, wie sie im nächsten Schritt eingeführt wird) wird durch „stoffliche" Verknüpfungen ersetzt[309], die allerdings einen bedeutsamen Kohärenzeffekt nicht ausgleichen können, auf den der griechische Erkenntnisstil von Anfang an größten Wert gelegt und damit seine sensationell frühen Erfolge erzielt hat. Erkenntnisfortschritt ist vor allem das Ergebnis von (Selbst-)Korrekturprozessen unseres Wissens.

Das *Fortschrittspotential* eines Erkenntnisstils hängt aber in starkem Ausmaß von den logischen Vergleichsmöglichkeiten ab, die ihrerseits direkt mit dem Grad der epistemologischen Kohärenz zusammenhängen. Aus der Sicht der modernen Wissenschaft besteht hier das entscheidende erkenntnistheoretische Defizit der archaischen Listenwissenschaft. So liegt es in der Konsequenz des additiven Erkenntnisstils, daß sich der Ägypter anscheinend nie gefragt hat, „ob seine Sonnenuhren mit seinen Wasseruhren übereinstimmen, was *wir* durch einen Versuch entscheiden würden. Jede Uhr steht für sich da: einfach, schön und – falsch."[310]

Zum Abschluß dieses Punktes noch eine philosophiegeschichtliche Anmerkung: Die Einführung der epistemologischen Kohärenz ist weniger als jeder andere der hier aufgeführten Einzelschritte mit dem Namen eines bestimmten Philosophen oder einer speziellen philosophischen Lehre verbunden. Wenn man bedenkt, welche Rolle epistemologische Kohärenz in der Systemauffassung der Erkenntnis spielt, könnte man geneigt sein, *Anaximander* an den Anfang dieser Entwicklung zu setzen, da dieser bekanntlich als erster Vorsokratiker so etwas wie ein philosophisches System konstruiert hat. Wenn man jedoch in Betracht zieht, daß epistemologische Kohärenz allein zum Aufbau eines Erkenntnissystems keineswegs ausreicht, dann läßt sich nicht leugnen, daß die Einführung dieses Schrittes *mehr* umfaßt als *Anaximanders* unausgegorenen Systemgedanken. Epistemologische Kohärenz liefert zwar den logischen Zement, ohne den es keinen Systembau geben kann. Für die Konstruktion von Erkenntnissystemen nicht weniger wichtig ist jedoch auch der zusätzliche Gedanke der kognitiven Hierarchie, der erst mit dem nächsten Schritt – der Ausbildung der epistemologischen Differenz – in die Geschichte des Erkenntnisproblems eingeführt wird. Tatsächlich handelt es sich beim vierten Schritt um eine ausgesprochen langfristige Entwicklung des Denkens, die mit der Ausbildung des griechischen Erkenntnisstils selbst in etwa zusammenfällt und erst mit dessen Vollendung ihren eigenen Abschluß findet. Das Prinzip der epistemologischen Kohärenz ist sozusagen die Verlängerung der Allgemeinheitstendenz des griechischen Erkenntnisstils, die dadurch zugleich vertieft und netzartig verbreitet wird.

(5) Auch nach der Herstellung epistemologischer Kohärenz bleibt es zunächst bei *einer,* einheitlichen, nach dem Nebenordnungsschema nivellierten Ebene der Realität und Erkenntnis. Die Wirklichkeit ist einschichtig, die Naturwiedergabe einstufig. Diese archaische Indifferenz und Isonomie wird erst im fünften Schritt durchbrochen, der die Einführung des *Prinzips der epistemologischen Differenz*[311] bringt.

Da wir das Ende der Geschichte bereits kennen, auf das sich der griechische Erkenntnisstil hinbewegt, ist der Sinn dieses Schrittes klar. Die Abstufung der Realität nach „Seinsebenen" (Schein und Sein; Phänomene und dahinterstehende, zugrunde liegende Realität; oder wie die griechischen Begriffspaare zur ontologischen Differenzierung alle heißen mögen) steht hier weniger zur Debatte, obwohl sie natürlich in demselben Problemzusammenhang steht. Zum vollentwickelten Stufenmodell, wie es insbesondere bei *Platon* zu finden ist, gehören Seinsstufen ebensowie Erkenntnisstufen. Der ontologische Problemaspekt ist dabei das ständige Begleitthema der eigentlichen erkenntnistheoretischen Überlegungen, die sich ja ideengeschichtlich im allgemeinen eher als Anschlußdenken denn als Vorausdenken erwiesen haben. Im folgenden soll lediglich die erkenntnistheoretische Seite dieser globalen Entwicklung – die Einführung des *epistemologischen* Differenzprinzips – beleuchtet werden.

Mit dem Prinzip der epistemologischen Kohärenz sind die inneren Verbindungen im Erkenntnisbereich geknüpft worden, die für das Bestehen von Geltungszusammenhängen zwischen verschiedenen kognitiven Elementen unerläßlich, für die Konstruktion von Begründungszusammenhängen – oder Widerlegungszusammenhängen – aber nicht ausreichend sind. Zu diesem Zweck müssen erkenntnistheoretisch relevante *Unterschiede* im Ganzen der Erkenntnis gesetzt werden, durch die ein Geltungs-, Wahrheits- oder Glaubwürdigkeits*gefälle* entsteht. Diese Unterschiede werden mit Hilfe des Prinzips der epistemologischen Differenz gesetzt. Ohne epistemologische Kohärenz kann es überhaupt keine Geltungszusammenhänge, ohne epistemologische Differenz keine Begründungszusammenhänge zwischen verschiedenen Komponenten der Erkenntnis untereinander, oder zwischen dem Ganzen und einzelnen Teilen, geben. Jetzt erst eröffnet sich die Möglichkeit, sinnvoll – mit Blick auf das griechische Erkenntnisziel der durch zureichende Begründung gesicherten Wahrheit – von *justificans* und *justificandum* sprechen zu können[312].

Mit dem vierten und fünften Schritt werden so die Voraussetzungen für eine bestimmte Lösung des Erkenntnisproblems geschaffen, die von den griechischen Philosophen in vielen verschiedenen, jedoch durchweg familienähnlichen Spielarten erarbeitet worden ist. (Es sind im wesentlichen die gleichen Voraussetzungen, die auch für die Jahrtausende später vom kritischen Rationalismus entwickelte Alternativlösung gelten.) Es handelt sich hier, wohlgemerkt, nur um die notwendigen Voraussetzungen für den griechischen Lösungsansatz, nicht um diese Lösung selbst, die an diesem Punkt der Problemgeschichte noch nicht vorliegt.

Das Prinzip der epistemologischen Kohärenz erweitert das archaische Denk- und Darstellungsschema der *Kette* aus additiv aneinandergepreßten Wissensgliedern zum beziehungsreichen, ineinander verwobenen *Netz* und verleiht damit unserer Erkenntnis sozusagen die zweite Dimension. Ihre dritte Dimension erhält sie durch das Prinzip der epistemologischen Differenz, die aus dem flächigen Netz ein *Gerüst* macht, das noch keine ausgebaute Begründungshierarchie, wohl aber deren logisches Skelett bildet. Davon leitet sich das „wissenschaftliche" Denken in hierarchischen Systemen, in den uns geläufigen differenzierenden und gleichzeitig die zuvor aufgerissenen Differenzen nachträglich wieder überbrückenden Kategorien von Über- und Unterordnung, von Gegensätzen und Analogien ab, das uns so in Fleisch und Blut eingegangen ist, das wir selbst im Traum noch „Obervorstellungen"[313] bilden, denen wir alles mögliche subsumieren.

Die innere Differenzierung der Wirklichkeits- und Erkenntniswelt erfolgt in der denkbar einfachsten Weise durch „Ansetzen einer elementaren Zweiheit", wie sie auch bei *Parmenides* zu finden ist[314] und in dieser oder jener Form bis heute in der Erkenntnislehre überlebt hat. Damit ist ein Unterschied gesetzt, der vom griechischen Denken zunächst zur ontologischen, daran anschließend zur epistemologischen *Grundalternative* ausgebaut wird.

Mit der Einführung der *ontologischen Differenz* durch Zweiteilung der Welt „in eine niedere und höhere, wobei die höhere der niederen Sinn und Bedeutung gibt"[315], hat die epische Dichtung der Philosophie den Weg gebahnt für die Einführung der epistemologischen Differenz, die im griechischen Denken mit der folgenreichen Unterscheidung von *menschlichem* und *göttlichem Wissen* einsetzt[316]. Damit beginnt die Geschichte des in dieser oder jener Gestalt bis heute vorherrschenden „wissenschaftlichen" Erkenntnisschemas – des *Stufenmodells* der Erkenntnis (und der Wirklichkeit) –, dessen wichtigste Aspekte größtenteils bereits an der ursprünglichen Unterscheidung von menschlichem und göttlichem Wissen abgelesen werden können: die Ansetzung einer elementaren Dichotomie durch Zweiteilung der Welt; das Denken in einfachen, strengen Gegensätzen im Rahmen einer globalen, antithetisch verschärften Grundalternative; die Schichtung der Erkenntnis und Wirklichkeit nach Sachgesichtspunkten, die von Anfang an mit einer ebenso elementaren, dichotomisch angesetzten Bewertung verbunden ist; die Gegenüberstellung der beiden Ebenen im Sinne einer Abstufung, die beide Seiten der Grundalternative zunächst trennt und in Gegensatz zueinander bringt, um sie dann nachträglich wieder in eine solche positive Verbindung zu bringen, daß sich daraus eine Lösung des Erkenntnisproblems ergibt. Diese Problemlösung besteht im Kern darin, daß – hier zunächst im Rahmen der ursprünglichen Dichotomie von göttlichem und menschlichem Wissen gesehen – letzten Endes die menschliche „Unterwelt" in die Lage versetzt wird, an der göttlichen „Oberwelt" irgendwie erkenntnismäßig zu partizipieren. Bis zu dieser Lösung des Erkenntnisproblems ist es allerdings ein langer Denkweg, dessen Verlauf – mit vielen Windungen, Gabelungen und Sackgassen – vor allem von den Überlegungen zu dem neuralgischsten Punkt der ganzen Konzeption abhängt, wie eine Teilhabebeziehung angesichts der zuvor aufgerissenen epistemologischen Kluft, die zu der bereits erwähnten ontologischen Kluft[317] hinzukommt, überhaupt möglich und philosophisch zu verstehen sei. Das ist die Hauptkontroverse, um die es in der ganzen Geschichte des Stufenmodells geht.

Mit der Einführung der epistemologischen Differenz zeichnet sich, zunächst vage, später in immer detaillierteren Konstruktionen, der Umriß eines neuen Erkenntnismodells ab, das unsere Erkenntnis nach dem Bild eines hierarchischen Stufenbaus konzipiert, bei dem ein luftiger Oberbau auf solidem Unterbau ruht. Was Fundament, was Dachstuhl ist, wieviel Stockwerke der ganze Bau haben soll, wie sie ineinander verschachtelt, untereinander verbunden und letztlich im Untergrund verankert sind, das sind die Fragen, um die es bei der Ausarbeitung dieses Erkenntnismodells in erster Linie geht.

Unter Beschränkung auf den Beitrag des griechischen Denkens läßt sich vereinfachend sagen, daß die Einführung der epistemologischen Differenz jenen Ausschnitt der Geschichte des Erkenntnisproblems umfaßt, der von der Ausgangsdifferenzierung zwischen menschlichem und göttlichem Wissen zu deren philosophisch ausgeklügelter griechischer Endform – der platonischen *episteme/doxa*-Dichotomie – führt, abgerundet von der aristotelischen Erkenntnislehre von *theoria* und Evidenz sowie von der euklidischen *Axiomatik*. In der Verlängerung bis zur Neuzeit und Gegenwart wird diese Entwicklung des Prinzips der epistemologischen Differenz durch die moderne *Empirie/Theorie*-Konzeption vorläufig abgeschlossen, ohne grundsätzlich über das griechische Erkenntnisprogramm hinauszuführen und zu einer überzeugenderen Problemlösung zu kommen. Übrigens wäre es meines Erachtens eine gravierende Fehlinterpretation, den griechischen Zeitabschnitt dieser Entwicklung auf die gängige Entmythologisierungs- oder gar Enttheologisierungsformel zu bringen[318]. Die ursprüngliche Unterscheidung zwischen menschlichem und göttlichem Wissen, mit der die Dichter der Frühzeit die Diskussion eröffnet haben, setzt bereits einen erkenntnistheoretischen Unterschied, der im Kern der Sache untheologischer nicht sein könnte. Von Anfang an geht es um den ganz „weltlichen" Unterschied zwischen echtem, zuverlässigem Wissen, das wahre, volle Einsicht in die Wirklichkeit vermittelt, und Wissen minderer Qualität oder Quantität, das dazu nicht imstande ist. Daß das vollkommene Wissen erster Art göttlichen, das mangelhafte Wissen zweiter Art menschlichen Ursprungs ist, berührt die epistemologische Differenz in der Sache überhaupt nicht. Es handelt sich dabei um eine eher zufällige, beiläufig eingeführte und sehr bald ebenso beiläufig wieder fallengelassene Reminiszenz archaischen Denkens, die erkenntnistheoretisch nicht ins Gewicht fällt. Die griechische Philosophie hat den quasitheologischen *bias* der Dichter ziemlich schnell korrigiert, indem sie die Grenze zwischen beiden Wissensarten *innerhalb* der menschlichen Erkenntnis gezogen hat[319].

Das griechische Denken hat die Grundalternative, die sich aus der Einführung der epistemologischen Differenz ergibt, in vielen Spielarten entwickelt, bei denen immer wieder zwei Erkenntnisarten, -stufen oder -bereiche einander gegenübergestellt werden, um die eine, „höhere", perfektere Wissensart gegen die andere ausspielen zu können. Wie ein roter Faden durchzieht ein Leitmotiv alle speziellen Ausdeutungen der Grundalternative, wobei ontologische und epistemologische Formulierungen lediglich verschiedene Aspekte derselben Sachlage zur Sprache bringen. Immer geht es dabei, zumindest der Absicht nach, um die Gegenüberstellung von echtem Wissen (Wahrheit, Wirklichkeit, Sein) und bloßer Vermutung (Meinung, Schein). Das gilt für *Hesiods* Antithese von Wahrheit und Wahrscheinlichkeit (wobei letzteres, gegen *Homer* und die ganze epische Tradition ins Feld geführt, auf Irrtum oder gar Lüge hinausläuft), für *Xenophanes'* Antithese von vollendetem göttlichen Wissen und dem trügerischen Meinen der Sterblichen, für *Parmenides'* Antithese von „wohlgerundeter" Wahrheit und menschlichem Anschein im Rahmen seiner Zwei-Welten-Lehre.

Es gilt weiter uneingeschränkt für die *episteme/doxa*-Lehre in ihrer ganzen Variationsbreite, für die „klassische" Antithese von Vernunfteinsichten und Sinneswahrnehmungen sowie, im weiteren Problemzusammenhang, für die Nomos/Physis-Dichotomie[320]. Selbst dort, wo in diesen Ausdeutungen der Grundalternative noch ausdrücklich – nach unseren Begriffen – Übernatürliches ins Spiel gebracht wird, etwa vom überlegenen Erkenntnispotential der Götter und göttlicher Vollmacht zur Verkündung der „Wahrheit" die Rede ist, wird diese „theologische" Ausgangslage von den griechischen Denkern ohne Zaudern verlassen, um zum Kern der Sache zu kommen, der da heißt: Es gibt erstklassige Erkenntnis, die auf authentischem Wissen beruht, wahre Einsichten vermittelt, allein den Namen „Wissen" zu Recht trägt, und es gibt Erkenntnis minderer, mangelhafter, beschränkter Art, die jener Welt entstammt, in der Irren, Täuschen, Lügen menschlich-allzumenschlich ist. An der zunächst angenommenen Einstiegssituation, die davon ausgeht, daß das Wissen erster Art nur Göttern zukommt, während Menschen allenfalls auf dem Gnadenwege stückchenweise daran zu partizipieren vergönnt ist, gedenken nicht einmal die Dichter der Frühzeit im Ernst festzuhalten[321], um sich mit dem geborgten Wissen der Götter zu begnügen oder gar auf göttliche Eingebung zu *warten*. Für die Philosophen stellt sich nun das Problem, wie man – zunächst noch unter vorläufiger, hilfsweiser Einschaltung der Götter, bald aber unter bewußtem Verzicht auf jeglichen übernatürlichen Beistand – zu authentischem Wissen kommen und aus diesem weiteren Erkenntnisgewinn ziehen könne, indem man es als kognitives Startkapital betrachtet, aus dem möglichst hohe Zinsen zu er-wirtschaften seien.

So führt das Prinzip der epistemologischen Differenz auf der angedeuteten Denklinie schließlich zur Idee des *abgeleiteten Wissens*, dessen *bedingter* Geltungsanspruch sich vom unbedingten Wahrheitsanspruch des authentischen Wissens herleitet. Hier zeichnet sich für das griechische Denken eine Lösung des Erkenntnisproblems im Rahmen eines Zwei-stufenmodells ab, die allerdings noch die Klärung von zwei wichtigen Vorfragen voraus-setzt: Wie kann sich der Mensch authentisches Wissen verschaffen? Wie „erschließt" er sich daraus zusätzliches, abgeleitetes Wissen, um sein Erkenntnisgebäude so weit aufstok-ken zu können, daß das griechische Erkenntnisziel des allgemeinen, genauen und siche-ren Wissens vom ganzen Kosmos in Reichweite seines Denkens rückt?

Was auf den ersten Blick wie eine verzweifelte philosophische Hilfskonstruktion anmutet, erwies sich im Verlauf der weiteren Entwicklung als ein genialer Schachzug zur Erwei-terung des menschlichen Erkenntnisbereichs. Mit der Unterscheidung der zwei Wissens-arten ist es der griechischen Philosophie gelungen, der Idee der epistemologischen Diffe-renz nicht nur einen faßbaren erkenntnistheoretischen Sinn zu geben, sondern sie zugleich in die Position eines strategischen Ausgangspunktes für einen praktisch gangbaren Er-kenntnisweg zu lavieren, der zum griechischen Erkenntnisziel hinführt.

Von *Xenophanes* wird das Prinzip der epistemologischen Differenz zwar nicht erstmals eingeführt, aber doch bahnbrechend bis zu einem Grade entwickelt, der die Lösung erahnen läßt und in entscheidenden Punkten als Vorstufe der parmenideischen Erkennt-nislehre verstanden werden kann [322]. Obwohl er noch ausdrücklich vom unerreichbaren Vorbildcharakter göttlichen Wissens ausgeht, überträgt *Xenophanes* das Prinzip der episte-mologischen Differenz auf die menschliche Erkenntnis selbst, um *innerhalb* dieser jene entscheidende Grenze zu ziehen, die ein erkenntnistheoretisches Gefälle schafft und es ermöglicht, *eine Erkenntnisebene als Sprungbrett zur Erreichung der anderen Wissens-stufe zu benutzen.* Dieses Sprungbrett ist für *Xenophanes* die Empirie, die dem theore-tischen Wissen von der erfahrbaren Welt eine feste, vertrauenswürdige Grundlage ver-schafft. Ein Zugang zur Erkenntnis der transzendenten Wirklichkeit eröffnet sich daraus zwar nicht – das Wissen davon ist nach wie vor allein den Göttern vorbehalten –, wohl aber zu den irdischen Dingen. Über deren Beschaffenheit kann der Mensch *fundierte* Mut-maßungen aufstellen, deren Geltung allerdings nur bedingt ist, weil sie eben bestenfalls *menschliche* Gewißheit verschaffen, die täuschen kann.

*Xenophanes'* Erkenntnislehre ist *eine* sogar überraschend modern anmutende Möglich-keit, die epistemologische Differenz philosophisch auszudeuten. Wie einflußreiche Strö-mungen der neuzeitlichen Philosophie und praktisch die gesamte moderne Wissenschafts-theorie, zieht er die Grenze innerhalb der menschlichen Erkenntnis dort, wo der harte Kern des Erfahrungswissens sich wie eine Insel der Stabilität aus dem Meer der theore-tischen Spekulation erhebt. Das theoretische Vermutungswissen, das es nach *Xenophanes* grundsätzlich von allen Dingen geben kann, ist *unheilbar* defekt – es ist weder streng all-gemein noch völlig genau und überdies zutiefst unsicher –, obgleich es verbesserungs-fähig und in seinem bedingten Geltungsanspruch durch empirische Fundierung gestützt werden kann. Es bringt also auf keinen Fall die Erfüllung des griechischen Erkenntnisziels.

Dasselbe muß, wenn auch aus teilweise anderen Gründen, im Endergebnis vom Beobachtungswissen gesagt werden, das zwar einigermaßen zuverlässig ist, aber nur von einem ganz kleinen Ausschnitt der Wirklichkeit berichtet. Darüber hinaus bleibt der Zusammenhang zwischen beiden Wissensarten völlig ungeklärt. *Xenophanes'* Standpunkt, der mehr destruktive Erkenntniskritik als konstruktive Erkenntnislehre bietet[323], liefert also in keinem Punkt eine wirkliche Lösung des Erkenntnisproblems im Sinne des griechischen Erkenntnisprogramms.

Aber er hat wie kein anderer vor ihm das philosophische Terrain für eine Problemlösung vorbereitet, indem er folgende Punkte geklärt hat: Erstens hat *Xenophanes* das Prinzip der epistemologischen Differenz auf die menschliche Erkenntnis übertragen, innerhalb dieses Bereichs erkenntnistheoretisch relevante Unterschiede gesetzt und hier noch weitere Abstufungen vorgenommen, die das „Meinen" der völligen skeptizistischen Nivellierung entzieht. Beobachtungswissen ist von der theoretischen Spekulation geschieden, und Vermutung ist nicht gleich Vermutung. Die unvollkommene Erkenntnis der Sterblichen wird nicht mehr in globaler antithetischer Schwarz-Weiß-Malerei vom vollkommenen Wissen der Götter abgesondert, sondern in sich durch scharfsinnige Abstufung differenziert: „neben unbedingte Behauptungen treten andere mit begrenztem Gültigkeitsanspruch", wobei „als Maßstab der Gewißheit die sinnliche Erfahrbarkeit" dient[324]. In der Nacht der menschlichen Erkenntniswelt sind die Gedanken nicht mehr *gleichermaßen* grau.

Zweitens hat *Xenophanes* damit nicht nur den Grundgedanken des Stufenmodells der Erkenntnis weiter ausgearbeitet, sondern zugleich einen Ausweg aus der philosophischen Krise zumindest angedeutet, in die der Erkenntnisbegriff mit der als Folge seiner Theoretisierung erzwungenen Aufgabe der Augenzeugen-Deutung seit der Einführung des griechischen Erkenntnisstils geraten war. Mit der Interpretation als Vermutungswissen erhält der Begriff der theoretischen Erkenntnis einen neuen, erkenntnistheoretisch plausiblen Sinn. Dies ist allerdings ein Wechsel auf die Zukunft, der auf lange Zeit uneingelöst bleibt. Da dieser Gedanke der certistischen Tendenz des griechischen Denkens — der *Xenophanes* übrigens selbst mit Leidenschaft anhing — entgegenstand, wurde er von den Zeitgenossen und Nachfolgern dieses vielfach noch heute unterschätzten Denkers nicht aufgenommen.

Drittens schließlich hat *Xenophanes*, wie schon erwähnt, keine Lösung des Erkenntnisproblems geliefert, mit seinem Beitrag aber in mehrerer Hinsicht den Fuß in die Tür gestellt, die zum griechischen Lösungsvorschlag führt. Indem er das theoretische Wissen bei aller Absetzung sowohl vom vollkommenen göttlichen Wissen wie auch vom beschränkteren, aber sichereren Erfahrungswissen wieder grundsätzlich *wahrheitsfähig* machte, hat er die totale Abwertung aller menschlichen Erkenntnis zur bloßen Meinung, die gar nichts anderes sein kann als Irrtum, Täuschung oder Lüge, entscheidend korrigiert. Dabei hat er sich allerdings selbst wieder um den Erfolg gebracht, indem er die Bedeutung dieser Modifikation stark herunterspielte. *Xenophanes'* Erkenntnislehre eröffnet zwar die Möglichkeit, mit Vermutungen das Richtige zu treffen, und er selbst dürfte — wie später auch sein Wahlverwandter im Geiste, *Popper!* — für seine eigenen Doktrinen fest davon überzeugt gewesen sein, daß ihm dies gelungen sei[325]. Aber er betont selbst, daß es sich dabei allenfalls um einen unwahrscheinlichen Zufallstreffer handeln könne, der erkenntnistheoretisch ohne jede Bedeutung ist[326].

Soweit *Xenophanes'* Denken der certistischen Tendenz des griechischen Erkenntnisstils nicht dienlich ist, bleibt es für lange Zeit folgenlos — auch und insbesondere bei *Parmenides*, dem er ansonsten mit der Ausarbeitung der epistemologischen Differenz den Weg freigemacht hat für eine Teillösung des Erkenntnisproblems im griechischen Geiste. Damit soll nicht der durchaus falsche Eindruck erweckt werden, daß *Parmenides'* Standpunkt lediglich als eine mehr oder weniger schöpferisch weiterentwickelte Fortsetzung der Erkenntnislehre seines angeblichen Lehrers *Xenophanes* — die Frage ihrer Beziehungen zueinander ist umstritten — verstanden werden könnte. Im großen und ganzen gesehen, ist eher das Gegenteil der Fall. Aber in dem hier angesprochenen Punkt gibt es eine positive Verbindung zwischen beiden Positionen, die auch dadurch nicht zerschnitten wird, daß *Parmenides* die epistemologische Differenz in der ihr von *Xenophanes* gegebenen Form so weit radikalisiert, daß weniger von zwei abgestuften, komplementären Seins- und Erkenntnisweisen als von einer in zwei voneinander völlig abgetrennte Denksphären zerteilten Erkenntnis- und Gegenstandswelt die Rede sein kann. Wo das Prinzip der epistemologischen Differenz bei *Xenophanes* Fugen entstehen läßt, deren nachträgliche Überbrückung nicht gänzlich undenkbar erscheint, reißt das parmenideische Denken Kluften auf, die es mit eigenen Mitteln nicht mehr überbrücken kann. Deshalb liefert *Parmenides* nur eine *Teil*lösung des Erkenntnisproblems, die für die weitere Entwicklung der Erkenntnislehre jedoch wichtiger ist als alle späteren „Gesamtlösungen" — von *Platon* und *Aristoteles* bis *Popper* — zusammengenommen. Wenn vorgängige Denkpositionen im Verlauf der Ideengeschichte radikalisiert werden, ergibt sich daraus in der Regel zwar nicht Kontinuität, wohl aber Folgerichtigkeit. In diesem letzteren Sinne ist der behauptete Zusammenhang zu verstehen, der nach der hier versuchten Rekonstruktion *Xenophanes* und *Parmenides* in eine durchgehende Traditionslinie reiht, die mit *Homer* und *Hesiod* beginnt.

Man könnte sich, nebenbei bemerkt, auch eine an *Xenophanes* anknüpfende Entwicklungsreihe vorstellen, die an der Hauptlinie *Parmenides-Platon-Aristoteles* vorbei in eine ganz andere Richtung führt, sozusagen im Direktanschluß zum „Parmenides des zwanzigsten Jahrhunderts", zu *Popper*. *Xenophanes* hatte eine „ungriechische" Lösung des Erkenntnisproblems faktisch in Händen, ohne sie zu sehen. Der Schlüssel zu dieser Lösung wäre der Begriff der *Hypothese* als Deutungsschema für wahrheitsfähige, aber ungesicherte Allgemeinerkenntnis gewesen[327]. Entgegen eines allgemein vorherrschenden Trends zu einer überwohlwollenden, betont „modernen", aber zutiefst anachronistischen und *stilwidrigen* Deutung der vorsokratischen Philosophie[327a] hat meines Erachtens *Xenophanes* die Möglichkeit dieses *dritten Weges* — zwischen Certismus und Skeptizismus — nicht ernstlich erwogen. Er war weit davon entfernt, sein Vermutungswissen *bewußt*, in konstruktiver Absicht, zu „hypothetisieren". Daß theoretisches Wissen den Charakter von mutmaßlicher Erkenntnis hat, ist in seinen Augen kein Vorzug, sondern ein bedauerlicher Nachteil, an dem man leider nichts ändern könne.

Daß *Xenophanes* nicht dem totalen Skeptizismus anheimgefallen ist, liegt nicht an dem ihm *zu Unrecht* kreditierten konstruktiven Fallibilismus, sondern an dem bei ihm noch sehr starken Nachwirken der certistischen Tendenz. Und daß er die menschliche Erkenntnis nicht nach Art eines skeptizistischen Indifferentismus völlig nivelliert, ist wiederum nicht das Ergebnis einer bewußten Weichenstellung auf den erwähnten dritten Weg hin, sondern auf die von ihm tatsächlich sehr geförderte Einführung des Prinzips der episte-mologischen Differenz zurückzuführen, das zwar Voraussetzung, aber nicht Ausfluß der viel später erst entwickelten fallibilistischen Alternative ist.

Die Geschichte des Erkenntnisproblems hat aber keinen anderen als den parmenideischen Verlauf genommen – nicht trotz, sondern auch wegen *Xenophanes*, dessen ahnungslose Antizipation eines möglichen dritten Weges durchaus ungewollt und unbewußt war. Er war ein „Wegweiser" nicht nur von jener *Scheler*schen Art, der den Weg nicht selbst geht, sondern der nicht einmal eine konstruktive Vorstellung davon hatte, wo es lang gehen könnte und sollte. Eher kann man in *Popper*, wie schon erwähnt, den Parmenides unserer Zeit als in *Xenophanes* den „Popper der Antike" sehen. So ist die von *Parmenides* inaugu-rierte Erkenntnistheorie *Rechtfertigungslehre* geworden, die im freihändigen Seilakt ver-sucht, zuvor aufgerissene, in absurder Konsequenz auseinanderphilosophierte Abgründe zu überbrücken, anstatt sich in der vermittelnden „Kunst der Fuge" zu üben, um aus einem gemäßigten Wahrheitsgefälle Fortschrittsimpulse zu gewinnen, die durch *Parme-nides'* Verabsolutierung der Gegensätze wegen Unüberbrückbarkeit abgeschnitten werden.

Vom Prinzip der epistemologischen Differenz abgesehen, das beide Philosophen dazu bewegt, die Welt in einen wahrnehmbaren Vordergrund und einen nur im reinen Denken erfaßbaren Hinter- oder Untergrund, also in „Schein" und „Wirklichkeit" zweizuteilen[328], in Parallele dazu die gehobene Erkenntnisweise der Götter und „Wissenden" (wie *Parme-nides* selbst; siehe fr. 1,3) vom gewöhnlichen „Meinen" der Menschen abzusetzen, gibt es wenig Gemeinsames zwischen *Xenophanes* und *Parmenides*.

Folgerichtigkeit, nicht Kontinuität kennzeichnet die hier rekonstruierte griechische Denk-linie von *Homer* über *Hesiod*, *Xenophanes* und *Parmenides* bis zum abschließenden Drei-gestirn *Platon*, *Aristoteles* und, etwas abseits von der Philosophie, *Euklid*. Aus erkennt-nistheoretischer Perspektive gesehen, gibt es in dieser Problemgeschichte zwei größere Einschnitte, die dem Denken neue Dimensionen eröffnen. Den ersten Einschnitt mar-kiert die Einführung des griechischen Erkenntnisstils am Übergang vom epischen zum philosophischen Zeitalter. Deshalb ist hier an diesem Punkt, unmittelbar nach *Hesiod*, eine erste Zwischenbilanz gezogen worden. Das parmenideische Denken bedeutet den zweiten Einschnitt, der nach Abschluß der Problemstellung durch den fünften Schritt eine bestimmte *Lösung* des Erkenntnisproblems bringt. Deshalb erscheint an dieser Bruch-stelle eine *zweite Zwischenbilanz* angebracht. Mit der Einführung des Prinzips der episte-mologischen Differenz ist das Erkenntnisproblem *gestellt*, aber noch nicht gelöst. Es ist zu diesem Zeitpunkt im griechischen Sinne gestellt: einerseits als *Gegensatzlehre* gemäß der elementaren, durch das Zweiteiligkeitsprinzip bestimmten Grundalternative; anderer-seits als *Parallelismuslehre*, die Logos und Kosmos äquivalent setzt, indem epistemolo-gische und kosmologische Ordnung als Korrelate gedeutet werden. Die epistemologische Differenz von Wissen und Meinung findet ihre Entsprechung in der ontologischen Diffe-renz von Sein und Schein. Zwischen Weltordnung und Erkenntnisordnung besteht ein durchgängiger Parallelismus gemäß der griechischen Vorstellung, daß Logik immer zu-gleich Ontologie ist. Die ontologische Grundalternative wird so auf die epistemologische Landkarte „durchgepaust", das antithetische Denken in elementaren Gegensätzen auf-grund dualistischer Klassifikationen von der Wirklichkeitslehre auf die Erkenntnislehre übertragen. Dieses ingeniöse Zusammenspiel von Gegensatz- und Entsprechungslehre im griechischen Denken wird vor allem in der Philosophie *Heraklits* und *Parmenides'* ausgearbeitet [329].

Das ist noch weniger als *keine* Lösung des Erkenntnisproblems: es ist dessen Erweiterung um zwei ungelöste *Überbrückungsprobleme.* Die volle Lösung des so gestellten Erkenntnisproblems erfordert unter anderem die Überbrückung sowohl der „inneren" epistemologischen und ontologischen Differenz als auch der „äußeren" Differenz zwischen Logos und Kosmos, deren Korrespondenz zwar behauptet wird, aber auch erst im einzelnen zu erklären wäre. Das erste Überbrückungsproblem ist im weiteren Gang des philosophischen Denkens für die Erkenntnislehre immer gravierender geworden, das zweite dagegen im Zuge der Ausbildung einer „reinen" Logik und Erkenntnislehre (ohne Ontologie) allmählich etwas in den Hintergrund getreten, ohne allerdings völlig zu verschwinden [329a]. Die heraklitische Lehre von der *Einheit der Gegensätze* kann als ein erster Versuch zur Lösung der Überbrückungsproblematik angesehen werden. Da jedoch nicht dieser, sondern der im folgenden erläuterte parmenideische Lösungsvorschlag für die Erkenntnislehre maßgebend geworden ist, muß das Erkenntnisproblem zu diesem Zeitpunkt, an der Schwelle vom vorparmenideischen zum nachparmenideischen Zeitalter, immer noch als ungelöst betrachtet werden.

Die bislang behandelten fünf Etappen der Problemgeschichte haben die Lösung des Erkenntnisproblems nicht gebracht. Sie haben die weitere Entwicklung, streng genommen, auch noch nicht so festgelegt, daß *nur* noch die parmenideische Lösung infrage kommen könnte. Von der Einführung der certistischen Tendenz in Schritt *3c* einmal abgesehen, ist an diesem Punkt der Problementwicklung noch nichts im Hinblick auf die nun einsetzende „griechische" Lösung des Erkenntnisproblems präjudiziert worden, was „ungriechische" Alternativlösungen ausschließen würde. Die certistische Tendenz ist zwar verhältnismäßig früh als *Bedingung*, als ein dem griechischen Denken unverzichtbar erscheinender Bestandteil des kognitiven Zielbündels, in die Problemgeschichte eingeführt worden, aber bis zu dem mit Schritt *5* erreichten Punkt ist wenig geschehen, um diese Forderung einzulösen. Daß alle Folgeschritte zu *3c* vom griechischen Denken unverzüglich in den Dienst der certistischen Tendenz gestellt werden, ändert nichts daran, daß man auch einen anderen Gebrauch davon machen könnte. Bei Suspendierung des Schrittes *3c* stehen an diesem Punkt noch *alle Möglichkeiten für eine alternative, a- oder anticertistische Lösung des Erkenntnisproblems offen!* Erst der folgende Schritt *6*, die parmenideische Wende, schneidet den Weg zur fallibilistischen Alternative ab, indem er für das Erkenntnisproblem einen Lösungsvorschlag macht, der geeignet sein soll, die certistische Tendenz sozusagen in eine certistische Potenz zu verwandeln.

Der parmenideische Schritt *6* verbaut für zwei Jahrtausende Philosophiegeschichte die Möglichkeit, auf die Schrittfolge *1* bis *5* — unter Suspension von *3c* — den Alternativschritt *6'* folgen zu lassen, der von *Xenophanes* direkt zu *Einstein* und *Popper* überleiten würde. Aber weil — frei nach *Hegel* — der Weg des Geistes der Umweg ist, folgte stattdessen in der tatsächlichen Problementwicklung Schritt *6*, der vom griechischen Denken insoweit antizipiert worden ist, als bereits die vorangehenden Schritte im Hinblick auf die angestrebte certistische Problemlösung interpretiert worden sind. Das zeigt sich etwa bei der Einführung des Prinzips der epistemologischen Differenz daran, daß es bei der Unterscheidung von gehobener und normalmenschlicher Erkenntnisweise, von authentischem und abgeleitetem Wissen keineswegs allein um die Wahrheitsfrage, sondern auch und oft sogar primär um die *Sicherung* des Geltungsanspruchs geht. Sicherheit der Erkenntnis wird dabei als eine *zusätzliche* erkenntnistheoretische Qualifikation verstanden, die über bloße Richtigkeit hinausgeht. Dies geht daraus hervor, daß noch bei *Platon* nicht einmal *wahre* Meinung *(doxa)* als Wissen im Vollsinne *(episteme)* anerkannt wird. Mit Schritt *6* wird von *Parmenides* ein Realisierungsprogramm für die certistische Tendenz in die Problemgeschichte eingeführt, das eine Teillösung des Erkenntnisproblems liefert, aus der bei *Platon* und *Aristoteles* eine Gesamtlösung wird. Es ist die *fundamentalistische Lösung* im Rahmen des *Rechtfertigungsmodells der Erkenntnis.*

(6) Im sechsten Schritt wird das Erkenntnisproblem seiner — allerdings zunächst nur partiellen — *Lösung* zugeführt. Die griechische Lösung besteht darin, daß unter Beachtung aller durch die vorangehenden Schritte explizit oder implizit aufgestellten Zielpostulate und Nebenbedingungen ein Erkenntnismodell ausgearbeitet wird, das dem menschlichen Erkenntnisstreben einen Weg zu allgemeinem, genauem und sicherem Wissen im Sinne des griechischen Erkenntnisstils eröffnet. Was dazu bislang noch gefehlt hat, war eine philosophische Konzeption der Geltungs*sicherung* für Theorien, die dem griechischen Denken zu verwirklichen ermöglicht, was es aufgrund seiner certistischen Tendenz anstrebt, und es ihm gleichzeitig erlaubt, den emphatischen Wahrheitsanspruch nicht nur polemisch, sondern *rational,* mit vollem *Recht* also, gegen andere Standpunkte auszuspielen. Diese erkenntnistheoretische Sicherheitskonzeption erfordert eine philosophisch ausgeleuchtete *Idee,* eine verständliche Vorstellung von gesicherter Wahrheit, sowie ein *Verfahren,* das zu ihr hinführt oder sie erzeugt.

Dieses griechische Erkenntnismodell ist das *Rechtfertigungsmodell der Erkenntnis* in erster, für die weitere Entwicklung maßgebender Version. Es ist das Produkt des sechsten Schritts der Problemfolge, der die Einführung des *Prinzips der rechtmäßigen Wahrheitssicherung durch zureichende Begründung* bringt. Damit stehen wir also vor der vielzitierten „Wende zum Rechtfertigungsdenken". Daß diese Wende im griechischen Denken tatsächlich erfolgte und für die weitere Entwicklung von Philosophie und Wissenschaft von größter Bedeutung ist, steht ebenso außer Frage wie ihr ungefährer Zeitpunkt und die Person des dafür hauptverantwortlichen Philosophen; *worin* sie besteht, ist jedoch bis heute Gegenstand subtilster philologischer Textanalysen und endloser philosophischer Kontroversen geblieben.

Immerhin läßt sich wenigstens in einem Sachpunkt eine fast völlige Einhelligkeit der ansonsten zerstrittenen Meinungen konstatieren. Weitestgehend einig ist man sich unter kompetenten Beurteilern darüber, daß zu der hier als Problemschritt *6* beschriebenen Entwicklung die Einführung der *Logik* gehört[330]. Diese Einigkeit erstreckt sich auch noch auf den zweiten Sachpunkt, aber hier schon nur auf den reinen Tatbestand, nicht mehr auf dessen Beurteilung: die Rolle des *Rechtsgedankens* im Hinblick auf die im folgenden beschriebene griechische Lösung des Erkenntnisproblems.

Ich spreche hier selbstverständlich von *Parmenides,* dessen Beitrag zur Geschichte des Erkenntnisproblems im wesentlichen Schritt *6* der Problemfolge ausmacht. *Logik* und

*Recht* sind die zentralen, wegweisenden Stichworte, unter denen die parmenideische Erkenntnislehre abzuhandeln ist. Die Rolle der logischen Argumentation in der parmenideischen Philosophie ist offenkundig und in der Hauptsache unumstritten; die Einwirkung des Rechtsgedankens auf das Verständnis und seine Auswirkungen für die Lösung des Erkenntnisproblems lassen sich nicht so leicht abschätzen. Auf sie kommt es jedoch meines Erachtens bei der Entwicklung des Rechtfertigungsmodells in erster Linie an.

Nicht zufällig spreche ich bei dieser Denketappe, die den entscheidenden Schritt zur griechischen Problemlösung bildet, von einem Ansatz zur *recht*mäßigen Wahrheitssicherung durch *zureichende* Begründung. Diese Formulierung läßt bereits die Meinung durchschimmern, daß sowohl bei der Idee der Wahrheitssicherung wie beim Durchführungsverfahren der Rechtsgedanke eine wichtige Rolle spielt. Es ist meine *These*, daß das Rechtfertigungsmodell der Erkenntnis das Ergebnis der „Verrechtlichung" der Erkenntnisfrage zur *quaestio iuris* im griechischen, speziell parmenideischen Denken ist; es ist ein *Rechts*modell der Erkenntnis, in das die griechische Rechtsidee auf eine vorbildhaft strukturierende Weise eingegangen ist, die über rein genetische und allegorisierende Reminiszenzen weit hinausgeht. Damit ist zugleich ausgedrückt, daß meiner Meinung nach nicht der Logikgedanke, sondern der Rechtsgedanke den Ausschlag für jene Lösung des Erkenntnisproblems gegeben hat, die in der modernen Literatur in ahnungsloser Vorahnung mit dem ideengeschichtlich treffenden, aber philosophisch mißverstandenen Attribut „rechtfertigungsorientiert" belegt zu werden pflegt. Aber noch etwas anderes ist mit der obigen Umschreibung des sechsten Schrittes implizit bereits zum Ausdruck gebracht. Wenn das Prinzip des zureichenden Grundes im griechischen Begründungsprogramm eine ausschlaggebende Rolle spielt — was nach Ansicht vieler Autoren, der ich mich anschließe, tatsächlich der Fall ist —, dann kann es sich hierbei *nicht* um ein rein logisches Prinzip handeln, weil sonst eben doch die Logik das Zünglein an der Waage bildete und für die Entwicklung von *1* bis *5* zu *6* anstatt zu *6'* verantwortlich wäre. Wenn die obige These stimmt, spielt die Einführung der Logik durch *Parmenides* für die Geschichte des Erkenntnisproblems eine durchaus erstrangige, aber erheblich „neutralere" Rolle, als ihr üblicherweise zugeschrieben wird. Weder am Anfang noch in der Folgezeit wird durch die Logik die Entscheidung für eine certistische, fundamentalistische, begründungsorientierte Problemlösung einerseits oder für die fallibilistische Alternative andererseits in irgendeiner ausschlaggebenden Weise präjudiziert. Die Logik ist von Natur aus Diener vieler Herren, auch wenn sie in bestimmten historischen Problemsituationen nur von einem philosophischen Standpunkt in Dienst genommen wird.

*Parmenides* interpretieren ist Sisyphusarbeit, auf die ich mich hier nicht ohne Vorbehalt einlassen kann[331]. Ich beschränke mich auf jene Aspekte, die mir für die vergleichsweise enge erkenntnistheoretische Fragestellung der hier versuchten Rekonstruktion einer bestimmten Problemfolge aufschlußreich erscheinen. Das sind meines Erachtens, wie schon erwähnt, der „Einbruch von Gesetz und Ordnung" — eine zugegebenermaßen etwas anachronistische Formulierung für eine in jener Zeit durchaus zeitgemäße Entwicklung — in den Erkenntnisbereich sowie dessen erkenntnistheoretische Sofort- und Spätfolgen. *Wahrheit und Recht* ist also die thematische Leitlinie der folgenden Ausführungen zu *Parmenides*.

Die Einschätzung der erkenntnistheoretischen Funktion des Rechtsgedankens für die griechische Lösung des Erkenntnisproblems steht und fällt mit der Beurteilung der Rolle der *Dike* in der parmenideischen Philosophie. Für die philosophische Würdigung von *Parmenides'* Auffahrt zur Göttin des *Rechts* bieten sich — hier immer im Hinblick auf die Lösung des *Erkenntnis*problems gesehen — mehrere Möglichkeiten an, die in der Fachliteratur gebührende, wenngleich unterschiedliche Resonanz gefunden haben. Man kann die Figur der *Dike* in der parmenideischen Erkenntnislehre erstens *ignorieren*, zweitens *allegorisieren*, drittens beim *Wort* oder viertens beim *Begriff* nehmen.

Auf völlige Ignorierung der *Dike* — hier stellvertretend für den Rechtsgedanken in der Erkenntnislehre, speziell im Zusammenhang mit der griechischen Problemlösung und der Entwicklung des Rechtfertigungsmodells, verstanden — läuft die Darstellung der „Geburt der Wissenschaft" und der Anfänge der Erkenntnislehre im Rahmen der Selbstdarstellung der modernen Wissenschaftstheorie hinaus. Das muß befremdlicherweise auch von jenen wenigen Wissenschaftstheoretikern mit unverkürzter philosophischer Problemperspektive gesagt werden, die ansonsten noch Zusammenhänge zwischen antikem und modernem Denken zu sehen in der Lage und zu berücksichtigen bereit sind: *Popper* auf seiten des kritischen Rationalismus, *Mittelstraß* auf der Gegenseite zum Beispiel.

Die *ignorierende Interpretation* der Lösung des Erkenntnisproblems durch *Parmenides* streicht in der parmenideischen Lösungsformel „Logik + Recht" einfach das zweite Glied, meist ohne etwas anderes an dessen Stelle zu setzen. Daraus ergibt sich dann ungefähr folgender Standpunkt: Wissenschaft entstand im griechischen Denken aus „der Realisierung der Möglichkeit theoretischer Sätze und der Möglichkeit des Beweises"[332]. Der ersten Wende des menschlichen Denkens zur Theoriebildung — nach der hier vorgeschlagenen Zählung der Problemschritte: mit dem Doppelschritt *3a* und *3b* — folgte noch im frühgriechischen Zeitalter die zweite Wende zum durchgängigen Begründen und strengen Beweisen, gemäß der Zielvorgabe durch Schritt *2* und *3c*, mit dem Schritt *6*, wobei die Einführung der rein logischen Argumentationsweise den Ausschlag gegeben hat. Die *Einführung der Logik*, natürlich in Tateinheit mit vorbereitenden, ergänzenden und abstützenden erkenntnisphilosophischen Überlegungen, hätte demnach durch die Ausarbeitung eines Begründungsprogramms und die Erfindung geeigneter Beweisverfahren den Ausschlag für die griechische Lösung des Erkenntnisproblems im Rahmen des Rechtfertigungsmodells gegeben[333]. Dies lief auf eine ganz spezielle These vom *Primat der Logik* im Zusammenhang mit der Entstehung von (certistischer) Rationalität und Wissenschaft hinaus. Die leitmotivischen Stichworte für die griechische Lösung des Erkenntnisproblems wären demnach: *Wahrheit* (2), *Sicherheit* (3c) und *Beweis* im Geiste und mit den Mitteln der Logik *(6)*. Die Einführung des Logikgedankens in die Erkenntnislehre durch Problemschritt *6* löst nach dieser Auffassung ein, was das griechische Denken für den emphatischen Wahrheitsanspruch braucht und mit der certistischen Tendenz verlangt. Vom Rechtsgedanken des *Parmenides* ist im Zusammenhang mit der Lösung des Erkenntnisproblems keine Rede.

Man braucht die Rolle der Logik im parmenideischen und erst recht im wissenschaftlichen Denken schlechthin in keiner Weise in Abrede zu stellen, um diese ignorierende Darstellung für unbefriedigend zu halten. Das mindeste, was dagegen eingewendet werden kann, ist, daß sie die Quellenlage grob mißachtet, indem sie eine wichtige Überlegung aus der Geschichte der Erkenntnislehre einfach nicht zur Kenntnis nimmt, die für die parmenideische Lösung des Erkenntnisproblems eine nachweislich große, meines Erachtens sogar entscheidende Rolle spielt. Dazu kommt noch der Einwand, daß die so verstandene These vom Primat der Logik diese selbst mißversteht und der tatsächlichen Rolle der logischen Argumentation nicht gerecht wird, indem sie ihr ein Präjudiz für die Lösung des Erkenntnisproblems anlastet, das sich aus der Logik nicht ergibt — nicht aus der „reinen" Logik moderner Art und auch nicht aus der „ontologischen" Logik griechischer Prägung. Emphatischer Wahrheitsanspruch, certistische Tendenz und Logik *allein* ergeben zusammengenommen noch nicht das, was nach der hier vorgeschlagenen Rekonstruktion die philosophische Pointe des sechsten, parmenideischen Schrittes ausmacht: die rechtmäßige Wahrheitssicherung durch zureichende Begründung und damit eine Lösung des Erkenntnisproblems im Sinne des griechischen Erkenntnisstils.

Nach der *allegorisierenden Interpretation* handelt es sich bei *Parmenides'* Auffahrt zur Göttin des Rechts um eine mythologische Allegorie, in welcher der geistige Aufstieg des Menschen vom Nichtwissen zum Wissen, „der Durchbruch des Geistes zur Klarheit"[334], mit den Mitteln versinnbildlichender Symbolik als ein Übergang von der Nacht des Irrtums zum Licht der Erkenntnis beschrieben wird. Daß es sich hier lediglich um eine „fingierte Reise"[355] handeln kann, deren „Wege" eine grundlegende logische Alternative — den antithetischen Dualismus des Gegensatzes zwischen Seiendem und Nichtseiendem, aus dem nach vorherrschender Darstellung im Gefolge des bahnbrechenden Satzes vom Widerspruch die gesamte *Logik* hervorgegangen ist — symbolisieren, stützt sich vor allem auf jene *Parmenides*-Stelle, die den Philosophen schon *vor* dem Antritt der Reise als einen „wissenden Mann" (fr. 1,3) auszuweisen scheint.

Gegen diese betont moderne — Anklänge an die Entmythologisierungsdebatte in der Theologie sind nicht zu übersehen, obwohl kein direkter Zusammenhang besteht — Deutung läßt sich zunächst einmal einwenden, daß sie den parmenideischen Text nicht ernst genug nimmt, dessen pedantische, in ihrer Direktheit, Genauigkeit und Detailliertheit überaus „realistische" Diktion — man begrüßt sich durch Handschlag (fr. 1,23); Tür und Öffnungsvorgang werden in ihrem „Mechanismus" präzise beschrieben (fr. 1,11ff.) — eine metaphorische Umdeutung jedenfalls nicht als notwendige Vorbedingung für ein sinnvolles Textverständnis erscheinen läßt. Für eine allegorische Interpretation läßt diese Beschreibung „nicht mehr viel Platz übrig", wie *Mansfeld*[336] nach einer überaus sorgfältigen philologischen Überprüfung dieses Deutungsansatzes abschließend feststellt.

Durchschlagender im Sinne der hier verfolgten erkenntnistheoretischen Fragestellung erscheint mir jedoch der Einwand, daß die allegorische Deutung die Pointe der parmenideischen Lösung des Erkenntnisproblems — die Verbindung des Wahrheitsgedankens mit dem Rechtsgedanken — verfehlt, wie sie im folgenden noch ausführlicher zur Sprache kommen wird. Der unbestreitbare Vorzug der allegorischen Interpretation, für die *Entstehung der Logik* in der parmenideischen Philosophie anstelle umwegiger Erklärungen (über vorbereitende oder vermittelnde Instanzen wie die Rhetorik, Jurisprudenz, u. dgl.) die Konstruktion eines direkten Erklärungszusammenhangs zwischen den „Wegen" des *Parmenides* und der Aufstellung der logischen Grundgesetze zu ermöglichen[337], wird meines Erachtens mehr als aufgewogen durch den Nachteil, daß sie die parmenideische Wende der Erkenntnislehre zum Rechtfertigungsmodell und den Einfluß des griechischen Rechts- gedankens auf das Verständnis der Erkenntnisfrage als *quaestio iuris* nicht plausibel ma- chen kann. Im übrigen wird damit *Parmenides* in eine mythologisch-kosmologische Tra- dition eingereiht, die er grundsätzlich, trotz aller äußerlichen Anklänge an *Hesiod* und die archaische Dichtung[338], hinter sich gelassen hat. So betont *Owen* in ähnlichem, hier sehr relevantem Zusammenhang, daß die entgegengesetzte Meinung "demonstrably false" sei: "Parmenides did not write as a cosmologist (in der breiten Tradition der älteren ionischen und italienischen Kosmologie, H.S.). He wrote as a philosophical pioneer of the first wa- ter, and any attempt to put him back into the tradition that he aimed to demolish is a surrender to the diodoch-writers, a failure to take him at his word ..."[339]

Worin die philosophische Pioniertat der parmenideischen Erkenntnislehre besteht, geht jedoch auch und sogar noch mehr bei jener „fundamentalistischen" – im Sinne der übli- cherweise so benannten Richtung der Bibelexegese – Interpretation unter, die sich vor- genommen hat, *Parmenides durchweg beim Wort zu nehmen* und wortwörtlich für bare Münze zu halten, was dem modernen Geist nur als freie Erfindung eines phantasievollen Mystikers vorkommen mag. Gegenüber der allegorischen Deutung kann sich die wörtliche Interpretation zugute halten, „daß nur so die Bilder im Proömium erklärt werden können," indem man eben „die Offenbarung buchstäblich nimmt"[340]. Das bedeutet, daß nach *Mansfelds* Plädoyer für diese Interpretation die Figuren im parmenideischen Gedicht „als reale Gestalten" aufzufassen und der ganze Bericht nicht als dichterische Fiktion oder bewußte philosophische Konstruktion, sondern „als objektive *Wiedergabe* eines religiösen Erlebnisses"[341] anzusehen ist. Wenn *Parmenides* von einem Tor, von Rossen, schneller Fahrt, von einer empfangenden, händeschüttelnden und redenden Göttin spricht, dann *meint* er „ein Tor in der Mauer, die den Kosmos umschließt"[342], Zugtiere, Bewegung auf lokalisierbarem Weg und eine Göttin *in persona*. Nicht nur *pro forma* ist von all'dem die Rede, zum Zwecke der „Hervorhebung und des Nachdrucks", wie *Fränkel*[343] meint, sondern buchstäblich, mit dem vollen Ernst dessen, der sich in der Lage fühlt, von einem wirklichen Erlebnis erzählen zu können. Diesen sozusagen geschichtlichen Anspruch des *Parmenides* gilt es ernst zu nehmen, und das kann nach *Mansfeld* allein durch eine buch- stäbliche, wortgetreue Deutung ohne falsche „Entmythologisierung" geschehen. Wenn die wörtliche Interpretation des Proömiums die allein richtige oder wenigstens eine ak- zeptable Deutung der parmenideischen Erkenntnislehre liefern würde, dann hätten wir es hier mit jenem *Offenbarungsmodell der Erkenntnis* zu tun, von dem der kritische Ra- tionalismus so viel Aufhebens macht[344].

Auch gegen diesen Deutungsansatz, dessen Vorzüge in Einzelpunkten nicht abzustreiten sind, lassen sich meines Erachtens einige gewichtige Einwände vorbringen. Schon auf den ersten Blick fällt auf, wie sehr durch die buchstäbliche Deutung als wörtlich aufgefaßtes Hören einer göttlichen Offenbarung *die psychologische Situation des „erkennenden" Philosophen verkannt und verzeichnet* wird. Man bedenke: *Parmenides* wird von der Göttin mit Handschlag begrüßt (fr. 1,22). Sie bekennt, daß sie ihm die Informationen über „alles" im Grunde *schulde* (fr. 1,28). Schließlich wird er von der „offenbarenden Göttin" sogar aufgefordert, die „Offenbarung" selbst kritisch zu beurteilen (fr. 7,5). Pflegen ausgewachsene Götter *so* – so leutselig gegenüber dem unwissenden Menschen, so distanziert zur eigenen Lehre, fast selbstkritisch schon; man ist versucht zu sagen: sozusagen von Mensch zu Mensch – ihre Wahrheiten zu offenbaren? Man ziehe zum Vergleich einen biblischen Fall heran, in dem ein Gott von altem Schrot und Korn, von philosophischen Überlegungen unbehelligt, ganz *von oben herab* mit allem theologischen Brimborium offenbart, was der Mensch bedingungslos zu glauben oder zu tun hat: die Verkündigung des Dekalogs auf dem Berge Sinai zum Beispiel, wie sie im zweiten und fünften Buch Mose beschrieben wird. Gott hoch vom Himmel her, Moses im Staube, das schreckerstarrte Volk im Hintergrund, dazu Donner und Blitz, Posaunenschall und Feuerspuk des Berges; *einer* spricht, alles andere hört zu, glaubt und gehorcht; Verdikte und Befehle, unterstützt durch klare Drohungen und unklare Versprechungen (vgl. 2. Mose, 20) – und zur Auffrischung das Ganze noch einmal (vgl. 5. Mose, 5). Von freundlicher Begrüßung mit herablassendem Händedruck (hat *Jehova* überhaupt Hände, die er von Menschen schütteln lassen, mit denen er Menschenhände schütteln könnte?), Einräumung eines Rechts auf umfassende Information oder Appell an menschliche Urteilskraft ist hier weit und breit keine Spur zu sehen. Keinerlei Zweifel besteht, wer hier allein das Sagen hat und wem das Zuhören, Glauben, Gehorchen, Kuschen zukommt. *Das ist eine echte Offenbarungssituation,* bei der nichts fehlt und vor allem auch *nichts zuviel da ist.*

Was bei *Parmenides* einfach *zuviel* da ist, um als Offenbarungsmodell der Erkenntnis durchgehen zu können, ist nicht mehr und nicht weniger als seine ganze *Erkenntnislehre,* die für eine echte Offenbarung so überflüssig ist wie ein Kropf. Sie wäre auch nichts weiter als ein philosophischer Wurmfortsatz ohne jede Funktion, wenn die These vom Offenbarungscharakter der parmenideischen Wahrheit stimmen würde. So aber führt sich die wörtliche Interpretation selbst *ad absurdum,* wenn sie sich ernst, d.h. buchstäblich nimmt. Man kann sich fraglos undogmatischere Götter vorstellen als den eifernden *Jehova*; desgleichen auch weltmännischere, selbstbewußtere, philosophisch gebildetere Menschen mit mehr moralischem Rückgrat und entwickelterer Urteilskraft als Moses; folglich sind auch andere Offenbarungssituationen denkbar, in denen es „parmenideischer" zugeht als weiland in der Wüste. Man kann umgekehrt auch die archaischen Relikte in der Philosophie des *Parmenides* hervorkehren und den primär *rezeptiven* „Widerfahrnischarakter"[345] des parmenideischen Erkenntnisvorgangs betonen, wodurch zwangsläufig die menschliche gegenüber der göttlichen Aktivität in den Hintergrund gedrängt wird. Aber das alles trifft nicht den Kern der Sache, der erkenntnistheoretischer und nicht „theologischer" Natur ist. Da ist eben, wie schon erwähnt, ein Zuviel, das sich in einem reinen Offenbarungsmodell nicht mehr sinnvoll unterbringen läßt. So ist es auch gegenüber dieser Deutungsrichtung mein Hauptvorwurf, daß sie die Pointe der parmenideischen Erkenntnislehre verfehlt.

Um die erkenntnistheoretische Bedeutung des parmenideischen Lehrgedichts zu erfassen, muß man *Dike* und Verwandtes beim Begriff nehmen. Nur die streng *begriffliche Interpretation* des Proömiums wird meines Erachtens dem Gedanken der neuen, im Grunde erstmaligen Lösung des Erkenntnisproblems durch *Parmenides* im Rahmen des Rechtfertigungsmodells gerecht. Die erkenntnistheoretische Pointe, die von der ignorierenden, allegorisierenden und wörtlichen Deutung gleichermaßen verfehlt wird, liegt nach der hier vertretenen Auffassung in einer ganz bestimmten Verbindung von *Recht und Wahrheit*, deren Frucht eine „verrechtlichte" Erkenntnislehre ist, mit der *Parmenides* so etwas wie ein *Wahrheits-Recht* schafft. Die Einführung des Rechtsgedankens in den Erkenntnisbereich macht die Erkenntnisfrage zu einer *quaestio iuris* im begrifflich strengen, keineswegs also lediglich metaphorischen Sinne. Mit der Figur der *Dike* wird der Rechtsgedanke durch *Parmenides* in den Erkenntnisbereich eingeführt — streng genommen nicht zum allerersten Male, wenn man sich an *Hesiod* erinnert, aber doch erstmals in sozusagen „untheologischer" Absicht, die zu einer *philosophischen* Lösung des Erkenntnisproblems führt.

Soweit man *Parmenides'* Berufung auf die *Dike*, die Göttin des Rechts, überhaupt noch philosophisch ernst nimmt, versteht man ihre Rolle in der parmenideischen Erkenntnislehre üblicherweise in den — heutzutage autoritär und dogmatisch klingenden — Begriffen von Wahrheitsgarantie, -vollmacht oder -bürgschaft. Wie *Hesiods* Musen, so ist „Parmenides' Göttin ebenfalls ein Wesen, das für die Richtigkeit seiner philosophischen Lehren die einzig in Frage kommende, wirklich zwingende Bürgschaft darstellt."[346] Nach *Mansfeld*[347] übernimmt die Göttin die Gewähr sowohl für die Wahrheit der Prämissen als auch für die Korrektheit der daraus gezogenen Schlußfolgerungen; damit garantiert sie im Ergebnis die Richtigkeit der gesamten Lehre des *Parmenides*, wobei diese Wahrheitsgarantie im „Offenbarungscharakter der Rede der Göttin" wurzelt. Diese autoritäre Deutung des Gedankens einer Wahrheitsgarantie wird in der Regel durch eine passende Zusatzthese ergänzt, derzufolge die weitere Entwicklung im wesentlichen in der Säkularisierung dieser ursprünglich „theologischen" Lösung des Erkenntnisproblems besteht.

Diese Ansicht übersieht oder überspielt jedoch den entscheidenden Punkt, nämlich die *Rechtsidee* und ihre meines Erachtens zentrale Funktion im parmenideischen Erkenntnismodell. Wenn es sich hier lediglich um eine göttliche Wahrheitsgarantie für eine bestimmte Art von Wissen handelt, warum muß dann ausgerechnet die Göttin des *Rechts* dafür bürgen? Dazu wäre doch jede *beliebige* übermenschliche Autorität gut genug, die über zuverlässiges Wissen aus bester Quelle verfügen kann. Noch gravierender ist der Einwand, daß eine solche Wahrheitsgarantie keine *philosophische* Lösung des Erkenntnisproblems liefert, sondern diese im Gegenteil völlig *überflüssig* macht. Wozu braucht man überhaupt eine philosophische Erkenntnislehre, wenn man eine übernatürliche Erkenntnisquelle anzapfen kann? Wem die Wahrheit offenbart wird, der braucht sie nicht zu erforschen, wer eine göttliche Wahrheitsgarantie hat, der braucht sich nicht anderweitig nach sicheren philosophischen Geltungsgrundlagen umzusehen; ein „wissender Mann" — gleichgültig, ob er von Anfang an oder erst nach der Offenbarung wissend ist — kann auf eine Lösung des Erkenntnisproblems ohne weiteres verzichten. Solange der Mensch durch Offenbarung „alles erfahren" (fr. 1,28) kann, hat er einen voll ausreichenden *Ersatz* für eine Problemlösung. Sobald aber diese Offenbarung ihre Glaubwürdigkeit eingebüßt hat, wie es anscheinend schon zu *Parmenides'* Zeiten der Fall war, dann hilft auch die Säkularisierungsdoktrin nicht weiter. Denn die säkularisierende Entmythologisierung eines derartigen Tatbestandes ersetzt nicht göttliche durch weltliche Garantien, sondern schafft lediglich ein *Vakuum*, das buchstäblich nichts mehr garantieren kann — wie sich etwa am Beispiel der christlichen Erlösungsgarantie ersehen läßt, von der bei konsequenter Entmythologisierung auch schlechterdings nichts übrigbleibt. Im Rahmen des Offenbarungsmodells kann also das Erkenntnisproblem in keinem Falle eine Lösung finden. Solange die Offenbarung glaubwürdig bleibt, ist eine philosophische Lösung unnötig; sobald sie säkularisiert ist, wird die Lösung unmöglich, weil die Bürgschaft ihren Garantiewert verloren hat.

Richtig an der Bürgschafts- oder Vollmachtsdeutung der Rolle der *Dike* in der parmenideischen Erkenntnislehre ist der certistische Aspekt. Es geht tatsächlich um so etwas wie eine *Wahrheitsgarantie* im Rahmen einer normativen Rationalitätskonzeption, die der certistischen Tendenz des griechischen Erkenntnisstils zur Selbstverwirklichung verhilft. Falsch daran ist meines Erachtens der Versuch, die Wahrheitsgarantie auf den Offenbarungscharakter zurückzuführen. Die Wahrheit des *Parmenides* hat einen anderen Grund, die Sicherheit seiner Erkenntnis eine andere Quelle. *Parmenides* geht es um eine „Endlösung"[348] des Erkenntnisproblems, die der certistischen Tendenz des griechischen Erkenntnisstils voll Rechnung trägt. *Wo* genau die Lösung im parmenideischen Denken angesetzt ist, läßt sich anhand dessen ersehen, was bei *Parmenides* neu, was von ihm in die philosophische Erkenntnislehre „eingeführt" wird.

Neu bei *Parmenides* ist nicht das Erkenntnisziel, das sich durchaus im Rahmen der Bestrebungen des griechischen Erkenntnisstils hält, wohl aber die Fragestellung und die Diskussionsweise. Anstatt wie seine Vorgänger nach dem Anfang der Dinge zu fragen, stellt er die *Frage nach dem Grunde*[349]. Gefragt wird damit in Tateinheit gleichzeitig nach dem Seinsgrund der Wirklichkeit und nach dem *Geltungsgrund* der Wahrheit. In ihrer epistemologischen Version wird mit dieser Frage das Problem der *Bedingungen* wahrer Erkenntnis aufgeworfen, die über das „Recht" des Wahrheitsanspruchs entscheiden.

Zur neuen Fragestellung gesellt sich bei *Parmenides* eine neue Diskussionsweise, die zur parmenideischen Problemstellung so nahtlos paßt, daß man hier unwillkürlich an das *Toynbee*sche Erklärungsmuster von Herausforderung und Reaktion ("challenge and response") denkt. "The great novelty in the poem of Parmenides is the method of argument", betont *Burnet*[350], die "with the utmost rigour" angewendet werde. Damit hat *Parmenides* nicht nur die Diskussionsweise des expliziten *Argumentierens* schlechthin, sondern nach vorherrschender Auffassung sogar die Methode der *logischen* Argumentation in den Erkenntnisprozeß eingeführt, der von nun an mit den Mitteln des *diskursiven Denkens* geführt wird[351]. Mit der Einführung des Räsonierens als Methode der Beweisführung im Dienste des certistischen Erkenntnisziels sind die Voraussetzungen dafür geschaffen, um den Vorgang der Wissenserzeugung als ein Erkenntnis*prozeß* zwar nicht im buchstäblichen, aber doch im begrifflichen Sinne des Rechtsgedankens veranstalten zu können.

Ob *Parmenides* damit die Logik selbst erfunden hat[352], braucht hier nicht geprüft zu werden, da die Vaterschaftsfrage für die Logik im vorliegenden Problemzusammenhang nicht entscheidend ist. Wichtiger ist, daß er nach vorherrschender, allerdings nicht unbestrittener[353] Meinung die logischen *principia identitatis, contradictionis* und *exclusi tertii* als „Forschungswege" in den Erkenntnisprozeß integriert hat. Damit hat er die Logik in ihrer ältesten, voraristotelischen Form[354] zum wesentlichen Bestandteil des griechischen Erkenntnismodells gemacht, in dessen Rahmen das Erkenntnisproblem eine bestimmte Lösung findet, die dem logischen Argumentieren eine entscheidende Rolle einräumt. Mit

Hilfe der Logik werden in der parmenideischen Philosophie erstmals kunstvoll konstruierte Beweise geführt, um den Wahrheitsanspruch von Theorien zu begründen und dadurch eine neue, bislang unvorstellbare und unerreichbare Sicherheit der Erkenntnis zu gewinnen.

Mit der neuen Fragestellung und Argumentationsweise hat *Parmenides* die philosophische Landschaft — zumindest in erkenntnistheoretischer Hinsicht — nachhaltiger verändert als jeder seiner Vorgänger und Nachfolger, *Platon* und *Aristoteles, Kant* und *Hegel, Husserl* und *Heidegger, Peirce* und *Popper* nicht ausgenommen. „Nach Parmenides haben sich die Form der Fragen, die gestellt werden, und der Antworten, die gegeben werden, aber auch die bei diesen Antworten verwendeten Ausdrücke und Begriffe völlig verändert", faßt *Kurt von Fritz* [355] das Ergebnis der parmenideischen Wende zusammen. Welche Form nehmen die neuartigen Fragen und Antworten an, woher kommen die neuen Ausdrücke, was besagen die neuen Begriffe? Nach der im folgenden erläuterten Auffassung hat *Parmenides* damit das Erkenntnisproblem als *quaestio iuris* gestellt und mit seinem Lösungsansatz nicht nur das *Rechtfertigungsmodell der Erkenntnis* eingeführt, sondern die Erkenntnis*theorie* selbst inauguriert als eine philosophische Disziplin, die nach den Wahrheitsbedingungen forscht und im Rahmen des griechischen Erkenntnisstils ein darauf abgestelltes „Erkenntnis-Recht" kodifiziert.

Damit zeichnet sich die parmenideische Lösung des Erkenntnisproblems ab, deren Hauptkomponenten in der neuen Fragestellung und der neuen Diskussionsmethode deutlich angesprochen sind: *Recht* und *Logik*. Dabei besteht über die Rolle der logischen Argumentation weitgehende Einigkeit unter den Interpreten, während die Rolle des Rechtsgedankens stark umstritten und das Zusammenwirken beider Leitideen bei der Problemlösung noch völlig ungeklärt ist. Bevor ich dazu einige Gedanken vorbringe, muß ein weitverbreiteter Einwand ausgeräumt werden, der diesen Klärungsversuch obsolet machen würde, indem er den kontroversen Punkt — die Frage der Beziehungen von Logik, Recht und des spezifischen Beitrags der Rechtsidee zur Lösung des Erkenntnisproblems — von vornherein ausräumt. Wenn es mangels irgendwelcher erkenntnistheoretisch relevanter Beziehungen keinen Zusammenhang zwischen Wahrheit und Recht gäbe oder wenn kraft besonders enger Beziehungen zwischen Logik und Recht ein Abhängigkeitsverhältnis zugunsten des Logikgedankens vorläge, könnte die Rechtsidee aus der parmenideischen Erkenntnislehre gestrichen werden: im ersten Fall, weil ein Beitrag des Rechtsgedankens zur Lösung des Erkenntnisproblems überhaupt nicht gegeben, im zweiten Fall, weil er in die Logik selbst eingegangen wäre und deshalb nicht mehr gesondert in Rechnung gestellt werden müßte. In beiden Fällen entfiele jeglicher spezifische, eigenständige Beitrag der Rechtsidee zum parmenideischen Lösungsversuch, dessen Neuheiten dann allein auf die Einführung der Logik in den Erkenntnisbereich zurückzuführen wären.

Daß „ihrem Inhalt nach ... die ‚Wahrheit' des Parmenides mit einer Göttin des Rechts ... nichts zu thun" habe, hat *Hirzel*[356] in seiner monographischen Pionierstudie über „Themis, Dike und Verwandtes" (1907) behauptet, obwohl er selbst auf das ursprüngliche Zusammenfallen von *juridici* und *veridici* im griechischen Denken (und Richten) hinweist[357] und — meines Erachtens richtig, dabei sogar den Kern der Sache treffend — in den Momenten der „Einfachheit, Klarheit und unumstössliche(n) Festigkeit" eine tiefe, fortbestehende „Naturverwandschaft"[358] zwischen den griechischen Begriffen von Recht und Wahrheit angedeutet findet.

*Hirzels* These über die *Fehl*verbindung von Wahrheit und Recht in der parmenideischen Erkenntnislehre durch die Figur der *Dike* – von *Parmenides* angeblich nur gezogen, „weil es ... so hergebracht war"[359] – ist von der späteren Forschung überzeugend widerlegt worden[360]. „Rechtes und Wahres gehen zusammen"[361], „von Dike (wird) hier nicht beiläufig gesprochen"[362], stellen *Ehrenberg* und *Wolf* in ihren Monographien zum griechischen Rechtsdenken richtig, aber zu ungenau und undifferenziert fest, um die erkenntnistheoretische Funktion der Rechtsidee erkennen zu lassen. Die Schwierigkeit, den Beitrag der griechischen Rechtsauffassung zum Rechtfertigungsmodell der Erkenntnis zu würdigen, liegt nach dem heutigen Stand der Forschung nicht darin, daß sie zu wenig, sondern daß sie eher *zu viel* Verbindungsstoff zutage gefördert hat. Der Zusammenhang zwischen Erkenntnis und Recht erscheint so umfassend, so global und so eng, daß sowohl die spezifischen, erkenntnistheoretisch relevanten Zusammenhänge als auch die Unterschiede leicht verwischt werden. Nicht vollständige begriffliche Identitäten, sondern positive und negative *Analogien* stehen jedoch hier zur Debatte. Sie gehen im Rahmen der *Hirzel*schen Divergenzthese ebenso unter wie bei der späteren Einheitsauffassung der Erkenntnis- und Rechtsordnung.

*Mansfelds* Behauptung, daß die Wahrheit in der parmenideischen Erkenntnislehre „nur sicher (ist), weil die Göttin sie beherrscht"[363], weist den Weg zu einer Erklärung, ohne die philosophische *Quelle* der von *Parmenides* angestrebten Sicherheit für die Erkenntnis aufzuzeigen. Diese Quelle aller Sicherheit wird durch die zusätzliche Feststellung, „daß die Wahrheit der Hauptsätze der parmenideischen Logik in ihrem Offenbarungscharakter begründet"[364] sei, noch mehr verschleiert. Eine über jeden Zweifel erhabene, für unbeschränkt glaubwürdig gehaltene Offenbarung würde, wie schon erläutert, nicht nur jeglichen Rekurs auf Logik, sondern selbstverständlich auch die Begründung der Logik entbehrlich machen. Im übrigen würde die Lokalisierung der Garantiefunktion der *Dike* im Offenbarungscharakter der parmenideischen Lehre die Wahrheitsgarantie vom Glauben an die göttliche Offenbarung abhängig machen[365], womit gleichzeitig dafür gesorgt wäre, daß sie keine Säkularisierung überlebt. Wenn die Sicherheit der Erkenntnis mit der Offenbarung steht, dann fällt sie eben auch damit; Aufklärung würde das Ende aller Sicherheit bedeuten.

Wenn *Parmenides* "certitude and security such as no god could surpass"[366] suchte und fand, dann verweist diese treffende Umschreibung des parmenideischen Erkenntnisziels durch *Vlastos* auf eine tiefer liegende certistische Potenz, in deren Namen die Göttin dem Philosophen bürgt. Nach weitverbreiteter Auffassung verkörpert im Rahmen der parmenideischen Erkenntnislehre die *Logik* diese certistische Potenz, aus der alle Sicherheit der Erkenntnis fließt[367]. Strenges logisches Argumentieren gibt nach dieser Deutung *Parmenides* jene erkenntnistheoretische Gewinnstrategie an die Hand, mittels derer er sich jene Sicherheit verschafft, die kein Gott überbieten kann. So sehen viele Interpreten von höchster Kompetenz im parmenideischen Denken reine[368], strengste, eiskalte[369], mit radikaler, ja brutaler Konsequenz praktizierte Logik am Werke[370]. Bei der Lösung des Erkenntnisproblems läßt *Parmenides* nach *Nestles* Einschätzung „nur den Logos ... gelten"[371].

Ist also die Logik letztlich die Quelle, aus der *Parmenides* die angestrebte Sicherheit der Erkenntnis schöpft? Sie ist es *nicht* und *kann es gar nicht sein*, gleichgültig, woher seine

Logik kommt, welcher – archaischer oder moderner – Art sie ist und mit welchem Folterungsgrad sie auf den Erkenntnisprozeß angewandt wird. Diese These kann sich auf mehrere Gründe stützen:

Erstens geht die logische Strenge des parmenideischen Denkens nicht so weit, wie es der Fall sein müßte, wenn reine Logik die entscheidende, wahrheitsgarantierende Sicherheitsinstanz verkörpern würde. Neben logischer Argumentation ist bei dem „Vater"[372] oder gar „Propheten"[373] der Logik vom Anfang bis zum Ende des angeblich reinlogischen Beweisganges immer auch „grandiose Intuition"[374] am Werke. Das spricht dafür, daß *Parmenides* weniger Logik eingesetzt hat, als zu einem logischen Wahrheitsbeweis für seine Lehre – falls überhaupt möglich – erforderlich gewesen wäre.

Darüber hinaus muß, zweitens, aufgrund der Quellenlage angenommen werden, daß *Parmenides* über weit weniger Logik verfügte, als ihm üblicherweise zugebilligt wird. Nicht einmal die einfachsten logischen Tatbestände, die elementarsten Grundbegriffe und Grundregeln der Logik, sind von *Parmenides* systematisch ausgearbeitet worden[374a].

Drittens schließlich würde auch mehr und konsequenter eingesetzte Logik nicht weiterhelfen. Wer Übertreibungen nicht scheut, kann *Parmenides'* Denken überspitzt mit *Vlastos* als "a rigourous venture in deductive thinking, the first of its kind in European thought"[375], charakterisieren. Aber wo bleibt die dafür typische, konsequenterweise erforderliche indifferente Einstellung zur Wahrheit der Prämissen? Erkenntnistheoretische Indifferenz in dieser zentralen Wahrheitsfrage ist das Gegenteil dessen, was *Parmenides* beabsichtigt und praktiziert. Wenn man bedenkt, daß die parmenideische Lehre die apodiktisch in Anspruch genommene Wahrheitsgarantie *an den Anfang* stellt und damit jeglichem Versuch, sie als das *Resultat* eines logischen Beweisgangs hinzustellen, von vornherein den Boden entzieht, dann kommt man dem wirklichen Charakter der parmenideischen Denkweise und der tatsächlichen Rolle der Logik in ihrem Rahmen schon näher. *Parmenides'* Denken ist mehr intuitiv als logisch, die Funktion der zweifellos vorhandenen logischen Argumentation mehr klärend als beweisend. „Soweit sich das schwierige Denken des Parmenides erklären läßt", faßt *Kurt von Fritz*[376] das Ergebnis seiner einschlägigen Untersuchungen zusammen, „scheint der logische Prozeß nur die Aufgabe der Klarstellung und Bestätigung und der Reinigung von allen fremden Elementen bei dem zu haben, was in gewisser Weise gleich von Anfang an ... gegeben war."

Dies alles legt die Vermutung nahe, daß *Parmenides* von der Logik bereits jenen rein „instrumentalen" Gebrauch gemacht hat, der nach modernem Verständnis auch der einzig richtige ist. Die certistische Tendenz des griechischen Erkenntnisstils findet durch Logik allein keine Erfüllung. Die Wahrheitsgarantie der Erkenntnis muß also nach der Auffassung der parmenideischen Erkenntnislehre *extralogischen* Ursprungs, die dadurch verbürgte erkenntnistheoretische Sicherheit *translogischer* Provenienz sein. (Diese Einsicht ist in der späteren Philosophiegeschichte des öfteren wieder verloren gegangen, um mit dem ausnahmslosen erkenntnistheoretischen Scheitern des logizistischen Programms in jedem konkret durchgespielten Falle logischer Begründungsversuche erneut bestätigt zu werden.)

*Parmenides* hat die Logik vielleicht erfunden, aber nur, um sich ihrer in certistischer Absicht als *Instrument* der Wahrheitssicherung zu bedienen. Wo bleibt aber die eigentliche

Sicherheitsinstanz? Die parmenideische Lösungsformel für das Erkenntnisproblem muß also heißen: „Logik und noch etwas anderes" — und was? Die Antwort lautet, in hypostasierender Personifikation formuliert: *Dike*. Wenn „die Folgerichtigkeit des parmenideischen Denkens ... nicht auf der Einsicht in syllogistische Grundregeln wie bei Aristoteles"[377] beruht, dann bleibt nur, wie *Mansfeld* richtig sieht, die Figur der *Dike* als eine Art *dea ex machina:* „Wenn man die Göttin streicht, wird der Zusammenhang des Systems zerrissen."[378] Die ignorierende Interpretation steht an diesem fortgeschrittenen Punkt der Rekonstruktion des parmenideischen Erkenntnismodells nicht mehr zur Debatte. Offen ist jedoch immer noch, *in welcher Funktion* die *Dike* darin auftritt. Die allegorische Interpretation als „symbolische" Verkörperung der Logik oder Evidenz scheidet nicht nur wegen der bereits geäußerten Bedenken gegen diese unzulässig modernisierende Deutung aus, sondern auch deswegen, weil sie das eigentliche Problem — der zureichenden Wahrheitsbegründung — umgeht, anstatt es zu lösen[379]. *Mansfelds* wörtliche Interpretation sieht die Bedeutung der *Dike* richtig, verkennt aber die Rolle, in der sie auftritt, wenn er betont, daß *Parmenides* „keine Beweise beibringt, die mehr Gewicht haben als seine Theologie"[380] — d.h. seine Offenbarung.

Wenn weder Offenbarung noch Logik, weder Mystik noch Evidenz die Wahrheit der parmenideischen Lehre gewährleisten kann, dann bleibt nach Lage der Dinge nur noch der Rechtsgedanke als Kandidat für eine certistische Funktion übrig. Die parmenideische Lösungsformel für das Erkenntnisproblem muß also heißen: „Logik *und Recht!*" Was diese Formel konkret besagt, soll zum Abschluß dieses kompliziertesten Schrittes in der Problemgeschichte der Erkenntnislehre erläutert werden. Der schwierigste Punkt dieser Problematik besteht meines Erachtens darin, die *dritte* Neuheit verständlich zu machen, die von *Parmenides* eingeführt worden ist: das neue *Erkenntnisprinzip der zureichenden Begründung,* das dem Rechtfertigungsmodell als wichtigstes außerlogisches Element zugrunde liegt.

Wenn aber die hier vertretene Auffassung zutrifft, derzufolge das parmenideische Denken nach Form und Inhalt weder rein logischer noch rein psychologischer, theologischer oder philosophischer Natur ist, dann steht und fällt der vorliegende Rekonstruktionsversuch der Geschichte des Erkenntnisproblems bis zu seiner ersten, original griechischen Lösung mit dem Auffinden und Ausdeuten jener gedanklichen Zusatzkomponente zu den bereits genannten Ingredienzen, die für diese zum Kristallisationspunkt der Problemlösung wird, indem sie die extralogische, -psychologische, -theologische und -philosophische Pointe des Ganzen liefert. Nachdem die üblicherweise dafür verantwortlich gemachten psychologischen (Dogmatismus), theologischen (Offenbarung) und philosophischen (Logik, u.dgl.) Sicherheitsinstanzen mangels ausreichender Sachqualifikation sowie wegen des fehlenden Rückhalts in der Quellenlage aus dem Kanditatenturnier bereits ausgeschieden sind, verbleibt nur noch der Rechtsgedanke, der in der personifizierten Gestalt der *Dike* die noch offene Problemlösungslücke der vorliegenden Rekonstruktion ausfüllen kann. Die *Dike,* wie hier vorgeschlagen, beim Begriff nehmen, heißt also in der Rechtsidee den Schlüssel zur parmenideischen Lösung des Erkenntnisproblems zu sehen. In dieser Absicht soll nun abschließend der Einbruch von — modern ausgedrückt und deshalb mit einigen falschen Assoziationen verbunden[380a], die jedoch nicht irreführen, solange man den ursprünglichen Sinn der griechischen Rechtsvorstellung im Auge behält — Gesetz und Ordnung in den Erkenntnisbereich auf seine Voraussetzungen und Folgen hin untersucht werden.

Daß mit dem zweiten Bestandteil der Lösungsformel „Logik + Recht" kein Element in die Erkenntnislehre jener Zeit gebracht wird, das dem griechischen Denken im allgemeinen und dem des *Parmenides* im besonderen fremd gewesen ist, geht aus zwei bekannten Tatbeständen klar hervor: ersteres aus der zentralen Stellung des Rechtsgedankens im griechischen Zeitalter, der bereits von *Hesiod* „in den Mittelpunkt des Lebens"[381] gestellt wird und diesen Platz auch in der Folgezeit beibehält; letzteres aus dem von den meisten Interpreten bemerkten, aber von den wenigsten gebührend gewürdigten Umstand, daß *Parmenides* in seinem Lehrgedicht erstaunlich viele judiziale Ausdrücke gebraucht[382], um die erkenntnistheoretische Problemsituation zu beschreiben.

Mit dem Hinweis auf diese rechtliche, quasi-juristische Schlagseite des griechischen und ganz speziell auch des parmenideischen Denkens ist es in diesem Zusammenhang allerdings nicht getan, weil es sich dabei schließlich um einen weit oberflächlicheren, weniger dramatischen Vorgang handeln könnte, als die These von der Verrechtlichung der Erkenntnislehre zum Ausdruck bringen soll. So ist die Möglichkeit in Erwägung zu ziehen, daß *Parmenides* sich lediglich aus Gründen der Bequemlichkeit oder Zweckmäßigkeit, die mit dem erkenntnistheoretischen Sachverhalt nichts zu tun haben, des damals gängigen judizialen Vokabulars bedient, ohne damit eine tiefere Bedeutung zu verbinden, also *Worte* aus der Rechtssphäre ohne die in ihrem geistigen Heimatrevier damit verbundenen *Begriffe* übernimmt. Das würde besagen, daß der ursprüngliche Sinn der von *Parmenides* in die Erkenntnislehre eingebrachten Rechtsbegriffe im Zuge ihrer Übertragung auf die erkenntnistheoretische Problemsituation – absichtlich oder beiläufig – verloren geht oder doch so stark abgeschwächt wird, daß von der Verrechtlichung der Erkenntnislehre ebensowenig die Rede sein könne wie von ihrer Geometrisierung[382a], nur weil er gelegentlich auch geometrische Begriffe (wenn zum Beispiel vom „geraden" Weg der Wahrheit oder von der „kugelförmigen" Gestalt des Seins die Rede ist) verwendet. Sie wäre unter diesen Umständen lediglich eine unverbindliche façon de parler ohne tiefere Bedeutung.

Darauf läuft ja die bereits diskutierte ignorierende Interpretation der *Dike* hinaus – aber keineswegs nur diese ganz spezielle, ebenso bequeme wie dubiose Art der Behandlung eines der schwierigsten Themen griechischen Denkens. Im Grunde dasselbe Ergebnis zeitigt auch der ungleich raffiniertere Deutungsversuch, der den Rechtsgedanken im Rahmen der parmenideischen Erkenntnislehre nur in seiner „logifizierten", d.h. ins Logische transformierten und von allen außerlogischen, insbesondere den originär rechtlichen Elementen gereinigten Gestalt in Betracht zieht. Die Rechtsidee wird in diesem Fall nur insoweit in die erkenntnistheoretischen Überlegungen einbezogen, als sie in die Logikidee eingegangen ist.

Was damit am Rande noch einmal angesprochen wird, ist die gängige Auffassung von der *Entstehung der Logik aus der Jurisprudenz und/oder Rhetorik*, speziell aus der Gerichtsrhetorik, in der juristisches Denken und rhetorische Argumentationskunst eine natürliche Synthese eingehen, deren philosophisch interessantestes Produkt die *Methode der Wahrheitsfindung durch Überzeugen* darstellt. Aufschlußreich für die im folgenden noch vorzunehmende erkenntnistheoretische Auswertung erscheint dabei, daß dieses Rechtsinstitut des Über-zeugens im griechischen Zeitalter ungefähr denselben Bedeutungswandel von einem zunächst mehr quantitativen zu dem später rein qualitativen Sinn durchgemacht hat wie der Wissensbegriff von *Homer* bis *Parmenides. Überzeugen* ist ursprünglich eine Rechtsprozedur gewesen, in der jene Seite obsiegt, von der einfach *mehr* Zeugen aufgebracht werden können, die ihr Eideshilfe leisten: „ ... gelingt es der einen Partei eine bestimmte Anzahl von vollfreien Männern zu gewinnen, die unter Eid ihre Überzeugung von dem Recht dieser Partei bekunden, so ist der Streit damit zu ihren Gunsten entschieden. Kein Wissen um die Tatsachen des Streites ist dafür notwendig; es kommt nur auf die Zahl derer an, die sich mit Leib und Leben für das ‚Recht‘ des Genossen einsetzen. Dem Richter bleibt dabei nur die Feststellung, welche Partei den Forderungen des Herkommens genügt und damit obsiegt."[383]

Streng genommen bringt hier also nicht der Richter den Rechtsstreit zur Entscheidung, sondern die streitenden Parteien selbst in direkter Auseinandersetzung, die vom Gericht arrangiert und vom Richter als juristisches, bestimmten überlieferten Spielregeln unterworfenes Verfahren überwacht, also lediglich „formal" kontrolliert wird. Es sind die Parteien, von denen die Szene beherrscht wird. Der Wandlung vom mehr „quantitativen" Über-zeugen zum rein „qualitativ" verstandenen, von der Kraft der Argumente abhängigen strengen Beweis entspricht die analoge Entwicklung im Bereich der Erkenntnis vom archaischen zum philosophischen Wissensbegriff. Damit geht eine Wandlung in der Auffassung vom Gerichtsprozeß und der Stellung der „erkennenden", d.h. rechts- oder wahrheitsfindenden Instanz vom — wiederum modern ausgedrückt — Notar zum Richter einher, die erkenntnistheoretisch bedeutsam ist.

Zunächst einmal wird dadurch im juristischen wie im philosophischen Disput die Entscheidung über Recht und Wahrheit vom Wissen um den Streitgegenstand, also von der wirklichen Rechts- und Sachlage abhängig gemacht. Dies erhebt die Auseinandersetzung über die subjektiven Meinungen der Parteien und macht sie zu einer Frage der *objektiven Berechtigung* der jeweiligen Rechts- oder Wahrheitsansprüche. Der Prozeß wird noch weiter *objektiviert,* indem er einer strengen, dem Meinungsstreit entzogenen formalen Prozedur unterworfen, die letzte Entscheidung den Parteien entzogen und in die Hände einer *kompetent,* d.h. in Kenntnis der Sach- und Rechtslage, urteilenden Instanz gelegt wird. Die Fiktion des so *aktiv* gewordenen Richters ist der Entscheid *in der Sache,* der allerdings immer mehr selbst zu einer formalen Prozedur nach allgemeinen Spielregeln wird. Die Wahrheit wird ungewollt und unbewußt von den streitenden Parteien geliefert, aber der Richter erst bringt sie an den Tag, indem er über das „*Recht*" der kontroversen Wahrheitsansprüche auf objektive Geltung befindet. Die Meinung der Parteien hat allenfalls Zeugnischarakter; das Gericht ist es, das aus den Aussagen der Zeugen *Beweise* konstruiert und dadurch erst den Streit der Meinungen um Recht und Wahrheit zur Entscheidung bringt.

Zurück zur Frage des Ursprungs der Logik in der Gerichtsrhetorik, wie sie vor allem von *Gigon*[384] mit großer Sachkenntnis diskutiert wird. Im vorliegenden Zusammenhang geht es übrigens mitnichten um die Richtigkeit dieser These, die meines Erachtens im großen und ganzen durchaus plausibel ist, obwohl sich dagegen einige Einwände erheben lassen, die nicht ignoriert werden dürfen. Das gilt zum Beispiel für *Klowskis*[385] chronologische Bedenken, die meines Erachtens allerdings mehr die Dürftigkeit der Quellenlage als die Unhaltbarkeit der *Gigon*schen These belegen. Vielmehr geht es hier allein um die Frage der angemessenen Würdigung der Bedeutung der Rechtsidee für die parmenideische Erkenntnislehre. Wenn nämlich der Rechtsgedanke nur in seiner „logifizierten" Gestalt für erkennt·nistheoretisch relevant erachtet wird, dann geht er in der Erkenntnislehre ebenso unter wie die allegorisch gedeutete Figur der *Dike*. So verflüchtigt sich die Rechtsidee in ihrer logischen Schwundform zum Symbol für die „zwingende Richtigkeit des Logos" und die „zwingende Kraft", die sich als „Ergebnis methodischen Beweisens"[386] einstellt. Für das Verhältnis des Rechtsgedankens zum Logikgedanken im Rahmen des Erkenntnisprozesses gilt also nach dieser Auffassung, und dies im buchstäblichen Sinne: *Wer Logik hat, der hat auch Recht!* Was an der Rechtsidee erkenntnistheoretisch relevant ist, ist in die Logik eingegangen und kommt in der logischen Argumentationsweise voll zum Tragen.

Obwohl *Fränkel* diese von *Gigon* der äußerst lückenhaften Quellenlage wegen „nur zögernd angedeutete Hypothese"[387] nicht ausdrücklich übernimmt, führt die onto-logizistische *Dike*-Interpretation als „Norm der Wesensrichtigkeit und der Denkrichtigkeit"[388] oder, noch enger, der „logischen Richtigkeit"[389], unbeschadet aller sonstigen subtilen Deutungsunterschiede, praktisch zu demselben Ergebnis, nämlich zur weitgehenden Ignorierung oder zumindest Abwertung des juristischen Aspekts der parmenideischen Erkenntnislehre, dem jegliche eigenständige, extralogische, -ontologische und -philosophische Bedeutung abgesprochen wird. *Fränkels* Hinweis, daß die Funktion der *Dike* darin bestehe, Zweifelsfragen *richtig* zu entscheiden — „wie wir mit einem Wort sagen, das von *Recht* abgeleitet ist"[390] —, kann und soll wohl auch die Tatsache nicht verschleiern, daß hier die *Dike* eben nicht beim (Rechts-)Begriff genommen wird. So betont er selbst, „daß Parmenides jedenfalls den überkommenen Rechtsbegriff sehr einschränken mußte, wenn er ihn in die ereignislose Welt des reinen Seins herübernahm. Allerdings muß ihm irgendein Zusammenhang diese Herübernahme ermöglicht haben."[391]

Dieser Zusammenhang besteht in der Tat, und er geht meines Erachtens über den Logikgedanken und ähnliche *formalia* strikten Folgerns oder strengen prozessualen Verfahrens ebenso hinaus wie er hinter nebulösen Globalanalogien zwischen Recht und Wahrheit zurückbleibt. „Was im gewöhnlichen Leben ganz allgemein *Verläßlichkeit, Treue, Zutrauen* bedeutet", ist nach *Fränkels* Auffassung „mit einer ähnlichen Verengung und besonderen Wendung wie sie der Begriff der *Dike* bei ihm erfuhr" bei *Parmenides* „zur *Gewißheit* geworden"[392] — das ist zu trivial, um dem griechischen Rechtsgedanken seinem begrifflichen Inhalt nach gerecht zu werden. „Wenn außer dem intellektuellen und sachlichen Moment der strikten Konsequenz noch irgend etwas in dieser Dikevorstellung enthalten sein soll, so kann es nur das eine sein: die Würde und Majestät der Norm, der Parmenides mit einer so stolzen und eifervollen Hingabe dient"[393] — das ist zu prätentiös, im Ansatz zu hochgegriffen und im Inhalt der davon abgeleiteten Aussage über die von *Parmenides* angeblich „so ähnlich"[394] gesehene schonungslose Strenge von erkannter Wahrheit und gefälltem Rechtsurteil viel zu unverbindlich, um die erkenntnistheoretische Funktion der Rechtsidee sichtbar machen zu können.

Zwischen dem Rechten und dem Richtigen *besteht* nach griechischer Auffassung ein Zusammenhang[395], der es ohne weiteres erlaubt, die *Dike* als „die Potenz des Rechtes und der Richtigkeit"[396] aufzufassen, die Rechtsprechung und Wahrheitsfindung in Personalunion vereinigt. Aber dieses etymologische Ableitungsverhältnis von Recht und Richtigkeit, von Satzung und Satz, gibt noch keinen Aufschluß über den gesuchten *begrifflichen* Problemzusammenhang zwischen Recht und Wahrheit — im Gegenteil: im Rahmen der oben behandelten *Dike*-Interpretation dient es gerade dazu, die juristische Komponente der parmenideischen Erkenntnislehre zugunsten der (zweifellos auch vorhandenen) rein logischen oder onto-logischen Elemente zu unterdrücken. Das ist die gegenteilige Tendenz zu dem, was hier vertreten und im folgenden erläutert wird.

Die *Dike* beim Begriff nehmen, wie es hier gefordert wird, ist leichter gesagt als getan. Es handelt sich dabei um eines der schwierigsten Interpretationsstücke der vorsokratischen Philosophie. Viel mehr als eine Deutungsskizze kann im folgenden nicht geliefert werden. Immerhin sollte sie genügen, um den Grundgedanken hinreichend zu verdeutlichen, der sich mit der Formulierung „Verrechtlichung des Erkenntnisproblems" schlagwortartig umschreiben läßt.

Bislang ging es in der vorliegenden Darstellung darum, den vielfältigen Ansätzen zur Verkennung der Funktion des Rechtsgedankens für die griechische Lösung des Erkenntnisproblems entgegenzutreten – eine auch unter kompetenten Interpreten überaus weitverbreitete Verzeichnung der Problemsituation, bei der in der Regel eine Überschätzung der *allgemeinen* Bedeutung der Rechtsidee im griechischen Denken mit einer Unterschätzung ihrer im engeren Sinne *erkenntnistheoretischen* Bedeutung einhergeht. Nicht alle im griechischen Denken bestehenden Zusammenhänge zwischen Rechtssphäre und Erkenntnissphäre sind erkenntnistheoretisch relevant in dem spezifischen Sinne, daß sie für die parmenideische Lösung des Erkenntnisproblems wichtig sind und in dieser Funktion in das griechische Rechtfertigungsmodell der Erkenntnis eingehen.

Den wirklichen Beitrag der Rechtsidee zur Lösung des Erkenntnisproblems aus dem krebsartig wuchernden Beziehungsgeflecht zwischen Recht und Wahrheit für die Rekonstruktion des letzten Schrittes der vorsokratischen Problemgeschichte der Erkenntnislehre herauszuarbeiten, soll im folgenden auf dem Wege abnehmender Abstraktion versucht werden. Um den erkenntnistheoretisch bedeutsamen Kern des parmenideischen Rechtsgedankens aus der Schale des den ganzen Kosmos ausfüllenden griechischen Rechtsdenkens herauszuschälen, beginne ich mit der allgemeinen Rechtsvorstellung, um von diesem Ausgangspunkt her die griechische Konzeption des *Erkenntnis-Rechts* sukzessive einzugrenzen, bis der Kern der Sache zum Vorschein kommt: Die vom griechischen Denken angestrebte Wahrheitsgarantie, von der sich die certistische Tendenz dieses Erkenntnisstils ihre Erfüllung erhofft, ist letztlich eine *Rechtsgarantie*. Die Frage nach dem Grunde der Wahrheit ist eine Frage nach dem „Recht", einen Wahrheitsanspruch zu erheben und Gegenansprüche „mit Recht" auszuschließen. Das Prinzip der zureichenden Begründung ist seiner Natur nach kein logisches Erkenntnisprinzip, sondern ein kosmisches Rechtsprinzip translogischen Charakters. Das ganze Erkenntnisunternehmen und speziell der Vorgang der Wahrheitsfindung wird zu einem Rechtfertigungsprozeß, in dem die Geltungsfrage nach Maßgabe eines auf die Erkenntnissituation zugeschnittenen Rechtsprozesses zur Entscheidung gebracht wird. Als Folge dieser Verrechtlichung des Erkenntnisbereichs konstituiert sich die Wissenschaft „als eine Disziplin eigenen Rechts"[397], deren Erkenntnis- und Wahrheitsrecht von der Philosophie in einem System von Grundsätzen und Regeln kodifiziert wird.

Was das griechische Rechtsdenken zum philosophischen „Denken des Denkens" in der Erkenntnislehre beizusteuern hat, sind zunächst einmal einige ganz allgemeine, die Problemsituation vorstrukturierende *Rahmenvorstellungen*, die von der Rechtssphäre in den Erkenntnisbereich übergreifen. Sie stecken den juristischen Bezugsrahmen des Erkenntnisproblems ab, indem sie die erkenntnistheoretische Problemsituation für den Einbruch der Rechtsidee öffnen, ohne jedoch bereits zum Kern der Sache – der Problem*lösung* im Sinne des Rechtfertigungsmodells – vorzudringen. Es handelt sich hier also im wesentlichen um juristische Propädeutik für die Erkenntnislehre.

An erster Stelle steht hier der *Ordnungsgedanke* schlechthin, wie er sich aus der griechischen Rechtsidee ergibt. Es handelt sich hier um eine allgemeine Ordnungsvorstellung von weltweiter Gültigkeit, also um ein kosmologisches Ordnungsprinzip, das alle Seins- und Denkbereiche umfaßt und im Sinne einer postulierten Äquivalenz von Kosmos und Logos Welt- und Erkenntnisordnung in ihrer Grundstruktur gleichsetzt, als ginge es dabei lediglich um zwei Seiten ein und derselben Sache[398].

In diesen Globalzusammenhang zwischen Recht, Erkenntnis und Wahrheit gehören jene ebenso globalen Formulierungen aus der gängigen Fachliteratur, mit denen zwar nichts Falsches, aber auch nichts Genaues, Spezifisches, Verbindliches über die Problemlage, folglich nichts erkenntnistheoretisch Belangvolles im Hinblick auf die Lösung des Erkenntnisproblems gesagt wird. So versäumt es kaum ein Interpret, darauf hinzuweisen, daß die *Dike* Göttin des Rechts und zugleich Göttin der Wahrheit sei[399], deren Doppelfunktion darin bestehe, die Ordnung des Rechts wie die der Natur – und der Erkenntnis, wie hier zu ergänzen ist – herzustellen[400] und in ihrem Bestand zu garantieren. Das ist zwar grundsätzlich richtig, für die Erkenntnislehre jedoch wenig aufschlußreich, da sich daraus nichts *Besonderes* ergibt, was für die *Erkenntnis*ordnung spezifisch und für die parmenideische Lösung des Erkenntnisproblems charakteristisch wäre. Daß „die Wahrheit ... in dieser noch durchaus ethisch-juristischen Weltschau identisch mit der Gerechtigkeit"[401] ist; daß die „Erkenntnis der Wahrheit ... letzten Endes mit der Erkenntnis des Rechts"[402] zusammenfällt; daß „im Bereich des parmenideischen Denkens die Wahrheit", was „im Bereich des parmenideischen Seins das Recht" ist – was besagt das schon für das griechische Selbstverständnis dieser Erkenntnisauffassung als (zumindest teilweises; aber gerade auf diesen Teilaspekt kommt es an!) Rechtsverständnis? Was läßt sich daraus über die dem Rechtsbereich entlehnte Vorstellung von geregelter Wahrheitsfindung und über die offen „juristische" Prozedur der für angemessen und hinreichend gehaltenen Wahrheitssicherung entnehmen?

Nicht die Weltordnung steht hier zur Debatte und auch nicht die Erkenntnisordnung, soweit sie lediglich das Abbild der Weltordnung ist und dieser zumindest insoweit gleicht, als beides Ausfluß einer allgemeinen kosmischen Rechtsordnung ist, sondern jener zusätzliche, spezifische Ordnungsfaktor, den die griechische Rechtsidee für den Erkenntnisbereich stiftet, um daraus eine Disziplin eigenen Rechts mit eigenständiger Ordnung zu machen. So geht es beim Rechts-Modell der Erkenntnis auch keineswegs um Erklärungen der Welt im Sinne „einer universalen Rechtfertigung"[403], sondern um die spezielle „Rechtfertigung", d.h. die zureichende Begründung von kognitiven Tatbeständen und die Einlösung certistischer Geltungsansprüche nach Maßgabe eines besonderen Erkenntnis-Rechts für Wahrheitsprozesse. Darüber aber läßt sich kaum etwas erkenntnistheoretisch Belangvolles aus den pauschalen Formulierungen der oben aufgeführten Art über das Verhältnis von Recht und Wahrheit entnehmen. Der allgemeine Ordnungsgedanke führt hier ebensowenig weiter wie der behauptete Isomorphismus oder Parallelismus von Natur- und Erkenntnisordnung im Rahmen einer globalen, kosmischen Rechtsordnung.

An zweiter Stelle ist der *Schuld- und Strafgedanke* zu nennen, der auf das von *Hans Kelsen*[404] unter Vernachlässigung aller anderen Aspekte einseitig in den Vordergrund gestellte und zum Kristallisationspunkt *unseres* Verständnisses der griechischen Rechtsidee verabsolutierte Vergeltungsprinzip verweist. Demnach wäre der griechische *Logos* als Weltgesetz, das zugleich Rechtsgesetz ist, „eine Sanktionen statuierende Norm, seinem Tenor nach ein Gesetz der Vergeltung, und als solches der unerschütterliche Wille der Gottheit", folglich *Dike* selbst nichts weiter als die strafende „Göttin der unentrinnbaren Rache"[405].

Aus dieser übervereinfachenden, unzeitgemäß „modernisierenden", trotz aller Gelehrtheit immer noch zutiefst im gängigen Vorurteilssyndrom über „primitives Denken"[406] befangenen Perspektive erscheint die parmenideische Erkenntnisauffassung als eine aus ihrer Zeit heraus verständliche, aus moderner Sicht jedoch unerlaubte „Projektion des menschlichen, d.i. des Rechtsgesetzes in den Kosmos"[407]. Wo nach dem hier vertretenen Standpunkt die griechische Lösung des Erkenntnisproblems zu finden ist, sieht der positivistische Interpret lediglich einen grandiosen Denkfehler, der der bekannten Eigenart primitiven Denkens entspringt, die Welt emotional statt intellektuell zu erfassen und sie normativ statt deskriptiv-explanativ zu verstehen. Auf die vorliegende Problemsituation übertragen, läuft *Kelsens* Verständnis der vorsokratischen Philosophie darauf hinaus, daß es sich beim Einbruch des Rechtsgedankens in den Erkenntnisbereich um eine unzulässige, problemverfehlende Projektion normativer Denkmuster handelt[408] – im Grunde um eine geistig hochstehende Form irrationalen Wunschdenkens –, die zur Lösung des Erkenntnisproblems allenfalls den unbeabsichtigten Beitrag leistet, daß ihre Überwindung zur rationalen, „wissenschaftlichen" Problemlösung schließlich hingeführt hat. Nur eine völlig ignorierende Interpretation könnte meines Erachtens den wirklichen Beitrag des griechischen Rechtsdenkens – das nach der hier vorgeschlagenen Rekonstruktion einen enorm wichtigen Beitrag *zur Sache* geleistet hat, der mitten in den Problemzusammenhang, keineswegs nur in den Entdeckungszusammenhang gehört – zur Lösung des Erkenntnisproblems mehr verkennen als die *Kelsen*sche, später insbesondere von *Topitsch* fortgeführte Darstellung, die einen zweifellos vorhandenen Aspekt griechischen Rechtsdenkens zulasten von *erkenntnistheoretisch* weit relevanteren Aspekten der Rechtsidee in unhaltbarer Weise verabsolutiert.

Das dritte Sinnelement der Rechtsidee ist mit dem zweiten eng verwandt und erscheint sogar als ein direkter Ausfluß des letzteren, wenn man die bedenkliche *Kelsen*sche Deutung zugrunde legt. Es ist der *Verbindlichkeitsgedanke* in Anwendung auf die als „notwendig" erachtete Natur- und Erkenntnisordnung, der die Momente des Dürfens, Könnens, Sollens und Müssens im Vorgang der Wahrheitsfindung zum Ausdruck bringt. Damit wird das Zwangselement in der certistischen Konzeption der logischen Notwendigkeit angesprochen, deren Entdeckung üblicherweise dem *Parmenides* als dessen größte Denkleistung zugeschrieben wird[409]. So weist *Fränkel* in diesem Zusammenhang darauf hin, daß *Parmenides* den Weg zur Erkenntnis „befahren *durfte*" und damit von der Göttin „zur Richtigkeit zugelassen"[410] worden ist. „Dike lohnt durch Öffnen des Tors, und straft indem sie es vor dem Eingang Suchenden verschlossen hält. Auch ihre Vergeltung und Strafe hat es wieder nur mit Erkenntnis zu tun; auch diese Funktion ist in die parmenideische Lehre einbezogen und auf deren Besonderheit ausgerichtet", kommentiert *Fränkel*[411] weiter.

Richtig an dieser Darstellung ist meines Erachtens der wohl wesentliche Punkt, daß mit dem Gedanken der absoluten Verbindlichkeit, gegen die zu verstoßen bei „Strafe" der Wahrheitsverfehlung streng „verboten" ist, erstmals eine direkte Verbindung zwischen der griechischen Rechtsidee und der certistischen Tendenz des griechischen Erkenntnisstils ins Blickfeld kommt. Am Verbindlichkeitsgedanken ist nicht der Tatbestand selbst, sondern lediglich die ihm auferlegte Deutung zweifelhaft. Was hat das „Sollen einer absoluten Rechtsnorm"[412] mit ihrer letztlich immer nur *normativen* Verbindlichkeit mit der *epistemologischen* Verbindlichkeit logisch konsequenten Denkens, was hat Rechtschaffenheit und der moralische Zwang, der von diesem Ethos ausgeht, mit „Wesensrichtigkeit"[413] oder logischer Richtigkeit zu tun und mit dem Zwang, der *davon* ausgeht[414] und sich in Beweisen niederschlägt[415]? Zweifellos geht es bei der von *Parmenides* konstruierten Erkenntnissituation um ein Dürfen und Sollen, Können und Müssen im Hinblick auf die Wahrheitsfindung und die Sicherung ihres Geltungsanspruchs. Im Rahmen der parmenideischen Erkenntnislehre steht zur Frage, was sein *darf*, was erkannt werden *soll* (das Sein) und was nicht gedacht werden *kann* (das Nichts). Aber dabei geht es entgegen *Kelsen*[416] nicht um normative Notwendigkeit, die nach Lage der Dinge nur auf göttlichem Zwang beruhen könnte und sich im Zuge der philosophischen Rationalisierung des Weltbildes verflüchtigen müßte.

Hier stoßen wir wieder auf ein Element des Offenbarungsmodells der Erkenntnis, das nur in diesem Rahmen plausibel und ansonsten um nichts haltbarer erscheint als das theologische Erkenntnismodell selbst. Im übrigen läßt gerade die rein normative Ausdeutung des mit der certistischen Idee der geltungsmäßig gesicherten Erkenntnis verbundenen Verbindlichkeitsgedankens jene „nahe Beziehung zu unserem Begriff der *Evidenz*" vermissen, die von *Fränkel*[417] für die Wahrheitsfindung und -sicherung „unter dem Zeichen der Dike" gefordert wird. Daß es sich bei dem von der *Dike* eröffneten Zugang zur Wahrheit um die „Zulassung zur Richtigkeit" handelt, ist insofern zutreffend, als es bei der am Wahrheits-Recht des Rechtfertigungsmodells orientierten Begründungskonzeption tatsächlich um eine Art von *Wahrheitslizenz* geht. Die normative Deutung dieser Wahrheitslizensierung als göttlich sanktionierter Rechtskomplex aus Erlaubnis, Gebot und Verbot trifft jedoch nicht den *erkenntnistheoretischen* Kern der Sache, wie *Fränkel* im Grunde selbst bezeugt, wenn er — ohne die Konsequenzen für seinen eigenen Standpunkt zu überblicken, wie es scheint — betont, daß die Zulassung zur Richtigkeit „natürlich etwas anderes als die Richtigkeit selbst ist"[418].

Auf diesem so verstandenen Verbindlichkeitsgedanken kann die Wahrheitsgarantie also nicht beruhen, die aus der Rechtsidee fließt, um der certistischen Tendenz des griechischen Erkenntnisstils ihre Erfüllung zu bringen. Eine Deutung des Verbindlichkeitsgedankens, welche die epistemologische Sicherungsfunktion der *Dike* zwar richtig aus der Rechtsidee abzuleiten versucht, dabei aber über den „eherne(n) Wille(n) der Gottheit des Rechts"[419] auf seiten der Garantiemacht und die „rechtliche Gesinnung"[420] auf seiten des zur Erkenntnis der Wahrheit befugten, ja berechtigten Menschen nicht hinauskommt, mißversteht die erkenntnistheoretische Funktion des Rechtsgedankens und verfehlt damit die Pointe der parmenideischen Lösung des Erkenntnisproblems.

Daß die *Dike* dem rechtlich gesinnten Philosophen Auskunft über alles schulde, so daß die Information für den, der sich auf dem richtigen, „geraden" Denkweg befinden zu dürfen glaubt, „gewissermaßen fällig"[421] und in ihrer Wahrheit *gesichert* sei, wäre selbst dann eine erkenntnistheoretisch belanglose Feststellung, wenn sie als Textinterpretation haltbar wäre. Sie könnte den Verbindlichkeitscharakter von Wahrheitsbeweisen — aus sich oder aus der Rechtsidee heraus — nicht erklären, sondern allenfalls obsolet erscheinen lassen, indem sie, wie an anderer Stelle bereits ausgeführt[422], erkenntnistheoretische Begründungen schlechthin überflüssig machen würde.

Glückt auf diesem Wege keine systematische Ableitung der erkenntnistheoretischen Funktion des Rechts aus dem so verstandenen Verpflichtungsgedanken von göttlichen Rechtsvorschriften, so erscheint der Erklärungsversuch auch in historischer Hinsicht mißlungen — jedenfalls dann, wenn man die Quelle der Verpflichtung bis auf die Wurzeln der griechischen Rechtsidee zurückverfolgen will. Denn ursprünglich bedeutete *Dike* lediglich Weg oder Pfad. „Von einer Nebenbedeutung, daß dies der rechte Weg sei, oder von irgendeiner Ausdeutung von Verpflichtung kann keine Rede sein", erläutert *Guthrie*[423], der jedoch betont, daß diese Nebenbedeutung bald hinzugekommen ist. In der Dichtung des *Aischylos* ist *Dike* „bereits der personifizierte Geist der Rechtschaffenheit, der neben Zeus auf dem Thron sitzt."[424] Dem ursprünglich fehlenden Verpflichtungscharakter der *Dike* entspricht die zunächst ebenfalls noch nicht vorhandene Vollstreckungsgewalt des Gerichts. „Nur weil das Urteil allgemein anerkannte Anschauungen ausspricht, kann es damit rechnen, daß die Parteien sich mit ihm zufrieden geben. Denn zu seiner Durchführung besitzt der Richter keinerlei Zwangsmittel."[425]

Das alles hat sich bis zu *Parmenides'* Zeiten zweifellos erheblich geändert, genügt aber meines Erachtens immerhin, um jeden Versuch fragwürdig erscheinen zu lassen, die parmenideische Konzeption der kosmischen, noch weniger die der „rein logischen" Notwendigkeit auf den angeblich normativen Verpflichtungscharakter des aufkommenden griechischen Rechtsgedankens zurückzuführen. Sehr *weit* kommt man mit einem solchen Rekurs jedenfalls nicht, in historischer wie systematischer Hinsicht. Auch soweit später vorhanden, verkörpert die normative *(Kelsen)* oder permissive *(Fränkel)* Verbindlichkeit des Rechts und der äußere oder verinnerlichte Zwang, der von ihr ausgeht, keineswegs jene erkenntnistheoretisch allein relevante Sicherheit, die in der Unerbittlichkeit der Logik, Verbindlichkeit strengen Schlußfolgerns, zwingenden Kraft von Beweisen und Unerschütterlichkeit der von *Dike* garantierten, *mit vollem Recht* in Anspruch genommenen parmenideischen Wahrheit liegt. Der Rekurs auf die Rechtsidee, um aus der Unverbrüchlichkeit des Rechts Gewinn im Hinblick auf die Einlösung der certistischen Tendenz zu ziehen, zielt auf etwas ganz anderes ab als auf göttliche Normsetzungskompetenz und Sanktionsgewalt auf der einen und menschliche Rechtschaffenheit auf der anderen Seite, die ihrer Stellung nach unmöglich jene Sicherheit der Erkenntnis zu gewährleisten in der Lage sind, die nach *Vlastos'* bereits zitierten Worten kein Gott übertreffen kann.

An vierter Stelle kommt der *Gleichheits- und Ausgleichsgedanke*, der als Ausfluß des Gerechtigkeitsaspekts der griechischen Rechtsidee die *Dike*-Interpretation in Richtung auf Gleichheits- und Gleichberechtigungsvorstellungen abrundet. Aber hier interessiert dieser äußerst schwierige Bedeutungskomplex des griechischen Rechtsdenkens weder in seiner unterentwickelten moralischen noch in seiner weit überentwickelten kosmischen Dimension als ontologisches Indifferenz- oder Isonomieprinzip, das der parmenideischen Konzeption der wohlgerundeten, ausgewogenen, harmonisch ausgeglichenen, homogenen, kontinuierlichen und isotropen „Seinskugel" zugrunde liegt[426], sondern ausschließlich in seiner noch schwerer auslotbaren erkenntnistheoretischen Dimension, die sich aus der meines Wissens bislang kaum analysierten Verbindung der griechischen *isonomia* zu dem selbst noch ungeklärten *Prinzip des zureichenden Grundes* ergibt. Ich komme auf den Gleichheits- und Ausgleichsgedanken später anläßlich der Diskussion dieses parmenideischen Erkenntnisprinzips zurück.

Weiter ist hier, als fünfter Ausfluß der Rechtsidee, der *Anspruchsgedanke* in den Katalog der juristischen Rahmenvorstellungen zum Rechtfertigungsmodell der Erkenntnis aufzunehmen. Auf der Ausgangsebene der ihr Recht suchenden Parteien manifestiert sich ihr Rechtsverlangen zunächst einmal als Anspruch[427], der gegen alle eventuellen Widerstände auf seine Verwirklichung drängt, um zu „seinem Recht" zu kommem. Dabei kommt es leicht zum Konflikt mit anderen Ansprüchen, die „ihr Recht" zu verwirklichen suchen und sich als Widerstände entgegenstehender Rechtsansprüche bemerkbar machen, so daß eine Entscheidung über die Berechtigung der von allen beteiligten Parteien erhobenen Ansprüche notwendig wird.

Mit der bloßen Erhebung eines Anspruchs ist jedoch das Recht noch nicht gewahrt. Im Falle eines Konflikts mit entgegenstehenden Rechtsansprüchen muß das eigene Recht erst *geltend* gemacht werden, indem dessen objektive Berechtigung nachgewiesen und damit gleichzeitig die anderen Ansprüche abgewiesen werden. So betritt, als natürliche Folge des Anspruchsgedankens, an sechster und abschließender Position der *Entscheidungs-* und *Endgültigkeitsgedanke* die Bühne. Dem Recht muß erst zur Geltung verholfen werden, indem Anspruchskollisionen zur Entscheidung gebracht werden. Dabei ist es die Aufgabe des Gerichts, die „berechtigten" von den unberechtigterweise erhobenen Ansprüchen zu scheiden. Das Recht der obsiegenden Partei wäre nicht gesichert, wenn der Urteilsspruch nicht endgültig − modern ausgedrückt: revisionsfest − wäre.

Diese skizzenhafte tour d'horizon durch das Rechtsdenken hat die Einbruchstelle für die Verrechtlichung der Erkenntnislehre lokalisiert. Der juristische Rahmen für die parmenideische Lösung des Erkenntnisproblems ist nun so weit abgesteckt, daß der philosophische Kern der Sache − die Lösung selbst und den Beitrag der Rechtsidee dazu − ins Blickfeld zu rücken beginnt. Um ihn sichtbar zu machen, kann man unmittelbar an den obigen Gedankenkatalog anknüpfen, dessen Einzelpositionen im Hinblick auf ihre *zunehmende* erkenntnistheoretische Relevanz angeordnet sind. Mit den letzten Gedanken in dieser Reihe ist die Brücke zur Erkenntnislehre geschlagen und damit der Weg vom Rechtsdenken zum epistemologischen Rechtfertigungsdenken freigemacht worden. Um verständlich zu machen, was es bedeutet, das Erkennen unter die Kategorie des Rechts zu stellen, brauchen nun lediglich noch die erkenntnistheoretischen Konsequenzen aus den vorangehenden Ausführungen gezogen zu werden.

Der Einbruch des Rechts in den Erkenntnisbereich beeinflußt die erkenntnistheoretische Problemsituation des griechischen Denkens in mehrerer Hinsicht, angefangen von der Problemstellung über die Mittel und die Art ihrer Lösung bis zu der das Ganze leitmotivisch prägenden normativen Rationalitätskonzeption, die alle eine spezifisch „juristische", Rechts-haltige Note bekommen.

Als erstes fällt die in diesem Punkt vollkommene Analogie in der Problemstellung auf, wie sie übrigens im Grunde schon vor *Parmenides* in unentwickelter Form vorgelegen hat. Recht wie Wahrheit betreten zunächst als Anspruch die Szene, um sich vor dem zuständigen Forum geltend zu machen. Sobald sich der Rechtsanspruch nicht mehr in Selbsthilfe Geltung verschaffen kann — gesetzt den Fall, daß es diesen rechtlichen Urzustand jemals gegeben hat —, muß ihm auf andere Weise dazu verholfen werden. Diese neue Problemsituation führt zur Ausbildung der Richterfunktion und zur Entwicklung der Institution des Gerichts, das über die Berechtigung der Rechtsansprüche zu befinden hat[428]. In genauer Parallele dazu steht der bereits analysierte Übergang *von der Selbsterfüllung zur Legitimation des Wahrheitsanspruchs*. Wenn der homerische Wahrheitsanspruch sich jeder Spitze gegen andere, zugunsten von abweichenden oder entgegenstehenden Darstellungen erhobenen Ansprüche auf Richtigkeit enthält, dann bedeutet dies, daß er in sich selbst Genüge findet. Ein Anspruch, der nicht gegen andere Positionen Recht bekommen will, kann auf den Vollzug seiner Geltendmachung verzichten, weil er sich mit der Erhebung selbst in folgenlose, kraft Selbstbeschränkung autonome Geltung setzt. Ganz anders steht es, wie an anderer Stelle bereits erläutert, mit dem emphatischen Wahrheitsanspruch *Hesiods*, der sich gegen alle denkbaren Konkurrenzansprüche richtet, um die ausschließliche Berechtigung des eigenen Standpunkts nachzuweisen. Für den emphatischen Wahrheitsanspruch steht der Weg der „Selbsthilfe" nicht mehr offen, weil dessen autonome Geltendmachung in eigener Regie — ohne Berücksichtigung der Gegenpositionen, von denen ein Geltungswiderstand ausgeht — unmöglich ist.

Diese neue Wahrheitslage entspricht genau der neuen Rechtslage. Für die erstere hat nun *Parmenides* nach Maßgabe der letzteren die Konsequenzen gezogen. Im Unterschied zu *Homer*, der seinen Wahrheitsanspruch über die bloße Richtigkeitsbehauptung hinaus nicht geltend machen muß, und im Unterschied zu *Hesiod*, der seinen gesteigerten Geltungsanspruch anders als durch Berufung auf das Wort der Musen nicht legitimieren kann, bleibt *Parmenides* weder beim Wahrheitsanspruch noch bei der göttlichen Bürgschaftserklärung dafür stehen. Die Lehre des *Parmenides* unterscheidet sich gerade darin von der Musenbotschaft *Hesiods*, daß sie auch dort, wo sie als Offenbarung auftritt, für ihre Wahrheit „einen anderen Überzeugungsgrund (schafft) als den, daß sie Rede der Göttin ist: sie beruft sich auf den Logos ..."[429].

Hinsichtlich der Problemstellung entsprechen sich also Rechtslage und Wahrheitslage in diesem Punkt völlig. Für Recht wie Wahrheit gilt in gleicher Weise, daß Anspruch und Erfüllung sich in der Regel nicht von vornherein decken, sondern erst nachträglich zur Deckung gebracht werden müssen. Zum Anspruch kommt in beiden Fällen seine eigentliche Geltendmachung in einem gesonderten, nachgeschalteten Verfahren hinzu, das im Rechtsfall von Natur aus, im Wahrheitsfall kraft analoger Anwendung des Rechtsgedankens und sinngemäßer Übertragung der Rechtfindungsprozedur ein *Legitimationsprozeß* ist, in dem

über die objektive Berechtigung der Ansprüche durch Aufweis hinreichender Anspruchs-
grundlagen entschieden wird, die zur Sicherung des Geltungsanspruchs in jedem Fall zuvor unter Beweis zu stellen sind. Dies ist die Ausgangssituation für die neue Fragestellung,
die von *Parmenides* eingeleitet und von *Platon* vollendet wird: „... die Erkenntnis soll sich
legitimieren, soll den Rechtsgrund ihres Anspruchs nachweisen. Diese Frage nach der
Rechtfertigung der Erkenntnis erwies sich nun als der Angelpunkt, von dem aus das ganze
Problemgebiet der Philosophie neu in Bewegung gesetzt werden konnte. ... Die ‚Rechtfertigung‘ der Erkenntnis ist das philosophische Grundproblem."[430] Damit ist das Problem der Erkenntnis als *quaestio iuris* gestellt und der Erkenntnislehre im Rahmen der
certistischen Tradition zur Aufgabe gemacht worden, aus dem gleichen Geiste des Rechtsdenkens heraus eine angemessene Antwort auf diese Herausforderung zu finden.

Wie die Beweisführung zur Sicherung von Geltungsansprüchen und damit die „Rechtfertigung" der Wahrheit zu erfolgen hat, ergibt sich wiederum aus dem judizialen Leitmotiv der parmenideischen Erkenntnislehre. Der Kampf um das Geltungsrecht der Erkenntnis, als Wahrheit (oder Wissenschaft) aufzutreten und sich gegenüber rivalisierenden
Standpunkten unter Ausschluß aller Gegenansprüche zu behaupten, wird als *argumentativer* Meinungsstreit geführt, dessen Austragungsmodus mit seinem Zusammenspiel
von rechtlichen und rhetorischen Elementen den Einfluß der *Gerichtsrhetorik* verrät.
Vom deutlich dominierenden Rechtsdenken abgesehen, wird hier über die Gerichtsrhetorik hinaus auch noch das Erbe der allgemeinen (alltäglichen) oder politischen Rhetorik wirksam, wobei man mit *Bowra*[431] vor allem drei Einflußfaktoren nennen kann: der
Konkurrenzgeist ("competitive spirit"), der Siegeswille ("ambition to succed") sowie
die Betonung des „formalen" oder „methodischen" Aspekts, der auf Formen und Regeln
("manner" statt "matter") abhebt.

Über die Berechtigung von Geltungsansprüchen entscheidet im Erkenntnisprozeß — nach
Maßgabe der Rechtsvorlage, die hier beim Begriff gepackt und sinngemäß angewandt
wird — die Argumentationslage, die deshalb in umfassender Weise von allen Seiten dar-
zulegen ist. *Rechenschaft ablegen* in diesem allgemeinsten Sinne über den Stand der Dinge;
Gründe und Folgen *zusammenstellen*, um die Schlußbilanz über die Argumentationslage
zu ziehen; *Pro und Contra abwägen*, um das Gewicht der Anspruchsgrundlage zu ermitteln; die Auseinandersetzung so weit vorantreiben, daß es zur *Entscheidung* darüber kommen kann, welche Position die stärkeren Gründe aufzubieten und damit das „bessere
Recht" auf ihrer Seite hat, so daß das Schlußurteil gewissermaßen *fällig*, sein Verdikt *begründet* und das Recht der so im strengen Rechtssinne gerechtfertigten Wahrheit auf
ausschließliche Geltung *gesichert* erscheint — das ist die Art und Weise, in der ein Erkenntnis*prozeß* nach dem Vorbild der Rechtsfindung geführt wird, um das Wahre zureichend
zu begründen, als *Wissen* im Vollsinne zu rechtfertigen und vom Falschen zu sondern.
„Rechenschaft geben und fordern ist der einzige Weg, der zum Wissen führt", resümiert
*Verdenius*[432] diese Entwicklung von *Parmenides* bis *Platon*, aus der sich „in der Wechsel-
wirkung des Rechenschaft Gebens und Rechenschaft Forderns die Autarkie des Logos
auf eine höhere, sowohl dem Objekt wie dem Subjekt gegenüber gesicherte Ebene"
erhebt.

Auf *argumentative* Weise *aus dem Zusammenhang* der Gründe und Folgen *Rechenschaft
geben* über die Erkenntnislage, um die in ihrer allgemeinsten Form gestellte Wahrheits-

frage[433] *positiv*, durch Nachweis ihres Geltungs*rechts*, zu lösen, ist das, was die parmenideische Erkenntnislehre mit ihrer Lösungsformel „Logik + Recht" besagt. Daß dies nach *Verdenius*[434] auch der ursprüngliche Sinn des Logosbegriffs gewesen ist, paßt gut in die hier vorgeschlagene Rekonstruktion, wenn man berücksichtigt, daß der allgemeine, noch undifferenzierte Logos – verstanden als „die Formel, nach der alles Dasein sich vollzieht"[435] – den logischen und rechtlichen Aspekt der ganzen Problematik unaufgelöst einschließt. Wenn, wie hier, versucht wird, neben dem unbestrittenen Anteil der Logik den eigenständigen Beitrag des Rechtsdenkens zur Lösung des Erkenntnisproblems gesondert in Rechnung zu stellen, dann gibt es dafür meines Erachtens keinen besseren Ansatzpunkt als die Resultate von *Verdenius'* Analyse der Bedeutungsgeschichte des griechischen Logos, die es nahelegen, ausgehend von der Grundbestimmung „Rechenschaft" in der Argumentation „eine besondere Form der Rechenschaftsablage"[436] zu sehen. In seiner Sonderbedeutung als „Argumentation" führt das Rechenschaftgeben schließlich zur Idee des *Begründens*, wobei die „juristische", extralogische Pointe darin zu sehen ist, daß Begründung als Resultat einer argumentativen Rechenschaftsablage im ursprünglichen Sinn nicht mehr und nicht weniger bedeutet denn die Geltendmachung des Wahrheitsanspruchs echten, sicheren Wissens durch Aufweis des „Rechts" der „bewiesenen Wahrheit" auf unangefochtene, unumstößliche, ausschließliche Geltung. Der Grund der Wahrheit liegt in ihrem Geltungsrecht.

Ein erkenntnistheoretisches Begründungsprogramm in dem geläufigen Sinne, das – auf der Grundlage einer voll ausgearbeiteten philosophischen Beweiskonzeption – schließlich zum modernen Rechtfertigungsmodell der Erkenntnis führte, ist aus dieser ursprünglichen Begründungsidee erst geworden, als diese Form des argumentativen Rechenschaftsgebens über die Wahrheitslage sich von dem nur richtungsmäßig festgelegten „Weg"[437] zur festen, geregelten *Methode*[438] entwickelt (zur dialektischen Methode in der sokratisch-platonischen Tradition, zur deduktiven Methode in der aristotelisch-euklidischen Tradition) und „unterwegs" zwei anfänglich dominierende, erkenntnistheoretisch nur schwer unterzubringende Aspekte des Rechtsfindungsprozesses verloren oder zumindest stark zurückgedrängt hat: die *orale* Natur des Argumentationsprozesses sowie das zunächst rein *mengenhafte* Verständnis der Begründungskraft von Argumenten, die eine sozusagen quantitative – natürlich ohne jegliche Absicht oder Möglichkeit, dabei irgend etwas zu „messen" – Beurteilung der Argumentationslage im Hinblick auf das ins Auge gefaßte Verdikt involviert. Der Logos *Parmenides', Heraklits* und *Platons* ist ein *sprechender* Logos[439], der ursprünglich, noch unter dem Einfluß des archaischen Wissensbegriffs stehend, Argumente aufzählt, um mehr durch deren Menge als deren Stärke zu überzeugen. Über den Ausfall des Verdikts entscheidet die geballte, zur vollen Summe der Argumente aufaddierte Überzeugungskraft der im buchstäblichen Sinne des größeren Argumentationspotentials stärkeren Position.

Die *quantitative* Auffassung vom Begründungsvorgang entspricht – und entstammt wohl auch – der bereits erläuterten[440] archaischen Rechtsinstitution des Über-zeugens durch Aufbringung von *mehr* Eideshelfern, als der Gegenseite zur Verfügung stehen. Der homerische Wissensbegriff weist ja denselben mengenhaften Charakter auf, worauf hier auch schon hingewiesen worden ist. Daß im Prozeß der Rechts- oder Wahrheitsfindung zum Zwecke des Beweises die Argumente ursprünglich im Wortsinne aufge*zählt* worden sind, verweist auf die Grundbedeutung des Logosbegriffs, die sich schon früh in die zwei Hauptrichtungen „Erzählung" und „Rechnung" aufgespaltet hat[441]. In seiner einfachsten Form besteht ja Erzählen im Aufzählen von Tatsachen, Rechnen im Zusammenzählen von Einzelposten. Wie der Wissensbegriff, so hat auch der Begründungs- oder Beweisbegriff im Zuge der Entwicklung des griechischen Denkens von *Homer* bis *Parmenides* – spätestens bei den Pythagoreern[442] – seinen vorwiegend quantitativen Sinn verloren. Von nun an gilt es, die Argumente zu *wiegen* anstatt zu zählen, was der Mündlichkeit des ganzen Prozesses jedoch zunächst keinerlei Abbruch tut.

Die Abkehr des griechischen Denkens von der „quantitativen" zur „qualitativen" Auffassung des Rechtfertigungsprozesses erfolgte für den eigentlichen Rechtsfall wie für den Wahrheitsfall früh, radikal und konsequent. Schon die parmenideische Erkenntnislehre weist in diesem Punkt keine nennenswerten Relikte mehr auf, und spätere Rückfälle in dieses einmal überwundene Denkstadium hat es auch kaum gegeben. Anders steht es mit dem Merkmal der Mündlichkeit, dessen Einfluß auf den Charakter und Ablauf von Argumentationsprozessen sich ungleich schwerer beurteilen läßt. Die Bedeutung der oralen Natur des Erkenntnisverfahrens, soweit es als ein argumentativer *Prozeß* der Wahrheitsfindung und -begründung abläuft, und die Auswirkungen des Abgehens vom Mündlichkeitsprinzip lassen sich schon deshalb kaum zuverlässig abschätzen, weil die Zurückdrängung dieses wichtigen, aber diffusen Faktors nur langsam vonstatten ging und streng genommen bis heute nicht zum Abschluß gekommen ist. Davon zeugen die bleibenden Relikte echter, wenngleich meist verkannter Mündlichkeitsmerkmale sowie die immer wieder – von *Platon* bis *McLuhan* – erneuerten Versuche zur Rettung oder Wiederbelebung der oralen Geisteskultur[443].

Welche *erkenntnistheoretischen* Konsequenzen für die Lösung des Erkenntnisproblems sich aus der Ablösung des redenden, dialogisch argumentierenden Logos *Parmenides'* und *Platons* durch den vor sich hin denkenden, monologisch meditierenden Intellekt *Descartes'* und schließlich durch die schreibende, von der Lebenswelt in die „dritte Welt der Argumente ‚an sich' " versetzte kritische Vernunft *Poppers* ergeben, kann hier nicht weiter untersucht werden. Die Philosophie tut sich schwer daran, überhaupt die erkenntnistheoretische Relevanz dieser Problematik einzusehen. Wo die Probleme liegen und wie sie sich erkenntnistheoretisch auswirken könnten, wird durch die auch in dieser Hinsicht lehrreiche Entwicklung des Rechtsdenkens verdeutlicht. Recht, Politik und noch viele andere Bereiche, in denen dieselbe Entwicklung von der oralen zur literarischen Geisteskultur bereits eingetreten ist, lassen wenigstens andeutungsweise erkennen, was sich ergibt, wenn die argumentative Auseinandersetzung nicht mehr im direkten Streit der Meinungen, sondern durch Austausch von Schriftsätzen erfolgt. Das bleibt nicht ohne Rückwirkungen auf das, was man sich üblicherweise von einem „kritischen Dialog" erhofft, wie zum Beispiel: Rationalität, Objektivität, Versachlichung des Konflikts, Mäßigung der Militanz, erhöhte Lern- und Verständigungsbereitschaft, u. dgl.

Von allergrößter Bedeutung für die parmenideische Lösung des Erkenntnisproblems nach Maßgabe des Rechtsdenkens ist noch ein weiterer Aspekt der Vergleichsproblematik, in dem wiederum eine genaue Parallele zwischen Wahrheits- und Rechtsfindung zum Vorschein kommt, die sogar über das Rechtfertigungsmodell der Erkenntnis hinausweist und von grundsätzlicher erkenntnistheoretischer Bedeutung zu sein scheint: Wie der Rechtsprozeß, so ist auch der Erkenntnisprozeß von einer bestimmten Entwicklungsstufe der Wissensauffassung an nur noch als ein *Indizienprozeß* möglich, in dem es darum geht, aus undeutlich, ungenau, und unvollständig vorliegenden Anzeichen auf die Wahrheit zu *schließen* und für das endgültige Verdikt „aus Indizien einen Beweis zu liefern"[444]. Die Problemsituation des Richters und des Philosophen gleicht, wie schon der griechische Arzt *Alkmaion* mit klarer Einsicht in die erkenntnistheoretischen Konsequenzen gesehen hat[445], der des Arztes, welcher aus den Symptomen auf die Ursachen, aus den Erscheinungen auf das Wesen zurückschließen muß, um die wirkliche Natur der Krankheit zu erkennen.

Der Moment, von dem an der Rechtsprozeß nur noch als Indizienprozeß durchgeführt werden kann, war gekommen, als es nicht mehr einfach darum ging, die Gegenpartei *vor* dem Richter in dem erläuterten „mengenhaften" Sinn zu überzeugen. Sobald sich das Gericht mit der Aufgabe konfrontiert sieht, objektives Recht zu verwirklichen[446], das weder von der einen Seite in Selbsthilfe usurpiert werden kann, noch von der anderen Seite widerspruchslos zugestanden werden muß, bleibt nur noch die Möglichkeit, die Tatbestände im Hinblick auf die vom Gesetz angenommene Rechtslage zu *deuten* und das Verdikt aus den Anzeichen zu *erschließen*. Der Mangel an Augenzeugen, eines Geständnisses des Angeschuldigten im Strafprozeß oder eines Zugeständnisses des Beklagten im Zivilprozeß — um es mit Hilfe einer modernen Unterscheidung zu sagen, die es damals noch nicht gegeben hat — führt diese prekäre Situation des Indizienprozesses nicht erst herbei, sondern verschärft sie nur noch, denn auch Geständnisse und Zugeständnisse räumen nicht von vornherein alle Zweifel über die Sach- und Rechtslage aus. Vor dem Urteil steht auch in diesem Fall das Interpretieren und Schlußfolgern, ohne das ein Verdikt nicht herbeigeführt werden kann. Wenn es im Prozeß objektives Recht zu verwirklichen gilt, entsteht eine ganz neue Problemsituation, in der *alles*, was vorgebracht wird — einschließlich der Zeugenberichte und Geständnisse —, grundsätzlich nur *Anzeichen* für die tatsächliche Lage des wirklichen Sachverhalts ist, auf den der Urteilsspruch Bezug zu nehmen hat.

Desgleichen ist auch der Erkenntnisprozeß von dem Moment an nur noch als ein Indizienprozeß denkbar, als das Herz der Dinge nicht mehr offen zutage lag und die Wahrheit sich nicht mehr „unverborgen" *(Heidegger)* dem menschlichen — äußeren oder inneren — Auge präsentierte[447]. Mit der erzwungenen Aufgabe der Augenzeugentheorie des Wissens war diese Entwicklung in Gang gebracht, mit der Einführung des griechischen Erkenntnisstils unwiderruflich vollzogen worden. Im Rahmen des griechischen Erkenntnisstils ist die Wahrheitsfindung nur noch „indirekt", auf dem Produktionsumweg des Deutens von und Schließens aus Anzeichen, die Wahrheitssicherung nur noch als Indizienbeweis möglich.

Wie wir an anderer Stelle schon gesehen haben, können hier dem Menschen streng genommen nicht einmal die Götter weiterhelfen, denn für die Offenbarung gilt grundsätzlich dasselbe. Der Rekurs auf vermeintliches Offenbarungswissen macht den Indizienprozeß nicht leichter, sondern noch viel schwerer, weil nun auch noch *für dieses* das Deutungsproblem zu lösen ist[448]. Wer Offenbarung hat, hat einen ganzen Rattenschwanz von Folgeproblemen, die zu der „normalen" Erkenntnisproblematik hinzukommen und den scheinbaren Vorteil der göttlichen Eideshilfe mehr als aufwiegen — jedenfalls im Bereich der Weltwissenschaft. Wo offenbarungsfreie Wissenschaft mit dem natürlichen Kosmos auskommt, braucht Offenbarungswissenschaft eine Götterwelt, die das Weltbild erheblich komplizierter macht; zur Logik kommt die Theologie, zum normalen Deutungsgeschäft extravagante Exegese, zur Erkenntnistheorie Apologetik und Dogmatik – alles zusätzliche Hilfsdisziplinen, die bei der Lösung des Erkenntnisproblems wenig hilfreich sind, weil sie sich um der Offenbarung willen gezwungen sehen, über das gewöhnliche Erkenntnisziel der Wahrheitsfindung und -sicherung weit hinauszuschießen. Außerdem sind die göttlichen Wahrheitsgarantien des Offenbarungsmodells für jede Art von Weltwissenschaft im Grunde völlig wertlos, denn sie versagen gerade dann, wenn sie am dringendsten gebraucht werden. Beim leisesten philosophischen Zweifel schmilzt das Offenbarungswissen dahin wie Schnee an der Sonne. Dieser Fall tritt unweigerlich ein, sobald Erkenntnis überhaupt zum *Problem* geworden ist. Der Anfang der philosophischen Erkenntnistheorie fällt deshalb zwangsläufig mit dem Ende der kognitiven Offenbarungslehre zusammen, auch wenn beide – wie bei *Parmenides* – noch einige Zeit scheinbar friedlich koexistieren. Das Rechtfertigungsmodell der Erkenntnis ist, richtig verstanden, kein Offenbarungsmodell, sondern dessen systematischer Ersatz und historischer Nachfolger.

An dieser Stelle erscheint es mir angebracht, eine letzte *Zwischenbilanz* zu ziehen, bevor die Schlußbilanz für die griechische Lösung des Erkenntnisproblems aufgestellt wird. Die Entstehung des Rechtfertigungsmodells der Erkenntnis dürfte nun so weit geklärt sein, daß die geistesgeschichtlichen Wurzeln des damit zur Lösung des Erkenntnisproblems eingeführten *Begründungsprogramms* näher benannt werden können. *Warum* unter der Voraussetzung des griechischen Erkenntnisziels, das Wissen im Vollsinne der gesicherten Wahrheit anstrebt, überhaupt begründet werden *muß*, ergibt sich aus der certistischen Tendenz des griechischen Erkenntnisstils, die allerdings auch in diesem Problemzusammenhang nicht isoliert gesehen werden darf. *Daß* eine Sicherung der Wahrheit durch Rechtfertigung ihres Geltungsanspruchs auf dem Wege einer durchgängigen Begründungsargumentation *möglich* erscheint, ist beim gegebenen Stand der Problemgeschichte – also *nach* Einführung der Prinzipien der epistemologischen Kohärenz und Differenz – das Werk der von *Parmenides* in die Erkenntnislehre eingeführten Logik. *Wie* der Begründungsprozeß im Rahmen des speziell für diesen Zweck entwickelten Rechtfertigungsmodells der Erkenntnis abläuft, macht den Beitrag des Rechtsdenkens aus. Zusammenfassend kann man also über die spezifischen Wurzeln des Rechtfertigungsprogramms sagen, daß die Geltungssicherung der Erkenntnis von der certistischen Tendenz des griechischen Erkenntnisstils verlangt, von der Logik *als durchgängiges Begründen* ermöglicht und von der Rechtsidee *als Argumentationsprozeß um das Geltungsrecht der Erkenntnis* in die Tat umgesetzt wird.

Die juristischen Grundlagen des Rechtfertigungsmodells der Erkenntnis sind ausführlich dargelegt worden. Was zur Rekonstruktion der parmenideischen Lösung des Erkenntnisproblems nun noch zu tun bleibt, ist die Erläuterung des Rechtfertigungsprozesses, wie er nach Maßgabe des neugeschaffenen Erkenntnis-Rechts *im einzelnen* durchzuführen ist. Erkenntnis im griechischen Sinne der durch zureichende Begründung gesicherten Wahrheit ist das Ergebnis eines Rechtfertigungsprozesses, dessen einzelne Schritte, stichwortartig benannt, heißen: *Scheiden – richten – regeln – schließen – entscheiden, urteilen, sichern.* (Man kann in dieser Ablaufskizze ein *Begründungsschema* sehen, sofern man sich von einem Schema nicht allzu schematische Vorstellungen macht. Dieses „Schema" ist keine Schablone, die sklavisch kopiert, sondern ein Muster, das den Erfordernissen der jeweiligen Problemsituation angepaßt werden muß. Dazu ist ein gewisser *Spielraum* erforderlich, den es auch tatsächlich aufweist: das Schema ist variabel, der eine oder andere Schritt kann wegfallen oder neu hinzukommen, ihre Reihenfolge mag sich gelegentlich ändern, u. dgl. mehr.)

*Scheiden* ist der Eröffnungszug zur Einleitung des Begründungsprozesses. *Unterscheiden*, um einen Ansatzpunkt für die Rechtfertigungsargumentation zu gewinnen, nicht entscheiden in Richtung auf eine Vorwegnahme des Schlußurteils ist das, was mit diesem Gambit erreicht werden soll. Es handelt sich hier um einen *erkenntnistheoretischen Schnitt*, mit dem der gesamte Bereich potentieller Erkenntnis in zwei Teile zerlegt wird, die bestimmten Erkenntnisarten oder Erkenntnisstufen unterschiedlicher Erkenntnisqualität – im Sinne des Prinzips der epistemologischen Differenz – entsprechen. Ausgehend von der anfänglichen Unterscheidung zwischen göttlichem und menschlichem Wissen, wird mit diesem Schachzug die griechische *episteme-versus-doxa*-Tradition begründet, die in modernisierter Gestalt – zum Beispiel als Empirie/Theorie-Dichotomie – bis heute erhalten geblieben ist. Da das Rechtfertigungsmodell der Erkenntnis davon lebt, ist es kein Wunder, daß sie in dieser oder jener Form mit ihm überlebt hat.

Damit wird vom allerersten Ansatz her das Grundthema der Erkenntnislehre auf die für das griechische Denken charakteristische *Antithetik* von Wissen und Nichtwissen festgelegt, die den positiven Erkenntnispol der Wahrheit und Wirklichkeit dem negativen Gegenpol, gebildet aus Irrtum und Schein, Lug und Trug, im Sinne einer strikten Alternative entgegensetzt. Sogar die dramatische Gestaltung des Erkenntnisthemas in der frühgriechischen Dichtung übernimmt diesen Eröffnungszug des Rechtfertigungsmodells zur Einleitung des Begründungsprozesses. So wird etwa bei *Sophokles*, wie *Diller*[449] sorgfältig herausgearbeitet hat, „in der Tat ... immer wieder ein menschliches, unvollkommenes, bedingtes Wissen gegen ein göttliches, vollkommenes, unbedingtes abgesetzt und die Auseinandersetzung mit ihm gezeigt", um den strukturellen Unterschied zwischen göttlichem Wissen und den vielfältigen Formen menschlichen Fehlwissens deutlich zu machen. Mit dieser Behandlung des Erkenntnisthemas reiht sich *Sophokles* in die philosophische Tradition ein, wobei er ohne Umweg den direkten Anschluß zum ersten Schritt der parmenideischen Erkenntnislehre auf dem Wege zur Problemlösung herstellt[450].

Mit diesem erkenntnistheoretischen Schnitt wird zweierlei zur Herstellung einer derart vorstrukturierten Problemsituation erreicht, daß das eigentliche Rechtfertigungsverfahren in Gang kommen kann. Erstens wird damit jenes *Wahrheits- und Wissensgefälle* geschaffen, an dem die Begründungsargumentation anzusetzen hat. Und zweitens wird dem Erkenntnisproblem die für das Rechtfertigungsmodell einzig richtige Form gegeben, nämlich die Fragestellung einer *globalen, exklusiven und diskursiven Alternative*, die dem zum logisch ausgeschlossenen Dritten radikalisierten polaren Gegensatz zwischen Wahrheit, Wissen, echter Erkenntnis einerseits und Irrtum, Meinung, Scheinerkenntnis andererseits klaren Ausdruck verleiht. Ganz im Sinne des emphatischen Wahrheitsanspruchs wird der Mensch mit der Erkenntnisfrage vor eine Grundalternative gestellt, die eine Entscheidung erfordert, wenn das Erkenntnisproblem gelöst werden soll[451].

Von diesem Ansatz her wird das Erkenntnisproblem gelöst, indem in der Wahrheitsfrage die richtige Entscheidung, genauer: *zwei* Entscheidungen getroffen werden, eine propädeutische Entscheidung zum Auftakt, als vorbereitender, „scheidender" erkenntnistheoretischer Schnitt, und eine endgültige Entscheidung, mit der das Begründungsverfahren im Urteilsspruch seinen Abschluß findet. Die Vermutung, daß diese beiden Entscheidungen miteinander zusammenhängen, buchstäblich *zusammen* begründen, was zur Begründung ansteht, ist zutreffend, nicht dagegen der weitergehendere Verdacht, daß mit der ersten, abstrakten, „formalen" (d.h. mehr den Gang als den Gegenstand des Verfahrens betreffenden, wobei allerdings die Grenzen nicht immer klar gezogen sind) Entscheidung die zweite, konkrete, „materiale" Entscheidung *zur Sache* vorweggenommen und damit das endgültige Verdikt von vornherein präjudiziert sei. In diesem Punkt ist jedoch der damit angedeutete Vorwurf der *Zirkularität* des ganzen Begründungsverfahrens unberechtigt. Aus dem ersten Schritt des Begründungsverfahrens kann sich allenfalls ein negativer Präjudizeffekt ergeben. Wenn der chirurgische Eingriff des erkenntnistheoretischen Schnitts mißlingt, weil entweder Unterscheidungen ohne (erkenntnistheorethisch relevanten) Unterschied gemacht oder tatsächlichen Unterschieden nicht Rechnung getragen wird, dann ist das Begründungsverfahren von vornherein zum Scheitern verurteilt. Das Verdikt kommt überhaupt nicht zustande oder ist ein Fehlurteil. Die mit dem ersten Schachzug durchgeführte erkenntnistheoretische Zerlegung reduziert zwar das Erkenntnisproblem radikal auf eine Alternativsituation mit genau zwei Möglichkeiten und steckt damit den Rahmen für das Urteil in der Wahrheitsfrage ab, determiniert aber keineswegs das Ergebnis des Beweisprozesses. Eine Begründungsargumentation ist jedenfalls nicht aus *diesem* Grunde *zwangsläufig* zirkulär, obwohl sich bei fehlerhafter Durchführung natürlich auch an dieser Stelle schon ein Begründungszirkel einschleichen kann. Ein Hauch von in jedem Fall vorliegender Zirkularität ist allerdings insofern zu bemerken, als Entscheidungen in Verfahrensfragen das Schlußurteil in der Regel nicht völlig unbeeinflußt lassen, wenn sie es auch nicht unbedingt *im einzelnen* festlegen.

*Richten* ist der zweite Schritt des Begründungsverfahrens, mit dem der Rechtfertigungsprozeß seinen Fortgang nimmt. Auch dieses „Richten" ist noch kein Urteilen über den Gegenstand der Auseinandersetzung, kein Entscheid in der Wahrheitsfrage, sondern ein *Ausrichten* auf eine Verfahrenslinie, das dem Begründen eine Richtung gibt, der es zu folgen, und dem Verdikt ein Maß, an das es sich zu halten hat. Was es mit diesem Ausrichten auf eine vorgegebene Linie auf sich hat, macht das Rechtsdenken klar, dessen Vorbildcharakter für die Erkenntnislehre in diesem Punkt besonders auffällig ist. *Dike* „scheint zunächst das Weisen einer Richtung bedeutet zu haben; die Erinnerung daran bewahrt die Sprache, die gern ‚grade' und ‚krumme' Dike für gerechten und ungerechten Spruch sagt. Das Urteil wird also als das Aufzeigen einer Linie gefaßt, in der sich ‚richtiges' Verhalten zu bewegen hat."[452]

Auf den Erkenntnisbereich übertragen, geht es beim Richten also um das Ausrichten des Rechtfertigungsverfahrens auf eine bestimmte, klar abgegrenzte aber nicht allzu eng abgesteckte Orientierungshilfe, die dem Denken den Weg zur Wahrheit weist. In dieser Linie schon die genaue *Wahrheitslinie*[453], im Ausrichten darauf die Wahrheitsfindung zu sehen, wäre ein vielleicht naheliegendes, aber falsches Verständnis des Rechtfertigungsprozesses, das die ganze Begründung tatsächlich zirkelhaft machen würde. Es geht hier ähnlich wie im Rechtsfall vielmehr darum, den Prozeß der Wahrheitsfindung zu einem *gezielten* Suchen, den Vorgang der Wahrheitssicherung — für die Griechen im Grunde dasselbe, denn die Wahrheit ist solange nicht wirklich „gefunden", als sie nicht zweifelsfrei gesichert erscheint — zu einem *geregelten* Verfahren zu machen. Also muß eine Linie gezogen werden, die es erlaubt, den Standard gegenüber der Abweichung, den Regelfall gegenüber der Ausnahme sichtbar zu machen[454]. Das geschieht mit Hilfe des später erläuterten Prinzips der zureichenden Begründung, das dem Denken nicht die Wahrheitslinie, sondern eine Art „Sicherheitslinie" vorgibt, an die es sich im Gang des fortschreitenden Begründens zu halten hat. Dies bedeutet eine Bindung des Erkenntnisfortgangs scheinbar an einen bestimmten, wohldefinierten (Gleichgewichts-) Zustand der Welt, der mit dem Luftgewicht eines zureichenden (Realitäts-)Grundes zugunsten von einer Seite — des Wahrheitspols — der Grundalternative in die Waagschale geworfen wird, in Wirklichkeit aber eine Rückkopplung an einen bestimmten Erkenntnisbestand, der mit dem Bleigewicht eines zureichenden (Rechts-)Grundes in die Entscheidung eingreift.

Eine weitere Etappe des Begründungsprozesses ist das *Regeln* des Verfahrensablaufs, das die ganze Prozedur betrifft und deshalb weniger als die anderen Schritte an einen bestimmten, unverrückbaren Platz in der hier gewählten Reihenfolge gebunden ist. Zuverlässig zum Erkenntnisziel kann ein Begründungsverfahren nur dann führen, wenn es selbst seinen geregelten Gang nimmt, in dem *methodische Strenge* an die Stelle von Verfahrenswillkür tritt. Auch dieser „strenge" Zug des Erkenntnisprozesses ist vom Vorbild des Rechtsprozesses mit seinem „streng formalen Gang des Verfahrens" geprägt, durch den „der Beweis an strenge Formen gebunden (ist), von deren Erfüllung das Urteil abhängt"[455].

Dieser Zug zur formalen Regulierung und strengen Kontrollierung des gesamten Rechtfertigungsprozesses verändert den Charakter des dem griechischen Denken von Anfang an geläufigen *Weg*-Bildes vom Erkenntnisvorgang, und zwar in einer Richtung, die für das seit *Xenophanes*[456] geläufige philosophische Selbstverständnis des Erkennens als methodisch gesteuerte *Forschung* typisch ist. Die ältere, passive Vorstellung von der Wahrheitsfindung als einem „Weg", den der erkennende Mensch unter der Führung eines mitteilsamen göttlichen Besserwissers begehen darf, um eine „Bestandsaufnahme" der Wirklichkeit zu erhalten, wird im Zuge der Verfahrensregelung abgelöst durch die neuere, aktive Vorstellung vom bewußt eingeschlagenen, weitgehend selbstgesteuerten *Forschungsweg* „durch die Wirklichkeit als Lösung der Erkenntnisaufgabe"[457], auf dem sich der Mensch zur Wahrheit hinbewegt. Aus dem „Weg zur Wahrheit", den der Mensch nur dann einschlagen und bis zum Ende gehen kann, wenn ihm von höherer Warte der Weg *gewiesen* und die Wahrheit *gezeigt* wird, ist im nachparmenideischen Denken eine feste *Methode* geworden, der sich der Mensch als geistiges Instrument der Wahrheitsgewinnung frei bedient. Die zunächst vorsichtig betriebene, schließlich immer mehr verschärfte Regulierung des Erkenntnisprozesses im Geiste des Rechtsdenkens führte in der Folgezeit zu jener bleibenden „Methodisierung" der Wahrheitssuche, von der das neuzeitliche Wissenschaftsverständnis zutiefst geprägt ist. Die vielzitierte „Strenge" der Wissenschaft ist ein Ausfluß ihrer Selbstdisziplinierung durch rigorose Anwendung fester Methoden. So macht die Verrechtlichung des Erkenntnisproblems aus Philosophie und Wissenschaft *Disziplinen.*

Die methodische Regulierung des Begründungsprozesses ist nicht der einzige, aber der langfristig wirksamste Ausfluß des Verrechtlichungsphänomens in der Erkenntnislehre, durch den sich das ganze menschliche Erkenntnisunternehmen – nach *Fränkels* bereits zitierten Worten – als autonome „Disziplin eigenen Rechts" konstituiert. Parallel zur Wandlung in der Wissensauffassung von der aufnehmenden zur schaffenden Erkenntnis vollzieht sich die Wandlung im „Rechtsverständnis" der Wissenschaft: an die Stelle fremden, göttlich gesetzten Wahrheits-Rechts tritt nun eigenes, selbstgegebenes Erkenntnis-Recht. Von nun an ist diese Art der rigorosen Disziplinierung des Erkennens durch Rekurs auf feste, strenge Methoden eine ständige Begleiterscheinung des „rationalen" Denkens, die umso stärker dominiert, je mehr Einfluß der certistischen Tendenz eingeräumt wird. *Dinglers* ultracertistische „methodische Philosophie"[458] markiert innerhalb der Gegenwartsphilosophie den Kulminationspunkt dieser bereits vom griechischen Denken eingeleiteten Entwicklung.

Im Rahmen der certistischen Tendenz verengt sich die Vorstellung von methodischen Verfahren der Wahrheitsfindung schon bei *Parmenides* zur Annahme einer einzigen, allein wahrheitsbringenden Methode, die im Gefühl selbstbewußter Gewißheit angewendet werden kann: „ich habe einen Weg – und der Weg ist der richtige!" Es ist der „Weg der Wahrheit durch die Welt"[459]. Dieses dem Philosophen von der *Dike* mitgegebene Bewußtsein vom „geraden" Weg, der den menschlichen Geist im „sicheren Gang" auf dem kürzesten, allein erfolgverheißenden Pfad zur Wahrheit hinführt, begleitet alle späteren Versuche zur methodischen Konstituierung strenger Wissenschaftlichkeit. Wenn man die Spätfolgen dieser Entwicklung in Betracht zieht, dann kann man rückblickend mit *Mourelatos*[460] feststellen, daß *Parmenides* uns mit seinem *Weg*-Bild tatsächlich "a new concept of the nature of thinking and knowing" vermittelt hat.

Mit dem *Schließen* tritt der Begründungsprozeß in sein Endstadium. Jetzt geht es ans Folgern, um einen Indizienbeweis zu konstruieren, wobei nun auch die *Logik* mit ihrem ganzen Argumentationspotential zum Einsatz kommt. Es gilt nun, Schlüsse zu ziehen, Annahmen zu überprüfen, Resultate zu vergleichen, Indizienketten zu schmieden, Beweisargumentationen aufzubauen, Gegenargumentationen zu erschüttern – alles in der Absicht, aus dem Meer der erkenntnistheoretisch nichtssagenden, für das Verdikt belanglosen Symptome die wenigen echten, eindeutigen Wahrzeichen herauszufiltern, um den Wahrheitsprozeß entscheidungsreif zu machen. *Alle* verfügbare Information zur Sache wird aufgeboten, um die logische Schlußbilanz der Wahrheitslage aufzustellen. Im ungünstigsten Fall wird damit im Hinblick auf das Verdikt kaum mehr als nichts, im günstigsten Fall nicht *alles* erreicht. Wenn die Logik gute Auswertungsarbeit geleistet hat, ist nach der Durchführung dieses Begründungsschrittes das Endurteil gewissermaßen *fällig*, aber noch nicht gefällt. Bei diesem Stand des Verfahrens ist die Streitfrage um die Wahrheit bestenfalls entscheidungsreif, aber noch nicht verbindlich entschieden. Die Wahrheit kann vielleicht jetzt schon vermutet, aber noch nicht zweifelsfrei bewiesen werden. Auch wenn sie schon offensichtlich „erschlossen" sein mag, so ist sie doch noch nicht zureichend begründet. Wenn das Begründungsverfahren an diesem Punkt abgebrochen werden würde, so wäre die Wahrheit – die *bloße* Wahrheit, muß man verdeutlichen – vielleicht gefunden, bliebe aber in ihrem Absolutheits- und Ausschließlichkeitsanspruch „ungerechtfertigt", grundlos im Sinne des Erkenntnis-Rechts.

Die Grundalternative *entscheiden*; in diesem Sinne *urteilen*, um in einem eindeutigen Wahrspruch über „die Wahrheit" zu befinden; den für berechtigt erklärten Wahrheitsanspruch endgültig *sichern* – das ist der dreiteilige Schlußakt, mit dem der Rechtfertigungsprozeß durch ein „zureichend begründetes" Verdikt seinen Abschluß findet. Was im Rahmen eines anderen philosophischen Bezugsrahmen erkenntnistheoretisch zu trennen wäre, fällt hier unter dem Einfluß der certistischen Tendenz praktisch (aber was ist schon praktisch im Denken?) zusammen: Wahrheit, Verdikt darüber und Zertifikat dazu sind zwar auch für das griechische Denken nicht dasselbe, erweisen sich aber im Rechtfertigungsmodell lediglich als drei verschiedene Aspekte derselben (Begründungs-) Problematik, die mit dieser gleichzeitig und gleichsinnig zu lösen sind. Die Wahrheit erkennen, darum wissen und sich dessen versichern, ist praktisch ein und dieselbe Aufgabe: Dafür gibt es nach dem certistischen Ansatz *eine* Lösung oder gar keine!

Die so oder ähnlich hintereinander geschalteten Denketappen des Scheidens, Richtens, Regelns, Schließens, Entscheidens-Urteilens-Sicherns bilden also die Schrittfolge eines vollständigen Begründungsprozesses. Damit ist die hier versuchte Rekonstruktion der Problemgeschichte bei der parmenideischen Lösung des Erkenntnisproblems angekommen, ohne allerdings erklärt zu haben, worin sie letztlich besteht. Immerhin habe ich verschiedentlich bereits durchblicken lassen, daß die Rechtsidee den Ausschlag und *Parmenides'* neues Erkenntnisprinzip der zureichenden Begründung die eigentliche Lösung gebracht hat – natürlich nicht im Alleingang, sondern im Rahmen des ganzen, ausführlich dargestellten Problemzusammenhangs. Der erkenntnistheoretische „Witz" der parmenideischen Problemlösung ist in der Tat erst zu verstehen, wenn man die Pointe erklärt bekommt. Dies gilt es zum Abschluß nun noch nachzuholen. Es geht also im folgenden um die Erläuterung des später von *Leibniz* berühmt gemachten, erstmals von *Parmenides* gebrauchten, von ihm nicht explizit formulierten und von seinen Interpreten nie genau erklärten Satzes vom zureichenden Grunde[461], dessen erkenntnistheoretische Version das *Prinzip der zureichenden Begründung* darstellt.

Sinn und Funktion dieses neuen Erkenntnisprinzips können nur vom Leitmotiv des griechischen Begründungsprogramms her verständlich gemacht werden, dem es ja zum Erfolg verhelfen soll. Solange das Begründungsziel nicht eindeutig festgelegt ist, kann die Frage nicht beantwortet werden, wann eine Begründung als „zureichend" für die Erreichung des Erkenntnisziels anzusehen ist. Rekapitulieren wir deshalb kurz den Grundgedanken des Rechtfertigungsmodells der Erkenntnis: Es geht, wie ausführlich erläutert, um die Verwirklichung des griechischen Erkenntnisziels unter der certistischen Grundbedingung, den Wahrheitsanspruch unserer Theorien zu „begründen", d.h. objektiv und definitiv sicherzustellen, damit Wissen im Vollsinne erreicht wird. Streng genommen wäre dazu nicht mehr und nicht weniger erforderlich als ein mit allen zulässigen (argumentativen) Mitteln geführter Wahrheits*beweis,* der zwei erkenntnistheoretische Leistungen zu erbringen hätte: positiv die *Alleinvertretung* in Sachen Wahrheit zugunsten des im Begründungsprozeß obsiegenden Standpunkts sicherstellen, negativ den globalen *Alternativenausschluß* zulasten aller anderen, unterlegenen Gegenpositionen herbeiführen. Die Sicherheit der so in ihrem Recht unter Beweis gestellten Wahrheit liegt auf der positiven Seite in ihrer *Notwendigkeit,* auf der negativen Seite in der *Unmöglichkeit* des Gegenteils. Der

Wahrheitsanspruch des echten Wissens ist nur deshalb sicher – und zwingend zu rechtfertigen –, weil er nicht bloß zufällig gegeben sein mag, sondern notwendig besteht und damit jeden Gegenanspruch ins Reich des Unmöglichen verweist. Diese Konsequenz des epistemologischen Certismus ist später von *Aristoteles* ausdrücklich in die Definition des Wissensbegriffs aufgenommen worden: „... man weiß etwas, wenn man den Grund erkennt, warum es so ist, und damit die Gewißheit hat, daß es nicht anders sein kann. *Eine Art, etwas auf diese Weise zu wissen, ist durch einen Beweis. Ein Beweis ist ein wissenschaftlicher ... logischer Schluß (Syllogismus).*"[462]

Nach vorherrschender Auffassung hat auch *Parmenides* seine Sicherheitshoffnungen ganz auf das Begründungsinstrument des logischen Beweises gesetzt. Nachdem die Eleaten den Satz vom Widerspruch zum „kategorische(n) Imperativ des Denkens"[463] erhoben haben, konnte *Parmenides* nach *Misch* durchschlagend argumentieren: „Notwendig ist das, dessen Gegenteil unmöglich ist; unmöglich aber ist, was einen Widerspruch enthält, und also undenkbar ist."[464] Aber diese Argumentation ist weder streng logisch (hier also: lediglich eine korrekte Anwendung des logischen Satzes vom Widerspruch) noch überhaupt richtig. Und selbst wenn sie formal korrekt wäre, würde sie nicht zum Begründungsziel führen. Daß das Gegenteil des Unmöglichen das Notwendige ist, mag ebenso dahingehen wie die schon dubiosere These, daß das Widerspruchsvolle unmöglich, folglich auch undenkbar sei. Unhaltbar ist auf jeden Fall die obige Äquivalenzdoktrin bezüglich beider Thesen. Das Widerspruchsfreie ist allenfalls möglich, aber keineswegs notwendig, ist möglicherweise, aber nicht zwangsläufig wahr. Mit Logik allein wird allenfalls das negative Begründungsziel erreicht, und selbst dieses nur teilweise, durch Ausschluß aller jener Alternativen, die einen Widerspruch enthalten.

Der Satz vom Widerspruch in Verbidung mit dem Satz vom ausgeschlossenen Dritten erlaubt es *Parmenides*, das Problem scharf zuzuspitzen, indem er die Wahrheitsfrage brutal auf die oben erwähnte radikale Grundalternative reduziert, ohne sie jedoch damit schon zur *Entscheidung* bringen zu können.

Nach der hier vertretenen Auffassung ist es gerade diese offensichtliche *Begründungslücke der reinen Logik* gewesen, die *Parmenides* veranlaßt hat, über den logischen Argumentationsbereich hinauszugehen, um unter Zuhilfenahme extralogischer Erkenntnisprinzipien eine Lösung des Erkenntnisproblems zu erarbeiten. *Parmenides'* ausgiebiger Gebrauch der Rechtsidee im allgemeinen und sein Rekurs auf das Prinzip der zureichenden Begründung im besonderen machen klar, wo er in letzter Instanz die Entscheidung gesucht hat und die erstrebte Sicherheit gefunden zu haben glaubt.

Wenn mit Logik allein die parmenideische Grundalternative des Erkenntnisproblems zwar entscheidungsreif gemacht, aber noch nicht entschieden werden kann, liegt der Gedanke nahe, daß man es dann eben mit *stärkeren* Mitteln versuchen müsse – sozusagen mit einer Art *Superlogik*, vielleicht mit einer vollkommenen göttlichen Logik anstelle der unvollkommenen Menschenlogik. Die wahrhaft geniale Pointe des Rechtfertigungsmodells der Erkenntnis besteht meines Erachtens in der parmenideischen Einsicht, daß im Falle des Erkenntnisproblems, wie es vom griechischen Denken gestellt worden ist, nicht stärkere Mittel zum Ziel führen, sondern *schwächere!* Wenn eine zwingende Wahrheitsbegründung mit Logik allein nicht zu schaffen ist, muß man versuchen, mit anderen Mitteln eine

„zureichende" Begründung zu erreichen. Wenn Strenge, Reinheit, Folgerichtigkeit, Konsistenz und Konsequenz (logische) Stärke signalisieren, dann handelt es sich im Vergleich mit den logischen Grundsätzen beim Erkenntnisprinzip der zureichenden Begründung um ein schwächeres Argumentationsschema, mit dem sich jedoch im Hinblick auf das Begründungsziel weit *mehr* erreichen läßt. Wie das möglich ist, ergibt sich wiederum aus dem Rechtsgedanken, der hier sein erkenntnistheoretisches Meisterstück vollbringt. Um dies zu erklären, muß ich ein letztes Mal auf den „juristischen" Grundgedanken der parmenideischen Erkenntnislehre zurückkommen.

Erinnern wir uns daran, daß Wahrheit wie Recht sich zunächst als Anspruch geltend machen, dessen Berechtigung im Begründungsprozeß unter Beweis gestellt werden muß, wobei es praktisch darum geht, das eigene „bessere Recht" gegen Konkurrenzansprüche zu behaupten. Da die Problemstellung von Anfang an so radikal auf die zweiseitige Grundalternative zugespitzt ist, daß eine Anspruchsposition alle Gegenpositionen unmöglich macht, indem sie ihnen jegliche Berechtigung entzieht[465], kann der Nachweis des „besseren Rechts" wiederum auf zwei Weisen erfolgen: positiv durch Auszeichnung (Beweis) des eigenen Anspruchs oder negativ durch Zurückweisung (Widerlegung) der Gegenansprüche. Nun kann die Problemsituation aber leicht so sein, daß weder das eine noch das andere Begründungsziel erreichbar ist. Dies gilt vor allem für den Wahrheitsprozeß mit seinem zum definitiven Notwendigkeitsbeweis für die eine und zum globalen Unmöglichkeitsnachweis für die andere Seite übersteigerten Begründungsziel. Dem positiven Notwendigkeitsbeweis auf direktem Wege steht die Begründungslücke der Logik entgegen. Der Begründungsversuch via negationis, durch Aufweis der Widersprüchlichkeit der Gegenpositionen, erbringt allenfalls einen Möglichkeitsnachweis (wenn er nicht schon daran scheitert, daß kein echter *Selbst*widerspruch vorliegt, sondern nur ein Widerspruch zur *eigenen* Position). Das führt zu einer erkenntnistheoretischen *Patt-Situation,* die für das Rechtfertigungsprogramm mit logischen Mitteln allein nicht aufzulösen ist.

Die Auflösung der Pattsituation bringt die Rechtsidee in ihrer erkenntnistheoretischen Anwendung, wobei das Prinzip der zureichenden Begründung die entscheidende Hilfestellung leistet. Der juristische Schlüssel zur Problemlösung liegt jedoch meines Erachtens nicht darin, daß — wie *Luther* mit Berufung auf fr. 8,30f. meint —, nach *Parmenides* „die *zwingende Notwendigkeit* einer These oder eines Sachverhaltes" sich darauf gründet, „daß das Gegenteil unerlaubt und unzulässig wäre."[466] Damit wird zwar die These vom logischen Begründungsdefizit implizit bestätigt, ohne dieses jedoch auf irgendeine nichtlogische Weise auszugleichen. Erstens ist die Argumentation von der Unerlaubtheit oder Unzulässigkeit des Gegenteils auf die zwingende Notwenigkeit des „erlaubten", „zulässigen" Standpunktes nicht schlüssig. Zweitens beruht sie auf der hier als unbefriedigend befundenen rein normativen *Dike*-Interpretation. Drittens ignoriert sie völlig die Pointe des parmenideischen Rechtfertigungsmodells, die in der diskreten Problemverschiebung vom Erkenntnisprogramm der „zwingenden" zu dem der (bloß, aber immerhin!) „zureichenden" Begründung liegt.

Worin besteht der genaue Unterschied zwischen absoluter und zureichender Begründung? Und welches ist der subtile Verfahrenstrick, mit dem zureichende Begründungen möglich gemacht werden?

*Zureichend* ist eine Begründung genau dann, wenn wenigstens das negative Begründungs-ziel des Alternativenausschlusses erreicht wird, wodurch gleichzeitig – wenn auch ohne jegliche positive Auszeichnung – praktisch die Alleinherrschaft des „zureichend begrün-deten" Standpunktes im Reich der Wahrheit gewährleistet ist. Die Auflösung der Patt-situation mit Hilfe des Prinzips der zureichenden Begründung erfolgt nun nach Maßgabe des Rechtsprozesses, der im Falle beiderseitiger Beweisnot jene Partei obsiegen läßt, deren Anspruch nicht unter Beweispflicht steht. Zur Geltendmachung des eigenen Anspruchs ist es im Rechtsstreit ausreichend, wenn es gelingt, die Begründungspflicht auf den Gegner abzuwälzen und dessen Begründungsversuch erfolgreich abzuweisen. Einer positiven Be-gründung des eigenen Anspruchs bedarf es dann nicht mehr. Dieser Anspruch ist, obgleich unbewiesen und vielleicht sogar unbeweisbar, unter den gegebenen Umständen *unbestreit-bar* geworden. Das reicht vollkommen zur Geltendmachung des eigenen Anspruchs, des-sen so durch geschickte Ausmanövrierung der Gegenansprüche mit Hilfe einer trickrei-chen, philosophisch etwas billig anmutenden Gewinnstrategie *sozusagen* unter Beweis gestelltes „besseres Recht" sich deswegen *keine Abstriche in seinem Geltungsstatus* ge-fallen lassen muß. Wie zweifelhaft das Verfahren und wie problematisch das Urteil demje-nigen, der diese Spielregeln nicht akzeptiert, auch vorkommen mögen, so ist der Ausgang unter den gegebenen Voraussetzungen so eindeutig und endgültig wie nur wünschenswert. Nach den geltenden Spielregeln ist der Prozeß gewonnen.

Mit dem neuen Erkenntnisprinzip der zureichenden Begründung zieht *Parmenides* die erkenntnistheoretische Nutzanwendung aus dem soeben beschriebenen Lehrstück des Rechtsdenkens. Ohne das Prinzip explizit zu formulieren – vom Standpunkt des Inter-preten gesehen ein schlechtes Vorbild, dem sich leider die späteren Verfechter des Recht-fertigungsmodells angeschlossen haben –, wendet es *Parmenides* mehrfach gerade dann an, wenn der Begründungsprozeß am Scheideweg steht und die Argumentation an einem toten Punkt angekommen ist, der nur durch einen außerlogischen Anstoß überwunden werden kann. Ich beschränke meinen Kommentar dazu auf die meines Erachtens zen-trale Stelle in dem großen Fragment 8,9ff., wo die Wahrheit der parmenideischen Lehre vom (ungewordenen, unzerstörbaren, unwandelbaren, etc.) Sein mit dem Argument „zu-reichend begründet" wird, „daß keine Notwendigkeit (oder: kein Anlaß, kein Grund) be-stehe, daß es früher oder später aus dem Nichts hätte hervorgehen sollen. Folglich muß es entweder ganz und gar sein oder nicht. ... Die Entscheidung hierüber aber liegt in der Alternative: Es ist oder es ist nicht. Und entschieden ist nun, wie es mit Notwendigkeit ist: die eine Seite der Alternative (oder: den einen Weg) als undenkbar (unerkennbar) und unnennbar liegen zu lassen, denn sie ist nicht die wahre; die andere Seite (den ande-ren Weg) dagegen, wonach es (das Seiende) *ist*, als wirklich und richtig hinzunehmen."[467]

Dies ist nun in der Tat eine erstaunliche Argumentation: Aus der fehlenden Notwendig-keit des Gegenteils wird auf die zwangsläufige Richtigkeit der eigenen Lehre zurückge-schlossen. Weil kein erkennbarer Grund vorliegt, daß es anders sei, muß es sich mit dem Sein notwendigerweise so verhalten, wie behauptet wird. Mangelnde Notwendigkeit zu-gunsten der Gegenseite ist ein zureichender Grund für die Richtigkeit der anderen Seite der Grundalternative. Es ist so, weil kein zwingender Anlaß besteht, daß es nicht so ist.

Was hier von *Parmenides* in äußerst geschickter Diskussionsregie mit Hilfe des Prinzips der zureichenden Begründung in Wirklichkeit inszeniert worden ist, ist keine Begründungsargumentation (im Sinne eines positiven Wahrheitsbeweises) zugunsten des eigenen Standpunktes, sondern eine *Verschiebung der Beweislast* zulasten der Gegenposition, verbunden mit der rigorosen Ausbeutung dieser folgenreichen Problemverschiebung.

Damit ist die Rekonstruktion der parmenideischen Lösung des Erkenntnisproblems im wesentlichen komplett. Sie beruht auf den drei von *Parmenides* eingeführten Erkenntnisprinzipien der epistemologischen Differenz, der epistemologischen Kohärenz sowie der zureichenden Begründung. Geleitet von der Lösungsformel „Logik + Recht" ist von *Parmenides* das Rechtfertigungsmodell der Erkenntnis entwickelt worden, um das Erkenntnisproblem einer certistischen Lösung zuzuführen. Im Rahmen dieses am Rechtsgedanken orientierten Ansatzes wird die Frage nach dem Geltungsgrund der Wahrheit zum zentralen Kristallisationspunkt der gesamten Erkenntnisproblematik gemacht, um sie mit Hilfe eines neu geschaffenen *Erkenntnis-Rechts* zu einer rechtfertigungsorientierten Lösung zu bringen, die den Wahrheitsanspruch „zureichend begründet".

Grundregel des Wahrheits-Rechts für das Rechtfertigungsmodell ist das Erkenntnisprinzip der zureichenden Begründung, das von *Parmenides* aus dem Rechtsdenken übernommen und, erkenntnistheoretisch umgedeutet, in den Erkenntnisbereich eingeführt wird, um die für die erfolgreiche Durchführbarkeit des Begründungsprozesses bis zum eindeutigen, endgültigen Verdikt entscheidende Frage der Beweislast-Verteilung zu regeln. Auf diese Weise wird nach Maßgabe der Rechtsidee die Patt-Situation überwunden, die sich als Folge des logischen Begründungsdefizits einstellt. Zur Erläuterung des parmenideischen Rechtfertigungsprinzips der Erkenntnis und der sich darauf stützenden Begründungsargumentation „aus zureichendem Grunde" ist ein dreifacher Kurzkommentar angebracht:

Zunächst einmal muß betont werden, daß es sich beim Prinzip der zureichenden Begründung streng genommen nicht um ein „positives" Begründungsprinzip handelt, sondern um ein „negatives" Begründungs-*Vermeidungsprinzip*. Philosophiegeschichtlich wie erkenntnistheoretisch gesehen ist es ein Gipfel des Unverständnisses, wenn der Satz vom Grunde „seinem rechtverstandenen (!) Sinne nach" von *Mittelstraß* als ein Erkenntnisprinzip vorgestellt wird, das „nicht nur eine Begründungsmöglichkeit, sondern eine Begründungsverpflichtung" enthalte[468]. Genau das Gegenteil ist der Fall, sofern man – wie dieser Autor – unter einer „Rechtfertigung" oder „Begründung" eine positive Auszeichnung des „zureichend begründeten" Standpunktes, mittels Wahrheitsbeweises zum Beispiel, versteht. Das Prinzip der zureichenden Begründung tritt bei *Parmenides* in Aktion, wenn die logische Begründungsmöglichkeit *endet*. Eine universelle Begründungspflicht wird damit – jedenfalls für den Standpunkt, dessen Geltungsanspruch es *zureichend* (aber nicht mehr!) zu „begründen" gilt – nicht postuliert, sondern *vermieden*. Von einer Begründungspflicht kann man allenfalls für die Gegenpositionen sprechen, denen die Beweislast in der schadenfrohen Erwartung aufgebürdet wird, daß sie ihr nicht nachkommen können.

Die beiden folgenden Hinweise gelten der naheliegenden, meines Erachtens aber voreiligen Ansicht, daß mit dem *so* verstandenen Prinzip der zureichenden Begründung keine Lösung des Erkenntnisproblems, sondern allenfalls eine völlig willkürliche, erkenntnistheoretisch irrelevante Auflösung der Patt-Situation im Begründungsprozeß zu erreichen sei.

Bei der Beurteilung der Problemlösungskraft des Erkenntnisprinzips der zureichenden Begründung kann man sich auf den Standpunkt der griechischen Philosophie oder auf den der modernen Wissenschaft stellen. Das führt zu einer unterschiedlichen Bewertung, die jedoch in beiden Fällen dem Prinzip unbestreitbare erkenntnistheoretische Relevanz bescheinigt. Richtig verstanden, kann man dem Prinzip der zureichenden Begründung sowohl für die griechische Philosophie als auch für die moderne Wissenschaft einen guten Sinn abgewinnen, *sofern man von der ihm hier gegebenen „juristischen" Interpretation und der ihm damit auferlegten beweislastregelnden Funktion ausgeht.*

Der erläuternde Kommentar zur griechischen Problemsituation ist nicht mehr als eine Randbemerkung, die hier nicht weiter ausgebaut werden kann, ohne den gesamten ontologischen Bezugsrahmen der griechischen, speziell auch der parmenideischen Erkenntnislehre in die Betrachtung einzubeziehen, auf dessen Bedeutung bereits verschiedentlich hingewiesen worden ist. Wirklich plausibel erscheint der Satz vom zureichenden Grunde für die griechische Erkenntnislehre erst, wenn er in seiner ontologischen Einbettung in die griechische Kosmologie gesehen wird. Auf den bereits erwähnten Zusammenhang zwischen diesem erkenntnistheoretisch umfunktionierten juristischen Prinzip und den verschiedenen, mit ihm eng verwandten ontologischen Indifferenz-, Isonomie-, Homogenitäts-, Kontinuitäts- und Isotropieprinzipien [469] kann hier nur noch einmal mit Nachdruck verwiesen werden, ohne ihn ausführlicher zu erklären. Aber auch ohne Detailanalyse wird deutlich, daß das Rechtfertigungsschema der Wahrheitssicherung „aus zureichendem Grunde" an der Nahtstelle von Logik, Recht und Ontologie (Kosmologie) liegt und den erkenntnistheoretischen Schnittpunkt markiert, an dem die drei stärksten griechischen Denkströme — repräsentiert durch die parmenideische Begriffsdreifaltigkeit von *Logos, Dike* und *Kosmos*[470] — zusammentreffen.

Dieser Problemzusammenhang legt die Vermutung nahe, daß auch das Erkenntnisprinzip der zureichenden Begründung eine Art von *Ausgleichs-, Kontinuitäts- und Stabilisierungsfunktion* hat, die auf die Herstellung einer bestimmten, „gerechten" Erkenntnisordnung im Sinne einer ontologisch verankerten kognitiven *Harmonie* abzielt. Wenn man den *praktischen* Zusammenhang zwischen Sicherheitstendenzen, Endgültigkeitsbestrebungen, Stabilitätserfordernissen, Gleichgewichts- und Invarianzbedingungen und dem *Vermeiden* von sie gefährdenden „Disharmonien" aller Art in Betracht zieht, dann mag die Annahme eines *theoretischen* Zusammenhangs auf der Prinzipienebene nicht völlig abwegig erscheinen, zumal sie sich meines Erachtens vom Quellenmaterial her gut belegen läßt[471]. Die allzu pauschal vorgetragenen Globalthesen über die Kongruenz von Welt-, Rechts- und Erkenntnisordnung im griechischen Denken, die an anderer Stelle wegen ihrer Undifferenziertheit als wenig sachdienlich zurückgewiesen worden sind, haben hier ausnahmsweise eine gewisse Berechtigung. Ist ihre Aussagekraft auch in diesem Zusammenhang nicht sehr groß, so haben sie doch einigen Hinweiswert, dem sich bei verständnisvoller, differenzierender Auslegung einiges abgewinnen läßt.

Der modernen Wissenschaft schließlich hat das Prinzip der zureichenden Begründung — wie gesagt: in der hier erläuterten Interpretation und Funktion! — ein Erbe hinterlassen, von dem seine modernen Anhänger nichts zu ahnen scheinen. (Sonst würden sie es in ihrer „rechtverstandenen" Auslegung kaum so brutal gegen den ursprünglichen Strich bürsten, daß sich daraus ein Nonsensprinzip à la universelle Begründungsmöglichkeit, -forderung und -pflicht ergibt.) Dieses eleatische Erbe ist das *indirekte Beweisverfahren,* auf dem nach *Szabós* These „der gesamte Aufbau der systematisch-deduktiven Mathematik der Griechen"[472] beruht.

Wenn ich eine enge systematische Verbindung, sogar einen direkten Entstehungszusammenhang, zwischen dem Begründungsverfahren nach dem Argumentationsschema „aus zureichendem Grunde" und der Methode des indirekten Beweises sehe, so habe ich dabei weniger die auffällige, aber eher oberflächliche Ähnlichkeit im Auge, die darin besteht, daß der parmenideische Wahrheitsprozeß auf Indizienbeweisen beruht, die ihrer ganzen Konstruktion nach etwas „Indirektes", Umwegiges, sozusagen Dialektisches an sich haben und die Wahrheit vorzugsweise *e contrario* erschließen anstatt sie auf dem „direkten" Wege eines deduktiven oder konstruktiven Beweises positiv zu begründen. Das ist eine vielleicht nicht ganz unbedeutende Parallele im Verfahren, aber nicht die wesentliche Gemeinsamkeit im Grundgedanken, die zur Vermutung Anlaß gibt, *daß das indirekte Beweisverfahren auf einer Anwendung des Erkenntnisprinzips der zureichenden Begründung in der hier erläuterten Form beruht* und damit letztlich auch ein Produkt der parmenideischen Lösungsformel „Logik + Recht" ist.

Die strukturelle Analogie ergibt sich, wie gesagt, aus dem Grundgedanken, aus dem beiden *prima facie* so verschiedenen Ansätzen gemeinsamen, vom Rechtsgedanken entlehnten Leitmotiv. Wenn „indirekt" geschlossen wird, daß eine Zahl „deswegen gerade sein muß, weil sie nicht ungerade sein kann"[473], dann steht dieser kühne Schluß in unübersehbarer Parallele zu der „zureichend begründenden" Argumentation, daß etwas so sein muß, weil kein Grund besteht, daß es anders ist. Wenn man dabei ferner auch noch in Betracht zieht, daß für *Parmenides* alles, was nicht *notwendig* wirklich oder wahr ist, nicht wirklich sein *kann* und falsch sein *muß* – eine für uns problematische, unter der Voraussetzung eines certistischen Wissensverständnisses jedoch unausweichliche Konsequenz –, dann wird die Analogie in der Argumentationsstruktur fast perfekt. Vollkommen kann sie nach Lage der Dinge auch gar nicht sein, da nach meiner Hypothese die Methode des indirekten Beweises bereits eine speziell auf die Problemsituation der Mathematik abgestellte *Weiter*entwicklung des allgemeinen Begründungsschemas „aus zureichendem Grunde" ist, die sich für logische Sonderfälle – Gundalternative als vollständige logische Disjunktion bei eindeutiger Selbstwidersprüchlichkeit der einen und strikter Negationsposition der anderen Seite der Alternative – bereits wieder der zwingenden, positiven, absoluten Begründung nähert. Wo die erkenntnistheoretische Pattsituation nicht entsteht, kann auf eine „juristische" Entscheidung nach der Beweislast-Regel verzichtet werden. Aber die Entstehung einer Pattsituation ist die Regel, nicht die Ausnahme. Wo auch nur der kleinste Spalt einer logischen Begründungslücke vorhanden ist, kann weder das direkte noch das indirekte Beweisverfahren allein – d.h. ohne Mithilfe des Prinzips der zureichenden Begründung – zum Begründungsziel führen.

Einen solchen Fall, der ohne Beweislast-Regelung logisch nicht entscheidbar ist, stellt die zureichende Begründung des parmenideischen Lehrsatzes über die Prädikationen des Seienden (als unentstanden, unvergänglich, unbeweglich, unzerstörbar, unräumlich, etc.) dar, der vielleicht „*nur* mit der Anwendung je eines indirekten Schlusses (zu) beweisen"[474] ist, aber damit *allein* – wie bereits erläutert – nicht zureichend begründet werden kann. Dies wird von *Szabó* in seiner Darstellung des parmenideischen Begründungsprogramms übersehen, weil er diesen Spezialfall unvollständig rekonstruiert und ihn überdies in dieser fehlerhaften Rekonstruktion auch noch zum allgemeinen Fall erhebt. Die Vernachlässigung des Prinzips der zureichenden Begründung hinterläßt in *Szabós* ansonsten ausgezeichneter Rekonstruktion der Entstehungsgeschichte der griechischen Mathematik zwei Erklärungslücken: Da ist erstens eine Lücke im Gesamtbild der parmenideischen Erkenntnislehre und der eleatischen Dialektik, die eben doch einiges *mehr* ist „als das kunstvolle Anwenden des indirekten Beweisverfahrens"[475].

Da bei *Szabó* die logische Beweislücke übersehen wird, besteht für ihn kein Anlaß, auf das einzugehen, womit *Parmenides* dieses Begründungsdefizit auszugleichen versucht: den Rechtsgedanken und speziell das Prinzip der zureichenden Begründung.

Die zweite Erklärungslücke betrifft die Entstehung des indirekten Beweisverfahrens. „Wollte man das Entstehen dieser Methode aus der Mathematik erklären," argumentiert *Szabó*[476] überzeugend, „so bliebe es ein ungelöstes Rätsel." Aber wird das Rätsel gelöst, wenn man die revolutionär neue Beweistechnik des indirekten Schließens einfach aus der Mitte der eleatischen Philosophie herauswachsen läßt, als wäre sie en passant aus der eleatischen Dialektik und diese sozusagen aus sich heraus entstanden? Wenn die vorliegende Darstellung etwas Richtiges bringt, dann läßt sich der Entstehungszusammenhang des indirekten Beweisverfahrens weiter zurückverfolgen und der Ursprung ziemlich genau an jener Stelle lokalisieren, wo die Rechtsidee in die Erkenntnislehre einbricht. Dies ist der Ausgangspunkt des Rechtfertigungsmodells der Erkenntnis in allen seinen Spielarten, zu denen auch die von *Szabó* behandelten Begründungsansätze gehören.

Das legt folgende ideengeschichtliche *Hypothese* über den Entstehungszusammenhang des Rechtfertigungsmodells im griechischen Denken und den Zusammenhang der verschiedenen Begründungsverfahren untereinander nahe: Das parmenideische Rechtfertigungsprogramm der „zureichenden" Begründung liefert eine philosophische Lösung des Erkenntnisproblems für den *allgemeinen*, über die Grundbestimmungen des griechischen Erkenntnisstils hinaus nicht weiter eingeschränkten Fall, der noch nicht unter den vielfältigen Sonderbedingungen steht, die später zur Erleichterung von Wahrheitsbeweisen eingeführt werden. (Die Mathematik zum Beispiel ist im Zuge ihrer Entwicklung zu einer strengen Disziplin formalen Charakters ein erkenntnistheoretischer Sonderfall geworden.) Dies ist zugleich auch der *älteste* philosophische Lösungsversuch, jedenfalls im Rahmen des griechischen Denkens. Dagegen stellt die sich unmittelbar daraus entwickelte Methode des *indirekten Beweises* eine spezielle Lösung für logisch stärker – restriktiver –strukturierte Problemsituationen dar. Das *direkte Beweisverfahren* liegt dem engsten und zugleich jüngsten Problemlösungsansatz zugrunde, der erst in der aristotelisch-euklidischen Tradition zur Entfaltung gekommen ist, um dann allerdings für lange Zeit die erkenntnistheoretische Szene zu beherrschen. Mit dieser Hypothese ist die Hauptlinie in der Entwicklung des Rechtfertigungsmodells der Erkenntnis umrissen, die eine durchgehende Verbindung in der Problemgeschichte des Erkennens aufzeigt. Die erste Etappe dieser Entwicklung – von den Anfängen des griechischen Denkens bis zu seinem ersten Höhepunkt bei *Parmenides* – ist hier ausführlich rekonstruiert worden. Die zweite Denketappe, die zu *Platon, Aristoteles* und *Euklid* führt, muß hier – von der grob zusammenfassenden Übersicht im folgenden Kapitel abgesehen – ebenso übergangen werden wie die weitere Entwicklung bis zur Gegenwart, von der lediglich einige wenige herausragende Gestalten und wegweisende Ideen im Rahmen der systematischen Darstellung der modernen Problemsituation in die Diskussion einbezogen werden können.

Bevor wir die griechische Szene verlassen, ist hier noch eine doppelte Abschlußaufgabe zu erfüllen. Erstens muß noch die Schlußbilanz für die parmenideische Erkenntnislehre vorgelegt und zweitens die weitere Entwicklung des Rechtfertigungsmodells im unmittelbaren Anschluß an *Parmenides* in ihren Haupttendenzen wenigstens grob skizziert werden. Der erste Punkt wird anschließend, der zweite im folgenden Kapitel erledigt. Die *Schlußbilanz* für das parmenideische Rechtfertigungsmodell zeigt, daß es alle Möglichkeiten und Mittel für eine umfassende Gesamtlösung zur Verfügung stellt, von *Parmenides* tatsächlich aber nur zur *Teil*lösung des Erkenntnisproblems herangezogen wird. Worum es *Parmenides* gegangen ist und was er unter seinen Voraussetzungen auch erreicht hat, muß man im nachhinein – aus der privilegierten Perspektive des Philosophiehistorikers, der den (vorläufigen) Ausgang der Geschichte kennt – als eine *End*lösung für einen *Teil* der Problematik charakterisieren. Inwieweit es sich um eine Endlösung und warum nur um eine Teillösung handelt, bleibt nun noch in aller Kürze zu erklären.

Ich komme zu diesem Zweck noch einmal auf den Ausgangspunkt zurück. Nach der hier versuchten Rekonstruktion der Problemgeschichte ist es die certistische Tendenz des griechischen Erkenntnisstils gewesen, die verlangt, und die erkenntnistheoretisch eingesetzte Rechtsidee, die es ermöglicht hat, den Erkenntnisprozeß im Hinblick auf das Begründungsziel der *Verifikation* zu führen. Erkenntnisziel des griechischen Denkens ist nichts weniger als *Wissen* im Vollsinne, das sich seinerseits bestimmt als Erkenntnis mit endgültig gesichertem Wahrheitsanspruch. Hat *Parmenides* mit seiner Rechtfertigungskonzeption für *diese* Fragestellung, unter den *dafür* geltenden Voraussetzungen, eine Endlösung geliefert? Wenn man von anderen Voraussetzungen – etwa denen der modernen Problemsituation – ausgeht, kann die Antwort nur ein klares *Nein* sein. Geht man um der historischen Gerechtigkeit willen von den griechischen Voraussetzungen aus, an die sich *Parmenides* halten durfte und streng gehalten hat, dann stellt sich die Frage so: Ist es tatsächlich möglich oder wenigstens denkbar, daß der parmenideische Rechtfertigungsprozeß den Menschen zur Erkenntnis führt, die sich als Wissen von dieser nicht alltäglichen Art qualifiziert? Wie endgültig ist die „zureichend begründete" Wahrheit?

Für den, der den durchgängigen „juristischen" Grundzug des Rechtfertigungsmodells erfaßt hat, liegt die Antwort auf der Hand, auch wenn sie den modernen Betrachter verblüffen mag. Sie ergibt sich aus dem *Rechts*-Sinn des Begründungsverfahrens: *Wenn überhaupt irgend etwas an den Produkten menschlicher Erkenntnisbemühungen Endgültigkeit beanspruchen kann* – und dies nicht willkürlich, sondern mit vollem Recht, so daß es nach menschlichem Ermessen auch endgültig *ist!* –, *dann das Verdikt eines so nach Maßgabe des Rechts konzipierten, auf zureichende Wahrheitsbegründung ausgerichteten Erkenntnisprozesses.* Der abschließende Wahrspruch des Rechtfertigungsverfahrens ist in genau demselben Sinn und Ausmaß endgültig, als er „von (Erkenntnis-)Rechts wegen" nicht mehr revidiert werden kann. Und die Revisionsmöglichkeit endet an der letzten

Instanz, an die man sich zwecks Anfechtung von Vor-Urteilen wenden kann. Hat die letzte Instanz gesprochen, ist das Urteil rechtskräftig, also endgültig. Diese Endgültigkeit ist praktisch unbeschränkt genug, um dem skeptizistischen Einwand der Vergeblichkeit aller Wissensbemühungen zu begegnen; gleichzeitig aber ist sie theoretisch beschränkt genug, um dem Vorwurf des Dogmatismus wenigstens die Spitze zu nehmen.

Das Rechtfertigungsverfahren *nach* Ausschöpfung aller Begründungsmöglichkeiten irgendwo zu einem Ende zu bringen, ist nicht *per se* dogmatisch. Die Endgültigkeit endet an der Möglichkeit einer *Wiederaufnahme* des Verfahrens. Auf diese Möglichkeit *kann* man natürlich jederzeit, *muß* man zuweilen sogar – wegen Chancenlosigkeit mangels neuer Gesichtspunkte zum Beispiel – verzichten, darf sie aber nie für alle Zeiten außer Betracht lassen. Für das Rechtfertigungsmodell der Erkenntnis gilt auch hier, daß nach *Mansfelds* Worten – aber nicht ganz nach seiner Interpretation, die am Offenbarungsrahmen festhält – die „Autorität des Rechts sowohl als Macht wie als Prozedur ... überall wirksam"[477] ist, wozu hinzuzufügen ist: und die *Grenzen* beider Aspekte des Rechtsgedankens sichtbar werden. In geringer Wort-, aber gravierender Sinnänderung der bereits an anderer Stelle zitierten Stellungnahme *Mansfelds* kann man abschließend zu diesem Thema sagen: Die Wahrheit im parmenideischen Rechtfertigungsmodell der Erkenntnis ist nur sicher, weil das Recht sie beherrscht, und sie ist es nur in dem Ausmaß, als dies der Fall ist. Soweit die Herrschaft des Rechtsdenkens im Erkenntnisbereich geht, soweit geht auch die durch zureichende Begründung vergebene *Wahrheitslizenz*, die den Geltungsanspruch sichert.

Wer diese „Endlösung" unbefriedigend findet, muß ihr immerhin zugute halten, daß sie aus einer vielleicht auswegslosen Problemsituation das Beste macht. Von den *eigenen* Voraussetzungen her beurteilt, erweist sich die parmenideische Problemlösung als vernünftig, scharfsinnig, ausgewogen, im Grundgedanken einfach, in der Ausarbeitung differenziert, nicht zuletzt auch praktikabel unter den Bedingungen dieser Welt. Sie verlangt dem menschlichen Erkenntnisvermögen viel ab, aber nicht zuviel, um alle Erkenntnisbemühungen von vornherein zum Scheitern zu verurteilen. Wer *fremde*, grundsätzlich andersartige, vielleicht sogar völlig entgegengesetzte – zum Beispiel *Popper*sche – Maßstäbe anlegt, wird nicht um das Zugeständnis herumkommen, daß *mehr* Endgültigkeit auf keinen Fall, unter gar keinen Voraussetzungen erreichbar ist.

Mehr hat übrigens in dieser Hinsicht auch die weitere Entwicklung des „Rechtfertigungsdenkens" in zwei Jahrtausenden nicht gebracht. Eher weniger sogar, wenn man den *Verlust an Problemlösungskraft* bedenkt, den meines Erachtens alle neuzeitlichen Versionen des Rechtfertigungsmodells – spätestens von *Bacon* und *Descartes* an gerechnet; *Hilbert, Russell, Husserl, Dingler, Carnap, Lorenzen* nicht, allenfalls *Kant* ausgenommen – gegenüber dem parmenideischen Prototyp aufzuweisen haben. Ich denke hier insbesondere an alle Versuche, „leere" Sicherheit durch *Enttheoretisierung* der Erkenntnis zu erkaufen. Von der Ausgewogenheit und damit letztlich auch von allem anderen, was ihm hier zugute gehalten worden ist, ging bereits bei *Platon* einiges verloren, der das Rechtfertigungsmodell der Erkenntnis zwar weiter ausgebaut und teilweise subtil verfeinert hat[478], aber mit seinem „übermäßigen Verlangen nach Sicherheit"[479] die Entwicklung des Begründungsprogramms in eine Sackgasse führte, aus der es sich bis heute nicht wieder herausmanövrieren konnte. Mit Ausnahme von *Aristoteles* steht die nachplatonische Entwicklung unter dem lähmenden Einfluß eines ins Überdimensionale gesteigerten, dabei vielfach in den Bereich rein subjektiver Gewißheit verlagerten Sicherheitswahns, der mit einem vernünftigen Streben nach Zuverlässigkeit und Haltbarkeit der Erkenntnis nichts mehr zu tun hat. Die Ausgewogenheit des parmenideischen Ansatzes besteht darin, daß keine andere Grundtendenz des griechischen Erkenntnisstils der certistischen Forderung geopfert wird. Und verglichen etwa mit *Descartes* oder *Dingler* ist die Art, wie *Parmenides* nach dem hier beschriebenen Verfahren Wissen zu erreichen hofft, höchst rational. Von welcher Seite auch immer betrachtet, erweist sich *Verdenius'* Charakterisierung der parmenideischen Leistung als „Endlösung" des Erkenntnisproblems – in seiner griechischen Problemstellung mit ganz bestimmten Voraussetzungen, um dies noch einmal zu betonen – bei verständnisvoller Auslegung, die hier den Rechtsgedanken besonders stark einbeziehen muß, als im wesentlichen zutreffend.

Dies ist nur ein, allerdings sehr wesentlicher Punkt auf der Habenseite der parmenideischen Erkenntnislehre, an deren insofern positiver Beurteilung sich auch dann nur wenig ändert, wenn – wie später in dieser Abhandlung – der Standpunkt vertreten wird, daß der ganze Ansatz, angefangen von der certistischen Tendenz bis zum Prinzip der zureichenden Begründung, verfehlt ist.

Kann die parmenideische Rechtfertigungskonzeption durchaus als eine Endlösung des Erkenntnisproblems angesehen werden, so ist sie dies allerdings nur für einen *Teil* dessen, was im Erkenntnisbereich üblicherweise mit Wahrheitsanspruch auftritt und eine ernsthafte Kandidatur zur Erhebung in den Stand des Vollwissens durch zureichende Begründung anmeldet.

Warum *Parmenides* das Rechtfertigungsmodell nur zur Teillösung des Erkenntnisproblems benutzt, macht den wichtigsten Punkt auf der Sollseite der Schlußbilanz aus. Wo *Parmenides* – gemessen an der späteren Entwicklung des Rechtfertigungsprogramms – den entscheidenden Fehlzug gemacht hat, der den Weg zur Gesamtlösung verbaut, ist offensichtlich: in der *Doxa*lehre, dem am schwersten einzuordnenden Teil seiner Erkenntnistheorie[480]. Über den erstaunlichen, bislang nie dagewesenen Anspruch des *Parmenides*, nicht nur die Wahrheit, die volle Wahrheit und nichts als die Wahrheit zu lehren, sondern zugleich auch trügerisches Scheinwissen – in seinen eigenen Worten: „sowohl der runden Wahrheit unerschütterliches Herz wie auch das Dünken der Sterblichen, worin keine wahre Verläßlichkeit ist" (fr. 1,29 ff.[481]) –, haben sich die Kommentatoren gewundert, ohne die erkenntnistheoretischen Spätfolgen zu übersehen.

In Anwendung des Prinzips der epistemologischen Differenz unterscheidet also *Parmenides* von vornherein zwei Arten von Information, mit denen es seine Erkenntnislehre zu tun hat: echtes, volles Wissen über die Wirklichkeit, dessen Wahrheit gesichert ist, und bloße Meinung, die, weil ungewiß und unzuverlässig, gemäß der certistischen Erkenntnisauffassung als falsch charakterisiert wird. Jegliche Chance der *doxa* auf Richtigkeit – sozusagen als Zufallstreffer – wird unzweideutig ausgeschlossen[482]. Nichtsdestoweniger muß auch sie nach *Parmenides'* Auffassung zur Kenntnis genommen werden (fr. 1,31). So weit, so gut. Das ist zunächst nichts weiter als der Prototyp der *episteme/doxa*-Dichotomie, die von nun an die griechische Erkenntnislehre beherrscht und keineswegs völlig neu ist, obwohl sie bei *Parmenides* erstmals zur radikalen Entgegensetzung von Vernunft- und Sinneserkenntnis benutzt wird[483].

Viel erstaunlicher und folgenreicher als die neue Mode der Einbeziehung des Irrtums in die Erkenntnislehre ist nun meines Erachtens die Tatsache, daß *Parmenides* keinerlei Versuch macht, aus dem Wissen irgendeinen Nutzen für die Meinung zu ziehen. Der Gedanke liegt doch nahe – und diese Möglichkeit ist zur einhellig verfolgten Erkenntnisstrategie des *nach*parmenideischen Rechtfertigungsprogramms geworden –, das verfügbare Wissen als festen Ausgangspunkt für weitere Eroberungen im Reich der Erkenntnis zu benutzen, um das Wahrheitsfeld immer mehr auszudehnen. Es ginge also darum, Erkenntnisfortschritt dadurch zu erzielen, daß man die *doxa* an der *episteme* irgendwie „partizipieren" läßt, am besten natürlich positiv, indem man die Meinung in den Stand des Wissens emporhebt, notfalls aber auch negativ, indem die Falschheit der menschlichen Meinungen mit Hilfe des Wissens entlarvt wird. Die erste Partizipationsmöglichkeit liefe auf eine Bestätigungsstrategie – die nicht unbedingt bis zur vollen, definitiven Verifikation gehen müßte –, die zweite auf eine Widerlegungsstrategie, beides gleichermaßen auf eine *Fortschrittsstrategie* hinaus.

*Parmenides* macht nun nicht nur keinerlei Gebrauch von solchen Möglichkeiten, sondern tut schlechthin alles, um diesen Weg ein für allemal zu verbauen. Kein Versuch wird gemacht, um die *doxa* der *episteme* anzugleichen oder auch nur, Meinung durch Wissen zu widerlegen[484]. Die zukunftsweisende, vielversprechende, immerhin schon von *Xenophanes* dunkel erahnte Perspektive, die *doxa* als *hypothetische* Erkenntnis mit problematischem Wahrheitsanspruch aufzufassen, dessen Bestätigung oder Widerlegung auch ein Weg zur Wahrheit oder zumindest zu relativem Erkenntnisfortschritt ist, wird nicht in Erwägung gezogen, sondern im Gegenteil brüsk zurückgewiesen: Die *doxa* ist nach *Parmenides'* ausdrücklicher Feststellung einerseits zwar unaufholbar hinter der *episteme* zurückgeblieben, andererseits aber in ihrer falschen Art selbst unüberholbar (vgl. fr. 8,60 f.), denn „niemand wird sie verbessern können."[485] Die Möglichkeit des Erkenntnisfortschritts für die *doxa* wird damit von vornherein ausgeschlossen[486].

Meinung ist also nach *Parmenides* nicht Hypothese, die als Erkenntnis minderen Ranges zwar unter dem echten Wissen steht, aber mit diesem so *verbunden* ist, daß das Ganze der Erkenntnis von dieser Partizipation des schlechteren am besseren Teil der Erkenntnis profitieren könnte. Zwar bildet die parmenideische Erkenntnislehre von *episteme* und *doxa* durchaus eine Einheit, deren zwei Erkenntnisteile nicht völlig unverbunden nebeneinander stehen, wie *Reinhardt*[486a] überzeugend nachgewiesen hat. Zwischen ihnen besteht jedoch lediglich die dünne logische Verbindung unter Gliedern einer Disjunktion, aber kein *erkenntnistheoretisches* Band, das die Konstruktion von Begründungsbeziehungen ermöglichen würde.

Bereits anläßlich der Diskussion des Prinzips der epistemologischen Differenz wurde warnend darauf hingewiesen, daß es sich bei der Einführung dieses Schrittes um einen nicht unproblematischen Schachzug handelt, der sich für das Programm der Erkenntnisbegründung leicht als hinderlich statt förderlich erweisen könnte. Es besteht hier nämlich die Gefahr, daß der erkenntnistheoretische Schnitt zu radikal angesetzt wird, so daß die epistemologische Differenz zur unüberbrückbaren Kluft erweitert und das Wahrheitsgefälle so vergrößert wird, daß die schlechter ausgestattete Art oder Stufe der Erkenntnis völlig aus der für das Rechtfertigungsmodell noch sinnvollen Rangordnung des Wißbaren herausfällt. Wenn dieser Fall eintritt, reißt die erkenntnistheoretische Verbindung zwischen *episteme* und *doxa* — oder dem, was an deren Stelle tritt — ab, das Überbrückungsproblem ist unlösbar, die Ausnutzung des Wahrheitsgefälles zum Zwecke der zureichenden Begründung des einen Teils der Erkenntnis mit Hilfe des anderen, besseren Teils unmöglich geworden. Damit vergibt man leichtfertig — oder, wie bei *Parmenides,* mit voller Absicht und Einsicht in die Konsequenzen — *die* Chance auf weiteren Erkenntnisfortschritt zumindest für einen wesentlichen Teil des Wißbaren, auf deren Ermöglichung und Ausnutzung das Rechtfertigungsmodell eigentlich ausgerichtet sein müßte, wenn es eine Gesamtlösung des Erkenntnisproblems bieten soll: die Erhebung menschlicher Meinung in den Erkenntnisrang des Wissens, die Annäherung an die Wahrheit durch sukzessive Ausmerzung des Falschen, das Wuchern mit dem Kapital der bereits „im sicheren Besitz" verfügbaren Wahrheit zwecks Erschließung neuer Wahrheiten.

Dieser Gefahr, den erkenntnistheoretischen Schnitt so anzusetzen, daß am Ende nur noch zu konstatieren übrigbleibt „Operation gelungen, Patient gestorben!", ist *Parmenides* in seiner Erkenntnislehre voll erlegen. Im Rahmen des parmenideischen Rechtfertigungsmodells wird die an sich sinnvolle epistemologische Differenz zwischen unterschiedlichen Graden, Stufen oder Arten des Wißbaren zur unüberbrückbaren *episteme/doxa*-Dichotomie auseinanderphilosophiert. Jeder Versuch einer erkenntnistheoretischen Verknüpfung zum Zwecke der Begründung und Verbesserung läuft „schnurstracks der parmenideischen Grundtendenz zuwider. Mit klaren und fast pedantischen Worten scheidet in dem Gedicht die offenbarende Göttin die beiden Reiche voneinander. Nirgends wird die Frage einer Beziehung zwischen ihnen auch nur von ferne berührt; so dürfen wir auch keine Beziehungen von uns aus herstellen. ... Jede der beiden Welten ist ein in sich selbst geschlossener Zirkel ..."[487]

Was in der parmenideischen Erkenntnislehre fehlt, ist die bereits im Zusammenhang mit dem Prinzip der epistemologischen Differenz erwähnte *Kunst der Fuge.* Damit wird die oben genauer beschriebene Chance des Rechtfertigungsansatzes für das weite Feld der *doxa* ausgelassen. Durch die Charakterisierung der bloßen Meinung als inferiore und gleichzeitig *in ihrer Art* doch wieder höchst vollkommene, d.h. unverbesserliche (Schein-)Erkenntnis wird sie mit einem unheilbaren Wahrheitsdefekt belastet, der auf diesem Gebiet jeden Erkenntnisfortschritt ausschließt. Weil *Parmenides* diese vom Rechtfertigungsmodell gebotene Chance vertan hat, kann man seine Lösung des Erkenntnisproblems nur als eine Teillösung ansehen, deren ihr von *Parmenides* selbst zugedachter Anwendungsbereich umso mehr schrumpft, je größer der Anteil der *doxa* am Ganzen der menschenmöglichen Erkenntnis ist. Nach moderner Auffassung müßte also der Anwendungsbereich des Rechtfertigungsmodells gegen Null konvergieren — zumindest dann, wenn man sich an dessen ursprüngliche Bestimmung hält.

# Zweiter Teil

# Die traditionelle Lösung des Erkenntnisproblems

Die philosophische Erkenntnislehre hat mittlerweile eine zweieinhalbtausendjährige Entwicklung hinter sich, seit sie von *Parmenides* in die abendländische Ideengeschichte eingeführt worden ist. Wie man dieses gewaltige Stück erkenntnistheoretischer Problemgeschichte in überschaubare, in sich halbwegs einheitliche und miteinander sinnvoll verbundene Abschnitte einteilt, hängt von dem Gesichtspunkt ab, aus dem sie betrachtet wird. Hier eröffnen sich von vornherein viele geistesgeschichtliche Perspektiven, unter denen der Philosophiehistoriker die für sein Rekonstruktionsprogramm brauchbarste Leitlinie auszuwählen hat. Dementsprechend unterschiedlich wird die Einteilung des gesamten Entwicklungszeitraums von den Anfängen bis zur Gegenwart in größere ideengeschichtliche Blöcke („Epochen"), aufeinanderfolgende Perioden, ineinander verschachtelte Phasen, etc. – mit allen Möglichkeiten der weiteren, beliebig verfeinerten Unterteilung – ausfallen. Dies schließt nicht aus, daß es auch im Erkenntisbereich, wie überall in der Weltgeschichte, bestimmte „kritische Momente" gibt, die *Maß*-gebende, also buchstäblich „epochale" Innovationen bringen, an denen keine wie auch immer ausgerichtete problemgeschichtliche Darstellung vorbeigehen kann.

Zu diesen festen Orientierungspunkten für jede Rekonstruktion der philosophischen Erkenntnislehre zählt meines Erachtens die Einführung der Erkenntnislehre durch *Parmenides* sowie, als zweiter Markierungsstein, die Emporführung des „Rechtfertigungsdenkens" zu seinem absoluten Kulminationspunkt – zumindest im griechischen Denken; wenn man in dem meist kurzen Zwischenstadium höchster *Reife* statt im langsam auslaufenden Endstadium größter denktechnischer Perfektion und bereits ins Gegenteil umschlagender Raffinesse den Gipfel einer Entwicklung sieht, dann gilt dies sogar für die gesamte Ideengeschichte – durch die platonisch-aristotelisch-euklidische Tradition. Alles andere sind mehr oder weniger beliebig bestimmbare Orientierungspunkte, die innerhalb gewisser, aber ziemlich weit gezogener Grenzen so *gesetzt* werden können, wie man sie gerade braucht. Werden sie gut gesetzt, ergibt sich daraus vielleicht eine vernünftige Darstellung, die eine plausible Abfolge und adäquate Gewichtung der Probleme zu bringen sowie einen sinnvollen Zusammenhang zwischen den einzelnen Problemlösungsschritten herzustellen in der Lage ist.

Mit der vorliegenden Rekonstruktion der Problemgeschichte der Erkenntnislehre ist anhand dieser beiden Orientierungspunkte des griechischen Zeitalters ein sehr lückenhafter Versuch in dieser Richtung unternommen worden. Von den genannten Fixpunkten abgesehen, handelt es sich hier um unmaßgebliches Beiwerk, das nur *dem* Standpunkt einen verbindlichen Orientierungsrahmen vorgibt, der dieselben Akzente zu setzen bereit ist.

Anders ausgedrückt: Das parmenideische Denken bedeutet für die gesamte Erkenntnislehre einen epochalen Einschnitt; das poppersche Denken markiert nur für den eine Epoche der Philosophiegeschichte, der den Problemlösungsvorschlag des „modernen Parmenides" als Neuorientierung der Erkenntnislehre anzunehmen bereit ist — wie zum Beispiel der Verfasser dieser Abhandlung.

Nimmt man das parmenideische Denken sowie dessen Fortbildung in der platonisch-aristotelisch-euklidischen Tradition als feste, durch die certistische Inauguralrevolution der Erkenntnislehre gesetzte Markierungen, die fallibilistische Gegenrevolution der einstein-popperschen Tradition als den zusätzlichen, frei bestimmten Einschnitt, dann ergibt sich folgendes *Orientierungsschema* für die Rekonstruktion der erkenntnistheoretischen Problemgeschichte im Hinblick auf das für die vorliegende Darstellung gewählte Leitmotiv des Konkurrenzkampfes von certistischen und fallibilistischen Lösungsansätzen:

(1) Mit oder ohne die vorparmenideische „Vorgeschichte" genommen, umfaßt der erste Entwicklungsabschnitt der philosophischen Erkenntnislehre die vom parmenideischen Denken beherrschte Etappe des griechischen Zeitalters. Diese *parmenideische Epoche* der Erkenntnislehre ist im vorangehenden Kapitel ausführlich dargestellt worden.

(2) Die Folgezeit bis zur fallibilistischen Revolution bringt zwei große Entwicklungsabschnitte. Der erste, philosophisch gewichtigere Abschnitt liegt noch im griechischen Zeitalter des Denkens und leitet von *Parmenides* zum philosophisch-wissenschaftlichen Dreigestirn *Platon-Aristoteles-Euklid* über. Ich nenne diese Etappe deshalb die platonisch-aristotelisch-euklidische oder abgekürzt einfach die *aristotelische Epoche* der Erkenntnislehre, die von der klassischen Zeit der griechischen Philosophie bis ins Mittelalter reicht.

(3) Den zweiten Abschnitt der nachparmenideischen Entwicklung bildet die daran anschließende *neuzeitliche Epoche*, die man mangels einer alles beherrschenden, wahrhaft epochalen Figur — das gibt es hier nicht, trotz *Descartes, Kant, Hegel, Hilbert, Husserl, Russell, Dingler, Carnap, Wittgenstein* — die nacharistotelische Epoche nennen könnte. Sie als „vorpoppersche" Zeit zu apostrophieren, wäre zwar chronologisch richtig, würde aber meines Erachtens einen falschen Akzent setzen. Die Gewichtung stimmt wohl nicht mehr ganz — von der philosophischen Sache, von der geistesgeschichtlichen Zeit und von den Personen her gesehen. Nacharistotelisch anstatt vorpopperisch ist dieser Entwicklungsabschnitt insofern, als vieles daran tatsächlich von *Aristoteles'* (sowie *Platons, Euklids* und ihrer Zeitgenossen) Vorarbeit ausgeht, während hingegen nur wenig direkt zu *Popper* hinführt.

(4) Wenn man auch in der Philosophie den Tag nicht vor dem Abend, also einen Philosophen nicht vor seiner Beerdigung und seine Lehre nicht vor dem Abschluß ihrer Laufbahn loben soll, nenne ich den vierten, in die Gegenwart führenden und vermutlich noch für einige Zeit zukunftsweisenden Entwicklungsabschnitt die *poppersche Epoche*, weil sie die von *Einstein* vorbereitete und von *Popper* dramatisch in Szene gesetzte *fallibilistische Revolution* der Erkenntnis- und Wissenschaftslehre bringt.

Die erkenntnistheoretischen Errungenschaften der parmenideischen und popperschen Epoche stehen im Mittelpunkt der vorliegenden Abhandlung. Sie sind Gegenstand des Ersten und Dritten Teils dieser Arbeit. Worin der Beitrag der aristotelischen Epoche zur

Lösung des Erkenntnisproblems besteht, wird – weniger ausführlich – im folgenden Kapitel 4 zur Sprache kommen. Die wichtigsten Leistungen der neuzeitlichen Epoche werden zusammengefaßt im Kapitel 5, einige herausragende Lösungsansätze für bestimmte Probleme zusammen mit der systematischen Entwicklung der *Popper*schen Gegenposition im Dritten Teil dargelegt.

## 4. Kapitel

## Nachparmenideische Perspektiven – Entwicklungstendenzen des Rechtfertigungsansatzes in der aristotelischen Epoche

Die parmenideische Epoche am Anfang und die poppersche Epoche am (vorläufigen) Ende – das sind Eiszeiten des Denkens, in denen die Erkenntnis einen großen Sprung nach vorn macht, um das, was er mit sich bringt, sogleich zu vergletschern. Das Neue wird unverzüglich in einen Eispanzer gepackt, den die Nachwelt erst mühsam aufzutauen hat. Der Rigorismus des parmenideischen Denkens, der nicht frei von dogmatischen Zügen ist, findet seine genaue Entsprechung im Rigorismus des popperschen Denkens, dessen vehemente Ausfälle gegen jeglichen „Dogmatismus" einen uneingestandenen aber kaum noch verborgenen dogmatischen Grundzug der eigenen Position verstärken und den Dogmatismusverdacht gegen sich selbst kehren. Wie die letzte geologische Eiszeit der Menschheit den Aufstieg des *homo sapiens* und den Durchbruch des theoretischen Erkenntnisstils[488] gebracht hat, so führt die erste philosophische Eiszeit das Denken auf einer Gratwanderung zwischen Dogma und Kritik auf die zweite, metatheoretische Rationalitätsstufe des argumentativen Begründens.

In der Weltgeschichte wie in der Ideengeschichte werden Eiszeiten früher oder später von Zwischeneiszeiten abgelöst, die den einmal eingeleiteten und bereits wieder angehaltenen Gang der Entwicklung fortführen, indem sie nicht alles, aber doch vieles in Fluß bringen. Eine solche Zwischeneiszeit überbrückt die Entwicklung von *Parmenides* bis *Popper*. (Die nachpoppersche Zwischeneiszeit läßt noch auf sich warten.)

Soweit die philosophische Erkenntnislehre den parmenideischen Ansatz aufgenommen hat, wie es fast ausnahmslos der Fall war, läßt die weitere Entwicklung des Denkens eine *Hauptlinie* erkennen, die der Suche nach einer Lösung des Erkenntnisproblems die allgemeine Richtung angibt. Am Übergang von der aristotelischen zur neuzeitlichen Epoche bekommt diese Linie einen deutlichen Knick, um mit dem Bruch der fallibilistischen Revolution ein Ende zu finden. Diese Hauptlinie führt auf dem ersten Entwicklungsabschnitt von der parmenideischen Teillösung zur platonisch-aristotelisch-euklidischen *Gesamtlösung,*auf dem zweiten, nacharistotelischen Teilstück zur Herausbildung – die teils Fortbildung, teils Rückbildung ist – eines *Grundschemas,* das die elementare Struktur aller Spielarten des Rechtfertigungsmodells der Erkenntnis bildet.

Bis zur platonisch-aristotelisch-euklidischen Gesamtlösung ist die Entwicklung ein Prozeß der Anreicherung, Erweiterung und Vertiefung des parmenideischen Ausgangsmodells, das in der aristotelischen Epoche zur vollen Entfaltung gebracht wird, indem alle Möglichkeiten der ursprünglichen Teillösung – durch Fortbildung des Grundgedankens, Ausdifferenzierung neuer Aspekte, deutlichere Herausarbeitung des Lösungsprinzips, Einsatz verbesserter Methoden, Vereinheitlichung des Grundmodells und Vergrößerung seines Anwendungsbereichs, Beseitigung von Hindernissen und Lockerung von Restriktionen, etc. – ausgeschöpft werden. In der neuzeitlichen Epoche ändert dann die Hauptlinie ihre Richtung in einer nicht sehr dramatischen, aber langfristig folgenreichen Weise. In einem teilweise entgegengesetzten Entwicklungsprozeß der rigorosen Simplifizierung wird der an sich äußerst einfache erkenntnistheoretische Grundgedanke des Begründungsprogramms rein herausgearbeitet, um das elementare Strukturschema des Rechtfertigungsmodells zu konstruieren. Das führt zwar einerseits zu einem Gewinn an Klarheit, bringt aber andererseits auch einen teilweisen Verlust an Problemlösungskraft mit sich. Trotzdem wäre es verfehlt, die Entwicklung des Rechtfertigungsansatzes in der aristotelischen und neuzeitlichen Epoche im ersten Abschnitt pauschal als Fortschritt, im zweiten Abschnitt als Rückschritt zu werten. Ganz so einfach liegen die Verhältnisse nun doch wieder nicht, auch wenn an dieser Sicht etwas Richtiges dran ist.

Die Entwicklung von der Teillösung zur Gesamtlösung des Erkenntnisproblems erfolgt in der aristotelischen Epoche im unmittelbaren Anschluß an den mit *Parmenides'* Erkenntnislehre erreichten Stand der Diskussion, wie er im vorangehenden Kapitel ausführlich dargelegt worden ist. In welcher Richtung es von *Parmenides* aus weitergeht, hängt von einigen *nachparmenideischen Perspektiven* des griechischen Denkens ab, die den parmenideischen Lösungsansatz zum griechischen Kulminationspunkt des Begründungsprogramms hinführen, der mit den ausgereiften Konzeptionen von *Platon, Aristoteles* und *Euklid* erreicht wird. Diesen Orientierungsrahmen für den Fortgang der erkenntnistheoretischen Überlegungen bilden im wesentlichen folgende Perspektiven:

(1) Dem allgemeinen, schon in vorparmenideischer Zeit durchbrechenden, aber erst nach der Ablösung des Offenbarungsmodells durch das Rechtfertigungsmodell der Erkenntnis voll einsetzenden Zug zur „Rationalisierung" – verstanden vor allem im Sinne einer radikalen *Naturalisierung* ursprünglich „theologischer" Elemente – des Weltbildes folgend, wird auch die Erkenntnisauffassung dieser rationalistischen Reinigungsprozedur unterworfen. „Theologisches" wird naturalisiert, Göttliches auf Menschenmaß reduziert, in *diesem* Sinne Transzendentes in Immanentes transformiert. Dieser Umwandlungsprozeß bedeutet nicht das Ende aller ursprünglich gemachten Unterscheidungen zwischen „göttlichen" und „menschlichen" Seinsweisen, Wissensgraden, Erkenntnisarten, etc., sondern lediglich deren *Verlegung* in die „natürliche" Erkenntnis- und Wirklichkeitswelt[489], um *innerhalb* dieses neuen Bezugrahmens eine Reinterpretation zu erfahren, die allerdings nicht immer ohne wesentliche Bedeutungsänderungen und Problemverschiebungen abgeht.

Im vorliegenden Problemzusammenhang erfaßt dieser philosophische Zug zur *Immanenz* vor allem auch die Unterscheidung von göttlicher und menschlicher Erkenntnis, deren Entgegensetzung ja, wie erläutert, zur parmenideischen Problemstellung des Rechtferti-

grundmodells gehört. Die *doxa/episteme*-Dichotomie und verwandte oder abgeleitete Unterschiede werden nun radikal *in* den für natürlich gehaltenen Erkenntnisbereich verlegt, um *innerhalb* der Grenzen des naturgegebenen Erkenntnisvermögens eine sinngemäße Anwendung zu finden. Die Unterscheidung von Wissen und Meinung bleibt bestehen, ist aber nicht länger ein Unterschied zwischen göttlicher und menschlicher Erkenntnis, sondern läuft auf die Abstufung von Wissensarten nach bestimmten Vollkommenheitsgraden hinaus. Die kurzfristige Auswirkung besteht darin, daß die *doxa/episteme*-Dichotomie den Charakter einer unüberbrückbaren Kluft, zu der *Parmenides* sie gemacht hat, im Grunde verliert, auch wenn dies zunächst weder beabsichtigt ist noch bemerkt und ausgenutzt wird. Langfristig wird die Bahn frei für eine wechselseitige Angleichung der Wissensarten, die im Rahmen des Rechtfertigungsmodells allerdings nie so weit gehen darf, daß die epistemologische Differenz aufgehoben wird, an deren Wahrheitsgefälle die Begründungsargumentation ansetzt.

(2) Mit der Naturalisierung des Erkenntnisbegriffs, die zwar keine völlig *nach*parmenideische Entwicklung ist, aber erst im aristotelischen Zeitalter zur vollen Wirkung kommt, wird die wichtigste Voraussetzung für die allmähliche *Rehabilitierung der doxa* im griechischen Denken geschaffen, die allerdings nur zögernd in Gang kommt. Sie beginnt mit *Platons* äußerst vorsichtiger Anerkennung der Möglichkeit *wahrer doxa*[489a] − die damit zwar der falschen, „normalen" *doxa* übergeordnet, aber deswegen noch lange nicht der *episteme* gleichgestellt wird − und findet im griechischen Denken ihren Anschluß in der aristotelischen Konzeption des Erfahrungswissens, die der *doxa* (oder vielmehr dem, was an ihre Stelle tritt) einen Platz im Rechtfertigungsmodell der Erkenntnis sichert. Die Rehabilitierung der *doxa* in der aristotelischen Epoche besteht darin, daß sie in „hypothetisierter" Gestalt einen positiven Eigenwert bekommt, der es ermöglicht, ihr eine wichtige Funktion im Erkenntnismodell zuzuweisen. Für eine solche positive *doxa*-Auffassung stehen viele Möglichkeiten der Reinterpretation offen. Die wichtigste und weitreichendste Weise ihrer Rehabilitierung besteht in der Neuinterpretation als *hypothetische Erfahrungserkenntnis*, womit nicht nur *Parmenides'* negatives Verdikt aufgehoben, sondern gleichzeitig auch der Weg für eine Gesamtlösung des Erkenntnisproblems freigemacht wird.

Parallel zur Rehabilitierung der *doxa* erfolgt in der aristotelischen Epoche die *Reklamierung der episteme für den Menschen,* durch die Wissen im Vollsinne menschenmöglich gemacht werden soll − nicht als Geschenk der Götter, sondern als Eigenleistung des Menschen. Neben der Philosophie selbst ist es dabei vorzugweise die Mathematik, die als das bahnbrechende Erkenntnisunternehmen angesehen wird, das den Weg zur sicheren Wahrheit weist. Mit dieser Doppelstrategie gelingt es der nachparmenideischen Erkenntnislehre, *innerhalb* des Bereichs menschenmöglicher Erkenntnis alle erkenntnistheoretischen Distinktionen und Konstruktionen vorzunehmen, die für die Durchführung des Rechtfertigungsprogramms unerläßlich sind. An die Stelle des alten, „theologisch" infizierten Unterschieds von göttlichem Wissen und menschlicher Meinung tritt nun im griechischen Denken ein für allemal die neue, völlig intrahumane *doxa/episteme*-Dichotomie, die Unterscheidung von vollkommener und unvollkommener *menschlicher* Erkenntnis.

Die Entwicklung von der parmenideischen Teillösung zur aristotelischen Gesamtlösung verlangt die volle, obgleich keineswegs völlig gleichberechtigte Einbeziehung der *doxa* in die Erkenntniskonzeption. Eine notwendige, allerdings noch nicht hinreichende Vorbedingung dafür ist mit der Rehabilitierung der *doxa* erfüllt, wie sie in vorbildlicher Weise von *Aristoteles* in die Wege geleitet worden ist. Die moderne *Theorie/Empirie*-Dichotomie, wie sie dem positivistischen Rechtfertigungsmodell aller Schattierungen zugrunde liegt, ist ein Spätprodukt dieser originär griechischen Weiterentwicklung des parmenideischen Ansatzes.

(3) Die Ausbildung von festen Methoden aus den parmenideischen „Wegen" der Forschung, auf die an anderer Stelle bereits hingewiesen worden ist, eröffnet ebenfalls eine weiterführende Perspektive für den Übergang von der Teil- zur Gesamtlösung des Erkenntnisproblems. Der Verselbständigung der *Methoden* des Erkennens entspricht eine Verselbständigung des *Gegenstands* und *Inhalts* von Erkenntnisprozessen. Daraus ergibt sich eine Gewichtsverlagerung unter den Elementen des Erkenntnismodells, die weit mehr bedeutet als lediglich eine unwesentliche Akzentverschiebung. Sie leitet vielmehr eine tiefgreifende Änderung der Erkenntnisauffassung mit weitreichenden Folgen ein.

Gemeint ist ein schon vorher einsetzender, aber erst in der aristotelischen Epoche konsequent betriebener *Wandel in der philosophischen Perspektive der Erkenntnislehre:* Vorbereitet durch die ausführlich dargestellte Rechts-Auffassung des Erkenntnisprozesses, in dem über das Produkt der Erkenntnisbemühungen Rechenschaft abzulegen ist; nachhaltig verstärkt durch die „Methodisierung" des Erkenntnisvorgangs, die ebenfalls ergebnisorientiert ist, wendet sich die Aufmerksamkeit von der Tätigkeit des Erkennens ab und zu dessen *Resultat* hin. Von nun an „zählt", erkenntnistheoretisch gesehen, nur noch letzeres im Begründungskalkül.

Diesen Übergang von der subjektiven Tätigkeit zum objektiven Resultat vollendet, nach ausgiebiger Vorbereitung im vorsokratischen Denken, *Platon*[490]. Ihm ging es bei seiner Opposition gegen die dichterische Erkenntnisauffassung der *mimesis* in diesem Zusammenhang vor allem darum, zwei Aspekte des Erkenntnisprozesses klar auseinanderzuhalten: "that of the personality which thinks and knows, and that of a body of knowledge which is thought about and known. To do this he had to destroy the immemorial habit of self-identification with the oral tradition", erläutert *Havelock*[491]. Das macht die Verbindung dieser Frage mit dem Übergang von der *Mündlichkeit* zur *Schriftlichkeit* deutlich, auf den hier nicht weiter eingegangen werden kann. Diese Perspektive weist aber darüber ebenso hinaus wie über das mit dem griechischen Erkenntnisstil eng zusammenhängende Thema der Trennung und Gegenüberstellung von *Subjekt* und *Objekt* der Erkenntnis.

Im Endergebnis geht es nicht nur um die bloße Trennung von erkennendem Subjekt und erkanntem Objekt, von Entstehungszusammenhang und Begründungszusammenhang, sondern um die *Ausschaltung* des Subjekt aus dem erkenntnistheoretischen Kalkül. Es geht um die ausschließliche Ausrichtung des Begründungsprozesses auf die Resultate des Erkenntnisvorgangs und um die Konstruktion von Erkenntnismodellen, deren alleiniger, erkenntnistheoretisch für relevant erachteter *input* fertige Ergebnisse und feste Methoden sind, wobei jene mit Hilfe von diesen der Rechtfertigungsprozedur unterzogen werden sollen.

Das beeinflußt die Erkenntnisauffassung langfristig kaum weniger als der Einbruch des Rechtsgedankens, auf den diese Entwicklung letztlich zurückgeht. Daß die Folgen dieses Einbruchs mit einer halbherzigen „Absage an das Rechtfertigungsdenken" nach Art des kritischen Rationalismus nicht gänzlich rückgängig gemacht sind, wird unter anderem durch *Poppers* Auffassung einer „Erkenntnis ohne erkennendes Subjekt"[492] belegt, mit der er ein Lehrstück aus dem Rechtfertigungsprogramm in seine angeblich rechtfertigungsfreie fallibilistische Alternativkonzeption übernommen hat. Es ist nicht der einzige Fall von Inkonsequenz als Folge eines philosophiegeschichtlich ahnungslosen, erkenntnistheoretisch leichtfertigen Umgangs mit alten Denktraditionen, aus denen man weit mehr schöpft, als man in vorgeblicher Einstellung totaler Opposition zuzugeben bereit ist.

Aus alledem geht hervor, daß auch die Trennung von Entdeckungszusammenhang und Rechtfertigungszusammenhang, von Erkenntnispsychologie und Wissenschaftslogik keineswegs eine Errungenschaft — wenn es überhaupt eine Errungenschaft ist![493] — des modernen Positivismus ist[494], sondern ein griechisches Lehrstück aus dem Kanon des vollentwickelten Rechtfertigungsmodells der Erkenntnis.

Die langfristige Rückwirkung dieser Entwicklung ist übrigens der kurzfristigen Auswirkung fast genau entgegengesetzt. Kurzfristig gesehen, hat der erkenntnistheoretische Perspektivenwandel von der Erkenntnistätigkeit zum Erkenntnisresultat den Aufbau einer verselbständigten Forschungsmethodik überhaupt erst ermöglicht; langfristig gesehen erweist sich *dieser* methodische Ansatz — und mit ihm letztlich das ganze Rechtfertigungsprogramm — *für die Wissenschaft* als selbstzerstörerisch. Je konsequenter die Gewichtsverlagerung betrieben wird, desto größer ist der Relevanzverlust einer lediglich ergebnisorientierten Methodik für den wissenschaftlichen Forschungsprozeß. Ihre *praktische* Bedeutung für die Wissenschaft leitet sich von der Annahme des Rechtfertigungsansatzes — der Lebenslüge der certistischen Erkenntnisauffassung — ab, daß Wahrheitsfindung und Wahrheitssicherung *auf einen Schlag* erfolgen könnten und müßten. Unter dieser Voraussetzung fällt das methodisch geleitete Erkennen und das Demonstrieren (im Doppelsinn des Lehrens und Beweisens) der Wahrheit in eins zusammen. Fällt mit der certistischen Rationalitätskonzeption diese Voraussetzung, dann reduziert sich die Relevanz dieser Art von Methodik zwangsläufig auf das *Präsentieren* der Erkenntnisresultate in reiner, idealer, wohlgeordneter Form. Diese Wende der Erkenntnislehre zur Irrelevanz für die Wissenschaft ist in der nachparmenideischen Entwicklung bereits angelegt, ohne allerdings auch nur annähernd bis zur selbstzerstörerischen Konsequenz vorangetrieben zu werden, wie es in der modernen Wissenschaftstheorie der Fall ist, die sich aufgrund ihres eigenen Erkenntnisprogramms gezwungen sieht, ihre Arbeit auf *ex post facto*-Rekonstruktionen der vergangenen Wissenschaftsentwicklung zu beschränken[495]. Auch hier unterwirft sich die Wissenschaftstheorie einer Selbstbeschränkung, an der ohne zwingenden Grund weiterhin festgehalten wird, obwohl dies nach der — wenigstens verbal erfolgten — Aufgabe des „Rechtfertigungsdenkens" völlig unmotiviert geworden ist[496].

Die *zunehmende Irrelevanz des Rechtfertigungsmodells für die wissenschaftliche Forschung* ist meines Erachtens ein *de facto* viel gewichtigerer Einwand gegen das Begründungsprogramm als die später noch ausführlich diskutierten erkenntnistheoretischen Einwände (des infiniten Regresses, etc.), denen in der Wissenschaftspraxis kaum mehr Gewicht zukommt als der *Hume*schen Induktivismuskritik. Den Abschluß dieser selbstzerstörerischen Entwicklung der philosophischen Erkenntnislehre bildet die von den modernen Vertretern sowohl der certistischen Rationalitätskonzeption wie auch der fallibilistischen Alternative einhellig betriebene völlige Verdrängung von traditioneller Erkenntnistheorie und Wissenschaftslehre durch Methodik[497]. Was dabei herauskommt, ist ein nicht unbedeutendes erkenntnistheoretisches Defizit, eine epistemologische Problemlösungslücke praktisch *aller* modernen Wissenschaftskonzeptionen, die durch Methodenlehre allein nicht zu schließen ist. (Im Falle *Dinglers* muß ich es bei diesem Hinweis belassen; im Falle *Poppers* komme ich darauf zurück.) Im aristotelischen Zeitalter ist es, entgegen *Barnes'*[498] allzu einseitiger Interpretation der syllogistischen Beweistheorie als reine Demonstrationsmethode für das formal richtige Präsentieren fertig vorliegender Forschungsergebnisse, noch lange nicht so weit. Hier wie sonst verhindert *Aristoteles'* Augenmaß, eine Entwicklung bis zur Absurdität voranzutreiben. Im nacharistotelischen Zeitalter, noch mehr in der popperschen Epoche geht dieses Augenmaß weitgehend verloren, das in sich ausgewogene, in allen Stücken aufeinander abgestimmte, umfassende Problemlösungen ermöglicht.

(4) Die erkenntnistheoretische Verselbständigung des Verfahrensaspekts von Erkenntnisprozessen eröffnet noch eine andere Perspektive, die im aristotelischen Zeitalter energisch verfogt wird. Sie führt zur Entwicklung einer *Theorie der Demonstration* im allgemeinsten Sinne, damit verbunden zur Herausbildung einer Reihe von spezifischen *Beweismethoden und -techniken*. Im Rahmen dieser nachparmenideischen Entwicklungsperspektive wird die Gesamtlösung des Erkenntnisproblems arbeitsteilig, mit Hilfe zweier komplementärer Disziplinen und sich ergänzender, das ganze Begründungsfeld abdeckender Methoden, in Angriff genommen. Am Anfang dieses Punktes der nachparmenideischen Problemgeschichte steht die platonische *Dialektik*, konzipiert als allgemeinstes, bestes, vornehmstes philosophisches Legitimationsverfahren zur Beantwortung der *quaestio iuris* — im Hintergedanken verstanden als "the ideal method, *whatever that may be*"[499]. Aus dieser allgemeinen Demonstrationstheorie hat sich die speziellere Demonstrationstheorie des aristotelischen *Syllogismus* entwickelt, die den Kern der von *Aristoteles* begründeten neuen *Wissenschaft der Logik* bildet[500].

(Platonische) *Dialektik* und (aristotelische) *Logik* sind also die beiden Disziplinen einer allgemeinen Beweistheorie, zu denen sich bald auch die (euklidische) *Axiomatik* gesellt, die man jedoch eher als einen späten Abkömmling der ersteren und Spezialfall der letzteren denn als selbständige dritte Disziplin der griechischen Begründungslehre ansehen muß[501]. Im Hinblick auf die spätere Verselbständigung der mathematischen Axiomatik gegenüber den beiden anderen Disziplinen[502] kann man jedoch auch in der aristotelischen Epoche schon von einer Trilogie aus Dialektik, Logik und Axiomatik sprechen, deren Beweismethoden und -techniken das ganze Problemfeld des Rechtfertigungsmodells abdecken sollen.

Alle zwei (oder drei) Teildisziplinen der griechischen Lehre einer allgemeinen Begründungstheorie stehen voll im Dienste der certistischen Tendenz des griechischen Erkenntnisstils[503]. In dieser certistischen Absicht wird nun das Erkenntnisproblem von diesen Disziplinen mit verteilten Rollen so angegangen, daß das gesamte Problemfeld eines umfassend angelegten Begründungsprogramms abgedeckt wird. Wie das geschieht, wird ohne weiteres verständlich, wenn man Ausgangspunkt und Endpunkt der nachparmenideischen Entwicklung im Auge behält. Ausgehend vom Vorbildcharakter der Mathematik, dem davon abgeleiteten Erkenntnisideal *more mathematico* und Verfahrensideal *more geometrico* (oder *logico*)[504]; eingedenk des wichtigsten, von *Platon* und *Aristoteles* selbst erarbeiteten Schlußergebnisses zum Begründungsprogramm, demzufolge alles legitimiert werden muß, aber nicht alles mit logisch-mathematischen Methoden bewiesen werden kann, sieht sich die philosophische Erkenntnislehre im aristotelischen Zeitalter mit folgender Lage konfrontiert: Das certistische Erkenntnisideal des Wissens im Vollsinne findet seine beispielhafte Verwirklichung in der Mathematik. Aber damit läßt sich nicht das ganze Problemfeld abdecken, weder von der Gegenstandsseite noch von der Verfahrensseite her. Das Begründungsziel ist deshalb für das *Ganze* der Erkenntnis nur *zweigleisig* zu erreichen, indem der „mathematische" *und* der „nicht-mathematische" Weg beschritten werden. Im aristotelischen Zeitalter bildet sich deshalb eine mathematische (logische, deduktive) und eine nicht-mathematische (dialektische) Denklinie[505] aus, deren kunstvolles Zusammenspiel eine Gesamtlösung des Erkenntnisproblems im Sinne des Rechtfertigungsansatzes auch *von der Verfahrensseite her* ermöglicht. Wo die logische Beweismöglichkeit durch *Deduktion* (Syllogismus, Axiomatik) endet, nämlich an den formalen Prinzipien und materialen Prämissen der Begründungsargumentation, setzt das dialektische Legitimationsverfahren der *Reflexion* ein[506]. Darin besteht, grob gesprochen, die Arbeitsteilung zwischen Dialektik und Logik (einschließlich Axiomatik) zur Lösung des Begründungsproblems im Sinne der parmenideischen Problemstellung. Daraus ergab sich dann die traditionelle, komplementäre Aufgabenstellung für Philosophie und Wissenschaft, die sich übrigens, obzwar immer wieder — erfolglos — aufgekündigt, im Grund bis heute erhalten hat.

Wenn lückenlose Erkenntnisbegründung überhaupt möglich ist, dann nur im Zusammenspiel von dialektischen und logisch-mathematischen Begründungsverfahren. Der certistische Gebrauch, der dabei von Dialektik wie Logik mit einer Selbstverständlichkeit gemacht wird, als sei er ihre wahre Bestimmung, hat nicht nur das griechische, sondern auch das neuzeitliche und teilweise auch noch das moderne Denken jegliche Vorstellung eines anderen Gebrauchs aus dem Auge verlieren lassen. Alternative Einsatzmöglichkeiten mußten erst mühsam entdeckt werden — *erneut* entdeckt, muß man sagen, wenn man sich an die ursprüngliche Intention der Dialektik erinnert, die eher auf die Verunsicherung von Dogmen als die Sicherung von Wahrheit und Wissen ausgerichtet war[507]. Für die Logik ist dies durch *Popper* geschehen, in dessen fallibilistischem Erkenntnismodell ihr keine Begründungsfunktionen aufgebürdet werden, die sie letztlich auch gar nicht erfüllen kann. Für die Dialektik ist das certistische Präjudiz *Platons* im Grunde nie mehr völlig rückgängig gemacht, vielfach — bei *Hegel* zum Beispiel — sogar noch verschärft worden.

(5) Von besonderem Interesse ist schließlich noch das Schicksal des *Rechtsgedankens* in nachparmenideischer Zeit. Wenn man die heute vorherrschende Ansicht zum Thema „Recht und Wahrheit" ins Auge faßt, die ziemlich eindeutig dazu tendiert, eher in der Rechtsfindung nach Art der wissenschaftlichen Wahrheitssuche als in der Wahrheitsfindung nach Maßgabe des Rechtsprozesses die angemessene Lösung des Problems zu sehen, ist man versucht anzunehmen, daß in der nachparmenideischen Entwicklung eine völlige *Umkehrung* im Verhältnis von Recht und Wahrheit eingetreten ist. Auf die Verrechtlichung des Erkenntnisbereichs in der parmenideischen Epoche scheint in den nachparmenideischen Epochen eine Gegenbewegung erfolgt zu sein, die ebenso schlagwortartig

als ein Prozeß der tendenziellen *Dejustifikation* bezeichnet werden könnte. Ins Positive gewendet, würde dies bedeuten, daß im aristotelischen Zeitalter der Logikgedanke – hier im weitesten Sinn verstanden, der alles einschließt, was damit zusammenhängt: Mathematik insbesondere – den Rechtsgedanken aus dem Erkenntnisbereich verdrängt.

Aber der Eindruck täuscht, obwohl an der ihm zugrunde liegenden Beobachtung über das allmähliche Verschwinden der Rechtskomponente des Rechtfertigungsmodells in der nachparmenideischen Entwicklung durchaus etwas Wahres dran ist. Aber nicht „Logifizierung" oder ähnlich heißt die sachlich zutreffende Beschreibung dieser – *prima facie* beurteilt – Rückzugsbewegung der Rechtsidee, sondern *Internalisierung*. Der Rechtsgedanke verschwindet nur scheinbar aus dem Erkenntnisbereich; in Wirklichkeit ist er in ihm aufgegangen. Was bei *Parmenides* noch als Intervention von außen erscheint – und offen als solche „eingeführt" wird –, ist bereits im aristotelischen Zeitalter „in die Sache" hineinverlegt worden. Der Grund der Wahrheit wird nicht mehr als *Rechts*grund verstanden, obwohl sich an der parmenideischen Problemsituation hinsichtlich Fragestellung, Anspruchsgrundlage und Lösungsprinzip nichts Wesentliches geändert hat, sondern lediglich aus einem *externen* ein *internes* Erkenntnisprinzip geworden ist. Von *Parmenides* über *Platon* und *Kant* bis *Popper* bleibt das erkenntnistheoretische Grundproblem eine *quaestio iuris*, wobei die nunmehr versteckte, aber weiterhin wirksame Rechtskomponente der Erkenntnislehre im Zuge der Radikalisierung der anfänglichen Problemstellung teilweise sogar noch vergrößert und verschärft wird.

Vergleichsweise offen liegt der Rechtsgedanke weiterhin in der *Dialektik* zutage – übrigens mehr in deren platonischer als aristotelischer Spielart –, wie aus *Weils*[508] Beschreibung der athenischen Diskussionsszene hervorgeht: „Denn in Athen diskutiert jeder, nicht nur die Philosophen, die Politiker, die Sophisten, sondern auch die Privatleute. Diese Diskussion weicht zwar in vielem ab von dem, was wir unter diesem Namen verstehen: Man stellt in ihr nicht gegenseitig gegensätzliche Behauptungen auf, um sich auf die Entscheidung einer höheren Instanz zu verlassen ...; man hat es nicht nötig, siegreich einen anderen Lehrsatz, einen anderen Standpunkt aufrechtzuerhalten, um den Gegner zu schlagen: es genügt, ihn dahin zu bringen, sich zu widersprechen. Ziel ist nicht, recht zu haben, sondern zu zeigen, daß der andere unrecht hat ... Daher rührt die so überraschende und so häufig in den Dialogen Platons geltend gemachte Regelung, die es fordert, daß man auf jede Frage antwortet, daß die Fragen so formuliert werden, daß die Antworten nur ‚Ja' oder ‚Nein' lauten können, daß man kein Recht hat, in einer zusammenhängenden Rede zu erwidern, ohne sich nicht wenigstens die Erlaubnis des Gesprächspartners erbeten zu haben, und daß man diesem einen Rollenwechsel anbietet, möchte man gern eine andere These als die bis dahin untersuchte positiv beweisen. Kurz, es handelt sich um ein bekanntes und verbreitetes Spiel vor einem Publikum, das mit den Konventionen vertraut ist und ein großer Kenner der Feinheiten ist. Eine gute Anzahl der auf den ersten Blick erstaunenden Züge der *Topik* (wie der platonischen Dialoge) erklärt sich auf diese Weise" – speziell, wie hier zu verdeutlichen ist, aus dem in der Dialektik zuweilen ganz offen einwirkenden, zumindest aber unterschwellig immer vorhandenen, nach wie vor maßgebenden Rechtsgedanken.

Der Eindruck von der allmählichen Selbstauflösung der Rechtskomponente in der nach-parmenideischen Erkenntnislehre enthält jedoch, wie schon angedeutet, bei aller Fehlein-schätzung der Problementwicklung auch ein Körnchen Wahrheit, das mit zunehmender Entfernung von der parmenideischen Ausgangsstellung sogar stetig an Gewicht zunimmt, obwohl es zu keinem Zeitpunkt zum wahren Kern der Sache wird. Tatsächlich wird im Verlauf der weiteren Entwicklung der Problemgeschichte der ursprüngliche Rechtsgedanke nicht nur in den Hintergrund gedrängt, sondern bis zu einem gewissen Grad aus der Er-kenntnislehre eliminiert – um seine reduzierte, im Kernpunkt aber unangetastete erkennt-nistheoretische Position desto eindrucksvoller zu behaupten.

Für das Zurückdrängen des ursprünglichen Rechtsgedankens im erkenntnistheoretischen Denken sind hauptsächlich zwei Entwicklungen in nachparmenideischer Zeit verantwort-lich: erstens der Siegeszug der *Logik* und zweitens, paradoxerweise, der dadurch keines-wegs gebrochene Siegeszug der *Rechtsidee* selbst. Genauer gesagt handelt es sich bei der ersten Entwicklung um die Ausbildung der Wissenschaft der Logik durch *Aristoteles* und die damit einsetzende „Logifizierung" der Erkenntnislehre; bei der zweiten Entwicklung um die konsequent zuende geführte Verrechtlichung der Erkenntnislehre.

Daß die von *Aristoteles* und seinen modernen Nachfolgern energisch betriebene Logifi-zierung der Erkenntnistheorie zwangsläufig in direkter Verdrängungskonkurrenz zur vor-angegangenen Verrechtlichung erfolgt, ist ohne weiteres verständlich. Der Erfolg hält sich jedoch in Grenzen. Zwar hat die Logik dem Recht erkenntnistheoretisches Terrain abge-jagt, ihm aber gleichzeitig, als unbeabsichtigte Konsequenz dieses Teilsieges, den übrig-bleibenden Rest des Problemfeldes als bleibenden Besitzstand überlassen müssen. Je mehr die Wissenschaft der Logik sich bis an die Grenzen ihrer Möglichkeiten entfaltet, desto deutlicher wird nämlich die bereits von *Parmenides* bemerkte, für seinen Rückgriff auf die Rechtsidee verantwortliche *logische Begründungslücke* sichtbar, die nur durch Rechts-denken geschlossen werden kann. So hat die Logik ungewollt ihren Anteil dazu beige-tragen, daß die erkenntnistheoretische Grundfrage weiterhin eine *quaestio iuris* bleibt, auf die es keine „rein logische" Antwort gibt.

Daß dagegen der Siegeszug des Rechtsgedankens in der Erkenntnislehre ihrer Verrecht-lichung zwar kein Ende macht, aber ihr immerhin engere *Grenzen* als ursprünglich gezo-gen setzt, ist nur scheinbar paradox. In Wirklichkeit handelt es sich um eine sozusagen natürliche, überaus folgerichtige Weiterentwicklung des parmenideischen Ansatzes. Mit der Übernahme des Rechtsgedankens wird die Erkenntnislehre eine „Disziplin eigenen Rechts" in einem viel strengeren Sinne, als *Fränkel* es mit dieser glücklichen Formulie-rung vermutlich ausdrücken wollte. Im Endergebnis schafft sich damit die Wissenschaft ihr *eigenes* Erkenntnis-Recht, das sich vom *allgemeinen* Recht – und damit vom ursprüng-lichen Rechtsgedanken – zwangsläufig mehr und mehr entfernt. In immer schärfer arti-kulierter Abhebung vom normalen Verhaltens-Recht verselbständigt sich das Wahrheits-Recht zu einem *Sonderrecht* für den Erkenntnisbereich, das der Eigenart des kognitiven Objektbereichs, den Bedingungen der erkenntnistheoretischen Problemsituation sowie den vielfältigen speziellen Anforderungen Rechnung zu tragen hat, die sich aus dem Er-kenntniszweck und dem zu dessen Verwirklichung einsetzbaren „Instrumentarium" (Methoden und Mitteln) ergeben. Zwangsläufig kommt es damit auch zu *anderen* Problemlösungen für den Erkenntnisbereich, die mit den üblichen juristischen Maßstäben nicht mehr gemessen werden können. (*Eine* gravierende Abweichung des Wahrheits-Rechts vom normalen, allgemeinen Recht besteht zum Beispiel in der Verwerfung jeder Kompromißlösung: zwischen entgegengesetzten Wahrheitsansprüchen kann es keinen Ausgleich geben. Die Wahrheit liegt nicht „in der Mitte", sondern immer nur auf einer Seite der Grundalternative.)

Diese Entwicklungsperspektive des Erkenntnis-Rechts zum autonomen Sonderrecht entspricht voll und ganz dem oben aufgezeigten Zug zur Immanenz, der externe Eingriffe in interne Regulierungen umwandelt. Trotz des anderweitig fortbestehenden Verdrängungswettbewerbs arbeiten in diesem Punkt Logik und Recht Hand in Hand: Die von beiden Seiten betriebene erkenntnistheoretische Internalisierung führt dazu, daß der Erkenntnisvorgang in philosophischer *Innenansicht* als ein Prozeß angesehen wird, der „von Sätzen über Sätze zu Sätzen" geht und „als Resultat ein System von untereinander in logischer Verbindung stehenden Sätzen"[509] entwickelt. Je mehr diese besondere Problemsituation des wissenschaftlichen Erkenntnisbereichs von der allgemeinen Problemlage des Rechts abweicht, desto weiter muß sich das Erkenntnis-Recht zwangsläufig vom normalen Recht entfernen. Da es im Verlauf der weiteren Entwicklung gelegentlich auch zu Rückübertragungen einiger Lösungsmodalitäten vom Erkenntnisbereich in den Verhaltensbereich kommt, weil der Sonderlösung nun selbst Vorbildcharakter zugebilligt wird, kann durchaus der Eindruck einer Umkehrung im Verhältnis von Wahrheit und Recht aufkommen, wie sie von *Hirzel*[510] bereits für das griechische Zeitalter konstatiert wird. Hierin eine Entfernung vom ursprünglichen Rechtsgedanken zu sehen, ist richtig. Aber es wäre eine Fehldeutung dieser Entwicklung, für eine Annullierung des Rechts zu halten, was in Wirklichkeit dessen konsequente Durchführung ist. Mit der Schaffung eines eigenen autonomen Wahrheits-Rechts wird die Verrechtlichung des Erkenntnisbereichs nicht aufgehoben, sondern vollendet.

Innerhalb dieser allgemeinen Perspektiven erfolgt nun in der aristotelischen Epoche die Weiterentwicklung der parmenideischen Teillösung zur Gesamtlösung des Erkenntnisproblems. Dieser Abschnitt der Problemgeschichte umfaßt folgende Schritte:

Erstens müssen alle *Hindernisse beseitigt* werden, die einer Gesamtlösung im Wege stehen. Dazu gehört insbesondere das dem Rechtfertigungsmodell der Erkenntnis von *Parmenides* in die Wiege gelegte negative Verdikt über die *doxa*.

Zweitens müssen die *Weichen gestellt* werden — und zwar grundsätzlich und positiv — in Richtung auf die spätere Gesamtlösung. Um das, was im parmenideischen Denken auseinanderphilosophiert worden ist, wieder zusammenzubringen und die von *Parmenides* zur Kluft erweiterte epistemologische Differenz nachträglich zu überbrücken, haben sich dem griechischen Denken von vornherein zwei Möglichkeiten angeboten: Die Gegensätze werden entweder im Rahmen eines allumfassenden *Einheitsmodells* der Erkenntnis durch Verschmelzung „aufgehoben" und dadurch irgendwie zum Ausgleich gebracht, oder sie werden im Rahmen eines *Stufenmodells* ohne Verwischung der Unterschiede, unter gleichzeitigem Verzicht sowohl auf absolute Polarisierung als auch auf schrankenlose Nivellierung, durch Abstufung miteinander in erkenntnistheoretisch relevanter Weise verbunden. Den ersten Weg geht *Heraklit* mit seiner *Lehre von der Einheit der Gegen-*

*sätze*, den zweiten *Aristoteles* mit dem, was hier als *Kunst der Fuge* bezeichnet worden ist. Die Weichenstellung für die spätere „wissenschaftliche" Gesamtlösung des Erkenntnisproblems bedeutet zu diesem Zeitpunkt eine Absage des nachparmenideischen Denkens an die „mystische" (nicht: mythische!) heraklitische zugunsten der „analytischen" aristotelischen Problemlösung [511].

Drittens werden im Verlauf dieser Entwicklung praktisch alle *Lehrstücke ausgearbeitet* – zumindest im Ansatz, vielfach auch im Detail –, aus denen sich das gesamte Rechtfertigungsprogramm der Erkenntnislehre bis heute zusammensetzt. Dazu gehören insbesondere: die Konzeption einer „strengen", im certistisch ausgeprägten Rechtfertigungsverständnis einer *beweisenden Wissenschaft* (*Aristoteles*[512]) also; die *Logik der Begründung* (oder, um es genau zu sagen, zum Gebrauch dafür, wie er zum Beispiel für die aristotelische Syllogistik vorgesehen ist [513]); das im einzelnen ausgearbeitete *Stufenmodell der Erkenntnis* mit allen Ingredenzien des Rechtfertigungsansatzes, von der Methode der erkenntnistheoretischen Zerlegung und Zusammensetzung bis zur hierarchischen oder zyklischen Systemauffassung der Erkenntnis (*Platon* und *Aristoteles*[514]); schließlich auch noch die deduktive *Axiomatik* (*Euklid*[515]). Diese Aufzählung ist unvollständig, dürfte aber das Wichtigste enthalten. Mit den in Klammer beigefügten Namen soll lediglich ein Hinweis auf bestimmte personelle Schwerpunkte gegeben, aber keineswegs der Eindruck erweckt werden, daß die Ausarbeitung der Lehrstücke nur den genannten Autoren zu verdanken sei.

Viertens entstehen bereits die ersten, maßgebenden *Grundformen des Rechtfertigungsmodells*, die sich in zwei Entwicklungslinien entfalten. Die eine Hauptvariante entwickelt sich aus dem Leitschema des *Kreises*, die andere aus dem Schema der *Pyramide*[516]. Daraus ergeben sich im Verlauf der weiteren Entwicklung die im folgenden Kapitel behandelten Spielarten des Rechtfertigungsmodells, die sich in den beiden genannten Richtungen ausbreiten, um vom neuzeitlichen Denken durch philosophische Überzüchtung der Ausgangsformen schnurstracks in erkenntnistheoretische Sackgassen geführt zu werden: auf dem ersten Wege vom „Gedankenkreis" zum *Hegel*schen „Kreis von Kreisen", auf dem zweiten Weg von der hierarchischen Begriffs- oder Aussagenpyramide zur nicht weniger monströsen Endform der *Kant*schen „Architektonik". Das griechische Denken vermied diese Fehlentwicklung, indem es mit der Systemauffassung der Erkenntnis wohlweislich nicht über die euklidische Axiomatik hinausgegangen ist.

Fünftens schließlich kommt es zur Fortbildung der parmenideischen Position, wobei sowohl die „Tendenzen" des griechischen Erkenntnisstils als auch die in der Folgezeit eingeführten „Prinzipien" – wie im vorangehenden Kapitel ausführlich dargestellt – nach Möglichkeit weiterentwickelt werden. Bei aller Einbettung in den Gesamtzusammenhang des griechischen Denkens hat doch jede Tendenz, jedes Prinzip eine eigene Entwicklungsgeschichte, die Punkt für Punkt zu verfolgen hier nicht möglich ist. Ich muß mich mit wenigen Hinweisen begnügen, um wenigstens in groben Zügen den bereits angedeuteten Knick in der Hauptentwicklungslinie umreißen zu können, der beim Übergang von der aristotelischen zur neuzeitlichen Epoche eingetreten ist.

Ausgehend vom emphatischen Wahrheitsanspruch, an dem zu keiner späteren Zeit mehr ernsthaft gerüttelt worden ist, führt die aristotelische Epoche zur Ausreifung des griechischen Erkenntnisstils, dessen drei Grundtendenzen nach Möglichkeit weiterentwickelt werden. *Nach Möglichkeit* – das bedeutet: erstens, soweit überhaupt noch Spielraum für eine weitere Steigerung vorhanden ist, und zweitens, sofern die Steigerung der einen Tendenz nicht auf Kosten der anderen Tendenz(en) geht. Für die Allgemeinheitstendenz zum Beispiel besteht keine wesentliche Steigerungsmöglichkeit mehr. Die Theorien der vorsokratischen Naturphilosophen sind schon so allgemein, ihr raum-zeitlicher Geltungsbereich so weltumfassend gedacht – allgemeiner geht es nicht mehr, jedenfalls nicht im griechischen Zeitalter. Die Genauigkeitstendenz hat ihren Entwicklungsspielraum fraglos noch nicht völlig ausgeschöpft, aber der entscheidende Durchbruch auf diesem Sektor – von der qualitativen zur quantitativen Exaktheit – ist dann doch erst viel später dem neuzeitlichen Denken gelungen. Die certistische Tendenz fortzubilden in Richtung auf eine Radikalisierung der Sicherheitsanforderungen und Perfektionierung der in ihren Dienst gestellten Mittel wäre den griechischen Denkern ebenso möglich gewesen wie später den neuzeitlichen Sicherheitsstrategen, aber diese fragwürdige Erkenntnischance ist von den ersteren – mit einigen Abstrichen, vor allem bei *Platon* – klugerweise nicht exzessiv ausgenutzt worden. Die um *jeden* Preis, letztlich auch den der Erkenntnis selbst, verfolgte *quest for certainty*, die aus der auch von den Griechen erstrebten Verwirklichung der certistischen Tendenz eine erkenntnistheoretische *l'art pour l'art* macht, ist jedenfalls keine Kinderkrankheit der Erkenntnislehre. Fortbildung des griechischen Erkenntnisstils hinsichtlich seiner Grundtendenzen bedeutet also für das aristotelische Zeitalter: Weiterentwicklung des Gesamtstils zur vollen Reife unter Wahrung, allenfalls bescheidener Steigerung seiner drei Grundtendenzen.

Der wirkliche Fortschritt trat im aristotelischen Zeitalter nicht bei den „Tendenzen", sondern bei den „Prinzipien" ein, die von der parmenideischen Erkenntnislehre im Anschluß an die Einführung des griechischen Erkenntnisstils gemäß der im vorangegangenen Kapitel rekonstruierten Schrittfolge entwickelt worden sind. Ich beschränke mich auf einige Hinweise zu dem, was die Fortschreibung des Doppelprinzips der epistemologischen Kohärenz und Differenz in diesem Entwicklungsabschnitt erbracht hat. Sie führt unmittelbar zur Gesamtlösung des Erkenntnisproblems im Rahmen des Rechtfertigungsmodells. Soweit die Konsequenzen beider Prinzipien überhaupt auseinander gehalten werden können, ist festzustellen, daß jedes Prinzip in der Philosophie bis heute nachwirkt und als Ergebnis ein bleibendes Lehrstück der Erkenntnislehre gezeugt hat.

Vom Prinzip der epistemologischen Kohärenz führt ein direkter Weg – quer durch die aristotelische und neuzeitliche Epoche – zur *Systemauffassung der Erkenntnis*, die sich bereits im griechischen Denken von der Aggregatauffassung abhebt, in der „Axiomatik der Alten"[517] ihre erste Verwirklichung und in der kunstvoll hochgezogenen Architektonik moderner Theoriensysteme ihre Endform findet. Ausgehend von *Parmenides,* geht diese Entwicklung über die aristotelisch-euklidische Axiomatik, *Kants* methodische und *Peirce'* evolutionistische „Architektonik"[518] bis zur modernen Wissenschaftstheorie vornehmlich certistischer Ausrichtung, die sich einhellig Wissenschaft nur als Erkenntnissystem – als *ein* System, ja als *das* „System" schlechthin (*Dingler*[519]) – vorstellen können. Architektonik, von *Kant* als „die Kunst der Systeme" verstanden, wird damit zur

„Lehre des Szientifischen in unserer Erkenntnis überhaupt", in deren Namen die „Regierung der Vernunft" ihre Herrschaft antritt, um die zentralistisch organisierte „Einheit der mannigfaltigen Erkenntnisse unter einer Idee" herzustellen[520]. Im Fluchtpunkt dieser Fehlentwicklung der certistischen Erkenntnislehre fallen – bei *Hegel*[521] oder *Dingler* zum Beispiel – *Wahrheit, Wissen, Wissenschaft* und *System* in eins zusammen. Damit ist bereits die Überleitung zum wichtigsten Produkt des Prinzips der epistemologischen Differenz – das *Stufenmodell der Erkenntnis* – gemacht, denn systematische Erkenntnis ist nach *Kant* „gegliedert (articulatio) und nicht gehäuft (coacervatio)"[522], also nicht nur zusammenhängend, sondern immer zugleich auch hierarchisch strukturiert.

Zurück zur aristotelischen Epoche, in der die Systemauffassung und das Stufenmodell der Erkenntnis *mit Maß und Ziel* aus den Prinzipien der epistemologischen Kohärenz und Differenz entwickelt worden sind. Im parmenideischen Denken sind, wie ausführlich erläutert, die erkenntnistheoretischen Konstruktionspläne für ein Zweistufenmodell zu finden, das allerdings unfertig bleiben mußte, weil seine beiden Teile mangels einer ausgearbeiteten „Kunst der Fuge" nicht zu einem Ganzen montiert werden konnten. Für die Fertigstellung des Stufenmodells bieten sich nun, von *Parmenides* ausgehend, zwei Möglichkeiten an: einerseits die Weiterentwicklung des Prinzips der epistemologischen Differenz selbst, andererseits die Ausarbeitung eben dieser fehlenden „Kunst der Fuge".

Die Fortbildung des Prinzips der epistemologischen Differenz erfolgte im nachparmenideischen Zeitalter in der denkbar einfachsten Weise. Wo *Parmenides* beim Ausdifferenzieren des Erkenntnisfeldes in seine verschiedenen Dimensionen durchweg von einer elementaren Zweiheit ausging, werden in der Folgezeit *mehr* Möglichkeiten in Betracht gezogen. Bei *Heraklit*[523] sind es bereits drei, bei *Platon*[524] vier Seins- bzw. Erkenntnisstufen. Dieser Art von Steigerung sind keine Grenzen gesetzt, aber das Endergebnis ist absehbar. Je mehr Unterscheidungen gemacht werden, desto geringer werden die Unterschiede, und die Problemlösungslücke – aufgerissen durch das Fehlen einer verbindenden „Kunst der Fuge" – im Rechtfertigungsmodell wird immer größer. Der Weg hat sich als nicht sehr fruchtbar erwiesen. Die philosophische Erkenntnislehre hat zwar gelegentlich immer wieder mal einen Ausflug in das Scholastikerparadies gemacht, um eine frivole Distinktion auf die andere zu setzen, bis schließlich nur noch Unterscheidungen ohne Unterschiede herauskommen. Aber letztlich hat sie sich immer wieder gezwungen gesehen, zum robusten *Zweiteiligkeitsprinzip* zurückzukehren, um sich nicht uferlose Überbrückungsprobleme einzuhandeln. Die moderne Wissenschaftstheorie hat dieselben Erfahrungen mit dem Stufenmodell der Erkenntnis machen müssen und begnügt sich folglich mit der Annahme von zwei Hauptebenen der Erkenntnis – wobei die Linie in der Regel im Sinne der postulierten *Theorie/Empirie*-Dichotomie gezogen wird –, deren weitere Unterteilung zwar beliebig möglich ist, aber angesichts des spätestens nach der ersten Unterteilung stark abnehmenden erkenntnistheoretischen Grenznutzens wenig sinnvoll erscheint[525]. So ist es im Grunde bis heute bei dem alten parmenideischen Zweierschema geblieben.

Hat diese erste Fortbildungsmöglichkeit zum Stufenmodell der Erkenntnis für die Entwicklung der parmenideischen Teillösung zur aristotelischen Gesamtlösung wenig eingebracht, so war der zweite Weg umso erfolgreicher. Die im platonisch-aristotelisch-euklidischen Denken – mit Schwergewicht bei *Aristoteles* – ausgearbeitete „Kunst der Fuge" *verbindet* die verschiedenen Erkenntnisebenen, -stufen oder -grade so miteinander, daß das gesamte Erkenntnisfeld ein in sich strukturiertes Ganzes bildet, wie es jede Gesamtlösung des Erkenntnisproblems im Sinne des Rechtfertigungsprogramms voraussetzen muß, gleichgültig, ob sie vom Stufenmodell oder vom Kreismodell ausgeht. Aber das Stufenmodell ist dafür geeigneter, da es vornehmlich mit *einseitigen* Abhängigkeiten arbeiten kann, wie sie „normale" Begründungszusammenhänge („Ableitungen") nun einmal darstellen. Tatsächlich ist das im folgenden Kapitel dargestellte Strukturschema des Rechtfertigungsmodells hauptsächlich anhand des Stufenmodells entwickelt worden. Das kommt in der Sprache des Rechtfertigungsdenkens deutlich zum Ausdruck, die mit Vorliebe auf Begriffe des Stufenmodells zurückgreift, selbst wenn diese nur metaphorisch gebraucht („Fundament der Erkenntnis" zum Beispiel) werden.

Die in der aristotelischen Epoche erarbeitete Gesamtlösung des Erkenntnisproblems – oder vielmehr: dessen Lösungsversuche, denn es handelt sich um eine Mehrzahl von mehr oder weniger familienähnlichen erkenntnistheoretischen Konzeptionen – im einzelnen darzustellen, ist hier nicht möglich. Das wäre für jeden Autor (*Platon, Aristoteles, Euklid,* von der philosophischen Randszene ganz abgesehen, die keineswegs nur unbedeutendes Epigonentum umfaßt) ein Kapitel für sich. Im folgenden soll, soweit noch nicht geschehen, der Grundgedanke der Gesamtlösung umrissen und eine Zusammenfassung der Hauptergebnisse geliefert werden, wobei *Aristoteles'* eigener Beitrag im Mittelpunkt des Interesses steht. Den Abschluß dieses Kapitels bildet ein Ausblick auf die weitere Problemgeschichte der Erkenntnislehre in der neuzeitlichen Epoche, mit dem der Knick in der Entwicklung des Rechtfertigungsmodells verdeutlicht werden soll.

Zum *Grundgedanken* der Gesamtlösung ist nicht mehr viel zu sagen. Mit dem ausgebauten Stufenmodell der Erkenntnis ist *ein* erkenntnistheoretischer Bezugsrahmen erarbeitet, in den sich die rechtfertigungsorientierte Gesamtlösung einbauen läßt (wie übrigens später auch – nach einigen Umdeutungen, aber ohne tiefgreifende Umstrukturierung – deren fallibilistische Alternative). Das Stufenmodell stellt eine *Rangordnung* des gesamten Erkenntnispotentials auf, die alle Arten, Teile, Grade, etc. des Wißbaren umfaßt. Mit Hilfe der „Kunst der Fuge" (die später bei *Kant* zur „Wissenschaft vom Übergang" wird) werden alle Erkenntnisebenen, -stufen, -grade, -teile miteinander verbunden und damit in einen erkenntnistheoretischen Problemzusammenhang gebracht, der die Konstruktion von Rechtfertigungsbeziehungen erlaubt. Damit ist das Erkenntnisfeld für den Rechtfertigungsansatz so vorstrukturiert, daß nichts, was überhaupt als Erkenntnis infrage kommt und vom Begründungsprogramm in Betracht gezogen werden soll, wider Willen sozusagen aus dem Rechtfertigungsmodell herausfällt. (Absichtliche Auslassungen aufgrund von „parmenideischen negativen Verdikten" bleiben natürlich weiterhin möglich.)

Die Gesamtlösung selbst wird nun *arbeitsteilig* (zweigleisig oder, der Zahl der Erkenntnisstufen entsprechend, mehrgleisig) in Angriff genommen. Was logisch ableitbar ist, wird durch logische Deduktion begründet, bei *Aristoteles* also mit Hilfe des Syllogismus. Was nicht so „more mathematico" begründbar erscheint, versucht man auf andere Weise zu legitimieren. Dazu werden mehrere für geeignet gehaltene Hilfsdisziplinen (Dialektik, einschließlich darin enthaltener, erkenntnistheoretisch umfunktionierter Rechtslehre), Hilfshypothesen (Evidenzlehren, Wahrnehmungstheorien, etc.) und Hilfskonstruktionen

(Rückgriff auf Erfahrung, gesunden Menschenverstand, Tradition, etc.) verschiedener Art herangezogen. Auf diese Weise wird das ganze Erkenntnisfeld mit dem Rechtfertigungsmodell abgedeckt, womit natürlich über den *Erfolg* der Begründungsbemühungen noch nichts gesagt ist. Gleichgültig, zu welcher abschließenden Beurteilung man darüber kommen mag, so wird dieser Problemlösungsvorschlag doch erheblich unterschätzt und unzulässigerweise trivialisiert, wenn man dieses ingeniös angelegte, fein aufeinander abgestimmte arbeitsteilige Legitimationsverfahren auf die triviale Formel „Deduktivität des Begründungszusammenhangs und Intuitivität der Prinzipien" zu bringen sucht, wie es in *Wielands* [526] ansonsten sehr sachverständiger *Aristoteles*-Interpretation geschieht. Hier geht es zunächst nur um die *Relevanz* des Rechtfertigungsmodells für den gesamten Erkenntnisbereich und um sein philosophisches Selbstverständnis. Wenigstens in diesem Sinne kann abschließend eindeutig festgestellt werden, daß die aristotelische Epoche die Erweiterung der parmenideischen Teillösung zur Gesamtlösung des Erkenntnisproblems im Rahmen einer umfassenden Rechtfertigungskonzeption gebracht hat.

Am aristotelischen Rechtfertigungsmodell der Erkenntnis fehlt nichts, was für den Rechtfertigungsansatz von Belang wäre [526a]. Wenn es nicht zu einer auch heute noch akzeptablen vollen Problemlösung geführt haben sollte, dann liegt das jedenfalls nicht daran, daß wesentliche *thematische* Lücken offen gelassen werden. Falls es Problemlösungslücken gibt, dann handelt es sich um *strukturelle* Mängel der Rechtfertigungskonzeption, deren Beseitigung nicht mehr mit Hilfe, sondern nur noch auf Kosten des „Rechtfertigungsdenkens" möglich ist. Am Ende der aristotelischen Epoche ist das Rechtfertigungsmodell der Erkenntnis philosophisch bereits so weit „angereichert", daß nur noch „lokale" Problemverschiebungen, Ergänzungen und Verbesserungen, aber kaum noch eine „globale" Neukonstruktion nötig und möglich erscheint. Die Rechtfertigungslehre der Erkenntnis ist also bereits im griechischen Zeitalter eine „abgeschlossene (Erkenntnis-) Theorie" im Sinne *Heisenbergs* [527] geworden. Die zwangsläufige Schlußfolgerung, daß damit der Zeitpunkt gekommen wäre, die *Grundsatzfrage* für das Rechtfertigungsprogramm aufzuwerfen, die über die totale Akzeptierung oder Eliminierung des Rechtfertigungsmodells zu befinden hätte, ließ allerdings noch lange auf sich warten. Daß etwas anderes sinnvollerweise nicht mehr zur Debatte steht, oder vielmehr gestellt werden *sollte,* ist erst von *Popper* ernstlich erwogen worden, der ja auch die dadurch erforderliche Umdispositon des erkenntnistheoretischen Denkens in die Wege geleitet hat.

Was nun die konkrete *Erfolgsbilanz* für die platonisch-aristotelisch-euklidische Rechtfertigungskonzeption angeht, so schlagen für diese Art der Gesamtlösung im Vergleich zu allen späteren Ausarbeitungen in der neuzeitlichen Epoche – *relativ* gesehen also und damit völlig *unabhängig* von der Frage des grundsätzlichen Scheitern des Rechtfertigungsansatzes schlechthin! – drei Vorzüge zu Buche: die Anlage des Rechtfertigungsmodells als Ganzes; der erreichte Stand der erkenntnistheoretischen Diskussion in Grundsatzfragen, der bereits in der aristotelischen Epoche einige bis heute gültige Ergebnisse vorzuweisen hat; schließlich, als eher unbeabsichtigte Konsequenz dieser Einsichten, die Absteckung der Grenzen des Begründungsansatzes.

Die Genialität in der Anlage des Rechtfertigungsmodells als Ganzes, wie es in diesem Entwicklungsabschnitt als Gesamtlösung erarbeitet worden ist, zeigt sich in der *Vielseitigkeit* und *Ausgewogenheit* der Konstruktion. Als Stufenmodell angelegt, kann man sich ein variableres, flexibleres, an die verschiedensten Bedingungen der konkreten Problemsituation anpassungsfähigeres und im Hinblick auf spezielle Anforderungen vielseitiger verwendungsfähiges Erkenntnismodell kaum vorstellen. Das Stufenmodell ist wie ein Haus, das man fast nach Belieben so bauen kann, wie es die Bedürfnisse erfordern und die Mittel erlauben. Es ist ein *Haus der Erkenntnis*, das der Philosoph für seine Wissenskonzeption passend planen und wohnlich einrichten kann. Schon das Grundschema erlaubt viele Abänderungen: mehr oder weniger Erkenntnisstufen, denen dieses oder jenes Fundament unterlegt wird und zwischen denen die vielfältigsten Verbindungslinien gezogen werden können, so daß sich ein dichtgewebtes Beziehungsnetz ergibt, das es dem Denken ermöglicht, auf dem Wege der Begründungsargumentation von einem Punkt im Erkenntnisraum zum anderen zu gelangen.

Noch höher jedoch schlägt das Herz des Philosophen angesichts dessen, was er erkenntnistheoretisch mit diesem Schema anfangen kann. Anders als bei einem wirklichen Haus kann man beim Bauen dieses Wissenspalastes oben oder unten ansetzen, also zum Beispiel die konkretesten Tatsachenfeststellungen oder die abstraktesten philosophischen Prinzipien zum Fundament des ganzen Baus nehmen. Und wenn die Anlage fertig ist, kann man sie immer noch von oben nach unten, von unten nach oben oder von einem beliebigen Punkt aus in jeder Richtung durchschreiten. Erkenntnistheoretisch gesprochen heißt das: Man kann innerhalb dieses Rechtfertigungsmodells deduktiv „abwärts", induktiv „aufwärts" oder auch dialektisch „kreuz und quer" argumentieren[527a]. Damit sind die Möglichkeiten der Konstruktion und Verwendung keineswegs erschöpft[527b]. Selbst die fallibilistische Alternativkonzeption läßt sich, wie bereits erwähnt, ohne Schwierigkeiten in dieser Anlage unterbringen, sofern man nur zuvor einige spezifisch certistisch-fundamentalistische Bauelemente entfernt.

Die *Ausgewogenheit* der platonisch-aristotelisch-euklidischen Konzeption liegt darin, daß sie durchaus der certistischen Tendenz folgt, ohne jedoch Zugeständnisse auf anderen Gebieten zu machen, durch die Kernpunkte des griechischen Erkenntnisprogramms infrage gestellt würden. Damit soll gesagt sein, daß in der aristotelischen Epoche allen Unvollkommenheiten dieser Erkenntnislehre(n) zum Trotz das philosophische Bestreben dahin geht, den griechischen Erkenntnisstil in *ausgeglichener* Weise zu verwirklichen, ohne dabei irgendeine seiner Grundtendenzen auf Kosten der anderen übermäßig zu verfolgen. Jegliche derartige Einseitigkeit, die vielleicht „konsequent", aber nicht vernünftig wäre, wird im griechischen Denken vermieden. Obwohl es sich vom epistemologischen Certismus nichts abhandeln läßt, ist das griechische Denken, von *Platon* etwas abgesehen, nicht dem exzessiv übersteigerten, subjektivistischen (*Descartes*) oder aktionistischen *(Dingler)* Sicherheitswahn der späteren Epochen verfallen. Den bequemen Ausweg angesichts des Zielkonflikts von Allgemeinheit und Gewißheit der Erkenntnis[528], Sicherheit durch Enttheoretisierung der Wissenschaft zu erkaufen, ist das griechische Denken im Gegensatz zu breiten Strömungen der neuzeitlichen Erkenntnislehre und moderner Wissenschaftstheorie nicht gegangen, nicht einmal bei *Platon*, obwohl diesen bei der Verfolgung der certistischen Tendenz zuweilen das griechische Augenmaß verließ. In der nacharistotelischen Epoche ging diese Balance sehr schnell verloren, als die *quest for certainty*, losgelöst vom griechischen Erkenntnisstil, ihren grandiosen Siegeszug durch die Erkenntnis- und Wissenschaftslehre antrat.

Die *Ergebnisliste* der aristotelischen Epoche umfaßt positive und negative Resultate von bleibender Bedeutung. Das wichtigste positive Resultat bezieht sich direkt auf den Grundgedanken der aristotelischen Problemlösung: Um konkret anwendbar zu sein, muß das Begründungsprogramm in einen *strategischen Plan* einmünden, der ein sinnvolles Vorgehen ermöglicht. Planloses Drauflosbegründen bringt uns ja dem Ziel der systematischen, möglichst lückenlosen Erkenntnissicherung nicht näher. Zur Erkenntniskonzeption des Rechtfertigungsmodells muß also eine dazu passende Erkenntnis*strategie* kommen. Worauf diese Strategie für die Begründungspraxis auszurichten ist, ergibt sich aus zwei Anhaltspunkten, an denen sich das aristotelische Rechtfertigungsmodell orientiert.

Auch *Aristoteles* geht es, in voller Übereinstimmung mit der certistischen Tendenz des griechischen Erkenntnisstils, um nichts weniger als "perfect knowing, unique and ungradable"[529]. Am Endziel hat sich also nichts geändert; das ist der eine Fixpunkt. Aus der Rehabilitierung der *doxa* zusammen mit der Reklamierung der *episteme* für das menschliche Erkenntnisvermögen ergibt sich der zweite Anhaltspunkt, der nun nur noch mit dem ersten verbunden werden muß, um die Stoßrichtung für den Begründungsansatz zu erhalten: Es kann nun für eine vernünftige Erkenntnisstrategie nur noch darum gehen, *den Bereich der gesicherten Erkenntnis systematisch zu vergrößern*. Eine empiristisch orientierte Erkenntnislehre zum Beispiel muß also danach streben, „die im kleinen Ausschnitt mögliche Zuverlässigkeit empirischer Erkenntnis auf das Ganze auszudehnen"[530], wie es schon *Empedokles* vorschwebte.

Darin besteht für jede certistische Erkenntnisauffassung letztlich aller Erkenntnisfortschritt. Unter dem Gesichtspunkt einer *Theorie des Erkenntnisfortschritts* betrachtet, auf den auch das „konservativste" Rechtfertigungsprogramm nicht völlig verzichten kann, hat die Suche nach sicheren Grundlagen für unsere Erkenntnis nur dann einen vernünftigen Sinn, wenn für die Wissenschaft eine Möglichkeit besteht, von einer verfügbaren Insel der Sicherheit im grenzenlosen Ozean der Meinungen, Vermutungen, Hypothesen, etc. ausgehend, beständig weiteren festen Boden zu gewinnen, d.h. aus sicherer Erkenntnis Zusatzerkenntnis von derselben Art zu *erschließen*. Aus dieser Erkenntnisstrategie resultiert übrigens die bereits in der aristotelischen Epoche beginnende *Verlagerung des Schwerpunktes im Begründungsprogramm* vom mehr oder weniger undiskutiert vorausgesetzten Primärwissen auf das „erschlossene" Sekundärwissen: der Legitimationsprozeß der Erkenntnis bekommt zunehmend den Charakter einer *Ableitungs*prozedur.

Genau auf diesen Problemzusammenhang bezieht sich das wichtigste positive Forschungsergebnis der philosophischen Erkenntnislehre dieser Epoche, das vor allem *Aristoteles* selbst zu verdanken ist: *Aus Wissen läßt sich weiteres Wissen erschließen!* Dazu dient die *Logik*; für diesen Verwendungszweck ist der aristotelische Syllogismus bestimmt. Daß man durch deduktives Schließen die vorangestellten Prämissen nur „ausmelken", auf diesem Wege aber keinen echten Zugewinn an Wissen – im Sinne einer Vergrößerung des Informationsgehalts des ganzen Systems – erzielen kann, ist eine von der modernen Wissenschaftstheorie hochgespielte Einsicht, die *Aristoteles* nicht völlig fremd war, auch wenn er vielleicht noch nicht ganz klar überblickte, wie *eng* dadurch dem (logischen) Begründungsprogramm seine Grenzen gezogen werden. Daß er sich dieser Problematik bewußt war, geht aus seinen Bemühungen hervor, das Begründungspotential der syllogistischen (deduktiven) Logik mit Hilfe der *Modallogik* gerade in diesem Punkt zu erweitern. *Aristoteles* scheint der Auffassung gewesen zu sein, daß es möglich ist, „den Bereich apodiktischen Wissens durch assertorische Sätze zu erweitern". Das ist eine Einsicht, deren wissenschaftstheoretische Bedeutung nach der hier zitierten Darstellung *Wielands*[531] „schwerlich überschätzt werden kann". In die Sprache der modernen Wissenschaftstheorie übersetzt – wobei dem apodiktischen Wissen die Gesetzesaussagen, dem assertorischen Wissen die kontingenten Erfahrungsaussagen zugeordnet werden –, heißt das: „Aus Gesetzen kann man auch in Verbindung mit kontingenten Aussagen neue Gesetze erschließen." Ob die erschlossenen Gesetze wirklich gesichert sind oder zumindest als soweit begründet angesehen werden können wie die Gesetzesaussage(n) in der Prämissenmenge, ist eine andere Frage, deren Beantwortung von der Konstruktion und erkenntnistheoretischen Ausdeutung der Modallogik abhängt. Diese Problematik kann hier nicht diskutiert werden.

Unstrittiger dürfte das nächste Resultat der aristotelischen Erkenntnislehre sein, das aber schon nicht mehr als völlig positiv angesehen werden kann. Es hat positive und negative Konsequenzen für das Rechtfertigungsprogramm, die jedoch für die weitere Entwicklung gleichermaßen bedeutsam sind. Es handelt sich um die wahrhaft fundamentale Einsicht, daß man *Wissen nicht voraussetzungslos*, sozusagen nach Art einer *creatio ex nihilo*, erschließen kann. Um Wissen erschließen zu können, muß man immer Voraussetzungen machen, die selbst nicht – jedenfalls nicht innerhalb des vorliegenden Ableitungszusammenhangs – erschlossen sind. Dazu gehören vor allem zwei Arten von Voraussetzungen: *de facto* verfügbares *Vorwissen*, das als Prämissen eingesetzt werden kann, *aus* denen geschlossen wird, sowie *de jure* verwendbare *Prinzipien*, die als Regeln fungieren, *nach* denen Wissen erschlossen werden kann[532].

Dazu kommt abschließend noch ein eindeutig negatives Ergebnis für das Rechtfertigungsprogramm, das zumindest dem *logischen* Begründen eine unüberschreitbare *Grenze* setzt. Zu der von der certistischen Tendenz her motivierten Forderung, schlechterdings alles zu beweisen, gesellt sich in der aristotelischen Epoche die realistische Einsicht, daß gerade dies absolut *unmöglich* ist[533]. Diese Einsicht des *Aristoteles* entspringt keineswegs einem destruktiven skeptizistischen Zweifel, sondern ergibt sich aus durchaus konstruktiven Argumenten, die sich auf die Struktur der logischen Begründungsargumentation beziehen. An erster Stelle, aber keineswegs allein, steht dabei der Einwand des *infiniten Regresses*[534].

Daß im Rahmen der Weiterentwicklung des Rechtfertigungsansatzes von der parmenideischen Teillösung zu einer Gesamtlösung bei der Verfolgung der einzelnen Tendenzen einerseits Maß und Mitte nicht verloren gingen und andererseits die – im Grunde bis heute gültige – Einsicht in gewisse *Grenzen* des Begründungsprogrammes hinzukam, ist neben der erkenntnistheoretischen Pionierleistung einer erstmaligen Gesamtlösung des Erkenntnisproblems hauptverantwortlich dafür, warum der Beitrag der aristotelischen Epoche zur Entwicklung des Rechtfertigungsmodells insgesamt weit über dem der neuzeitlichen Epoche steht. Drei Schlußfolgerungen lassen sich am Ende dieses Entwicklungsabschnitts ziehen, die in der Folgezeit von der rechtfertigungsorientierten philosophischen Erkenntnislehre zum Schaden dieser Denkströmung allzu oft vernachlässigt worden sind. Aus der Eigenart des griechischen Erkenntnisstils und dem Vorzug der aristotelischen

Gesamtlösung, sie in allen wesentlichen Punkten gewahrt zu haben, ergibt sich die Lehre, daß jeglicher Versuch der Erkenntnissicherung durch irgendeine Art von *Enttheoretisierung* eine Sackgasse ist, die nicht zur vollen Verwirklichung des ursprünglichen Erkenntnisziels führen kann. Das ist die Moral des Ausgewogenheits-Arguments.

Die zweite Lehre, die in Auswertung des platonisch-aristotelisch-euklidischen Beitrags zu ziehen ist, besagt, daß die certistische Doktrin von der (intensionalen, zumindest aber extensionalen) *Kongruenz des Wißbaren und Beweisbaren*, sowie von beidem mit dem *Rationalen und/oder Wissenschaftlichen*, unhaltbar ist. An dieser Lehre kommt man nicht vorbei, gleichgültig, ob man aus dem Auseinanderfallen von Beweisbarkeit und Wissenschaftlichkeit der Erkenntnis die Konsequenz zieht, daß folglich Wissenschaft überhaupt unmöglich sei oder daß wissenschaftliche Erkenntnis unvermeidlich auch hypothetisches „Wissen" einschließen müsse. Darin bereits das völlige, endgültige Scheitern des Rechtfertigungsprogramms schlechthin zu sehen, wäre wohl etwas vorschnell angesichts der bereits in der aristotelischen Epoche aufgegriffenen und noch ausbaufähigen Möglichkeit, das Legitimationsverfahren der Erkenntnis *arbeitsteilig* anzulegen und dabei auch neue Wege zu beschreiten, die vielleicht an den Grenzen der logischen Beweisbarkeit noch nicht enden. Für die *certistische Rationalitätskonzeption* eine Existenzkrise zu diagnostizieren, ist jedoch meines Erachtens auch bei vorsichtigster philosophischer Auswertung dieser Sachlage unausweichlich. Eine solche Frühdiagnose ist von der späteren Entwicklung bestätigt worden, in der sich dieser Zustand zur Dauerkrise ausgewachsen hat.

Die dritte Schlußfolgerung, die allerdings nicht neu ist und eigentlich der parmenideischen Epoche gutzuschreiben wäre, lehrt, daß eine Gesamtlösung des Erkenntnisproblems im Rahmen des Rechtfertigungsmodells ohne den Einsatz *nichtlogischer* Legitimationsverfahren undenkbar ist. Die parmenideische Einsicht in das Bestehen einer logischen Begründungslücke ist durch den Beitrag der aristotelischen Epoche zur Erkenntnislehre eindrucksvoll bestätigt worden. Dies ist die Moral, die sich aus der Erkenntnis der Grenzen des (logischen) Begründungsprogramms ergibt.

Hier also – so weit schon, muß man wohl sagen, wenn man die spätere Problemgeschichte überblickt – steht die Diskussion am Ende der aristotelischen Epoche. Damit verglichen hat die neuzeitliche Epoche den Stand der Diskussion *im großen und ganzen*, vor allem in den philosophischen Grundsatzfragen, nicht wesentlich vorangetrieben. In Einzelpunkten sind zwar eindeutige Fortschritte erzielt worden, die vor allem mit der Weiterentwicklung der Logik und der Argumentationstechnik zusammenhängen, aber über die oben aufgeführten Schlußfolgerungen aus dem aristotelischen Entwicklungsabschnitt ist man in keinem Punkt hinausgekommen, nicht selten sogar dahinter zurückgefallen. Den wenigen ernsthaften Versuchen zur erkenntnistheoretischen Neuorientierung war kein nachhaltiger Erfolg beschieden; keinem ist der Durchbruch zur „kopernikanischen Wende" einer neuen Fragestellung und Problemlösung gelungen, wobei die kantische Transzendentalphilosophie der angesichts des sich bereits abzeichnenden Scheiterns des Rechtfertigungsprogramms notwendigen „Revolution der Denkungsart" noch am nächsten gekommen ist.

Im folgenden *Ausblick* auf die neuzeitliche Epoche, mit dem dieses Kapitel abschließt, soll der *Knick* in der Hauptlinie deutlich gemacht werden, der am Übergang vom aristotelischen zum neuzeitlichen Entwicklungsabschnitt des Rechtfertigungsdenkens auftritt.

Dem philosophischen Anreicherungsprozeß des nachparmenideischen Zeitalters, der den Ausbau der Teillösung zur Gesamtlösung mit sich brachte, folgt in der nacharistotelischen Zeit eine ausgedehnte Konsolidierungs- und Retardierungsphase, in der reduktive und regressive Tendenzen die Hauptlinie der ansonsten eher uneinheitlichen, stark divergierenden Entwicklung bestimmen. *Reduktiv* ist diese Entwicklung in dem doppelten Sinne des Wortes, der Rückgriff auf die wesentlichen Strukturelemente (durch Herausarbeitung des reinen, von allem unnötigen Beiwerk befreiten Grundschemas) und, weil dabei unvermeidlich zuweilen über das Ziel hinausgeschossen wird, zugleich Abbau unerläßlicher Sinnelemente des Ganzen bedeutet. *Regressiv* ist dieser Prozeß, weil er die Weiterentwicklung des Rechtfertigungsprogramms nicht nur insgesamt verlangsamt, sondern dabei gelegentlich sogar hinter den bereits erreichten Entwicklungsstand zurückfällt. Der „Fortschritt" der Erkenntnislehre in der neuzeitlichen Epoche erweist sich in manchen Punkten bei näherem Hinsehen als ein Rückfall auf bereits überwundene Entwicklungsstufen des Rechtfertigungsmodells. So treten einige Kinderkrankheiten des frühesten, noch unaufgeklärten Rechtfertigungsdenkens, die der platonisch-aristotelisch-euklidische Problemlösungsvorschlag längst hinter sich gelassen hat, in der Neuzeit wieder auf, als hätte es eine „Enttheologisierung" der Erkenntnislehre durch die griechische Aufklärung nie gegeben.

Im einzelnen entfaltet sich das Rechtfertigungsdenken während der neuzeitlichen Epoche in folgenden Richtungen, deren Summenvektor für den Knick in der Hauptentwicklungslinie verantwortlich ist:

(1) Im Zuge der *Kodifizierung* und *Kanonisierung* der Rechtfertigungslehre wird die platonisch-aristotelisch-euklidische Gesamtlösung auf eine *Minimallösung* vereinfacht, die das Grundschema des Rechtfertigungsmodells in seiner reinsten, sparsamsten Ausführung zum Vorschein bringt. Diese rigorose Simplifikation führt zu einer philosophischen Abrüstung des Rechtfertigungsprogramms, die nicht nur *überflüssiges* metaphysisches Beiwerk aus griechischer Zeit erfaßt. So geht der Vereinfachungsprozeß stellenweise in einen echten Abbauprozeß über, der am Ende lediglich — im Vergleich zum griechischen Standard der bereits erreichten Gesamtlösung — *defiziente* Formen des Rechtfertigungsmodells hinterläßt. In einer Weise abgebaut, die über die Befreiung einer Wissenschaftskonzeption von überflüssiger metaphysischer Dekoration weit hinausgeht, wird vor allem die *philosophische Interpretation* des Rechtfertigungsmodells, wobei wesentliche Sinnelemente — darunter insbesondere der Rechtsgedanke, dessen Bedeutung nicht mehr hervorgehoben werden muß — verlorengehen. Hier ist zunächst unterschwellig, später in aller Offenheit der positivistische Grundstrom des neuzeitlichen Denkens am Werke, der sich mit der certistischen Tendenz des griechischen Erkenntnisstils vereinigt.

Insgesamt gesehen ist dieser Zug der neuzeitlichen Entwicklung trotz offensichtlicher Abbauerscheinungen eher als Fortschritt denn als Rückschritt zu werten. Die Vereinfachung bringt, selbst wenn sie zuweilen zu weit geht, Klarheit, die das Rechtfertigungsmodell in seiner Grundstruktur so durchsichtig macht, daß die *Kritik* an den nun überdeutlich gemachten strukturellen Defekten ansetzen kann. Kodifiziert durch Festlegung der Ziele, Normen und Regeln, kanonisiert durch Zusammenfassung der Lehrstücke und Vereinheitlichung zu einer konstruktiven Lehre, steht nun das *ABC* des Rechtfertigungsdenkens fertig da. Dies ist der konsequente Abschluß einer Entwicklung, in deren Verlauf die

Erkenntnislehre im strengen Sinne des Wortes eine *Disziplin* wird. Daß der Ursprung dieser Entwicklung nicht mehr bewußt und ihr Motiv nicht mehr verstanden wird, ist keineswegs ungewöhnlich. Trotz der Ignorierung des dieser Fragestellung weiterhin zugrunde liegenden Rechtsgedankens bleibt die Erkenntnisfrage eine *quaestio iuris*, aber wegen seiner Verdrängung aus dem philosophischen Bewußtsein wird sie zu einem im Grunde *unverstandenen* Problem[534a].

Allenfalls bei *Kant* kommt das ursprüngliche Verständnis des Erkenntnisproblems wieder zum Durchbruch, wenn er mit seiner Transzendentalphilosophie die griechische Problemstellung aufgreift, um sie einer neuartigen Lösung — die sich allerdings noch im Rahmen des Rechtfertigungsprogramms bewegt, wie sich noch herausstellen wird — zuzuführen. Ist für *Aristoteles* „schlechthinniges Wissen ein Wissen des Grundes"[535], so bedeutet die *Kant*sche Konzeption der rationalen Wissenschaft als ein systematischer „Zusammenhang von Gründen und Folgen"[536] die konsequente Fortschreibung dieser Problemstellung, in der das griechische Verständnis des Erkenntnisproblems aus dem Rechtsdenken deutlich durchschimmert, auch wenn dies nicht mehr bemerkt und der gerade von *Kant* wiederbelebte erkenntnistheoretische Gebrauch des Rechtsvokabulars für eine unverbindliche *façon de parler* gehalten zu werden pflegt.

Wenn man bedenkt, daß die aristotelische „Kunst der Fuge" in *Kants* Konzeption einer „Wissenschaft vom Übergang" ihre bemerkenswerteste Fortbildung erfahren hat, dann ist es kein Wunder, daß das Rechtfertigungsmodell der Erkenntnis in der Neuzeit nur noch einmal zur Reife einer auf ihre Art vollendeten Gesamtlösung des Erkenntnisproblems emporphilosophiert worden ist, nämlich von *Kant*. Die anderen Ansätze der neuzeitlichen Erkenntnislehre kommen in der Regel über die Herausarbeitung des reinen Rechtfertigungsschemas für ein einfaches Zweistufen-Modell und die Ausdifferenzierung der wichtigsten Grundformen des Rechtfertigungsmodells, wie sie im folgenden Kapitel erläutert werden, nicht wesentlich hinaus. Wo das begründungstechnische Konstruktionsgeschäft Fortschritte macht (wie etwa im Rahmen der modernen Logik und Metamathematik), bleibt das philosophische Interpretationsgeschäft um so mehr hinter den Erfordernissen einer erfolgreichen Problembewältigung zurück.

(2) Anschlußdenker, die eine bereits etablierte Tradition ohne besondere Genialität, aus freiem Entschluß oder durch die Umstände gezwungen, fortzuführen haben, sehen die Bedeutung ihres Beitrages hauptsächlich darin, daß sie auf der vorgezeichneten Entwicklungslinie „konsequenter" weiterdenken als die Begründer der Tradition. Das ist die dem typischen Anschlußdenken gemäße, in seiner inellektuellen Reichweite liegende Form der Originalität. Unoriginelles Anschlußdenken tendiert deshalb üblicherweise zu einer moderierenden, originelles zu einer radikalisierenden Fortführung der Tradition.

Genau so verhält es sich mit dem Rechtfertigungsdenken der nacharistotelischen Zeit, dessen originellere Strömungen durch einen Zug zur konsequenten *Radikalisierung* der überkommenen, typischerweise dem „reinen", idealisierten Grundgedanken, nicht aber seiner konkreten Ausführung nach übernommenen Ausgangsposition. Aber etwas „konsequent radikalisieren", ist leichter gesagt als getan. Dies gilt vor allem dann, wenn es sich nicht um isolierte Gedanken, sondern um eine mehr oder weniger umfassende Globalkonzeption handelt, bei der jede Weiterentwicklung einzelner Momente schwierige Vereinbarkeits-, Abstimmungs- und Ausgleichsprobleme aufwirft[537]. Da in aller Regel nicht alle Teile einer Konzeption gleichmäßig weiterentwickelt werden, macht der Erkenntnisfortschritt eine *neue Synthese* der auseinanderstrebenden, unstimmig fortgeführten Teilaspekte zu einem auf höherer Ebene wiederhergestellten „Ganzen" erforderlich. Wenn man bedenkt, daß die tatsächliche historische Entwicklung — auch in der Ideengeschichte[538] — fast ausnahmslos ungleichmäßig verläuft, ist es nicht verwunderlich, daß der Radikalisierungsprozeß einzelne, mehr oder weniger willkürlich herausgegriffene Aspekte zu erfassen und von einem bestimmten Punkt der Entwicklung an in einen Auflösungsprozeß überzugehen pflegt, der die Ausgangsposition aus den Angeln hebt, ohne unbedingt zu einer neuen, wohlabgestimmten Gesamtkonzeption zu führen.

Dieses Schicksal widerfährt dem Rechtfertigungsmodell mehrfach in der neuzeitlichen Epoche, wobei mit der aristotelischen Gesamtlösung nicht selten der griechische Erkenntnisstil selbst völlig aus den Fugen gerät. An sich kann jeder Aspekt — in Begriffen des vorliegenden Rekonstruktionsunternehmens ausgedrückt: jede „Tendenz" des griechischen Erkenntnisstils, jedes „Prinzip" der Fragestellung und Lösung des Erkenntnisproblems - Gegenstand einer solchen Entwicklung werden. Tatsächlich war es jedoch in erster Linie *eine* Tendenz und *ein* Prinzip jener Schrittfolge, aus der nach der hier gegebenen Darstellung die antike Problemgeschichte der Erkenntnislehre besteht, an denen sich die neuzeitlichen Radikalisierungsversuche austobten. Und jedesmal forderte die exzessive Steigerung eines Moments auf Kosten des Ganzen den Preis der mehr oder weniger weitgehenden *Enttheoretisierung* unserer Erkenntnis. Nach den vorangegangenen ausführlichen Erläuterungen zum griechisch-abendländischen Wissenschaftsverständnis bedarf es keiner weiteren Argumente, um den Nachweis zu führen, daß Enttheoretisierung nicht nur negative Rückwirkungen auf den griechischen Erkenntnisstil hat, dessen Eigenart sie in einem ganz wesentlichen Punkt infrage stellt, sondern letztlich die daraus hervorgegangene Wissenschaft überhaupt vernichtet. Welche Tendenz und welches Prinzip gemeint sind und wie sich ihre „konsequente Radikalisierung" zum Schaden der Erkenntnislehre und Wissenschaft auswirkt, wird im folgenden kurz erklärt.

Radikalisierung in diesem Sinne und Kontext bedeutet Herauslösung eines Moments aus dem Ganzen des Rechtfertigungsmodells sowie exzessive Steigerung dieses Aspekts um jeden Preis, d.h. ohne Rücksicht auf die Auswirkungen für andere Momente und die Folgen für das Erkenntnisprogramm schlechthin. So macht es das neuzeitliche Denken insbesondere mit der certistischen Tendenz, die als *quest for certainty* eine Sonderentwicklung nimmt, wobei sie sich von der *objektiv* verstandenen, auf intersubjektive Berechtigung statt subjektiver Vergewisserung des Wahrheitsanspruchs ausgerichteten Sicherheitstendenz des griechischen Erkenntnisstil immer mehr entfernt.

Auch dem griechischen Erkenntnisstil ging es um ein Maximum von Sicherheit[539] für unser Wissen. Aber kein maßgeblicher griechischer Philosoph kam auf die Idee, diesem Sicherheitsverlangen den *gleichermaßen* begehrten theoretischen Charakter unserer Erkenntnis, also die Doppeltendenz zum Allgemeinen und Genauen, zum Opfer zu bringen, weil damit gerade das aufgegeben worden wäre, was der Sicherung für wert erachtet wird. Die Wahrheit von *Theorien* ist es, was nach griechischem Verständnis von Wissen und Wissenschaft dem Bemühen der Geltungssicherung einen vernünftigen Sinn gibt. Ohne Theorien ist die Verfolgung der certistischen Tendenz für das griechische Denken gegenstandslos. Durch die Einbindung in den griechischen Erkenntnisstil wird die certistische Tendenz zwar keineswegs völlig unschädlich gemacht, aber doch soweit in Schach gehalten, daß ihre subjektivistischen, voluntaristischen und aktionistischen Degenerationserscheinungen, wie sie in der neuzeitlichen Epoche aufkommen, im griechischen Zeitalter unterbleiben oder jedenfalls nicht die Szene beherrschen. Selbst *Platon*, bei dem die certistische Tendenz am meisten in Gefahr war, außer Kontrolle zu geraten, "was not interested in Cartesian doubt"[540] und an *jener* dadurch allein erreichbaren Art von Sicherheit, die objektive Berechtigung kraft vorweisbaren Rechtsgrundes durch subjektive Gewißheit ersetzt.

Es kennzeichnet die atheoretische, vielfach offen antitheoretische Degeneration der certistischen Tendenz in den subjektivistischen *(Descartes)*, voluntaristischen *(Fichte)* und aktionistischen *(Dingler)* Strömungen des neuzeitlichen Rechtfertigungsdenkens, daß in Abkehr vom griechischen Erkenntnismodell eine aufschlußreiche gegenständliche und instrumentale Problemverschiebung stattfindet. Der Gegenstandsbezug der certistischen Tendenz verschiebt sich von der objektiven auf die subjektive Seite. Es geht nicht mehr in erster Linie um die Geltungssicherung von Theorien, sondern um die *Selbst*gewißheit des erkennenden Subjekts, das als zweifelndes oder handelndes Ich auftritt[541].

Dementsprechend erfolgt auch eine dazu passende „instrumentale" Problemverschiebung von der objektiven Sicherheit des *Beweises* zur subjektiven Sicherheit des *Gewissens*, von der Berechtigung theoretischen Wissens zur Notwendigkeit praktischen Glaubens und Handelns. Zwischen diesen beiden Polen schwankt der erkenntnistheoretische Certismus in der neuzeitlichen Epoche hin und her[542], wobei er einmal mehr zu dieser, dann wieder mehr zu jener Seite hinneigt. Da man sich aber in dieser Frage größtenteils nicht zu einer klaren Entscheidung durchringen kann – man sucht einerseits schrankenlose Gewißheit um jeden Preis, die man nur in der verinnerlichten Glaubensdimension und/oder in der veräußerlichten Handlungsdimension zu finden hofft, möchte aber andererseits die Folgekosten der Enttheoretisierung möglichst vermeiden –, begnügt man sich mit zweideutigen Formulierungen über das Verhältnis von Gewißheit und Wahrheit, Sicherheit und Theoretizität der Erkenntnis. Einerseits bringen sie, wenn man sie beim Wort nimmt, explizit zum Ausdruck, daß Sicherheit nicht nur notwendiges, sondern im Grunde zugleich hinreichendes, jedenfalls allein ausschlaggebendes Merkmal für Rationalität und Wissenschaftlichkeit ist. Andererseits wird zugleich der Eindruck erweckt, daß nichts von dem aufgegeben worden sei, was von altersher zum Erkenntnispotential der Wissenschaft gehört – Theorien in Hülle und Fülle, mit unverkürztem Geltungsanspruch und unvermindertem Informationsgehalt.

Aber alle Fragen nach dem *wirklichen* Verhältnis von Allgemeinheit (einschließlich Genauigkeit) und Gewißheit, nach der Vereinbarkeit von Apodiktizität und Theoretizität inhaltlicher Erkenntnis bleiben offen, wenn man etwa bei *Kant* liest: „*Eigentliche* Wissenschaft kann nur diejenige genannt werden, deren Gewißheit apodiktisch ist ..."[543]. Diese certistische Auffassung von Wahrheit, Wissen, Wissenschaft, Rationalität – oder was immer in der Philosophie als höchstes Erkenntnisgut zur Debatte steht – überschlägt sich bei *Hegel*, wenn dieser sich zu der Behauptung versteigt: „Die *Wahrheit* ist nicht nur *an sich* vollkommen der *Gewißheit* gleich, sondern hat auch die *Gestalt* der Gewißheit seiner selbst ..."[544]. Das Ende dieser neuzeitlichen Fehlentwicklung der original griechischen certistischen Tendenz zur ungriechisch verselbständigten, durch einseitige Radikalisierung *eines* Moments des griechischen Erkenntnisstils verabsolutierten ultracertistischen *quest for certainty* bildet der *Dinglerismus*[545], der den Gesichtspunkt der Sicherheit zum *„Wesen aller Wissenschaft"*[546] erhebt, als ob sich Wissenschaftlichkeit der Erkenntnis und Rationalität des Handelns darin erschöpften, sicher zu sein.

Daß die unausgewogene, mit inkonsequenter Vernachlässigung der Folgen betriebene Art der „konsequenten Radikalisierung" in eine Sackgasse führt, macht die Entwicklung der certistisch orientierten Systemauffassung der Erkenntnis zwischen *Kant* und *Dingler* deutlich. Wo ersterer mit seiner Konzeption der rationalen Wissenschaft als einem „Zusammenhang von Gründen und Folgen" noch griechisches Maß und Ziel und damit auch die Chance einer Gesamtlösung des Erkenntnisproblems nach aristotelischem Vorbild wahrt, fällt letzterer weit hinter dieses zurück, wenn er die Erkenntnis im Interesse ihrer – kaum noch anders als *dogmatisch* charakterisierbaren[547] – Sicherung „einer solchen begrifflichen Bearbeitung" unterzogen wissen will, „daß der Zusammenhang zu einer logischen Tautologie wird"[548]. Diese *Dingler*sche *law and order*-Vision der Erkenntnis mag ein kognitives Sicherheitssystem „in idealster Vollendung"[549] sein, aber von einer Vollendung der griechischen Tradition, auf die sich *Dingler* zu Unrecht beruft[550], kann bei diesem sich in der Sprache wie im Denken superlativisch überschlagenden Certismus keine Rede mehr sein. Vom Standpunkt eines solchen Sicherheitswahns, der „volle", „absolute", „letzte" Erkenntnisbegründung anstrebt, um sich „von jeder Möglichkeit irgendeines Zweifels oder einer Unsicherheit völlig und für alle Zeiten"[551] zu befreien, führt weder ein Weg *zurück* zum vergleichsweise maßvollen epistemologischen Certismus der Griechen noch ein Weg *vorwärts* zum fallibilistischen Kritizismus *Popper*scher Prägung. Die Möglichkeit einer aristotelischen Gesamtlösung des Erkenntnisproblems wird nutzlos vertan, weil *Dinglers* Ultracertismus im Grunde *hinter* den mit der Rehabilitierung der *doxa* erreichten Stand der Erkenntnislehre zurückfällt. Damit ist aber zugleich auch die Flucht nach vorn, in Richtung auf die fallibilistische Alternative, ausgeschlossen, weil deren Lösungsansatz einer durchgehenden Hypothetisierung der Erkenntnis von der Rehabilitierung der *doxa* ausgeht, die er verallgemeinert.

Die Selbstaufhebung der Erkenntnis in der Tautologisierung – wir wissen im Grunde *nichts,* das aber ganz sicher! – ist das Ende der Sackgasse, in die sich die philosophische Erkenntnislehre durch die Radikalisierung der zuvor verselbständigten certistischen Tendenz selbst hineingeführt hat. Auch wenn diese Entwicklung im griechischen Denken vorgezeichnet sein mag, wobei zum Beispiel an *Platons* Konzeption des *totalen Wissens* zu erinnnern wäre[552], so ist ihre Vollendung doch das Werk der neuzeitlichen Epoche. Einen falschen Weg einschlagen, ist eine Sache; ihn blind bis ans Ende gehen, eine andere, die mit der ersten nicht in einen Topf geworfen werden darf.

Ein ähnliches Schicksal, größtenteils von denselben Autoren in Tateinheit mit der Fehlentwicklung der antiken certistischen Tendenz zur modernen *quest for certainty* gestaltet, erlitt das *Doppelprinzip der epistemologischen Kohärenz und Differenz* auf dem langen Weg von *Parmenides'* einfachem hierarchischem Konstruktionsprinzip[552 a] über *Platons* mehrschichtiges Erkenntnismodell, das *nur noch* unter dem Gesichtspunkt einer hierarchischen Struktur zu verstehen sei[553], bis zur modernen Systemauffassung der Erkenntnis, derzufolge „schon darum *Wissenschaft* heißen" kann, „was systematisch ist"[554]. Am Ende dieser Sackgasse steht die Anarchie der philosophischen Systeme[555], die zu vermeiden das höchste Bestreben des erkenntnistheoretischen Systemdenkens war, das Vollständigkeit und Sicherheit in *einem* umfassenden Erkenntnissystem zu erreichen suchte und demzufolge Wissen „nur als Wissenschaft oder als *System* wirklich ist und dargestellt werden kann"[556]. So wird auch die hypotaktische Denkfigur in der neuzeutlichen Erkenntnisphilosophie von einem vernünftigen Strukturierungsprinzip schließlich so weit zu einer künstlichen Architektonik verselbständigt, daß sie von ihrem eigentlichen Zweck — einer adäquateren, „naturtreuen" Wirklichkeitserfassung und besseren Erkenntnisdarstellung — abkommt und zum Selbstzweck wird, der Rationalität und Wissenschaftlichkeit nur noch *in sich selbst* verkörpert sieht.

(3) Kann man der ersten Entwicklungsrichtung des neuzeitlichen Rechtfertigungsdenkens im Rahmen ihrer philosophisch verengten Perspektive durchaus eine gewisse Fortschrittlichkeit und der zweiten immerhin einige Folgerichtigkeit, die partiellen Fortschritt bedeutet, bescheinigen, so ist die dritte Entwicklungsrichtung klarerweise *regressiv* in dem Sinne, daß sie im Ergebnis auf philosophisch rückständige, vom griechischen Denken bereits überwundene Denkstufen zurückfällt. Zwei erkenntnistheoretische Regressionen sind es insbesondere, die das neuzeitliche Denken hinter den Stand der philosophischen Erkenntnislehre in der aristotelischen und teilweise sogar in der parmenideischen Epoche zurückfallen lassen: der Rückfall des Rechtfertigungsdenkens in das theologische *Offenbarungsmodell* der Erkenntnis sowie der Rückgriff auf obskure *nichtkognitive Instanzen*, beides in der Absicht einer Erkenntnissicherung anstatt *von Rechts wegen*, wie es griechischer Tradition entsprach, *im guten Glauben* an *bona fide*-Wahrheitsgarantien.

Einen Rückfall in Erkenntnistheologie bringt sowohl der neuzeitliche Rationalismus als auch der neuzeitliche Empirismus, wobei der Cartesianismus offen auf Elemente des Offenbarungsmodells zurückgreift, während der *Bacon*sche Empirismus dies mehr implizit tut, ohne die Geistesverwandtschaft zwischen der neuen Manifestationstheorie der Wahrheit[557] und dem alten Offenbarungsmodell der Erkenntnis verbergen zu können. Auch die griechischen Denker haben sich verschiedentlich gezwungen gesehen, angesichts von mit dem verfügbaren Rechtfertigungsinstrumentarium nicht schließbaren Begründungslücken auf *bona fide*-Instanzen zurückzugreifen. So hat zum Beispiel *Aristoteles* mit feinem Gespür für die Problemlage versucht, für *begrenzte* Erkenntniszwecke in ganz bestimmten Problemsituationen die Erfahrung zu einer solchen *bona fide*-Instanz aufzubauen. Wie immer man den Erfolg dieser Bemühungen beurteilen mag, so muß man ihnen immerhin konzedieren, daß sie sich an eine zweifelsohne *kognitive* Instanz gehalten haben, der Erkenntnisrelevanz nicht völlig abgestritten werden kann, auch wenn es mit der Zuverlässigkeit empirischer Information im allgemeinen nicht zum besten stehen mag (was *Aristoteles* keineswegs unbekannt war und dem er durch geeignete Vorkehrungen gegen Sinnestäuschungen etc. zu begegnen suchte).

Von den neuzeitlichen Versuchen in dieser Richtung kann man dies alles nicht ohne weiteres behaupten. In der neuzeitlichen Epoche lebt der schlechte, im griechischen Denken bereits von *Parmenides* überwundene philosophische Brauch wieder auf, Erkenntnislücken durch Berufungen auf Instanzen überbrücken zu wollen, deren Qualifikation für diesen verantwortungsvollen erkenntnistheoretischen Job höchst zweifelhaft erscheint. Irgendeinen Qualifikationsnachweis bleibt man in diesem Zusammenhang auch durchweg schuldig. Es sind im wesentlichen zwei – pseudokognitive – Instanzen, die hier vom Rechtfertigungsdenken auf das philosophische Schlachtfeld geführt werden: das *Ich* und/oder die *Tat*, wobei im ersten Fall dem reinen *Willen*, im zweiten Fall der reinen *Aktion* die erkenntnistheoretische Garantiefunktion aufgebürdet wird.

Der erste, *voluntaristische* Begründungsansatz entfaltet sich auf der mehr subjektivistischen Denklinie *Descartes/Fichte/Dingler*, wobei sich zum wiederholten Male herausstellt, daß letzterer – zur peinlichen Verlegenheit seiner wachsenden Anhängerschar in der modernen Wissenschaftstheorie deutscher Zunge – für jede erkenntnistheoretische Verranntheit zu haben ist, sofern sie sich zum philosophischen Superlativ hochsteigern läßt. Denn *Dingler*sches Denken bewegt sich am liebsten in extremen Dimensionen und Visionen: Es geht aus vom „Unberührten", vom „Einfachsten", schreitet fort zum „Tiefsten", „Letzten". Es errichtet auf den Trümmern, die der „Zusammenbruch der Wissenschaft" hinterlassen hat, einen neuen „Urbau", ein wahres „Ewigkeitswerk", um sich angesichts des uferlosen, richtungslosen „Chaos der Meinungen" mit nichts weniger zufrieden zu geben als der absolut gesicherten „endgültigen Lösung" des Erkenntnisproblems, zu der es natürlich keine, aber schon gar keine, dinglerisch gesprochen: keinste Alternative gibt. Aus diesem Geiste eines hysterischen Sicherheitsverlangens wird die neue Endlösung des Erkenntnisproblems unter Rekurs auf das für absolut frei und souverän erklärte *Ich* geboren, das einfach so *will*, wie *Dingler* es für richtig hält. Dieser Wille ist nicht mehr und nicht weniger als *„sein eigener Geltungsgrund"* [558]. Der Gedankenkreis dieses Sicherheitswahns schließt sich, ohne die Realität berührt zu haben, wenn der epistemologische Certismus in einem ebenso schrankenlosen philosophischen Dezisionismus aufgeht, so daß gilt: *„Wahres Wollen fundiert wahre Erkenntnis."* [559] Höchst problematisch an diesem Ansatz ist weniger der Rekurs auf das wollende Ich als die damit verbundene Annahme, daß dieses im Erkenntnisbereich frei schalten und walten, also seinen auf dezidierten erkenntnistheoretischen Forderungen aufgebauten Erkenntnisplan [560] ohne wesentliche Abstriche vom Vollkommenheitsideal verwirklichen könne, ohne auf nennenswerten Widerstand der Realität zu treffen.

Zum Rekurs auf das *Ich* kommt in der neuzeitlichen Erkenntnistheorie der Rekurs auf die *Tat* hinzu, wobei subjektivistische Verinnerlichung und objektivistische Veräußerlichung sich teils ersetzen, teils ergänzen – weshalb beide Ansätze in der Regel als Komplementärstrategie von denselben Autoren in Tateinheit betrieben werden, zum Beispiel von *Kant* und *Dingler* –, denn auch das Ich muß schließlich zur Tat schreiten, um das Gewollte zu realisieren. Dabei kann das Schwergewicht auf den Willen oder auf die Aktion gelegt werden. Der *aktionistische* Begründungsansatz wird vor allem im Rahmen der *operativen* Rechtfertigungsprogramme verfolgt, die bei der Lösung des Erkenntnisproblems auf das von *Vico* aufgestellte und von *Kant* aufgegriffene *Verum-factum-Prinzip* zurückgreifen.

Den voluntaristischen wie den aktionistischen Begründungsansätzen geht es um dasselbe Ziel, das sie auf unterschiedlichem Wege gemeinsam verfolgen, nämlich die Erkenntnissicherung im Sinne einer radikalisierten, weitgehend verselbständigten certistischen Tendenz. Sie unterscheiden sich lediglich darin, *wo* ihrer Auffassung nach Sicherheit möglich ist, *worin* sie besteht und *womit* sie erreicht, d.h. auf welche Weise sie als etwas „Gegebenes" gefunden oder als etwas „Machbares" hergestellt werden kann. Für den voluntaristischen Ansatz resultiert Sicherheit aus der *Freiheit* des intelligiblen Ich, nach Belieben zu wollen und das Gewollte, zumindest im Bereich der reinen Erkenntnis, ungehindert von allen äußeren Widerständen zu verwirklichen.

Für den aktionistischen („operativen") Begründungsansatz dagegen ergibt sich Sicherheit der Erkenntnis aus der *Herrschaft* des handelnden Subjekts, das die Problemsituation im Griff hat, um sie nach Belieben zu gestalten, notfalls auch zu manipulieren. Während also das voluntaristische Rechtfertigungsdenken davon ausgeht, daß wir beim Erkennen einem völlig ungestalteten, widerstandslos formbaren Medium (dem „Unberührten" *Dinglers*) unseren aktiven Willen einprägen können, resultiert für das aktionistische Rechtfertigungsprogramm die gesuchte Sicherheit aus der Möglichkeit der Kontrolle aller relevanten Umstände des Erkenntnisvorgangs. (Diese Idee der operativen Kontrolle geht übrigens über die *Popper*sche Idee der Erkenntniskontrolle im Sinne bloßer Nachprüfbarkeit ihres Geltungsanspruchs weit hinaus. Operative Kontrolle ist eine Frage der tatsächlichen Herrschaft über die Bedingungen einer konkreten Problemsituation, kritische Kontrolle im Sinne des epistemologischen Fallibilismus ist dagegen eine Frage der Testbarkeit von Geltungsbehauptungen, die – bei fließenden Übergängen – auf jeden Fall ein weit geringeres Maß des Machbaren erfordert.)

Geleitet von dem Gedanken, daß unsere Erkenntnis in genau dem Maße sicher ist, als wir sie *so* machen können, wie wir sie aus vollkommener Einsicht in das zeitlos gültige, ausnahmslos verpflichtende Erkenntnisideal des perfekten *Wissens* haben *wollen*, vernachlässigen beide Begündungsansätze den Störfaktor des *Realitätswiderstandes*, der dem Wollen und Können *Grenzen* setzt[561], die nicht oder nur unter Verzicht auf andere Erkenntnisqualitäten – Allgemeinheit oder Informationsgehalt zum Beispiel – überschritten werden können. Nicht berücksichtigt ist hier, wie *C. F. von Weizsäcker* mit Recht einwendet, „die Abhängigkeit dessen, was wir machen können, von dem, was wir nicht gemacht haben, und ebensowenig die Abhängigkeit unseres Begreifens dessen, was wir nicht gemacht haben, von dem, was wir machen können."[562] Da selbst in dem vielfach privilegierten, von mancherlei Zwängen entlasteten Bereich der reinen Erkenntnis, in dem der Möglichkeitsspielraum größer und der Realitätswiderstand geringer ist als in anderen Bereichen, das aktiv Gewollte nicht restlos durchsetzbar und die operative Kontrolle der Situation nicht schrankenlos ausübbar ist, kann weder der Wille noch die Tat die erstrebte volle, absolute Erkenntnissicherung zuwege bringen – es sei denn im *Leerlauf* der certistischen Begründungsmaschinerie, die wertlose Sicherheit schafft, indem sie *nur* noch der certistischen Tendenz folgt und vom griechischen Erkenntnisstil alles opfert, was der schrankenlosen Selbstverwirklichung eines sterilen Sicherheitsverlangens im Wege steht.

Was dabei herauskommt, ist jene Suche nach Sicherheit *in der Beschränkung,* die man mit Recht *Dogmatismus* nennt und die, wie wir gesehen haben, gerade nicht das ist, was der griechische Erkenntnisstil mit seiner certistischen Tendenz anstrebt. Nichts ist leichter zu haben, aber nichts wiegt erkenntnistheoretisch weniger, als solche billige Sicherheit, die aus der ängstlichen Vermeidung aller Risiken resultiert, wobei die „methodische" Art des Vorgehens alles nur noch schlimmer macht. In diese Sackgasse hat sich das neuzeitliche Denken durch „konsequente Radikalisierung" der certistischen Tendenz zur *quest for certainty* selbst hineinmänövriert. Ein Rückschritt zum Stand der Erkenntnislehre in der aristotelischen Epoche wäre ein Fortschritt. Da aber dieser mutige Schritt von der modernen Erkenntnis- und Wissenschaftslehre nie ernsthaft in Erwägung gezogen worden ist, verbleibt als einziger Ausweg die Flucht nach vorn, zur fallibilistischen Revolution der popperschen Epoche. Auch für sie steht eine ausgewogene Gesamtlösung des Erkenntnisproblems nach griechischem Vorbild nicht mehr zur Debatte, sondern nur noch der direkte Gegenzug zur neuzeitlichen Radikalisierung der certistischen Tendenz, nämlich die ebenso konsequent betriebene Ersetzung des epistemologischen Certismus durch einen nicht minder radikalen epistemologischen Fallibilismus.

Damit habe ich dem weiteren Gang der Rekonstruktion vorgegriffen. Bevor im abschließenden Dritten Teil die fallibilistische Alternative zur Sprache kommen wird, sollen im folgenden Kapitel 5 die Grundstruktur und Hauptformen des Rechtfertigungsmodells dargestellt werden, wie sie von der nacharistotelischen Erkenntnislehre erarbeitet worden sind. Es handelt sich dabei im wesentlichen um die Ergebnisse der ersten, oben skizzierten Entwicklungsrichtung des neuzeitlichen Denkens. An dieser Stelle ändert sich auch das Rekonstruktionsprinzip: An die Stelle der bislang dominierenden ideengeschichtlichen Perspektive tritt der Gesichtspunkt der erkenntnistheoretischen Systematik, in der geistesgeschichtliche Aspekte nur noch beiläufig in die Darstellung einbezogen werden.

## 5. Kapitel

## Grundstruktur und Hauptformen des Rechtfertigungsmodells der Erkenntnis – epistemologischer Fundamentalismus und theoretischer Monismus

An klugen Ratschlägen zur Lösung des Erkenntnisproblems im Sinne des Rechtfertigungsprogramms hat es die neuzeitliche Philosophie nicht fehlen lassen. Die gute Ernte von den faulen Früchten des Baums der Erkenntnis zu sondern, scheint mit aller wünschenswerten Genauigkeit und Zuverlässigkeit ohne weiteres möglich zu sein, „vorausgesetzt, man verzichtet nur darauf, irgend etwas für wahr zu halten, was es nicht ist, und man beobachtet immer die Ordnung, die zur Ableitung ... notwendig ist ...“[563] An diesen famosen Ratschlag *Descartes'* hat sich das Rechtfertigungsdenken in der neuzeitlichen Philosophie und in der modernen Wissenschaftstheorie zu halten versucht, dabei allerdings die Erfahrung machen müssen, daß die Befolgung eines scheinbar so einfachen, totsicheren Rezepts leichter gesagt als getan ist.

Die augenscheinliche Fülle der im Verlauf von nunmehr zweieinhalb Jahrtausenden Philosophiegeschichte erdachten und mal mit allen Raffinessen intellektueller Dekorationskunst hochstilisierten, mal auf Einfachstformeln von entwaffnender Primitivität zurückgeschraubten Lösungsvorschläge für das Erkenntnisproblem verschleiert nur allzu leicht die Tatsache, daß es sich dabei im Grunde um ein einziges, in seiner fundamentalen Struktur identisches und unverändertes Erkenntnismodell handelt. Die Leitidee dieses am *Prinzip des zureichenden Grundes* – in dessen moderner, vom Rechtsgedanken prima facie gereinigten Fassung[564] — orientierten *Rechtfertigungsmodells der Erkenntnis* läßt sich wie folgt skizzieren: Das Geltungsproblem der Erkenntnis wird, soweit es im Rahmen der certistischen Rationalitätskonzeption rational lösbar erscheint, als ein *Begründungs-* oder *Rechtfertigungsproblem* aufgefaßt „im allgemeinsten Sinn als ‚letztes Rechtfertigen‘, als Beantwortung der quaestio quid iuris ..."[565]

Die Idee der Begründung liefert also den Maßstab, der echtes Wissen und Scheinerkenntnis, letztlich auch Wahrheit und Falschheit, streng voneinander scheidet. Echte Erkenntnis vom Charakter vollen Wissens ist dadurch ausgezeichnet, daß sie *zureichend begründet*, auf diese Weise *gesichert* und so in ihrem Wahrheitsanspruch gerechtfertigt ist. „Um wahr zu sein, bedarf die Behauptung der Rechtfertigung ... Was *wahr* ist, rechtfertigt sich", betont *Lauth*[566]. Darin unterscheidet sich rationale Erkenntnis von irrationaler Dogmatik, die „notwendig grundlos"[567] ist. Und da der Beweis die strengste, jeden Zweifel ausschließende Art der Geltungssicherung durch Wahrheitsbegründung ist, setzt das certistische Erkenntnisideal der *bewiesenen Wahrheit* das Gardemaß für das angestrebte *Wissen* im Vollsinne der certistischen Rationalitätskonzeption.

Das erkenntnistheoretische Konstruktionsprinzip des Rechtfertigungsmodells, die Idee der Begründung mit ihrem linearen „Schematismus der Leiter"[568] und/oder ihrem reflexiven „Schematismus des Kreises", eröffnet einem Erkenntnisprogramm, das schlechthin *alles* begründen will, genau drei argumentative Entfaltungsmöglichkeiten, um „Voll-" oder „Letztbegründung" *(Dingler)* zu erreichen. Mit weniger aber darf sich das Rechtfertigungsdenken wegen der ihm vom certistischen Rationalitätspostulat aufgezwungenen *Alles oder nichts*-Strategie nicht begnügen, weil jede unvollständige, nur „vorletzte" Begründungsargumentation das Problem der endgültigen Wahrheitssicherung lediglich verschieben würde, ohne es jemals lösen zu können. Was hinter einer Voll- oder Letztbegründung zurückbleibt, ist — gemessen am certistischen Erkenntnisziel — *überhaupt keine* erkenntnistheoretisch stichhaltige Begründung und hat infolgedessen *keinerlei* Rechtfertigungseffekt im Sinne des epistemologischen Certismus.

Die drei Entfaltungsmöglichkeiten, die dem Rechtfertigungsdenken aufgrund der *logischen Struktur* von Begründungsargumentationen offenstehen, sind

erstens der *Rekurs auf „erste" Gründe und Prinzipien*, um eine „letzte", tiefste Rechtfertigungsbasis zu gewinnen und auf dieser Grundlage den „höchsten" Begründungsgipfel zu erklimmen — wie immer auch dieses „Erste", „Letzte" und „Höchste" im Rechtfertigungsmodell der Erkenntnis erkenntnistheoretisch definiert sein mag;

zweitens die *Argumentation im Kreise*, die immer wieder zum Ausgangspunkt zurückkehrt und sich zur *Spirale* steigert, wenn der Rückgang zugleich ein Fortgang ist, der auf ein höheres Begründungsniveau führt;

drittens schließlich der *Rekurs auf ausgewählte Gründe und Prinzipien*, was den Durchstieg der Begründungsleiter — der, je nach Blickrichtung, als Aufstieg oder Abstieg erscheint — *bis zu einem bestimmten Punkt* bedeutet, der weder am Anfang noch am Ende, sondern irgendwo „in der Mitte" des Erkenntnisraumes lokalisiert ist.

Dieser dreidimensionale Entfaltungsspielraum ist dem Rechtfertigungsdenken von *Dingler*[569] abgesteckt worden, der damit nach einheller Auffassung sowohl der Vertreter wie der Kritiker des Rechtfertigungsprogramms die logischen Möglichkeiten und äußersten

Grenzen des Begründungsansatzes richtig einschätzt, wie sie von der Struktur dieses Argumentationstyps her gegeben sind. Wo die ersteren jedoch ein weites Exerzierfeld für Begründungsargumentationen sehen, dessen drei Ausdehnungsrichtungen zumindest *einen* Weg einschließen, der theoretisch und praktisch zum Erfolg führt, diagnostizieren die letzteren einen dreifachen Irrweg, der alle Begründungsversuche zum Scheitern verurteilt.

Wenn man bedenkt, daß der Rekurs auf erste Rechtfertigungsinstanzen zu einem *infiniten Regreß* führt, der undurchführbar ist; die Argumentation im Kreise einen *Zirkel* von der Art einer *petitio principii* in die Begründung bringt, die so zwar durchführbar, aber nutzlos ist, weil sie auf einem logischen Fehler beruht; der Rekurs auf ausgewählte Rechtfertigungsinstanzen „aus der Mitte" des „unendlichen", d.h. logisch immer und unvermeidlich unabgeschlossenen Rechtfertigungszusammenhangs der „Gründe und Folgen" *(Kant)* den *Abbruch des Begründungsverfahrens* bedeutet, der jederzeit ohne weiteres möglich, aber an jedem überhaupt denkbaren Punkt willkürlich ist und damit zwangsläufig ungerechtfertigt wäre, dann ergibt sich daraus für das Rechtfertigungsmodell genau jene *Trilemma*-Situation, die *Albert* das „Münchhausen-Trilemma" des schrankenlosen Begründungspostulats nennt und als Trilogie aus infinitem Regreß, logischem Zirkel und Rekurs auf ein Dogma analysiert hat[570]. Das Haus der Erkenntnis, wie es ihr vom Rechtfertigungsdenken gebaut wird, erweist sich damit, erkenntnistheoretisch gesehen, als ein Gefängnis, aus dem es nach Auffassung des kritischen Rationalismus für die philosophische Erkenntnislehre ebenso wie für die Wissenschaft nur einen Weg ins Freie – zu rationaler Erkenntnis und wirklichem Erkenntnisfortschritt – gibt: die Aufgabe des Begründungsprinzips selbst und der dahinter stehenden certistischen Tendenz, die Ersetzung der „Idee der Rechtfertigung" zugunsten der „Idee der Kritik", kurz und gut, die „kopernikanische Wende"[571] zum rechtfertigungsfreien Kritizismus *Popper*scher Prägung mit allen Konsequenzen hinsichtlich der durch die fallibilistische Revolution der Erkenntnis- und Wissenschaftstheorie radikal geänderten Auffassung von Wissen, Wissenschaft und Rationalität.

Bevor es allerdings dazu kam – und auch danach vielfach noch –, hat die neuzeitliche Philosophie auf allen drei oben erläuterten Wegen versucht, das certistische Erkenntnisziel im Rahmen des Rechtfertigungsmodells durch positive Wahrheitsbegründung zu erreichen. Wohin diese vom Standpunkt des kritischen Rationalismus als „traditionell" einzustufenden Lösungsansätze des neuzeitlichen Denkens, einschließlich breiter Strömungen der modernen Wissenschaftstheorie, im einzelnen führen, soll im folgenden skizziert werden, wobei Analyse und Kritik Hand in Hand gehen.

Daß der Versuch, alles zu beweisen, zu einem infiniten Regreß führt; daß die unbeschränkte Regreßnahme unmöglich ist; daß der Aufweis dieses Tatbestandes, der einen typischen Fall von *schlechter* Unendlichkeit darstellt, gegenüber einer darauf aufbauenden Begründungskonzeption Widerlegungscharakter hat – das alles und noch einiges mehr dazu war schon *Aristoteles* bekannt, der diesen Einsichten in seinen Überlegungen über die Möglichkeit von Wahrheitsbeweisen und in seinem Entwurf einer beweisenden Wissenschaft voll Rechnung getragen hat[572].

Wenn *Scholz* in seiner vorbildlichen Würdigung der „Axiomatik der Alten" *Aristoteles* wegen dessen Einsicht in „die unerschütterliche Finitheit jeder wissenschaftlichen Erkenntnisgewinnung" rühmt[573], so wendet er sich zwar mit Recht gegen verfehlte Kritik dieses aristotelischen Finitismus, verdunkelt aber gleichzeitig den wirklichen logischen Defekt des infiniten Begründungsregresses. Denn dieser infinite Regreß ist nicht schon deshalb zu verwerfen, weil er infinit, sondern weil er ein *Regreß* ist. Während das Postulat der zureichenden Begründung in der schlechten Unendlichkeit des infiniten *Regresses* leerläuft, involviert die fallibilistische Idee der Kritik einen Fall *positiver*, logisch harmloser, ja epistemologisch-methodologisch *wünschenswerter* Unendlichkeit. Diese führt nicht zu einem infiniten *Regreß*, sondern zu einem im Prinzip infiniten *Progreß*.

Den logischen raison d'être dieser Asymmetrie kann ich hier nur andeuten: Korrekte logische Folgerung (Deduktion) garantiert (1) den Transfer des positiven Wahrheitswertes – der *Wahrheit* – „von oben nach unten", von den Prämissen auf die Konklusionen, und (2) den Rücktransfer des negativen Wahrheitswertes – der *Falschheit* – „von unten nach oben", von den Konklusionen auf die Prämissen. Da ein Rechtfertigungsargument auf dem *Prinzip der Transmissibilität der Wahrheit* (oder anderer Glaubwürdigkeits-Eigenschaften wie zum Beispiel Wahrscheinlichkeit, die im Rechtfertigungsprozeß als Wahrheitsersatz fungieren sollen) von den rechtfertigenden auf die rechtfertigungsbedürftigen Instanzen basiert, ist es für seinen Beweiswert vernichtend, wenn die Wahrheit der Prämissen ungesichert bleibt. *Die Idee der Begründung muß – unbegründeterweise! – die Wahrheit der begründenden Prämissen oder Prinzipien voraussetzen.* Für die an der Idee der Kritik orientierten Prüfungsstrategien dagegen, die auf dem *Prinzip der Retransmissibilität der Falschheit* von den kritischen (kritisierenden) auf die kritisierten Instanzen beruhen, genügt es, wenn die *Falschheit* relativ spezieller Aussagen in den Bereich des Erkennbaren kommt. Hinter dieser These von der *Asymmetrie zwischen Rechtfertigung und Kritik* steckt natürlich die Überzeugung, daß der Nachweis der *Falschheit* spezieller Aussagen viel leichter erbracht werden kann als der Beweis der Wahrheit allgemeiner Prinzipien, daß – zumindest in bezug auf synthetische Aussagen – *Falschheitsnachweis* möglich, dagegen *Wahrheitsbeweis prinzipiell unmöglich* ist. Doch das ist bereits ein Vorgriff auf die wichtigste Alternative zum Begründungsprogramm, das fallibilistische Erkenntnismodell *Popper*scher Prägung.

Mit der Problematik des infiniten Regresses sieht sich vor allem die beweisende Methode par excellence, die *axiomatische Methode*, konfrontiert. Während die „Axiomatik der Alten" *(Scholz)* sich noch der Hoffnung hingeben konnte, dem „regressus in infinitum" auf aristotelische Weise durch Berufung auf unbeweisbare, aber evidentermaßen wahre „erste" Gründe und Prinzipien zu entrinnen, kann sich die moderne Axiomatik dieses eitle Wunschdenken mit seinem Glauben an einen partiellen Infallibilismus (bezüglich der Basisinstanzen) nicht mehr leisten. So nimmt die Axiomatik *Hilbert*scher Prägung den infiniten Begründungsregreß bewußt in Kauf und begnügt sich mit einer immer weiter getriebenen „Tieferlegung der Fundamente"[574], ohne Hoffnung, jemals die tiefste, letztlich tragende Ebene der Erkenntnis – *das* Fundament der Erkenntnis schlechthin – zu erreichen.

Diese Variante des Rechtfertigungsdenkens ist durch *Nietzsches*[575] These treffend charakterisiert: „,Erkennen' ist ein *Zurückbeziehn*: seinem Wesen nach ein *regressus in infinitum*. Was haltmacht ..., ist die *Faulheit*, die Ermüdung --"

Die zweite Begründungsstrategie, der epistemologische Zirkel, weist den Weg für die bislang zweifellos anspruchsvollsten, aber gleichzeitig auch dubiosesten Versuche zur Lösung des Erkenntnisproblems im Rahmen des modernen Rechtfertigungsmodells. Angeführt von dem totalen System *Hegels* versuchen die „Totalitätsphilosophien" (wie ich diese Ansätze nennen möchte), aus der Not eine Tugend zu machen, indem sie den „Irrkreis der Erkenntnis"[576] zum Konstruktionsprinzip ihrer Rechtfertigungskonzeption erheben. Der Grundgedanke ist: In einem totalen, schlechthin *alles* umfassenden System, für das es kein absolutes, sondern nur ein überwundenes, relatives „Außen" gibt, muß der Akt der Begründung notwendig zu einem immanenten Problem, zu einer „inneren Angelegenheit" des Systems werden und deshalb *im System selbst* vor sich gehen, so daß der „große Zirkel" zwar *unvermeidbar*, aber auch erkenntnistheoretisch *berechtigt* ist, während der „kleine Zirkel" — der gewöhnliche Schlußfehler, bei dem das zu Begründende einfach als bereits begründet vorausgesetzt und zirkelhaft zu seiner eigenen Begründung herangezogen wird — ohne weiteres vermieden werden kann. Daß dieser Ansatz zu einer *Kohärenztheorie der Wahrheit* und zu einer drastischen *Restriktion der Kritik*[577] führt, sei nur am Rande erwähnt.

Dieser Versuch, den epistemologischen Zirkel durch den Nachweis der Unmöglichkeit seiner Vermeidung zu rehabilitieren[578] und die „Unmöglichkeit der Erkenntnis*theorie*" nachzuweisen[579], ist meines Erachtens allerdings gescheitert[580]. Der *Popper*sche rechtfertigungsfreie Kritizismus zeigt nicht nur, daß ein radikaler Verzicht auf das Rechtfertigungsprinzip zu einem zirkelfreien alternativen Erkenntnismodell führt, sondern darüber hinaus, daß der Ausbruch aus dem „Irrkreis der Erkenntnis" und das logische „Inzestverbot" — das Verbot zirkulärer, auf Selbstbegründung abzielende Beziehungen im Rechtfertigungszusammenhang von Theorien — durchaus nicht auf einer willkürlichen, undurchführbaren Entscheidung zu beruhen brauchen[581].

Da die erste Strategie ihr Ziel, die Letztbegründung unserer Erkenntnis, des infiniten Regresses wegen nie erreichen kann, denn auch im Rahmen der axiomatischen Methode wird das Begründungsverfahren *de facto* zwangsläufig doch immer irgendwo abgebrochen und das Problem der weiteren Begründung offen gelassen, und die zweite Strategie — „mit dem Zirkel leben!" — allzu offensichtlich vor dem Begründungsproblem kapituliert, hat es die neuzeitliche Erkenntnistheorie vor allem auf dem dritten Weg versucht, der nicht nur den Vorzug hat, jederzeit und uneingeschränkt gangbar zu sein, sondern auch von vornherein eine gewisse Plausibilität für sich in Anspruch nehmen kann.

*Aristoteles* hat hier den Weg gebahnt und selbst eine exemplarische, für die weitere Entwicklung der Rechtfertigungsproblematik im buchstäblichen Sinne maßgebende Problemlösung geliefert, deren tiefgehender Einfluß sich auch dort noch deutlich zeigt, wo der aristotelische Lösungsvorschlag abgelehnt oder nur in verstümmelter Form übernommen wird, die keine Gesamtlösung des Erkenntnisproblems mehr darstellt — bei *Kant*[582] ebenso wie zum Beispiel bei *Russell* oder *Dingler*. Im Rahmen der aristotelischen Konzeption einer beweisenden Wissenschaft, wie sie besonders klar und ausführlich im ersten Buch der „Analytica Posteriora" von *Aristoteles* expliziert worden ist, stellt sich das Kernproblem des certistischen Erkenntnisprogramms als ein „lineares" — im Gegensatz zum zirkulären Rechtfertigungsmodell *Hegel*scher Prägung — Begründungsproblem, wobei es zunächst vor allem darum geht, den Abbruch des infiniten Begründungsregresses zu rechtfertigen.

Wenn es nämlich gelingen sollte, eine garantiert irrtumsfreie Instanz, ein Letztes und Unhintergehbares, eine echte *ultima ratio* der Erkenntnis aufzuzeigen, so daß die „Stufenleiter der Begründungen"[583] vom absoluten Anfang an – „vom Nullpunkt aus"[584] – durchschritten werden könnte, dann dürfte das nun *finit* gewordene Begründungsverfahren *mit Recht* abgebrochen werden, weil das *Fundament der Erkenntnis* erreicht und damit die angestrebte „Letztbegründung" gelungen wäre. Noch tiefer zu gehen ist unmöglich und unnötig zugleich. Alle *Fundamentalphilosophien* (wie ich diese praktisch verbreitetste und einflußreichste Version der Rechtfertigungsphilosophie nennen will) beanspruchen für sich das *Recht zum definitiven Abbruch des Begründungsverfahrens*. Diese Strategie wird im folgenden analysiert und kritisiert.

Während die im engeren Sinne *reduktionistischen* Begründungsverfahren – Strategien *1* und *3* des Münchhausen-Trilemmas – zu einem *linearen Argumentationsmodell*[585] führen, macht die „totale", zirkuläre Strategie à la *Hegel* den Argumentationszusammenhang letztlich zu einem *Kreis*, ja sogar zu einem „Kreis von Kreisen"[586], in dessen Rahmen sich die Argumente nicht linear, sondern *dialektisch*[587] entfalten.

Wie sehr sich auch die verschiedenen neuzeitlichen Lösungsvorschläge in anderer Hinsicht unterscheiden mögen, so gleichen sie sich doch in der fundamentalistischen Grundstruktur des angenommenen Rechtfertigungsmodells. Es handelt sich bei diesen erkenntnistheoretischen Konzeptionen fast ausnahmslos um Fundamentalphilosophien, die dem infiniten Begründungsregreß durch den Rekurs auf ein Fundament der Erkenntnis zu entgehen suchen, das als eine Art „archimedischer Punkt"[588] im Rechtfertigungsprozeß fungieren soll, an dem der Regreß abgebrochen werden darf. Das Begründungsproblem der Erkenntnis wird damit zu einem Problem der *Reduktion auf ein Fundament*, also zu einem Problem der Zurückführung aller nichtfundamentalen Geltungsansprüche auf die fundamentale Wahrheit einer Basisinstanz, der aus irgendwelchen Gründen epistemologische Autorität – im Sinne einer vorgegebenen Wahrheitsgarantie, auf die sich alle „abgeleitete" Erkenntnis berufen kann – zugeschrieben wird.

Für das fundamentalistische Rechtfertigungsmodell ergibt sich damit folgendes *Begründungsschema:* In zumeist unbewußter Anwendung des griechischen Prinzips der epistemologischen Differenz werden grundsätzlich zwei Klassen von epistemologischen Instanzen, die in der Regel bestimmte Erkenntnisstufen oder Erkenntnisbereiche repräsentieren, zunächst unterschieden, dann einander gegenübergestellt und schließlich in ein asymmetrisches Begründungsverhältnis zueinander gebracht. Auf der einen Seite steht die – zumindest innerhalb der jeweils angenommenen Problemsituation – für geltungsmäßig unproblematisch gehaltene Instanz, die das absolut vertrauenswürdige, naturgegebene oder von uns geschaffene Fundament der Erkenntnis verkörpert. Dies ist, im anschaulichen Bild der fundamentalistischen Metaphorik gesprochen, der feste Grund, auf dem wir mit unseren Theorien vor Anker gehen[589], um jedem Ansturm des Zweifels standhalten zu können. Dazu kommt auf der anderen Seite die in derselben Problemsituation für problematisch und deshalb für rechtfertigungsbedürftig gehaltene Instanz, zu der vor allem alle (nichtfundamentalen, also hypothetischen) Theorien gehören.

Auf eine einfache Formel gebracht, bedeutet Rechtfertigung der Erkenntnis durch geltungssichernde Wahrheitsbegründung also: *Zweiteilung* des Erkenntnisbereichs durch Unterteilung aller epistemologischen Instanzen in zwei komplementäre Teilklassen; *Entproblematisierung*, Verselbständigung und Stabilisierung der einen, zum Fundament der Erkenntnis erklärten Instanzenklasse durch Zuschreibung eines autonomen Geltungsstatus', der Wahrheit garantiert; erkenntnistheoretische *Zurückführung* (Reduktion oder, andersherum gesehen, Ableitung) des Wahrheitsanspruchs der problematischen Instanz(en) auf den der angeblich unproblematischen. Wenn man von den spezifisch fundamentalistischen Aspekten absieht, die das neuzeitliche Denken in dieses insofern spezielle Begründungsschema eingebaut hat, dann haben wir es hier mit dem *allgemeinen Rechtfertigungsschema* zu tun, das dem Rechtfertigungsmodell der Erkenntnis in allen seinen im folgenden vorgestellten Hauptformen zugrunde liegt. Im Rahmen dieser erkenntnistheoretischen Konzeption wird der Erkenntnisprozeß im Kern — selbst dort, wo er sich als „Kritik" versteht — zu einem rechtfertigenden Akt, der das Problematische auf das Unproblematische, das Zweifelhafte auf das Sichere, das noch nicht Bewiesene auf das bereits Bewiesene oder keines Beweises Bedürftige zurückzuführen versucht. Das Rechtfertigungsprogramm zielt also darauf ab, den luftigen Überbau aus hypothetischen Theorien in einem soliden Unterbau, der für den Positivismus durch die Tatsachen(erkenntnis) gebildet wird, fest zu verankern, die weiche Schale der Meinungen mit dem harten Kern sicheren Wissens so zu verbinden, daß sich daraus jener erkenntnistheoretische Partizipations-, Übertragungs- und Verstärkereffekt ergibt, der sich als „zureichende Begründung" problematischer Wahrheitsansprüche durch unproblematische — d.h. nicht problematisierte! — deuten läßt.

Ausgehend von einer — wie wir gesehen haben: „ungriechischen" — verständnislosen, inadäquaten Deutung als kryptotheologisches Offenbarungsmodell, das sozusagen das epistemologisch Profane, das Menschlich-Allzumenschliche der Erkenntnis, auf das epistemologisch Sakrale des authentischen Offenbarungswissens geltungsmäßig zu reduzieren versucht, wird das Rechtfertigungsmodell der Erkenntnis im neuzeitlichen Denken oberflächlich säkularisiert: durch eine positivistische Reinterpretation zum Beispiel. „*Die positivistische Methode*", schreibt *Pascual Jordan*[590], „besteht darin, daß gegenüber einem gewissen Problem P (oder einer Gruppe zusammenhängender Probleme) zunächst ein gewisser Bereich B von Aussagen deutlich abgegrenzt wird, welche als *unmittelbar sinnvoll* (keiner Erläuterung bedürftig) anerkannt werden. Aussagen, die zu B gehören, unterliegen unmittelbar der Bewertung als *richtig oder falsch. ... Andere* Aussagen, Fragen usw., gewinnen *nur dann* einen Sinn, wenn sie aufgrund entsprechender Definitionen als abkürzende Umschreibungen (also als ein symbolischer Ersatz) für Aussagen-Komplexe usw. aus B interpretierbar sind. Alles, was dieser Anforderung nicht genügt, ist *sinnlos ...*" und damit nicht wahrheitsfähig.

Das ist sicherlich eine im Prinzip zutreffende Charakterisierung der erkenntnistheoretischen Strategie des Positivismus (wie sie allerdings in dieser extrem strengen — und undurchführbaren, wie sich inzwischen eindeutig herausgestellt hat — Fassung heute auch von den Positivisten selbst kaum mehr vertreten wird), aber keineswegs nur des Positivismus. Das Konstruktionsprinzip dieses Programms *erkenntnistheoretischer Schnitte*[591] mit anschließender Reduktion ist das *Grundprinzip jeder Rechtfertigungsphilosophie:* Der gesamte

Erkenntnisbereich wird durch einen erkenntnistheoretischen Schnitt zweigeteilt; ein *Teil* unserer Erkenntnis wird verabsolutiert und zum Richter (zur Legitimationsbasis) über den Rest und damit letztlich über die *gesamte* Erkenntnis erhoben[592].

Aber die Ehre, dieses ingeniöse Rechtfertigungsverfahren — sei es nun, wie im modernen Positivismus, nur indirekt (über das Sinnproblem) oder direkt auf das Wahrheitsproblem bezogen — erfunden und in die Erkenntnislehre eingeführt zu haben, gebührt keineswegs dem Positivismus. Dieser hat es lediglich durch Imprägnierung mit seinen „grobsinnlichen" empiristisch-positivistischen Doktrinen von einem Universalinstrument der Erkenntnis zu einer speziellen Erkenntnisideologie umfunktioniert. Das neuzeitliche Paradigma dieser Methode der Erkenntnisbegründung, durch die das fundamentalistische Prinzip in äußerst scharfsinniger Weise mit dem Kunstgriff der erkenntnistheoretischen Schnitte verbunden und der kritischen Vernunft ein epistemologisches Universalinstrument in die Hand gegeben wird, hat *Kant* mit seiner kritizistischen Transzendentalphilosophie geschaffen. Er hat damit auf höherem Niveau eine neue Epoche des Rechtfertigungsdenkens eingeleitet.

*Kants* Lösung des Erkenntnisproblems, die — insofern noch ganz in der griechischen Tradition stehend — an der Idee der Rechtfertigung orientiert ist und Erkenntnissicherung durch Erkenntnisbegründung anstrebt, demonstriert in kaum zu überbietender Vollendung die Funktionsweise des modernen Rechtfertigungsmodells der Erkenntnis. In aller Kürze und Vereinfachung läßt sich der kantische Lösungsvorschlag wie folgt skizzieren:

Der *erste Schritt* der kantischen Strategie besteht in einem *erkenntnistheoretischen Schnitt*, durch den — konkret durchexerziert am Beispiel der *Newton*schen Physik — ein für „*rein*" gehaltener *Teil* der Erkenntnis aus dem Ganzen herausgelöst und vom verbleibenden Rest scharf abgesetzt wird. Die Zweiteilung aller epistemologischen Instanzen innerhalb des Rechtfertigungsmodells erfolgt bei *Kant* in Form der Trennung des *Apriorischen* vom *Aposteriorischen (Empirischen)*.

Daß *Kant* sich von diesem erkenntnistheoretischen Schnitt letztlich auch eine Lösung des *Kantschen Problems* (wie *Popper* es nennt[593]), des Problems der Abgrenzung von Erfahrungswissenschaft und Metaphysik, aufgrund der unterschiedlichen Begründungslage verspricht, sei hier nur am Rande vermerkt.

Ziel des erkenntnistheoretischen Schnitts *Kants* ist es, „einen reinen Teil" der Erkenntnis herauszukristallisieren, „der dem empirischen zum Grunde liegt, und der auf Erkenntnis der Naturdinge a priori beruht"[594]. Diesem Teil der Erkenntnis wird von *Kant* eine programmatische, fundierende (teils regulative, teils konstitutive) Rolle zugeteilt — die Rolle der unverzichtbaren Voraussetzungen, der Bedingungen der Möglichkeit aller weiteren wissenschaftlichen Erkenntnis, kurz: die eines *„Fundaments" der Erkenntnis*, allerdings nicht im strengen klassisch-aristotelischen Sinne, denn die kantischen apriorischen Grundsätze aller Erkenntnis sind nicht „erste Prinzipien", d. h. Axiome oder Prämissen, aus denen alles weitere logisch deduziert werden kann, sondern nur Rahmenbedingungen für *mögliche* Erfahrung und Erfahrungserkenntnis.

Das angeblich „gegebene" Fundament der Erkenntnis ist der Punkt, an dem Positivisten zu Mystikern werden. "The 'given' is just that — und damit *basta*!"[595] Hier scheiden sich positivistischer Fundamentalismus und kantischer Kritizismus, traditioneller Empirismus (einschließlich seiner modernsten Ableger: Neopositivismus und logischer Empirismus) und kantisch-kritizistischer Empirismus. Was dem Positivisten schlicht „gegeben" und von natürlicher Legitimität zu sein scheint, wird *Kant* zum Problem. Es gilt — und das ist der *zweite Schritt* des Begründungsverfahrens, der vom Positivismus unterschlagen wird —, die als Fundament vorgesehene Instanz selbst angemessen zu rechtfertigen. Zu diesem Zweck muß jener im ersten Schritt herausgelöste „reine" Teil der Erkenntnis zu unabdingbaren, unhintergehbaren, unauflösbaren, unwandelbaren, ein für allemal gültigen, garantiert wahren, „letzten", kurz: apriorischen Voraussetzungen aller weiteren Erkenntnis, zu „metaphysischen Anfangsgründen" der Wissenschaft, verabsolutiert werden, auf die sich dann die apodiktische Gewißheit gründen läßt, durch die nach *Kant* alle „eigentliche Wissenschaft" ausgezeichnet ist[596]. Diese Letztbegründung — die philosophische Inthronisation der obersten Rechtfertigungsinstanz — soll im *Kant*schen Kritizismus mit Hilfe der transzendentalen Deduktion vollbracht werden. Daß wir es hier bei *Kant* ebenso wie später auch bei *Hegel* letztlich doch wieder nur mit einem Positivismus, allerdings „auf höchster Ebene", zu tun haben, nämlich mit dem im weiteren Sinne „positivistischen" Verfahren der Letztbegründung durch Reduktion auf angeblich Letztgegebenes, sei hier nur am Rande vermerkt.

Im *dritten Schritt* gilt es nun, den problematischen Teil der Erkenntnis auf die Basisinstanz(en) zu „reduzieren", d.h. den verbleibenden, noch unbegründeten Teil dem bereits letztbegründeten „reinen" Teil in positiver Weise anzuschließen, so daß ein mehr oder weniger strenger Geltungszusammenhang zwischen beiden Teilen hergestellt wird, der als Begründungs- oder Fundierungsverhältnis interpretiert werden kann und gleichzeitig als *erkenntnistheoretische Brücke* die durch den primären erkenntnistheoretischen Schnitt getrennten Teile wieder verbindet[597].

Der fundamentalistische Ansatz sieht sich immer mit der Gefahr konfrontiert, daß er mit der Purifikation und Isolierung des als Fundament der Erkenntnis vorgesehenen Teils zu weit geht und ihn zur *fensterlosen Monade* macht, von der kein Licht über den unüberbrückbar gewordenen erkenntnistheoretischen Graben auf den anderen Teil der Erkenntnis fallen kann. Der angeblich fundamentale Teil der Erkenntnis wäre dann so „rein" und neutral, daß er für den fundierungsbedürftigen „Rest" schlicht *irrelevant* ist, weil mangels verbindender Brücken die durch den erkenntnistheoretischen Schnitt getrennten Teile *unvergleichbar* geworden sind. Hier spielt also bereits die komplizierte Vergleichbarkeitsproblematik hinein. Instruktive Beispiele für einen in dieser Hinsicht zu weit getriebenen und sich selbst aufhebenden Fundamentalismus sind *Schlicks* Theorie der „Konstatierungen" und überhaupt die ganze Sinnesdatentheorie[598].

Die Pointe dieses dritten Schritts liegt darin, daß durch ihn der zunächst isolierte „reine" Teil der Erkenntnis für den anderen Teil wieder relevant gemacht wird und so erst zum Fundament der *ganzen* Erkenntnis werden *kann*.

Die *Kant*sche Variante des Rechtfertigungsmodells der Erkenntnis läßt diese Problematik, die jeder Fundamentalphilosophie als Folge der ihr eigenen Verabsolutierung des primären erkenntnistheoretischen Schnitts erwächst, mit besonderer Schärfe und Deutlichkeit hervortreten. *Kant* war sich dieses zentralen Problems voll bewußt und hat alle Anstrengungen zu seiner Lösung unternommen. Nachdem er es sich im ersten Schritt zur Aufgabe gemacht hat, jenen „reinen" Teil, „auf dem sich die apodiktische Gewißheit, die die Vernunft in ihr (der „eigentlichen Naturwissenschaft", H.S.) sucht, gründen könne" und der „seinen Prinzipien nach, in Vergleichung mit denen, die nur empirisch sind, ganz ungleichartig ist, ... abgesondert, und von dem andern ganz unbemengt, so viel möglich in seiner ganzen Vollständigkeit vorzutragen ..."[599], sieht er sich nun mit einer als Folge seiner besonders rigorosen, kompromißlosen Durchführung des ersten Schritts verschärften Überbrückungsproblematik konfrontiert. Um den empirischen Teil der Erkenntnis so an den apriorischen Teil anzuschließen, daß das Empirische – und sei es auch nur im Sinne *möglicher* Erkenntnis – als durch das Apriorische zureichend begründet (fundiert) erscheint und „als Wissenschaft wird auftreten können", erfindet *Kant* eine (seinen Intentionen entsprechend natürlich selbst apriorische) *„Wissenschaft vom Übergang"*. Sie bildet das „Zwischenstück" *(May)*, durch das die „metaphysischen Anfangsgründe" mit der empirischen Wissenschaft, die apriorischen Fundamentalgesetze mit den empirischen Erfahrungsgesetzen, verbunden werden[600]. Von der *regulativen* Funktion des apriorischen Teils der Erkenntnis ist damit ein „Übergang", eine erkenntnistheoretische Brücke, zur *erklärenden* Funktion des empirischen Teils (soweit dieser nomologischen Charakter hat) der Wissenschaft geschaffen.

Mit diesem dritten Schritt ist der Rechtfertigungsprozeß der Erkenntnis im *Kant*schen Sinne abgeschlossen. Doch nun wieder zurück zur allgemeinen, nicht an den speziellen kantischen Aspekt gebundenen Problemsituation der Fundamentalphilosophie.

Das Fundament stellt den *direkten* Kontakt zur Realität her und liefert *unmittelbare,* authentische Erkenntnis, die einer weiteren Rechtfertigung weder bedürftig noch fähig ist und aufgrund ihrer erkenntnistheoretischen Privilegierung zum archimedischen Punkt der Erkenntnis avanciert. Die *mittelbare* Erkenntnis, die nur in *indirektem* Kontakt zur Realität steht, deshalb irrtumsanfällig und rechtfertigungsbedürftig ist, wird mittels geeigneter Operationen auf die unmittelbare Erkenntnis des Fundaments zurückgeführt und dadurch legitimiert. So ist zum Beispiel nach dem Deutungsmodell des *klassischen Empirismus Bacons* Erkenntnis das Ergebnis eines Zusammenspiels von *Beobachtung* (die unmittelbare, direkt vom „Buch der Natur"[601] abgelesene Erkenntnis liefert) und *Induktion*, nach dem *klassischen Intellektualismus Descartes'* von *Intuition* (die sicheres, evidentes Reflexionswissen liefert) und *Deduktion*.

Zwischen *Max Webers*[602] *reinen Typen legitimer Herrschaft* und den *reinen Typen legitimer Erkenntnis* des Rechtfertigungsmodells besteht eine meines Erachtens nicht nur zufällige Analogie. Die unmittelbare Erkenntnis beruht auf (dem Glauben an die) Gnadengaben (*Charisma*) der zur Legitimationsbasis geweihten Instanz, während die mittelbare Erkenntnis traditionalistischen oder legalistischen (legitimiert kraft „Satzung", durch ihr Zustandekommen gemäß Regeln, zum Beispiel Induktion) Charakter hat. Die Analogie geht jedoch noch weiter. So wie die charismatische Herrschaft eine spezifisch *außeralltägliche* und rein persönliche soziale Beziehung darstellt, deren Kontinuität und Stabilität auf lange Sicht durch *Veralltäglichung* gesichert werden muß, so wird auch die unmittelbare Erkenntnis von ihren Apologeten „veralltäglicht" – durch Inkorporation jener Teile des *Commonsense*-Wissens und der „gesicherten" wissenschaftlichen Erkenntnisse, denen zu widersprechen sich die unmittelbare Erkenntnis nicht erlauben kann, ohne sich selbst als offensichtlich unglaubwürdig zu desavouieren –, um ihr Plausibilität, Stabilität, Kontinuität und einen Schein von Objektivität zu verleihen. Ohne diese drastische Transformation bliebe die unmittelbare Erkenntnis immer „jemeinige", also ein privates, rein subjektives Ereignis und als solches für jede Art objektiver Erkenntnis irrelevant. Dieser unumgängliche Prozeß der Veralltäglichung der unmittelbaren Erkenntnis erklärt auch den *konservativen Charakter* aller auf der Idee unmittelbaren Wissens gegründeten Erkenntnis- und Wissenschaftskonzeptionen. Da jede als neues Fundament propagierte unmittelbare Erkenntnis nur dadurch „ins Spiel kommen", d.h. relevant werden kann, indem sie durch Zeugnis zugunsten der für „gesichert" gehaltenen Erkenntnisse ihre eigene Glaubwürdigkeit unter Beweis stellt, wird sie auf lange Sicht selbst unvermeidlich zum Apologeten des Status quo. Ein sehr instruktives Beispiel dafür ist der *Cartesianismus*, dessen programmatischer, bilderstürmerischer Skeptizismus sich sehr schnell als skeptisches *Ritual* entpuppte, das keiner „gesicherten" Erkenntnis gefährlich werden konnte. Der Prozeß der Veralltäglichung der unmittelbaren Erkenntnis dreht *de facto* das Fundierungsverhältnis völlig um. Was als Legitimationsbasis proklamiert wurde, wird in Wirklichkeit selbst legitimiert durch Berufung auf jenen Teil des – laut Programm durch Reduktion auf das Fundament zu legitimierenden – theoretischen „Überbaus", der aus irgendwelchen Gründen als endgültig erscheint.

Da sich im Rahmen dieses simplen, flexiblen Rechtfertigungsschemas, dessen Einfachheit und Plausibilität zusammen mit seiner elastischen Anpassungsfähigkeit in den verschiedensten Problemsituationen es als fast universell verwendbares Argumentationsmodell erscheinen [603] und zu einem Paradigma der philosophischen Erkenntnislehre werden ließen, durch einfache Variation und Kombination seiner beiden Grundelemente – der epistemologischen Basisinstanz und ihrer Eigenschaften sowie der Art der Reduktion – eine unbegrenzte Fülle von Varianten erzeugen läßt, konnte die Erkenntnistheorie im Verlauf ihrer Geschichte einen imponierenden Ideenreichtum vorspiegeln, obwohl sie tatsächlich im Prinzip, d.h. bezüglich der Grundstruktur des Erkenntnismodells, immer praktisch dasselbe lehrte, „nur mit ein bißchen anderen Worten".

Die erstaunliche Mannigfaltigkeit der traditionellen Philosophie und der *prima facie* diametral entgegengesetzte Charakter der verschiedenen „Schulen", der ihre gemeinsame fundamentalistische Grundstruktur verschleiert, beruhen in erster Linie darauf, *welche* Instanz als epistemologische Autorität für sicheres Wissen inthronisiert wird: die Erfahrung, die Beobachtung oder die Sinnesdaten (klassischer Empirismus: *Bacon, Locke, Hume*), Bewußtseinsdaten bestimmter Art (klassischer Rationalismus: *Descartes'* klare und distinkte Ideen; Phänomenologie), die „Phänomene" *(Newton)*, das Absolute *(Hegel)*, die Praxis (Marxismus: *Lenin*), Protokollsätze (Neopositivismus des Wiener Kreises), die Beobachtungssprache *(Carnap)*, die Alltagssprache (linguistische Philosophie: der späte *Wittgenstein, Ryle, Winch*), und so weiter. Weitere Differenzierungen ergeben sich daraus, welches *Rechtfertigungsverfahren*, welche Art von Reduktionsoperation gefordert wird; ferner daraus, daß vor allem in der modernen Philosophie das Fundamentalprinzip mehr oder weniger liberalisiert und statt absoluter Invarianz und Autonomie des Fundaments nur noch relative Stabilität und Unabhängigkeit postuliert wird [604].

Die Fundamentalphilosophie hat sich im Verlauf ihrer Problemgeschichte in zwei Hauptrichtungen entwickelt, die sich ihrerseits wieder variantenreich weiterverzweigten. Als richtungsgebend erwies sich dabei die in den idealtypisch ausgeprägten Spielarten, die das Leitmotiv konsequent durchhalten, genau entgegengesetzte Bewertung des sogenannten *menschlichen Anteils* an der Erkenntnis, wie immer auch dieser abgegrenzt sein mag.

Die *passivistische* Variante des Fundamentalismus, der *Mythos vom Gegebenen*[605], sieht in der Basisinstanz etwas „*Gegebenes*" und folglich *Hinzunehmendes* — mit der Hintergrundmoral: was „gegeben" ist, ist sozusagen mit natürlicher philosophischer Frömmigkeit zu akzeptieren. Das „gegebene" Fundament der Erkenntnis ist uns *vorgegeben „und damit basta!*", um noch einmal die treffende Formulierung *Schilpps*[606] zu zitieren. Das ist zum Beispiel die Einstellung jenes extremen Positivismus, der den „Glauben an die Tatsachen", das ehrfürchtige, passive Lauschen auf das, was sich in der Sinneserfahrung „zeigt", zum wahren philosophischen Glauben erhebt: "Sit down before fact as a little child ...", wie *T.H. Huxley* es in seinem vielzitierten Brief an *Charles Kingsley* ausgedrückt hat[607].

Der Grundgedanke des passivistischen Fundamentalismus, der vor allem in den Positivismus und die Phänomenologie Eingang gefunden hat, ist: Das „Unberührte" ist das Vertrauenswürdigste und Sicherste; *wir* sind für die Unvollkommenheit und Fehlerhaftigkeit der Erkenntnis verantwortlich, *wir* erzeugen den Irrtum und tragen ihn durch unsere Eingriffe in die Erkenntnis hinein, indem wir das „Gegebene", diesen lauteren Quell der offenbar gewordenen Wahrheit[608], mit unseren unvollkommenen Mitteln angehen und dadurch mit Menschlich-Allzumenschlichem infizieren. Schon die bloße Beschreibung verfälscht das „Gegebene". (Deshalb erklärten manche Philosophen, zum Beispiel *C. I. Lewis* und *Moritz Schlick*, das, was *sie* für „gegeben" hielten — und das war durchaus nicht immer dasselbe — für nicht beschreibbar.) *Unserem* Beitrag zur Erkenntnis ist also zu mißtrauen, nicht dem des Unberührten, „Gegebenen", das „an sich" eine lautere, fehlerfreie Erkenntnisquelle ist. Nach dieser passivistischen Interpretation des fundamentalistischen Rechtfertigungsmodells ist das Fundament der Erkenntnis eine Instanz, die *nicht* unser Werk ist und deren epistemologische Autorität gerade auf diesem Tatbestand beruht. *Wir* irren, nicht die Natur! Deshalb *zurück zur Natur*, hin zum naturgegebenen Fundament der Erkenntnis, das es zu suchen, zu finden — nicht: zu erfinden — und dessen Botschaft es richtig zu erfassen gilt, indem das „Buch der Natur" unvoreingenommen „gelesen" wird.

Im Gegensatz dazu setzt die *aktivistische* Variante des Fundamentalismus, der *Operativismus*[609], auf den „Herstellungsstandpunkt" *(Dingler)*, auf das *menschliche Fundament*[610]: Das Fundament der Erkenntnis ist sicher, weil wir es durch geeignete Operationen und Manipulationen, zum Beispiel mittels *Dinglers* Zusammenspiel von Realisation und Exhaustion, zur sicheren, unhintergehbaren, „letzten" epistemologischen Berufungsinstanz *machen*.

Das Leitmotiv des operativen Standpunktes, wie er in exemplarischer Weise und mit geradezu monomanischer Konsequenz in *Dinglers* „methodischer Philosophie" entwickelt wird[611], ist dem des passivistischen Fundamentalismus genau entgegengesetzt: Das Fundament der Erkenntnis ist nicht etwas „Gegebenes" und Hinzunehmendes, sondern von uns selbst — nach idealen Schemata, nach *Ideen* (zum Beispiel der Idee der absoluten Konstanz), die als Realisierungsvorlage dienen — zu *fabrizieren*. Es ist eine von uns *konstruierte* und künstlich *fixierte* Autorität. Was wir selbst gemacht haben, ist das Vertrauenswürdigste und Sicherste, weil es von uns in genau dieser Absicht hergestellt („realisiert") wurde, weil es *unser* nach strengen methodischen Prinzipien mit dem Ziel maximaler Sicherheit hergestelltes Werk ist. Denn der Geist erkennt nur, indem er schafft[612].

Die Einsicht, daß alle Sicherheiten in der Erkenntnis „selbstfabriziert" sind (wie *Albert* es ausdrückt), daß „alle jene *Absolutheiten*", die das Fundament der Erkenntnis bilden sollen, „als solche gar nicht existieren", sondern unsere „eigenen Geschöpfe" sind[613], spielt also bereits im Operativismus *Dingler*scher Prägung eine zentrale Rolle — wie später auch im *Popper*schen Fallibilismus, hier allerdings mit diametral entgegengesetzter Bewertung, deren Quintessenz ist, daß solche selbstfabrizierten Sicherheiten, weil *leer* (ohne empirischen Informationsgehalt), als „*für die Erfassung der Wirklichkeit wertlos*" anzusehen sind[614].

Wie sehr der operative, aktivistische Fundamentalismus *Kants* epistemologischem Aktivismus[615] verpflichtet ist, macht der Rückgang auf die *gemeinsamen* Wurzeln der operativen Einstellung und der *Kant*schen Philosophie deutlich. Wir stoßen hier auf *Kants* These, „daß wir nämlich von den Dingen nur das a priori erkennen, was wir selbst in sie legen"[616], und daß unser Erkennen deshalb an das gebunden ist, was wir „gleich der Natur, wenigstens der Ähnlichkeit der Gesetze nach, selbst hervorbringen könnten; denn nur so viel sieht man vollständig ein, als man nach Begriffen selbst machen und zu Stande bringen kann"[617]. Diese alte, weit hinter *Kant* zurückreichende philosophische Doktrin erfährt in der neuzeitlichen Philosophie eine doppelte Renaissance. In vulgärphilosophischer Fassung heißt sie schlicht: *Wissen ist Macht!* Ihre nicht weniger berühmte kantische Transformation lautet: „... *der Verstand schöpft seine Gesetze* (a priori) *nicht aus der Natur, sondern schreibt sie dieser vor*"[618].

Die verschiedenen Richtungen des Fundamentalismus haben im Bereich der Mathematik eine besonders subtile, nuancenreiche Ausgestaltung erfahren. Daß der *Konstruktivismus* eine Variante des Operativismus ist, bedarf keiner langen Argumentation. Während jedoch der *Dingler*sche Operativismus die Wissenschaft als „Tat", als Handlung, d.h. als *reale, praktische* Konstruktion interpretiert, tendiert die dem operativen Standpunkt verpflichtete Philosophie der Mathematik dazu, sie als *symbolische* Konstruktion aufzufassen[619]. Eine besonders lehrreiche Spielart des Fundamentalismus ist der mathematische *Intuitionismus* (*L.E.J. Brouwer, A. Heyting, H. Weyl*, u.a.), weil er Elemente sowohl des aktivistischen als auch des passivistischen Fundamentalismus in sich vereinigt und als Versuch einer Synthese beider Standpunkte angesehen werden kann. Typisch für diese Synthese ist, daß nun Naturgesetze „halb als Ausdruck einer Tatsache, halb als ein den Geschehnissen auferlegtes Postulat" erscheinen[620].

Die Hauptschwierigkeit des fundamentalistischen Begründungsprogramms ist: „Wo finden wir nun einen festen Grund, den wir zum Ausgangspunkt für unsere Natur- und Weltauffassung machen können?"[621] Es geht also darum, „einen sicheren Boden zu finden für die Ordnung unseres Lebens, einen festen Grund, um unser Denken und Handeln darauf zu bauen"[622]. Damit wird es zur zentralen Aufgabe der Erkenntnislehre, „nach dem natürlichen Felsen zu suchen, welcher *vor* allem Bauen da ist und selber nicht wankt"[623], nach dem „Sicherheitsfelsen"[624], der den Charakter eines nichtfalsifizierbaren Apriori[625] hat und auf den unsere Erkenntnis so gegründet werden kann, „daß irgendeine Frage der Geltung nicht mehr auftauchen kann ..."[626] Wir müssen also nach dem unerschütterlichen, vom Wandel der Theorien im Verlauf des Erkenntnisfortschritts unberührten, autonomen und invarianten *Fundament der Erkenntnis* suchen oder, nach der aktivistischen Variante, einen solchen Ankergrund für unsere Theorien erst herstellen und so durch aktives Handeln unserem Denken einen Fixpunkt „setzen". Dieses natürliche oder produzierte Fundament wird eine erkenntnistheoretisch privilegierte Instanz sein, der „erkenntnismäßige Primarität" *(Carnap*[627]*)*, also *epistemologische „Autorität"*, zukommt und die den Charakter eines *Wahrheitskriteriums*, bei manchen Philosophen (*Descartes, C. I. Lewis, Schlick, Dingler*, u.a.) sogar den einer Wahrheitsgarantie hat. Das Fundament der Erkenntnis ist letztlich die Geltungsquelle aller Erkenntnis, der Wegweiser im Dschungel der Erfahrungen, der feste Halt im Fluß der Meinungen.

Mit dem überwältigenden Erfolg des *euklidischen Programms* der axiomatisch-deduktiven „Grundlegung"[628] ist die *Mathematik* schon in der Antike zum Ideal wissenschaftlicher Erkenntnis, zum exemplarischen Modell für durch Allgemeinheit, Objektivität, Exaktheit, Sicherheit und apodiktische Wahrheit ausgezeichnetes Wissen, zum Paradigma der *strengen, beweisenden Wissenschaft* geworden, das die klassische Idee des infalliblen, perfekten Wissens (wie sie spätestens seit *Platons* Zeiten die philosophische Szene beherrschte und über *Descartes* und *Kant* der Neuzeit vererbt wurde) in vorbildlicher, buchstäblich *Maß*-gebender Weise zu verwirklichen schien. Die jahrhundertelange, bis zum vergleichbaren Siegeszug der klassischen Physik praktisch konkurrenzlose Alleinherrschaft als exemplarische Realisierung der aristotelischen Idee einer *de facto* disziplinierten, *de jure* begründenden Wissenschaft, in der Prinzipien aufgestellt und Theoreme aus Axiomen abgeleitet werden, die *definiert*, was sie meint, und *beweist*, was sie behauptet, und sich, auf Fels gebaut, als Ewigkeitswerk präsentiert, ließ die *Mathematik*, mit der euklidischen Geometrie als Kernstück, zum Vorbild der fundamentalistischen Rechtfertigungsphilosophie werden. Vom Standpunkt der am Rechtfertigungsdenken orientierten Philosophie und Erfahrungswissenschaften liegt der einzige Nachteil dieser Vorlage in ihrer Uneinholbarkeit, wodurch jedoch gleichzeitig die „ideale", erdenferne Apriorität und Infallibilität glaubwürdig bezeugt schien. Die Faszination dieses Paradigmas strenger Wissenschaftlichkeit auf jene Wissenschaften, deren Theoretisieren sich im Nebel unkontrollierter Spekulation zu verirren oder in den Niederungen chaotischer Empirie zu versumpfen droht, ist dadurch eher noch verstärkt worden.

Daß der erkenntnistheoretische Fundamentalismus und die ihm zugrunde liegende philosophische *Siegfried-Sage* — die Mähr von unverwundbaren Stellen oder Teilen der Erkenntnis — in den *Formalwissenschaften* ihre stärkste Position finden konnten, hat noch einen anderen Grund, den allerdings erst die moderne logisch-mathematische Grundlagenforschung ins rechte Licht gerückt hat. Es scheint nämlich — heute muß man, klüger geworden, sagen: es *schien* so lange Zeit, bis die Grundlagenforschung diesen Traum selbst ein für allemal zerstörte —, als habe das logisch-mathematische Grundlagenprogramm, kulminierend im *Russell*schen Logizismus und in der *Hilbert*schen Metamathematik (Beweistheorie), den Königsweg gefunden, der es ermöglicht, die aristotelische Forderung einer vollbegründeten, beweisenden Wissenschaft unverkürzt und unverdünnt einzulösen und den infiniten Regreß *ohne vorzeitigen, willkürlichen Abbruch des Begründungsverfahrens* zu stoppen. In einer Wirklichkeit gewordenen Münchhauseniade sich am eigenen Schopf aus dem bodenlosen Begründungssumpf zu ziehen, schien eine ingeniöse Kombination aus *axiomatischer Grundlegung, deduktiver Argumentation* und *impliziter Defi-*

*nition* zu ermöglichen, die nichts voraussetzt als die (für unproblematisch gehaltene, weil buchstäblich nichtssagende [629]) formale Logik.

Indem die *Methode der impliziten Definition* [630], anders als das Verfahren der expliziten Definition, die Bedeutung der zu definierenden Begriffe nicht an die anderer, vorgängiger Begriffe anhängt und dadurch „explizit" festlegt, sondern nur „implizit" (und allerdings unvollständig, so daß streng genommen nur von „uneigentlichen" Begriffen, die in Wirklichkeit den Charakter von Variablen haben, gesprochen werden kann [631]) durch die Anforderungen des Axiomensystems bestimmt, scheint der infinite Definitionsregreß zumindest im objektsprachlichen Bereich elegant umgangen und der definitorische Aufbau der Begriffshierarchie „vom Nullpunkt aus" im Prinzip möglich zu sein. „Während man bei Zulassung nur expliziter Definitionen stets in einen Definitionsregreß (Zurückführung einer Wortbedeutung auf andere Wortbedeutungen) gerät, scheint die implizite ‚Definition' die Möglichkeit einer Art legitimen Zirkels, nämlich daß sich viele Termini gegenseitig bestimmen, zu eröffnen", schreibt *Kambartel* [632] und verdichtet das *Hilbertsche Programm* auf die These: „Das in der Theorie der expliziten Definitionen nicht recht lösbare Problem der letzten Definitionsbasis lasse sich durch formal-axiomatische Definitionen ein für allemal aus der Welt schaffen. Hier sei der endlich gefundene *voraussetzungslose Anfang aller wahren Wissenschaft und Theorie.* ‚Ich will nichts als bekannt voraussetzen', schreibt Hilbert daher an Frege, und dieser kommentiert lakonisch: ‚Wir haben Münchhausen, der sich an seinem eigenen Schopfe aus dem Sumpf zieht.'"

Was beim Definieren recht ist, ist beim Deduzieren billig. Auch beim deduktiven Begründen im Rahmen des axiomatisch-deduktiven Aufbaus der Mathematik scheint sich ein Weg zu einem — wie gesagt, von dem Kernstück der formalen Logik, der *Minimallogik* im Sinne einer Theorie des deduktiven Schließens, abgesehen — voraussetzungslosen Nullpunkt zu öffnen. Wenn man mit *Russell* [633] die reine Mathematik definiert als "the class of all propositions of the form '*p* implies *q*', where *p* and *q* are propositions containing one or more variables, the same in the two propositions, and neither *p* nor *q* contains any constants except logical constants", die Sätze der Logik, soweit sie nicht schon durch instrumentalistische Transponierung auf die Ebene der (Schluß-)Regeln der direkten *Wahr/Falsch-*Bewertung entzogen sind, als Tautologien (analytische Sätze im strengen Sinn) interpretiert, und wenn man schließlich auch noch in Betracht zieht, daß mittels der Methode des konditionalen Beweises [634] auch aus der Nullmenge der Prämissen noch etwas deduziert werden kann, dann scheint die Letztbegründung der Mathematik vom absoluten Nullpunkt aus oder zumindest — wenn man die Schöpfung der Logik aus dem Nichts für zu dubios hält — im Sinne des Logizismus von der Minimalbasis der formalen Logik aus im Prinzip möglich zu sein. Wenn man weiter die Mathematik als logische Leerform möglicher Wissenschaften deutet [635], dann scheint sich eine Spur dieser im Erfolgsfall grandiosen *creatio ex nihilo* mit ihrer absoluten Selbstbegründungspotenz sogar auf die Erfahrungswissenschaften zu vererben, und sei es auch nur in der verdünnten Weise des transzendentalphilosophischen Rechtfertigungsmodus im Sinne eines Nachweises der Bedingungen der *Möglichkeit* von Erfahrungswissenschaft.

Das Ergebnis dieser *tour de force* des Rechtfertigungsdenkens wäre wahrhaft *vollbegründete Erkenntnis ohne* (selbst unbegründetes) *Fundament*, ein selbstgenügsames, abgeschlossenes System von infalliblen Wahrheiten, das auf keinem, jedenfalls auf keinem außerlogischen, Fundament ruht, „sondern ... gleichsam frei (schwebt), wie das Sonnensystem die Gewähr seiner Stabilität in sich selber tragend"[636].

Gelängen für die so aus dem Nichts geschaffenen Erkenntnissysteme auch noch *Widerspruchsfreiheitsbeweise* im Sinne der *Hilbert*schen Beweistheorie, nämlich der Beweis, daß „innerhalb eines Wissensgebietes auf Grund des aufgestellten Axiomensystems Widersprüche *überhaupt unmöglich* sind"[637], dann wäre die Letzt- und Vollbegründung zumindest der mathematischen Erkenntnis in der absolutest möglichen, einfach nicht mehr überbietbaren Weise gelungen und *Hilberts* Maximalforderung – „... ich verlange: es soll in mathematischen Angelegenheiten prinzipiell keine Zweifel, es soll keine Halbwahrheiten und auch nicht Wahrheiten von prinzipiell verschiedener Art geben können"[638] – in vollkommener Strenge erfüllt. Die Mathematik verdiente wieder „den alten Ruf der unanfechtbaren Wahrheit"[639], den sie nach der Entdeckung der logischen und mengentheoretischen Paradoxien verloren hatte. *Hilberts* Ziel, „die allgemeinen Zweifel an der Sicherheit des mathematischen Schließens definitiv aus der Welt zu schaffen"[640], wäre erreicht.

„Ganz besonders gefielen" nicht nur *Descartes*[641] „die mathematischen Disziplinen wegen der Sicherheit und Evidenz ihrer Beweisgründe", obwohl er darüber erstaunt war, „daß man bei so sicheren und vertrauenswürdigen Fundamenten nichts Erhabeneres darauf gebaut hatte ..." Den von den dürftigen Resultaten ihrer eigenen Begründungsversuche frustrierten und angesichts der wortreich beklagten „Anarchie" der philosophischen Systeme vom monolithischen Charakter streng fundierter Erkenntnis zutiefst beeindruckten Philosophen erschien die Mathematik als ein Reich der sicheren, unbezweifelbaren Wahrheiten, als vorbildliche Realisierung des klassischen Ideals perfekter, infallibler Erkenntnis. Die Legende vom „sicheren Gang einer Wissenschaft" *(Kant)*, deren stetiger Erkenntnisfortschritt mit der „*Tieferlegung der Fundamente*"[642] einhergeht und deren letztes Wort „quod erat demonstrandum" ist, hat die Philosophen gerade der besten Sorte – jene, denen die kritische Einstellung sowie das Ideal rationaler Argumentation und strenger Wissenschaftlichkeit noch etwas gilt – so sehr in ihren Bann geschlagen, daß sie die neuzeitliche, dem mathematisch-naturwissenschaftlichen Wissenschaftsideal verpflichtete Wissenschaft mit ihrem prätentiösen Anspruch auf „gesicherte Erkenntnis" pauschal und trotz aller kritischen Attitude unkritisch als „Faktum" von unbezweifelbarer Legitimität akzeptierten. *Kant* und *Hegel*, *Husserl* und *Russell*, *Carnap* und auch *Popper* haben am Vorbildcharakter der modernen mathematischen Naturwissenschaft nicht gezweifelt, sich der „normativen Kraft des Faktischen" (wie die Juristen es auszudrücken pflegen) gebeugt und ihre ganzen Anstrengungen darauf gerichtet, möglichst auch noch die Philosophie „zur Wissenschaft zu erheben".

Trotz aller tiefgehenden Differenzen in den Details des Begründungsprogramms, in den für zuverlässig und deshalb allein für zulässig gehaltenen Methoden, in der Interpretation der mathematischen Erkenntnis sowie in der gesamten Hintergrundphilosophie, waren alle Hauptrichtungen der logisch-mathematischen Grundlagenforschung – Logizismus *(Russell, Carnap)*, Intuitionismus *(Brouwer, Heyting, Weyl)*, Formalismus *(Hilbert)* und Operativismus *(Dingler, Lorenzen)* – durch eine gemeinsame Zielsetzung geeint: Es galt, angesichts der durch die Entdeckung semantischer und logisch-mengentheoretischer Antinomien (oder Paradoxien) ausgelösten *Grundlagenkrise der Mathematik* dieser nach *Frege* ins Schwanken geratenen Wissenschaft ein neues, nun aber *absolut sicheres Fundament* zu geben[643].

Im Dienste dieser Zielsetzung wurde die bereits skizzierte *Methode der erkenntnistheoretischen Zerlegung* zu einer an (logischer, nicht unbedingt auch epistemologischer) Klarheit, Präzision und Konsequenz bislang nicht dagewesenen Vollkommenheit entwickelt und damit dem fundamentalistischen Rechtfertigungsdenken ein äußerst effektives Instrument in die Hand gegeben. Es erwies sich dabei als vorteilhaft, den erkenntnistheoretischen Schnitt nicht oder jedenfalls nicht nur auf der objektsprachlichen Ebene vorzunehmen, sondern ihn im Rahmen eines Stufenmodells der Erkenntnis[644] auf höhere Ebenen zu transponieren.

Im *Hilbert*schen Programm wird auf diesem Wege der problematischen, begründungsbedürftigen und im Hinblick auf ihre Grundlegung *formalisierten Mathematik* eine für unproblematisch gehaltene *inhaltliche Metamathematik* bei- und übergeordnet, deren Einsichten vom Charakter evidenter, absoluter Wahrheiten den archimedischen Punkt für den Rechtfertigungsprozeß – in Form von Widerspruchsfreiheitsbeweisen – fixieren. „Zu der eigentlichen so formalisierten Mathematik", schreibt *Hilbert*[645], „kommt eine gewissermaßen neue Mathematik, eine Metamathematik, die zur Sicherung jener notwendig ist, in der – im Gegensatz zu den rein formalen Schlußweisen der eigentlichen Mathematik – das inhaltliche Schließen zur Anwendung kommt, aber lediglich zum Nachweis der Widerspruchsfreiheit der Axiome. ... Auf diese Weise vollzieht sich die Entwicklung der mathematischen Gesamtwissenschaft in beständigem Wechsel auf zweierlei Art: durch Gewinnung neuer beweisbarer Formeln aus den Axiomen mittels formalen Schließens und andererseits durch Hinzufügung neuer Axiome nebst dem Nachweis der Widerspruchsfreiheit mittels inhaltlichen Schließens. Die Axiome und beweisbaren Sätze, d.h. die Formeln, die in diesem Wechselspiel entstehen, ... sind nicht selbst die Wahrheiten im absoluten Sinne. Als die absoluten Wahrheiten sind vielmehr die Einsichten anzusehen, die durch meine Beweistheorie hinsichtlich der Beweisbarkeit und Widerspruchsfreiheit jener Formelsysteme geliefert werden."

Formalismus und Intuitionismus transponieren den erkenntnistheoretischen Schnitt sogar auf die methodische Ebene und versuchen, durch rigorose erkenntnistheoretische Zerlegung der Methoden der Begriffsbildung und der logischen Folgerung (Schlußweisen) in *bedenkliche* und *unbedenkliche* Verfahren die durch die Antinomien der Mathematik zugefügten Schäden zu reparieren: „ ... entweder dadurch, daß man beim Aufbau der Logik und Mathematik von vornherein nur *unbedenkliche* Methoden anwendet (Intuitionismus), oder dadurch, daß man bedenkliche Methoden *nachträglich mittels unbedenklicher rechtfertigt* (Metamathematik)"[646].

Diese beiden Alternativstrategien machen einen bemerkenswerten Unterschied in der Radikalität der formalistischen und der intuitionistischen Position deutlich. Während der vergleichsweise „destruktive" intuitionistische Ansatz durchaus bereit ist, wesentliche Teile der klassischen Mathematik infrage zu stellen und sogar für unverzichtbar gehaltene Grundgesetze der Logik zu verwerfen, um sie durch sicherere aber schwächere

Versionen zu ersetzen, geht es *Hilbert*, der sich um keinen Preis „aus dem Paradies, das Cantor uns geschaffen"[647], vertreiben lassen will, um die eher konservative Aufgabe der Konsolidierung und endgültigen Absicherung des status quo: Es gilt, der *ganzen* Mathematik „den alten Ruf der unanfechtbaren Wahrheit ... *bei voller Erhaltung ihres Besitzstandes*"[648] wiederherzustellen.

Die Grundlagenkrise der Mathematik hat jedoch inzwischen an den Tag gebracht, „was der äußerlich glänzende und reibungslose Betrieb im Zentrum verbirgt: die innere Haltlosigkeit der Grundlagen, auf denen der Aufbau des Reiches ruht"[649]. Die Entwicklung der Grundlagenforschung „von Frege zu Gödel"[650] hat uns Nach-Gödelianern die ernüchternde Einsicht förmlich aufgezwungen, daß an diesem Zustand in *grundlegender* Hinsicht – was die ursprünglichen strengen Ziele der fundamentalistischen Programme zur Letztbegründung der Mathematik anbetrifft – aus ganz prinzipiellen Gründen nichts Wesentliches zu ändern ist.

Die Grundlagenforschung hat zwar vorzügliche Arbeit geleistet und für die Philosophie der Mathematik wie für die allgemeine Erkenntnis- und Wissenschaftslehre gleichermaßen relevante Forschungsergebnisse vorgelegt, deren Tragweite kaum überschätzt werden kann – stellvertretend seien nur die Theoreme von *Gödel*, *Löwenheim* und *Skolem* erwähnt –, aber diese Resultate sind für das fundamentalistische Begründungsprogramm hauptsächlich *negativer* Art. Sie zeigen, was *nicht* möglich ist. Und nicht möglich sind insbesondere jene anspruchsvollen, umfassenden Widerspruchsfreiheitsbeweise, um die es *Hilbert* in seiner Beweistheorie gegangen ist.

Daß die mathematische Axiomatik überhaupt jemals den Eindruck erwecken konnte, das Rechtfertigungsproblem der Erkenntnis, zumindest *ihrer* Erkenntnis, gelöst und den infiniten Begründungsregreß ohne ungerechtfertigten Abbruch des Verfahrens gestoppt zu haben, wird verständlich, wenn man die Problemsituation der modernen Mathematik (und Metamathematik), wie sie vor allem durch das formalistische und logizistische Programm geprägt ist, etwas genauer betrachtet:

(1) Das moderne axiomatische Grundlegungsprogramm verkürzt das Begründungsproblem für die sogenannte *reine* Mathematik auf das Problem der inneren Widerspruchsfreiheit. Es beschränkt damit die Problemsituation so drastisch, daß die Lösung *dieses* „Grundlagenproblems" nicht mehr zugleich als Lösung des allgemeinen philosophischen Begründungsproblems – das ja das volle, unverkürzte Problem der *Wahrheits*begründung unserer Erkenntnis ist – angesehen werden kann. Das Postulat der Widerspruchsfreiheit wird zwar von *Hilbert* ausdrücklich zum „Criterium der Wahrheit und Existenz"[651] erhoben, aber diese auf die rigoros verkürzte Problemsituation der „reinen", von allen Problemen der „inhaltlichen" Interpretation und von der ganzen Anwendungsproblematik entlasteten Formalwissenschaften zugeschnittene Uminterpretation des Geltungs- und Wahrheitsproblems kann nichts daran ändern, daß das Widerspruchsfreiheitsproblem nur *einen* Aspekt des ganzen Geltungsproblems der inhaltlichen Erkenntnis ausmacht.

Selbst wenn die *Hilbert*sche Metamathematik oder Beweistheorie die ursprünglich an sie gestellten, außerordentlich hochgeschraubten Erwartungen erfüllt hätte – was sich inzwischen als unmöglich herausgestellt hat –, könnte sie nicht den Anspruch erheben, die *allgemeine*, ungeschmälerte Geltungsproblematik der Erkenntnis gelöst zu haben.

(2) Über die vielfältigen Versuche hinaus, das Geltungsproblem und damit auch das damit verbundene Begründungsproblem zu verdünnen, tendiert die moderne Mathematik, wiederum vor allem die formalistisch-axiomatischen Ansätze, zur *totalen Eliminierung des erkenntnistheoretischen Begründungsproblems* einschließlich jenes kärglichen Rests, der dem als degenerative Problemverschiebung zu wertenden Enttheoretisierungstrend[652] widerstanden und nach den formalistischen Säuberungskampagnen der Vor-*Hilbert*schen, nicht konsequent durchgehaltenen Axiomatik noch übriggeblieben ist. Sie tut dies, indem sie scharf zwischen *reiner* und *angewandter* Mathematik trennt und die Theorien oder besser Formelsysteme der reinen Mathematik als (uninterpretierte, semantisch „leere" und damit natürlich auch nicht mehr voll wahrheitsfähige) Kalküle interpretiert, für die es ein Geltungsproblem im eigentlichen, inhaltlichen Sinne nicht mehr geben kann. Da diese nun radikal von allen Inhalten gesäuberte, durch und durch „rein" gewordene Mathematik keinerlei inhaltliche Erkenntnisansprüche mehr erhebt, ist natürlich auch deren darauf bezogenes Rechtfertigungsproblem verschwunden. Das Geltungsproblem der mathematischen Erkenntnis kann nun jedenfalls nicht mehr als *internes* Problem der reinen Mathematik entstehen. Im Rahmen der reinen Mathematik kann es nun, wie *Hilbert* explizit betont, nicht mehr um Wahrheit, sondern nur noch um Sicherheit gehen — um die Garantie nämlich, daß gewisse für fatal gehaltene Zeichenkombinationen (die man, *wenn* man sie interpretiert, als Widersprüche deuten müßte) nicht vorkommen können.

Das ist jedenfalls die Konsequenz aller formalistischen Grundlegungsversuche. Das operative Begründungsprogramm *Dinglers* und *Lorenzens*[653] wendet sich zwar gegen das *formalistische* Schwundprogramm, erstrebt eine strenge Fundierung und Begründung im Vollsinne und entzieht sich damit dem Vorwurf, das Geltungsproblem zu eliminieren anstatt es zu lösen, ist aber ansonsten allen Einwänden gegen das Rechtfertigungsdenken im allgemeinen und den fundamentalistischen Lösungsversuch (in seiner aktivistischen Variante) im besonderen ausgesetzt. Auch der Operativismus ist nicht frei von degenerativen Problemverschiebungen. Degenerativ ist insbesondere der Versuch, einen gesicherten „methodischen Anfang" dadurch zu gewinnen, indem zwar nicht für das ganze Erkenntnissystem, aber doch bezüglich der epistemologischen Primärinstanz das Geltungsproblem praktisch *ausgeklammert* wird. *Dingler* deutet das Geltungsproblem der Axiome und damit das Basisproblem der Wissenschaft als ein „Quellenproblem", für das er eine „Vollbegründung aus der Aktivität" als einzig mögliche Lösung empfiehlt. Nach *Dingler* gibt es „nur *eine* Instanz in der ganzen Welt über die wir *ohne weiteres* oder völlig unmittelbar restlose Kontrolle besitzen und für die wir absolut garantieren können, das ist die, welche ich meinen ‚Willen' nenne"[654]. Gemäß der Strategie des aktivistischen Fundamentalismus, die Proto-Wissenschaft nicht deskriptiv (im weitesten Sinne) als Erkenntnissystem aus prinzipiell wahrheitsfähigen Aussagen, sondern präskriptiv als Vorschriften, als Handlungsanweisungen zum „Aufbau der exakten Fundamentalwissenschaft"*(Dingler)* zu interpretieren, *diesen* vorgeschalteten, „propädeutischen"[655] Teil der Erkenntnis zu verabsolutieren und, kantisch gesprochen, zu „Bedingungen der Möglichkeit" von strenger exaktwissenschaftlicher Erkenntnis schlechthin emporzuphilosophieren, wird auch hier eine unhintergehbare Garantieinstanz *geschaffen.* Denn der „aktive Wille" *Dinglers* ist genausowenig wie die Sinnesdaten des phänomenologischen Positivismus oder die sogenannten Tatsachen des physikalistischen Positivismus vor allem Theoretisieren schlicht „gegeben". In jedem Falle handelt es sich um *theoretische Konstruktionen*, die letztlich doch nur wieder *postuliert* werden. Aber über diese Strategie, durch einen philosophischen Kraftakt einen „methodischen Anfang" zu gewinnen, „welcher keiner Rechtfertigung seiner Wahrheit bedarf"[656], hat schon *Russell*[657] das harte, aber in der Sache durchaus gerechte Urteil gesprochen: "The method of 'postulating' what we want has many advantages; they are the same as the advantages of theft over honest toil."

(3) Der wichtigste Einwand ist jedoch methodologischer Natur, und er richtet sich gegen *alle* Spielarten beweisorientierter Begründungsprogramme. Die axiomatische Mathematik bedient sich mit ihren deduktiven Beweisverfahren einer *systematisch gehaltsvermindernden Methode*, die Sicherheit auf Kosten des Informationsgehalts erzeugt. Deduktion (logische Folgerung) ist ein Verfahren zur *Übertragung* spezifischer Eigenschaften wie Wahrheit, Wahrscheinlichkeit und Spielraum von den Prämissen auf die Konklusionen – wobei sich die logische Übertragungsgarantie jedoch nicht auf den Informationsgehalt (der ja das Komplement zum Spielraum ist) erstreckt, so daß keine Gewähr besteht, daß nicht „unterwegs" Gehalt verloren geht –, kann aber Informationsgehalt weder erzeugen noch vermehren. Darauf beruht ihre Strenge. Im günstigsten Fall bleibt der Gehalt der Konklusionen dem der Prämissen gleich. Im „idealen" Grenzfall ist das Ergebnis die „Lösung" des Begründungsproblems in einem ganz spezifischen Sinne: Nachdem durch implizite Definition der Grundbegriffe, konditionale Uminterpretation der Axiome und Formalisierung („Kalkülisierung") des ganzen Theoriensystems der letzte Tropfen von Gehalt aus den mathematischen Theorien herausgepreßt worden ist, entfällt mangels kognitiver Ansprüche – derart rigoros „gereinigte", zu Schatten echter, informativer Theorien abgemagerte Symbolsysteme sind überhaupt nicht mehr wahrheitsfähig, jedenfalls nicht im erkenntnistheoretischen Vollsinne informativer Wahrheit – natürlich auch jede Notwendigkeit zu ihrer Begründung. (Die unterschiedliche Stellung der „reinen" Formalwissenschaften und der Realwissenschaften zum Begründungsproblem könnte man auf das Bonmot bringen: Die Formalwissenschaften, insbesondere die Mathematik, begründen immer weniger immer mehr, bis sie schließlich *nichts* vollbegründen – das allerdings ganz sicher. In den Realwissenschaften wird immer mehr immer weniger begründet, bis schließlich alles überhaupt nicht mehr begründet ist und auf ewig hypothetisch bleibt.)

Die logisch-mathematische Grundlagenforschung setzte keine grundsätzlich neuen Erkenntnisziele. Es ging ihr vielmehr darum, *alte philosophische Ziele mit neuen Mitteln zu verwirklichen* und den Anspruch des klassischen Erkenntnis- und Wissenschaftsprogramms auf sichere, vollbegründete Wahrheit endlich einzulösen. Da die Philosophie mit ihrem eigenen Programm und den ihr zur Verfügung stehenden Mitteln so offensichtlich gescheitert war, versuchte die moderne mathematische Grundlagenforschung, das Rechtfertigungsproblem der Erkenntnis *in eigener Regie* zu lösen – in der Hoffnung, die beiden Hauptfeinde des Ideals rationaler Erkenntnis, den resignativen Skeptizismus ebenso wie den unreflektierten Dogmatismus, zunächst aus dem eigenen Erkenntnisbereich zu verbannen, um überhaupt erst einmal ein Festland der Erkenntnis zu schaffen und von dieser Insel der Sicherheit aus schließlich alle Erkenntnisbereiche zu erobern. Die Mathematik sollte für Philosophie und Erfahrungswissenschaft das Exempel liefern, das "a complete answer", "a perpetual reproof"[658] auf alle Zweifel an der Realisierbarkeit des klassischen Erkenntnisproblems darstellt. "I hoped sooner or later", schreibt *Russell* in seinem autobiographischen Buch "My Philosophical Development" (1959)[659], in dem über die Entwicklung vom ursprünglichen Optimismus bis zur späteren Ernüchterung aus erster Hand berichtet wird, "to arrive at a perfected mathematics which should leave no room for doubts, and bit by bit to extend the sphere of certainty from mathematics to other sciences."

Die optimistische Annahme, daß die Grundlegung der Mathematik als *ein* umfassendes, hypothesenfreies Erkenntnissystem aus endgültig gesicherten Wahrheiten prinzipiell möglich (oder sogar schon realisiert) sei, inspirierte die immer nachdrücklicher erhobene Forderung, zwar nicht die Resultate, aber doch die *Methoden* der Mathematik und der mathematischen Naturwissenschaften auf die Philosophie zu übertragen, um dadurch die „Wende der Philosophie" *(Schlick)* zur echten Wissenschaft herbeizuführen und mit der Anarchie der philosophischen Systeme endgültig Schluß zu machen[660].

Der Versuch der modernen logisch-mathematischen Grundlagenforschung, das Begründungsproblem der Erkenntnis im direkten Anlauf sozusagen *more mathematico* durch ein ingeniöses Zusammenspiel von impliziten Definitionen und beweisender Argumentation im Rahmen des „axiomatischen Denkens" *(Hilbert)* zu lösen, ist gescheitert. Wenn nach *Kant*[661] die „Gründlichkeit der Mathematik ... auf Definitionen, Axiomen, Demonstrationen" beruht, so hat sich inzwischen klar gezeigt, daß alle drei Bauelemente für die Grundlegung unserer (mathematischen) Erkenntnis unzulänglich sind. Implizite Definitionen können nicht den Definitionsregreß, Beweise nicht den Deduktionsregreß und beide zusammen also auch nicht den Begründungsregreß stoppen. Beide Verfahren können die fraglichen Eigenschaften — die Bedeutung von Begriffen im Falle der Definition, die Wahrheit von Aussagen im Falle der Deduktion — *nur übertragen, nicht erzeugen.*

Die schöpferische Kraft — insbesondere auch im Hinblick auf das Existenzproblem — der *Hilbert*schen impliziten Definitionen hat schon *Frege* entschieden bestritten: „Wie der Geograph kein Meer schafft, wenn er Grenzlinien zieht und sagt: den von diesen Linien begrenzten Teil der Wasserfläche will ich Gelbes Meer nennen, *so kann auch der Mathematiker durch sein Definieren nichts eigentlich schaffen*"[662]. Was *Hilbert* an die Methode der impliziten Begriffsbestimmungen den „übertriebenen Anspruch" knüpfen ließ, den voraussetzungslosen Anfang aller wahren Wissenschaft gefunden zu haben, „war allerdings nur ein logischer Irrtum", meint *Kambartel*[663] und kommt zu dem Ergebnis: „Die formalen Theorien leisten damit eben dieses trotz aller rhetorischen Beteuerungen des frühen Hilbert nicht: den Bereich ihrer eigenen Anwendung zu konstituieren." Der epistemologische Fundamentalismus scheitert also bereits an dem der Wahrheitsfrage vorgelagerten Bedeutungsproblem, am Problem der Begriffsbestimmungen, "for without conclusively establishing meaning one cannot conclusively establish truth — and this is exactly the aim of 'foundations' "[664].

Daß logisches Schließen (Deduktion) ein systematisch gehaltsverminderndes Begründungsverfahren ist und deshalb bestenfalls für Tautologien — die ja aus der Nullmenge der Prämissen ableitbar sind — den Charakter eines echten, vollständigen Beweises haben kann, wurde bereits ausgeführt. Von tautologischen (analytischen) Prämissen führt aber kein logischer, damit also kein streng beweisender Weg zu synthetischen Konklusionen.

Durch formalistisch-axiomatische „Grundlegung" mittels impliziter Definitionen und logischer Ableitungen kann also bestenfalls ein Erkenntnissystem begründet werden, das nur noch den Schatten echter Erkenntnis darstellt: *Axiome*, die eher *Prothesen* als echte (d.h. wahrheitsfähige) Aussagen sind[665]; *Definitionen*, die „uneigentliche Begriffe" *(Carnap)* und „reine", aber leere axiomatische Systeme ohne Kontakt zur Wirklichkeit erzeugen[666]; und Demonstrationen, die genau dann versagen, wenn sie am dringendsten vonnöten wären, nämlich zur Rechtfertigung der axiomatischen Basis selbst. *Goodstein*[667] hat auf diese Grenze des axiomatischen Denkens mit Recht hingewiesen: "... the nearer one approaches to the *foundations* of mathematics ... the less reliance can be placed upon the axiomatic method. At the very threshold of mathematics the usefulness of the method vanishes entirely ..."

Nachdem der direkte Anlauf des axiomatischen Denkens zur Lösung des Begründungsproblems durch Konstituierung einer wahrhaft voraussetzungslosen Wissenschaft sein Ziel nicht erreicht hat, lag es nahe zu versuchen, sich auf mehr indirektem Wege aus dem Münchhausen-Trilemma herauszumanövrieren. Hier boten sich vor allem zwei Strategien an: der *Rekurs auf triviale Voraussetzungen* und die *Proklamation eines konventionalistischen Toleranzedikts*.

Will man mehr erreichen, als lediglich das Problem der *Erzeugung* und *Begründung* von Bedeutung oder Wahrheit auf der Definitions- und Deduktionsleiter an vorgelagerte Instanzen abzuschieben und damit doch immer nur ungelöst vor sich herzuschieben, dann bleibt lediglich der *Sprung in den Zirkel* (der einer Kapitulation vor dem Problem gleichkommt) oder die Transponierung der ganzen Problematik auf eine andere Ebene — in der Hoffnung, daß das Problem auf dieser Ebene jedenfalls grundsätzlich lösbar ist, sich vielleicht sogar mehr oder weniger von selbst löst oder zumindest wesentlich leichter lösen läßt; sei es durch transzendentalphilosophische Reflexion auf die Bedingungen der *Möglichkeit* von Erkenntnis überhaupt oder auf philosophisch schlichtere Weise durch Rekurs auf *triviale* und deshalb nicht weiter rechtfertigungsbedürftige Wahrheiten einer Meta- oder Protowissenschaft.

Die Entwicklung des formalistischen Grundlegungsprogramms im Gefolge seiner beweistheoretischen Verschärfung durch *Hilbert* hat ganz deutlich gemacht, daß das formale Denken letztlich doch immer wieder auf inhaltliches Denken zurückverwiesen wird. *„Dann bleibt aber die gesamte Problematik des inhaltlichen Denkens auch weiterhin genau so bestehen wie zuvor"*[668]. Der Grund dafür liegt darin, daß es sich beim Rechtfertigungsproblem *aller* Erkenntnis — einschließlich der logischen und mathematischen Erkenntnis, und sei diese auch radikal auf das angeblich rein Formale abgemagert — letztlich doch wieder um ein inhaltliches erkenntnistheoretisches Problem handelt. Die „zwingende Folgerung" ist, „dass die fundamentalen Probleme der Grundlagen der Mathematik ihrerseits *nicht* mathematische oder logische Probleme sind, daß also gerade die Arbeiten zur Fundierung der Mathematik in eine Problematik von grundsätzlich anderer Art einmünden ..."[669]. Die These von der Autonomie der Mathematik als wahrhaft „voraussetzungsloser Wissenschaft" *(Hilbert)* mit Selbstbegründungspotenz hat sich so als unhaltbar erwiesen.

Nun war *Hilbert* die Notwenigkeit des Rekurses auf inhaltliches Denken (auf der Meta-Ebene) durchaus klar. Aber er glaubte, mit einem Rekurs auf bezüglich ihrer Geltungs-problematik im Grunde *triviale* und gerade wegen ihrer angeblichen erkenntnistheoretischen Trivialität sichere, nicht weiter begründungsbedürftige Wahrheiten auskommen zu können, die nichts weiter sind als *evidente Einsichten in einfache, konkret vorliegende und unmittelbar einsehbare Sachverhalte.* „Das Kennzeichnende für diesen methodischen Standpunkt", betonen *Hilbert* und *Bernays* in ihren berühmten „Grundlagen der Mathematik" (1934/1939)[670], in denen der Versuch gemacht wird, das *Hilbert*sche Grundlegungsprogramm in die Tat umzusetzen und konkret-detailliert auszuarbeiten, „ist, daß die Überlegungen in der Form von *Gedankenexperimenten* an Gegenständen angestellt werden, die als *konkret vorliegend* angenommen werden."

Durch die Konstituierung eines vorgeschobenen Bereichs trivialer Wahrheiten soll dem „ansetzenden Denken"[671] auf die Sprünge geholfen und ein Ansatzpunkt für das axiomatische Denken geschaffen werden. In diesem Bestreben sind Formalismus, Logizismus und Intuitionismus wieder vereinigt. Für die logizistische Position hat *Hempel*[672] den philosophischen Charakter der sprichwörtlichen „sicheren Wahrheit" mathematischer Sätze genau beschrieben: "The propositions of mathematics have, therefore, the same unquestionable certainty which is typical of such propositions as 'All bachelors are unmarried', but they also share the complete lack of empirical content which is associated with that certainty ..."

Dieser *Zug zum Trivialen*, geboren aus der certistischen Tendenz in ihrer neuzeitlichen Radikalisierung und getragen von der Hoffnung, wenigstens im Bereich des Einfachen, Trivialen die gesuchte überzufällige, mehr-als-kontingente (wenn auch vielleicht nicht *logisch* notwendige) Kombination von Wahrheit und Sicherheit in der Form *sicherer Wahrheit* zu finden, ist ein Leitmotiv der modernen logisch-mathematischen Grundlagenforschung. *Lakatos*[673] hat diesen Aspekt in sehr instruktiver Weise analysiert und detailliert kritisiert. Das Ergebnis seiner Kritik deckt sich mit der Quintessenz des hier Gesagten: daß der Rückzug aufs Triviale — gleichgültig, *wo* (im Formalen oder Inhaltlichen; auf der objektsprachlichen Ebene oder auf irgendeiner Meta- oder Proto-Ebene; im Bereich der „grobsinnlichen", „äußeren" Erfahrung oder in dem der hypersinnlichen, „inneren" Erfahrung einer angeblichen Urintuition) diese „einfachen Wahrheiten" gefunden, erfunden oder geschaffen werden sollen — zwar keinen Ausweg aus dem Rechtfertigungstrilemma eröffnet, aber leicht zur Trivialisierung und zur mehr oder weniger weitgehenden Entwertung jener Erkenntnis führen kann, zu deren Rettung und Begründung die Berufung aufs Triviale erfolgt und der als *problematisch-hypothetischer* Erkenntnis in ungesicherter, unfundierter Form ganz untriviale Bedeutung zukäme. "Triviality, certainty, is a *Kinderkrankheit* of knowledge", schreibt *Lakatos*[674], und sie wäre das auch, wenn es keine permanente Krise der Trivialerkenntnis und überhaupt aller Evidenzerkenntnis gäbe[675].

Das „klassische", griechische wie neuzeitliche Denken fordert die Rechtfertigung *aller* Aussagen, die Anfangssätze und fundamentalsten Prinzipien nicht ausgenommen. Obwohl die Problematik des Begründungsregresses klar gesehen wird, nehmen weder *Aristoteles* noch *Kant* einen Begründungsdispens in Anspruch, um die ersten Sätze zum Aufbau einer strengen, beweisenden Wissenschaft zu gewinnen. Ein, sei es auch nur partieller, Rechtfertigungsverzicht lag ihnen ebenso fern wie die Zulassung von dubiosen Zirkelbeweisen. Der klassischen Wissenschaftskonzeption ging es noch darum, den Begründungsregreß auf gerade, ehrliche Weise zu stoppen und einen *rationalen* Ausweg aus dem Münchhausen-Trilemma zu finden, der den Zirkel ebenso vermeidet wie den *dogmatischen* Abbruch des Begründungsverfahrens.

Zirkel und Dogmatismus und überhaupt das ganze Desaster der *schrankenlosen* Anwendung des Rechtfertigungsprinzips lassen sich aber nicht nur durch eine befriedigende Problemlösung ausschalten, sondern natürlich auch dadurch vermeiden, daß auf *Letzt*begründung einfach verzichtet wird. (Dieser *partielle*, streng genommen erzwungene Begründungsverzicht dort, wo überhaupt nicht mehr begründet werden *kann*, darf nicht mit der *Popper*schen Wende zum fallibilistischen Kritizismus verwechselt werden, die dem Rechtfertigungspostulat gänzlich entsagt, um es durch ein konstruktives Alternativprinzip zu ersetzen.)

Die Proklamation eines *Toleranzprinzips* – in der *Carnap*schen Version[676]: „...*wir wollen nicht Verbote aufstellen, sondern Festsetzungen treffen.* ... *In der Logik gibt es keine Moral.* Jeder mag seine Logik, d.h. seine Sprachform, aufbauen wie er will." – kommt zwar in der Sache einer Kapitulation vor den Forderungen strenger Wissenschaftlichkeit im Sinne der certistischen Rationalitätskonzeption gleich, hat aber immerhin den Vorzug, daß sie „große Freiheit für die Einführung neuer Grundbegriffe und neuer Grundsätze in die Sprache der Physik oder der Wissenschaft überhaupt"[677] gewährt. Im Rahmen dieser Wissenschaftsauffassung, die für die desillusionierte Spätphase des Rechtfertigungsdenkens charakteristisch ist, werden die Axiome der Mathematik als „*Definitionen* ..., d.h. willkürliche Festsetzungen, über die es kein Wahr oder Falsch gibt"[678], interpretiert, während die Axiome der Physik konsequenterweise auch als definitorische Konventionen (wie im eigentlichen Konventionalismus: *Duhem, Poincaré*) oder, nicht ganz konsequent, als nach Zweckmäßigkeitsgesichtspunkten ausgewählte, empirisch prüfbare Hypothesen angesehen werden[679]. Wo das Begründungsprinzip dem *Prinzip der* – logisch und vom strengen Begründungsstandpunkt überhaupt gesehen: nicht determinierten und damit weitgehend willkürlichen – *freien Wahl der Axiome durch Festsetzung* weichen muß, hat *Waismann*[680] für den Fall der Mathematik deutlich gemacht: „Allein der Ausdruck ‚die Arithmetik begründen' gibt uns ein falsches Bild; weil es so aussieht, als ob ihr Gebäude auf gewissen Grundwahrheiten errichtet sei; während sie ein Kalkül ist, der nur von gewissen Festsetzungen ausgeht, aber frei schwebend ist wie das Sonnensystem und auf nichts ruht. Der Schluß, der sich hieraus ergibt, ist der: *Wir können die Arithmetik nur beschreiben*, das heißt ihre Regeln angeben, *nicht begründen*. Eine Begründung kann uns schon darum nicht genügen, weil sie einmal aufhören muß und dann auf etwas verweist, das sich nicht mehr begründen läßt. *Nur die Festsetzung ist das Letzte.* Alles, was aussieht wie eine Begründung, ist eigentlich schon verfälscht und darf uns nicht befriedigen."

Unmöglichkeit der Letztbegründung der Axiome ist aber gleichbedeutend mit der Unmöglichkeit, *ein* System von Erstsätzen als das einzig wahre oder richtige Erkenntnissystem zu selektieren und als solches vor allen anderen denkbaren, aber eben nicht gleichermaßen begründbaren Alternativsystemen auszuzeichnen. Wenn der Konventionalismus nicht zu einem unreflektierten Dogmatismus degenerieren soll, muß er also mit einem Toleranzprinzip verbunden werden. Das konventionalistische Toleranzedikt führt eine deutliche *plura-*

*listische Komponente* in die Wissenschaft ein, worauf *Waismann*[681] mit Recht hinweist, wenn er im Sinne seiner *Wittgenstein*-orientierten Konzeption betont: „Die Mathematik ist nicht *ein* System, sondern eine Vielheit von Systemen ..." Aber das ist ein passiver, nivellierender Pluralismus, der Alternativen zuläßt, weil doch alle (widerspruchsfreien)Axiomensysteme *gleichermaßen unbegründet* und prinzipiell unbegründbar sind. Von diesem nivellierenden, zahmen Pluralismus ist der aktiv-kritische theoretische Pluralismus *Feyerabend*scher Prägung streng zu unterscheiden[682].

Das natürliche Ende dieser degenerativen Entwicklung der axiomatischen Methode ist die *Methode der Postulate*, wie sie heute für die reine Mathematik charakteristisch ist. *E. V. Huntington*[683] hat diese Methode in sehr instruktiver Weise beschrieben und die Unterschiede zur alten, traditionellen Axiomatik hervorgehoben. Während das Ziel der alten Axiomatik "the attainment of ultimate truth"[684] war, setzt sich die Methode der Postulate das weit bescheidenere Ziel, komplexe logische *Wenn-dann*-Sätze von der Form „Wenn die und die Axiome (Prämissen) gelten, dann gelten auch die und die Theoreme (Konklusionen)" zu beweisen. Es wird also weder die Wahrheit der Axiome noch die der Theoreme behauptet, sondern nur die Richtigkeit bestimmter logischer Ableitungsbeziehungen. Welche Art von Wissenschaft auf diese Weise entsteht, wurde von *Bertrand Russell*[685] — mit dem Anspruch, damit präzisiert zu haben, "what mathematics really is" — mit meisterhafter Klarheit beschrieben: "Pure mathematics consists entirely of assertions to the effect that, if such and such a proposition is true of *anything*, then such and such another proposition is true of that thing. It is essential not to discuss whether the first proposition is really true, and not to mention what the anything is, of which it is supposed to be true. Both these points would belong to applied mathematics. ... Thus mathematics may be defined as the subject in which we never know what we are talking about, nor whether what we are saying is true." *Damit verschwindet natürlich das Geltungsproblem aus der (reinen) Mathematik,* weil keinerlei Behauptungen von der Form „dies und dies gilt" mehr aufgestellt werden[686]. Um diesen von der modernen Mathematik durchaus angestrebten Zweck zu erreichen, genügt bereits die bloße Axiomatisierung (im modernen Sinne, also gemäß der Methode der Postulate). Die vollständige Kalkülisierung liegt zwar in dieser Denkrichtung und wird auch heute in der Regel als konsequenter Abschluß des Axiomatisierungsprozesses angesehen, ist aber zur Eliminierung des Geltungsproblems aus der Mathematik streng genommen keineswegs erforderlich.

Damit ist das Wahrheitsproblem zwar aus der *reinen* Mathematik, "which is interested only in the facts of implication"[687], glücklich hinauskomplimentiert. Aber damit kann sich, von der Wissenschaft im allgemeinen ganz abgesehen, nicht einmal die mathematische Erkenntnis zufrieden geben, denn die Geltungsproblematik ist keineswegs aus der *ganzen* Mathematik verschwunden. Die instrumentalistische Strategie der Eliminierung des Begründungsproblems verschiebt die ganze Problematik nur, die nach ihrer Hinauskomplimentierung aus der *reinen* Mathematik nun mit unverminderter Schärfe in der *angewandten* Mathematik als *Anwendungsproblem* auftaucht.

Daß das Anwendungsproblem gegenüber dem Problem der Widerspruchsfreiheit den Charakter eines *zusätzlichen, selbständigen* Problems hat, wurde von *Felix Klein* in seiner berühmten „Elementarmathematik vom höheren Standpunkte aus" mit Recht betont und sehr klar herausgestellt: „Nehmen wir aber selbst an, das gestellte Problem sei einwandfrei erledigt, die Widerspruchslosigkeit der 11 Grundgesetze rein logisch gezeigt. Dann greift doch noch eine Bemerkung Platz, auf die ich am meisten Wert legen möchte. Man muß sich nämlich *klar machen, daß durch Betrachtungen dieser Art die* **eigentliche** *Arithmetik, die Lehre von den* **wirklichen** *ganzen Zahlen, weder begründet wird noch überhaupt begründet werden kann.* ... Was geleistet ist, ist vielmehr, daß die gewaltige in ihrer Kompliziertheit unangreifbare *Aufgabe der Begründung der Arithmetik in zwei Teile gespalten* und daß der erste, das rein logische Problem der *Aufstellung unabhängiger Grundsätze oder Axiome und ihre Untersuchung auf Unabhängigkeit und Widerspruchslosigkeit*, der Behandlung zugänglich gemacht wird. Der zweite, mehr erkenntnistheoretische Teil des Problems, der die Frage nach dem Grund der *Anwendbarkeit jener Grundsätze auf reale Verhältnisse* behandelt, ist damit noch nicht einmal in Angriff genommen, obwohl er natürlich zur wirklichen Durchführung einer Begründung der Arithmetik gleichfalls erledigt werden müßte. Dieser zweite Teil stellt ein *äußerst tiefliegendes Problem für sich* dar ..."[688]. Im Grunde dasselbe geht auch aus *Einsteins*[689] vielzitiertem Ausspruch hervor: „Insofern sich die Sätze der Mathematik auf die Wirklichkeit beziehen, sind sie nicht sicher, und insofern sie sicher sind, beziehen sie sich nicht auf die Wirklichkeit."

Von einer Lösung des Geltungsproblems der Erkenntnis im vollen, unverdünnten Sinne durch moderne Logik und Mathematik kann also keine Rede sein. (Daß sich auch das formalistisch verkürzte, philosophisch degenerierte Begründungsproblem — das Problem der Widerspruchsfreiheit —, von sozusagen „örtlichen" Erfolgen in sehr eng begrenzten Problemsituationen abgesehen, als letztlich unlösbar herausgestellt hat, sei hier nur am Rande vermerkt.)

*Dedekind* stellte seiner berühmten Abhandlung „Was sind und was sollen Zahlen?" (1887)[690] die strenge Forderung voran: „Was beweisbar ist, soll in der Wissenschaft nicht ohne Beweis geglaubt werden." Der Verdacht, daß mathematische Beweise weder methodologisch so effektiv noch ihre Resultate epistemologisch so wertvoll und absolut sicher sind, wie es die klassische Konzeption der Mathematik annimmt; oder, anders ausgedrückt: daß Beweise eine ganz andere epistemologisch-methodologische Funktion als die einer Wahrheitsgarantie für die „bewiesenen" Resultate haben könnten — dieser antifundamentalistische Gedanke ist hier noch nicht virulent geworden. Er ist es bereits in Ansätzen, aber eben noch nicht in seiner spezifisch fallibilistischen Richtung, die sich gegen jedes Fundament, gegen den certistischen Fundamentalismus als solchen, wendet, bei *Weyl*, wenn dieser von intuitionistischer Warte aus *Dedekinds* Forderung „ein verkehrtes Prinzip"[691] nennt. Auch *Weyl* geht es immer noch um *„ein letztes Fundament des mathematischen Denkens"*[692], lediglich um ein *anderes*. „Als ob ein solcher mittelbarer Begründungszusammenhang, wie wir ihn als ‚Beweis' bezeichnen", argumentiert *Weyl*[693] gegen *Dedekind*, „irgend ‚Glauben' zu wecken imstande ist, ohne daß wir uns der Richtigkeit jedes einzelnen Schrittes in unmittelbarer Einsicht versichern! Diese (und nicht der Beweis) bleibt überall letzte Rechtsquelle der Erkenntnis, sie ist das ‚Erlebnis der Wahrheit'."

Aber die Frage, *welche* Instanz zum Fundament der mathematischen Erkenntnis zu erheben sei, ist heute, nach dem Schockerlebnis der Grundlagenkrise und nachdem wir uns an das zunächst noch mehr schockierende Bewußtsein des Scheiterns aller Grundlegungsversuche gewöhnt haben, nicht mehr das Problem. Heute stehen nicht mehr bestimmte Grundlegungsprogramme und ihre komparativen Vorzüge und Nachteile zur Debatte, sondern das fundamentalistische Erkenntnisprinzip selbst. Die Idee eines Fundaments der Erkenntnis schlechthin ist zutiefst fragwürdig geworden.

Das ernüchternde Resultat dieser grandios begonnenen und gerade in ihrem Scheitern auf eine ursprünglich ganz und gar nicht intendierte Weise, durch vorwiegend negative Resultate, fruchtbar gewordenen Entwicklung ist die heute kaum noch bestrittene Einsicht, daß das ganze fundamentalistische Begründungsprogramm zusammengebrochen ist. „Seitdem ist die Resignation die vorherrschende Einstellung", schreibt *Weyl*[694] und fährt fort: „Die letzten Grundlagen und die eigentliche Bedeutung der Mathematik bleiben ein offenes Problem; wir wissen weder, in welcher Richtung seine Lösung zu finden ist, noch, ob überhaupt eine endgültige objektive Antwort erwartet werden kann." Der mathematische Fundamentalismus lebt „auf Kredit"[695]. Er kann, was ja schon *Hilberts* ausdrückliche Absicht war, bestenfalls *Sicherheit* – die Sicherheit, Widersprüche zu vermeiden –, nicht aber Wahrheit in einem über Widerspruchsfreiheit hinausgehenden, übertrivialen Sinn erzeugen. Gerade darum geht es aber bei aller echten Wirklichkeitserkenntnis, sei sie nun empirischer oder transempirischer, metaphysischer Natur.

*Stegmüller*[696] kommt in seiner ebenso umfassenden wie detaillierten, vorbildlich klaren Untersuchung der mathematischen Grundlagenproblematik insoweit zu demselben eindeutigen Ergebnis: „Eine ‚Selbstgarantie' des menschlichen Denkens ist, auf welchem Gebiete auch immer, ausgeschlossen. Man kann nicht vollkommen ‚voraussetzungslos' ein positives Resultat gewinnen. Man muß bereits an etwas glauben, um etwas anderes rechtfertigen zu können." *Daß* beim Geschäft der Erkenntnis immer etwas gerechtfertigt werden muß, wird bei *Stegmüller* durchweg vorausgesetzt. Das ist genau der entscheidende Punkt, der hier infrage gestellt werden soll.

Aber ist die Resignation, von der *Weyl* spricht, wirklich angebracht? Es scheint mir einer der bemerkenswertesten Tatbestände in der Entwicklungsgeschichte des wissenschaftlichen Denkens zu sein, daß die schwelende, längst zum Dauerzustand gewordene Grundlagenkrise nicht zur Anarchie führte und keineswegs den Zusammenbruch der Mathematik als Wissenschaft zur Folge hatte, sondern ganz im Gegenteil die logisch-mathematische Forschung in einzigartiger Weise befruchtet und eine bislang ungebrochene schöpferische Phase eingeleitet hat. *Grundlagenkrisen sind nicht Katastrophen, sondern Geburtswehen der Wissenschaft.*

Die klassisch-fundamentalistische Konzeption der Mathematik – "… Mathematics is eternal and unchanging, and therefore has no hystory …"[697] – ist, mit *Frege* zu sprechen ins Schwanken geraten. *Kalmárs* besorgte Frage "Foundations of mathematics – whither now?"[698] ist berechtigt. Die neuerdings vor allem unter dem Einfluß des *Popper*schen fallibilistischen Kritizismus aufkommende Idee einer *Mathematik ohne Fundament* scheint geeignet, eine Revolution in der Philosophie der Mathematik bewirken und das mathematische Denken von seinen certistischen und fundamentalistischen Fesseln befreien zu können[699].

Die wirkliche erkenntnistheoretische Revolution des mathematischen Denkens bildet allerdings nicht, wie es zuweilen dargestellt wird, die Wende vom inhaltlichen – dem inhaltlich-realistischen im Sinne *Freges*[700], dem inhaltlich-idealistischen[701] oder dem inhaltlich-empiristischen[702] – zum formalistischen Verständnis der Mathematik, sondern die vom mathematischen Fundamentalismus zum *mathematischen Fallibilismus*. Nach der Wende der Erkenntnis- und Wissenschaftsphilosophie vom Fundamentalismus zum Fallibilismus und von der Axiomatik zur Methodik ist auch für die Philosophie der Mathematik die *Möglichkeit* einer theoretischen Alternative zum klassisch-fundamentalistischen Programm sichtbar geworden. Wegweisend hierfür könnte *Lakatos'* Behandlung eines ausgewählten mathematischen Problems im Stile einer kritischen Problemgeschichte − in seiner bereits erwähnten meisterhaften Pionierstudie "Proofs and Refutations" − wirken.

*Lakatos'* Kritik des mathematischen Fundamentalismus liefert zugleich das Programm eines *mathematischen Kritizismus,* der das fundamentalistische Erkenntnisideal als falschen Götzen entlarvt, ohne künstlich verfestigte Fundamente auskommt und die Methode des Beweises von einem *gehaltsvermindernden, sicherheitserhöhenden Instrument zur endgültigen Wahrheitssicherung* und zur Erzeugung eines „naiven und grenzenlosen Zutrauen(s) zu den bewiesenen mathematischen Sätzen"[703] zu einem *gehaltsvermehrenden, progressiv „verunsichernden" Instrument der Kritik* umfunktioniert. Im Rahmen dieser fallibilistischen Alternativkonzeption wird die falsche „Strenge des Beweises" durch die kritische *Strenge der Beweis-Analyse* ersetzt. Beweise werden zu *Gedankenexperimenten,* in denen die konservative, auf Wahrheits*sicherung* gerichtete Einstellung der progressiven Zielsetzung der *Analyse und Verbesserung* von Theorien weichen muß: Kritik statt Rechtfertigung, *"improving"* statt *"proving"* ist das Motto dieses Kritizismus.

Das euklidische Programm setzte einmal der strengen Wissenschaft das Gardemaß der Begründung, wie es noch von *Frege* übernommen worden ist, obwohl dieser sich in der Frage der Beweisbarkeit der Axiome keinen Illusionen mehr hingeben konnte. „Das *Ideal einer streng wissenschaftlichen Methode der Mathematik",* schreibt *Frege*[704], „das ich hier zu verwirklichen gestrebt habe, und das wohl nach Euklid benannt werden könnte, möchte ich so schildern. *Dass Alles bewiesen werde, kann zwar nicht verlangt werden, weil es unmöglich ist;* aber man kann fordern, daß alle Sätze, die man braucht, ohne sie zu beweisen, ausdrücklich als solche ausgesprochen werden, damit man deutlich erkenne, worauf der ganze Bau beruhe. Es muss danach gestrebt werden, die Anzahl dieser Urgesetze möglichst zu verringern, indem man *Alles beweist, was beweisbar ist.* Ferner, und darin gehe ich über Euklid hinaus, verlange ich, daß alle Schluss- und Folgerungsweisen, die zur Anwendung kommen, vorher aufgeführt werden. Sonst ist die Erfüllung jener ersten Forderung nicht sicher zu stellen." Und er fügt selbstbewußt hinzu: „Dieses Ideal glaube ich nun im Wesentlichen erreicht zu haben."

Es dürfte wenig Wissenschaftler geben, die das „Ideal einer streng wissenschaftlichen Methode" in der vergleichsweise bescheidenen *Frege*schen Version, die nichts Unmögliches mehr zu verlangen scheint, nicht für prinzipiell akzeptabel hielten. Daß das Begründungsprogramm auch in dieser entschärften Fassung noch seine Tücken hat − ganz abgesehen davon, daß sein ganzer Wert schon deshalb fragwürdig geworden ist, weil es das volle Geltungsproblem der Erkenntnis, zu dessen Lösung es schließlich propagiert worden ist, nicht lösen kann und nun auch gar nicht mehr zu lösen beansprucht −, ist auf den ersten Blick nicht zu ersehen. Das mag mitverantwortlich sein für die etwas schizophrene Reaktion der Philosophen, die sich mit einer Forderung konfrontiert sahen, nämlich *alles zu beweisen, was prinzipiell beweisbar ist,* welche erfüllbar zu sein schien und die sie doch nicht erfüllen konnten. Die Reaktion der Philosophen, eine Mischung aus Faszination und Resignation, erinnert lebhaft an die Fabel vom Fuchs und den sauren Trauben. Das Ergebnis ihres Strebens nach strenger Wissenschaftlichkeit war zwar keine Philosophie *more mathematico*, wohl aber jene „Sucht zu beweisen" mit ihrer „falschen und verkehrten Strenge"[705], durch die sich die Philosophen in Fragen der Wahrheit von den diesbezüglich für besonders unzuverlässig gehaltenen Dichtern zu unterscheiden suchten, und mit der sie lediglich erreichten, daß ihre Traktate zwar nicht „fundierter", aber steriler und langweiliger wurden, als gute Dichtung es zu sein pflegt.

Der *Popper*sche epistemologische Fallibilismus und der aus ihm weiterentwickelte *Feyerabend*sche theoretische Pluralismus sind ein Plädoyer dafür, die axiomatische, oder, ganz allgemein gesprochen, die certistisch-fundamentalistische Methode der Begründung durch eine *dialektische Methode der Kritik* zu ersetzen, und zwar durch eine *rationale* Dialektik im Gegensatz zur *Hegel*schen Dialektik, in der die „Sucht zu beweisen" — und zwar auf miserable Art zu beweisen — mit ihrer „falschen und verkehrten Strenge" *(Mach)* Orgien feiert. Daß die euklidische Axiomatik mit der rationalen Dialektik der Eleaten aufs engste verwandt ist — mit der Methode des indirekten Beweises als Bindeglied — gehört zu den interessantesten neueren Forschungsergebnissen[706], die größte Beachtung verdienen, weil sie zugleich zeigen, was die Dialektik auf ihrem Wege über *Hegel* an kritischer Potenz verloren hat[707].

Damit hat uns der Exkurs in die logisch-mathematische Grundlagenforschung zum Ausgangspunkt, zur allgemeinen philosophischen Problematik der wissenschaftlichen Erkenntnis, zurückgeführt, der ich mich nun wieder zuwende.

Das moderne fundamentalistische Erkenntnis- und Wissenschaftsprogramm — hier die empiristisch-positivistische Variante, für die, im Gegensatz etwa zur aristotelischen oder kantischen Konzeption, in der das System der Erkenntnis auf *generellen* Sätzen (Prinzipien) basiert, *singuläre* Sätze oder Aussagen, formuliert in sogenannten Protokollsätzen einer Beobachtungssprache, das Fundament der Erkenntnis bilden — stellte sich die (erfahrungswissenschaftliche) Erkenntnis zunächst vor "as a closed system in the following sense. We assumed that there was a certain rock bottom of knowledge, the knowledge of the immediately given which was indubitable. Every other kind of knowledge was supposed to be firmly supported by this basis and therefore likewise decidable with certainty"[708]. Das fixierte Fundament der Erkenntnis bildet die Grundstufe in einem hierarchisch aufgebauten *Stufenmodell der Erkenntnis*, durch das die ganze Rangordnung des Wißbaren letztlich in der Basisinstanz verankert werden soll. Zu diesem Zweck mußte der Fundamentalismus "a massive central core of human thinking which has no history — ... categories and concepts which, in their most fundamental character, change not at all"[709] postulieren, und das alles nicht kraft Begründung, sondern letztlich als Ergebnis eines wahrhaft „stiftenden" Denkens, das den "will to believe" *(William James)* erheblich strapaziert. Das bedingt auch die im Lichte des eigenen Begründungsprogramms erstaunliche, mit dem Begründungsprinzip ganz und gar unvereinbare Tatsache, daß selbst die strengste Rechtfertigungsphilosophie bezüglich des Fundaments selbst rein deskriptiv verfährt. Man begnügt sich mit der Konstatierung seiner (angeblichen) Faktizität, behandelt es als selbstverständliche Gegebenheit oder bagatellisiert die Frage seiner Begründung als bemerkenswert unproblematische Affaire.

Die Strategie der Fundamentalphilosophie ist also keineswegs restlos auf Begründung gerichtet. Der bezüglich des theoretischen Überbaus praktizierte (begründende) *Reduktionismus* wird ergänzt durch einen das Begründungsprinzip durchbrechenden, angeblich theoriefreien *Deskriptivismus* bezüglich des Fundaments selbst. Die Behandlung der Erfahrung im Rahmen des Empirismus ist ein sehr instruktives Beispiel für diese „doppelte Moral".

Die doppelte Erkenntnismoral des Fundamentalismus, die in dessen opportunistischem Lavieren zwischen einem prononciert „streng wissenschaftlichen" Begründungsrigorismus, wenn es sich darum handelt, die eigenen Hypothesen zu rechtfertigen und Alternativen als unbegründet zu verwerfen, einerseits, und einem prinzipienlosen Positivismus bei der Inthronisierung der epistemologischen Basisinstanz andererseits zum Ausdruck kommt, ist jedoch nur die unausweichliche Konsequenz eines philosophischen Tatbestandes, der ein wesentliches, strukturbedingtes Merkmal der fundamentalistischen Problemsituation ist. Ich meine die für *jede* fundamentalistische Position charakteristische, durch die Grundstruktur des Rechtfertigungsmodells erzwungene und deshalb im Rahmen dieses Erkenntnismodells letztlich unausräumbare *Restriktion der Kritik*.

*Dingler* – dessen erzfundamentalistisches Programm den unbestreitbaren Vorzug hat, auf falsche, opportunistische Kompromisse und „revisionistische" Ad-hoc-Konzessionen von vornherein zu verzichten, um das eigene philosophische Leitmotiv mit radikaler Konsequenz durchhalten zu können – hat das für seine „methodische Philosophie" mit lobenswerter Offenheit ausgesprochen und freimütig auf „die besondere Situation, die sich einstellt, wenn man sie kritisieren will", aufmerksam gemacht: „Da das System der reinen Synthese ... gerade so beschaffen ist, daß sein letztes Fundament ein im Geltungssinne absolutes, sich selbst begründendes ist, so ist Kritik an diesem System niemals von außen her möglich, sondern nur so, daß man sich auf das Fundament des Systems selbst stellt. ... Um etwas gegen das System ausrichten zu können, müßte man von Sätzen ausgehen, deren Geltung ebenfalls zuletzt auf einem sich selbst begründenden Fundament steht. Wenn es solche Sätze gäbe, so hätten sie entweder das gleiche letzte Fundament wie das F-System (*Dinglers* Fundamental-System, H.S.), dann wäre die eben gestellte Forderung von selbst erfüllt, oder ihr letztes Fundament wäre ein anderes, dann wären die beiden Systeme logisch völlig voneinander unabhängig und könnten einander nichts anhaben"[710].

Jegliche die einmal akzeptierte Basisinstanz transzendierende und von ihr unabhängige Kritik ist im Rahmen dieses Erkenntnismodells unzulässig und a priori verfehlt; sie wird pauschal für irrelevant erklärt. Rein immanente Kritik des Systems „aus ihm selbst heraus"[711] ist zwar zugelassen und auch prinzipiell relevant, kann aber nicht erfolgreich sein im Hinblick auf eine Widerlegung oder Erschütterung des Fundamentalsystems selbst, weil sie eben diesem Fundament verpflichtet und deshalb von vornherein zu seinen Gunsten sozusagen bestochen ist. Kritik „von außen" ist also grundsätzlich unzulässig, Kritik „von innen" aber letztlich nicht effektiv, d.h. zur Systemüberwindung ungeeignet. Diese monistische Immunisierungsstrategie mit ihrer Halbierung der Kritik, der sich auch – den heftigen Protesten ihrer Anhänger zuwider, die darin ein ausschließliches Wesensmerkmal des (von ihnen zudem recht eigenartig abgegrenzten) positivistischen Rechtfertigungsdenkens sehen[712] – die *Hegel*sche dialektische Philosophie bedient[713], isoliert die epistemologische Basisinstanz gegenüber allen echten Alternativen und *macht* sie, die ja das Fundament *aller* Erkenntnis sein soll, zur fensterlosen Monade. Die Tatsache, daß die Autonomie, Invarianz und Unhintergehbarkeit des Fundaments von uns selbst *hergestellt* ist und durch bestimmte methodologische Eingriffe in die Problemsituation *nach Belieben erzeugt werden kann*, sollte uns allerdings vor dem Irrtum bewahren, sie für eine erkenntnistheoretische Tugend zu halten.

Der Status der Basisinstanz im Rechtfertigungsmodell entspricht damit dem des herrschenden Paradigmas in der *Kuhn*schen „normalen Wissenschaft", lediglich mit dem wichtigen Unterschied, daß in *Kuhns* Modell die Normalwissenschaft und damit auch die autonome, unangreifbare Position des Paradigmas eine *vorübergehende* Entwicklungsphase der reifen Wissenschaft ist, während jede fundamentalistische Konzeption der von ihr zum Fundament der Erkenntnis erhobenen Instanz auf ewig „normalwissenschaftliche" Immunität, Stabilität und Autonomie zubilligt. Ansonsten ist jedoch die Analogie so vollkommen, daß man meinen könnte, fundamentalistische Rechtfertigungsphilosophie und *Kuhn*sche Normalwissenschaft hätten sich gegenseitig Modell gestanden. Das jeweils herrschende Paradigma der *Kuhn*schen Normalwissenschaft und das inthronisierte Fundament der Erkenntnis gleichen sich insbesondere in ihrer autonomen, unangreifbaren Monopolstellung als oberster Gesetzgeber, als Souverän im Reich der Wissenschaft, der sein eigener Gerichtshof ist, sich keine fremden Kriterien aufzwingen läßt und deshalb jegliche Kritik „von außen" pauschal als irrelevant und a priori verfehlt abweisen kann. Jedes Argument *zugunsten* eines Paradigmas oder einer Basisinstanz wird dadurch in letzter Konsequenz mit einem *Zirkel*, jedes Argument *dagegen* mit einem *Selbstwiderspruch* belastet, weil es weder im fundamentalistischen Erkenntnismodell noch in der *Kuhn*schen Normalwissenschaft etwas geben kann, das den strengen Anforderungen an eine kritische Instanz für das Paradigma oder das epistemologische Fundament selbst genügt. Sie müßte nämlich gleichzeitig genügend systemimmanent oder zumindest systemverwandt sein, um überhaupt vergleichbar und damit relevant zu werden, und gleichzeitig doch das System so weit transzendieren, um als unabhängiger und unparteiischer Richter auftreten zu können.

Die Analogie zwischen den normalwissenschaftlichen Paradigmata und den Basisinstanzen des fundamentalistischen Erkenntnismodells geht jedoch noch weiter. Beide dulden keine anderen Götter neben sich. Entweder treten sie von vornherein als konkurrenzlose Alleinherrscher auf oder sind, im meist nicht vorgesehenen Fall der Existenz von Alternativen, jeweils gegenseitig *unvergleichbar,* so daß ihre Verdrängungskonkurrenz nicht im Lichte übergreifender, relativ neutraler Kriterien entschieden werden kann. Wie für Paradigmata, so gibt es auch für epistemologische Instanzen, die um die Stellung eines Fundaments der Erkenntnis konkurrieren, *kein rationales, objektives Bewertungs- und Auswahlverfahren.* Das Entscheidungsproblem wird subjektiver Einstellung und irrationalem Engagement überantwortet. Das Rechtfertigungsdenken läßt also in letzter Konsequenz nur die Wahl zwischen radikalskeptizistischer Standpunktlosigkeit – „ein Fundament ist so gut (oder so schlecht) wie das andere" – oder der „Flucht ins Engagement" *(Bartley* [714] *)* zugunsten der favorisierten epistemologischen Autorität in nicht weiter begründbarer „Grundentscheidung". Dabei macht es erkenntnislogisch keinen wesentlichen Unterschied, ob es sich hier um einen Majoritätsbeschluß oder den Alleingang eines Außenseiters, um „jemeinige Entschlossenheit", handelt. Aber das ist genau die Wahl zwischen Scylla und Charybdis, zwischen offenem Irrationalismus und einem letztlich, in Grundsatzfragen, selbst kaum weniger irrationalistischen fideistischen Rationalismus.

Wo die Einsicht in den ernüchternden philosophischen Tatbestand, demzufolge wir „darauf verzichten müssen, gewisse Begriffe (und natürlich auch Sätze, H.S.) von vornherein und unter Berufung auf eine sozusagen überirdische Natur derselben zu privilegieren"[715] – eine Einsicht, die *Otto Neurath*[716] in die brillante Metapher gefaßt hat: „Wie Schiffer sind wir, die ihr Schiff auf offener See umbauen müssen, ohne es jemals in einem Dock zerlegen und aus besten Bestandteilen neu errichten zu können" – mit dem prinzipiellen Engagement zum Rechtfertigungsmodell kollidierte, so daß der einzige Ausweg aus dem Münchhausen-Trilemma, der rechtfertigungsfreie Kritizismus à la *Popper*, versperrt blieb, entstand als Folge einer degenerativen Problemverschiebung eine variantenreiche Fülle von „revisionistischen" *Schwundformen der Rechtfertigungsphilosophie* mit *Schwund- und Ersatzlösungen des Geltungsproblems*, die durch eine als „Liberalisierung" ausgegebene Verwässerung der certistischen Rationalitätskonzeption, des klassischen Rechtfertigungsprinzips und der orthodox-fundamentalistischen Doktrin der vernichtenden Kritik des ursprünglichen, unverdünnten Begründungsprogramms zu entgehen hofften. So wurde zum Beispiel im Verlauf dieser Problemverschiebung vom klassischen zum neoklassischen Erkenntnis- und Wissenschaftsprogramm der klassische Certismus durch den neoklassischen Probabilismus, das certistische Ideal der durch definitive Begründung (Beweis) absolut gesicherten Wahrheit durch das weniger anspruchsvolle Ideal der fast-sicheren Wahrheit, d.h. der (möglichst hohen) Wahrscheinlichkeit, ersetzt und das Programm der Verifikation zu dem der Konfirmation abgewertet.

Die Idee eines *Fundaments der Erkenntnis* und die eines rationalen *Rechtfertigungsverfahrens*, durch das unsere Theorien, überhaupt unsere ganze hypothetische Erkenntnis, an die Basisinstanz in wahrheitsbegründender und -sichernder Weise angeschlossen werden, sind die beiden tragenden Pfeiler der Fundamentalphilosophie. Die Kritik hat beide Pfeiler längst zum Einsturz gebracht. Da der klassisch-orthodoxe Fundamentalismus mit seinen irrealen Absolutheitsthesen – mit seiner *Fiktion* eines absolut invarianten Fundaments der Erkenntnis, das ein wahres Ewigkeitswerk sein sollte, und seinem *Postulat* eines absolute, definitive Wahrheitssicherung erzeugenden Rechtfertigungsverfahrens – offensichtlich Schiffbruch erlitten hat, ist es unter der Voraussetzung (die ja erst im Verlauf der *Popper*schen Wende vom Fundamentalismus zum Fallibilismus radikal infrage gestellt worden ist), daß es zum Rechtfertigungsprinzip keine echte Alternative denn der skeptizistische Verzicht auf objektive Erkenntnis geben könne, durchaus plausibel, es einmal „mit Bescheidenheit" zu versuchen, also prinzipiell am Rechtfertigungsmodell festzuhalten und lediglich das philosophische Anspruchsniveau mehr oder weniger zu senken. Wenn das strenge certistische Erkenntnisideal der Voll- oder Letztbegründung nicht realisierbar ist, weil es Unmögliches fordert, muß man sich eben mit notwendigerweise unvollkommenen Annäherungen an das Ideal begnügen und sich im übrigen darauf beschränken, sicherzustellen, daß wenigstens immer „die Richtung stimmt". Gibt es kein absolut invariantes Fundament der Erkenntnis, so mag es vielleicht immerhin einen *relativ* invarianten, innerhalb der vorliegenden Problemsituation genügend stabilen Kern geben, der zumindest in dieser Problemsituation bis auf weiteres als Basisinstanz fungieren kann. Und wenn die Forderung absoluter Wahrheitssicherung mittels strenger Beweise unerfüllbar ist, so muß man sich eben mit etwas weniger zufrieden geben, zum Beispiel mit fast-sicherer, hochwahrscheinlicher Wahrheit. Daß diese revisionistische Strategie zu einer degenerativen

Problemverschiebung führt, die bestenfalls Schwundlösungen, zumeist sogar nur noch Scheinlösungen des Erkenntnisproblems hervorbringt, ergibt sich aus einem Vergleich mit der vorgängigen griechischen Gesamtlösung, auf den hier jedoch verzichtet werden soll.

Eine Schwundform der Fundamentalphilosophie ist in diesem Zusammenhang von besonderem Interesse, weil sie durch Propagierung eines totalen, schrankenlosen Kritizismus, der selbst die Grundgesetze der Logik und Mathematik für prinzipiell revidierbar erklärt, den Eindruck erweckt, dem rechtfertigungsfreien Kritizismus wesensverwandt oder zumindest nahestehend zu sein. Diese Spielart des Rechtfertigungsmodells — die zeigt, wie leicht sich ein theoretisch schrankenloser Kritizismus praktisch in sein Gegenteil, in eine konservative Strategie, umfunktionieren läßt — ersetzt die Autorität eines zeitlosen Fundaments durch die *Autorität der Tradition* [717] und das Rechtfertigungsverfahren durch ein allgemeines konservatives Prinzip, durch das "our natural tendency to disturb the total system (der wissenschaftlichen Erkenntnis, H.S.) as little as possible" [718] zur erkenntnistheoretischen Maxime erhoben wird.

Konkret besagt dieses konservative Prinzip [719], daß Änderungen unserer Theorien *erst dann* vorzunehmen sind, wenn sie notwendig, d.h. durch akute Krisen der bislang bewährten Standpunkte erzwungen sind; und *nur so weit* gehen sollen, als es notwendig ist, um diese Krisen zu überwinden. Im Rahmen dieser Konzeption sind *Stabilität* und *Kontinuität* vorrangige Ziele, um derentwillen alle Änderungen auf *minimale Anpassung zur Überwindung akuter Schwierigkeiten* der etablierten Theorien reduziert werden.

*Kuhns* „normale Wissenschaft" ist ein sehr instruktives Beispiel eines unter der Herrschaft eines solchen konservativen Prinzips stehenden Erkenntnisunternehmens. Auf der Basis „allgemein anerkannte(r) wissenschaftliche(r) Leistungen ..., die für eine gewisse Zeit einer Gemeinschaft von Fachleuten Modelle und Lösungen liefern" [720] — *Kuhns Paradigmata* und die um sie herum aufgebauten *Forschungstraditionen* —, konstituiert sich die „normale Forschung" als ein höchst konservatives, monistisches Unternehmen mit dem drastisch eingeschränkten Erkenntnisziel, alle Erklärungen an die durch das monopolartig herrschende Paradigma gelieferte Mustererklärung anzupassen. Verteidigung und Vervollkommnung durch Präzisierung, Spezifizierung und Erweiterung, nicht aber Kritik und Falsifikation des Paradigmas sind das Ziel der *Kuhn*schen normalen Wissenschaft, die traditionszerstörende Neuheiten unterdrückt und lediglich solche minimalen Änderungen zuläßt, die der Konsolidierung des Paradigmas dienen und dadurch *traditionsbewahrend* wirken [721].

Zum Schluß sei noch eine philosophisch etwas weniger anspruchsvolle Variante des Rechtfertigungsdenkens erwähnt, die, wie alle Schwundformen, darauf abzielt, mit dem Geltungsproblem der Erkenntnis dadurch fertig zu werden, indem sie es praktisch gleichzeitig zu unterlaufen und zu überholen versucht. Es handelt sich auch hier also im günstigsten Falle — die Richtigkeit der Argumentation vorausgesetzt — eher um ein Umgehen denn um ein echtes Lösen des Erkenntnisproblems. Interessant ist diese Spielart des Rechtfertigungsdenkens, weil sie de facto die Grundrichtung der Rechtfertigungsstrategie in einem ganz bestimmten Sinne umdreht. Während die klassische Rechtfertigungsphilosophie *Sicherheit der Erkenntnis — Wahrheitssicherung — durch Geltungsbegründung* anstrebt, geht es in *Bavinks*[722] Versuch, das Rechtfertigungsproblem mit Hilfe eines *Konvergenz-prinzips* gleichsam en passant zu „lösen", um *Geltungsbegründung durch Sicherheit:* Die objektive Geltung der Erkenntnis wird durch die *tatsächliche Konvergenz* unserer Theorien, die als Indiz für zunehmende *Sicherheit* anzusehen ist, verbürgt im Sinne einer echten Wahrheitsgarantie. Aus der tatsächlichen Konvergenz und Sicherheit folgt — jedenfalls in der *ex post*-Sicht des philosophischen Betrachters — die Geltungsbegründung und Wahrheitssicherung zwar nicht aller einzelnen Teile, wohl aber des Ganzen unseres wissenschaftlichen Erkenntnissystems. (Wie dieser Zusammenhang genau zu verstehen und philosophisch zu deuten ist, läßt sich aus *Bavinks* spärlichen, mehr andeutenden als erläuternden Ausführungen nicht entnehmen.) *Bavinks* Konvergenzprinzip leistet also vorgeblich, „was der übliche Empirismus allein, erst recht aber der Apriorismus und der Konventionalismus nicht leisten können: *die Sicherheit des Ganzen in immer weiterem Umfang zu verbürgen, obwohl jedes einzelne an sich weiterer Korrektur und Ergänzung fähig erscheint"*[723].

Nach *Bavink* konvergiert das wissenschaftliche Erkenntnissystem, die Konstantenwerte in den Theorien ebenso wie die Theoriensysteme selbst, „*immer mehr und mehr gegen die Gewißheit"*[724] — was konkret besagt, daß „*das Verhältnis der noch als zweifelhaft oder falsch anzusehenden Urteile zur Gesamtzahl aller im Laufe der Zeit immer kleiner wird und gegen die Null konvergiert"*[725] —, wodurch „*eine ernsthaft nicht anzweifelbare Garantie für die wirkliche objektive Gültigkeit unserer Naturerkenntnis"* geliefert wird[726]. Wie der fundamentalistische Ansatz in der Basisinstanz, so läßt *Bavink* in seinem archimedischen Punkt, im Konvergenzpunkt, Wahrheit (Geltung) und Sicherheit der Erkenntnis zusammenfallen[727].

In seiner Stellung zum Geltungsproblem und seiner Funktion als deus ex machina ist also *Bavinks* Konvergenzprinzip *Dinglers* Exhaustionsprinzip und *Quines* konservativem Prinzip vergleichbar, wobei sich die Standpunkte *Bavinks* und *Dinglers* besonders nahekommen, weil beide — im Gegensatz zu *Quine* — einem extremen Certismus und Monismus huldigen. Wenn *Bavink* als letzten Konvergenzpunkt „*immer ein einziges einheitliches Erklärungssystem aller Erscheinungen des betreffenden Gebiets überhaupt"* bestimmt[728], so bringt das klar zum Ausdruck, daß sein Konvergenzprinzip zum theoretischen Monismus führt. Während jedoch *Dingler* sein Exhaustionsprinzip und *Quine* sein konservatives Prinzip als methodologische Regeln auffassen, das Geltungsproblem also mit Hilfe methodischer Handlungsanweisungen zu lösen — oder, wie man meines Erachtens diesen strategischen Schachzug korrekterweise umschreiben muß: zu unterlaufen und zu überholen — versuchen, will *Bavink* dasselbe erreichen durch Rekurs auf einen *faktischen, kontingenten* Tatbestand. Für ihn ist das Konvergenzprinzip „ein historisch-psychologischer, empirischer Tatsachenkomplex"[729], eine tatsächliche, empirisch feststellbare Eigenart der Wissenschaftsentwicklung. In striktem Gegensatz zu *Dingler*, der sich völlig darüber im klaren ist, daß sein Ansatz — sein „Herstellungsstandpunkt" mit dem Zusammenspiel von Exhaustion und Realisation — Konvergenz der Forschungsresultate *erzeugt*, ja sogar bewußt *erzwingt*, leugnet *Bavink* entschieden, daß der in der Wissenschaftsgeschichte „offenbaren Konvergenz"[730] etwas Subjektives anhafte, daß sie manipuliert und etwa das Ergebnis der Anwendung bestimmter Methoden sein könnte. „Kein unvoreingenommen denkender Physiker", schreibt *Bavink*[731], „wird sich angesichts solcher Fälle die Richtigkeit seines unmittelbaren Gefühls ausreden lassen, *daß diese Übereinstimmungen gerade nicht durch seine subjektiven Methoden, sondern eben ganz allein durch das Objekt selber erzwungen werden ...*"

Die Kritik der *Bavink*schen Variante des Rechtfertigungsmodells kann hier den etwas befremdenden Tatbestand übergehen, daß *Bavink* seinen Problemlösungsvorschlag, den er zugleich auch als Kritik und Überwindung des empiristisch-positivistischen Ansatzes offeriert, nicht auf erkenntnistheoretische Überlegungen, sondern letztlich auf eine historische *Tatsache* (wenn die von ihm behauptete Konvergenz überhaupt eine Tatsache ist) gründet. Ebensowenig braucht sie darauf abzuheben, daß man hier vorsichtigerweise nur von einer *mutmaßlichen* Tatsache sprechen sollte, denn Konvergenz ist keineswegs eine so allgemeine, ausnahmslose und in immer zunehmendem Ausmaß sich durchsetzende Eigenart der Wissenschaftsentwicklung, wie *Bavink* offenbar annimmt. Die Wissenschaftsgeschichte zeigt eine solche Fülle von Divergenzen und sogar Umkehrungen zeitweiliger Konvergenzen, daß man nicht einmal einen globalen *Trend* — geschweige denn ein *Gesetz* — zur Konvergenz unterstellen kann. Daneben gibt es auch, was *Bavinks* Argumentation noch fragwürdiger macht, äußerst eindrucksvolle tatsächliche Konvergenzen, die trotz ihres verführerischen Anscheins unbezweifelbarer Beweiskraft mit objektiver Wahrheit gar nichts, mit der Fixierung *allgemeiner* Irrtümer aber sehr viel zu tun haben [732].

Vielmehr genügt es hier vollkommen, zur Kritik des *Bavink*schen Denkansatzes auf *Humes* und *Kants* Erkenntniskritik zu verweisen, nämlich darauf, daß Geltungsfragen nie und nimmer „positivistisch" allein durch Verweis auf Tatsachen und faktische Zusammenhänge oder auch Gesetzmäßigkeiten gelöst werden können, daß zwischen dem „quid facti?" und dem „quid iuris?" streng zu scheiden ist. *Bavink* fällt mit seinem Standpunkt sogar noch weit hinter die von *Dingler* und anderen neuzeitlichen Apologeten des Rechtfertigungsmodells offerierten Lösungsvorschläge zurück.

Über die Einwände gegen das Begründungsprogramm im allgemeinen hinaus zieht die fundamentalistische Spielart der Rechtfertigungsphilosophie die Kritik in besonderem Ausmaß auf sich. Daß das Fundament der Erkenntnis — was immer auch als Basisinstanz inthronisiert werden mag — keineswegs eine so unproblematische und voraussetzungslose, über alle Zweifel erhabene Sache ist, wie es eigentlich im Rahmen des Rechtfertigungsmodells der Fall sein sollte, dürfte bereits aus den bisherigen Ausführungen hervorgehen. Der durchaus berechtigte Eindruck, daß es sich hier sogar um eine höchst dubiose philosophische Doktrin handelt, soll im folgenden durch einige zusammenfassende Argumente noch verstärkt werden.

Das Fundament der Erkenntnis muß gegenüber den zu rechtfertigenden Theorien *autonom* und *neutral* sein. Die Basisinstanz soll einen unabhängigen, unparteiischen Richter abgeben. Sie müßte also *über* den Theorien stehen, damit die Gefahr einer unzulässigen Präjudizierung des Verdikts von vornherein ausgeschaltet ist. Gleichzeitig aber soll die erkenntnisbegründende Letztinstanz ein geeignetes Fundament *für* diese Theorien sein. Sie muß also mit diesen *vergleichbar* sein, damit eine Begründungsbeziehung („Reduktion") überhaupt zustande kommen kann. Das bedeutet, daß es zwischen *justificans* und *justificandum* einen Überschneidungsbereich geben muß, dessen Erkenntnisinhalte mit denselben Begriffen beschreibbar und nach denselben Interpretationsprinzipien deutbar ist.

Das Fundament der Erkenntnis darf also nicht *außerhalb* des zu beurteilenden Theoriensystems stehen. Über den Theorien stehen zu müssen und dabei nicht ins Abseits geraten zu dürfen, stellt für den epistemologischen Fundamentalismus ein Problem von höchstem Schwierigkeitsgrad dar. Es mag gerade noch lösbar sein, wenn es gelingt, zwischen begrifflichen Deutungen *im Lichte* und solchen *im Sinne* von Theorien einen Unterschied zu machen, ohne ihn im Rechtfertigungsprozeß wieder verwischen zu lassen. Aber diese entscheidende Differenz ist (mit der hier gebrauchten treffenden Formulierung *Alberts*) leicht zu benennen; ungleich schwerer in der Sache mit Hilfe geeigneter Kriterien zu präzisieren und adäquat zu beschreiben; vielleicht unmöglich herzustellen.

Vollends unlösbar werden die Schwierigkeiten des epistemologischen Fundamentalismus in dieser Frage, wenn die Geltungsanforderungen für die Basisinstanz in die Überlegungen einbezogen werden. Dann verschärft sich das Problem zum *Dilemma*: Jede zum Fundament der Erkenntnis erhobene Instanz ist im Hinblick auf die zu rechtfertigenden Theorien nach Sinn und Geltung entweder *absolut und irrelevant*, oder sie ist *relevant und kontrovers*, also wegen eigener Unzuverlässigkeit kein geeignetes Fundament[733]. Der angeblich feste Unterbau und der tatsächlich luftige Überbau, die „sicheren Grundlagen" und die hypothetischen Theorien unseres Erkenntnissystems sitzen sozusagen in demselben Boot. Wenn der Unsicherheitsbazillus die kleinste Einbruchstelle gefunden hat, besteht für *alle* Teile, Bereiche, Stufen, etc. der Erkenntnis Infektionsgefahr. Natürliche Inseln der Sicherheit gibt es im Erkenntnisbereich nicht, künstlich geschaffene aber geraten zwangsläufig in die Selbstisolierung, die nur um den Preis ihres zuvor mühsam verabsolutierten Geltungsstatus' durchbrochen werden kann.

Die strukturbedingte Dauerkrise des neuzeitlichen Rechtfertigungsdenkens – die im Kern eine Legitimationskrise der certistischen Wissensauffassung und insofern ein später Ausfluß des griechischen Rechtsgedankens ist – kristallisiert sich an den beiden neuralgischsten Punkten des Rechtfertigungsmodells, dem postulierten Begründungsansatz und dem akzeptierten Begründungsverfahren, am schärfsten heraus: für das allgemeine Rechtfertigungsmodell im Münchhausen-Trilemma des Rechtfertigungsprinzips, für dessen spezielle, in der neuzeitlichen Epoche dominierende fundamentalistische Spielart im Gehaltsparadox des epistemologischen Fundamentalismus.

*Albert* hat mit seinem mittlerweile berühmt gewordenen *Münchhausen-Trilemma*-Einwand die größtenteils sehr alte, weit verstreute und deshalb weitgehend um ihre Wirkung gebrachte Kritik am Rechtfertigungsmodell der Erkenntnis zu einer geballten Ladung zusammengefaßt, deren vernichtender Widerlegungskraft das zeitgenössische Rechtfertigungsdenken, repräsentiert durch die Nachfahren *Aristoteles', Kants, Hegels, Peirce'(!)*, *Dinglers, Russells, Carnaps*, etc., bislang nichts Stichhaltiges entgegenzusetzen wußten[734], obwohl es sich bei dieser Argumentation im einzelnen um eine klassische, insgesamt gesehen weder lückenlose noch gar „unbeantwortbare" (wie *Agassi*[735] allein schon des infiniten Regresses wegen meint) Kritik des Begründungsansatzes handelt. Als unbeantwortbar im Sinne völliger Aussichtslosigkeit jedes Gegeneinwandes kann das Trilemma-Argument schon deswegen nicht angesehen werden, weil es kein „rein logisches", d.h. logisch (analytisch) wahres Urteil darstellt, so daß sich hier die umstrittene Frage nach der Endgültigkeit der Logik überhaupt nicht stellt.

Der Trilemma-Einwand geht in der Sache über formallogische Einsichten hinaus und bleibt infolgedessen auch zwangsläufig hinter derem — wie hoch auch immer eingeschätztem — Sicherheitsgrad zurück, weil dabei neben logischen auch nichtlogische, „inhaltliche" Voraussetzungen gemacht werden, die ihrerseits nicht unbezweifelbar sind. Dazu gehört etwa die Annahme, daß ein infiniter Regreß (zum Beispiel wegen Inanspruchnahme von unendlich viel Zeit) in der Tat undurchführbar ist, ja nicht einmal in Gedanken durchschritten werden kann. Daß ein epistemologischer Zirkel schlechthin unerlaubt ist, geht ebenfalls über rein logische Vorschriften hinaus, denn diese gestatten Selbstbegründung, und die Logik macht von dieser Möglichkeit bei der „Einführung" ihrer Grundgesetze offenen Gebrauch. Desgleichen wird der Erkenntnisbereich der Logik weit überschritten, wenn der Abbruch des Begründungsverfahrens an *jedem*, wie sorgfältig auch immer ausgewähltem Punkt pauschal für willkürlich erklärt oder gar als unvermeidlich „dogmatisch" verurteilt wird. Dies alles und noch viel mehr wird in der Trilemma-Argumentation *nicht nachgewiesen, sondern vorausgesetzt!* Deshalb stellt sie auch keine lückenlose, alle Ausbruchsmöglichkeiten verschließende Kritik des Rechtfertigungsmodells dar.

Es handelt sich beim „Münchhausen-Trilemma" um eine unvollständige, unselbständige Argumentation, die *nur in Kombination mit einem breitgefächerten Arsenal von Zusatzargumenten* ergänzender, vertiefender und verschärfender Natur ihre volle Durchschlagskraft gegen das „Rechtfertigungsdenken" entfalten kann. Mit diesem Trilemma-Einwand wird das Pulver der fallibilistischen Kritik aufs Höchste konzentriert und an den Schwachstellen des Rechtfertigungsmodells bestens plaziert, aber nicht erfunden. Dieses Pulver ist dem kritischen Rationalismus größtenteils vom Rechtfertigungsdenken — angefangen mit *Aristoteles*, nicht endend mit *Dingler*, an deren Forschungsergebnissen man allenfalls das Vorzeichen, d.h. die Einstellung zum Rechtfertigungspostulat, ändern muß, um von der Analyse zur Kritik überzugehen — selbst, zur freien Verfügung gegen die eigene Position, bereitgestellt worden. Daß die Regreß-, Zirkel- und Dogmatismusargumente von den Vertretern des Rechtfertigungsstandpunktes nicht zur Selbstwiderlegung benutzt, sondern als Herausforderung betrachtet wurden, die eigenen Problemlösungsvorschläge so weit zu verbessern, daß sie mit diesen Schwierigkeiten fertig werden, ist wohl verständlich. Gegenüber den selbstkritischen Einsichten des Rechtfertigungsdenkens in bestimmte Unzulänglichkeiten der eigenen Position besteht der unbestreitbare Originalitätsvorsprung des kritischen Rationalismus darin, lokale Schwächen zur globalen *Widerlegung* ausgebaut zu haben; gegenüber der skeptizistischen Kritik des Rechtfertigungsmodells darin, eine *Alternative* anbieten zu können, die eine bessere Problemlösung liefert. So hat in der Tat erst der kritische Rationalismus, hier an erster Stelle vertreten durch *Hans Albert* [736], aus den unverbundenen, im Grunde immer noch apologetischen Einsichten in den Regreß-, Zirkel- und/oder Dogmatismuscharakter der Begründungsargumentation ein unlösbares *Trilemma*-Problem für das Rechtfertigungsmodell konstruiert.

Das Trilemma-Argument ist ein gewichtiges, aber nicht das einzige, noch weniger das letzte Wort in dieser Angelegenheit. Eingebettet in das oben erwähnte erweiterte kritische Arsenal, zu dessen Bestückung die vorliegende Arbeit beitragen soll, leistet dieser spektakuläre Einwand sein Teil zur Widerlegung des Rechtfertigungsmodells. Aus alledem zieht *Albert* die richtige Konsequenz, wenn er seine These vom Münchhausen-Trilemma nunmehr als eine *metaphysische Hypothese* versteht, die vieles für sich hat, aber keineswegs unwiderlegbar ist [737]. Auf sich allein gestellt, kann eine solche metaphysische Hypothese kaum hoffen, gegen etablierte Denkweisen in der Wissenschaft größere Wirkung zu erzielen, als zum Beispiel die *Hume*sche Induktivismus-Kritik. Im Verein mit anderen Argumenten logischer, ontologischer und psychologischer; empirischer, spekulativer und wissenschaftlicher; juristischer, ethischer und kosmologischer, etc. etc., Natur dagegen wächst sie zu einer durchschlagenden Widerlegungsposition gegenüber dem Rechtfertigungsstandpunkt aus, die Raum für die fallibilistische Alternative schafft.

Im übrigen gilt meines Erachtens für die Austreibung des Rechtfertigungsdenkens in der popperschen Epoche, was im Ersten Teil über dessen Einführung im griechischen Zeitalter gesagt worden ist: die Deutungsformel für das Verständnis *beider* Vorgänge heißt „Logik *und* Recht"! Wenn die rechtfertigungsorientierte Lösung des Erkenntnisproblems mit Logik allein nicht ausgekommen ist, wird sich vermutlich auch die Kritik mit logischen Einwänden nicht begnügen können; es sei denn, es handelte sich bei der Rechtfertigungskonzeption um eine im strikten Sinne selbstwidersprüchliche Position, was jedoch meines Erachtens im allgemeinen nicht der Fall ist. So darf die Kritik des Rechtfertigungsmodells den darin von Anfang an eingebauten Rechtsgedanken weder ignorieren noch darauf verzichten, bei der Widerlegung dieser Position wie auch bei der Entwicklung der fallibilistischen Alternative notfalls selbst davon Gebrauch zu machen, wenn es die Problemsituation erfordert. Solange das Erkenntnisproblem als eine *quaestio iuris* gestellt ist, wird die Rechtsidee eine wichtige Rolle in der Erkenntnislehre spielen. Mit dem Rechtfertigungsmodell ist der Rechtsgedanke zwar untrennbar, aber keineswegs so exklusiv verbunden, daß man annehmen dürfte, er wäre mit diesem automatisch und restlos aus der Erkenntnislehre eliminiert. Für die Unrichtigkeit dieser Annahme zeugt ungewollt übrigens auch der kritische Rationalismus, dessen Wissenschaftskonzeption *law and order*-Elemente weit gröberen Zuschnitts enthält, als sie in der griechischen Erkenntnislehre zu finden sind. Das ist aber ein Punkt, auf den hier nicht näher eingegangen werden kann [738].

*Einen* zusätzlichen Einwand, der sich speziell gegen die fundamentalistische Variante des Rechtfertigungsmodells richtet, liefert das *Paradox der Fundamentalphilosophie* [739], zu dem die Annahme einer letztlich alles begründenden Basisinstanz führt. Es betrifft den Zusammenhang zwischen Begründungskraft, Informationsgehalt und Sicherheit der Erkenntnis. Definiert man den Informationsgehalt einer Aussage als die Klasse der durch sie behauptungsgemäß ausgeschlossenen Fälle (Tatbestände, Sachverhalte, Zustände) [740], deren behauptungswidriges Vorliegen somit die Aussage als falsch erweisen würde, dann ist leicht zu ersehen, daß sowohl der Begründungsbereich als auch der Widerlegungsbereich von Aussagen gleichsinnig mit deren Informationsgehalt steigt. Je größer der Gehalt einer Aussage ist, desto mehr kann daraus abgeleitet (oder darauf reduziert) und desto leichter kann sie widerlegt werden. Mehr Informationsgehalt bedeutet eine größere Folgerungsmenge nichtleerer („synthetischer", „inhaltlicher") Konsequenzen, was wiederum ein größeres Wahrheitsrisiko bedingt, da jede Konsequenz eine Widerlegungsmöglichkeit eröffnet.

Um ein breites Fundament der Erkenntnis abzugeben, auf dem sich möglichst viel Wissen gründen läßt, müßte die Basisinstanz ein *Maximum* an Informationsgehalt aufweisen. Um größtmögliche Erkenntnissicherheit — definiert als Resistenz gegen Widerlegungsversuche — im Begründungsprozeß zu erzeugen, müßte sie dagegen eher ein *Minimum* an Informationsgehalt haben. Von einem bestimmten Grad der Realisierung an ist die Befolgung der certistischen Tendenz mit dem fundamentalistischen Begründungspostulat unvereinbar. Die gleichzeitige Radikalisierung beider Forderungen des Rechtfertigungsdenkens schafft eine „paradoxe" Problemsituation, aus der das neuzeitliche Denken einen „ungriechischen" Ausweg nahm, indem es *Sicherheit in der Beschränkung* suchte. Denn was im neuzeitlichen Rechtfertigungsmodell als Fundament der Erkenntnis inthronisiert zu werden pflegt, ist nicht besonders reich, sondern im Gegenteil meist äußerst arm an Informationsgehalt, nicht selten sogar kognitiv völlig entleert (zum Beispiel *Dinglers* „Wille" oder *Schlicks* „Konstatierungen"). Aber selbst mit der durch Leerheit erkauften Sicherheit der Letztinstanz ist es nicht gut bestellt, wenn man das Begründungstrilemma in Betracht zieht. Kein Wunder also, daß das, was im Rechtfertigungsmodell das Inhaltsreichste sein sollte, in Wirklichkeit das Gehaltsärmste ist; und das, was das Gesicherteste und Bestbegründete darstellen sollte, tatsächlich das Problematischste, Schlechtestbegründete in der fundamentalistischen Wissenkonzeption ist.

In der Sprache des kritischen Rationalismus läßt sich das fundamentalistische Rechtfertigungsparadox auch so beschreiben: Um ein gehaltsreiches, begründungskräftiges Fundament der Erkenntnis abzugeben, müßte die Basisinstanz ein Minimum an kritischen Instanzen (Widerlegungsmöglichkeiten im Sinne potentieller Falsifikatoren) haben, im Idealfalle gar keine. Um durch rationale Argumente besonders gut stützbar (prüfbar, bewährbar, „beweisbar") zu sein, müßte sie dagegen ein Maximum an kritischen Instanzen aufweisen. Das wiederum würde jedoch das Risiko des Scheiterns durch Falsifikation so sehr erhöhen, daß von der angeblichen Sicherheit des Fundaments der Erkenntnis nichts mehr übrigbliebe.

Nach dem Rechtfertigungsparadox des epistemologischen Fundamentalismus scheint also überall im Bereich der Letztbegründung zu gelten, was *Quine*[741] für ein allgemeines Kennzeichen der Metaphysik, insbesondere der Ontologie, hält: " ... one who regards a statement on this subject as true at all must regard it as trivially true." Dies ist, wie wir gesehen haben, auch ein Charakteristikum der rechtfertigungsorientierten Erkenntnislehre, die in der neuzeitlichen Epoche ihre „Grundwahrheiten" nur noch als Trivialitäten anbieten kann, für die sie die Begründung schuldig bleiben muß.

Das Münchhausen-Trilemma und das Begründungsparadox der Fundamentalphilosophie erzeugen die permanente und unheilbare *Grundlagenkrise des Rechtfertigungsmodells.* Diese eingebaute permanente Strukturkrise führt — zusammen mit der praktischen Notwendigkeit, das theoretisch für invariant und sakrosankt erklärte Fundament praktisch flexibel zu machen, um neuen Entwicklungen gerecht zu werden und zur Propagierung des eigenen Standpunktes ausbeuten zu können — zu jener schizophrenen Einstellung gegenüber der eigenen, angeblich irrtumsfreien epistemologischen Autorität, die deren bis zur prinzipienlosen Manipulation gehende *praktische* Mißachtung nur mühsam durch theoretische Lippendienste kaschieren kann[742]. Das zeigt sich zum Beispiel in der erstaunlichen Tatsache, daß Empiristen die Erfahrung „als Quelle und Geltungsgrund der Erkenntnis" für „durchaus unproblematisch" erklären[743], es praktisch aber vorziehen, diese angeblich fundamental wichtige Erfahrung „lieber nicht zu erörtern, ja, sie nicht einmal zu berücksichtigen"[744]. *Dogmatisierung entzieht das Dogmatisierte dem Zugriff kritischer Erkenntnis.* Zum Beispiel machte die Dogmatisierung und Kanonisierung der Bibel diese zu einem ihrem tatsächlichen Inhalt nach unbekannten Buch. *Jede* Fundamentalphilosophie ist eben gezwungen, „als sicheren Hafen" auszugeben, „was in Wahrheit die offene See ist …"[745].

Die Grundlagenkrise der Rechtsfertigungsphilosophie blieb auch ihren Anhängern nicht verborgen. "… I have come to think that the mathematical and logical wrappings in which the naked truth is dressed go to deeper layer than I had supposed, and that things which I had thought to be skin are only well-made garments", mußte *Russell*[746] in später Klarsicht zugestehen. Die resignative Einsicht, daß eine absolute Rechtfertigung unserer Erkenntnis ausgeschlossen, also bestenfalls eine Begründung im verwässerten, problemverschiebenden Sinne einer „Tieferlegung der Fundamente" ad infinitum[747] möglich ist, kann allerdings die Rechtfertigungskonzeption ebensowenig aus ihrer permanenten Grundlagenkrise herausführen wie die anderen Schwund- und Ersatzlösungen.

Da unter dem Einfluß der neuzeitlichen empiristischen Erkenntnisideologie *Apriori*-Fundamente in Mißkredit gerieten, ist man zu „bloß erfahrungsmäßig bewährten"[748] übergegangen, ohne jedoch den fundamentalistischen Konstruktionsfehler selbst zu korrigieren. Das Ergebnis ist ein Fundament der Erkenntnis, das nur deshalb als autonom und unantastbar gelten kann, weil es nicht angetastet werden *darf*. *Das Fundament der Erkenntnis ist für den Fundamentalismus kein Gegenstand der Erkenntnis*, es sei denn in dem eingeschränkten Sinne einer bloß konstatierenden Aufklärung über die angebliche, unkritisch hinzunehmende Faktizität der Basisinstanz[749].

Abgesehen von den prinzipiellen, strukturbedingten Argumenten gegen das Rechtfertigungsprogramm und die Idee eines Fundaments der Erkenntnis, wie sie sich aus dem Münchhausen-Trilemma und dem Paradox der Fundamentalphilosophie ergeben, läßt sich gegen die fundamentalistische Doktrin ganz allgemein einwenden:

(1) Jede als Kandidat für die fundamentale Position in Aussicht genommene Instanz enthält entweder (ihrerseits selbst problematische und deshalb legitimationsbedürftige) *theoretische Annahmen* − ist also weder autonom noch invariant, weder von unseren erst zu rechtfertigenden Theorien unberührt noch im ganzen unhintergehbar −, oder sie ist, sofern wirklich theoriefrei, *irrelevant* für die Beurteilung von Theorien. Eine streng theoriefreie Instanz ist unseren Theorien gegenüber stumm.

(2) Wenn aber, wie die Erfahrung und theoretische Überlegungen zeigen, das angebliche Fundament nicht frei von theoretischen Annahmen ist, dann besteht keinerlei Garantie dafür, daß es nicht gleichzeitig *miteinander unvereinbare Theorien* inkorporiert. Seine Konsistenz, sein monolithischer Charakter und damit seine Autorität als unfehlbare Letztinstanz werden dadurch infrage gestellt. Das angebliche Fundament der Erkenntnis ist *selbst* in höchstem Grade *legitimationsbedürftig*. (Tatsächlich hat sich gerade in dieser Hinsicht keine der jemals regierenden Instanzen als koscher erwiesen. Die Vernunft, die Erfahrung, die Sinne, die Bibel, die Praxis, die Sprache − sie alle legitimieren zuweilen gleichzeitig sich gegenseitig widersprechende Standpunkte und gefährden damit ihre absolute Vertrauenswürdigkeit.)

(3) Eine Instanz kann nur dann zum Fundament taugen, wenn sie zwischen konkurrierenden Standpunkten zu entscheiden vermag. Sie muß also in jedem Falle echter Theorienkonkurrenz eine Art von *experimentum crucis* − als Real- oder Gedankenexperiment

– herbeiführen können. Aber das Zeugnis keiner Instanz ist *detailliert genug*, um dieser *Schiedsrichterfunktion* immer oder auch nur in den wichtigsten Fällen gerecht werden zu können.

(4) Die angeblich irrtumsfreie Autorität schweigt nicht nur zuweilen völlig oder spricht nur orakelhaft (und das vornehmlich in den kontroversen, noch offenen Streitfragen, also gerade dann, wenn das Verdikt einer kompetenten Entscheidungsinstanz am nötigsten wäre), sondern täuscht uns oft auch durch *falsches Zeugnis.* Jedes Fundament legitimiert zuweilen *falsche* Theorien und kann deshalb nicht als zuverlässiges Wahrheitskriterium oder gar Wahrheitsgarantie angesehen werden.

(5) Das gewichtigste Argument gegen die Bindung der Erkenntnis an *irgendein* Fundament ergibt sich jedoch aus der Tatsache, daß die interessanteste und fruchtbarste Art des Erkenntnisfortschritts – die revolutionär *neue* Theorien produzierende, vom Standpunkt einer konformistischen Wissenschaftsideologie mit Recht als „außerordentlich" apostrophierte Forschung, da sie sich von der lediglich auf Präzisierung, Vervollkommnung und Konsolidierung etablierter Theorien gerichteten *Kuhn*schen „normalen Wissenschaft" schärfstens abhebt – einen ausgesprochen *kontra-fundamentalistischen* und *kontra-reduktionistischen* Charakter zu haben pflegt [750].
Jede Inthronisierung irgendeiner Instanz als unhintergehbares Fundament ist dogmatisch und wirkt *problemabschneidend.* Weit davon entfernt, unsere Erkenntnis durch rationale Begründung zu verbessern, werden hier der Erkenntnis Schranken gesetzt. *„Verflüssigung" des Fundaments der Erkenntnis* ist deshalb unabdingbare Voraussetzung für revolutionäre theoretische Neuheiten [751]. Das angebliche Fundament der Erkenntnis ist nicht ein epistemologisch ausgezeichneter archimedischer Punkt – die Sonne, die den ganzen Kosmos der Ideen mit ihrem ewigen Licht irrtumsfreier Erkenntnis erhellt und dadurch gleichzeitig den Irrtum durch den verräterischen Schatten der Falschheit erkennbar brandmarkt –, sondern ganz im Gegenteil der *Degenerationspunkt,* der die (selbstgesetzten) Grenzen der Erkenntnis markiert.

*In der Praxis* dient die Berufung auf ein Fundament der Erkenntnis ganz anderen als den vom Rechtfertigungsmodell vorgeschriebenen Zwecken. Praktisch legitimiert sie nicht (oder doch nur scheinbar) unsere Theorien, sondern dient der Propagierung für aus anderen Gründen bevorzugten Ansichten, vor allem aber als *Alibi für die Ablehnung mißliebiger Standpunkte* [752]. Die Autorität der als Fundament inthronisierten Instanz – ihre Glaubwürdigkeit, von der natürlich ihr Propagandawert wesentlich abhängt – wird aufgebaut, indem man sie *im nachhinein* zu wichtigen, aber längst entschiedenen Kontroversen richtig Stellung nehmen läßt und daraufhin die Legende verbreitet, daß das Fundament schon immer durch unmißverständliches Zeugnis für die richtige Seite, für Innovation und wissenschaftlichen Erkenntnisfortschritt, plädiert habe. (Zum Beispiel wird von empiristisch-positivistischer Seite wider die historische Wahrheit – wie vor allem *Feyerabend* in sehr instruktiver Weise gezeigt hat – behauptet, daß zur Zeit *Galileis* die *damalige* Erfahrung für die neue heliozentrische Kosmologie gesprochen habe. Tatsächlich sprachen alle für maßgeblich gehaltenen Autoritäten, „Augenschein, Anschauung, heilige und profane Überlieferung ... gegen die neue Lehre" [753].) Das Fundament, in der Theorie autonom und invariant, ist *praktisch*, wie es sich für ein gutes, vielseitig verwendbares Propagandainstrument gehört, äußerst anpassungsfähig und im Gebrauch durch und durch *elastisch.*

Eine allerletzte Möglichkeit zur „Lösung" des Begründungsproblems innerhalb des Rechtfertigungsmodells braucht nur am Rande erwähnt zu werden, da es offensichtlich ist, daß dadurch das Problem nur regional verschoben wird, um an anderer Stelle ungelöst wieder aufzutauchen. Es ist natürlich immer möglich, *innerhalb* eines bestimmten Aussagenkomplexes oder Sektors der Erkenntnis die ganze Rechtfertigungsproblematik zu umgehen, indem eine *fremde*, nicht dem fraglichen Bereich zugehörige Instanz als Bürge in Anspruch genommen wird. Es bedarf keiner aufwendigen Problemanalyse, um zu erkennen, daß diese Strategie völlig auf der durch die bereits ausführlich behandelte Methode der erkenntnistheoretischen Schnitte vorgezeichneten Problemlösungslinie liegt. Abgesehen von der zuweilen etwas verblüffenden Eigenwilligkeit der erkenntnistheoretischen Zerlegungen ergeben sich hier also keine grundsätzlich neuen Aspekte. So verweisen – um nur einen bekannten Instanzenweg zu erwähnen – fideistisch eingestellte Wissenschaftler in den sogenannten „letzten" Fragen gern auf die Metaphysik, die Metaphysiker ihrerseits auf die Theologie, und die Theologen wiederum pflegen sich auf Offenbarung zu berufen, die selbst wieder auf Gott verweist. Worauf Gott sich beruft, ist leider nicht bekannt. Bekannt ist lediglich sein Versuch, den drohenden infiniten Begründungsregreß, dessen katastrophale Folgen ihm durchaus bekannt zu sein scheinen, dadurch abzuschneiden, indem er die mehr oder weniger nachdrücklich vorgebrachte Bitte des Theologen *„Glaubt mir!"* durch den dogmatischen Imperativ *„Glaubt an mich!"* ersetzt, womit wieder einmal, dem Leitmotiv des aktivistisch-operativistischen Grundlegungsprogramms entsprechend, an der Basis die Erkenntnis der direkten Aktion, die Einsicht dem Appell weichen muß. Aber da es sich hier im wesentlichen um Gerüchte handelt, ist es ziemlich müßig, sich in weiteren Vermutungen darüber zu ergehen. Die Spur der Begründungsleiter verliert sich hier im Nebel metaphysisch-theologischer Spekulationen, für die das neuzeitliche Rechtfertigungsdenken weit anfälliger ist als das griechische.

Ich fasse zusammen und präsentiere die *Schlußrechnung* für das Rechtfertigungsdenken, wie es am Ende der neuzeitlichen Epoche dasteht. Das Rechtfertigungsprogramm führt zu einschneidenden Konsequenzen für die Theorie und Praxis der Erkenntnis. Das gilt insbesondere für die fundamentalistischen Varianten des Rechtfertigungsmodells.

(1) Die für die Wissenschaft wichtigste Konsequenz des epistemologischen Fundamentalismus ist der *theoretische Monismus*. Da eine Instanz, die gleichzeitig mehrere *sich widersprechende* Theorien als durch sie gerechtfertigt auszeichnet, keine solide Legitimationsbasis sein kann, führt der fundamentalistische Ansatz direkt zum theoretischen Monismus, zu einer betont „katholischen" Wissensauffassung, die einer Monopoltheorie der „Wahrheit" gleichkommt: *ein* Fundament der Erkenntnis – *eine* „Wahrheit" – *ein* Theoriensystem! *„Es gibt nur eine einzige vollbegründete Wissenschaft"*, betont *Dingler*[754] und bestätigt damit den diagnostizierten Zusammenhang zwischen fundamentalistischer Einstellung zum Geltungsproblem und monistischer Einstellung zum Theorienproblem. Denn – um es in Anlehnung an eine griffige Formulierung *Machs*[755] zu sagen – das Fundament ist uns *nur einmal* gegeben. Es kann also im Rahmen des Rechtfertigungsmodells *de jure* immer nur *eine* Theorie oder allenfalls eine Vielzahl miteinander vereinbarer Theorien geben[756]. Der theoretische Monismus propagiert deshalb Methoden

der Unterdrückung und Elimination von Alternativen. In monistischer Sicht ist die richtige wissenschaftliche Methode jene, die alle theoretischen Standpunkte bis auf einen eliminiert.

Der theoretische Monismus schränkt das Theoretisieren auf *einen* Standpunkt ein und verhindert die Einführung von Theorien, die dem durch die herrschende Autorität gerechtfertigten Standpunkt widersprechen. Diese Konsistenzbedingung führt zu einem *Prinzip der Parsimonie*, einem Ökonomie- oder Sparsamkeitsprinzip, das die Verwendung von Alternativen verbietet, sei es durch das Verbot der Einführung neuer Theorien, sofern sie dem theoretischen Status quo widersprechen, sei es durch die Auflage, die Akzeptierung einer neuen Theorie mit der Elimination der mit ihr unvereinbaren alten Standpunkte zu koppeln [757].

Eine weit über den Bereich der Philosophie und Wissenschaft hinausgreifende Folge der monistischen Einstellung ist die *Schwarz-Weiß-Malerei*, die Neigung, konkurrierende Standpunkte einander wie Wahrheit (der „erlaubte" Fall) und Irrtum (der „verbotene" Fall) gegenüberzustellen [758]. Ein solcher moralisierender *Alternativ-Radikalismus* ist jedoch, wenn überhaupt, nur höchst selten berechtigt. Der in der Wissenschaft nicht seltene, vielleicht sogar vorherrschende [759] Fall von Theorienkonkurrenz, bei dem *alle* beteiligten Standpunkte falsch und vielleicht sogar schon längst widerlegt sind, ist im Programm des theoretischen Monismus nicht vorgesehen. Er muß diesen Fall deshalb zum „Normalfall" verfälschen, in der die wahre Theorie mit durchweg falschen Alternativen konfrontiert ist.

(2) Die Idee eines Fundaments der Erkenntnis impliziert weiter die *Stabilitätsthese:* die Doktrin, derzufolge Stabilität eine epistemologisch und methodologisch wertvolle Eigenschaft von kognitiven Instanzen (Aussagen, Theorien) ist und daß die stabilsten Instanzen – natürlich unter Beachtung von Nebenbedingungen – ceteris paribus auch, insbesondere im Hinblick auf das Geltungsproblem, die besten sind, die es deshalb mit allen Mitteln anzustreben gilt. Da der epistemologische Fundamentalismus Invarianz und Irrtumsfreiheit als *die* wesentlichen Eigenschaften der Basisinstanz ansieht, deren kombiniertes Auftreten auf einen Wesenszusammenhang schließen läßt, ist es unter den Voraussetzungen des Rechtfertigungsmodells nicht unplausibel, Stabilität zu einem *Wahrheitsindiz*, in ihrer schärfsten Ausprägung, der Invarianz, unter Umständen sogar zu einem *Wahrheitskriterium* zu erheben.

So geht die Idee der Stabilität bei *Dingler* in vielfältiger und vielschichtiger Metamorphose in den Katalog der für die *Dingler*sche „exakte Fundamentalwissenschaft" konstitutiven Prinzipien und bei *Kraft* [760] sogar direkt in die Definition des Wahrheitsbegriffs ein, allerdings nicht als *tatsächliche*, sondern als geforderte, *normierte* Invarianz. „Was wir mit ‚Wahrheit' meinen", schreibt *Kraft*, „ist das fundamentale Phänomen, daß es unter unseren Aussagen solche gibt, deren Gehalt sich immer wieder als feststehend, als unveränderlich, als invariant erweist. ‚Lügen haben kurze Beine ... '" [761]. Irrtum erweist sich dadurch als Abweichung von der Wahrheit, „daß er gegenüber entgegenstehenden Behauptungen aufgegeben werden muß. Die Wahrheit dagegen läßt sich immer aufrecht erhalten. ... Das ist das Ideal der Erkenntnis ..." [762]. *Kraft* betont allerdings, daß mit dem Hinweis auf die Invarianz des Wahren zwar „eine allgemeine Eigenschaft wahrer Aussagen aufgewiesen", aber damit „die Frage nach den Wahrheits-Eigenschaften noch keineswegs beantwortet" sei, die Frage nämlich, „*warum* gewisse Aussagen invariant sind"[763]. Und *Mach* macht Stabilität gar gleichzeitig zur Voraussetzung und zum Ziel der wissenschaftlichen Forschung: „Wissenschaft ist nicht möglich ohne eine gewisse, wenn auch nicht vollkommene Stabilität der Tatsachen und eine dieser entsprechende, durch Anpassung sich ergebende Stabilität der Gedanken. Die letztere Stabilität läßt auf die erstere schließen, setzt die erstere voraus, ist von der ersteren ein Teil. Vielleicht gibt es keine *vollkommene* Stabilität. Jedenfalls reicht aber die Stabilität so weit, daß sie genügt, ein förderliches Ideal einer Wissenschaft zu begründen"[764]. Im Spektrum von *Kontinuität, Ökonomie* und *Beständigkeit* – „eigentlich nur verschiedene *Seiten* einer und derselben Eigenschaft des gesunden Denkens"[765] – bestimmt *Mach* zum „Ziel der wissenschaftlichen Wirtschaft ... ein möglichst vollständiges, zusammenhängendes, einheitliches, ruhiges, durch neue Vorkommnisse keiner bedeutenden Störung mehr ausgesetztes *Weltbild*, ein Weltbild von möglichster *Stabilität*"[766]. Diesem Streben nach Stabilität und Invarianz dienen auch alle jene in der Wahl der Mittel (Methoden) so erfindungsreichen philosophischen Versuche, empirische, kontingente Wahrheiten – und leider oft auch Irrtümer – in apriorische, notwendige Wahrheiten zu transformieren oder sie mit diesen zumindest unlösbar zu verknüpfen, um sie auf diese Weise dem für dubios und wissenschaftlich minder wertvoll gehaltenen Bereich des Ungesichert-Veränderlich-Hypothetischen zu entziehen. So ist es in der *Leibniz*schen Philosophie die Funktion des mit dem ganzen Rechtfertigungsprogramm eng verbundenen *Prinzips vom zureichenden Grunde*, „weniger, den Bereich der Tatsachenwahrheiten gegen den der Vernunftwahrheiten *abzugrenzen*, als, eine rationale Rechtfertigung der Tatsachenwahrheiten zu geben, d.h. *vérités de fait*, soweit möglich, in *vérités de raison* überzuführen"[767].

Es sei hier weiter nur an die Erkenntnisauffassungen *Descartes'*, *Kants*, *Husserls* und *Schlicks* erinnert. Es ist zum Beispiel die erklärte Absicht der Transzendentalphilosophie, ein Reich apriorischer Wahrheiten zu (be)gründen, das in erhabener Unabhängigkeit von der Erfahrung keinem Wandel unterworfen ist und ewig ist wie es ist. Wandel wäre, wie in *Platons* Welt der Formen oder „Ideen", notwendig eine Änderung zum Schlechten, zum Unwahren hin. Wahrheit ist ewig, unwandelbar; *Wandel ist ein Falschheitsindiz*. Auch in der Sinnesdaten-Theorie und in anderen phänomenologischen Konzeptionen spielt die Stabilitätsthese eine zentrale Rolle. Die angeblich absolute Stabilität der sogenannten Sinnesdaten, d.h. des Komplexes *Sinneseindruck-plus-natürliche-Interpretation*[768], wird als Indiz dafür angesehen, daß Sinnesdaten-Berichte – „Konstatierungen" (*Schlick*[769]) von „Phänomenen" – nicht nur im Einzelfall faktisch wahr sind, sondern darüber hinaus überhaupt nicht falsch sein *können*. Auch in jenen empiristischen und positivistischen Argumentationen zur Verteidigung der erkenntnistheoretischen Vertrauenswürdigkeit von Wahrnehmungen, die von der eigentlichen Sinnesdaten-Theorie abgekommen sind, stehen Stabilitätsüberlegungen weiterhin im Vordergrund[770].

Im Lichte der Stabilitätsthese verdient die Wissenschaft ihre Auszeichnung als *das* rationale Erkenntnisunternehmen par excellence vor allen ihren weit weniger erfolgreichen und vertrauenswürdigen Konkurrenten wie Metaphysik, Theologie, Poesie und Kunst aufgrund der in der Tradition der Rechtfertigungsphilosophie für selbstverständlich und unbezweifelbar gehaltenen Tatsache, daß sie die stabilste Art der Erkenntnis produziert – "the stablest and best-warranted knowledge man could obtain about nature"[771]. Stabilität macht in dieser Sicht den Wert der Wissenschaft aus[772] und wird zum billigen Ersatz für die in älteren philosophischen Konzeptionen herumgeisternde Idee der Notwendigkeit. Nur vor dem Hintergrund dieses an Stabilitätsüberlegungen orientierten Verständnisses von Wissen und Wissenschaft ist die aus der Sicht einer pluralistischen Erkenntnislehre fast hysterisch anmutende Reaktion auf Krisen zu verstehen, die das Aufkommen von Meinungsverschiedenheiten in für fundamental gehaltenen Fragen als „Zusammenbruch der Wissenschaft"[773] und Bankrott der philosophischen Vernunft beklagen zu müssen glaubt.

(3) Mit der Stabilitätsthese eng verbunden ist die bereits im Zusammenhang mit der eigentlichen Begründungsproblematik erwähnte *Konvergenzthese*, derzufolge der Erkenntnisfortschritt einem vorgegebenen, festen Ziel zustrebt, dem er sich, im dunklen Drange des rechten Weges wohl bewußt, tendenziell – in der Sprache der Mathematik ausgedrückt: asymptotisch – nähert. Konvergenz der Standpunkte wäre demnach ein Indiz dafür, daß wir der Wahrheit näherkommen; Divergenz, daß wir von ihr noch fern sind[774]. Falschheit und Irrtum sind in dieser Sicht Abweichungen vom rechten Wege und werden in dem Maße verschwinden, in dem die Standpunkte auf der Wahrheitslinie konvergieren. Die letztlich zum theoretischen Monismus führende Konvergenz der Meinungen erhält damit geradezu den epistemologischen Status eines *index veri*[775].

Die klassische Formulierung der Konvergenzthese hat *Peirce* in seiner berühmten Abhandlung "How to Make our Ideas Clear" (1878)[776] geliefert: „Andererseits sind alle Anhänger der Wissenschaft von der frohen Hoffnung beseelt, daß der Prozeß der Untersuchung, wenn er nur weit genug vorwärts getrieben wird, eine sichere Lösung für jede Frage, auf die er angewendet werden kann, bringen wird. ... Sie (die Forscher mit ihren verschiedenen Methoden, H.S.) mögen zuerst voneinander abweichende Ergebnisse erhalten, aber in dem Maße, in dem jeder seine Methode und seine Verfahren vervollkommnet, wird sich zeigen, daß die Ergebnisse auf ein bestimmtes Zentrum hin konvergieren. So ist es mit jeder wissenschaftlichen Untersuchung. Verschiedene Köpfe mögen von äußerst gegensätzlichen Anschauungen ausgehen, der Prozeß der Forschung führt sie durch eine außerhalb ihrer Willkür liegende Kraft zu ein und derselben Konklusion. Diese Aktivität des Denkens, von der wir nicht dahin geführt werden, wohin wir es uns wünschen, sondern zu einem vorherbestimmten Ziel, gleicht dem Wirken des Schicksals. Keine Änderung des gewählten Gesichtspunktes, keine Wahl anderer Fakten zum Studium, nicht einmal die natürliche Neigung des Verstandes kann einem Menschen ermöglichen, der vorherbestimmten Meinung zu entkommen. Diese große Hoffnung ist im Begriff von Wahrheit und Realität beschlossen. Die Meinung, die vom Schicksal dazu bestimmt ist, daß ihr letztlich jeder der Forschenden zustimmt ist das, was wir unter Wahrheit verstehen, und der Gegenstand, der durch diese Meinung repräsentiert wird, ist das Reale. So würde ich Realität erklären." Die Festlegung unserer Überzeugungen ist nach *Peirce* das Ergebnis einer wissenschaftlichen Methode, die dafür sorgt, „daß die letztliche Konklusion eines jeden Menschen dieselbe sein wird"[777] und daß jeder Forscher trotz aller individuellen Verschiedenheiten im Problemlösungsverhalten „zu der einen einzig wahren Konklusion geführt"[778] wird. Die Konvergenzthese lenkt also die Festlegung unserer wissenschaftlichen Überzeugungen in Richtung auf die *eine* Wahrheit oder Realität und steuert den wissenschaftlichen Erkenntnisfortschritt auf die „Wahrheitslinie"[779] ein. Bei diesem regulativen Prinzip handelt es sich allerdings, wie schon aus *Peirces* eigener Formulierung hervorgeht, weniger um einen gesetzmäßigen Verlauf als um ein „Prinzip Hoffnung"[780].

Unter dem Einfluß des neuzeitlichen Rechtfertigungsdenkens wurde die zunehmende Konvergenz der Standpunkte, das Aufhören von Meinungsverschiedenheiten, vielfach zu *dem* Charakteristikum der Wissenschaft gemacht. Die traditionelle Philosophie konnte sich auf der verzweifelten Suche nach einem Ausweg aus der fast sprichwörtlichen Anarchie der philosophischen Systeme[781] der Faszination nicht entziehen, die vom „sicheren Gang einer Wissenschaft" ausgeht, der im Verlauf des Erkenntnisfortschritts alle Meinungsdifferenzen für immer zum Verschwinden bringt. Das eindrucksvollste Beispiel einer Erkenntnislehre, die sich den sicheren Gang einer Wissenschaft zum Vorbild macht, hat *Kant* geliefert. Schon im ersten Abschnitt seiner Vorrede zur zweiten Auflage der „Kritik der reinen Vernunft" kommt das klar zum Ausdruck: „Ob die Bearbeitung der Erkenntnisse, die zum Vernunftgeschäfte gehören, den sicheren Gang einer Wissenschaft gehe oder nicht, das läßt sich bald aus dem Erfolg beurteilen. Wenn sie nach viel gemachten Anstalten und Zurüstungen, so bald es zum Zweck kommt, in Stecken gerät, oder, um diesen zu erreichen, öfters wieder zurückgehen und einen andern Weg einschlagen muß; imgleichen wenn es nicht möglich ist, die verschiedenen Mitarbeiter in der Art, wie die gemeinschaftliche Absicht erfolgt werden soll, einhellig zu machen: so kann man immer überzeugt sein, daß ein solches Studium bei weitem noch nicht den sicheren Gang einer Wissenschaft eingeschlagen, sondern ein bloßes Herumtappen sei ..."[782].

Philosophen, die im Banne des Rechtfertigungsdenkens stehen, scheint es äußerst schwer zu fallen, das Verschwinden von Meinungsdifferenzen — zumal, wenn kein äußerer Zwang dafür verantwortlich gemacht werden kann — anders zu interpretieren denn als einen Sieg der Wahrheit.

Die psychologische und soziologische Wurzel dieser *Kopplung von Wahrheit und Einstimmigkeit* ist die Sozialwissenschaftlern längst bekannte Tatsache, daß *Konsensus*, rein faktisch gesehen, *Legitimationswirkung* hat. Politologen, für die das Rechtfertigungsproblem — als Problem der Legitimation von Herrschaft — besonders brennend ist, versuchen vielfach, mit Hilfe dieses empirischen Effekts "the hopeless methodological dilemma", das in Wirklichkeit sogar ein Trilemma ist, zu unterlaufen, indem sie als Primärregel für eine demokratische Verfassung die Einstimmigkeitsregel postulieren, also zum Beispiel "some rule of unanimity or full consensus at the ultimate constitutional level of decision-making"[783].

(4) Die certistischen, monistischen und fundamentalistischen Tendenzen des Rechtfertigungsprogramms engen den Spielraum für theoretische Neuerungen auf die verhältnismäßig schmale Entwicklungsbandbreite einer *Kumulationstheorie des Erkenntnisfortschritts* ein. Auf der vorausgesetzten, nach certistischer Manier ein für allemal fixierten Grundlage eines Fundaments der Erkenntnis kann unser Wissen nur noch in der Weise wachsen, daß neue Erkenntnisse dem bereits angesammelten Schatz der „gesicherten Wahrheiten" zugeschlagen werden wie die Zinsen dem Kapital. „Wahrheit" wird auf „Wahrheit" gehäuft, was natürlich nur im Rahmen einer streng monistischen Erkenntnisauffassung möglich ist, die dafür sorgt, daß die neuen Einsichten den alten, „bewährten" und durch zureichende Begründung gesicherten Theorien nicht widersprechen. Praktisch

bedeutet das, daß der Erkenntnisfortschritt sich auf der Basis der etablierten Theorien vollzieht, die dabei vielleicht modifiziert und am Rande korrigiert werden, im Kern aber unangetastet bleiben *müssen*, wenn nicht das ganze Erkenntnisgebäude zusammenbrechen soll wie ein Kartenhaus, dem die Unterlage weggezogen wird. Im Gegensatz zum *abgeschlossenen* Infallibilismus dogmatischer Erkenntnislehren, die gewollt oder ungewollt einer *Stagnationstheorie* des Wissens das Wort reden, ist der grundsätzlich *offene*, certistisch verstandene Infallibilismus des Rechtfertigungsdenkens durchaus auf Erkenntnisfortschritt hin programmiert, so daß auch in dieser Hinsicht ein pauschaler Dogmatismusvorwurf unangebracht erscheint. Aber die Vermehrung des Wissens ist auf akkumulatives Wachstum eingeschränkt. Wissenschaftliche Revolutionen, in deren Verlauf die alten Theorien durch neue Erkenntnisse abgelöst werden, wobei der Verdrängungsprozeß auch vor den „sicheren Grundlagen" nicht haltmacht, sind im Rechtfertigungsmodell nicht vorgesehen. Die im abschließenden Dritten Teil dieser Arbeit behandelte „kopernikanische Wende" der Erkenntnis- und Wissenschaftslehre vom traditionellen Certismus, Fundamentalismus und Monismus zum epistemologischen Fallibilismus *(Popper)* und theoretischen Pluralismus *(Feyerabend)* ist deshalb zugleich eine Wende von den Stagnations- und Kumulationstheorien zu einer *Revolutionstheorie* des Erkenntnisfortschritts[784].

(5) Die vielfältigen Restriktionen, die das Rechtfertigungsdenken der neuzeitlichen Epoche der menschlichen Erkenntnis überall dort auferlegt, wo es zum Zuge kommt, gehen jedoch über die Ausrichtung des Erkenntnisfortschritts auf kumulatives Wachstum weit hinaus. Wo — wie zum Beispiel im *Cartesianismus* oder *Dinglerismus* — unter dem Einfluß der auf die bereits geschilderte Art radikalisierten certistischen, monistischen und fundamentalistischen Tendenzen der rechtfertigungsorientierten Erkenntnislehre *safety first* zum methodologischen Grundprinzip der Wissenschaft erhoben wird, schlägt Erkenntnisfortschritt in Erkenntnisrückschritt um, degeneriert die Kumulationstheorie des Rechtfertigungsdenkens praktisch zur Stagnationstheorie des gewöhnlichen Dogmatismus. Uneingeschränkte Sicherheit um jeden Preis — die es, wie erläutert, nur in dogmatischer Selbstbeschränkung gibt — läßt sich zwar ziemlich beliebig erzeugen, aber, erkenntnistheoretisch gesehen, nur auf Kosten des Informationsgehalts der Theorien. In radikaler Konsequenz praktiziert, erzwingt deshalb die moderne *quest for certainty (Dewey[785])* als Bedingung ihrer Selbstverwirklichung den Einsatz von *systematisch gehaltsvermindernden* Prinzipien, Methoden und Strategien in und außerhalb der Wissenschaft. So führt der Versuch, alles streng beweisen zu wollen, zu dem voraussehbaren Ergebnis, daß man buchstäblich *nichts* mehr weiß — das aber ganz sicher!

Bei dieser Folgewirkung der modernen „*Mathematisierung*" der Wissenschaft handelt es sich allerdings um den Ausfluß einer Beweiskonzeption, die auf einem falschen, certistisch verfälschten Mathematikverständnis beruht[786], das man der kreativen Wissenschaft nicht anlasten kann. Überhaupt ist der neuzeitliche, im Rahmen der philosophischen Erkenntnislehre durch „konsequente Radikalisierung" ins Unsinnige gesteigerte epistemologische Certismus mehr ein Kennzeichen der Populärwissenschaft als des Selbstverständnisses der wissenschaftlichen Erkenntnis. „*Gewißheit, Einfachheit, Anschaulichkeit entstehen erst im populären Wissen;* den Glauben an sie als Ideal des Wissens holt sich der Fachmann von dort", betont *Fleck*[787], der darin „die allgemeine erkenntnistheoretische

Bedeutung populärer Wissenschaft" sieht. Diese erkenntnistheoretische Bedeutung zeigt sich praktisch vor allem in den mit der populären Wissensauffassung verbundenen erkenntnistheoretischen *Fehldeutungen* der kreativen Wissenschaft durch sterile Philosophie, die sich außerstande zeigt, den in der griechischen Erkenntnislehre längst erreichten Stand der Einsichten in elementare Sachverhalte der Problematik von Erkenntnis und Wahrheit, Wissen und Wissenschaft, auch nur zu reproduzieren, geschweige denn schöpferisch weiterzuentwickeln. Erwähnenswert ist in diesem degenerativen Zusammenhang zwischen „altem" und „neuem" Rechtfertigungsdenken zum Beispiel die in der neuzeitlichen Philosophie fast übliche Vermengung von Genese und Geltung, Wahrheit und Entscheidbarkeit, Wissen und subjektiver Gewißheit im Rahmen einer nur noch diffus erfaßten erkenntnistheoretischen Problemsituation.

(6) Den Hauptpunkt dieser Schlußrechnung bilden aber natürlich nicht irgendwelche, wenn auch noch so wichtige oder interessante „Konsequenzen" des Rechtfertigungsmodells, sondern dessen *Lösungsvorschlag* für das Erkenntnisproblem. Um die Schlußbilanz in dieser Frage für den *zu Beginn der popperschen Epoche* erreichten Stand der Überlegungen aufstellen zu können, muß zuvor noch einmal an drei Aspekte im Verhältnis des griechischen zum neuzeitlichen Rechtfertigungsdenken erinnert werden. Sie betreffen die Fragestellung, die Verfahrensweise und das Ergebnis der Problemlösungsversuche.

(6a) An der philosophischen Fragestellung des Erkenntnisproblems im Sinne einer *quaestio iuris* ändert sich nichts von Bedeutung. Die Antwort darauf wird jedoch auf direkterem, buchstäblich kurzschlüssigerem Wege gesucht, um sich den griechischen „Umweg" über den Rechtsgedanken zugunsten des scheinbar kürzeren *logischen* Lösungsganges zu ersparen. Für die neuzeitliche Erkenntnislehre ergibt sich damit eine „gemischte", etwas konfuse Problemsituation, die dadurch gekennzeichnet ist, daß eine quaestio *iuris* sozusagen more *logico* zu beantworten, ein Rechtsproblem der Erkenntnis unter Ausschluß des dafür von den Griechen geschaffenen Erkenntnis-Rechts zu lösen versucht wird. Das konnte nicht gut gehen, zumal sich, wie ausführlich erläutert, Recht in diesem Problemzusammenhang jedenfalls nicht vollständig durch Logik ersetzen läßt.

Unter Beibehaltung der griechischen *quaestio iuris*-Problemstellung und Verwendung eines möglichst „logischen" Begründungsverfahrens, das aus sich heraus dem Wahrheitsanspruch inhaltlicher (informativer, gehaltvoller) Erkenntnis keine Geltungsgrundlage zu verschaffen in der Lage ist, blieb dem neuzeitlichen Rechtfertigungsdenken nur der Rekurs auf eine außerlogische Basisinstanz, um die „formale" Autorität des Rechts durch die „materiale", inhaltlich definierte Autorität eines Fundaments der Erkenntnis zu ersetzen. So kam es zur fundamentalistischen Variante des Rechtfertigungsmodells.

Die betont logische Ausrichtung in Verfahrensfragen und die in letztinstanzlichen Geltungsfragen stark autoritäre Einstellung im Inhaltlichen bedingen und ergänzen sich im neuzeitlichen Rechtfertigungsdenken. Erforderte die griechische Rechtfertigungskonzeption ursprünglich eine quasi-juristische Verfahrensweise der Erkenntnissicherung, so tendiert das neuzeitliche Rechtfertigungsdenken zu einem *quasi-logischen* Begründungsverfahren, das der Absicht nach vielfach „rein logisch" gedacht ist, in der Ausführung aber zumeist logisch erheblich unreiner ausfällt. Das Rechtfertigungsverfahren bekommt damit die besondere, der Idee einer logischen Folgerung („Ableitung") nachgebildete

Argumentationsstruktur einer *Begründungsleiter*, mit der sich das Rechtfertigungsmodell zusätzlichen Einwänden aussetzt, welche zu der (bereits erfolgten) Kritik an der fundamentalistischen Doktrin selbst noch hinzukommen.

(6b) Das quasi-logische, im Grenzfall wirklich logische Begründungsverfahren des neuzeitlichen Rechtfertigungsmodells ist dadurch gekennzeichnet, daß alle rationale Argumentation den Charakter einer direkten, positiven Rechtfertigung durch Reduktion problematischer Wahrheitsansprüche auf eine entproblematisierte Wahrheitsbasis (der Letztinstanz im Begründungsprozeß) hat, obwohl sich diese erkenntnistheoretische Privilegierung selbst nicht mehr rational — im Sinne der certistischen Rationalitätskonzeption, von der man sich hier leiten läßt — rechtfertigen läßt, weil jeder Versuch einer solchen Letztbegründung am „Münchhausen-Trilemma" scheitert.

Mit weniger als einer endgültig letzten „Letztbegründung" darf sich aber ein Rechtfertigungsdenken nicht zufrieden geben, das sich aufgrund der selbstauferlegten Rationalitätskonzeption einem Programm der definitiven Erkenntnissicherung durch zureichende Wahrheitsbegründung verpflichtet fühlt. Denn für den Rechtfertigungsdenker, der Begründung als ein Durchsteigen der Begründungsleiter vom — wie auch immer bestimmten — Anfang bis zum Ende versteht, wäre jede nur „vorletzte" Begründung überhaupt keine erkenntnistheoretisch stichhaltige Rechtfertigung der Erkenntnis. „Da nun aber die Begründung eines Satzes", betont *Dingler*[788], von seinem Standpunkt aus völlig richtig, „gerade so schwach ist, wie das schwächste Glied der ihn begründenden Kette ..., so würde also für einen Satz, dessen letzte Begründung unerreichbar wäre, eine letzte Begründung niemals zu geben sein, *er würde also im ganzen als unbegründet* zu bezeichnen sein."

Ein solches Rechtfertigungsverfahren *more logico* kann aber nur dann funktionieren, wenn die *Transmissibilitätsbedingung* erfüllt ist: Die für den Rechtfertigungserfolg relevanten Eigenschaften — allgemein: der epistemologische Wert kognitiver Instanzen, das „Gewicht" oder „Maß" an epistemologischer Autorität oder Potenz, wie immer diese Eigenschaften im einzelnen auch interpretiert und „gemessen" sein mögen (zum Beispiel mit Hilfe von Begriffen wie Wahrheit, Wahrscheinlichkeit, Bestätigungsgrad, Erklärungskraft, Sicherheit, Evidenz, Apriorität, etc.) — müssen mittels Rechtfertigungsargumentation „vererblich", d. h. von der Ausgangsformel (den Voraussetzungen, Axiomen, Prämissen oder was auch immer der Ausgangspunkt sein mag) auf die Schlußformel gesetzmäßig übertragbar sein. Der „epistemologische Saft" muß von den Wurzeln, dem Fundament der Erkenntnis, in alle Äste (Theorien) und Blätter (Einzelaussagen) des Erkenntnisbaumes fließen und diese mit seiner lebens-(wahrheits-)spendenden Potenz ernähren. Bei rein logischer Interpretation des Rechtfertigungsverfahrens heißt das zum Beispiel, daß die relevanten Eigenschaften durch logische Folgerung (Deduktion) „automatisch", d.h. mit logischer Notwendigkeit, von den Prämissen auf die Konklusionen übertragbar sein müssen. Ein Rechtfertigungsargument, das ja Reduktionscharakter hat und — wenigstens in seiner strengen, klassischen Form — auf Wahrheitssicherung durch Beweis abzielt, ist nur dann stichhaltig, wenn den Konklusionen die entscheidenden epistemologischen Eigenschaften mindestens in demselben Grade zukommen wie den Prämissen[789].

Die Transmissibilitätsbedingung ist jedoch im Falle rein logischer Rechtfertigungsverfahren nur für die Eigenschaften der Wahrheit und Wahrscheinlichkeit (im Sinne des Wahrschein-lichkeitskalküls), im Falle nichtlogischer Rechtfertigungsverfahren für überhaupt keine epistemologisch relevante Eigenschaft erfüllt. Es gibt zum Beispiel kein Verfahren, durch das Evidenz in „automatischer", überzufälliger, also gesetzmäßiger Weise von Aussagen-mengen auf andere Aussagenmengen übertragen werden könnte.

Die bereits in der aristotelischen Epoche, insbesondere durch *Aristoteles'* eigene Erkennt-nislehre, eingeleitete und vom neuzeitlichen Denken auf bekannte Weise „konsequent radikalisierte" *Logifizierung des Rechtfertigungsverfahrens* führte zu vier wichtigen Kon-sequenzen, deren erste vom Rechtfertigungsdenken wohl beabsichtigt ist (wie aus dem obigen *Dingler*-Zitat ziemlich eindeutig hervorgeht); deren zweite eher unerwünscht sein dürfte und die infolgedessen nach Möglichkeit abgestritten wird; deren dritte und vierte vermutlich nicht direkt angestrebt, aber immerhin anscheinend ohne weiteres in Kauf genommen werden.

*Erstens* schneidet sich das Rechtfertigungsdenken mit seinem am Logikgedanken orien-tierten modernen Selbstverständnis des Rechtfertigungsverfahrens, wonach schlechthin *alle*, einschließlich der im technischen Sinne nichtlogischen, Begründungsargumentatio-nen nach dem Vorbild eines logischen Beweisganges als „Leiter" oder „Kette" struktu-riert zu denken sind, selbst die Möglichkeit einer alternativen Verfahrenskonzeption ab, die *vielleicht* dem Trilemma-Einwand entgehen könnte. Für einen nach Art einer Lei-ter oder Kette konstruierten Rechtfertigungszusammenhang gilt nach eigenem, von *Dingler* freimütig eingeräumten Zugeständnis des Rechtfertigungsdenkens, daß der Siche-rungs- oder Beweiseffekt der Begründungsargumentation vom *schwächsten* Glied in der Kette bzw. von der schwächsten Sprosse auf der Leiter abhängt. Die Chance einer von *Peirce*[790] angedeuteten, aber leider völlig unentwickelt belassenen Alternativlösung, die den Rechtfertigungszusammenhang als eine Art *Tau* (Seil, Strick) versteht, das stark sein kann, auch wenn es aus schwachen Einzelfasern gebildet ist, wird damit von vorn-herein vertan.

Es muß allerdings hier schon darauf hingewiesen werden, daß dieser schlaue Gedanke bis-lang reine Spekulation ohne jeglichen Problemlösungseffekt geblieben ist. Bis jetzt ist es noch keinem Philosophen gelungen, der *Peirce*schen *Tau*-Vorstellung für ein neues, gänzlich unorthodoxes Begründungsverständnis irgendeinen faßbaren erkenntnistheore-tischen Sinn abzugewinnen. Meines Wissens gibt es nicht einmal einen ernsthaften Ver-such in dieser Richtung. Wenn ein Vertreter der Gegenposition das Rechtfertigungsden-ken auf dieses immerhin *denkbare* Schlupfloch aufmerksam macht, das möglicherweise aus dem Münchhausen-Trilemma herausführen könnte, dann bringt er beim gegenwärti-gen Stand der Diskussion die Anhänger des Rechtfertigungsprogramms in größere Ver-legenheit als sich selbst, indem er für seine Kritik am Rechtfertigungsmodell auf diese Widerlegungslücke hinweist. Die Kritiklücke besteht nur im Trilemma-Einwand, auf dessen Unvollständigkeit und Unselbständigkeit in anderem Zusammenhang bereits hin-gewiesen worden ist. Eine Rechtfertigungskonzeption, die den *Albert*schen Trilemma-Einwand pariert, ist deswegen erkenntnistheoretisch und schon gar forschungspraktisch noch lange nicht aus dem Schneider, wenn diese saloppe Umschreibung der vertrackten Lage des neuzeitlichen Rechtfertigungsdenkens hier zur Abwechslung des vornehmen philosophischen Tones einmal gestattet ist.

*Zweitens* impliziert die logische Strukturierung der Rechtfertigungsprozedur die Annahme einer *notwendigen*, durch die „Logik der Begründung" erzwungenen *Beschränkung der Möglichkeit des rationalen Argumentierens*. Wenn man gemäß der certistischen Rationalitätskonzeption Rationalität mit Begründbarkeit (Beweisbarkeit) gleichsetzt und wenn man zur Letztbegründung die ganze, logisch unbegrenzte Begründungsleiter durchsteigen muß, dann ist, weil auf diesem Wege eben nicht alles begründet werden *kann*, der rationalen Argumentation eine unüberschreitbare logische Grenze gesetzt. Auch dieser Aspekt des Rechtfertigungsdenkens ist nicht *per se* dogmatisch, öffnet aber dem Dogmatismus Tür und Tor, weil er ein *rationales Alibi für irrationales Denken* zu liefern scheint. Denn wenn Dogmatismus — im Sinne eines puren, rationaler Diskussion entzogenen Dezisionismus — in den „letzten" Fragen des Erkennens und Handelns tatsächlich logisch erzwungen und damit absolut unvermeidbar sein würde, dann wäre es völlig unberechtigt, ja unsinnig, daraus irgendwelche Vorwürfe zu konstruieren[791]. Auch die Erkenntnismoral darf — frei nach *Kant* — vernünftigerweise nichts Unmögliches fordern.

*Drittens* erhält das Rechtfertigungsmodell durch die streng hierarchische Strukturierung der Argumentationsweise im Verein mit dem vom epistemologischen Fundamentalismus betriebenen Rekurs auf eine erkenntnistheoretisch privilegierte Basisinstanz, der die letzte, unkritisierbare und unrevidierbare Entscheidung in allen Geltungsfragen vorbehalten ist, seine ausgeprägt *autoritäre Struktur*, die zumindest für das neuzeitliche Rechtfertigungsmodell charakteristisch ist. Gibt angesichts dieser für autoritäre Problemlösungen prädestinierten Sachlage das dafür besonders anfällige moderne, „postkritische" (*Polanyi*[792]) Denken der Versuchung nach, durch Rückgriff auf theologische Offenbarungselemente, lediglich oberflächlich säkularisierte Manifestationstheorien der Wahrheit und ähnliche Reminiszenzen voraufklärerischen Rechtfertigungsdenkens die selbstgesetzte Grenze der Möglichkeit rationaler Argumentation überspielen zu wollen, dann wird der an sich schon vorhandene autoritäre Grundzug dieser Rechtfertigungskonzeption dadurch noch wesentlich verstärkt.

*Viertens* schließlich ergeben sich aus dem Rechtfertigungsverständnis *more logico* einschneidende Konsequenzen nicht nur für das eigentliche Begründungsverfahren, sondern in nicht geringerem Ausmaß auch für dessen scheinbaren Antipoden, das Widerlegungsverfahren. Sogar die *Idee der Kritik* wird in die Rechtfertigungskonzeption integriert und nach Rechtfertigungsart im Sinne der certistisch-fundamentalistischen Asymmetriethese für den Begründungszusammenhang interpretiert, die einfach auf das Verhältnis zwischen kritischen (kritisierenden und kritisierten) Instanzen übertragen wird. Nach dieser vom Rechtfertigungsgedanken infiltrierten These von der *Asymmetrie der Kritik* ist auch diese eine asymmetrische Beziehung zwischen einem unveränderlichen, autonomen, sicheren Fundament der Erkenntnis (oder einer anderen Letztinstanz) und veränderlichen, fragwürdigen Theorien mit unselbständigem, „abgeleitetem" Geltungsanspruch. Die Basisinstanz kritisiert und korrigiert die Theorien, ist aber selbst der Kritik und Widerlegung durch Theorien entzogen. Am bekanntesten und einflußreichsten ist die empiristisch-positivistische Version der Asymmetriethese: Die Erfahrung hat gegenüber den Theorien grundsätzlich immer recht; im Konfliktsfall muß die Theorie den „harten Tatsachen" weichen, deren Wahrheitsanspruch für unanfechtbar erklärt wird. Die Asymmetriethese macht aus Kritik eine Art „negativer" Rechtfertigung von gleichermaßen autoritärem Zuschnitt. Mit der rechtfertigungsorientierten, von Elementen eines autoritär strukturierten Rechtfertigungsmodells durchsetzten „Idee der Kritik" darf die im Zusammenhang mit der fallibilistischen Alternative noch zu erläuternde Poppersche rechtfertigungsfreie Idee der Kritik nicht verwechselt werden.

Diese erkenntnistheoretisch „verfremdende" Interpretation des Kritikgedankens, der vom Rechtfertigungsdenken bewußt gegen den fallibilistischen Strich gebürstet wird, verstärkt die *allgemeine Abwertung der Kritik als Erkenntnis- und Handlungsprinzip* durch die certistischen, fundamentalistischen und monistischen Tendenzen des Rechtfertigungsmodells. Kritik wird damit zu einer zweitrangigen Sache heruntergestuft, zu einer Beschäftigung "for second-rate minds"[793].

(6c) Nachdem die Ergebnisse der rechtfertigungsorientierten Lösungsversuche für das Erkenntnisproblem in der vorliegenden Rekonstruktion der Problemgeschichte des Rechtfertigungsdenkens nach bestem Wissen und Gewissen zur Kenntnis genommen und die Gegenargumente vorgebracht worden sind, kann die Erfolgsbilanz für das Rechtfertigungsmodell der Erkenntnis aufgestellt werden.

Für den gegenwärtigen Entwicklungsstand des Rechtfertigungsdenkens in der philosophischen Erkenntnislehre kann man meines Erachtens das Diskussionsergebnis zu einem klaren, hinsichtlich der Kardinalfrage nach dem Gelingen der rechtfertigungsorientierten Lösungsvorschläge für das Erkenntnisproblem eindeutig *negativen Gesamturteil* zusammenfassen. Das Münchhausen-Trilemma der Begründung, das Fundamentalparadox und die anderen Einwände gegen das Rechtfertigungsprogramm führen zum Zusammenbruch des Rechtfertigungsmodells der Erkenntnis in *allen* seinen bislang vorgelegten, für eine kritische Beurteilung seiner Problemlösungskraft hinreichend entwickelten Spielarten. Was in diesem Punkt von der ausgereiften griechischen Rechtfertigungskonzeption gesagt werden muß, gilt erst recht für jene im schlechtesten Sinne „revisionistischen" Denkansätze der Neuzeit und Gegenwart, die als Ergebnis degenerativer Problemverschiebungen lediglich Schwund- oder Scheinlösungen hervorgebracht haben.

Jeder Versuch einer philosophischen „Letztbegründung" *(Dingler)* der Erkenntnis, einer endgültigen Rechtfertigung und absoluten Sicherung ihres Wahrheitsanspruchs nicht nur auf die herkömmliche, sondern auf jede überhaupt denkbare Rechtfertigungsweise muß scheitern, weil er entweder völlig undurchführbar (Einwand des *infiniten Regresses*) oder erkenntnistheoretisch fehlerhaft ist. Alle bis zum (scheinbaren) Begründungserfolg tatsächlich durchexerzierten, mit einem „endgültigen Wahrspruch" – *quod erat demonstrandum!* – abgeschlossenen Rechtfertigungsprozesse haben sich, wie in der hier vorgetragenen kritischen Problemanalyse nachgewiesen worden ist, unvermeidlich und ausnahmslos in einen der folgenden systematischen Begründungsfehler verstrickt. Entweder wird dabei ungerechtfertigterweise einfach vorausgesetzt, daß die Rechtfertigung der rechtfertigenden Instanz – letztlich also der Basisinstanz, die das Fundament des Erkenntnisganzen bilden soll – bereits erfolgt oder gar völlig unnötig sei (*epistemologischer Zirkel*). Oder das Verdikt beruht auf mehr oder weniger dogmatischer Willkür, weil der Begründungsprozeß unter Berufung auf die nicht weiter begründbare, sondern lediglich postulierte, kraft dezisionistischer „Setzung" angenommene Existenz epistemologischer Letztinstanzen mit Selbstbegründungspotenz – *Fichtes* absolutem Ich oder *Dinglers* aktivem Wille zum Beispiel[794] – vorzeitig gestoppt und das Rechtfertigungspostulat damit an der Basis unzulässigerweise außer Kraft gesetzt wird (*Abbruch des Begründungsverfahrens*, der grundsätzlich immer „vorzeitig" ist, weil es keine epistemologische Instanz gibt, die erkenntnistheoretisch „stark" genug wäre, um sich selbst begründen zu können). Oder der Parforce-Versuch einer Letztbegründung endet in irgendwelchen Inkonsistenzen und Kontradiktionen – Widersprüchen im Schlußergebnis; Unvereinbarkeiten zwischen den verschiedenen Einzelresultaten untereinander; Verstößen gegen die eigenen Voraussetzungen, Bedingungen und Normen; u.dgl. –, die zusätzliche kritische Einwände auf sich ziehen *(reductio ad absurdum)*.

Unter diesen Umständen besteht keinerlei Hoffnung, daß sich das Erkenntnisproblem im Verlauf der Zeit vielleicht doch noch im Sinne des Rechtfertigungsprogramms lösen lasse. Die optimistische Erwartung, daß dies zum Beispiel durch eine verbesserte philosophische Fragestellung oder größere logische Raffinesse in der Problemanalyse, mittels subtilerer erkenntnistheoretischer Differenzierungen, perfekterer Abgrenzungen oder schärferer gegenständlicher Distinktionen, mit Hilfe von neuartigen Methoden oder bislang unbekannten, aber entdeckungs- oder entwicklungsfähigen Verfahrensweisen möglich werden könnte, entbehrt jeder Grundlage[795]. In der philosophischen Erkenntnislehre darf bei allen zukünftigen Überlegungen mit gutem Grund davon ausgegangen werden, daß das Rechtfertigungsmodell der Erkenntnis schon seit langem den Stand einer abgeschlossenen Konzeption erreicht hat, die nicht mehr wesentlich – d.h. im Lösungsprinzip; natürlich nicht in der Ausführung und auch nicht im Detail, deren Vervollkommnung uns jedoch der Lösung des Grundproblems kaum näherbringt – verbessert werden kann. So bleibt als einziger Ausweg aus der Sackgasse des Rechtfertigungsdenkens nur noch die „kopernikanische Wende" zum rechtfertigungsfreien Denken[796], wie sie vom fallibilistischen Kritizismus auf der Suche nach einer Alternativkonzeption zum Rechtfertigungsmodell mit Nachdruck, der von militantem Bekehrungseifer nicht gänzlich frei ist, betrieben wird.

Die hier für die certistisch, fundamentalistisch und monistisch eingestellte Rechtfertigungslehre im Hinblick auf das zu Beginn des popperschen Zeitalters – am mutmaßlichen Ende ihrer schöpferischen Entwicklungsphase, obgleich leider noch nicht am Ende ihres Einflusses – erwirtschaftete Problemlösungspotential aufgestellte Mißerfolgsbilanz verschlechtert sich noch mehr, wenn einkalkuliert wird, daß das Rechtfertigungsdenken in der Neuzeit nur noch einmal das Reifestadium einer abgeschlossenen Erkenntnistheorie von höchstem Vollkommenheitsgrad erreicht hat, zu dem es lange zuvor bereits vom griechischen Denken emporphilosophiert worden war. Kennzeichnend für die auf ihre Art perfekte griechische Rechtfertigungskonzeption ist, wie ausführlich dargestellt, die arbeitsteilig – zum Beispiel mit der Zwillingsformel „Deduktion und Dialektik", die als konkretisierter Spezialfall der Ausgangsformel „Logik und Recht" angesehen werden kann – in Angriff genommene Gesamtlösung des Erkenntnisproblems. Nur *Kant* kommt mit seiner transzendentalphilosophischen Rechtfertigungslehre noch einmal in die Nähe des griechischen Vorbilds, das er in bestimmten Aspekten (mit der raffinierten Idee *transzendentallogischer* Deduktion, der „Wissenschaft vom Übergang", u.a.) sogar noch erheblich übertrifft. Vom kantischen, immer noch voll und ganz rechtfertigungsorientierten Kritizismus und einigen unbedeutenderen Versuchen in dieser Richtung abgesehen, unterscheidet sich das neuzeitliche Rechtfertigungsdenken einschließlich seiner Ableger in der modernen Wissenschaftstheorie dadurch vom griechischen Paradigma platonisch-aristotelischer Prägung, daß es nunmehr *entweder* auf „Deduktion" (hier stellvertretend für jedes formallogische Begründungsverfahren genommen) *oder* auf „Dialektik" (im weitesten Sinne) setzt. Schon aus diesem Grunde ist es im allgemeinen nicht mehr in der Lage, mit seinen Lösungsvorschlägen zum Erkenntnisproblem den Anwendungsbereich einer *Gesamt*lösung abzudecken. Auch dies ist eine Folge des neuzeitlichen Bestrebens nach „konsequenter Radikalisierung" von Teilaspekten unter Vernachlässigung des Ganzen, die der nacharistotelischen Rechtfertigungsphilosophie nicht zum Vorteil geraten ist.

In der Kardinalfrage nach der Lösung des Erkenntnisproblems führt kein Weg an der Schlußfolgerung vorbei, daß das Rechtfertigungsprogramm gescheitert ist und das Rechtfertigungsdenken insgesamt – unbeschadet seiner unbestreitbaren Erfolge auf Nebenkriegsschauplätzen, vor allem in der Logik – eine systematische Fehlentwicklung der philosophischen Erkenntnislehre darstellt. Das allgemeinste und folgenreichste Ergebnis der vorliegenden Problemanalyse ist die ernüchternde Einsicht, daß das Rechtfertigungsmodell nicht nur „lokal" – d.h. in seinen tatsächlich entwickelten, konkret durchgespielten und im Einzelfall überprüften Varianten –, sondern ganz *global*, als solches und schlechthin, eine unhaltbare erkenntnistheoretische Position verkörpert. Wenn heutzutage, nachdem zugestandenermaßen sogar die raffiniertesten Begründungsverfahren nicht zum Ziel der vollen, endgültigen Erkenntnisbegründung geführt haben, von den einsichtigeren Vertretern der Rechtfertigungsphilosophie der Verlust *aller* großen erkenntnistheoretischen Schlachten freimütig eingeräumt, aber nichtsdestoweniger darauf beharrt wird, daß der Krieg um den Besitz der „sicheren Wahrheit" noch nicht verloren sei und mit Hilfe umwälzend neuer philosophischer Begründungsansätze, -methoden, etc. immer noch gewonnen werden könne, so handelt es sich hierbei um eine allzu, um eine grundlos optimistische Beurteilung der *grundsätzlichen* Problemlage, die sich auf nichts stützen kann als auf ein vages, rein spekulatives „Prinzip Hoffnung". Das Prinzip Hoffnung zum Erkenntnisprinzip zu erheben, wie es im *Peirce*schen Pragmatismus, in *Feyerabends* epistemologischem Anarchismus und *Naess'* epistemologischem Possibilismus mit dem Slogan *Alles ist möglich!* geschieht [797], mag manches bringen, aber keine Lösung des Erkenntnisproblems. Diese Schlußfolgerung ist, wie alles hier, eine *Hypothese*. Angesichts des negativen Schlußurteils bleibt es dem Rechtfertigungsdenken unbenommen, in die Berufung zu gehen.

Im Rechtfertigungsmodell der Erkenntnis werden die Bedingungen der Möglichkeit rationaler Kritik keineswegs völlig aufgehoben; sie werden lediglich einschneidend beschränkt [798]. Rechtfertigungsdenken ist auch nicht *per se* irrational oder dogmatisch. Führt es nicht (erkenntnis-)theoretisch zur Verunmöglichung rationaler Argumentation und kritischer Erkenntnis, so doch praktisch – *wenn* es konsequent praktiziert wird, was außerhalb *wirklich* dogmatischer Theologien und Ideologien allerdings nur selten der Fall ist – zu einer Art von *Remis-Tod* [799] der Diskussion sowie zumindest auf lange Sicht zur Degeneration der Erkenntnis (einschließlich, wie wir gesehen haben, der Erkenntnislehre). So zeitigt der epistemologische Certismus, Fundamentalismus und Monismus im wesentlichen dasselbe Ergebnis wie der radikale Skeptizismus. Wenn alle dasselbe Spiel spielen können, keiner dabei zu verlieren braucht und keiner entscheidend gewinnen kann, wie es bei jedem mit letzter Konsequenz durchgeführten Rechtfertigungsfeldzug die Regel ist, dann werden alle Erkenntnisfragen – zumindest „im Grundsätzlichen", an der Basis – unentscheidbar. Dies genügt vollkommen, um die eingangs erläuterte Entscheidung für rationale Argumentation und kritische Erkenntnis zwangsläufig zu einer Entscheidung *gegen* das Rechtfertigungsdenken werden zu lassen.

Mit dem Rechtfertigungsmodell der Erkenntnis ist auch der erkenntnistheoretische Certismus, Fundamentalismus und Monismus gescheitert, *soweit diese Doktrinen auf der Idee der Rechtfertigung beruhen*, also rechtfertigungstheoretisch „besetzt" sind. Es muß jedoch darauf hingewiesen werden, daß es sich dabei um *allgemeine* Erkenntnislehren handelt, die in etwas anderer Form auch unabhängig vom Rechtfertigungsprogramm und weitgehend unbelastet von dessen erkenntnistheoretischen Defekten vertreten werden können (wie zum Beispiel der theoretische Monismus in der *Kuhn*schen Konzeption der „normalen Wissenschaft"[800]). Mit dem Rechtfertigungsmodell ist also noch keineswegs automatisch jede certistische, fundamentalistische und monistische Doktrin – oder jede ihrer denkbaren Versionen – widerlegt. Da aber die Rechtfertigungsphilosophie meines Erachtens bei weitem die *beste*, vermutlich sogar die einzige halbwegs plausible erkenntnistheoretische Grundlage für diese Erkenntnislehren liefert, die sich daraus, wie hier gezeigt, stringent „ableiten" lassen, kann es nach dem Scheitern des Rechtfertigungsmodells nur noch *schwächere* Versionen der certistischen, fundamentalistischen und monistischen Position geben. Deshalb ist die Kritik des Rechtfertigungsdenkens auch für diesen erweiterten Problemzusammenhang nicht bedeutungslos.

Mit diesen Schlußworten zu der in ihrer griechischen Entstehungsphase und gelegentlich auch noch später so ruhmreichen, letzten Endes aber doch erfolglosen Entwicklungsgeschichte des Rechtfertigungsdenkens ist die *poppersche Epoche* eingeläutet und der fallibilistische Kritizismus aufgerufen, seine Alternativkonzeption für eine neue, angeblich lupenrein „rechtfertigungsfreie" Lösung des Erkenntnisproblems vorzulegen.

Die kopernikanische Wende der philosophischen Erkenntnis- und Wissenschaftslehre vom traditionellen Certismus zum modernen Hypothetizismus, vom epistemologischen Fundamentalismus zum epistemologischen Fallibilismus, vom theoretischen Monismus zum theoretischen Pluralismus oder – um auch die gröbsten Schlagworte aus dem Kampfvokabular beider Parteien nicht auszulassen – vom Dogmatismus zum Kritizismus, vom irrationalen Dezisionismus zur kritischen, vorgeblich sogar selbstkritischen Rationalität geht aus von *Karl R. Poppers* Philosophie des *kritischen Rationalismus* und führt, soweit bereits überschaubar, zum *pankritischen Rationalismus Bartleys*, zum *theoretischen Pluralismus Feyerabends* oder in meiner Sicht einfach zu einem konsequent durchgehaltenen *fallibilistischen Kritizismus,* wie er im deutschen Sprachraum von *Albert* und anderen vertreten wird[801].

Diese Entwicklung des erkenntnis- und wissenschaftstheoretischen Denkens wird im folgenden Schlußteil ausführlich dargestellt, soweit sie die philosophische *Grundlagenproblematik* des fallibilistischen Erkenntnismodells berührt. Daß es dabei mit der Absage an das vielzitierte, vielgeschmähte „Rechtfertigungsdenken" – theoretisch gesehen: nichts leichter als das; praktisch gesehen: nichts schwerer als das[802] — und dem Bekenntnis zur „Idee der Kritik" ganz und gar nicht getan ist, sondern daß es eine systematisch entwickelte, detailliert ausgearbeitete „konstruktive" *Alternativlösung* für das Erkenntnisproblem vorzulegen gilt, wenn die halb euphorisch, halb ironisch gemeinte Redeweise von der *Popper*schen „kopernikanischen Wende" berechtigt sein soll, sei den folgenden Ausführungen vorangeschickt.

# Anmerkungen

## Einleitung

1 Für das fallibilistische, auf die „Idee der Kritik" setzende Erkenntnisprogramm *Poppers* vgl. dessen programmatischen Aufsatz "Back to the Presocratics" in POPPER CAR, S. 136 ff.; für das begründungsorientierte, auf die „Idee des Beweises" setzende certistische Kontrastprogramm der Erlanger Schule *Lorenzens* vgl. *Mittelstraß'* gleichfalls programmatischen Aufsatz „Die Entdeckung der Möglichkeit von Wissenschaft" in MITTELSTRASS 1974, S. 29 ff.

2 Vgl. GUTHRIE II, S. 454 ff., sowie GIGON 1959, S. 243 ff. et passim.

3 Vgl. meine Kritik in SPINNER 1974, S. 224 ff., sowie in SPINNER 1977/78 II.

4 Ich übernehme diesen treffenden Ausdruck aus ALBERT 1967, S. 113; vgl. im weiteren Zusammenhang dessen eingehende Analyse dieser Problematik in ALBERT 1968, Kap. III.

5 Das wird von den Vertretern des operativen Konstruktivismus Erlanger Provenienz und von denen des fallibilistischen Kritizismus *Popper*scher Prägung gleichermaßen mit Recht betont. Vgl. zum Beispiel *Lorenzens* Aufsatz „Moralische Argumentationen im Grundlagenstreit der Mathematiker" (in LORENZEN 1968, S. 152 ff.), der richtig bemerkt, „daß sich noch nicht einmal die strengste aller Wissenschaften, die Mathematik, ohne moralische Argumente begründen läßt" (S. 161) – wobei aus fallibilistischer Sicht hier schon anzumerken ist: *wenn* sich wissenschaftliche Erkenntnis überhaupt begründen läßt –, ansonsten aber über unverbindliche ästhetische und naive pragmatische Überlegungen nicht hinauskommt.

Eher der Problemlage gerecht werden für den kritischen Rationalismus ALBERT 1961 sowie ALBERT 1968, Kap. III; für das Erlanger Programm KAMBARTEL 1973.

Zur normativen Funktion der Rationalitätskonzeption des kritischen Rationalismus vgl. ALBERT 1968, S. 62 ff.; zum normativen Charakter der operativistischen Rationalitätskonzeption bzw. Protophysik vgl. MITTELSTRASS 1972 und JANICH 1973.

6 Mit „Kritizismus" ist in diesem vorbereitenden Stadium der Diskussion, um problemabschneidende Präjudizierungen jeglicher Art von vornherein zu vermeiden, *jede* Form – und Lehre – kritischer Erkenntnis gemeint, also keineswegs ausschließlich der *Popper*sche kritische Rationalismus, der nach der hier vertretenen Auffassung lediglich *eine* Version des Kritizismus darstellt. Seiner in der vorliegenden Abhandlung ausführlich diskutierten und grundsätzlich verteidigten Selbstinterpretation nach handelt es sich beim kritischen Rationalismus allerdings um den konsequentesten, durchgängig rechtfertigungsfreien und deshalb bislang einzigen „pankritischen" *(Bartley)* Kritizismus von jener Art, der auch die Grundsätze seines Standpunktes und die „ersten Prinzipien" der Erkenntnis in die Kritik einbezieht (gemäß *Peirces* Diktum: "The Criticist believes in criticizing first principles …" in PEIRCE CP 5.505).

7 Vgl. FEYERABEND 1961, §§ 14 und 15. Der normativ-kritische Charakter der Erkenntnislehre wird von den Vertretern des kritischen Rationalismus *(Popper, Albert)* nachdrücklich betont und ist unter anderem von *Viktor Kraft* in sehr instruktiver Weise herausgearbeitet worden (in KRAFT 1960, Kap. I). – Dies steht im Gegensatz zur *Neutralitätsthese* der Philosophie, die in der Spätphilosophie *Wittgensteins* eine große Rolle spielt und die Erkenntnistheorie auf einen epistemologischen Deskriptivismus mit konformistischen Zügen verpflichtet.

8 Vgl. ALBERT 1967, Kap. 2 und 3, sowie ALBERT 1968, Kap. III.

9 Programmatisch: FEYERABEND 1961.

10 Um Wiederholungen zu vermeiden, sei statt weiterer Ausführungen zu der hier nur am Rande angesprochenen Problematik auf die eingehendere Diskussion in SPINNER 1974, S. 10 ff., verwiesen, auf die ich hier teilweise zurückgegriffen habe.

11 Vgl. FEYERABEND 1960, S. 65. – Hier entstehen, wie schon *Kant* gesehen und mit seiner „Wissenschaft vom Übergang" zu lösen versucht hat, *Überbrückungsprobleme*, deren Lösung die Heranziehung von „Brücken-Prinzipien" *(Albert)* erforderlich macht.

Zur Rolle der „Wissenschaft vom Übergang" in der *Kant*schen Wissenschaftskonzeption vgl. MAY 1950/54, Teil IV; zur modernen Behandlung der Überbrückungsproblematik mit Hilfe von Brücken-Prinzipien ALBERT 1968, S. 73 ff.; zum Problem der Realisierbarkeit im allgemeinen ALBERT 1968, S. 175 ff.

12 Zur Rolle und Deutung dieser programmatischen Entscheidungen im Sinne des kritischen Rationalismus vgl. ALBERT 1968, Kap. III. Daß es dem kritischen Rationalismus gelingt, auch die seinem fallibilistischen Ansatz zugrunde liegenden Basis-Entscheidungen in den Bereich kritischer Rationalität und kritischer, d. h. kritisierbarer Erkenntnis einzubeziehen, ist für die Möglichkeit seiner Weiterentwicklung zum „pankritischen" *(Bartley)* Rationalismus von entscheidender Bedeutung. Im Mittelpunkt dieser Problematik – die ein Kernpunkt der später noch ausführlich diskutierten vertikalen Grundlagenproblematik des fallibilistischen Kritizismus ist – steht die Frage, ob die Entscheidung zum Rationalismus den Charakter einer unhintergehbaren „letzten" Dezision oder den einer kritisch-rationalen Wahlhandlung hat. Zur Warnung vor einer naheliegenden philosophischen Fehlinterpretation siehe unten Anm. 18.

13 *Topitsch*, Vom Wert wissenschaftlichen Erkennens, in TOPITSCH 1961, S. 273; Hervorhebung im Original. Zum hier nicht weiter verfolgten „aristotelischen Aspekt" der erkenntnistheoretischen Problemstellung vgl. das instruktive Vorwort in FRITZ 1971.

14 NIETZSCHE I, S. 698.

15 Vgl. SPINNER 1974 und FEYERABEND 1976.

16 Vgl. SPINNER 1974, S. 22.

17 Vgl. dazu FRITZ 1971, Vorwort, insbes. S. XIV ff.

„Der Unterschied zwischen dem peropatetischen und dem wissenschaftlichen (nicht: philosophischen) Denken unserer Zeit", schreibt *Weil* in diesem Zusammenhang, „besteht darin, daß für Aristoteles jede Wissenschaft sich hinsichtlich ihrer Bedeutung für den Menschen rechtfertigen muß ... Die moderne wissenschaftliche Reflexion verweigert auf Grund ihres szientistischen Charakters diesen Übergang zur Philosophie" – neuerdings mit der durchsichtigen Schutzbehauptung, daß dies zur „Politisierung" der Wissenschaft unter zwangsläufigem Verrat an der „Idee der Wahrheit" führe. Damit diese „Rechtfertigung" der Wissenschaft, die nach dem *Popper*schen „rechtfertigungsfreien" Wissenschaftsverständnis keineswegs als erkenntnistheoretische Selbstbegründung, sondern als moralische Selbstverantwortung zu verstehen ist, letztlich nicht doch wieder auf den *l'art pour l'art*-Standpunkt „reiner Wissenschaftlichkeit" hinausläuft, hat sich die Wissenschaft im Rahmen der aristotelischen Fragestellung „der Kritik durch einen Menschen – nicht durch einen Spezialisten –" zu unterwerfen (WEIL 1972, Anm. 57, S. 166/67).

18 Die Frage der angemessenen Interpretation dieser Grundsatz-Entscheidungen und der kraft dieser Vorentscheidungen eingeführten „ersten" proto- oder metawissenschaftlichen Erkenntnisprinzipien wird im Zusammenhang mit der vertikalen Grundlagenproblematik der *Popper*schen Philosophie noch ausführlich zur Sprache kommen. In Antizipation der späteren Ausführungen zu dieser Thematik sei zur Vermeidung von Mißverständnissen hier nur ein Diskussionsergebnis erwähnt. Angesichts ihrer kaum überschätzbaren Bedeutung liegt es nahe, den normativen Basis-Entscheidungen eine „konstitutive" Funktion für die Bildung von Rationalität und Wissenschaftlichkeit zuzuschreiben. Wenn sie in dem spezifischen Sinne *Kant*s verstanden und in das transzendentalphilosophische Begründungsprogramm eingeordnet wird, liefe die konstitutive Interpretation allerdings auf das Gegenteil dessen hinaus, was ein konsequent durchgehaltener fallibilistischer Kritizismus *Popper*scher Prägung mit Hilfe normativer Grundsatz-Entscheidungen inszenieren will. Damit sollen Erkenntnis, Wahrheit und Wissenschaft *initiiert*, nicht aber – etwa im Rahmen eines auf „Letztbegründung" abzielenden Rechtfertigungsmodells der Erkenntnis – geltungsmäßig *legitimiert* werden.

Übrigens läßt sich die Pointe dieser Deutungsdifferenz ohne weiteres auch im *Kant*schen Vokabular ausdrücken, nämlich als Gegensatz zwischen „konstitutiver" und „regulativer" Interpretation von Erkenntnisprinzipien. Mit *Kants* eigenen Worten gesagt: Die normativen Basis-Entscheidungen *postulieren, was,* oder besser *wie* Erkenntnis und Wissenschaft sein sollen, *antizipieren* diese aber in keiner Weise und können sie deshalb auch niemals in ihrem realen Geltungsanspruch begründen. (Zur kantischen Unterscheidung zwischen *konstitutiven* Prinzipien der *Möglichkeit* von Erfahrungsobjekten und der Erfahrungserkenntnis überhaupt, die antizipieren, „was im Objekte ... an sich gegeben ist", einerseits, und *regulativen* Prinzipien, die lediglich postulieren, andererseits, es also niemals erlauben, „bei einem Schlechthinunbedingten stehen zu bleiben" und die deshalb keine absolute Grenze fixieren, vgl. *Kant*, Kritik der reinen Vernunft, B 535 bzw. A 509 ff., in KANT II, S. 471 ff., Zitate S. 472.)

19  Vgl. CARNAP 1950 und FEIGL 1963. Für den kritischen Rationalismus vgl. ferner *Lakatos'* instruktive, aber philosophisch viel zu kurz angesetzte Rekonstruktion der *methodologischen* Basis-Entscheidungen, die dem falsifikationistischen Prüfmodell zugrunde liegen, in LAKATOS 1970, Abschn. 2b.

20  Vgl. SPINNER 1974, S. 13.

21  Zur Dezisionismus-Kritik vgl. *Habermas*, Dogmatismus, Vernunft und Entscheidung, in HABERMAS 1971, S. 307 ff., einerseits, und ALBERT 1968, Kap. III, andererseits.

22  Vgl. POPPER OS I, Kap. V, sowie den neuen Anhang zur 4. Aufl. des 2. Bandes in POPPER OS II, S. 369 ff.; zur Kritik von *Poppers* weltgeschichtlichen Fehlanwendungen der an sich zutreffenden Unterscheidung von „Natur" und „Konvention", insbesondere der in *Poppers* vorurteilsgeladener Darstellung implizit unterstellten *Urdogmatismusthese* vgl. SPINNER 1977/78 I.

23  Vgl. POPPER CAR, Kap. 5.

24  Vgl. GOMBRICH 1961, Kap. IV.

25  GEYL 1958, S. 157.

26  Vgl. LÉVI-STRAUSS 1973, Kap. I.

27  Vgl. POPPER OS; eine detaillierte kritische Analyse des *Popper*schen Offenheits/Geschlossenheits-Schemas in Anwendung auf Individuum, Gesellschaft und Weltgeschichte findet sich in SPINNER 1977/78 I.

28  Die Idee, die Wissenschaft durch unsere Forderungen zu definieren, stammt von *Hugo Dingler*, der in diesem Zusammenhang von einem „Definitionsapriori" oder – im Sinne des *Vico*schen *Verum-Factum-Prinzips* ins Praktische gewendet – „Herstellungsapriori" spricht. Dieser normativ-dezisionistische „Herstellungsstandpunkt" ist von *Dingler* selbst und der von ihm beeinflußten Erlanger Schule um *Paul Lorenzen* auf dem Wege einer methodischen (Selbst-)Begründung der exakten Wissenschaften mit äußerster Konsequenz durchgehalten worden. Auf das certistisch orientierte Erkenntnisprogramm und den damit verbundenen methodischen Operativismus dieser aktivistischen Spielart des erkenntnistheoretischen Fundamentalismus wird an passender Stelle des Argumentationszusammenhangs (siehe insbesondere Zweiter Teil, Kap. 5) zurückzukommen sein.

29  Vgl. NAESS 1972, Kap. IV; ähnlich auch FEYERABEND 1976.

30  Vgl. SPINNER 1974, S. 109 ff.

31  HOFFMAN 1961, S. 70.

32  Vgl. SPINNER 1974, S. 142.

33  *David Riesman* weist mit vollem Recht darauf hin, daß „gerade die bescheidenen, vom gesunden Menschenverstand diktierten Ziele der Informierten und 'konstruktiven' Kritiker ... unerreichbar sind. ... der *status quo* erweist sich als das illusionärste aller Ziele" (RIESMAN 1958, S. 318; Hervorhebung im Original).

34 Auch eine *Utopie* in dem strengen Sinne eines unter keinen Umständen realisierbaren „Ideals" verliert dieser objektiven Unmöglichkeit wegen (einmal gesetzt, daß sie bestehe; was übrigens immer nur hypothetisch angenommen werden kann) nicht zwangsläufig jeden Erkenntniswert – weder im wissenschaftlichen noch im politisch-sozialen Kontext, in theoretischer oder praktischer Hinsicht. Selbst wenn die Utopie keinerlei realisierungsfähige Problemlösungen enthalten sollte, kann sie doch zur *Kritik* der realisierten oder realisierbaren Problemlösungen dienen, indem sie deren Unzulänglichkeiten gebührend anprangert, ja vielleicht überhaupt erst sichtbar macht. Insofern kann auch gerade eine Utopie wichtige Erkenntnisfunktionen einer *theoretischen Alternative* im Sinne des pluralistischen Erkenntnismodells (vgl. SPINNER 1974) übernehmen.

Negativ ist das „Denken in Utopien" im allgemeinen vor allem dann zu bewerten, wenn es mit *tabula rasa*-Forderungen verbunden wird (wie es fast ausnahmslos bei revolutionären politisch-sozialen Utopien der Fall ist). Weit davon entfernt, den kognitiven oder sozialen Fortschritt zu fördern, verliert der Utopismus in dieser Allianz mit einem auf völligen Traditionsbruch (dagegen, allerdings in weit überzogener Weise, LORENZ 1971, S. 314 ff.) angelegten ästhetischen Perfektionismus und geschichtsfeindlichen Eskapismus seine progressive Kraft. Utopisches Denken wird hier zum Atavismus, der Fortschritt über den Stand des Erreichten hinaus praktisch unmöglich macht. Zur Bewertung von Utopien dieser Art vgl. POPPER OS, insbes. Bd. I, Kap. 9, sowie die ausführliche Diskussion in ALBERT 1968, Kap. VII, vor allem S. 161 ff. und S. 174 ff.; ferner die Ausführungen zum Problem des Anfangs der Erkenntnis in der vorliegenden Abhandlung (siehe Bd. II).

35 Vgl. NIETZSCHE I, S. 795: „Man kritisiert einen Menschen, ein Buch am schärfsten, wenn man das Ideal desselben hinzeichnet."

36 Vgl. *Wittgenstein*, Philosophische Untersuchungen, § 98 (in WITTGENSTEIN I, S. 339).

37 Vgl. zum Beispiel POPPER 1970a.

38 Zur Kritik der Scheinalternative „Reform oder Revolution" vgl. SPINNER 1977/78 II.

39 Vgl. POPPER OS und POPPER 1965a.

40 Vgl. LINDBLOM 1965.

41 Vgl. SPINNER 1974, S. 16; eine ausführlichere Kritik der gradualistischen Sozialtechnologie liefert SPINNER 1977/78 II.

42 Auf diesen protowissenschaftlichen und transzendentalphilosophischen Positivismus wird in der Diskussion des Begründungsprogramms und der damit verbundenen Verschiebung der Begründungsproblematik auf die proto- oder metatheoretische Ebene eingegangen (siehe Bd. II).

43 Zur Charakterisierung der Wissenschaft als Produkt eines „potenziert theoretischen" Erkenntnisstils vgl. SPINNER 1974, S. 109; ausführlicher SPINNER 1977a.

44 Vgl. *Wittgensteins* Spätschriften, insbesondere die „Philosophischen Untersuchungen" (in WITTGENSTEIN I, S. 279 ff.).

In der *Wittgenstein*schen Spätphilosophie sind alle Geltungsprobleme zugunsten einer (allerdings äußerst scharfsinnigen, vielfach äußerst einsichtsvollen und lehrreichen) Deskription der etablierten (Sprach-)Praxis und damit zusammenhängenden „Lebensformen" ausgeklammert. „Alle Erklärung muß fort, und nur Beschreibung an ihre Stelle treten", umreißt *Wittgenstein* sein philosophisches Erkenntnisprogramm (Philosophische Untersuchungen, § 109; Hervorhebung im Original). Diese Art von Philosophie strebt kein Ideal an (vgl. § 98) und „läßt alles wie es ist" (§ 124).

Unter ausdrücklicher Berufung auf die Spätphilosophie *Wittgensteins* hat *Winch* in seinem vieldiskutierten Buch WINCH 1966 den Versuch unternommen, diesen epistemologischen Deskriptivismus auf die Sozialwissenschaften zu übertragen, wobei dessen latente, bei *Wittgenstein* selbst noch gezügelte konformistische Tendenz deutlich hervortritt. Die Konsequenzen sind für jede Disziplin, die *theoretische* und insbesondere auch *kritische* Erkenntnis anstrebt, verheerend (vgl. die polemisch überzogene, im Kern aber berechtigte Kritik in GELLNER 1963).

Der *Wittgenstein*sche epistemologische Deskriptivismus ist im Zusammenhang mit den vielfältigen Versuchen zur *Enttheoretisierung* von Philosophie und/oder Wissenschaft zu sehen, die als Folge der ungelösten Krise des klassischen Begründungsprogramms in der neuzeitlichen Philosophie weithin aufgekommen sind.

45 Vgl. DEWEY 1938, S. V.

46 Vgl. in diesem Zusammenhang auch die diesbezügliche Kritik an *Lakatos* in FEYERABEND 1972, S. 147 ff.

47 Vgl. HEGEL GPR, S. 16 (Hervorhebung im Original). Vgl. auch HEGEL PHÄN, S. 189/90 (Hervorhebungen im Original): „Was allgemein gültig ist, ist auch allgemein geltend; was sein *soll*, *ist* in der Tat auch, und was nur sein *soll*, ohne zu *sein*, hat keine Wahrheit."

Eine kenntnisreiche Exposition und Verteidigung der *Hegel*schen Sollenskritik liefert MARQUARD 1964/65. *Marquards* Versuch nachzuweisen, daß *Hegels* Sollenskritik „keine Prozeß-, d.h. Progreßbremsung, sondern im Gegenteil: Regreßbremsung" sei, die sich dem Erkenntnisfortschritt in keiner Weise widersetze, ihn vielmehr schütze und fördere, scheint mir jedoch in wesentlichen Punkten mißlungen zu sein. *Marquard* begnügt sich mit *Hegel*-Exegese, anstatt die Konsequenzen des *Hegel*schen Erkenntnisprogramms für den philosophischen und wissenschaftlichen Erkenntnisfortschritt zu untersuchen. Vgl. in diesem Zusammenhang meine Ausführungen zu *Hegel* an späterer Stelle (in Bd. II), wo *Hegels* Theorie des Anfangs unter dem Aspekt einer Theorie des Erkenntnisfortschritts analysiert und kritisiert wird.

Überzeugend scheint mir dagegen *Marquards* Untersuchung insofern zu sein, als sie zeigt, wie fragwürdig die Berufung auf *Hegel* von seiten jener modernen Form philosophischer Hermeneutik à la *Gadamer* ist, die *Hegel* in ihr Programm „*der unbedingten Unterwerfung unter Gegebenes"* (a.a.O., S. 108; Hervorhebung im Original) einzuspannen versucht. Dasselbe ist auch von der politischen Variante dieses Arguments zu sagen, wie sie sich in *Poppers* in diesem Punkt besonders maßloser *Hegel*-Kritik findet (vgl. POPPER OS II, Kap. 12).

48 GADAMER 1965, S. 483/84 (Hervorhebungen im Original). Vgl. in diesem Zusammenhang auch *Gadamers* Versuch der „Rehabilitierung von Autorität und Tradition" (S. 261 ff.) sowie die instruktive Kritik in HIRSCH 1964/65.

Zur Kritik *dieser* Art philosophischer Hermeneutik vgl. ferner ALBERT 1968, Kap. V und VI, ALBERT 1972, Kap. III sowie ALBERT 1975 a.

49 FEYERABEND 1965, S. 252 (Hervorhebungen im Original).

50 SNELL 1962, S. 41.

51 BURNET 1920, Vorwort zur 3. Auflage.


**1. Kapitel**

52 FRITZ 1961, S. 546.

53 FRITZ 1961, S. 548.

54 Nach DICKS 1966, S. 38, waren die Vorsokratiker keine Wissenschaftler. In POPPER CAR, S. 141, dagegen wird diese Frage klugerweise offen gelassen.

55 FRITZ 1971, S. 3.

56 FRITZ 1971, S. 2.

57 SCHACHERMEYR 1966, S. 42.

58 FRITZ 1971, S. 2.

59 FRITZ 1971, S. 7.

60 SCHACHERMEYR 1966, S. 36.

61 SCHACHERMEYR 1966, S. 36/37 (Hervorhebungen nicht im Original).

62 Vgl. im folgenden insbesondere FRITZ 1952, 1961 und 1971.

63 POPPER CAR S. 136 (Hervorhebung im Original).

64 Vgl. POPPER CAR, S. 152: "There is only one element of rationality in our attempts to know the world: it is the critical examination of our theories".

65 Nach POPPER CAR, S. 150, ist mit *Thales* "a new tradition of freedom" begründet worden.

66 SCHACHERMEYR 1966, S. 29.

67 Zwischen den Vorsokratikern und der späteren Entwicklung der Wissenschaft besteht nach POPPER CAR, S. 141, "the most perfect possible continuity of thought" – eine Behauptung, durch die eine rein zufällige zeitliche und sachliche Koinzidenz zwischen dem Aufkommen der kritischen Einstellung und der Entstehung von Wissenschaft ausgeschlossen sein dürfte.

68 *Diels*, Die Anfänge der Philologie bei den Griechen (1909), in DIELS 1969, S. 79.

69 POPPER CAR, S. 149.

70 FRÄNKEL 1969, S. 294/95.

71 Vgl. SPINNER 1974, S. 16 ff. sowie die weiter ausgreifende Kritik des kritischen Rationalismus ebenda S. 200 ff. und in SPINNER 1977/78 II.

72 Vgl. *Poppers* ausdrückliche Charakterisierung des „dogmatischen" Typs philosophischer Schulen als vorzugsweise „primitiv" (POPPER CAR, S. 149). Zur Kritik der hier und andernorts von *Popper* unterstellten *Urdogmatismus*-These vgl. SPINNER 1977/78 I.

73 Zur Aufstellung dieser These für den kritischen Rationalismus vgl. SPINNER 1974, S. 104 ff.

74 SCHACHERMEYR 1966, S. 275.

75 SCHACHERMEYR 1966, S. 32; vgl. auch S. 275. – Eine ausführliche Darstellung der erkenntnistheoretischen Eigenart und praktischen Konsequenzen des hier angesprochenen *additiven*, an der Denkfigur der „Parataxe" orientierten Erkenntnisstils findet sich in SPINNER 1977a.

76 SCHACHERMEYR 1966, S. 29; zur archaischen und frühklassischen Toleranz vgl. insbes. S. 28 ff., 130 ff. und 273 ff.; zur Intoleranz des kritischen Denkens Kap. 3 dieses Buches.

77 Zur Kritik dieser Entwicklung im kritischen Rationalismus vgl. SPINNER 1974, S. 224 ff.; noch ausführlicher in SPINNER 1977/78 II.

78 POPPER CAR S. 132.

79 Vgl. dazu und im folgenden SPINNER 1977/78 II.

80 Zur Kritik dieses Postulats vgl. SPINNER 1974, S. 225 ff. – Ich habe nicht den Eindruck, daß *Hans Alberts* Erwiderung den Kern der Sache und die Pointe meiner Kritik daran trifft (vgl. ALBERT 1975, S. 201 ff.).

81 Vgl. zum Beispiel OLDENBURG 1919.

82 DINGLER 1938, S. 40.

83 Vgl. POPPER CAR, S. 136 ff.

84 POPPER CAR, S. 149.

85 Zur Korrektur von *Poppers* zugegebenermaßen "heroic and romantic idea of science and its workers" (POPPER REP, S. 977) – ihrer Gründer vor allem – vgl. KIRK 1960; zur Korrektur von *Dinglers* Wissenschaftsbild vgl. FEYERABEND 1961.

86 Vgl. die in diesem entscheidenden Punkt völlig auf der *Dingler*schen Parteilinie liegende Darstellung in MITTELSTRASS 1974, Kap. 2.

87 FRITZ 1971, S. 511 (Hervorhebung im Original).

88 Vgl. die neuesten monographischen Darstellungen der Eiszeitkunst und Steinzeitwissenschaft in HAWKINS 1966 und 1973, KÖNIG 1973, MARSHACK 1972 und UCKO/ROSENFELD 1967. Eine erkenntnistheoretische Rekonstruktion und ideengeschichtliche Würdigung des darin verwirklichten Erkenntnisstils im Hinblick auf die sogenannte Geburt der Wissenschaft – die damit um Jahrzehntausende vorverlegt wird – liefert Spinner 1977a.

## 2. Kapitel

89 FRITZ 1971, S. 7; vgl. ferner FRITZ 1952 und 1961.

90 FRITZ 1971, S. 10.

91 FRITZ 1971, S. 10 (Hervorhebung nicht im Original).

92 GUTHRIE II, S. 454.

93 Vgl. SCHWABL 1953, S. 74.

94 WEIZSÄCKER 1966, S. 52.

95 WEISS 1938, S. 49.

96 WEISS 1938, S. 52.

97 Vgl. BERGMANN 1964, S. 304.

98 GUTHRIE II, S. 454.

99 Eine detaillierte Rekonstruktion des homerischen Aggregatuniversums sowie des aristotelischen Substanzuniversums findet sich in FEYERABEND 1974a; des mythischen Einheitsuniversums in SPINNER 1977a.

100 Vgl. *Kirks* Kritik an *Poppers* "historicism in reverse" in KIRK 1960, insbes. S. 339.

101 Dieser Fehler eines „falschen Evolutionismus", der Kulturformen und -varianten als Evolutionsphasen auf durchgehender Fortschrittslinie in einer Weise anordnet, die von „primitiven Anfängen" schließlich zur Entwicklungsstufe unserer Kultur − repräsentiert vornehmlich durch die moderne Wissenschaft − führt, wird neuerdings in den zuständigen Fachwissenschaften mit Recht scharf kritisiert (vgl. zum Beispiel LÉVI-STRAUSS 1972, S. 20 et passim).

Angesichts der Aufgabe, alternative Denkformen adäquat zu deuten und unvoreingenommen zu würdigen, liegt in diesem falschen Evolutionismus in Verbindung mit dem gleichermaßen falschen Parallelismus (zur Kritik vgl. UCKO/ROSENFELD 1967, S. 72 ff. und 150 ff.; noch ausführlicher: SPINNER 1977a) *die* Versuchung für das moderne Denken. Wie *Poppers* Darstellung zeigt, kann sie selbst dann noch zu gravierenden Fehldeutungen führen, wenn es sich beim Vergleichsfall um so nahestehende, wahlverwandte Denkformen wie die des griechischen Erkenntnisstils handelt, aus dem ja tatsächlich *unser* wissenschaftlicher Erkenntnisstil hervorgegangen ist − aber eben nicht ohne Abstriche und Zusätze, auch nicht durch bloße Steigerung, durch Fortschritt in einer Richtung, die geradewegs zur modernen Wissenschaft führt.

„Man kann wohl sagen, daß alle Absurditäten und Ungeheuerlichkeiten, auf die wir in der Philosophie-, Religions- und Wissenschaftsgeschichte treffen," betont *Leisegang* im Zusammenhang mit seiner vergleichenden Analyse alternativer Denkformen, „darauf beruhen, daß eine an einem bestimmten Wirklichkeitsbereiche ausgebildete Denkform auf die ganze Welt mit allen ihren Erscheinungen übertragen wird, als ob sie alle von derselben Struktur wären, wie dieses eine in sich geschlossene Gebiet" (LEISEGANG 1951, S. 447). Dies gilt auch für die Überlagerung alternativer Denkformen durch unseren heutigen wissenschaftlichen Erkenntnisstil, wie es in den ideengeschichtlichen Darstellungen der Philosophie- und Wissenschaftsgeschichte insbesondere mit den „vorwissenschaftlichen", angeblich primitiven Frühformen des Denkens gemacht zu werden pflegt. Auch wenn die tendenziöse verkehrt-evolutionistische Rückschau auf die Vergangenheit (siehe oben Anm. 100) heutzutage nicht mehr so weit geht, die seelisch-geistige Entwicklungsstufe der Urmenschen mit der eines einjährigen(!) Kindes unserer Zeit in Parallele zu setzen (so noch in FRANKE 1913, S. 16; zur Korrektur vgl. OVERHAGE 1969, S. 206 ff. et passim), so ist das vorherrschende Bild von der sogenannten Geburt der Wissenschaft immer noch von Verzerrungen dieser Art − *Poppers* Urdogmatismusthese zum Beispiel − geprägt. Eine Entzerrung des evolutionistischen Fortschrittsbildes der modernen Hochkultur- und Vollwissenschaftslehren auf der Fortschrittslinie „von der Natur zur Kultur", „von der Vorwissenschaft zur Wissenschaft", „vom Mythos zur Philosophie" (vgl. NESTLE 1975) wird in SPINNER 1977a versucht, eine Kritik der Urdogmatismusthese in SPINNER 1977/78 I vorgenommen.

102 SNELL 1962, S. 36.

103 Vgl. SNELL 1962, S. 35.

104 Vgl. WEIZSÄCKER 1971, S. 136 ff.

105 FRITZ 1961, S. 575; ebenso FRITZ 1971, S. 88.

106 FRITZ 1961, S. 575.

107 Zu diesem Prinzip frühgriechischen Denkens vgl. die Monographie MÜLLER 1965; zum weiteren Problemzusammenhang LLOYD 1966; ferner auch GUTHRIE I, S. 206 ff. und FRITZ 1968, S. 329 ff.

Die in Philosophie, Mythos und Magie gängigen Versionen und Deutungen dieses Prinzips (,,Gleiches erzeugt Gleiches", ,,Gleiches kann nur auf Gleiches wirken"; ,,Gleiches kann nur durch Gleiches erkannt werden"; ,,Gleiches wird von Gleichem angezogen"; etc.) werden ausführlich diskutiert in KELSEN 1941, S. 239 ff., 349 ff. et passim.

108 Zu dieser frühgriechischen Kosmosvorstellung vgl. KRANZ 1967, S. 165 ff. und 197 ff.

109 Vgl. zum Beispiel die vorzügliche Kritik in JENSEN 1960, Kap. I; zur erkenntnistheoretischen Auswertung SPINNER 1977 a.

110 ,,Im ,Banne' des mythischen Denkens ist das Bild die Sache selbst", schreibt *Riezler* im Hinblick auf den Übergang vom mythischen zum philosophischen Denken. ,,Die Einheit von Bild und Sache gilt als das entscheidende Kennzeichen dieses mythischen Denkens ..." (RIEZLER 1968, S. 14). In demselben Zusammenhang spricht *Kranz* von der ,,Epoche des mythischen Denkens, in der Sache und Bild in eins zusammenfallen ..." (KRANZ 1962, S. 17). Ein anderer Philosophiehistoriker geht noch weiter: ,,Das vorlogische (also vorparmenideische, H.S.) Denken setzt das *Sein* des Dinges, den *Namen* des Dinges und das *Haben* des Dinges vermöge der Kenntnis des Namens als *identisch*" (HOFFMANN 1925, S. 15; Hervorhebungen nicht im Original).

Sogar in der fachwissenschaftlichen Spezialliteratur wird auch heute noch zuweilen allen Ernstes die groteske Behauptung verbreitet, daß für das magisch-mythische Denken (hier konkret: des paläolithischen Frühmenschen, der immerhin schon der voll entwickelte *homo sapiens sapiens* war und damit unseren modernen Menschentyp repräsentiert; vgl. OVERHAGE 1969, S. 258 ff.) ,,eine totale natürliche Realidentität von Objekt und Vertretenem" bestünde (so EPPEL 1958, S. 25; etwa einschränkend S. 71 im Sinne einer Doppelgänger-Theorie, wonach Bild und Ding ,,nur während der affektiven Handlung gleichgesetzt" würden).

Wie ist das zu verstehen? Soll das heißen, daß der in den Zauberkreis von Magie und Mythos eingeschlossene, ,,prälogisch" (*Lévi-Bruhl*) denkende ,,Primitive" nicht imstande gewesen sein soll, zwischen gemaltem (oder vorgestelltem) und wirklichem Fleich zu unterscheiden und etwa ernstlich geglaubt hätte, sich vom Bild eines Tieres ernähren oder mit der Statuette der *Venus von Laussel* Kinder zeugen zu können? Wenn das aber nicht gemeint ist, welchen vernünftigen, faßbaren Sinn hat dann *Kranz'* Behauptung des Ineinszusammenfallens oder *Eppels* These der ,,totalen(!) Realidentität(!)" von Bild und Objekt? Diese Deutung der vorphilosophischen oder vorwissenschaftlichen Denkweise wird nicht einmal der Mentalität des dümmsten Troglodyten und wildesten Kannibalen – entgegen weitverbreiteter Auffassung ist der Eiszeitmensch weder das eine noch das andere gewesen – gerecht. Und was für den ,,primitiven Naturmenschen" gilt, gilt erst recht für den homerischen Kulturmenschen. Dem vorgeschichtlichen wie dem zeitgenössischen ,,Primitiven" ist es völlig klar, daß man einen Jagdzauber – sich also unter anderem ein Bild des Gegenstandes – machen *und* Fallen stellen muß, um *wirklich* etwas Eßbares in den Magen zu bekommen.

Der Steinzeitjäger mag ja tatsächlich geglaubt haben, daß man ,,die Tiere, indem man sie darstellt, bereits in erreichbarer Nähe, fast in der Gewalt hat, so daß nur noch die Jagdmittel angewandt zu werden brauchen" (PREUSS 1904, S. 389). Daß man mit der Verfügungsmacht über das Bild das Objekt selbst eben allenfalls ,,fast" in der Gewalt hat, daß der Jagdzauber das Jagen selbst vielleicht begünstigen, aber keinesfalls ersetzen kann, ist natürlich der Witz der Geschichte, auf den es hier ankommt, auch wenn man durch oberflächliche Interpretation des Vorganges den „kleinen Unterschied" zwischen „Realidentität" von Abbildung und Abgebildetem und bloßer symbolischer Stellvertretung zu verwischen sucht. Angesichts der Sorgfalt, die der „Primitive" auf die Herstellung der „Jagdmittel" verwandte, der Ausdauer, mit der er die Jagd betrieb, und der erstaunlichen Sachkenntnis, die er dabei einsetzte, ist anzunehmen, daß er sich des *großen* Unterschieds zwischen symbolischer und wirklicher Verfügungsmacht sehr wohl bewußt war und die These von der „totalen natürlichen Realidentität" von Bild und Objekt jedenfalls *in praxi* nicht so ernst genommen hat wie seine späteren, philosophisch oder wissenschaftlich hochgebildeten Interpreten. (Eine ausführliche Darstellung und Kritik der hier angesprochenen Mythendeutung liefert die in Anm. 109 genannte Literatur.)

111 VERDENIUS 1960, S. 11 (Hervorhebungen im Original).

112 Vgl. MÜLLER 1965, S. 176.

113 Vgl. VLASTOS 1945/46, Teil II.

114 FRITZ 1971, S. 607.

115 LLOYD 1966, S. 270.

116 Vgl. KIRK/RAVEN 1963, S. 413 und 419 f.

117 Eine ausführliche Darstellung und Kritik dieses Denkschemas, das in der modernen Wissenschaftstheorie eine große Rolle spielt, liefert SPINNER 1977 b.

118 FRITZ 1961, S. 575.

119 Ob damit jeder „Ur-Kontakt mit der Wirklichkeit" (*Brand*) im Sinne eines Gewißheit verbürgenden „materialen Apriori" entfällt, ist die Frage, die in jeder Philosophie auch heute noch eine Rolle spielt, die das Subjekt-Objekt-Verhältnis erkenntnistheoretisch thematisiert. Vgl. in diesem Zusammenhang die eingehende Problemanalyse vom Standpunkt der modernen Phänomenologie und Hermeneutik in BRAND 1971, S. 213 et passim.

120 Das ist das *erste Überbrückungsproblem*, dem im Verlauf der Philosophiegeschichte ein ganzer Rattenschwanz von Folgeproblemen anwächst. Einige davon sind im Rahmen der traditionellen Philosophie von *Kant* – auf dessen „Wissenschaft vom Übergang" ich noch zurückkommen werde –, im Rahmen der modernen Wissenschaftstheorie von *Albert* (vgl. ALBERT 1968, S. 76 ff.) thematisiert worden.

121 FEYERABEND 1974a (Manuskript-Fassung, S. 146).

122 Trotzdem hat dieser Erklärungsansatz in der Philosophie auch danach noch manchen späten Nachklang gefunden, zum Beispiel bei *Aristoteles* (vgl. dazu BLUMENBERG 1966, S. 211). Auf die Nachwirkung des *Gleiches durch Gleiches*-Prinzips in der modernen Hermeneutik (Theorie des Verstehens) habe ich im Haupttext dieses Kapitels (oben S. 36) bereits hingewiesen.

123 LÉVI-STRAUSS 1971, S. 239.

124 Zum Begriff des „Thematischen" vgl. HOLTON 1973, Kap. I.

125 GUTHRIE I, S. 36.

126 MASON 1961, S. 21.

127 FRITZ 1971, S. 12.

128 Vgl. FEYERABEND 1961.

129 FRITZ 1961, S. 601.

130 GUTHRIE II, S. 461 (Hervorhebung nicht im Original); zu *Parmenides* vgl. S. 20 ff. dieses Bandes.

131 GUTHRIE I, S. 37. – Zur Rolle der Abstraktion vgl. auch GIEDION 1964, S. 22 ff.

132 FRITZ 1971, S. 8; vgl. auch FRITZ 1961, S. 547.

133 Vgl. FRITZ 1971, Vorwort; ferner FRITZ 1961, S. 581.

134 Vgl. FRITZ 1961, S. 633 f.

135 Über den hier angesprochenen Zusammenhang zwischen dem Informationsgehalt, der Erklärungskraft und der Prognosekraft von Theorien vgl. POPPER CAR, Kap. 10, insbes. S. 228 ff.

136 Vgl. NEUGEBAUER 1954, S. 795 ff. und 802.

137 FRITZ 1961, S. 574.

138 FRITZ 1971, S. 10.

139 DOUGLAS 1974, S. 22. – Lange vorher schon hat Comte *Henri Bégouen* darauf hingewiesen, daß das magisch-mythische Denken einer Exaktheitsforderung unterworfen ist, wobei er den Glauben an einen Zusammenhang zwischen der Präzision der Darstellung und dem magischen Effekt unterstellt (vgl. BÉGOUEN 1929, S. 14). Die Schwäche von *Bégouens* Hypothese liegt darin, daß sie die Richtigkeit der magischen Interpretation der paläolithischen Kunst im Sinne der Jagd- und Fruchtbarkeitszauber-Theorie voraussetzt, die sich nach dem heutigen Stand der Forschung nicht mehr aufrechterhalten läßt (vgl. zum Beispiel die detaillierte Kritik in LEROI-GOURHAN 1971). Das Genauigkeitspostulat läßt sich jedoch meines Erachtens auch unabhängig von eventuellen magischen Aspekten für bestimmte vor- oder außerwissenschaftliche Erkenntnisunternehmen nachweisen, indem man die Eigenart des zugrunde liegenden *Erkenntnisstils* in Betracht zieht (vgl. SPINNER 1977a).

140 Vgl. VERCOUTTER 1963, wo der Ägypter "concern for accuracy" (S. 44) hervorgehoben wird.

141 Vgl. die einschlägigen Darstellungen des pythagoreischen Programms in FRANK 1962; BECKER 1963 (S. 127 ff.: Die Aktualität des pythagoreischen Gedankens); BURKERT 1962; GUTHRIE I, Kap. IV; FRITZ 1971, S. 47 ff.; SAMBURSKY 1965, Kap. II; SCHRÖDINGER 1955, Kap. III.

142 FRITZ 1971, S. 556; vgl. auch S. 481 ff.; ferner BECKER 1963, S. 148 ff.

143 Zu diesem Aspekt des pythagoreischen Programms vgl. FRANK 1962 und BURKERT 1962.

144 WHITEHEAD 1949, S. 38.

145 KAHN 1960, S. 211.

146 SAMBURSKY 1965, S. 48 (Hervorhebung nicht im Original).

Vgl. in diesem Zusammenhang auch JAEGER 1959 I, S. 221/22: „Die pythagoreische Auffassung der Zahl als Prinzip der Dinge ist in der streng geometrischen Symmetrie des anaximandrischen Kosmos vorgebildet. Von der reinen Arithmetik her ist sie nicht zu verstehen. ... Mit mathematischer Naturwissenschaft im heutigen Sinne hat die pythagoreische Lehre nichts zu tun. Die Zahl bedeutet ihr (der milesischen Naturphilosophie, H.S.) viel mehr, sie bedeutet nicht die Zurückführung der Naturvorgänge auf errechenbare quantitative Verhältnisse, sondern die verschiedenen Zahlen sind das qualitative Wesen ganz verschiedener Dinge ..."

147 WHITEHEAD 1949, S. 38 (Hervorhebung im Original).

148 FRANK 1962, S. 222.

149 Vgl. SAMBURSKY 1965, S. 48 ff.

150 JAEGER 1959 I, S. 224.

151 Dem steht natürlich *Franks* These von der „empirische(n) Methode der Pythagoreer" entgegen, „die die wahren Zahlengesetze der Natur durch Experiment und Messung der Natur glauben abringen zu können" (FRANK 1962, S. 14). – Dabei ist allerdings zu berücksichtigen, daß *Franks* Darstellung die *sogenannten*, nicht die echten Pythagoreer im Auge hat.

152 SAMBURSKY 1965, S. 49.

153 FRANK 1962, S. 55 (Hervorhebung im Original).

154 Wie sie etwa in FRANK 1962 zu finden ist; vgl. insbes. S. 14 ff., 39, 55 und 219 ff.

155 GUTHRIE I, S. 238.

156 Zum *Mythos der Invarianz* vgl. *Giorgio de Santillanas* Vorwort zu SANTILLANA/DECHEND 1969 sowie den Haupttext dieses hochinteressanten Beitrags zur Mythenforschung. Dieser Aspekt des pythagoreischen Programms wird auch – in etwas vager Weise – in BECKER 1963, S. 127 ff., angesprochen.

157 GUTHRIE II, S. 122.

158 Ich denke hier insbesondere an das *Bourbaki-Programm;* vgl. zum Beispiel BOURBAKI 1971, insbes. die programmatischen Ausführungen im ersten Kapitel.

159 BECKER 1963, S. 147.

160 Vgl. in diesem Zusammenhang auch *Blumenbergs* Ausführungen zur Rolle von Exaktheitsidealen und -postulaten in der mittelalterlichen Wissenschaft (in BLUMENBERG 1973, S. 155 ff.).

161 FRITZ 1971, S. 11.

162 FRITZ 1952, S. 377; vgl. auch FRITZ 1967, Textband I, S. 38 f.

163 Zuschreibung und Datierung der Entdeckung sind umstritten; ich folge hier der meines Erachtens überzeugenden Argumentation in FRITZ 1971, S. 52 ff. und 545 ff.

164 FRITZ 1971, S. 545.

165 FRITZ 1971, S. 545.

166 FRITZ 1971, S. 545.

167 Vgl. *Lakatos'* Unterscheidung progressiver und degenerativer Problemverschiebungen in LAKATOS 1970, S. 116 ff.

168 FRITZ 1971, S. 571.

169 Vgl. SPINNER 1974, S. 109 ff.

170 Vgl. MOURELATOS 1973.

171 Vgl. SAMBURSKY 1965, S. 17, und KRAFFT 1971, S. 35 ff.

172 Zum „kritischen Syndrom" im Sinne des kritischen Rationalismus vgl. SPINNER 1974, S. 200 ff.

173 FRITZ 1952, S. 219.

174 Siehe oben Haupttext S. 23 ff.

175 Vgl. SNELL 1958.

176 FRITZ 1971, S. 519 (Hervorhebungen im Original).

177 Vgl. JAEGER 1959 I, S. 206 ff.

178 JAEGER 1959 I, S. 212; vgl. auch *Diels*, Die Anfänge der Philologie bei den Griechen, in DIELS 1969, S. 68 ff., insbes. S. 79.

179 Ausführliche Nachweise dafür liefert FRITZ 1967, Textband I, S. 68 ff. et passim.

180 Vgl. SNELL 1924, S. 8 ff. et passim.

181 *Hermann Diels*, Anaximandros von Milet (1923), in DIELS 1969, S. 1.

182 Zur Aufspaltung der Gesellschaft in spezialisierte Menschentypen im Rahmen der griechischen Kultur, zum Aufkommen von Fachleuten und Fachliteratur, vgl. SCHACHERMEYR 1971, Kap. 14.

183 Zur Kritik dieses in fingierter „Zeitlosigkeit" und Geschichtsblindheit erstarrten, mit Ewigkeits- und Endgültigkeitsanspruch auftretenden Ansatzes in der modernen Wissenschaftstheorie – propagiert von *Dingler*, praktiziert aber auch von *Popper* – vgl. FEYERABEND 1976.

184 Vgl. *Joachim Ritter,* Die Lehre vom Ursprung und Sinn der Theorie bei Aristoteles (1953), in RITTER 1969, S. 9 ff.; Zitat S. 10.

185 KRAFFT 1971, S. 206.

186 Siehe oben, Anm. 54.

187 Vgl. SPINNER 1974, S. 109 ff.

188 RITTER 1969, S. 10.

189 Vgl. SPINNER 1977a, wo der Erkenntnisstil des Mythos als *eine* selbständig herausgebildete und speziell ausgeprägte Spielart des *theoretischen Erkenntnisstils* gedeutet wird, dessen andere, schärfer ausgeprägte Variante der wissenschaftliche Erkenntnisstil griechisch-abendländischer Art ist. Diesem theoretischen Erkenntnisstil mit den genannten Hauptvarianten des mythischen und wissenschaftlichen Stils und den dazugehörigen Darstellungsformen der Naturwiedergabe wird in

dieser Abhandlung der *additive Erkenntnisstil* des sogenannten archaischen Denkens und Darstellens der Natur „in Parataxe" gegenübergestellt.

Die Konsequenzen dieses Ansatzes für die gängigen Auffassungen von der angeblichen „Geburt der Wissenschaft im griechischen Denken" liegen auf der Hand, können hier aber nur kurz angedeutet werden. Wenn der theoretische Erkenntnisstil, der auch unserer Wissenschaft zugrunde liegt, bereits im vorgeschichtlichen Mythos zum Durchbruch gekommen sein sollte, dann kann es sich bei der legendären Geburt der Wissenschaft im griechischen Zeitalter – jedenfalls hinsichtlich des Erkenntnisstils, durch den meines Erachtens die Wissenschaft treffender charakterisiert wird als durch einen bestimmten Objektbereich oder eine bestimmte Methode – nur um eine Wiedergeburt, um eine echte und zugleich um die erste *Renaissance* der Geistesgeschichte gehandelt haben.


### 3. Kapitel

190 Vgl. *Richard Harders* instruktive kulturphysiognomische Skizze über die „Eigenart der Griechen" (1949; abgedruckt in HARDER 1960, S. 1 ff.), in der die den theoretischen Erkenntnisstil mitprägende Abstraktionsfähigkeit als „griechische Volksanlage" (S. 26) vorgestellt wird. *Harder* scheut in diesem Zusammenhang nicht vor einer Art Zwei-Stufen-Schöpfungstheorie der geistigen Entwicklung zurück: „Man ist versucht zu sagen, die Natur habe den Menschen in zwei Anläufen geschaffen, das eine Mal als den allgemeinen Menschen und ein zweites Mal in einer höchstentwickelten, vielleicht auch einseitig überentwickelten Sonderform, den Griechen" (S. 26).

Wenn man bedenkt, daß die Fähigkeit zum Abstrahieren und Generalisieren bereits auf der tierischen Ebene in bemerkenswertem Grade ausgebildet ist (vgl. RENSCH 1962 sowie 1973, S. 119 ff.) und beim paläolithischen Frühmenschen des *homo sapiens sapiens*-Typs von Anfang an voll entwickelt war – ohne erkennbare Steigerung *in der Anlage* bis zum griechischen Zeitalter oder darüber hinaus, der Stabilisierung der menschlichen Evolution und dem allgemeinen Stillstand der Gehirnvergrößerung entsprechend (vgl. RENSCH 1970, Kap. 5; OVERHAGE 1969, S. 386 et passim; im weiteren Zusammenhang CLARK 1970, Kap. 3) –, dann erscheint *Harders* Annahme einer zweiten, speziell griechischen Schöpfungsstufe der geistigen Menschwerdung bei allem Respekt vor den Errungenschaften des Griechentums einigermaßen übertrieben.

191 VERDENIUS 1966/67, S. 86; vgl. ferner die ausführlichere Darstellung in VERDENIUS 1962.

192 Siehe oben S. 49 ff.

193 Siehe oben S. 1 f.

194 Vgl. HOFFMANN 1951, Kap. II, insbes. S. 17 ff. Die zitierten Stellen finden sich auf S. 18. Vgl. in diesem Zusammenhang auch DINGLER 1943, Kap. 21 und 22.

195 Vgl. dazu die ausführliche Darstellung in SPINNER 1977a.

196 Vgl. *Poppers* Drei-Welten-Lehre in POPPER OK, speziell Kap. 3 und 4.

197 Siehe oben, S. 5 f.

198 HOFFMANN 1951, S. 18.

199 SNELL 1962, S. 5.

200 LÉVI–STRAUSS 1973, S. 13.

Die hier vertretene These vom allgemeinmenschlichen Besitz – und folglich vorgriechischen Ursprung – des Wahrheitsgedankens läßt sich auf zwei Weisen belegen: Erstens auf historische Weise durch den Nachweis der Gegenstandsbezogenheit und Naturtreue des frühmenschlichen Denkens, der sich meines Erachtens für Eiszeitkunst und Steinzeitwissenschaft überzeugend führen läßt; zweitens auf theoretische Weise durch den Nachweis des Zusammenhangs zwischen Realitätsbezug und Wahrheitsidee, wie er sich etwa aus *Karl Bühlers* Sprachtheorie ergibt. Die Darstellungsfunktion der menschlichen (im Gegensatz zur tierischen, der diese Sinndimension abgeht) Sprache ist mit einer Idee von wirklichkeitsentsprechender Naturtreue, mit einem „Ideal der treffenden und richtigen Darstellung", untrennbar verbunden (BÜHLER 1965, S. 49; vgl. ferner BÜHLER 1965a, passim). Da die menschliche Sprache, obgleich ein verhältnismäßig spätes Produkt der Naturgeschichte, zweifellos älter als das älteste Griechentum ist, kann dies auch von dem in die Darstellungsfunktion dieses höchstentwickelten Instruments der symbolischen Naturwiedergabe von Anfang an eingebauten Wahrheitsgedankens gesagt werden.

201 *Snell*, Mythos und Wirklichkeit in der griechischen Tragödie, in SNELL 1975, S. 95.

202 Vgl. GIGON 1968, S. 15.

203 Vgl. SPINNER 1977a.

204 Vor dieser und anderen Gefahren eines solchen Unternehmens wird mit Recht in FRÄNKEL 1968, S. XVII, eindringlich gewarnt.

205 Vgl. die Kritik in MOURELATOS 1969, S. 739.

206 Vor dem hier bereits gewarnt worden ist; siehe oben S. 33 und Anm. 101.

207 HOFFMANN 1951, S. 68.

208 Vgl. FRITZ 1968, S. 304.

209 Vgl. POPPER CAR, Kap. 5.

210 GIGON 1959, S. 246.

211 KLOWSKI 1970, S. 114.

212 HÖLSCHER 1969, S. 66.

213 SNELL 1975, S. 128.

214 Vgl. SNELL 1924; neuerdings LUTHER 1966, Kap. I.; weiter ausgreifend BOMANN 1968, S. 180 ff. et passim.

215 SNELL 1975, S. 132 und ff., wo die Tradition dieser Wissensauffassung von *Homer* bis *Xenophanes* erläutert wird.

216 DILLER 1946, S. 141.

217 Vgl. im folgenden AUERBACH 1971, 15 ff.

218 Zur vergleichenden Analyse des homerischen Epos sowie der oralen Heldendichtung aller Zeiten sei auf die einschlägigen Arbeiten der *Parry*-Schule hingewiesen, allen voran PARRY 1971 und LORD 1960; teilweise abweichende Standpunkte werden in BOWRA 1952 und 1972 sowie KIRK 1965 vertreten. Umfassend, wenngleich nicht in allen Fragen auf dem aktuellen Stand der Forschung, informiert über Heldendichtung die dreibändige Monographie CHADWICK 1932–40.

219 Vgl. BOWRA 1967, S. 279: „Im primitiven Lied dreht sich alles um Einzelheiten, keine Verallgemeinerung wird versucht. Was zählt, ist der ausgeführte Ritus oder der feierliche Anlaß, und daran hält das Lied fest, ohne den Versuch zu wagen, darüber hinaus in abstraktere oder theoretische Gefilde vorzudringen." – Dieser bewußte Generalisierungsverzicht zugunsten der Genauigkeit und Vollständigkeit im Detail und der lediglich listenartigen statt gesetzmäßigen Zusammenfassung der Einzelergebnisse gehört zur Eigenart des additiven Erkenntnisstils, der sich der Denk- und Darstellungsfigur der *Parataxe* bedient (vgl. die ausführliche Diskussion in SPINNER 1977a).

220 AUERBACH 1971, S. 16.

221 AUERBACH 1971, S. 18.

222 Heilige Texte, die Wort für Wort bewahrt werden müssen, können nicht Gegenstand mündlicher Überlieferung sein (vgl. LORD 1960, S. 280, Anm. 9).

223 Vgl. die kenntnisreiche Darstellung dieser Metaphorik in CURTIUS 1973, Kap. 16 et passim.

224 Vgl. *Harder*, Die Meisterung der Schrift durch die Griechen (1942), in HARDER 1960, S. 81 ff.; im weiteren Zusammenhang HAVELOCK 1963.

225 Vgl. FRIEDLÄNDER 1964 I, Kap. V; zusammenfassend VERDENIUS 1966.

226 Vgl. PERRY 1937 sowie die weiterführende Diskussion in NOTOPOULOS 1949.

227 Vgl. GIGON 1968, S. 13 ff., insbes. S. 15.

228 LUTHER 1966, S. 42.

228a Vgl. *Latte*, Hesiods Dichterweihe (1946), abgedruckt als Kap. 4 in LATTE 1968; zu *Hesiods* „Scheltrede" und der „revolutionäre(n) Kühnheit" seines streitbaren Wahrheitsanspruchs S. 68 ff.

229 Vgl. die Nachweise in LUTHER 1966, S. 48, 78, 91, 101, 125, 135 und 161 ff.; speziell zu *Parmenides* HEITSCH 1974, S. 64 ff.

229a Vgl. HEITSCH 1966, S. 194 ff.

230 Vgl. WOLF 1950 I, S. 122.

231 WOLF 1950 I, S. 114.

232 Zur dominierenden Rolle des Rechtsgedankens im frühgriechischen Zeitalter sowie im sogenannten primitiven Denken schlechthin vgl. die monographischen Behandlungen dieser äußerst heiklen und schwierigen Thematik in WOLF 1950 I und KELSEN 1941 (eine „soziologische Untersuchung", wie der Untertitel zutreffend betont, in der die erkenntnistheoretische Komponente der *Recht und Erkenntnis*-Problematik vernachlässigt und die Vergeltungsidee in ungesunder Weise überbetont wird); ferner CASSIRER 1941, VLASTOS 1947 sowie speziell zu *Hesiod* SNELL 1975, Kap. III.

233 Zur modernen Entwicklung vgl. SPINNER 1974.

234 Vgl. WOLF 1950 I, Kap. 4.

235 Vgl. WOLF 1950 I, Kap. 5.

236 Zu *Hesiods* Position in dieser Hinsicht vgl. SNELL 1975, Kap. III, insbes. S. 52.

237 Vgl. POLANYI 1964, S. 404 et passim; ferner von demselben Autor: A Society of Explorers, in POLANYI 1967, S. 55 ff.

238 Nach GIGON 1968, S. 13, ist *Hesiod* der „Erste, den wir einen Philosophen nennen dürfen". Nach TREU 1968, S. 259 (Hervorhebung nicht im Original), fragt *Hesiod* „ganz *unphilosophisch* nur im Bereich des einzelnen Menschenlebens nach dem Anfang des Wissens." – Andernorts stellt *Gigon* (Die Vorsokratiker, in GIGON 1972, S. 1 ff.) dagegen *Thales* an den Anfang der Philosophie: „Thales ist wirklich der Anfang ..." Vorher „handelt es sich eben noch nicht um Philosophie" (S. 1).

239 LUTHER 1966, S. 41.

240 Es soll nicht verschwiegen werden, daß nach vorherrschender Auffassung dies gerade nicht von *Homer*, sondern erst von *Hesiod* gesagt werden kann (so zum Beispiel in LATTE 1968, S. 70 f.) – was übrigens die Pointe der hier vertretenen Auffassung über die Einführung der Wahrheitsidee in die Erkenntnisfrage nicht umwerfen würde. So dürfen wir nach GIGON 1968, S. 13 ff., *Hesiod* als ersten Philosophen deshalb ansehen, weil er das „philosophische Moment" des Wahrheitsanspruchs eingeführt habe. *Harder* kreditiert *Hesiod* sogar die „in voller Bewußtheit" vorgenommene Einführung eines neuen, „ganz unepischen, ja antiepischen Programm(s) der ‚Wahrheit'" (HARDER 1960, S. 170 und ff.).

Obwohl diese Prioritätsfrage für die vorliegende Darstellung zweitrangig ist, da im Hinblick auf den hier entscheidenden Punkt – das Aufkommen des griechischen Erkenntnisstils und die damit verbundene Entstehung des Erkenntnisproblems – *Homer* und *Hesiod* auf *derselben*, nämlich archaischen Seite der Denkfront stehen, soll darauf kurz eingegangen werden. Es kommt, wie überall, auch hier auf die Fragestellung an. Wie bei der notorisch vieldeutigen Frage (siehe oben: Einleitung, S. 1 f.) nach der „Geburt der Wissenschaft", so erfordern auch in diesem Zusammenhang verschiedene Fragestellungen differenzierte, also voneinander abweichende Antworten. Was die Antworten nach der Datierung und Zuschreibung einer „Idee" auseinanderfallen läßt, ist vor allem die Tatsache, daß meist nicht nach dem Aufkommen einer ideengeschichtlichen Novität überhaupt, als solcher und schlechthin, gefragt wird, sondern nach ihrer Einführung *in Verbindung mit oder im Rahmen von anderen Tatbeständen*, mit der die Innovation im Zusammenhang gesehen, zumeist im nachhinein erst gebracht wird. Dabei handelt es sich oft um spätere Ausdeutungen, die in die Anfangsphase der Entstehungsgeschichte projiziert werden, mit der fraglichen „Idee" an sich aber nichts zu tun haben.

Die Philosophie- und Wissenschaftsgeschichtsschreibung ist voll von solchen Datierungsfehlern, gerade auch im Zusammenhang mit der sogenannten Geburt der Wissenschaft im griechischen Denken. So zielt die Fragestellung meist gar nicht auf die eigentliche „Geburt der Wissenschaft" ab, sondern auf das Aufkommen einer bestimmten Wissenschaftskonzeption, gekennzeichnet durch den Eintritt der eigenen Lieblingsidee von Wissenschaft in die Ideengeschichte (zum Beispiel, nach *Popper*scher Leseart, der „Idee der Kritik"). Folglich wird die Frage nach der „Geburt der Wissenschaft" im Klartext zur Frage nach der Entstehung der Wissenschafts*lehre* eigener Prägung. In Fragen dieser und ähnlicher Art liegt übrigens ein ganz allgemeines, ungemein schwieriges Problem der Deutung und Datierung wissenschaftlicher Entdeckungen, wie *Kuhn* mit großem geschichtlichem Sachverständnis und philosophischem Einfühlungsvermögen – das *Dingler* und *Popper*, den beiden schrecklichsten Vereinfachern der Ideengeschichte, völlig abgeht – aufgezeigt hat (vgl. KUHN 1967, insbes. Kap. VI).

Um auf die Ausgangssituation zurückzukommen: *Harder* zum Beispiel konzediert *Hesiod* ein „neue(s) Wahrheitsprogramm der Poesie", weil er seine Darstellung im Proömium der Theogonie „*bewußt* und *ausdrücklich* unter den Leitgedanken der Eris gestellt" habe (HARDER 1960, S. 171 und 172; Hervorhebungen im Original). Zeitpunkt und Zuschreibung der Einführung des Wahrheitsanspruchs mögen sich nicht unwesentlich verschieben, wenn man die Doppelbedingung der Bewußtheit und Ausdrücklichkeit fallen läßt. So wird in der vorliegenden Darstellung bewußt *nicht* behauptet, daß *Homer* den Wahrheitsanspruch „in voller Bewußtheit" (wie angeblich *Hesiod*, nach *Harders* Darstellung) eingeführt habe. Vor allem wird aus diesen und anderen Gründen auch nicht behauptet, daß er es *als erster* getan habe. Die Tatsache, daß kein anderer, noch früherer Dichter bekannt ist, dem man dies in die Schuhe schieben könnte, berechtigt uns noch lange nicht zu einer solchen Behauptung.

241 Siehe oben, S. 56 ff.

242 Zu dieser Charakterisierung des wissenschaftlichen Denkens vgl. SPINNER 1974, S. 109 ff. sowie oben S. 14.

243 SNELL 1975, S. 50.

244 BOEDER 1966/67, S. 31.

245 GADAMER 1968a, S. 22.

246 Vgl. im folgenden PERRY 1937, S. 425 et passim.

247 Vgl. *Snell*, Die Auffassung des Menschen bei Homer, in SNELL 1975, S. 13 ff., sowie die Diskussion des homerischen Aggregatuniversums in FEYERABEND 1974a.

248 Zur Rolle des Denkens in Analogien und Gegensätzen in frühgriechischer Zeit vgl. LLOYD 1966, speziell zum antithetischen Denken HEINIMANN 1965.

249 Vgl. die ausführliche Darstellung dieser Erkenntnisauffassung in SPINNER 1977a; zu der sich daraus ergebenden „Listenwissenschaft" *Wolfram von Soden*, Leistung und Grenzen sumerischer und babylonischer Wissenschaft, 1936, abgedruckt in LANDSBERGER/SODEN 1965, S. 21 ff., und *Emma Brunner-Trauts* instruktives Nachwort zu SCHÄFER 1963, insbes. S. 416 ff.

250 Vgl. die in Anm. 247 genannte Literatur sowie die eingehende Diskussion in SPINNER 1977a.

251 Für die ägyptische Kunst vgl. SCHÄFER 1963, für die frühgriechische archaische Kunst LÖWY 1900.

252 Für die vorgriechischen Kulturen des Alten Orients vgl. SODEN 1974; für die griechische Kultur *Hermann Fränkel*, Eine Stileigenschaft der frühgriechischen Literatur (1924), abgedruckt in FRÄNKEL 1968, S. 40 ff.

253 Ein ausführlicher Nachweis für diese Behauptung wird in SPINNER 1977a anhand einer Analyse der *Eiszeitkunst* und *Steinzeitwissenschaft* geliefert. Entgegen dem allgemeinen, von dem bereits verschiedentlich erwähnten „falschen Evolutionismus" in Allianz mit diversen Parallelismus- und Rekapitulationsdoktrinen (*Haeckels* biogenetisches Grundgesetz; Gleichsetzung des urgeschichtlichen mit dem zeitgenössischen „Primitiven" sowie des frühmenschlichen Denkens mit dem Denken unserer Kinder oder Neurotiker; etc. – ausführliche Diskussion in SPINNER 1977a)

war weder das frühe Denken der Menschheit „archaisch" noch ist das moderne Denken durchweg *nicht* von dieser Art, wie zum Beispiel *Otto Neuraths* und *Ludwig Wittgensteins* Wiederbelebung der Listenauffassung des Wissens sowie bestimmte Strömungen der modernen Kunst zeigen (Nachweise dafür in der bereits genannten Abhandlung).

254 Auf das hier angesprochene Problem der wechselseitigen Beziehungen zwischen *Philosophie* (einschließlich Wissenschaft) und *Mythos* kann hier nicht näher eingegangen werden. Eine kurze Erläuterung zur in dem Einschub vorgenommenen Ablehnung der mit der Legende von der „Geburt der Wissenschaft" üblicherweise verbundenen *Entmythologisierungsthese* scheint mir jedoch angebracht.

Nach vorherrschender Auffassung sind Philosophie und Wissenschaft im Zuge eines radikalen Prozesses der Entmythologisierung („Rationalisierung") ideengeschichtlich aus dem Mythos hervorgegangen. Hier wird jedoch Entmythologisierung mit *Entarchaisierung* verwechselt. Mit dem im griechischen Zeitalter tatsächlich erfolgten Wechsel des Erkenntnisstils geht lediglich das archaische Denken „in Parataxe" zuende, nicht aber das mythische Denken, das damit überhaupt erst – nach der hier vertretenen Wiedergeburtsthese der Wissenschaft im Griechentum: erneut – *beginnt*. Entgegen vorherrschender Deutung, die den Mythos zur Vorwissenschaft und die Wissenschaft zu dessen vollendetem Endstadium macht, liegt dem Mythos, der alten Philosophie und der modernen Wissenschaft *derselbe* Erkenntnisstil zugrunde. Sie alle sind unterschiedlich ausgeprägte Spielarten des theoretischen Erkenntnisstils, die in der Erkenntnisform der *Theorie* ihre jeweiligen Erkenntnisprogramme verwirklichen.

Der kosmologische Mythos (wie er zum Beispiel in SANTILLANA/DECHEND 1959 meisterhaft herausgearbeitet wird) kann weder einfach als „schwache" Wissenschaft noch diese als „starker", über sich selbst hinausgewachsener Mythos verstanden werden. Ideengeschichtlich gesehen, sind Mythos, Philosophie und Wissenschaft nicht – etwa nach Art des Verhältnisses von Pseudowissenschaft, Vorwissenschaft und Vollwissenschaft – *hintereinander* geschaltete kognitive Evolutionsstufen, sondern *nebeneinander* bestehende Entfaltungsmöglichkeiten des menschlichen Denkens, wie ihre immer noch fortwährende Koexistenz in „verwissenschaftlichten" Kulturen belegt. Wissenschaft ist demnach nicht einfach der höchstentwickelte, vollendete Mythos; dieser nicht die Kinderwissenschaft der Menschheit, wie es der falsche Evolutionismus hinstellt. So führt die Degeneration der Wissenschaft nicht zum Mythos zurück, sondern zu unterentwickelter, schlechter Wissenschaft, zu *Dogmatismus* – ein in der *inner*wissenschaftlichen Auseinandersetzung viel mißbrauchter, fehlangewendeter Begriff, der hier ausnahmsweise seine Berechtigung hat – und Aberglauben. Umgekehrt führt die Perfektionierung des Mythos nicht zur heutigen Wissenschaft, sondern eben zum reifen Mythos.

*Entmythologisierung* ist deshalb in keinem Fall das richtige Rezept, um Wissenschaft hervorzubringen: sei es, um ihr zur Geburt zu verhelfen; sei es, um die bereits „geborene", auf Abwege geratene Wissenschaft wieder auf den rechten Weg zurückzubringen. Es ist also kein Wunder, daß die Entmythologisierungsdebatte in der Wissenschaft (vgl. zum Beispiel ALBERT 1956) im wesentlichen keine besseren Resultate gezeigt hat als in der Theologie.

In ihrer höchstentfalteten Eigenart – Primitivformen gibt es von allem in der Welt, sollten aber nicht zum maßgebenden Bezugspunkt einer vergleichenden Beurteilung gemacht werden – verkörpern Mythos und Wissenschaft in sich gleichermaßen vollendete alternative Ausdifferenzierungen des theoretischen Erkenntnisstils, der dem Mythos, der Philosophie und der Wissenschaft gemeinsam ist. Sie haben einen gemeinsamen Ursprung (der vielleicht in der „Steinzeitwissenschaft" zu finden ist) in diesem Erkenntnisstil, um sich von ihm ausgehend auf getrennten Bahnen selbständig weiterzuentwickeln. Dabei sind im Verlauf der späteren Entwicklung bestimmte Aspekte des theoretischen Erkenntnisstils von Mythos und Wissenschaft in unterschiedlicher, allmählich gegensätzlich gewordener Weise entwickelt worden, so daß sie *heute* zumeist ziemlich weit auseinanderstehen. Evolutionstheoretisch gesehen, verhalten sich also *entwickelter* Mythos und *entwickelte* Wissenschaft zueinander nicht wie der Urmensch zum Menschen unserer Zeit, sondern wie der heutige Mensch zum heutigen Affen. Damit findet das biogenetische Grundgesetz *Haeckel*scher Provenienz, in der *Freud*schen Psychoanalyse wiederauferstandener und im

Verlauf der späteren Entwicklung von ihr selbst überzeugend widerlegter (vgl. den Kurzbericht darüber in GEERTZ 1973, Kap. 3; ausführliche Behandlung aller hier angesprochenen Probleme in SPINNER 1977a) Gestalt auch in der Wissenschaftstheorie seine späte Widerlegung.

255  FRÄNKEL 1969, S. 292.

256  Vgl. GOMBRICH 1961, Kap. 4.

257  Vgl. ARNHEIM 1972, S. 159 ff. et passim; ausführlichere Nachweise in SPINNER 1977a.

258  In der Literatur pflegt man hier zur Erklärung auf einen ganz besonderen, aus der betreffenden Gesamtkultur abgeleiteten „Ordnungswillen" zu verweisen, der sich in der altägyptischen Kunst, in der babylonischen Listenwissenschaft und den frühgriechischen Schöpfungen des archaischen Denkens ausgewirkt habe; vgl. zum Beispiel *Wolfram von Soden*, Leistung und Grenzen sumerischer und babylonischer Wissenschaft (1936), abgedruckt in LANDSBERGER/SODEN 1965.

259  FRITZ 1971, S. 7.

260  FRITZ 1971, S. 15.

261  FRITZ 1971, S. 27; Hervorhebung im Original.

262  FRITZ 1971, S. 326.

263  Vgl. FRITZ 1952. – So praktisch unverändert auch in einer nach Abschluß des Manuskripts erschienenen Veröffentlichung zur vorsokratischen Philosophie, wo *Thales* zum „ersten Philosophen" erklärt wird, der, „alles Forschen nach Erklärungen partikulärer Tatsachen grundsätzlich hinter sich lassend", auf „philosophische" Weise nach dem Ursprung aller Dinge gefragt (RÖD 1976, S. 35) und sich „durch ein tief in der menschlichen Entwicklungsgeschichte verwurzeltes fundamentales Bedürfnis nach Sicherheit" (S. 36) zur Annahme eines ersten, unwandelbaren Grundes der allgemeinen Wandelbarkeit aller Dinge habe motivieren lassen. Quellenbelege für diese gewagte Deutung werden ebensowenig angegeben wie der geringste Hinweis geliefert, *wo* dieses angeblich tief verwurzelte fundamentale Sicherheitsbedürfnis entwicklungsgeschichtlich, anthropologisch, psychologisch, physiologisch oder an welchem Platz auch immer lokalisiert ist. Die Überlegung, ob sich die certistische Tendenz des griechischen Denkens nicht anderswo sinnvoller plazieren läßt als an einem obskuren, ungenannten Allerweltsplatz „tief in der menschlichen Entwicklungsgeschichte", wird nicht angestellt. *Röds Urcertismusthese* erscheint mir nicht weniger bedenklich als *Poppers Urdogmatismusthese*, die *Urdummheitsthese* älterer Anthropologen- und Ethnologenschulen (im Umkreis von *Preuß, Lévi-Bruhl*, u.a.) oder *Freuds* Annahme einer Urhorde von enthemmten, übersexualisierten Neurotikern. Was angeblich tief in der menschlichen Entwicklungsgeschichte der Frühzeit verwurzelt ist, erweist sich bei näherer Prüfung als tief im Vorurteilsreservoir des voreingenommenen, schlecht informierten Interpreten der Jetztzeit verankert. (Eine ausführliche Dokumentation und Kritik dieser Positionen findet sich in SPINNER 1977a.)

264  FRÄNKEL 1969, S. 294/95; Hervorhebungen nicht im Original.

265  Zur Apodiktizität des anfänglichen Theoretisierens vgl. FRÄNKEL 1969, S. 108, sowie KRAFFT 1971, S. 239.

266  Vgl. *Poppers* mancher eingeflochtener Legenden wegen höchst anfechtbaren, in diesem Punkt aber voll und ganz zutreffenden Aufsatz "Back to the Presocratics", in POPPER CAR, Kap. 5, insbes. S. 137; ähnlich auch FEYERABEND 1961.

267  Vgl. VLASTOS 1975, S. 65, wo im wesentlichen dasselbe noch von *Platon* gesagt wird.

267a Vgl. DINGLER 1938, S. 40: „Eigentliche Wissenschaft hebt erst an von dem Moment, wo die Griechen das Verfahren absoluter Sicherheit im Schließen, den Beweis und die Logik, entdeckten."

268  Siehe oben, S. 37 ff.

269  Vgl. SNELL 1975, Kap. III, insbes. S. 50; ferner die ausgreifende Darstellung in HEITSCH 1966, wo *Hesiod* als ein Denker geschildert wird, der in erkenntnistheoretischer Hinsicht seiner Zeit weit voraus ist.

270  Vgl. FRITZ 1952.

271 Auf diese Wissenslücke der griechischen Götter und die dadurch bedingte Unstimmigkeit in *Hesiods* Position — Begründung des Wissens im Dabeisein und Sehen; Berufung auf Gewährspersonen (Musen), deren in Anspruch genommene Allwissenheit aus vorgeblicher Allgegenwart resultiert, während sich aus dieser so dubios verbürgten Kosmogonie ergibt, daß sie erst *später* die kosmische Szene betreten haben: im Anfang war das Chaos, von den Musen aber keine Spur! — wird in HEITSCH 1966, S. 196 ff., eindringlich hingewiesen.

271a Vgl. WEBSTER 1960, S. 381 f., wo sich auch die beiden zitierten Passagen finden.

272 Zur Kritik der *Popper*schen *Urdogmatismusthese* vgl. SPINNER 1977/78 I.

273 Aus *Dinglers* umfangreichem Schrifttum vgl. insbesondere DINGLER 1943; aus der Nachfolgeliteratur MITTELSTRASS 1974, Kap. 2.

274 Siehe oben, Kap. 2.

275 Vgl. JAEGER 1959 I, S. 9.

276 FRITZ 1952, S. 205; vgl. ferner FRITZ 1967, Textband, Kap. II, sowie FRITZ 1971, S. 14 ff.

277 FRITZ 1952, S. 206; etwas zurückhaltender in FRITZ 1961, S. 550, wo offen gelassen wird, ob dies wirklich schon von *Thales* oder erst von dessen unmittelbaren Nachfolgern gesagt werden kann.

278 FRITZ 1952, S. 207.

279 VAN DER WAERDEN 1966, S. 147; so sinngemäß auch in VAN DER WAERDEN 1968.

280 VAN DER WAERDEN 1966, S. 148.

281 Vgl. KLOWSKI 1970, S. 114 ff.; im weiteren Zusammenhang — über *Thales'* „rationale" Einstellung und „wissenschaftliche" Leistungen — *Bruno Snell*, Die Nachrichten über die Lehren des Thales und die Anfänge der griechischen Philosophie- und Literaturgeschichte (1944), abgedruckt in SNELL 1966, S. 119 ff., sowie DICKS 1959.

282 KLOWSKI 1970, S. 116.

283 Vgl. dazu die ausführliche Diskussion — im Zusammenhang mit der Entwicklung der frühgriechischen Mathematik — in SZABÓ 1969, Teil III; über die Wende vom Anschaulich-Sichtbaren zur erklärten Anschauungsfeindlichkeit und zum bewußten Anti-Empirismus insbes. S. 252 ff. und 287 ff. *Szabó* beschreibt diese Wende wie folgt: „Das konkrete Sichtbarmachen und Veranschaulichen wird also eben im Interesse der *Allgemeingültigkeit* vermieden. Konkret zeigen und veranschaulichen kann man nur Einzelfälle, während der Euklidische Beweis für *alle möglichen Fälle* gültig sein soll. Darum tritt an die Stelle des einfachen ‚Zeigens' der Beweis auf dem Wege des logischen Überlegens" (S. 256; Hervorhebungen im Original).

Diese Entwicklung wird von *Szabó* für den Spezialfall der Mathematik zutreffend charakterisiert und die Bedeutung dieser Wende von ihm auch richtig eingeschätzt. Aber der geistesgeschichtliche Hintergrund wird dabei nur unzureichend ausgeleuchtet, wie er meines Erachtens allein durch die volle Einbeziehung des griechischen Erkenntnisstils lückenlos erfaßt werden kann.

284 Siehe oben, Kap. 1.

285 Zum Begriff des „Gehäuses" vgl. JASPERS 1960, S. 304 ff.

286 MISCH 1950, S. 30. — Obwohl das Dogmatismusproblem nicht ausdrücklich angesprochen wird, sind *Mischs* Ausführungen über „Die Welt der natürlichen Einstellung und die Sicherheit des Daseins in der Beschränkung" (S. 16 ff.) sowie die verschiedenen philosophischen Versuche zur „Entschränkung" (S. 32 ff.) für dieses Thema sehr lehrreich.

287 OLDENBURG 1919, S. 235; Hervorhebung nicht im Original. *Oldenburg* charakterisiert so die „vorwissenschaftliche Wissenschaft" der Brahmana-Texte.

288 OLDENBURG 1919, S. 236.

289 Vgl. GIGON 1959, S. 142 ff.

290 Vgl. FRÄNKEL 1969, S. 108.

291 Vgl. die meines Erachtens immer noch beste monographische Darstellung in SCHÄFER 1963.

292 Vgl. LANDSBERGER/SODEN 1965 und SODEN 1974.

293 Zur frühgriechischen Kunst vgl. LÖWY 1900; zur Literatur FRÄNKEL 1968, insbes. S. 1 ff., sowie FRÄNKEL 1969, passim.

294 Vgl. BOWRA 1952 und 1967, LORD 1960 und PARRY 1971.

295 Vgl. *Snells* bahnbrechenden Aufsatz „Die Auffassung des Menschen bei Homer", abgedruckt in SNELL 1975, S. 13 ff.

296 Die Vorstellung von autonom handelnden Teilen des Menschen, die sich nicht nach Art von unselbständigen Gliedern der Führung des Gesamtorganismus unterordnen, findet in der altägyptischen Legende vom steinernen Herzen des Pharao, das den Gehorsam verweigert, ihren eindrucksvollsten Niederschlag. In ihrer christlichen Umdeutung zur Lehre vom „harten Herz" ist sie auch uns nicht völlig fremd, obwohl der ihr zugrunde liegende Sachverhalt gemäß unserer hypotaktischen Körperauffassung eigentlich undenkbar ist (vgl. HERMANN 1961).

297 Vgl. die instruktive Gegenüberstellung des homerischen Aggregatuniversums und des aristotelischen Substanzuniversums in FEYERABEND 1974a (oder, bis zur Veröffentlichung dieser Arbeit, die Gegenüberstellung der archaischen Kosmologie A und der neuen, „wissenschaftlichen" Kosmologie B in FEYERABEND 1976, Anhang 3, speziell S. 357 ff.).

298 Ausführlichere Darstellung und Diskussion in SPINNER 1977a.

299 Vgl. PERRY 1937.

300 FRÄNKEL 1968, S. 50.

301 Vgl. FRÄNKEL 1968, S. 94 (Hervorhebung im Original): „Die *Totalität* der diese frühgriechischen Literaturwerke zustreben, ist ... eine sachliche der Stoffbereiche."

302 FRÄNKEL 1968, S. 76.

303 Vgl. *Snell*, Entwicklung einer wissenschaftlichen Sprache in Griechenland, in SNELL 1962, S. 41 ff., sowie SNELL 1975, Kap. XII.

304 FEYERABEND 1976, S. 263.

305 Vgl. BECKER 1957, insbes. S. 157.

306 Vgl. LOHMANN 1970, dessen Unterscheidung von insgesamt fünf „geschichtlichen Wissenschaftsformen" (Tabellenwissenschaft, Regelwissenschaft, Prinzipienwissenschaft, Begriffswissenschaft, Wissenschaft als kontrollierte Erfahrung) allerdings eine klare erkenntnistheoretische Konzeption vermissen läßt.

307 *Vollständigkeitspostulate* gehören zum archaischen, nicht zum griechischen Erkenntnisstil – also *vielleicht* gerade noch zu *Hesiod*, aber sicherlich nicht zu *Parmenides* trotz gewisser verfänglicher Formulierungen des letzteren, die man zur Not, aber nur um den Preis einer unzeitgemäßen, stilwidrigen Interpretation, in dieser Richtung ausdeuten könnte. *Hesiod* und *Parmenides* unter dem Gesichtspunkt „Vollständigkeit der Wahrheit" in einen Topf zu werfen, wie es in BOEDER 1962, S. 156 ff., geschieht, ist eine Fehlinterpretation, die den in jener Zeit eingetretenen Wandel des Erkenntnisstils und die damit verbundene Ablösung der archaischen Vollständigkeitstendenz durch die griechische Allgemeinheitstendenz übersieht.

Daß *Parmenides* nach dem ausdrücklichen Versprechen der Göttin „alles erfahren" soll (fr. 1,28), hat mit der *buchstäblich* alles – alle Seiten eines Gegenstandes, alle Glieder eines Körpers, alle Elemente einer Menge, etc. – *aufzählenden* Vollständigkeit einer parataktischen Darstellung schlechterdings nichts zu tun. Wenn *Parmenides* von der Göttin „alles erfährt", dann ist damit „Vollständigkeit" der Information in einem ganz anderen Sinn gemeint, der *grundsätzlich* das ganze Informationsfeld abdeckt, aber riesige Information*slücken* im einzelnen nicht ausschließt. Die Göttin informiert den Philosophen über „alles", das hier „sowohl der wohlgerundeten Wahrheit unerschütterliches Herz als auch der Sterblichen Meinung" umfaßt (fr. 1,29 f.).

Wissen *und* Meinung bekommt *Parmenides* also zu hören, und das ist grundsätzlich *alles,* was nach der parmenideischen Erkenntnislehre als „Erkenntnis" (im weitesten Sinne, einschließlich Scheinerkenntnis) überhaupt infrage kommt. Richtig – und das heißt: im Kontext des griechischen

Erkenntnisstils – verstanden, handelt es sich hier also nicht um inhaltliche Vollständigkeit der Information in dem Sinne, daß sie nichts Wißbares ausläßt, sondern um die *formale* Vollständigkeit einer „vollständigen" logischen Disjunktion, deren ausschließlich gemeintes *Entweder-Oder* im Prinzip alle Möglichkeiten erschöpft – *tertium non datur*! Wenn *Parmenides* also „alles erfahren" soll, heißt das nicht mehr und nicht weniger, als daß er von der Göttin über *beide* Seiten der Grundalternative informiert wird – über jede für sich genommen aber durchaus *unvollständig*.

308 FRÄNKEL 1968, S. 71; Hervorhebung nicht im Original.

309 Vgl. FRÄNKEL 1968, S. 68: „In der eigenartigen Weise dieses Stils liegt fast alle logische Bindung in der Sache und im Inhalt."

310 LUCKEY 1933, S. 35; Hervorhebung im Original.

311 Der Begriff der epistemologischen Differenz erinnert natürlich an den *Heidegger*schen Begriff der „ontologischen Differenz". Tatsächlich habe ich mich davon zur Namensgebung anregen lassen. Darüber hinausgehende Zusammenhänge kann ich – auch nach Kenntnisnahme der scharfsinnigen Erläuterungen zur ontologischen Differenz in BECKER 1963, S. 157 ff. – nicht erkennen.

312 Wie es später *Feigl* tut; vgl. FEIGL 1952 und 1963.

313 Vgl. den instruktiven Aufsatz – dem dieser Begriff entnommen ist – von *C. G. Jung*, Über die zwei Arten des Denkens, in JUNG 1938, S, 7 ff., speziell S. 10.

314 Vgl. FRÄNKEL 1969, S. 410, wo sich auch die zitierte Passage findet.

315 SNELL 1975, S. 96.

316 Vgl. *Snell,* Menschliches und göttliches Wissen, in SNELL 1975, S. 127 ff.

317 Siehe oben, Kap. 2, insbes. S. 37.

318 Vgl. TOPITSCH 1958 und 1969.

319 Nach *Heitsch* verläuft im Grunde schon bei *Hesiod* „die Grenze von Wissen und Vermutung ... innerhalb der Sängerschaft selbst" (HEITSCH 1966, S. 198/99). Andererseits spielt die Dichotomie von göttlichem und menschlichem Wissen – das streng genommen *Un*wissen oder *Schein*wissen ist – noch bei *Xenophanes* und *Parmenides* eine große, meines Erachtens aber völlig „untheologische" Rolle.

320 Zu dieser einflußreichen Dichotomie vgl. die monographische Darstellung in HEINIMANN 1965.

321 Vgl. GIGON 1968, S. 20.

322 Vgl. im folgenden vor allem *Fränkels* ausgezeichnete „Xenophanesstudien" (1925), abgedruckt in FRÄNKEL 1968, S. 355 ff.; ferner die einschlägigen Kapitel in GIGON 1968 und GUTHRIE I.

323 Vgl. in diesem Zusammenhang auch FRÄNKEL 1969, S. 371 ff.

324 FRÄNKEL 1969, S. 383.

325 Vgl. FRÄNKEL 1969, S. 382.

326 Vgl. GIGON 1968, S. 179.

327 Vgl. dazu *C. F. von Weizsäckers* Aufsatz „Allgemeinheit und Gewißheit", abgedruckt in WEIZSÄCKER 1971, S. 93 ff., insbes. S. 105.

327a Vgl. POPPER CAR, S. 11, 16, 25 ff. et passim; ferner RÖD 1976.

328 Vgl. VERDENIUS 1966/67, S. 99.

329 Vgl. VERDENIUS 1966/67, S. 91 ff. (zu *Heraklit*) und S. 101 ff. (zu *Parmenides*).

329a Vgl. *Ernest Nagel*, Logic Without Ontology, in NAGEL 1956, S. 55 ff.

330 Zur Frage der Einführung der Logik, auf die hier nicht näher eingegangen werden kann, vgl. – in alphabetischer Reihenfolge aufgeführt – FRITZ 1971, S. 197 ff., GIGON 1968, S. 250 ff., HOFFMANN 1964, S. 53 ff. (darin: Der historische Ursprung des Satzes vom Widerspruch, 1923), KLOWSKI 1970, LLOYD 1966, passim, sowie OEHLER 1969, S. 48 ff. (darin: Der geschichtliche Ort der Entstehung der formalen Logik, 1966).

331 Aus der monographischen Literatur habe ich jedoch – dankbar für jeden Hinweis, der für *meine* Fragestellung weiterhelfen könnte – folgende Werke zurate gezogen: BORMANN 1971, HEITSCH 1974, HÖLSCHER 1969, MANSFELD 1964, MOURELATOS 1970, REINHARDT 1959, TARAN 1965 und VERDENIUS 1942. Aus der Fülle der *Parmenides*-Literatur herausragende „Kleine Schriften" (Essays, Aufsätze, etc.) von *Fränkel, Heitsch, Deichgräber, Verdenius* u. a. werden im folgenden in dem Diskussionszusammenhang aufgeführt, in dem sie konkret berücksichtigt worden sind.

332 MITTELSTRASS 1974, S. 36.

333 Vgl. dazu die Darstellung in MITTELSTRASS 1974, Kap. 2.

334 FRÄNKEL 1968, S. 161; ähnlich auch *BOWRA 1937*: "Parmenides is plainly allegorizing ... What he really describes is the transition from ignorance to knowledge" (S. 98). Eine vorwiegend allegorisierende Deutung des parmenideischen Prooimions findet sich ferner in VERDENIUS 1949, HAVELOCK 1958 sowie in DEICHGRÄBER 1958, wo auf S. 9 ff. die Geschichte dieses Deutungsansatzes zusammenfassend referiert wird. Der allegorisierenden Deutungsrichtung folgt grundsätzlich – bei Kritik in Einzelpunkten – auch BORMANN 1971, S. 58 ff.

335 KELSEN 1941, S. 245.

336 MANSFELD 1964, S. 247.

337 Wie er – ohne ausdrücklichen Bezug auf die allegorische Interpretation – zum Beispiel in LLOYD 1966, Kap. VII, speziell S. 422, konstruiert wird.

Noch direkter, noch „kurzschlüssiger" argumentiert in dieser Hinsicht HEITSCH 1974, S. 83, 85 ff., 140 ff. et passim. *Heitsch* deutet das parmenideische *Weg*-Bild allegorisch, als reine Metaphorik, der keinerlei begrifflicher Eigenwert (vgl. S. 86 und 141) zukomme. *Parmenides'* „Wege" sind demnach „nicht Wege, auf denen man gegebenenfalls gehen und zu einem Ziel kommen kann, sondern sie sind einzig der bildliche Ausdruck für das, was wir heute (logische, im ausschließlichen Sinne von *Entweder-oder* verstandene, H.S.) Alternative nennen" (S. 140). Folgerichtig hält *Heitsch* die Frage nach dem Realitätsgehalt der parmenideischen Himmelsreise und Offenbarung für „völlig abwegig" (S. 133). Wenn es sich aber bei dieser „Fiktion" (S. 65 et passim) um einen alten epischen Brauch handelt, der zur Zeit des *Parmenides* „schwerlich einen seiner aufgeklärten Zeitgenossen von dem Wert der folgenden Ausführungen überzeugt haben" (S. 55) dürfte, dann bleibt es völlig unverständlich, warum ein sicherlich nicht minder aufgeklärter Philosoph auf diese Fiktion zurückgreifen und ihr im Rahmen seiner Darstellung offensichtlich große Bedeutung beimessen sollte – *es sei denn, daß er mit seinen „Bildern" doch eine begriffliche Eigenbedeutung verbindet, die in der parmenideischen Erkenntnislehre eine gewisse Rolle spielt.*

Nur am Rande sei noch darauf hingewiesen, daß die „direkte" Interpretation des parmenideischen *Weg*-Bildes als eine rein logische „Grundalternative" im Sinne des Satzes vom ausgeschlossenen Dritten die gleichermaßen relevante, allerdings etwas „unreinere" Deutung als „Forschungswege" im Sinne von *Methoden* übergeht. Auch hier schießt der radikal allegorische Deutungsansatz mit seiner modischen Entmythologisierungstendenz weit über das Ziel hinaus und schüttet das Kind mit dem Bade aus. Die Entmythologisierung vernichtet jeden vernünftigen Sinn der parmenideischen Offenbarung, indem sie mit den „Bildern" die damit verbundenen begrifflichen Bedeutungen, mit der metaphorischen „Fiktion" zugleich die (nichtlogischen) erkenntnistheoretischen Begriffsbestimmungen eliminiert.

338 Vgl. dazu DEICHGRÄBER 1958, S. 6 ff., insbesondere die meines Erachtens etwas übervorsichtige Stellungnahme zur These von der angeblich archaisierenden „Rückwendung zum Epos bei Parmenides" auf S. 24; ferner DILLER 1946.

339 OWEN 1960, S. 84 und 101. Daß mit einer durchgängig allegorischen Interpretation *Parmenides* in eine Tradition eingereiht wird, der er nicht mehr angehört, betont auch MOURELATOS 1970, S. 39 ff. Vgl. dazu auch GUTHRIE II, S. 6 ff., insbes. S. 12 f.

340 MANSFELD 1964, S. 223.

341 MANSFELD 1964, S. 251; Hervorhebung im Original.

342 MANSFELD 1964, S. 247.

343 FRÄNKEL 1968, S. 161.

344 Vgl. den Einleitungsaufsatz zu POPPER CAR sowie ALBERT 1968, S. 15 ff. et passim.

345 Vgl. LUTHER 1966, Kap. VII, insbes. S. 91 und 94.

346 DEICHGRÄBER 1958, S. 6; zur Wahrheitsgarantie der *Dike* vgl. ferner DILLER 1946, S. 150.

347 Vgl. Mansfeld 1964, S. 61 f. und 103 ff.

348 Vgl. VERDENIUS 1966/67, S. 105.

349 Zu dieser neuen Fragestellung des *Parmenides* im Sinne eines radikalen Rekurses auf Gründe und Ursachen vgl. BOEDER 1962, Einleitung und S. 118 ff.

350 BURNET 1920, S. 180; ähnlich auch BORMANN 1971, S. 183: „Die Methode des Parmenides ist dadurch ausgezeichnet, daß er der erste unter den Vorsokratikern zu sein scheint, der argumentiert."

351 Vgl. MISCH 1950, S. 466 ff.

352 Zur Frage der Entstehung der Logik vgl. die in Anm. 330 aufgeführte Literatur.

353 Vgl. STANNARD 1960.

354 Vgl. SZABÓ 1954, S, 54 ff.

355 FRITZ 1968, S. 304.

356 HIRZEL 1907, S. 116.

357 Vgl. HIRZEL 1907, S. 108 ff., speziell S. 110.

358 HIRZEL 1907, S. 113/14.

359 HIRZEL 1907, S. 116.

360 Vgl. den zusammenfassenden Bericht *Fränkels* in seinen „Parmenidesstudien" (1930), abgedruckt in FRÄNKEL 1968, S. 157 ff.; zur *Dike*-Interpretation S. 162 ff.

361 EHRENBERG 1921, S. 59.

362 WOLF 1950 I, S. 288.

363 MANSFELD 1964, S. 273.

364 MANSFELD 1964, S. 260; vgl. ferner S. 61 f. und 86.

365 Vgl. KLOWSKI 1970, S. 135 f.

366 VLASTOS 1946, S. 75.

367 Dieser Standpunkt entspricht der üblichen, auch heute noch vielfach vorherrschenden Einschätzung der Rolle der Logik im menschlichen Denken; vgl. zum Beispiel EGGER 1973, S. 10 ff. et passim, wo Sicherheit und Logizität der Erkenntnis praktisch gleichgesetzt werden.

368 Vgl. VLASTOS 1946, S. 76.

369 Vgl. *Nietzsches* Charakterisierung der parmenideischen Denkweise in „Die Philosophie im tragischen Zeitalter der Griechen" (in NIETZSCHE III, S. 349 ff., speziell S. 382 ff).

370 Vgl. FRÄNKEL 1969, S. 416 ff.

371 NESTLE 1975, S. 112.

372 KLOWSKI 1970, S. 112.

373 CORNFORD 1965, S. 117.

374 FRÄNKEL 1969, S. 416.

374a Zu diesem Ergebnis kommt STANNARD 1960; vgl. insbes. S. 531.

375 VLASTOS 1946, S. 76.

376 FRITZ 1968, S. 315.

377 LUTHER 1966, S. 114.

378 MANSFELD 1964, S. 272.

379 Darauf läuft *Heitsch'* allegorisierende Evidenz-Interpretation hinaus, wenn er betont, daß *Parmenides* mit seinem Rekurs auf die Figur der *Dike* nicht begründen wolle, weil er nicht begründungspflichtig sei. Weder Offenbarungen noch Beweise müßten für *Parmenides'* zentrale Begriffe und ihre jeweiligen gedanklichen Zuordnungen bemüht werden, „denn sie sind evident" (HEITSCH 1970, S. 20 ff., Zitat S. 23).

380 MANSFELD 1964, S. 272.

380a Vgl. WOLF 1950 I, S. 288 ff.

381 Die Mittelpunktstellung der Rechtsidee in der griechischen Geisteskultur hat *Werner Jaeger* in seiner berühmten „Paidaia" mit aller Sorgfalt herausgearbeitet; vgl. im vorliegenden Zusammenhang insbesondere JAEGER 1959 I, S. 95 ff., wo sich auf S. 103 auch die zitierte Stelle findet.

382 Vgl. DEICHGRÄBER 1958, S. 52, sowie MANSFELD 1964, S. 263 ff; im weiteren Zusammenhang VLASTOS 1947.

382a Wie es fälschlicherweise in CORNFORD 1965, S. 117, angenommen wird, wo *Parmenides* die Einführung der "method of geometry" in die Philosophie attestiert wird.

383 Vgl. *Kurt Latte*, Der Rechtsgedanke im archaischen Griechentum (1946), in LATTE 1968, S. 233 ff., Zitat S. 237.

384 Vgl. GIGON 1968, S. 250 ff. In GIGON 1959, S. 42, spricht der Verfasser in diesem Zusammenhang vorsichtiger von einer „Argumentierkunst, die sich ... zur Logik hinbewegt" und für deren Entstehung er hier noch *zwei,* anscheinend voneinander unabhängige Exerzierplätze, nämlich Rechtsprechung und Naturphilosophie des 5. Jahrhunderts, anführt. In GIGON 1972, S. 5, schließlich wird schlicht die „Polemik" als Quelle der philosophischen Beweismethoden genannt.

Zur Auffassung der Jurisprudenz – speziell der forensischen Rhetorik – als Ausgangspunkt der parmenideischen Logik vgl. auch MANSFELD 1964, S. 105 und 270 f. sowie die kritisch zusammenfassende Darstellung in KLOWSKI 1970. Eine Variante dieser These über den Ursprung der Logik stellt jene eng benachbarte Auffassung dar, derzufolge das logische Argumentieren sich aus der *politischen* Debattierkunst (vgl. KRAFFT 1971, S. 317) oder einfach aus dem alltäglichen Meinungsstreit entwickelt hat, der seinerseits daraus resultiert, daß unter bestimmten gesellschaftlichen Bedingungen (Demokratie mit Redefreiheit, Rechtsordnung, etc.) jedermann gezwungen ist, um sein Recht mit Argumenten zu kämpfen. Zur kritischen Würdigung dieser marxistisch angehauchten Erklärungshypothese vgl. SZABÓ 1965, S. 358 f.; ferner FRITZ 1971, S. 210 ff.

385 Vgl. KLOWSKI 1970, S. 127 ff., wo darauf hingewiesen wird, daß nach der Quellenlage die Gerichtsrhetorik *zu spät* – erst nach oder allenfalls gleichzeitig mit dem parmenideischen Werk – entstanden sein dürfte, um als Ursprung oder Vorbild für die logische Argumentationsform des *Parmenides* herhalten zu können.

386 GIGON 1968, S. 263. Vgl. dazu die Kritik in WOLF 1950 I, S. 295: „Weder ein so sehr formalisierter Logosgedanke noch eine so weitgehende Entmythisierung Dike's entspricht frühgriechischer Denkart." Das ist jedoch meines Erachtens ebensowenig der entscheidende Einwand gegen die logifizierende *Dike*-Interpretation wie *Wolfs* Hinweis, daß es sich beim Prooimion des *Parmenides* um eine „Mythenerzählung" handele, deren sinnlich-anschaulicher Gehalt mit abstrakten, zum Beispiel logischen Begriffen nicht angemessen wiedergegeben werden könne: „Abstrakte Begriffe wie ‚Gesetz und Recht' haben noch nie jemand auf einen Wagen gesetzt, der blitzgeschwind, mit pfeifenden Naben, durch ein Tor der Tiefe emporfährt." – Konkrete Begriffe auch nicht, nebenbei bemerkt, und im übrigen geht es bei der erkenntnistheoretischen Auswertung der *Dike*-Gestalt gar nicht darum, einer Mythenerzählung immanente Glaubwürdigkeit zu verleihen, sondern um das Verständnis einer komplexen philosophischen Problemsituation, zu deren Beschreibung *Parmenides* selbst Begriffe von höchstem Abstraktions- und Generalisierungsniveau (wie zum Beispiel den Seinsbegriff) verwendet hat.

387 GIGON 1968, S. 251.

388 FRÄNKEL 1968, S. 166; vgl. auch S. 169: „Die vergeltende Dike ist, wie die bindende, eine Norm der inneren Konsequenz und der Wesensrichtigkeit ..."

389  FRÄNKEL 1969, S. 405.

390  FRÄNKEL 1968, S. 165; Hervorhebung im Original.

391  FRÄNKEL 1968, S. 165.

392  FRÄNKEL 1968, S. 165; alle Hervorhebungen im Original.

393  FRÄNKEL 1968, S. 166.

394  FRÄNKEL 1968, S. 166.

395  Übrigens schon bei *Hesiod*; vgl. DEICHGRÄBER 1958, S. 7.

396  FRÄNKEL 1969, S. 401.

397  Ich übernehme diesen treffenden Ausdruck aus FRÄNKEL 1969, S. 293, wo er auf die neue, radikale Philosophie der Vorsokratiker angewandt wird.

398  Zum Verständnis dieses Ordnungsgedankens bei *Heraklit* und *Parmenides* vgl. VERDENIUS 1966/67, S. 91 ff. und 101.

399  Vgl. zum Beispiel KELSEN 1939/40, S. 86; so auch sinngemäß KELSEN 1941, S. 245. Vgl. ferner KRANZ 1967, S. 132, sowie DEICHGRÄBER 1958, S. 37, wo ausgeführt wird, daß „im altertümlichen Denken Dike mit der Wahrheit und gehobener Erkenntnis identisch sein kann, Recht und Natur eins sind, damit auch Wahrheit und Recht und wahre Lehre und Recht."

400  Vgl. zum Beispiel CASSIRER 1941, S. 10 et passim.

401  KELSEN 1939/40, S. 86; so wörtlich auch KELSEN 1941, S. 245.

402  DILLER 1946, S. 150.

403  KELSEN 1939/40, S. 78.

404  Vgl. im folgenden KELSEN 1939/40, 1941 und 1941 a.

405  KELSEN 1939/40, S. 83.

406  Vgl. *Kelsens* ausführliche, aber wenig sachkundige Charakterisierung des sogenannten primitiven Denkens in KELSEN 1941; zur Kritik SPINNER 1977 a.

407  KELSEN 1939/40, S. 81.

408  Ein derartig simplifiziertes, das Ganze auf einen Teilaspekt reduzierendes Verständnis des vorsokratischen Denkens wird zum Beispiel in *Ernst Topitschs* einschlägigen Arbeiten gepflegt, in denen der hartnäckig wiederholte Versuch gemacht wird, grobe, schablonenhafte Pauschalurteile auf hochgelehrte Weise zu untermauern (vgl. die in Anm. 318 genannte Literatur). – Eine solche Kombination von Belesenheit mit Unverständigkeit ist in diesem Metier leider nicht selten; der neueste, nicht ganz so schlimme Fall dieser Art ist RÖD 1976.

409  Vgl. dazu *Ernst Heitschs* ausführliche Erläuterungen zu den Fragmenten des *Parmenides* in HEITSCH 1974, S. 79 ff. et passim; ferner JAEGER 1959 I, S. 237.

410  FRÄNKEL 1968, S. 167; Hervorhebung im Original.

411  FRÄNKEL 1968, S. 168.

412  KELSEN 1941, S. 246.

413  FRÄNKEL 1968, S. 169.

414  Vgl. HEITSCH 1974, S. 136.

415  Vgl. VERDENIUS 1966/67, S. 101.

416  Vgl. KELSEN 1939/40, S. 82 (mit Bezug auf *Heraklits* bekannten Ausspruch, daß die *Dike* die Sonne zur Einhaltung ihrer Bahn zwinge).

417  FRÄNKEL 1968, S. 166; Hervorhebung im Original.

418  FRÄNKEL 1969, S. 167.

419  KELSEN 1941, S. 246.

420  DEICHGRÄBER 1958, S. 36.

421  FRÄNKEL 1968, S. 167; Hervorhebung im Original.

422 Siehe oben, S. 99.

423 GUTHRIE 1963, S. 6.

424 GUTHRIE 1963, S. 7.

425 LATTE 1968, S. 236.

426 Vgl. dazu VLASTOS 1947, MUGLER 1956 und 1968 sowie *Giorgio de Santillanas* "Prologue to Parmenides", in SANTILLANA 1968, S. 82 ff., speziell S. 95 ff.

427 Vgl. LATTE 1968, S. 235.

428 Bei faktisch fließenden Übergängen zwischen Selbsthilfe und gerichtlicher Rechtsfindung: Der Rechtsprozeß ist anfänglich eine Veranstaltung, in der „die Streitenden ihr besseres Recht nicht sowohl dem Richter zu erweisen suchen, als einander *vor* dem Richter" (LATTE 1968, S. 237; Hervorhebung im Original).

429 HÖLSCHER 1969, S. 74/75. – Damit ist ein Begriff in die Debatte geworfen, der in der vorliegenden Darstellung nach Möglichkeit vermieden worden ist. Zur Erklärung für dieses bewußte Umgehen eines zentralen Begriffs griechischen Denkens sei hier nur folgendes gesagt: Man kann den *Logosbegriff* weit oder eng fassen, wobei die erste Deutungsrichtung die philosophiegeschichtlich plausiblere, der Quellenlage nach korrektere Auslegung ist, aber unvermeidlich auf Kosten einer eindeutigen, präzisen Begriffsbestimmung geht (vgl. die instruktive Darstellung der Bedeutungsentwicklung des Logosbegriffs in VERDENIUS 1966/67, S. 81 ff; ferner HÖLSCHER 1969, S. 75 ff.). In dieser weiten Interpretation umfaßt der Logosbegriff auch den gesamten logischen Problembereich im Sinne des sich später verselbständigenden *Logik*begriffs. Die engere Auslegung des Logosbegriffs existiert in zwei Hauptvarianten, die sich durch die ungleiche Nähe in der Ansiedlung des Logos zur Logik unterscheiden. Auf dieser Linie des Verstehens kann man den Logosbegriff entweder mit *Kranz* auf die Bedeutung „logisches Denken" (so für den parmenideischen Logos KRANZ 1962, S. 60) oder mit *Nebel* in entgegengesetzter Richtung so verengen, daß der Logos „mit dem, was wir Logik nennen, so wenig zu tun (hat) wie der Mythos mit der Mythologie, noch weniger" sogar (so, mehr für den heraklitischen Logos, NEBEL 1967, S. 97).

Wenn man der expansiven Auslegungstendenz folgt und ihr die griechische onto-logische Gleichung „Denkordnung = Weltordnung, beides zugleich Rechtsordnung" zugrunde legt, dann ist es eine Kleinigkeit, einen Großteil des Bedeutungskomplexes, der in der hier versuchten Rekonstruktion dem Rechtsgedanken zugeschrieben wird, in den Logosbegriff hineinzuverlegen. Gewonnen ist damit meines Erachtens allerdings kaum etwas, am wenigsten Klarheit. Ich verfolge in meiner Darstellung deshalb eher die Tendenz, den Logosbegriff nach Möglichkeit aufzugliedern, ihn in verschiedene Bedeutungskomponenten zu zerlegen, um so unterscheidbare, selbständig auftretende Ideen auszudifferenzieren, auch wenn diese sich erst *später*, im nachparmenideischen Denken, zur vollen Unabhängigkeit entwickelt haben. Aus dieser Perspektive gesehen, scheint mir *Kranz'* Richtung für eine restriktive Auslegung des Logosbegriffs brauchbarer zu sein als die *Nebels*. Dies ermöglicht es der vorliegenden Darstellung, den parmenideischen Logos so weit wie möglich – und überhaupt nötig – offen zu „logifizieren", die weitgehend „entlogifizierte" Rechtsidee daneben zu stellen und im übrigen den originalen, diffusen griechischen Logosbegriff als solchen zu vermeiden.

430 HOFFMANN 1951, S. 143. Hoffmann spricht hier von der platonischen Erkenntnislehre, die jedoch in diesem Punkt völlig in der parmenideischen Tradition steht, als deren Vollender *Platon* auch in anderer Hinsicht auftritt, insbesondere bezüglich der radikalen Durchführung des certistischen Ansatzes in der Erkenntnistheorie.

431 Vgl. BOWRA 1970, Kap. 9.

432 VERDENIUS 1966, S. 112. Der Autor hat dabei primär die sokratisch-platonische Erkenntnislehre im Auge, betont aber selbst, daß hier mehr als anderswo „die ursprüngliche Bedeutung von Logos sich reiner erhalten hat und die von *Heraklit* und *Parmenides* betonten Aspekte – die Dynamik, die Mündlichkeit, der überindividuelle Charakter, der methodische Gang – miteinander verbunden und auf eine neue Ebene gehoben werden" (S. 111). Es gilt also das bereits in Anm. 430 über das Verhältnis von *Parmenides* zu *Platon* Gesagte.

433  Zur Stellung der Wahrheitsfrage "in its most general form" (S. 262) und zur griechischen Standardauffassung der Wahrheit vgl. KAHN 1966.

434  Vgl. VERDENIUS 1966 sowie 1966/67.

435  GIGON 1968, S. 201.

436  VERDENIUS 1966/67, S. 89.

437  Zur „Weg"-Metapher des griechischen, speziell parmenideischen Denkens vgl. BECKER 1937, MOURELATOS 1970 sowie *Snell*, Das Symbol des Weges, in SNELL 1975, S. 219 ff.

438  Vgl. VERDENIUS 1966/67, S. 83.

439  Zum mündlichen Logos der Griechen und zum Begriff der sprechenden Argumentation vgl. VERDENIUS 1966/67, S. 93 ff.

440  Vgl. oben, S. 106 f.

441  Zur Bedeutungsentwicklung des Logosbegriffs vgl. VERDENIUS 1966/67, S. 81 ff.

442  Es sei hier an den bereits erläuterten (siehe oben S. 44 ff.) qualitativen Sinn der pythagoreischen Formel *Alles ist Zahl*! erinnert.

443  Zu *Platons* Kampf gegen die Schriftlichkeit vgl. FRIEDLÄNDER 1964 I, Kap. 5; zur oralen Orientierung traditionaler, „primitiver" Gesellschaften FINNEGAN 1970; zur Renaissance der Mündlichkeit in den hochindustrialisierten Gesellschaften der Gegenwart MCLUHAN 1968.

444  HEITSCH 1974, S. 77.

445  Zum erkenntnistheoretischen Standort *Alkmaions* in der Nachbarschaft der parmenideischen Erkenntnislehre vgl. HEITSCH 1974, S. 76 ff.

446  Vgl. dazu LATTE 1968, S. 237.

447  In diesen Problemzusammenhang gehört auch die Kritik der Manifestationstheorie der Wahrheit durch *Popper*, die allerdings nur ganz spezielle, vorzugsweise die empiristischen und die rationalistischen (intellektualistischen) Spielarten des Offenbarungsmodells der Erkenntnis trifft; siehe POPPER CAR, Introduction, insbes. S. 15 ff.

448  Dies wird durch die Auseinandersetzung um die Offenbarung in der Neuzeit, besonders im Anschluß an die Reformation, sehr deutlich belegt; vgl. POPKIN 1964, insbes. den Bericht über die Argumentationsweise des Jesuiten *François Veron* gegen die protestantische Bibelinterpretation. Zur Auswertung dieser Problematik für die Wissenschaftstheorie vgl. FEYERABEND 1967 a.

449  Vgl. *Hans Diller*, Göttliches und menschliches Wissen bei Sophokles, in DILLER 1971, S. 255 ff. Die zitierte Stelle findet sich auf S. 255.

450  Vgl. DILLER 1971, S. 255 ff., wo im einzelnen ausgeführt wird, „daß zwischen Heraklit und den älteren Tragödien des Sophokles eine tiefgehende Gleichartigkeit in der Auffassung des Verhältnisses von göttlichem und menschlichem Wissen besteht" (S. 271). – Hinsichtlich des so gesehenen Prozesses „vom bedingten Wissen zur Erkenntnis der Wahrheit" (S. 261) gilt meines Erachtens im wesentlichen dasselbe auch im Verhältnis zur parmenideischen Tradition.

451  Es sei hier daran erinnert, wie in der Einleitung das Erkenntnisproblem von dieser Grundfrage her aufgerollt worden ist (siehe oben, S. 4 ff.).

452  LATTE 1968, S, 235.

453  Zum Begriff der Wahrheitslinie vgl. MAY 1942, S. 117 et passim.

454  Vgl. LATTE 1968, S. 216.

445  LATTE 1968, S. 245 und 239.

456  Vgl. GUTHRIE I, Kap. VI, insbes. S. 395 ff.

457  BECKER 1937, S. 114 (mit Bezug auf *Herodot*). Zur parmenideischen Doppel-Wegauffassung „ebensosehr als Lösungsversuch der Erkenntnisaufgabe wie als eine Weise, den erkennenden Gang durch die Wirklichkeit zu vollziehen" (S. 142) vgl. S. 139 ff.

458  Vgl. DINGLER 1949,

459  BECKER 1937, S. 143 und 145.

460 MOURELATOS 1970, S. 40.

461 Hinweise auf *Parmenides'* Gebrauch eines „aus zureichendem Grunde" argumentierenden Beweisschemas finden sich in GIGON 1968, S. 262; MOURELATOS 1970, S. 100 und 152; MUGLER 1956 und SANTILLANA 1970. S. 96 ff. − Leider wird hier durchweg immer nur die Anwendung dieser Argumentationsweise bei *Parmenides* erklärt (am ausführlichsten in MUGLER 1956), nicht aber dieses Erkenntnisprinzip selbst nach Sinn, Gehalt, Funktion, Status, etc. Unnötig zu betonen, daß ich weder bei *Parmenides* noch bei seinen oben genannten Interpreten auch nur den bescheidensten *Formulierungsvorschlag* entdecken konnte.

462 FRITZ 1971, S. 343; Hervorhebung im Original.

463 CASSIRER 1941, S. 11.

464 MISCH 1950, S. 472; vgl. im weiteren Zusammenhang *Ernst Hoffmann*, Der historische Ursprung des Satzes vom Widerspruch (1923), in HOFFMANN 1964, S. 53 ff.

465 Vgl. BOEDER 1962, S. 151.

466 LUTHER 1966, S. 114; Hervorhebung im Original.

467 Deutsche Textversion zur Verdeutlichung meiner Darstellung frei komponiert nach den Übersetzungsvorschlägen in GIGON 1968, S. 262, HÖLSCHER 1969, S. 21, und HEITSCH 1974, S. 28 f.

468 So in MITTELSTRASS 1969; die zitierten Passagen sind dem Schlußabschnitt S. 148 entnommen.

469 Vgl. dazu MUGLER 1968 und SANTILLANA 1970, S. 96 ff.

470 Vgl. CASSIRER 1941.

471 Viele, leider nicht speziell im Hinblick auf die hier verfolgte erkenntnistheoretische Fragestellung explizit diskutierte Hinweise darauf finden sich in VLASTOS 1947.

472 Vgl. SZABÓ 1969, insbes. S. 287 ff.; Zitat S. 291.

473 REIDEMEISTER 1974, S. 11.

474 SZABÓ 1969, S. 291; Hervorhebung im Original.

475 SZABÓ 1969, S. 291.

476 SZABÓ 1969, S. 292.

477 MANSFELD 1964, S. 271.

478 Vgl. HOFFMANN 1951, Kap. VIII.

479 FRITZ 1971, S. 543.

480 Vgl. die bahnbrechende Pionierarbeit für ein neues, einheitliches Verständnis des Lehrgedichts unter voller Einbeziehung des Doxateils REINHARDT 1959.

481 Deutsch nach HÖLSCHER 1969; noch drastischer übersetzt in DIELS/KRANZ I, S. 230: „ . . . der Sterblichen Schein-Meinungen, denen nicht innewohnt wahre Gewißheit."

482 Vgl. GUTHRIE II, S. 4.

483 Vgl. GUTHRIE II, S. 25.

484 Vgl. VERDENIUS 1966/67, S. 114 ff.

485 VERDENIUS 1966/67, S. 117; zur Zurückweisung der Hypothesen-Interpretation vgl. auch REINHARDT 1959, Kap. I. insbes. S. 25 f.

486 Die entgegenstehende, hier wie durchweg in seinem Buch gewaltsam modernisierende Interpretation *Röds* (vgl. RÖD 1976, S. 118 ff.) ist meines Erachtens völlig unhaltbar.

486a Vgl. REINHARDT 1959, S. 28 ff.

487 FRÄNKEL 1968, S. 190. (*Fränkel* spricht hier primär von *Parmenides'* Konzeption der *wirklichen* Welten, doch gilt das Gesagte von den damit aufs engste verbundenen *Erkenntnis*reichen gleichermaßen.)

# 4. Kapitel

488 Vgl. SPINNER 1977 a.

489 Dies verkennt *Vlastos,* wenn er zum Parallelfall der Naturalisierung der Gerechtigkeit kommentiert: "It was the ending of these distinctions that made nature autonomous and *therefore* completely and unexceptionably 'just'" (VLASTOS 1947, S. 175; Hervorhebung im Original).

489a Vgl. WEIL 1972, S. 151: ,,Ohne Zweifel kommt auch *Platon* im Laufe seiner philosophischen Entwicklung dahin, der ,wahren Meinung' einen gewissen positiven Wert zuzuerkennen. Aber erst im aristotelischen Denken scheidet sich die Meinung von den Meinungen ...'' Aber auch für *Aristoteles* bleibt die *doxa* ,,ein geringerer und ungenügender Modus der Erkenntnis ...''

490 Vgl. VERDENIUS 1966/67, S. 83 f.

491 Vgl. HAVELOCK 1963, Kap. XI: Psyche or the Separation of the Knower from the Known, dem auch die zitierte Stelle (S. 201) entnommen ist. *Platon,* ansonsten ein engagierter Verteidiger des Mündlichkeitspostulats, steht in dieser Frage auf seiten der literarischen Kultur, in deren Rahmen die Trennung von Subjekt und Objekt, Form und Inhalt, Methode und Ergebnis, Erkenntnisprozeß und Erkenntnisresultat zu einem erkenntnistheoretischen Grundprinzip erhoben wird.

492 Vgl. POPPER OK, Kap. 3; zur Herstellung von ,,Objektivität'' durch Abstraktion vom Subjekt vgl. auch LÉVI-STRAUSS 1971 a, S. 25 f.

493 Zur Kritik dieser Dichotomie vgl. SPINNER 1974, S. 174 ff., sowie FEYERABEND 1976, S. 230 ff.

494 Vgl. REICHENBACH 1938, S. 6 f. und 382, sowie REICHENBACH OJ, S. 260; ferner POPPER LF, S. 6 ff. et passim.

495 Vgl. FEIGL 1970.

496 Vgl. LAKATOS 1970.

497 Für die certistische Seite vgl. DINGLER 1936; für die fallibilistische Seite POPPER LF.

498 Vgl. BARNES 1975.

499 ROBINSON 1953, S. 70; Hervorhebung im Original.

500 Zur aristotelischen Wissenschaft der Logik vgl. KAPP 1965 sowie PATZIG 1969; zum platonischen (dialektischen) Hintergrund der Syllogismus-Theorie SOLMSEN 1972 und MANSION 1972.

501 Zum Verhältnis von *Aristoteles* zu *Euklid* vgl. *Kurt von Fritz*, Das APXAI in der griechischen Mathematik (1955), abgedruckt in FRITZ 1971, S. 335 ff., speziell S. 366 ff. und 388 ff.; allgemein zur ,,Axiomatik der Alten'' SCHOLZ 1969, S. 27 ff.

502 Vgl. SZABÓ 1965.

503 Für die platonische Dialektik vgl. ROBINSON 1953, Kap. VI; für die aristotelische Syllogistik LLOYD 1966, S. 440; für die euklidische Axiomatik LAKATOS 1962.

504 Für *Platon* vgl. HOFFMANN 1961, Kap. 5.; für *Aristoteles* LEE 1935.

505 Vgl. LEE 1935, insbes. S. 124.

506 So ähnlich sieht auch *Aristoteles* die Arbeitsteilung zwischen *Syllogistik* und *Dialektik* im Rechtfertigungsprozeß der Erkenntnis: ,,Es ist die Aufgabe der Syllogistik, in richtigen und leicht nachprüfbaren Folgen eine bestimmte Wissenschaft so zu ordnen, daß sie von ihren Prinzipien her entwickelt werden kann: Die Funktion der Dialektik besteht darin, die Schwächen von allem aufzudecken, was nicht unmittelbar evidentes Prinzip (oder letzte Gegebenheit der Sinne) ist. Der Geometriker hat die Grundlagen seiner Wissenschaft nicht zu diskutieren, der Dialektiker hat sich nicht mit den rein technischen Fragen der Geometrie zu beschäftigen; aber der Dialektiker kann und muß die Frage nach dem Sinn der der Mathematik eigenen Prinzipien stellen, nach dem Sinn ihrer philosophischen Tragweite, ihrer gerechtfertigter- oder nicht gerechtfertigterweise verallgemeinerten Verwendung'' (WEIL 1972, S. 167/68). – Zur philosophischen Arbeitsteilung bei *Aristoteles* vgl. ferner MÜLLER 1975, S. 54 ff.

507 Dieses betont „kritische" Motiv der griechischen Dialektik erwies sich als so stark, daß nicht einmal *Platons* ins Extreme gesteigerter Certismus (vgl. FRITZ 1971, S. 543) es vollständig zuschütten konnte. Für *Platon* ist das dialektische Verfahren ein kritisches Korrektiv gegen den „Dogmatismus" der mathematischen Denkweise, die mit unlegitimierten, also „dogmatisch" angenommenen Prämissen arbeitet. Dieser Unterschied zwischen Dialektik und Mathematik verschwindet allerdings im Verlauf des Erkenntnisprozesses, um am Ende einem einhellig verfolgten Certismus Platz zu machen: "... mathematics is dogmatic from the start, and unjustifiably; whereas dialectic is dogmatic only at the end, and is then fully justified in being so. We greatly misrepresent Plato's account of dialectic here if we leave out either the preliminary tentativeness or the final certainty" (ROBINSON 1953, S. 158). *I. M. Crombie* kommt für die platonische Dialektik zu demselben Ergebnis: "It is success in dialectic which will make hypotheses unnecessary" (CROMBIE 1963, S. 528).

508 WEIL 1972, S. 163/64.

509 FRITZ 1971, S. 214, wo jedoch nur der Beitrag der Logik zu dieser Erkenntnisauffassung berücksichtigt wird.

510 Vgl. HIRZEL 1907, S. 123.

511 Vgl. dazu LEISEGANG 1951, S. 73 ff., sowie HEINIMANN 1965, S. 152 ff.; im weiteren Zusammenhang auch *Fränkel*, Eine heraklitische Denkform, in FRÄNKEL 1968, S. 253 ff., sowie FRÄNKEL 1969, S. 422 ff.

512 Zur aristotelischen Idee einer beweisenden Wissenschaft vgl. *Kurt von Fritz*, Das APXAI in der griechischen Mathematik (1955), in FRITZ 1971, S. 335 ff., insbes. S. 342 ff.

513 Zur Theorie des aristotelischen Syllogismus vgl. KAPP 1965, Kap. IV, sowie PATZIG 1969.

514 Ich kann hier lediglich auf einschlägige Gesamtdarstellungen verweisen: für *Platon* HOFFMANN 1961; für *Aristoteles* KULLMANN 1974.

515 Vgl. *Kurt von Fritz'* in Anm. 512 genannte Abhandlung; SZABÓ 1965; im weiteren Zusammenhang LAKATOS 1962 und MUELLER 1969.

516 Vgl. die Gegenüberstellung von „Gedankenkreis" und „Begriffspyramide" in LEISEGANG 1951, Kap. III und V.

517 Vgl. *Heinrich Scholz*, Die Axiomatik der Alten (1930), in SCHOLZ 1969, S. 27 ff. Eine philosophisch unzulängliche, ideengeschichtlich unzuverlässige und immer wieder unzulässigerweise modernisierende Darstellung der „Genesis des axiomatischen Denkens" (so der Untertitel) liefert STACHOWIAK 1971.

518 Vgl. *Peirces* ausdrücklich an *Kants* „Architektonik der reinen Vernunft" anknüpfende Abhandlung: Die Architektonik von Theorien, in PEIRCE/APEL II, S. 228 ff.

519 Vgl. DINGLER 1930a sowie MAY 1950/54.

520 *Kant*, Kritik der reinen Vernunft, B 860 f., A 832 f. (in KANT II, S. 695/96). – Vgl. ferner die von *Kant* in der Einleitung selbst ausdrücklich hergestellte Verbindung zwischen der Bestimmung der Transzendentalphilosophie, der Idee einer Wissenschaft und dem architektonischen Aufbau der Erkenntnis: „Die Transzendental-Philosophie ist *die* Idee *einer Wissenschaft*, wozu die Kritik der reinen Vernunft den ganzen Plan architektonisch, d.i. aus Prinzipien, entwerfen soll, mit völliger Gewährleistung der Vollständigkeit und Sicherheit aller Stücke, die dieses Gebäude *ausmachen. Sie ist das System aller Prinzipien der reinen Vernunft"* (B 28; A 14; Hervorhebungen im Original).

521 Vgl. *Hegels* Vorrede zur „Phänomenologie des Geistes" (HEGEL PHÄN, insbes. S. 23).

522 KANT II, S. 696.

523 Zu *Heraklits* unter Rückgriff auf das Schema des geometrischen Mittels scharfsinnig konstruiertem *Drei-Stufen*-Modell vgl. *Fränkel*, Eine heraklitische Denkform, in FRÄNKEL 1968, S. 253 ff.

524 Zu *Platons Vier-Stufen*-Modell vgl. *Julius Stenzel*, Über den Aufbau der Erkenntnis im VII. platonischen Brief, in STENZEL 1956, S. 85 ff.; ferner die Gesamtdarstellung in HOFFMANN 1961. Es gibt nach *Platon* „vier Erkenntnisstufen, auf denen ein Mensch sich befinden kann und die eine sinnvolle, ja gesetzliche Reihenfolge bilden, denn es gibt: Wörter, Wahrnehmungen, Begriffe, Ideen. Diesem Viererlei sollen die vier Phasen des Weges entsprechen, den das Höhlengleichnis genau beschreibt" (HOFFMANN 1961, S. 47/48). Wörter und Wahrnehmungen liefern nur trügerisches Scheinwissen, während auf der dritten Stufe mathematisches Wissen (der Einzelwissenschaften) und auf der vierten Stufe höchste philosophische Vernunfteinsicht in das Wesen (die „Idee") der Dinge vermittelt wird. Im Grunde handelt es sich auch hier lediglich um das noch einmal untergeteilte Zweier-Modell der überlieferten *doxa/episteme*-Dichotomie.

525 Vgl. die Darstellung des Stufenmodells der Erkenntnis, wie es von der modernen Wissenschaftstheorie konstruiert zu werden pflegt, in SPINNER 1974, S. 131 ff.

526 WIELAND 1962, S. 67.

526a Ich kann hierzu wiederum nur auf einschlägige Darstellungen verweisen, von denen leider keine aus der Perspektive der vorliegenden Abhandlung abgefaßt worden ist. Immerhin gibt es einige auch in dieser Hinsicht sehr lehrreiche Abhandlungen, die den einen oder anderen Gesichtspunkt der hier versuchten Rekonstruktion beleuchten. Außer den bereits genannten monographischen Arbeiten zur platonischen, aristotelischen und euklidischen Erkenntnisauffassung sei für *Aristoteles* noch auf folgende aufschlußreiche Aufsätze verwiesen: MCKEON 1947 und HINTIKKA 1972.

527 Zum Begriff der abgeschlossenen Theorie vgl. HEISENBERG 1948.

527a *Platon* und *Aristoteles* haben alle diese argumentationsstrategischen Möglichkeiten bis zur Neige ausgeschöpft; zum ersteren vgl. HOFFMANN 1961; zum letzteren die Darstellung der Lehre vom „Aufstieg" (zu den Prinzipien) und „Abstieg" in KULLMANN 1974, S. 204 ff., sowie der späteren Abkehr von diesem streng hierarchischen Modell S. 163 ff.

527b Einige dieser Möglichkeiten (üblicherweise unter Vernachlässigung aller philosophisch subtileren Spielarten, insbesondere der dialektischen Varianten) werden gelegentlich auch von der modernen Wissenschaftstheorie systematisch durchexerziert (zum Beispiel in CARNAP 1939, Teil III; vgl. speziell S. 61 ff.).

528 Vgl. *C. F. von Weizsäcker*, Allgemeinheit und Gewißheit, in WEIZSÄCKER 1971, S. 93 ff.

529 WHATMOUGH 1958, S. 259.

530 LUTHER 1966, S. 125.

531 WIELAND 1966, S. 59; die anschließende Zitatstelle ist S. 60 entnommen.

532 Der aristotelische Prinzipienbegriff ist nicht eindeutig auf die hier gegebene Bedeutung festgelegt. Bei *Aristoteles* schließt er sowohl die Prämissen- als auch die Regel-Interpretation ein. Ich benutze im Text den modernen Sprachgebrauch und verweise ansonsten auf die instruktive Darstellung der aristotelischen Prinzipienforschung in WIELAND 1962, Kap. I.; zur Differenzierung des Vorwissens speziell S. 85 ff. Vgl. ferner die Ausdifferenzierung der verschiedenen Bedeutungen des aristotelischen Prinzipienbegriffs in STACHOWIAK 1971, S. 154 ff.

533 Vgl. FRITZ 1969, S. 72.

534 Vgl. STEKLA 1970. Diese Argumente, die *getrennt* vorbringen, was *Hans Albert* später zur geballten Ladung des „Münchhausen-Trilemmas" zusammengefaßt hat (vgl. ALBERT 1968, S. 11 ff.), sind vom Skeptizismus aufgenommen, ausgebaut und zur Grundlage eines erkenntnistheoretischen „Nihilismus" – der eher ein epistemologischer Indifferentismus ist – gemacht worden (vgl. dazu SEXTUS EMPIRICUS 1968, speziell S. 130 ff.).

534a Ein aktuelles Beispiel für viele derartige *Kannitverstan*-Rekonstruktionen des Rechtfertigungsmodells ist SCHREIBER 1975.

535 KULLMANN 1974, S. 170.

536 *Kant*, Vorrede zu den „Metaphysischen Anfangsgründen der Naturwissenschaft", in KANT V, S. 12.

537 Vgl. SPINNER 1974, S. 135 ff.

538 Vgl. FEYERABEND 1976, Kap. 12.

539 Vgl. LEINFELLNER 1966, S. 199.

540 CROMBIE 1963, S. 133. Vgl. dazu auch LOHMANN 1972, S. 183, wo betont wird, daß in diesem Punkt griechisches und späteres (lateinisches wie neuzeitliches) Denken „durch eine Welt getrennt" sind. *Ungriechisch*, weil subjektiv anstatt objektiv orientiert, ist nicht nur das lateinische *cogitare*, sondern „auch *error* ‚Irrtum' sowie die ‚Gewißheit' *(certus, certitudo)*. Die griechischen Ausdrücke dieser Sphäre sind entweder ganz sinnlich-anschaulich …, oder jedenfalls durchaus ‚objektiv' …, während der ‚europäische' Begriff des ‚Irrtums' primär ‚subjektiv' und nicht äußerlich-sinnlich gedacht ist …"

541 Für *Descartes' Cogito*-Argument ist diese Verschiebung offenkundig (vgl. RÖD 1964, S. 72 ff.). Sie ist keineswegs auf diese spezielle Version des neuzeitlichen epistemologischen Certismus beschränkt.

542 Vgl. NELSON 1967 und 1975.

543 *Kant*, Vorrede zu den „Metaphysischen Anfangsgründen der Naturwissenschaft", in KANT V, S. 12; Hervorhebung im Original.

544 HEGEL PHÄN, S. 556; Hervorhebungen im Original.

545 Vgl. STEGMÜLLER 1973, S. 26. Mit Recht verwahrt sich *Mittelstraß* in seiner distanzierten Verteidigung des *Dingler*schen Begründungsprogramms „Wider den Dingler-Komplex" (in MITTELSTRASS 1974, S. 84 ff.) gegen *Stegmüllers* Vermengung von Begründungsdenken, certistischer Tendenz, Dogmatismus, Intoleranz und Sektierertum. Wie in der vorliegenden Arbeit verschiedentlich betont worden ist, kann das philosophische Certismus-Thema nicht als „Dogmatismus" abgehandelt werden, ohne die erkenntnistheoretische Problematik zu verfehlen. Hier gilt es scharf zu trennen, auch wenn dies bei *Dingler*, wie *Mittelstraß* zugeben muß, leider *nicht* immer geschieht. Die vorherrschende Art der *Dingler*-Kritik hat in der Tat mit ihrem Objekt einen erstaunlichen Mangel an Differenzierungen gemeinsam.

546 DINGLER 1938, S. 39; Hervorhebungen im Original.

547 Vgl. ALBERT 1968, S. 30 ff.

548 DINGLER 1955, S. 115. Daß *Dingler* nicht davor zurückschreckt, die Radikalisierung der certistischen Tendenz mit absurder Konsequenz zu betreiben, geht aus seiner eigenen Schlußfolgerung hervor: „Wir können als *allgemeines Prinzip* festhalten: *eine absolute Gewißheit kann überhaupt nur durch Identität, durch Tautologie zustande kommen*" (S. 167; Hervorhebungen im Original). Daß dies *Enttheoretisierung* der Erkenntnis bedeutet, scheint *Dingler* allerdings nicht bewußt geworden zu sein.

549 DINGLER 1930a, S. 31.

550 Vgl. zum Beispiel DINGLER 1943, Kap. 21 und 22; DINGLER 1967, Kap. II.

551 DINGLER 1964, S. 24.

552 Vgl. SPRUTE 1968.

552a Vgl. MOURELATOS 1970, S. 4.

553 Vgl. VERDENIUS 1949a, S. 16.

554 *Kant*, Vorrede zu den „Metaphysischen Anfangsgründen der Naturwissenschaft", in KANT V, S. 12; Hervorhebung im Original.

555 Vgl. KRÖNER 1929.

556 HEGEL PHÄN, S. 23; Hervorhebung im Original.

557 Vgl. *Poppers* Kritik der Manifestationstheorie der Wahrheit, in POPPER CAR, Introduction, insbes. S. 15 ff.

558 DINGLER 1926, S. 380; Hervorhebung im Original.

559 FREYER 1964, S. 307; Hervorhebung im Original. (Auf diese interessante Stelle bin ich durch *Bernhard Schäfers* aufmerksam gemacht worden.)

560    Vgl. DINGLER 1964, S. 38 ff.

561    „Damit komme ich zu dem wohl entscheidenden Faktor ...: Die Überschätzung der Macht des
*Willens*", die mit einer Unterschätzung der Realitätswiderstands, ausgedrückt als *„das Maß* für
das Erreichbare", einhergeht. Dies schreibt nicht *Popper* (oder, stellvertretend, *Albert*) über
*Dingler*, sondern Generalfeldmarschall *Erich von Manstein* über *Hitler* (siehe MANSTEIN 1969,
S. 307 und 306; Hervorhebungen im Original).

Ein unzulässiger Vergleich? *Ja*, wenn er in der demagogischen Absicht erfolgt, einen philosophischen Standpunkt dadurch zu denunzieren, daß man ihm Mitverantwortung für eine Politik
unterstellt, mit der er nichts zu tun hat. Ja also, wenn man moralisiert anstatt philosophiert (wie
es gerade in diesem konkreten Zusammenhang von *Popper* mit blindem Eifer gemacht wird;
vgl. POPPER OG, insbes. Bd. II). Als *Theorien*vergleich inszeniert, um Gemeinsamkeiten und
Unterschiede zwischen philosophischen und politischen Lehren herauszuarbeiten, die Möglichkeiten und Grenzen einer sinnvollen Übertragung der Doktrinen des einen auf den anderen Bereich abzustecken, ist ein solcher Ansatz nicht nur zulässig, sondern unter Umständen höchst
lehrreich.

Noch viel aufschlußreicher als ein Vergleich zwischen *Dinglers* und *Hitlers* Überlegungen über
die Rolle des Willens und der Tat wäre ein derartiger Vergleich zwischen den politischen Lehren
*Hitlers* und den philosophischen Lehren *Feyerabends*, die dieser seit seiner Abwendung vom
epistemologischen Fallibilismus und theoretischen Pluralismus unter dem windigen Banner eines
epistemologischen Anarchismus in die philosophische Welt hinaussegeln läßt (vgl. insbes.
FEYERABEND 1976). *Feyerabends* erkenntnistheoretischer Possibilismus, Anarchismus und
Revolutionismus finden ihre genaue Entsprechung in *Hitlers* Politphilosophie, die lehrt, daß
nichts unmöglich sei, daß in der Politik nur das Prinzip der Prinzipienlosigkeit gelte und Revolution ein permanenter Umwälzungsprozeß sei, in dem es keine festen Ziele und allgemeingültigen Regeln, sondern nur Veränderung („Bewegung", sagt *Hitler*), etwas Strategie und viel
Taktik gäbe. Wie *Feyerabend* die Wissenschaft, so hat *Hitler* die Politik einem schrankenlosen
Opportunitätsprinzip überantwortet, das mal so, mal so vorgeht, wie es eben die Gelegenheit
erfordert und „mit ungeheuerlicher Leichtigkeit alles über Bord wirft, was ihr noch soeben
als fester Grundsatz galt" (RAUSCHNING 1973, S. 127) – wenn es zweckmäßig erscheint,
sogar den Grundsatz, keine Grundsätze zu haben. „Ich werde niemals nach einem Rezept
handeln", betont *Hitler*, der die „Ueberlegenheit der freien Operation" kennt, die entwaffnende
Wirkung einer „Politik des radikalen Frontwechsels" (oder Meinungswechsels) einkalkuliert
und sich im übrigen vom vorgeblich besseren Wissen der Experten („einfältige Leute, die über
ihren Kram nicht hinaussehen") keine Schranken auferlegen ließ (RAUSCHNING 1973, S. 171,
9, 128, 26). „Es gibt kein fest fixiertes Ziel. Ist Ihnen das zu schwierig zu begreifen?", fragt *Hitler*
seinen Gesprächspartner. Es gibt natürlich auch kein festes Programm. Ein Programm ist etwas
für die „einfältigen Seelen", für die „Masse", die „feste, bleibende Lehrsätze (braucht). Die
Eingeweihten wissen, daß es nichts Festes gibt, daß sich alles ständig wandelt" (RAUSCHNING
1973, S. 175 und 177). Bleibende Ziele, verbindliche Programme, feste Prinzipien, allgemeine
Regeln gibt es nicht. Aber selbst diese Einsicht wird nicht zum verpflichtenden Grundsatz erhoben, an den man sich unbedingt zu halten hätte. Wenn es die Gelegenheit erfordert, nimmt
man sich die Freiheit, inkonsequent zu sein und solche Ziele, Programme, Prinzipien, Regeln
zu haben. Dergleichen ideologische Krücken benutzt man ungeniert, wenn man sie braucht. Im
allgemeinen sind sie jedoch mehr hinderlich als hilfreich. Was Experten in dieser Richtung anzubieten haben, läßt sich auf einen Nenner bringen: „Sie haben eine Idee, die vielleicht brauchbar
ist, die aber Wahnsinn wird, wenn man sie verallgemeinert" (RAUSCHNING 1973, S. 29). Die
permanente Revolution ist eine in jeder Hinsicht *doktrinlose* Revolution (vgl. RAUSCHNING
1938, S. 85 ff.).

So ähnlich sagt es *Feyerabend* auch. Was folgt daraus? Daß er der philosophische Mentor des
Faschismus – oder des Linksradikalismus, was für seine Kritiker auf dasselbe hinausläuft –,
vielleicht sogar *Hitlers* geistiger Schüler ist? Nichts dergleichen, auch wenn blindwütige Eiferer
in *Poppers* Fußstapfen (*Agassi, Gellner*, u. a.) neuerdings *Feyerabends* anarchistische Erkennt-

nislehre gerne so mißverstehen, um sie guten Gewissens moralisch denunzieren zu können! Daraus folgt, ganz im Gegenteil, daß solche Vergleiche philosophisch erst sinnvoll werden, wenn man sie *nicht* in dieser Absicht vornimmt. Sie sind erlaubt, ja notwendig, wenn es darum geht, die volle Tragweite einer Lehre abzustecken, indem man ihre Übertragbarkeit auf andere Bereiche untersucht. Daß *Hitler* ein moralisches Monster war, steht einem solchen Vergleich weder im Falle *Dinglers* noch im Falle *Feyerabends* entgegen, sondern macht ihn eher noch aufschlußreicher, weil er extreme Konsequenzen aufzeigt, denen gegenüber der moralisch integre Philosoph eine unbewußte Denksperre aufrichtet. Ebensowenig steht ihm entgegen, daß *Feyerabend* epistemologischen und politischen Anarchismus ausdrücklich auseinanderhält und verschieden beurteilt — ersteren warm empfiehlt und letzeren mehr oder weniger verabscheut (vgl. FEYERABEND 1976, S. 28 ff. et passim). Man darf also meines Erachtens solche Vergleiche anstellen, wobei man im vorliegenden Fall sogar noch viel weiter gehen könnte (siehe SPINNER 1977, Anm. 47, sowie SPINNER 1977/78 I).

Was folgt nun wirklich daraus? Zunächst einmal, daß Erkenntnistheorie und politische Theorie vieles gemeinsam haben *können*, auch wenn dies von den Philosophen übersehen oder sogar — guten oder schlechten Gewissens — ausdrücklich abgestritten wird. Ferner, daß sie in konkreten Fällen vieles gemeinsam *haben*, im Guten wie im Schlechten. Drittens, daß man viel mehr in *beiden* Richtungen übertragen *kann*, als angesichts der „ontologischen" Verschiedenheit beider Bereiche auf den ersten Blick zu erwarten ist. Viertens, daß man viel *weniger* übertragen *darf*, wenn man zu sinnvollen Ergebnissen kommen will. Fünftens, daß ein wilder Denker von der abstrusen Genialität *Hitlers* in der Politik schon längst vorgedacht hat, was nichtsahnende Theoretiker des wilden Denkens später mühsam aus philosophischen Brocken wieder zusammensetzen. Sechstens, daß Moral und Geist weniger, als Moralisten vom Schlage *Poppers,* dagegen Erkenntnistheorie und Politik viel mehr miteinander zu tun haben, als Antimoralisten vom Schlage *Feyerabends* lieb ist. Siebtens, schließlich, daß philosophische Originalität eine *sehr* relative Sache ist. Sie ist im wesentlichen eine Frage der ideengeschichtlichen (Un-) Bildung. Das sollte fürs erste genügen (Fortsetzung folgt andernorts.)

Der wichtigste Punkt ist die vierte Schlußfolgerung. In der einen Übertragungsrichtung gesehen, bedeutet sie: Was erkenntnistheoretisch sinnvoll ist, muß es nicht unbedingt — und wird es in der Regel nicht — politisch sein. Deshalb ergibt *kein* Erkenntnisprinzip, gleichgültig welcher Provenienz, eine sinnvolle allgemeine Lebensform. Der Schluß — à la *Popper* und *Albert* zum Beispiel — vom Erkenntnismodell zum Verhaltensmodell und/oder Gesellschaftsmodell ist unzulässig (vgl. SPINNER 1974, S. 224 ff.; ausführlicher in Spinner 1977/78 II). Das weiß Feyerabend, der in diesem Punkt derselben Ansicht ist (vgl. FEYERABEND 1976, Kap. 16 et passim). Der Umkehrschluß — die *Rück*übertragung politisch sinnvoller Überlegungen auf den Erkenntnisbereich — ist jedoch nicht weniger problematisch, was *Feyerabend* anscheinend nicht weiß.

562 WEIZSÄCKER 1971, S. 105.


# 5. Kapitel


563 DESCARTES DISC, Teil II, § 11.

564 In der neuzeitlichen Epoche spielt das Postulat der zureichenden Begründung vor allem in der Philosophie von *Leibniz* eine große Rolle. Nach der *Leibniz*schen Erkenntnislehre gibt es zwei große Prinzipien, auf denen jeder „Vernunftgebrauch" beruht: das Prinzip des Widerspruchs und das Prinzip des zureichenden Grundes (vgl. LEIBNIZ MON, §§ 31 und 32).

In KAMBARTEL 1966 wird zur Erläuterung dieses alten Erkenntnisprinzips in seiner ihm von *Leibniz* gegebenen neuen Fassung darauf hingewiesen, daß die erkenntnistheoretische Funktion des Satzes vom zureichenden Grunde bei *Leibniz* weniger darin besteht, „den Bereich der

Tatsachenwahrheiten gegen den der Vernunftwahrheiten *abzugrenzen*, als, eine rationale Rechtfertigung der Tatsachenwahrheiten zu geben, d.h. *vérités de fait*, soweit möglich, in *vérités de raison* überzuführen" (S. 457/58; Hervorhebungen im Original).

Obwohl vom *Recht* hier explizit nicht mehr die Rede ist, hält sich die *Leibniz*sche Bestimmung noch wenigstens teilweise, insgesamt *ungefähr* an das griechische Vorverständnis des Prinzips der „zureichenden" Erkenntnisbegründung, dem vom neuzeitlichen Denken, durch *Leibniz* angeleitet, zwar nicht mehr dieselbe Deutung (aus dem Rechtsgedanken) unterlegt, aber immerhin dieselbe Funktion (der Erkenntnissicherung) zugeschrieben wird wie in griechischer Zeit.

Aber nicht einmal dabei bleibt es im Verlauf der weiteren Entwicklung, wie durch das *Kambartel*-Zitat bereits angedeutet worden ist. Die erkenntnistheoretische Funktionsbestimmung verflüchtigt sich immer mehr zu einer bloßen *Forderung*, formuliert als universelle Begründungs*pflicht*, über deren Verwirklichung nichts Verbindliches mehr zu erfahren ist.

Nach den ausführlichen Erläuterungen (siehe oben, Kap. 3, S. 125 ff.) zur historischen Entwicklung und inhaltlichen Ausgestaltung dieses Erkenntnisprinzips im griechischen Zeitalter kann die Feststellung nicht überraschen, daß die vom neuzeitlichen Denken betriebene Zurückdrängung des Rechtsgedankens bis zu seiner mehr oder weniger vollständigen Eliminierung aus der Erkenntnislehre letztlich zum *Verlust der erkenntnistheoretischen Funktion* für das Prinzip vom zureichenden Grunde führt. Bei *Leibniz* ist es noch nicht ganz so weit, aber das Ende läßt nicht lange auf sich warten. Das Ergebnis dieser Entwicklung ist ein Rechtfertigungsmodell der Erkenntnis, dessen Grundprinzip sinnentleert worden ist und vom Rechtfertigungsdenken selbst nicht mehr verstanden wird. Dabei gilt paradoxerweise, daß inhaltliche Sinnentleerung und erkenntnistheoretischer Funktionsverlust um so weiter gehen, je präziser die von der Rechtsidee losgelöste Neubestimmung vorgenommen wird.

Den bemerkenswertesten Versuch in dieser Richtung hat meines Erachtens der Mathematiker *Birkhoff* (in BIRKHOFF 1941) unternommen, indem er das Prinzip des zureichenden Grundes mit der mathematischen Gruppentheorie verbindet, um es durch eine ungewöhnliche Reinterpretation einer präziseren Formulierung zugänglich zu machen. In *Birkhoffs* "quasi-mathematical form" lautet dieses Prinzip und die nach *Birkhoff* daraus hervorgehende heuristische Vermutung wie folgt (S. 45; Hervorhebungen im Original):

*"PRINCIPLE OF SUFFICIENT REASON. If there appears in any theory T a set of ambiguously determined (i.e. symmetrically entering) variables, then these variables can themselves be determined only to the extent allowed by the corresponding group G. Consequently any problem concerning these variables which has a uniquely determined solution, must itself be formulated so as to be unchanged by the operations of the group G (i.e. must involve the variables symmetrically).*

*HEURISTIC CONJECTURE. The final form of any scientific theory is: (1) based on a few simple postulates; and (2) contains an extensive ambiguity, associated symmetry, and underlying group G, in such wise that, if the language and laws of the theory of groups be taken for granted, the whole theory T appears as nearly self-evident in virtue of the above Principle."*

Es bedarf keiner langen Argumentation, um zu zeigen, daß das Prinzip des zureichenden Grundes in dieser originellen Reinterpretation zwar viel an Präzision gewonnen, aber seine ursprüngliche erkenntnistheoretische Funktion der Wahrheits*begründung* und *-sicherung* weitgehend, wenn nicht völlig, verloren hat. In der *Birkhoff*schen Deutung als Adäquatheitsbedingung für zulässige Problemlösungen bzw. als heuristische Regel für die Suche nach solchen Lösungen steht es — insofern der modernen *Modellmethode* vergleichbar (vgl. SPINNER 1968) — weniger im Dienste der Begründung *neuer* Theorien als der *Komplettierung* vorhandener und bewährter, aber noch lückenhafter Theorien.

Am anderen Ende der Einstellungsskala zum Prinzip der zureichenden Begründung steht — und mit ihm die herrschende Meinung, im deutschen Sprachraum vertreten durch die Erlanger Schule um *Paul Lorenzen* — zum Beispiel die Auffassung von *Ajdukiewicz*, die dem Satz vom zureichenden Grunde maximale erkenntnistheoretische Bedeutung als universelle Denknorm bei minimaler inhaltlicher Bestimmung zuspricht: „Der Satz vom zureichenden Grunde – aufgefaßt als Forderung einer Begründung all unserer Behauptungen – ist identisch(!) mit der sog.(!) *Forderung des kritischen Denkens*, die darauf geht, daß wir nichts leichtsinnig glauben, sondern nur das glauben, was genügend begründet ist" (AJDUKIEWICZ 1968, S. 73; Hervorhebung im Original). – Auf eine ähnliche erkenntnistheoretische *Nonsense*-Interpretation des Prinzips der zureichenden Begründung, geboren aus demselben Geiste philosophiegeschichtlicher Ignoranz, habe ich bereits an anderer Stelle hingewiesen (siehe oben, S. 129).

565    DINGLER 1926, S. 15.

566    LAUTH 1967, S. 82 (Hervorhebung im Original). An anderer Stelle (vgl. LAUTH 1965) hat *Lauth* die von ihm vor allem unter Berufung auf *Descartes* und *Fichte* propagierte schrankenlose Anwendung des Begründungsprinzips noch kompromißloser herausgestellt: „Was wahr sein soll, muß sich in seinem Wahrsein völlig begründen" (S. 19). Die transzendentalphilosophische Fragestellung „*zielt* auf eine vollkommene Begründung, d.h. auf eine restlos befriedigende *Rechtfertigung* aus der Wahrheit" (S. 48; Hervorhebungen im Original) und beruhigt sich – im Gegensatz zu den Einzelwissenschaften – „erst dort, wo *aller* Geltungsanspruch gerechtfertigt wird" (S. 26; Hervorhebung im Original). Während die säkularisierten Versionen des modernen Rechtfertigungsmodells der Erkenntnis dessen kryptotheologischen Charakter möglichst zu verschleiern pflegen, wird es von *Lauth* mit aller Deutlichkeit und Konsequenz als *Offenbarungsmodell* interpretiert.

567    KRAFT 1957, S. 62.

568    Vgl. DINGLER 1929, S. 84 ff. und passim.

569    Vgl. DINGLER 1929, S. 84 ff. et passim; ferner die besonders prägnanten Ausführungen in DINGLER 1931, S. 21 f.

Daß jeder Begründungsversuch zwangsläufig in jene Situation *hinein*führt, die von *Albert* später als „Münchhausen-*Trilemma*" diagnostiziert worden ist, hat schon *Dingler* gesehen: „Es ist aus unserem obigen Schema (der Leiter; H.S.) klar," lesen wir in DINGLER 1929, S. 151, „daß eine solche Kette von Sätzen, die durch logische Ableitung gegenseitig verknüpft sind, entweder ins Unendliche geht oder an einer Stelle abbricht, oder zyklisch endet."

*Dingler* konstruiert aus diesem von ihm als erkenntnistheoretisches Faktum jeder Begründungssituation, aber nicht als philosophische Katastrophe erkannten Tatbestand zwar einen Einwand gegen den angeblich zu *speziellen* aristotelisch-euklidischen Begründungsansatz – so wie *er* ihn, ziemlich abweichend von der hier gelieferten Rekonstruktion, versteht –, sieht aber darin kein Argument gegen das Begründungsprogramm schlechthin und das Rechtfertigungsmodell der Erkenntnis im allgemeinen. Er denkt keinen Augenblick daran, Konsequenzen in Richtung auf einen alternativen, „rechtfertigungsfreien" Lösungsversuch für das Erkenntnisproblem zu ziehen, wie es dann später *Popper* angesichts derselben Problemsituation getan hat.

*Dinglers* Antwort auf die eigene Entdeckung, deren erkenntnistheoretische Brisanz ihm nicht völlig verborgen blieb, bestand vielmehr in der üblichen certistischen Überreaktion des zutiefst verunsicherten Sicherheitsfanatikers, der die Wissenschaft zusammenbrechen sieht (vgl. DINGLER 1926). So suchte er umso hartnäckiger nach dem „Absoluten", nach dem wirklich „letzten" Geltungsgrund, nach einem sozusagen noch fundamentaleren Fundament der Erkenntnis, das er im „aktiven Willen" gefunden zu haben glaubte. Die Hysterie der *Dingler*schen Überreaktion darf nicht darüber hinwegtäuschen, daß sie sich von der „klassischen" Reaktion des Rechtfertigungsdenkens auf das regelmäßig wiederholte Begründungsdesaster nur graduell unterscheidet. Suche nach *mehr* Sicherheit ist schon immer die stereotype Antwort der neuzeitlichen Erkenntnislehre auf jede vorangegangene und trotz aller verzweifelten Bemühungen weiterhin in Aussicht stehende Verunsicherung gewesen. *Descartes, Kant, Hegel, Hilbert, Russell* und die ungezählten, weniger bekannten Rechtfertigungsdenker haben allesamt auch keine *grundsätzlich* bessere Antwort gefunden.

570    Vgl. ALBERT 1968, S. 11 ff.

571  Vgl. SPINNER 1974, S. 44.

572  Zu *Aristoteles* vgl. FRITZ 1969, insbesondere den „Nachtrag zum Neudruck", S. 67 ff.; sowie die Monographie STEKLA 1970. – Zur Begründungssituation im allgemeinen, wie sie von der modernen Wissenschaftstheorie gesehen wird, vgl. die Problemanalyse in FEIGL 1952 und 1963; ferner die von *Stegmüller* in der „Einleitung 1969" gezogene Bilanz zu STEGMÜLLER 1969. – Relevant und immer noch sehr lesenswert ist meines Erachtens *Hegels* kleine, meisterhafte Abhandlung „Über das Wesen der philosophischen Kritik" (abgedruckt in HEGEL 1968, S. 95 ff.).

Den infiniten Begründungsregreß hat *Bartley* sorgfältig analysiert, vom fallibilistischen Standpunkt aus kritisiert und in diesem Zusammenhang auf die entscheidende Rolle der *Transmissibilitätsbedingung der Wahrheit* für das neuzeitliche, stark „logifizierte" Rechtfertigungsmodell der Erkenntnis und der *Retransmissibilitätsbedingung der Falschheit* für die fallibilistische Alternative hingewiesen (vgl. BARTLEY 1962 und 1964 a, jeweils Kap. V, sowie BARTLEY 1964, S. 24 ff.; siehe auch unten Anm. 789). Eine Analyse des infiniten Regresses, verbunden mit einem Lösungsvorschlag vom operativen Standpunkt aus, liefert DINGLER 1930. Ein gemeinsamer schwerwiegender Mangel beider Analysen liegt darin, daß weder *Bartley* noch *Dingler* in diesem Zusammenhang zwischen einem infiniten *Regreß*, wie er bei der Begründung, und einem infiniten *Progreß*, wie er bei rechtfertigungsfreier Kritik entsteht, unterscheiden, obwohl *Bartley* diesem wesentlichen Punkt weit näherkommt als *Dingler*. Auf diesen Unterschied kommt es bei der Lösung des fallibilistischen Grundlagenproblems wesentlich an (dazu später ausführlich in Bd. II).

573  SCHOLZ 1969, S. 32. *Scholz* fährt fort: „Durch diesen unerbittlichen Finitismus ist Aristoteles der Wissenschaftstheoretiker geworden, dessen Verdienst um so mehr auf den Leuchter zu stellen ist, je größer die Verfinsterungen sind, die Hegel und die Neukantianer durch ihre unverantwortliche Kritik dieses Aristotelischen Finitismus verschuldet haben."

574  *Hilbert*, Axiomatisches Denken (1918), in HILBERT 1964, S. 3.

575  *Nietzsche*, Aus dem Nachlaß der Achzigerjahre, in NIETZSCHE III, S. 491 (Hervorhebung im Original).

576  *Kolakowski*, Ist der verstehende Materialismus möglich?, in KOLAKOWSKI 1967, S. 180.

577  Vgl. dazu die Ausführungen zum *„Adorno-Kriterium"* in SPINNER 1967, S. 180 f., sowie SPINNER 1969. Ich komme auf dieses Thema anläßlich weiterer Kritik des zyklischen Erkenntnismodells zurück.

578  Die Doktrin, daß der Nachweis der Unmöglichkeit von Alternativen gleichzeitig eine Legitimation des (angeblich) einzig möglichen Standpunktes darstelle – und die zum *Wilhelm-Busch-Prinzip* (vgl. SPINNER 1968 a, S. 192 f.) führt, wenn ihre Anwendung auf den tatsächlich *existierenden* Standpunkt eingeschränkt wird –, ist eine monistische These, die durch den theoretischen Pluralismus widerlegt wird. Daß die bloße Existenz von Theorien keine Prämierung verdient und daß monopolistische Konkurrenzlosigkeit – im Sinne der tatsächlichen Abwesenheit konkurrierender Alternativen – kein epistemologischer oder methodologischer Vorzug dieses Standpunktes ist, sondern im Gegenteil einen höchst beklagenswerten Zustand anzeigt, der auch um *dieses* konkurrenzlos herrschenden Standpunktes willen als dringend änderungsbedürftig angesehen werden muß, ist eine der wichtigsten Lehren des pluralistischen Programms (vgl. SPINNER 1974).

579  Die klassische Formulierung der These von der *Unmöglichkeit der Erkenntnistheorie* findet sich im berühmten § 10 von *Hegels* „Enzyklopädie der philosophischen Wissenschaften im Grundrisse", 1830 (siehe HEGEL ENZ, S. 43). Ihm folgte *Leonard Nelson* mit zwei klassisch gewordenen Abhandlungen (siehe NELSON 1911 und 1930) und neuerdings auch *Wittenberg*, der, von der Erkenntnissituation der Mathematik ausgehend, zu dem Ergebnis kommt, „dass es unmöglich ist, eine generelle Theorie der Erkenntnis aufzustellen" (WITTENBERG 1957, S. 242). Zur kritischen Auseinandersetzung mit der *Hegel-Nelson*schen Unmöglichkeitsthese vgl. vor allem KRAFT 1960, Kap. I (eine allgemeine philosophische Kritik vom Standpunkt

einer alternativen Konzeption aus, die als konkreter Entwurf einer Erkenntnistheorie gedacht ist) und SCHMIDT 1964 (sorgfältige Rekonstruktion und Kritik der logischen Struktur der *Nelson*schen Argumentation).

Für die am *Hegel*schen Paradigma eines *zyklischen Erkenntnismodells* orientierten philosophischen Ansätze kehrt sich die Einstellung zum Zirkel der Erkenntnis völlig um: für sie kommt es nicht darauf an, aus dem Zirkel heraus-, sondern in ihn in der richtigen Weise *hineinzukommen*. Das gilt insbesondere auch für die gerade in dieser Hinsicht *Hegel* und *Heidegger* verpflichtete *hermeneutische Philosophie Gadamers, Bollnows, Apels* und anderer, von denen diese „Kehre" *(Heidegger)* in der Einstellung zum epistemologischen Zirkel als zentraler Bestandteil dessen ausgegeben wird, was sie als „hermeneutische Wende" zu benennen pflegen. Vgl. in diesem Zusammenhang vor allem GADAMER 1957 und 1965; BOLLNOW 1968 und 1970; APEL 1965; HABERMAS 1968 sowie die zusammenfassende Darstellung (die leider nur die „klassischen", in der Tradition *Platons* und *Hegels* stehenden Ansätze berücksichtigt) bei KÜMMEL 1968.

Nicht oder jedenfalls nur lose dem *Hegel*schen Paradigma verpflichtete Ausführungen zum Zirkel der Erkenntnis – die vor allem auch deshalb interessant sind, weil sie zeigen, daß zyklische Erkenntnismodelle sich nicht unbedingt am speziellen Entwurf *Hegels* orientieren müssen – finden sich bei CASSIRER 1937 und *Weizsäcker*, Komplementarität und Logik, in WEIZSÄCKER 1963, S. 281 ff. (*Cassirers* und *Weizsäckers* Konzeptionen sind an *Kant*schen Ideen orientiert.) Im weiteren Zusammenhang vgl. auch *Dinglers* Kritik des „pragmatischen Zirkels" (in DINGLER 1964, S. 26 und 32) sowie *Lorenzen*, Methodisches Denken (in LORENZEN 1968, S. 24 ff.) und KAMLAH/LORENZEN 1967, S. 15 ff. und S. 52.

Erwähnenswert sind auch die von der *Methode der impliziten Definition* (auf die ich noch zurückkomme) inspirierten Ansätze innerhalb der modernen Philosophie der Mathematik zu einem Erkenntnismodell, das *zyklisch* (insofern *nicht-aristotelisch*) und doch *nicht dialektisch* (insofern also *nicht-hegelianisch*) sein soll. Dieses Erkenntnismodell "legalizes circularity as a virtue rather than a vice" (FREUDENTHAL 1968, S. 349).

580 Neben den in der vorangehenden Anmerkung bereits genannten kritischen Abhandlungen *Krafts* und *Schmidts* sei vor allem auf *Franz Kröners* viel zu wenig beachtetes Buch über die „Anarchie der philosophischen Systeme" hingewiesen: KRÖNER 1929. Hier findet sich nicht nur eine ausgezeichnete Analyse der gesamten Begründungsproblematik (vor allem S. 216 ff.) – in der gezeigt wird, daß die Suche nach einem archimedischen Punkt hoffnungslos ist und auch die Postulierung fiktiver Fundamente das Geltungsproblem der Erkenntnis nicht lösen kann – sowie ein hochinteressantes Plädoyer für den theoretischen Pluralismus (im philosophischen Bereich), sondern speziell auch eine sehr instruktive Kritik der *Hegel*schen Philosophie und ihres unangebrachten Totalitätsanspruchs (S. 17 ff. und passim).

*Erwin Panofskys* (Zum Problem der Beschreibung und Inhaltsdeutung von Werken der bildenden Kunst, in PANOFSKY 1964, S. 96, Anm. 12) Versuch, den epistemologisch defekten und zu eliminierenden „*circulus vitiosus*" vom einwandfreien „*circulus methodicus*" (der im Grunde überhaupt kein Zirkel im epistemologischen Sinn ist, sondern ein Fall wechselseitiger Abhängigkeit, zum Beispiel zwischen Erkenntnis-Werkzeug und Erkenntnis-Gegenstand; vgl. S. 93) abzugrenzen, ist durchaus berechtigt, wenn auch *Panofsky* kein präzises Abgrenzungskriterium liefert. Er berichtet lediglich die hübsche Story von der Balancierstange („Vater, wieso fällt denn der Seiltänzer nicht runter? – Er hält sich doch an seiner Balancierstange! – Ja wieso fällt denn die Balancierstange nicht runter? – Dummer Junge, er hält sie doch feste!") und sieht ihre eigentliche Pointe darin, „daß der vermeintliche circulus vitiosus die praktische Möglichkeit des Seiltanzes tatsächlich nicht ausschließt, sondern begründet."

581 Vgl. KOLAKOWSKI 1967, S. 180: „Dies ist jedoch ein traditionelles Paradox sämtlicher Relativismen, der Irrkreis der Erkenntnis. Man kann ihm auf keine andere Art entrinnen als durch die arbitrale Entscheidung bezüglich des ‚Ausgangspunktes' in der Erkenntnis." Diesen Tatbestand hat *Kolakowski* zwar richtig diagnostiziert, aber nicht präzise lokalisiert. Er hat mit dem

philosophischen Relativismus direkt nichts zu tun, sondern mit dem Rechtfertigungsdenken, von dem sich bemerkenswerterweise auch die in der Regel sehr skeptisch eingestellten relativistischen Standpunkte nicht lösen konnten.

Das Problem des argumentativen „Inzestverbots" spielt vor allem in der Logik eine große Rolle, nachdem sich herausgestellt hat, daß „inzestiöse" Folgerungsweisen zu logischen Paradoxien führen können. Die berühmteste Kodifizierung eines logischen „Inzestverbots" ist die *Russell*sche Typentheorie, die gleichzeitig exemplarisch zeigt, daß solche rein „technischen" Problemlösungen, die eher Therapien zur vorbeugenden Problem*vermeidung* oder nachträglichen Problem*eliminierung* statt echte Problemlösungen darstellen, den auch aufgrund der historischen Entwicklung der Problemsituation naheliegenden Verdacht, nicht frei von Willkür und darüber hinaus *ad hoc* zu sein, nur schwer entkräften können.

582 Daß *Kant* mit seinem aprioristischen Begründungsschema der transzendentalen Deduktion prinzipiell im Rahmen der aristotelischen Wissenschaftskonzeption verbleibt, bedarf keiner langen Argumentation. Vgl. dazu zum Beispiel FRITZ 1955 und STEGMÜLLER 1967/68.

583 Vgl. DINGLER 1926, S. 15 ff., sowie DINGLER 1929, Kap. III.

584 SILAGI 1956, S. 15, charakterisiert mit dieser Formulierung treffend das *Dingler*sche Begründungsprogramm für die „exakte Fundamentalwissenschaft"; ähnlich auch *Dingler* selbst: Beim Aufbau der exakten Fundamentalwissenschaft kann man (nach DINGLER 1952, S. 292) „in zwei Weisen beginnen", nämlich entweder „‚in der Mitte' anfangen (d.h. ‚irgendwo') und von da aus nach unten und nach oben fortschreiten: nach unten um Begründungen zu suchen, nach oben um den Aufbau weiterzuführen", oder „‚ganz unten' anfangen, was bedeutet, daß man sozusag. vom ‚Nullpunkt' aus nach oben baut. Das ist die Linie, die ich verfolge."

585 KRÖNER 1929, S. 216 und S. 241 ff. spricht deshalb — wegen der „linearen Auffassung des Ganges der Begründung" (S. 276) — von *„Linearphilosophien"* (und zeigt en passant — vgl. S. 277 —, daß auch das *Hegel*sche System de facto im Grunde linear ist, weil es seinen nichtlinearen Ansatz nicht konsequent durchhalten kann und seinem zirkulären Programm zuwider doch Anfang und Ende in besonderer Weise auszeichnet). Während Zirkulärphilosophien zu einer *Kohärenztheorie der Wahrheit* führen, tendieren Linearphilosophien zu einer *Korrespondenztheorie.*

586 Vgl. HEGEL LOG II, S. 504, sowie KRÖNER 1929, S. 274 ff. und KAUFMANN 1965, S. 241 ff. Eine detaillierte Analyse und Kritik der *Hegel*schen Theorie des Anfangs und des zyklischen Erkenntnismodells im allgemeinen findet sich in Bd. II.

587 Ich schreibe hier „angeblich", um meinen Protest gegen diese Schwundform der Dialektik anzudeuten, die mit der *rationalen Dialektik der Vorsokratiker* außer dem Namen kaum noch etwas gemein hat. Zur Charakterisierung dieser rationalen Dialektik vgl. SZABÓ 1969 sowie die Bemerkungen zur *Hegel*schen Dialektik in Bd. II.

588 Vgl. ALBERT 1968, S. 9 ff. et passim.

589 *Rudolf Carnaps* Philosophie ist ein besonders instruktives, durch Klarheit, Präzision und Toleranz gegenüber alternativen Ansätzen hervorragendes Beispiel einer solchen Konstruktion. Ich denke hier insbesondere an seine Theorie der Reduktionssätze und an sein vieldiskutiertes Zwei-Sprachen-Modell. *Carnaps* Wissenschaftsideal (der Erfahrungswissenschaften) ist ein streng hierarchisch gegliedertes System von Aussagen — von den abstrakten Theorien über empirische Generalisierungen bis zu den singulären Beobachtungsaussagen —, deren unterste (Beobachtungs-) Ebene "anchored at the solid ground of the observable facts" (CARNAP 1939, S. 207) ist und von diesem Fundament her dem ganzen Gebäude Halt (sprich: empirischen Gehalt oder „Sinn" und letztlich auch inhaltliche Wahrheit) gibt. Eine Exposition und Kritik dieses *Stufenmodells der Erkenntnis* findet sich in SPINNER 1974, S. 131 ff.

590 JORDAN 1951, S. 60 (Hervorhebungen im Original).

591 Zur modernen Idee und Methode *„erkenntnistheoretischer Schnitte"* vgl. WITTENBERG 1957, S. 245 ff. und passim. Der Grundgedanke dieses Verfahrens findet sich jedoch schon lange vor *Wittenberg* in *Carnaps* programmatischer Abhandlung „Scheinprobleme in der Philosophie" (1928;

unveränderter Neudruck in CARNAP 1961, S. 291 ff.). Hier wird das Verfahren der *„erkennt-nistheoretischen Zerlegung"* – wie *Carnap* es nennt – mit der bekannten vorbildlichen Klarheit und Präzision des *Caranp*schen Denkens en detail expliziert und auch korrekt als erkenntnistheoretische *Rechtfertigungsmethode* charakterisiert (siehe § 3, a.a.O., S. 304 ff.) An *Carnaps* eigener Zusammenfassung ist lediglich die – dem damaligen Trend *Carnaps* zum positivistischen Phänomenalismus entsprechende – Ausrichtung der erkenntnistheoretischen Zerlegung auf den „Erlebnisgehalt" zu kritisieren. Setzen wir an die Stelle des Erlebnisgehalts den (durch den Begriff des Informationsgehaltes objektiv bestimmten) Erkenntnisgehalt von Aussagen und Aussagenkomplexen (Theorien), dann wird die folgende Formulierung *Carnaps* zu einer allgemeinen Charakterisierung der Idee erkenntnistheoretischer Zerlegungen: "Die *erkenntnistheoretische Zerlegung* teilt einen Erlebnisgehalt in den *‚Kern'* (a) und den *‚Nebenteil'* (b). Die Teilung ist dadurch gekennzeichnet, daß, erstens b in Bezug auf a entbehrlicher Bestandteil ist, und zweitens b in Bezug auf a *‚erkenntnismäßig sekundär'* ist. Kriterien hierfür sind: 1. die (wissenschaftliche) Rechtfertigung der Erkenntnis vom Gehalte b kann nur durch Hinweis auf a geschehen, 2. der theoretische Gehalt von b kann, obwohl a richtig erkannt ist, auf Täuschung beruhen" (a.a.O., S. 332; Hervorhebungen im Original). Daß dieses ingeniöse Verfahren ganz im Dienste des epistemologischen Rechtfertigungsprogramms steht, hat *Carnap* klar gesehen und selbst hervorgehoben: „In der *Möglichkeit der Rechtfertigung* eines (wirklich oder methodisch) angezweifelten Wissens durch ein anderes (als gültig zugegebenes oder hypothetisch vorausgesetzes) Wissen liegt *das Kriterium für das erkenntnistheoretische Verhältnis Nebenteil-Kern*" (a.a.O., S. 305; Hervorhebungen im Original).

Die Methode der erkenntnistheoretischen Schnitte oder Zerlegungen geht davon aus, daß dem zum Fundament der Erkenntnis verabsolutierten Teil unserer Erkenntnis *epistemologische Priorität* (zum Beispiel in Form einer Wahrheitsgarantie) zukommt. Vgl. dazu die *Carnap*sche These von der „erkenntnismäßigen Primarität" des unmittelbar Gegebenen oder „Erlebnisgegebenen" (CARNAP 1928a, §§ 54 ff., in CARNAP 1961, S. 74 ff. sowie S. 92). Obwohl ansonsten dem *Carnap*schen Modell des „logischen Aufbaus der Welt" wesentlich verpflichtet, wendet sich GOODMAN 1966 (S. 136 ff. und passim) gegen jeglichen Anspruch eines Erkenntnisprogramms auf epistemologische Priorität für seine Basisinstanz. "... the whole question of epistemological priority is badly confused", schreibt *Goodman* (S. 138) und erläutert seinen Standpunkt wie folgt: "My purpose here has not been to show that no criterion of epistemological priority is tenable, but merely to indicate why the claim of greater immediacy for either a physicalistic of a phenomenalistic basis is not easily supported. And as a matter of fact, I think there is no need to make such a claim. An economical and well-constructed system of either sort provides an orderly and connected description of its subject matter in terms of perceptible individuals. It does not have to be further justified by evidence that its orientation reflects some subtle epistemological or metaphysical hierarchy" (S. 140). Noch deutlicher sagt es *Goodman* in GOODMAN 1963, S. 548: "... the value and validity of a constructional system do not depend upon the epistemological primacy of the elements it starts from, however one may conceive such primacy to be determined." Auch *Stegmüller* (1958, in STEGMÜLLER 1969a, S. 27 ff.) steht der Prioritätsthese kritisch gegenüber und tendiert zu einer Art Gleichberechtigungsthese. Ob man im Rahmen des fundamentalistischen Rechtfertigungsmodells der Erkenntnis überhaupt auf *jegliche* Prioritätsdoktrin ohne weiteres verzichten kann, ohne gleichzeitig das ganze Erkenntnismodell infrage zu stellen, wird von *Goodman* und *Stegmüller* leider nicht geprüft.

Die Idee einer erkenntnistheoretischen Rangordnung kraft gegebener epistemologischer Prioritäten spielt im *Russell*schen Rechtfertigungsmodell der Erkenntnis eine zentrale Rolle; vgl. dazu CHISHOLM 1963 und *Russells* Erwiderung (RUSSELL 1963, S. 710 ff.).

In diesem Zusammenhang ist auch die alte Metapher vom „Baum der Erkenntnis" zu erwähnen, wie sie bei *Vico* und vielen anderen Philsophen der verschiedensten Denkrichtungen zu finden ist (vgl. TAGLIACOZZO 1969) und in Verbindung mit der Idee von der „Einheit der Wissenschaft" in das moderne reduktionistische *Stufenmodell der Erkenntnis* eingegangen ist (vgl. dazu auch SPINNER 1973).

592  Das ist *Positivismus* par excellence, wenn auch nicht notwendig im üblichen, sozusagen grobsinnlichen Sinne. Diesem Positivismus im weiteren, aber keineswegs besseren Sinne sind zuweilen selbst Denker verhaftet, die gegen den empiristisch-sensualistisch orientierten Positivismus sehr von oben herab polemisieren, zum Beispiel *Jürgen Habermas* (Erkenntnis und Interesse, in HABERMAS 1968a, S. 163), wenn er „die Maßstäbe der Selbstreflexion jener eigen-
tümlichen Schwebe ..., in der die Standards aller übrigen Erkenntnisprozesse einer kritischen
Abwägung bedürfen", entzieht und für „theoretisch gewiß" erklärt. Ähnlich auch ZELLINGER
1968, der den *empiristischen* Fundamentalismus scharf kritisiert, die Sicherheit und absolute
Vertrauenswürdigkeit des Beobachtungswissens mit Recht in Zweifel zieht, aber an die Gewißheit des Reflexionswissens mit uneingeschränktem Vertrauen glaubt. Wie sehr *Zellinger*
trotz seiner antipositivistischen Einstellung dem positivistischen Rechtfertigungsdenken verhaftet ist, zeigt sich u. a. daran, daß er „den Nachweis einer allgemein verbindlich gewissen und
womöglich endgültigen Ergründung" zur Zielsetzung einer „genuinen wissenschaftlichen Grund-
haltung" erklärt (S. 111).

Was unterscheidet *diesen* Positivismus vom traditionellen Positivismus? Die alte Autorität ist
durch eine neue − Beobachtungswissen durch Reflexionswissen − ersetzt worden, aber die
*autoritäre Struktur* des Rechtfertigungsmodells ist geblieben. Der König ist tot; es lebe der
König! In Anlehnung an *Paretos* These von der Zirkulation der Eliten könnte man von einer
*Zirkulation der Autoritäten* im Rechtfertigungsmodell der Erkenntnis sprechen.

Daß man diese Zirkulation der Autoritäten bei entsprechendem biographischem Hintergrund
zuweilen sogar psychoanalytisch sinnvoll deuten kann, hat HERMANN 1923 für den Fall
*J. St. Mills* gezeigt. *Hermann* deutet − wofür sich in der Lebensgeschichte und Autobiographie
*J. St. Mills* genügend Anhaltspunkte finden lassen − *J. St. Mills* Wende zum Induktivismus
als Revolte gegen die väterliche Autorität *James Mills* und dessen Deduktivismus: „Die deduktiven Wissenschaften müßte man im entgegengesetzten Falle (wenn sie nämlich keine induk-
tiven Wissenschaften wären) *auf erste, notwendige Wahrheiten,* d.h. *auf eine quasi väterliche
Autorität* gründen, die keine Gegenmeinung duldet: jede Deduktion, wäre sie nicht auf eine
erste Induktion rückführbar, besage, daß eine väterliche Autorität bestehe, welcher das eigene
Denkvermögen zu gehorchen hat. *Daß jede Wissenschaft eine induktive sei, bedeutet − im Un-
bewußten J. St. Mills −, daß in der Aufstellung einer jeden Wahrheit er selbst mitsprechen
darf und nichts vom Vater übernehmen muß"* (S. 390; Hervorhebungen im Original). Daß diese
Interpretation den üblichen erkenntnislogischen Fehler macht, den Deduktivismus als einen
notwendigerweise *fundamentalistischen* erkenntnistheoretischen Standpunkt zu behandeln,
sei hier nur am Rande erwähnt. Das *Popper*sche fallibilistische Erkenntnismodell, das *dedukti-
vistisch und anti-fundamentalistisch* zugleich ist, zeigt, daß der Deduktivismus fallibilistisch
und der Induktivismus fundamentalistisch sein können.

Im weiteren Zusammenhang mit dem Problem der Begründung, des Fundaments der Erkenntnis und den anderen hier angeschnittenen Problemen sei auf die teilweise sehr interessanten
Beiträge zu dem Sammelband "The Foundation of Statements and Decisions" (AJDUKIEWICZ
1965) verwiesen, wobei AJDUKIEWICZ 1965a, KALMÁR 1965, KRAFT 1965, BLACK 1965,
LORENZEN 1965 und JUHOS 1965 hervorzuheben sind. Wenig ergiebig sind dagegen die
Beiträge zu dem Sammelband DÉMONSTRATION 1968, soweit sie sich mit dem Rechtfertigungsproblem der Erkenntnis befassen (MCKEON 1968, GRANGER 1968, KATARBIŃSKI
1968 und ROTENSTREICH 1968).

Zur Kontroverse zwischen deduktivistischem und induktivistischem Fundamentalismus vgl.
auch KOTARBIŃSKI 1966, Part IV, bes. S. 235 ff., wobei der Verfasser leider nicht auf die
Problemgeschichte eingeht, zu deren interessantesten und historisch wichtigsten Einzelfällen
die Kontroversen zwischen *Whewell* und *J. St. Mill* (vgl. dazu STRONG 1955) und neuerdings
die zwischen *Carnap* und *Popper* zählen (vgl. dazu POPPER 1963 und CARNAP 1963a, S.
955 ff.; ferner die brillante Darstellung der Problemgeschichte in LAKATOS 1968). Daß
*Popper* einen deduktivistischen Standpunkt vertritt, ist offensichtlich; daß es sich hier aber
nicht um einen deduktivistischen *Fundamentalismus* handelt, ist jedoch vielen *Popper*-Kritikern
entgangen, zum Beispiel JUHOS 1966 und KOTARBIŃSKA 1962.

593 Vgl. SPINNER 1974, S. 22.

594 Dieses Problem ist das Hauptthema von *Kants* „Metaphysischen Anfangsgründen der Naturwissenschaft" (1786), aus deren Vorrede die zitierte Stelle entnommen ist (KANT V, A IX, S. 14).

Daß es einen solchen „reinen Teil" der Erkenntnis gibt, der als Fundament der ganzen Erkenntnis zugrunde liegt, ist die charakteristische Doktrin insbesondere der aprioristischen Spielarten des epistemologischen Fundamentalismus. Ich erinnere – um nur zwei weitere Beispiele zu nennen – an *Whewells* Theorie der "fundamental ideas" (vgl. dazu WHEWELL 1968, insbesondere *Robert E. Butts* lesenswerte "Introduction") und *C. I. Lewis'* epistemologischen Apriorismus (siehe SCHILPP/LEWIS 1968).

595 SCHILPP 1935, S. 129 (Hervorhebung im Original). *Schilpp* kritisiert diese positivistische Einstellung und nennt sie "a combination of *ex cathedra* dogmatism and philosophical oversimplification" (S. 129; Hervorhebung im Original).

596 Vgl. *Kant*, Metaphysische Anfangsgründe der Naturwissenschaft, insbesondere die programmatischen Ausführungen in der Vorrede (KANT V; zur Charakterisierung dessen, was *Kant* unter „eigentlicher Wissenschaft" versteht, speziell A V ff., S. 12 ff.).

597 *Albert* hat – in anderen Zusammenhängen und ohne an dieser Stelle auf *Kants* „Wissenschaft vom Übergang" explizit einzugehen – die Überbrückungsproblematik eingehend analysiert und auf die Unentbehrlichkeit und spezifische Rolle von „Brücken-Prinzipien" hingewiesen (siehe ALBERT 1968, S. 76 ff. et passim).

598 Eine sehr instruktive Kritik jener empiristisch-positivistischen Versuche, die sogenannten Sinnesdaten zu enttheoretisieren und zur Basis der wissenschaftlichen Erkenntnis zu machen, liefert BOHNEN 1969. Vgl. auch FEYERABEND 1960, 1963/64 und 1965 b sowie POPPER 1968.

599 *Kant*, Metaphysische Anfangsgründe der Naturwissenschaft, Vorrede (KANT V, A VII, S. 13).

600 Zu *Kants* „Wissenschaft vom Übergang" vgl. MAY 1950/54, Teil IV, bes. S. 470 ff. *Mays* eigenes, am *Dingler*schen Programm orientiertes Begründungsschema (vgl. Teil VII, S. 332 ff.) macht deutlich, wie sehr die *Dingler*sche Wissenschaftskonzeption in diesem Punkt derjenigen *Kants* verpflichtet ist.

Daß es sich bei *Kants* „Übergang" nicht um Reduktion im klassisch-aristotelischen oder modernen formallogischen Sinn (also um Definition oder „formale" Deduktion) handelt, ist in diesem Zusammenhang unwesentlich und sei deshalb hier nur am Rande vermerkt. Dasselbe ist von *Kants* Begriff der Erklärung zu sagen, der auch nicht im modernen Sinne des *Popper-Hempel*-Modells verstanden werden darf; vgl. dazu BUTTS 1962.

601 Zur Metapher vom „Buch der Natur" und zu ihrer geistesgeschichtlichen Rolle siehe CURTIUS 1967, S. 323 ff. und BLUMENBERG 1960, S. 77 ff.

602 Vgl. WEBER 1956, 2. Halbband, Kap. IX.

603 *Albert* ist den Spuren des Rechtfertigungsmodells in den verschiedensten Bereichen und Zusammenhängen – auch weit außerhalb der Philosophie – nachgegangen (vgl. ALBERT 1968).

604 Zum Beispiel im Zwei-Sprachen-Modell des späten *Carnap* (siehe CARNAP 1956). In diesem Zusammenhang ist auch der bemerkenswerte Ansatz in SCHEFFLER 1967 zu einer ausgewogenen Wissenschaftskonzeption zu erwähnen, wobei eine sehr instruktive und überzeugende Kritik des rigorosen Fundamentalismus *C. I. Lewis'* (in Kap. II) mit einer scharfsinnigen Verteidigung des nach *Scheffler* objektivistischen "standard view of science" einhergeht, der sowohl von den Mängeln des extremen, am Mythos vom Gegebenen orientierten Fundamentalismus à la *Lewis* als auch von denen des angeblich „subjektivistischen" Standpunkts *Kuhns*, *Feyerabends* u.a. frei sein soll.

605 Den *Mythos vom Gegebenen* gibt es in den verschiedensten philosophischen Varianten, von denen die positivistisch-empiristische seine bekannteste, aber philosophiegeschichtlich keineswegs einflußreichste Spielart verkörpern dürfte. Es gibt „idealistische" und sogar transzendental-

philosophische Interpretationen des Mythos vom Gegebenen. (VAIHINGER 1922 gab seiner berühmten „Philosophie des Als Ob" den Untertitel: „System der theoretischen, praktischen und religiösen Fiktionen der Menschheit auf Grund eines *idealistischen Positivismus*".)

Die Doktrin des passivistischen epistemologischen Fundamentalismus mit ihrem „Mythos vom Gegebenen" ist auch ein Leitmotiv der *Russell*schen rechtfertigungsorientierten Erkenntnislehre. "Russell believes", schreibt *Chisholm* (1963, S. 422; Hervorhebungen im Original) und trifft damit den Grundgedanken des fundamentalistischen Rechtfertigungsmodells der Erkenntnis, "that, in some sense, basic knowledge provides the *justification* for our other claims of knowledge; the order of knowing, which should be distinguished from the order of discovery, has something to do with cognitive *validity."*

Zu Unrecht ist neuerdings *nur* die empiristisch-positivistische Variante des Mythos vom Gegebenen, wie sie in der Neuzeit zum Beispiel noch von *Schlick* (programmatisch: Über das Fundament der Erkenntnis, in SCHLICK 1969, S. 289 ff. – vgl. jedoch auch die weit differenzierteren Ausführungen in: Positivismus und Realismus, a.a.O., S. 83 ff.) und mit einem kräftigen Schuß Apriorismus von *C. I. Lewis* (vgl. z.B. LEWIS 1946, Kap. VII; ferner SCHILPP/LEWIS 1968, daraus insbesondere FIRTH 1968) vertreten wird.

Sehr instruktive und überzeugende Kritik am Mythos vom Gegebenen – leider fast ausschließlich nur an seiner positivistisch-empiristischen Spielart – üben SELLARS 1963, Kap. 5 (dessen Kritik von AUNE 1967, Kap. II, fortgesetzt wird), sowie *Feyerabend* in vielen Veröffentlichungen (vgl. insbes. FEYERABEND 1963/64 und 1965b). *Feyerabend* kommt zu dem Ergebnis, daß das sogenannte Gegebene – gemeint ist das angeblich in der (äußeren oder inneren) Wahrnehmung theoriefrei Gegebene, also die sogenannten Sinnesdaten – "cannot be taken to be the description of anything definite. It therefore means nothing; it cannot be understood by anyone ... and it is completely inadequate as a 'foundation of knowledge' or as a measure of factual meaning. Now if the Given were a reality, then this would mean the end of rational, objective knowledge. ... Language and conversation, if it existed, would become comparable to a cat-serenade, all expression, nothing said, nothing understood. Fortunately enough, the 'given' is but the reflection of our own unreason and it can be eliminated by building up language in a more sensible fashion" (1963/64, S. 65).

Die positivistisch-empiristische Spielart des Mythos vom Gegebenen involviert vor allem massive Irrtümer über unsere Wahrnehmung; zu den damit verbundenen Problemen vgl. BOHNEN 1969, GOMBRICH 1969 und HANSON 1969, Teil II.

Eine zumindest in der Selbstinterpretation betont antipositivistische Version des Mythos vom Gegebenen – der moderne *hermeneutische Positivismus* – wird in ALBERT 1968 (vgl. insbes. Kap. VI) eingehend kritisiert.

Neuerdings ist auch mit ROSS 1970 eine Monographie zum Thema des epistemologisch „Gegebenen" erschienen, die zwar interessantes Material enthält, aber die Problemgeschichte des epistemologischen Fundamentalismus passivistischer Ausrichtung nur sehr lückenhaft berücksichtigt und auch in der erkenntnistheoretischen Diskussion insgesamt nicht immer überzeugen kann.

In der vorliegenden Arbeit soll der epistemologische Fundamentalismus schlechthin kritisiert werden, was auf eine teils explizite, teils nur implizite Kritik *aller* Spielarten des Mythos vom Gegebenen hinausläuft.

606  Siehe oben Anm. 595.

607  Zitiert nach LUNN 1950, S. 157.

608  Zur Exposition und Kritik der *Manifestationstheorie der Wahrheit* vgl. POPPER CAR, Introduction, sowie ALBERT 1968, S. 15 ff., der den theologischen Hintergrund dieses Offenbarungsmodells der Erkenntnis aufzeigt. Interessantes historisches Material zu diesem Problemkreis liefern *Blumenbergs* Forschungen zur Metaphorik der Wahrheit, insbesondere zur Metaphorik der „nackten" Wahrheit (siehe BLUMENBERG 1960, bes. S. 47 ff.).

Hier ist auch ein Hinweis angebracht auf *Husserls* Charakteriserung – oder Definition? – der *Evidenz* als „die lichtvolle Gewißheit, daß *ist*, was wir anerkannt, oder *nicht ist*, was wir verworfen haben" (HUSSERL 1968, Bd. I, S. 13; Hervorhebungen im Original).

609  „Operativismus" wird hier als zusammenfassende Bezeichnung für alle operativen Standpunkte im angegebenen Sinne gebraucht. *Dieser* Operativismus darf nicht mit dem viel engeren und spezielleren Operationalismus *Bridgman*scher Prägung identifiziert werden.

610  Vgl. LORENZEN 1967; ferner auch *Lorenzens* Definition des Begründungsbegriffs (in LORENZEN 1965, S. 160): „‚Begründung' soll hier als ein Prädikat eingeführt werden, das menschlichem Verhalten, speziell dem sprachlichen Verhalten, etwa den Aussagen in einem Dialog, zu- oder abgesprochen werden soll. Wenn in einem Dialog der eine Partner eine Behauptung des anderen bezweifelt, und der andere antwortet – vielleicht antwortet er auch nicht nur – so sollen also diese Reaktionen in ‚Begründungen' und ‚Nicht-Begründungen' eingeteilt werden." *Lorenzen* betont, daß er mit dieser Begriffsbestimmung „nur eine Partialdefinition des Begründungsbegriffs vorschlagen" möchte und kommentiert abschließend seinen Ansatz wie folgt: „Mir lag hauptsächlich daran zu zeigen, daß die Begründung der logischen und arithmetischen Wahrheiten nicht durch bloße Ableitungen geschieht. Diese sind erst ein sekundäres Hilfsmittel. Primär befindet man sich stets in einer dialogischen Situation und die exakten Wissenschaften sind die Möglichkeiten, die es gestatten, Dialoge gegen jeden Opponenten zu gewinnen. Die Methode der exakten Wissenschaften ist es dabei, von synthetischen Definitionen auszugehen und dann alles weitere Schritt für Schritt zu begründen" (S. 170).

Dieser Rekurs auf die *dialogische Praxis* ist das Ergebnis der „hermeneutischen Wende" der allerneuesten, der *Lorenzen*schen Spielart des operativen Begründungsprogramms. Die detaillierte Durchführung des dialogisch-operativen Begründungsprogramms, in dessen Mittelpunkt die *operative Logik Lorenzens* steht, wird von KAMLAH/LORENZEN 1967 und LORENZ 1968 in Angriff genommen; zur Kritik vgl. STEGMÜLLER 1958a, sowie vor allem LENK 1968, Kap. XXI.

Die neueste hermeneutisch-dialektische Wende des operativen Begründungsprogramms ist allerdings weder im Ansatz prinzipiell neu noch im Ergebnis revolutionär und insgesamt mehr *taktischer* als prinzipieller Natur. Sie ist lediglich eine neue Variante des Rechtfertigungsdenkens, die sich im Rahmen des klassischen Begründungsprogramms und dessen certistischer Tendenz hält. Die taktische Wende folgt dem bekannten Muster der zahllosen „Revolutionen" des Rechtfertigungsdenkens: Die alte, diskreditierte Fundamentalinstanz wird durch eine neue ersetzt, die *vielleicht* einige Vorzüge gegenüber der „überwundenen" Basisinstanz aufweisen mag – oft ist nicht einmal das der Fall –, aber jedenfalls in *einer* Hinsicht nicht besser dasteht, nämlich bezüglich der in Anspruch genommenen Selbstbegründungspotenz. Und im Ergebnis ist dieses neue Begründungsprogramm so wenig revolutionär wie alle seine Vorgänger, denen es samt und sonders eher darum geht, den *status quo* zu sichern anstatt ihn radikal infrage zu stellen. Das wird von *Lorenzen* bezüglich seines operativen Begründungsprogramms für die Mathematik selbst hervorgehoben. „Die Beschränkung auf die operative Mathematik verwandelt das stolze Gebäude der modernen Mathematik aber keineswegs in eine Ruine, sie *läßt es* – von außen gesehen – *bis auf unwichtige Einzelheiten unverändert.* Im Inneren dagegen werden die axiomatischen und oder naiv-mengentheoretischen Pfeiler *durch zuverlässigere Stützen* zu ersetzen sein" (*Lorenzen* 1955, S. 8; Hervorhebungen nicht im Original). Das heißt im Klartext aber nichts anderes als: am *Inhalt* der Mathematik, also an den mathematischen Theorien selbst, ändert sich nichts. Es wird lediglich philosophisch anders drumrumgeredet. Selbst wenn diese philosophische Begleitmusik ganz originell sein sollte, so bleibt doch immer noch zu fragen, was damit für den Erkenntnisfortschritt (der Mathematik und der Philosophie) gewonnen ist.

Das Leitmotiv *aller* Spielarten des epistemologischen Fundamentalismus aktivistischer oder passivistischer Ausrichtung ist es, morsche Fundamente durch solidere Grundlagen, vielmehr – in der Selbstinterpretation – durch *das* endgültig sichere, nun wirklich absolute Fundament zu ersetzen. An den Früchten sind diese Begründungsprogramme zu erkennen, und die Früchte, auf die es hier ankommt, sind die Konsequenzen für den Erkenntnisfortschritt. Als Theorie des Erkenntnisfortschritts beurteilt, die auch das dialogisch-operative Grundlegungsprogramm sein will, wird die *tatsächliche* Funktion des hermeneutischen „*Immer-schon*"-Arguments – das von *Lorenzen* für seine umfassend gedachte, neuerdings jedenfalls im Vokabular betont hermeneutisch-dialektisch ausgerichtete Wissenschaftskonzeption ausdrücklich in Anspruch genommen wird (vgl. LORENZEN 1970, speziell S. 60/61; ferner LORENZEN 1968, S. 24 ff.) – sichtbar: Es dient dazu, das, was angeblich „immer schon" war oder besser *ist, immer weiter* für alle Zukunft fortzuschreiben, um den Erkenntnisfortschritt *immer wieder* an den *immer schon* vorausgesetzten Anfang – was praktisch bedeutet: zumindest teilweise an den *status quo* der Erkenntnis – zurückzuführen. Vgl. dazu die Exposition und Kritik der rechtfertigungsorientierten Theorien des Anfangs der Erkenntnis, insbesondere der zyklischen Theorie *Hegels*, in Bd. II.

Die Berufung auf die *Praxis*, auf „*das Aktive in uns*" (DINGLER 1929, S. 290; Hervorhebung im Original) – mit dem Standardargument: „. . . was aller Theoriebildung vorhergeht, kann nicht selbst eine Theorie sein" (SCHLICK 1969, S. 91) –, ist ein alter Schachzug der rechtfertigungsorientierten Erkenntnislehre (siehe dazu Anm. 612). Das *Lorenzen*sche Begründungsprogramm spezifiziert lediglich die *Art* der *Praxis*, auf die es ihm ankommt: Der schwer faßbare, fast anonyme „aktive Wille" *Dinglers* – der *deus absconditus* des *Dingler*schen Erkenntnismodells, der, wie der christliche Schöpfergott, als *actus purus* gedacht ist – wird bei *Lorenzen* zur Praxis des argumentativ-schematischen *Dialogs* konkretisiert.

611    Vgl. – außer den bereits genannten Publikationen *Dinglers* – DINGLER 1949.

Die aktuelle Bedeutung – die allerdings mehr wissenschaft*spolitischer* als erkenntnistheoretischer Natur ist – der *Dingler*schen Wissenschaftsauffassung im deutschen Sprachraum kann kaum überschätzt werden. In dieser Hinsicht hat sie alle Konkurrenzstandpunkte weit hinter sich gelassen. Ihre Anhängerschar wächst von Generation zu Generation, und auch die stichhaltigste Kritik kann daran anscheinend nichts ändern. Unter der älteren Generation sind zum Beispiel *Eduard May* und *Bruno Thüring*, im weiteren Zusammenhang auch *Gerhard Frey* zu nennen, sowie als Anführer der jüngeren Generation *Paul Lorenzen*, zu dessen mehr oder weniger eng verbundenen Gefolgschaft *Peter Janich, Friedrich Kambartel, Kuno Lorenz, Jürgen Mittelstraß, Oswald Schwemmer* und viele andere zählen (siehe Literaturverzeichnis zu diesen Namen). Etwas außerhalb dieser Traditionsrichtung steht *Klaus Holzkamp* mit einem dinglerisch, aber zugleich auch stark marxistisch und schwach popperisch orientierten Versuch einer „neuen Grundlegung der Wissenschaftslehre" (wie es im Untertitel zu HOLZKAMP 1968 heißt).

612    Dies ist das Leitmotiv, um das auch das (deutlich *Kant*-orientierte) Denken *C. F. von Weizsäckers* kreist (vgl. insbesondere WEIZSÄCKER 1963). Dieses Grundprinzip des epistemologischen Aktivismus läßt sich zumindest bis auf *Vicos* berühmtes *Verum-factum-Prinzip* – „verum et factum conventuntur" – zurückverfolgen. (Eine ausführliche Diskussion von *Vicos* Verum-factum-Prinzip findet sich in VICO 1969; vgl. daraus insbesondere BELAVAL 1969, BERLIN 1969, CORSANO 1969, FISCH 1969 und SALOMONE 1969; ferner auch COLLINGWOOD 1955, S. 72 ff. und SANTILLANA, Vico und Descartes, in SANTILLANA 1970, S. 206 ff.) Und *Kants* These von der Autonomie der erkennenden Vernunft – die letztlich zur Identifizierung des *Apriorischen* mit dem *Subjektiven* führt (was wiederum von *Russell* in seiner bemerkenswerten Dissertation aus dem Jahre 1897 mit guten Argumenten kritisiert wird; vgl. RUSSELL 1956, Introduction) – ist schon bei *Hobbes* zu finden (zu *Hobbes'* Standpunkt vgl. WEYL 1966, S. 192 ff., sowie die kritische Exposition des *Hobbes'*schen Wissenschaftsprogramms in WATKINS 1965).

Das Prinzip der *Erkenntnis durch Schöpfung* ist vor allem im *mathematischen Konstruktivismus* ausgeprägt zur Geltung gekommen. Ist das *Verum-factum-Prinzip* auch nicht neu, so ist es in der Wissenschaftsphilosophie doch erst verhältnismäßig spät dominant geworden. *Wundts* These über den wechselnden *Gesetzgeber der Naturgesetze* dürfte im großen und ganzen zutreffen. „Im siebzehnten Jahrhundert gibt Gott die Naturgesetze, im achtzehnten thut es die Natur selbst, und im neunzehnten besorgen es die einzelnen Naturforscher" (WUNDT 1886, S. 496; im Original hervorgehoben).

613 THÜRING 1967, S. 12 (Hervorhebung im Original).

614 ALBERT 1968, S. 30 (Hervorhebung im Original).

615 Vgl. DINGLER 1955, S. 198.

616 *Kant*, Vorrede zur zweiten Auflage der „Kritik der reinen Vernunft", in KANT II, S. 26.

617 *Kant*, Kritik der Urteilskraft, in KANT V, S. 498.

618 *Kant*, Prolegomena, in KANT III, S. 189 (Hervorhebung im Original).

*Husserl* hat dann mit seinem phänomenologischen Ansatz die kantische „Revolution der Denkart" infrage gestellt und die von *Kant* der kritischen Vernunft zugestandene schöpferische, gesetzgebende, vorschreibende Potenz abgestritten. Nach *Husserl* ist das Bewußtsein „ein Organ der Auffassung, des Fassens im eigentlichen Sinn" (*Pleßner*, Phänomenologie – Das Werk Edmund Husserls, in PLESSNER 1953, S. 43). Die passivistische Tendenz der Phänomenologie wird in deren Frontstellung gegen *Kant* besonders deutlich sichtbar.

619 Vgl. WEYL 1948, passim; ferner BECKER 1927/28, WEYL 1953 und WUCHTERL 1969.

620 WEYL 1948, S. 390.

621 *Planck*, Positivismus und reale Außenwelt (1930), in PLANCK 1949, S. 228.

622 DINGLER 1949, S. 7.

623 *Schlick*, Über das Fundament der Erkenntnis, in SCHLICK 1969, S. 290 (Hervorhebung im Original). Dieser programmatische, erstmals 1934 veröffentlichte Aufsatz hätte zum Manifest des epistemologischen Fundamentalismus (passivistischer Ausrichtung) werden können, wenn er nicht viel zu spät gekommen wäre – zu einer Zeit, als alle Fundamente längst „ins Schwanken" gekommen waren (um es mit *Freges* berühmten Worten zu sagen). *Schlick* hat hier das Erkenntnisziel und das eigentliche Problem aller Grundlegungsprogramme mit meisterhafter Klarheit expliziert: Ziel der fundamentalistischen Erkenntnislehre ist die Sicherung unserer Erkenntnis, insbesondere – das ist der problematischste Fall – der Wirklichkeitserkenntnis. „Alle großen Versuche der Begründung einer Theorie des Erkennens", behauptet *Schlick* (S. 290) in kühner Verallgemeinerung seines eigenen Leitmotivs, „entspringen aus der Frage nach der Sicherheit menschlichen Wissens, und diese Frage wiederum entspringt aus dem Wunsche nach absoluter Gewißheit." Das eigentliche *Problem* des Fundaments der Erkenntnis, das zu einem metaphysischen Scheinproblem zu erklären *Schlick* im Gegensatz zu einigen seiner neopositivistischen Gesinnungsgenossen (insbesondere *Neurath*) im Traum eingefallen ist, stellt sich nun als „das Problem der unerschütterlichen Berührungspunkte von Erkenntnis und Wirklichkeit" (S. 310). Diese gesuchten – also im Gegensatz zum aktivistischen Fundamentalismus *Dingler*scher Prägung keineswegs als „Realisierung" leitender Ideen, von uns *gemachten* und *manipulierten*! – „absolut festen Berührungspunkte" glaubt *Schlick* in seinen „Konstatierungen" gefunden zu haben, die seiner Ansicht nach „die einzigen synthetischen Sätze (sind), *die keine Hypothesen sind*" (S. 310; Hervorhebung im Original). Die positivistische Lösung des Basisproblems unterscheidet sich also nicht wesentlich von der „idealistischen": beide postulieren als epistemologische Basisinstanz ein *synthetisches Apriori*. Das ist nicht das erste und nicht das einzige Mal, daß Philosophen Empirismus predigen und Apriorismus praktizieren (vgl. dazu WITTENBERG 1962). Bei einem so betont empiristisch-positivistisch und antimetaphysisch eingestellten Denker wie *Schlick* ist das allerdings eine besonders befremdliche Inkonsequenz.

624 Vgl. DINGLER 1926, S. 35 und passim.

625 Vgl. MAY 1942, Kap. II, § 2 und passim; ferner MAY 1943.

626 DINGLER 1926, S. 36.

627 Vgl. CARNAP 1928a, §§ 54 ff., in CARNAP 1961, S. 74 ff. (siehe auch Anm. 591).

628 Zum euklidischen Programm und seiner Vorbildrolle für die Mathematik und die wissenschaftliche Erkenntnis überhaupt vgl. insbesondere *Lakatos 1962*. Hier findet sich eine ausgezeichnete Analyse und Kritik des mathematischen Fundamentalismus und der verschiedenen Ansätze – darunter den euklidischen Versuch –, um den infiniten Begründungsregreß zu stoppen. Von Interesse sind in diesem Zusammenhang auch die einschlägigen Veröffentlichungen von *Heinrich Scholz* (siehe insbesondere SCHOLZ 1953 und SCHOLZ 1969). Zur philosophischen Vorgeschichte der euklidischen Wissenschaftskonzeption sei auf SZABÓ 1969 verwiesen.

629 Vgl. *Wittgenstein*, Tractatus, 5.43 (in WITTGENSTEIN I, S. 52).

630 Zur Methode der impliziten Definitionen vgl. SCHLICK 1925, S. 29 ff., sowie STEGMÜLLER 1965, S. 376 ff.

631 Vgl. CARNAP 1927, im weiteren Zusammenhang auch SCHÖNFLIES 1911.

632 *Kambartel*, Georg Cantor und der mathematische Formalismus, in KAMBARTEL 1968, S. 167 f.; Hervorhebung nicht im Original. Welche Erwartungen auch heute noch an diese Methode des „uneigentlichen" Definierens – als wesentlicher Bestandteil eines nichtaristotelischen, zyklischen Erkenntnismodells – für den voraussetzungslosen Aufbau der Erkenntnis geknüpft werden, geht aus FREUDENTHAL 1968 (vgl. bes. S. 346 ff.) hervor. Vgl. dazu auch Anm. 579, letzter Abschnitt; sowie die in Anm. 148 zur *Frege-Hilbert*-Kontroverse angegebene Literatur.

633 RUSSELL 1903, Kap. I, § 1, erster Satz.

634 Zur Methode des konditionalen Beweises vgl. SUPPES 1957, S. 28 ff.

635 Vgl. WEYL 1966, S. 42 und passim.

636 SCHLICK 1925, S. 35.

637 *Hilbert*, Axiomatisches Denken (1918), in HILBERT 1964, S. 7 (Hervorhebung im Original).

638 *Hilbert*, Neubegründung der Mathematik (1922), in HILBERT 1964, S. 12.

639 *Hilbert*, Neubegründung der Mathematik (1922), in HILBERT 1964, S. 15.

640 *Hilbert*, Die logischen Grundlagen der Mathematik (1923), in HILBERT 1964, S. 33.

641 DESCARTES DISC, erster Teil, § 10. *Descartes* drückt seine Verwunderung darüber aus, „daß man bei so sicheren und vertrauenswürdigen Fundamenten nichts Erhabeneres darauf gebaut hatte ..."

Aber die Mathematik ist für *Descartes* keineswegs die letzte, die sicherste epistemologische Instanz. Die Sicherheit der mathematischen Erkenntnis ist ihm immer noch nicht gut genug. *Descartes* hält es „für nötig, selbst die Mathematik gegen den Zweifel abzuschirmen, von dem sie, seiner Ansicht nach, in extremen Fällen betroffen werden könnte. Diese endgültige Abschirmung geschieht durch die *Metaphysik*, die mithin eine Schlüsselstellung innerhalb des Gesamtsystems erhält" (RÖD 1964, S. 33; Hervorhebung im Original). Die Metaphysik soll, nachdem sie *einmal* radikal gezweifelt hat und sich mit diesem „Papier-Zweifel" (wie *Peirce* spottete) ein Alibi gegen den Vorwurf des Dogmatismus verschafft hat, sogar die *Möglichkeit* des Zweifels und der Fallibilität unserer Erkenntnis ein für allemal ausräumen. In dieser Absicht erfolgt bei *Descartes* „die Physikalisierung der Psychologie, die Geometrisierung der Physik und schließlich die Metaphysizierung der Geometrie ..." (RÖD 1964, S. 34; Hervorhebung im Original). Zur Rolle der Mathematik und der mathematischen Physik im Cartesischen System sei auf die ausgezeichnete Darstellung *Röds* verwiesen; vgl. auch NAKHNIKIAN 1967, S. 119 ff. und passim, sowie zum Cartesischen Wissenschaftsprogramm BUCHDAHL 1962.

642 *Hilbert*, Axiomatisches Denken (1918), in HILBERT 1964, S. 3 (Hervorhebung im Original).

643 Vgl. die programmatischen Ausführungen zum mathematischen Fundamentalismus aus logizistischer, intuitionistischer und formalistischer Sicht in CARNAP 1931, HEYTING 1931 und NEUMANN 1931 (alle auch – in englischer Übersetzung – in BENACERRAF/PUTNAM 1964) sowie HILBERT 1964.

644 Zum modernen, positivistisch gedeuteten Stufenmodell der Erkenntnis vgl. die ausgezeichnete monographische Darstellung in STEGMÜLLER 1970; über den Grundgedanken des Stufenmodells im allgemeinen informiert kurz SPINNER 1974, S. 131 ff.

645 *Hilbert*, Die logischen Grundlagen der Mathematik (1923). in HILBERT 1964, S. 34/35.

646 STEGMÜLLER 1969, S. 25/26 (Hervorhebungen im Original). Vgl. die ausführliche kritische Würdigung der verschiedenen Grundlegungsprogramme für die Mathematik in Teil II dieses Buches.

647 *Hilbert*, Über das Unendliche (1925), in HILBERT 1964, S. 88.

648 *Hilbert*, Neubegründung der Mathematik (1922), in HILBERT 1964, S. 15.

Die konservative, mehr auf die Sicherung des *status quo* denn auf die unvermeidlich risikoreichere Eroberung von Neuland im Reich der Erkenntnis ausgerichtete und deshalb im Grunde rückwärtsgewandte Einstellung des epistemologischen Fundamentalismus aller Schattierungen kommt in diesem Streben nach unbedingter *Erhaltung des Besitzstandes* deutlich zum Ausdruck. Hier hört auch beim dialogisch-operativen Begründungsprogramm *Lorenzens* alle Dialektik auf (vgl. die in Anm. 610 zitierte Stelle). Daß man um des Erkenntnisfortschritts willen notfalls auch den ganzen Besitzstand zur Disposition stellen muß, ist erst den Revolutionstheorien des Erkenntnisfortschritts (dazu SPINNER 1974, S. 182 ff.) aufgegangen.

649 WEYL 1965, S. 1.

650 Dokumente dieser Entwicklung „von Frege zu Gödel" liegen nun gesammelt in HEIJENOORT 1967 vor. Zum mehr formal-technischen Aspekt vgl. STEGMÜLLER 1959, BETH 1965 und WILDER 1965; zum mehr erkenntnistheoretisch-philosophischen Aspekt WAISMANN 1947, WITTENBERG 1957, BENACERRAF/PUTNAM 1964, WEYL 1966 und STEGMÜLLER 1969.

651 *Hilbert* in einem Antwortbrief an *Frege*, zitiert nach STECK 1941, S. 17.

652 Zur neoklassischen degenerativen Problemverschiebung in der modernen Mathematik – allerdings von einem anderen philosophischen Standpunkt aus beurteilt – vgl. *Kambartels* Kritik des mathematischen Formalismus in KAMBARTEL 1968, Kap. 6, insbes. S. 231 ff.

653 Vgl. insbesondere DINGLER 1931 und 1964 sowie LORENZEN 1968. Zusammenfassende Darstellungen des *Dingler-Lorenzen*schen Standpunkts finden sich in JANICH 1969, Kap. I, sowie LORENZ/MITTELSTRASS 1969.

654 DINGLER 1964, S. 22 (Hervorhebungen im Original).

655 Vgl. KAMLAH/LORENZEN 1967.

656 JANICH 1969, S. 30.

657 RUSSELL 1919, S. 71. Das Problem des Anfangs der Erkenntnis wird in Bd. II ausführlich diskutiert, wobei die am Rechtfertigungsmodell orientierten Theorien des Anfangs einer kritischen Prüfung unterzogen werden.

658 *Russell*, The Study of Mathematics, in RUSSELL 1917, S. 71.

659 RUSSELL 1959, S. 36. Das liegt völlig auf der Linie der neuzeitlichen certistischen Tendenz, wie sie von *Descartes* bis *Dingler* den dominierenden Grundzug des Rechtfertigungsmodells der Erkenntnis ausmacht. *Russell* sah in der Mathematik – genauer: in der mathematischen Logik, auf die nach dem logizistischen Programm *Russells* die Mathematik reduziert werden kann – die letzte Instanz, den Garanten aller Sicherheit. Bei *Russell* wird das Cartesische Verhältnis zwischen Mathematik und Metaphysik umgedreht. Während bei *Descartes* letztlich die Metaphysik die Sicherheit der mathematischen Erkenntnis garantieren soll (vgl. Anm. 641), versucht *Russell* die Mathematik zum Eideshelfer jenes Rests von Metaphysik zu machen, die *Russell* als „wissenschaftliche Philosophie" gerade noch gelten lassen will (vgl. RUSSELL 1917, insbes. Kap. V und VI).

Später mußte *Russell* allerdings das Scheitern seines ursprünglichen, von wildem Optimismus getragenen certistisch-fundamentalistischen Programms eingestehen: "What was lost", schreibt *Russell* in seiner Autobiographie (RUSSELL 1959, S. 212), "was the hope of finding perfection and finality and certainty. What was gained was a new submission to some truth which were to me repugnant."

*Russell*, dessen Leitmotiv es war, "to refute mathematical scepticism" (RUSSELL 1959, S. 209), mußte damit eine ähnliche Erfahrung wie *Husserl* machen, der auch einmal ausgezogen war, um die „Philosophie als strenge Wissenschaft" zu begründen (vgl. HUSSERL 1910/11) und später radikal zurückstecken mußte: *„Philosophie als Wissenschaft*, als ernstliche, strenge, ja apodiktisch strenge Wissenschaft – *der Traum ist ausgeträumt"* (HUSSERL 1954, S. 508; Hervorhebungen im Original).

660 *Russell* hat dieser Hoffnung der gerade aufblühenden logisch-mathematischen Grundlagenforschung in seinen frühen Aufsätzen – gesammelt u. a. in RUSSELL 1917 – meisterhaften Ausdruck verliehen. Auch hier läuft *Schlick* mit seinem 1930 veröffentlichtem Manifest über die „große Wendung", nach der die Philosophie „ihren Charakter der Endgültigkeit deutlicher als zuvor" zeige (*Schlick*, Die Wende der Philosophie, in SCHLICK 1969, S. 39), der Entwicklung hinterher.

661 KANT II, S. 622.

662 FREGE 1893, S. XIII (Hervorhebung nicht im Original). Zur Kontroverse zwischen *Frege* und *Hilbert*, bei der die erkenntnislogische Beurteilung der axiomatischen Definitionen im Sinne *Hilberts* – also der *impliziten Definitionen* – einen der wichtigsten Streitpunkte darstellte, vgl. den veröffentlichten Briefwechsel zwischen *Frege* und *Hilbert* in STECK 1940 und 1941; ferner KAMBARTEL 1963 und 1968, Kap. 6, sowie STEINER 1964. Wichtiges neues Material findet sich in FREGE 1969.

663 KAMBARTEL 1968, S. 168.

664 LAKATOS 1962, S. 156.

665 Vgl. CURRY 1958, S. 68, wo in diesem Zusammenhang der Ausdruck „Prothese" vorgeschlagen wird: "Of course one is at liberty to say that the statements considered in the preceding paragraph are not really propositions at all. If so then we must invent another name for them, let us call them *protheses*. In mathematics we deal with protheses all time and therefore have a need for a logic of protheses along with the logic of propositions." Vgl. jedoch auch die Ausführungen a. a. O. Kap. X, insbes. S. 57.

666 Diese Konsequenz der impliziten Begriffsbestimmungen hat *Schlick* sehr klar gesehen: „Ein mit Hilfe impliziter Definitionen geschaffenes Gefüge von Wahrheiten ruht nirgends auf dem Grunde der Wirklichkeit, sondern schwebt gleichsam frei, wie das Sonnensystem die Gewähr seiner Stabilität in sich selber tragend. Keiner der darin auftretenden Begriffe bezeichnet in der Theorie ein Wirkliches ..." Es handelt sich also um „ein bloßes Spiel mit Symbolen" (*Schlick* 1925, S. 35; vgl. auch S. 64 ff.).

Die Methode der impliziten Definitionen erzeugt bestenfalls *Stabilität*, aber nicht (inhaltliche) Wahrheit. *Diese* Stabilität ist aber nicht jene Stabilität, durch die sichere Wirklichkeitserkenntnis ausgezeichnet ist und die sich einstellt, wenn unsere Erkenntnisbemühungen die gesuchten „absolut festen Berührungspunkte" zwischen Erkenntnis und Wirklichkeit (SCHLICK 1969, S. 310 – vgl. auch Anm. 623) erreicht haben. Die Stabilität von Systemen impliziter Definitionen ist nicht das Ergebnis einer *Fundierung*, sondern die Folge der *Isolierung* des Erkenntnissystems. Der axiomatische Begründungsansatz mit seiner Methode der impliziten Definitionen kann also nie zum Erfolg führen im Sinne der Lösung des allgemeinen, unverdünnten und unverkürzten Erkenntnisproblems durch echte Fundierung unserer inhaltlichen Erkenntnis, d. h. Verankerung in einer Instanz, die *nicht unser Werk* und damit unserer Manipulation entzogen ist.

*Kant* mag Recht haben mit seiner Behauptung, daß „mathematische Definitionen ... niemals irren" (KANT II, S. 626) können – aber was nützt diese Wahrheitsgarantie, wenn es sich um die *leere* Wahrheit von Tautologien, uninterpretierter, rein formaler Kalküle oder impliziter Begriffssysteme handelt (die *Kant* natürlich nicht im Auge hatte)? Es würde sich um Wahrheiten handeln, die „zwar ,sicher' ... aber auch unwichtig wären" (WITTENBERG 1957, S. 95).

667 *Goodstein*, The Axiomatic Method, in GOODSTEIN 1965, S. 125 (Hervorhebung im Original).

668 WITTENBERG 1957, S. 68 (Hervorhebung im Original).

669 WITTENBERG 1957, S. 96 (Hervorhebung im Original); vgl. auch S. 94.

670 HILBERT/BERNAYS 1968, Bd. I, S. 20 (Hervorhebungen im Original).

671 Dieser Ausdruck stammt von *Dingler*, der ihn jedoch in etwas anderem Zusammenhang und in anderer Absicht gebraucht.

672 HEMPEL 1953, S. 159.

673 Vgl. LAKATOS 1962, insbes. §§ 2 und 3. *Lakatos* diskutiert hier die Versuche, den infiniten Begründungsregreß in der Mathematik entweder durch Rekurs auf triviale logische Wahrheiten oder durch Berufung auf triviale Meta-Theorien zu stoppen. Beide Ansätze des Logizismus und Formalismus sind, wie sich inzwischen eindeutig herausgestellt hat, gescheitert.

674 LAKATOS 1962, S. 183 (Hervorhebung im Original).

675 Zur *Krise der Evidenz* vgl. HAHN 1933, SCHLICK 1925, S. 135 ff., WITTENBERG 1957, S. 75 ff., STRUBECKER 1967 und STEGMÜLLER 1969, S. 1 ff., 162 ff., 299 ff., 330 ff. und passim.

676 CARNAP 1968, S. 44/45 (Hervorhebung im Original). Im Vorwort zur ersten Auflage 1934 schreibt *Carnap* zum *Toleranzprinzip* (S. V): „Hier wird die Auffassung vertreten, daß man über die Sprachform in jeder Beziehung vollständig frei verfügen kann; daß man die Formen des Aufbaues der Sätze und die Umformungsbestimmungen (gewöhnlich als ‚Grundsätze‘ und ‚Schlußregeln‘ bezeichnet) völlig frei wählen kann. ... man wähle willkürlich irgendwelche Grundsätze und Schlußregeln; aus dieser Wahl ergibt sich dann, welche Bedeutung die vorkommenden logischen Grundzeichen haben. Bei dieser Einstellung verschwindet auch der Streit zwischen den verschiedenen Richtungen in den Grundlagen der Mathematik. Man kann die Sprache in ihrem mathematischen Teil so einrichten, wie die eine, oder so, wie die andere Richtung es vorzieht. Eine Frage der ‚Berechtigung‘ gibt es da nicht; sondern nur die Frage der syntaktischen Konsequenzen, zu denen die eine oder die andere Wahl führt, darunter auch die Frage der Widerspruchsfreiheit." *Carnap* betont, daß sein Toleranzprinzip sich „nicht nur auf die Mathematik, sondern auf alle logischen Fragen überhaupt" beziehe.

Der genaue Sinn des *Carnap*schen Toleranzprinzips soll hier nicht erläutert werden. Er hängt mit der von *Carnap* später herausgestellten und präzisierten Unterscheidung von *internen* und *externen Problemen* zusammen (vgl. CARNAP 1950).

677 CARNAP 1968, S. 249/50. Vgl. auch S. VI: „Jene ersten Versuche, das Schiff der Logik vom festen Ufer der klassischen Form zu lösen, waren, historisch betrachtet, gewiß kühn. Aber sie waren gehemmt durch das Streben nach ‚Richtigkeit‘. Nun aber ist die Hemmung überwunden; vor uns liegt der offene Ozean der freien Möglichkeiten."

678 REICHENBACH 1965, S. 1.

679 Vgl. REICHENBACH 1965, Einleitung, bes. S. 2; CARNAP 1968, S. 243 ff.

680 WAISMANN 1947, S. 85/86 (Hervorhebungen nicht im Original). Vgl. auch WITTGENSTEIN 1970, S. 59, Aphorismus 205 (Hervorhebung im Original): „Wenn das Wahre das Begründete ist, dann ist der Grund nicht *wahr*, noch falsch." Vgl. auch Aphorismus 204, in dem *Wittgenstein* betont, daß alle Begründung oder Rechtfertigung – *Wittgenstein* spricht zwar nur von der Rechtfertigung der Evidenz, aber seine These kann über diesen Spezialfall hinaus verallgemeinert werden – „zu einem Ende" kommt, dieses Ende aber nicht „eine Art *Sehen*" (wir können verallgemeinern: eine Art Erkennen) , sondern „unser *Handeln*" ist (Hervorhebungen im Original). Das entspricht der Strategie des Operativismus, den infiniten Begründungsregreß im aktiven Handeln durch „Setzen" einer epistemologischen Basisinstanz zu stoppen.

681 WAISMANN 1947, S. 84 (Hervorhebung im Original).

682 Vgl. SPINNER 1974.

683 HUNTINGTON 1937. Zu dem im folgenden angeschnittenen Fragenkomplex vgl. auch *Karl Menger*, Postulational Method, in SIMON/MENGER 1947/48, S. 190 ff., sowie WEISS 1929 und CLARK 1952.

684 HUNTINGTON 1937, S. 485.

685 RUSSELL 1917, S. 75 (Hervorhebung im Original).

686 Das betont auch STEGMÜLLER 1965, S. 379.

687 COHEN/NAGEL 1934, S. 133.

688 KLEIN 1968, Bd. I, S. 15/16 (Hervorhebungen im Original). Die Bedeutung des Anwendungs-
problems hat bereits *Frege* gesehen (vgl. FREGE 1903, § § 91 ff.).

689 EINSTEIN 1960, S. 119/120.

690 *Dedekind*, Vorwort zur ersten Auflage von „Was sind und was sollen die Zahlen?", in DEDE-
KIND 1965, S. III.

691 WEYL 1918, S. 11.

692 WEYL 1918, S. 37 (Hervorhebung im Original). Dem Streben des certistisch-fundamentalistischen Rechtfertigungsdenkens nach neuen und jedesmal endgültig „endgültigen" Grundlagen
der wissenschaftlichen Erkenntnis entsprechend geht es auch *Weyl* darum, die alten „Grundlagen" – wobei *Weyl* die des Formalismus im Auge hat, bei denen die Mathematik „auf Sand
gebaut" sei – als „hölzernes Schaugerüst" zu entlarven und nunmehr der Mathematik „das
eigentliche Fundament" zu geben, wie *Weyl* es im Vorwort (S. III) programmatisch sagt.

693 WEYL 1918, S. 11.

694 WEYL 1966, S. 279. Vgl. auch WEYL 1965, S. 32: „Wir müssen von neuem Bescheidenheit
lernen. Den Himmel wollten wir stürmen und haben nur Nebel auf Nebel getürmt, die nieman-
den tragen, der ernsthaft auf ihnen zu stehen versucht." Die sprichwörtliche Strenge und Sicherheit der mathematischen Erkenntnis (vgl. zum Beispiel *Nelson*, Bemerkungen über die Nicht-
Euklidische Geometrie und den Ursprung der mathematischen Gewißheit, 1905/06, abgedruckt
in NELSON 1959, S. 9 ff.; SCHMIDT 1930 und, am Ende fast aller Illusionen, KAMKE 1954)
nur ein Irrtum, ihr Fundament ein Vorurteil? Der Schock dieser Erkenntnis blieb keinem der
Erzfundamentalisten und Erzcertisten erspart, sofern sie nur lange genug lebten und einsichtig
genug waren, um die Bedeutung der *Gödel*schen und anderer Forschungsergebnisse der modernen logisch-mathematischen Grundlagenforschung zu erkennen. *Russell* und *Husserl* haben
das Scheitern ihres Programms zur Kenntnis genommen und freimütig zugestanden, daß „der
Traum ausgeträumt" sei (vgl. Anm. 659) – im Gegensatz etwa zu *Dingler*, dem konsequentesten,
aber auch einseitigsten und dogmatischsten Sicherheitsfanatiker in der neueren Philosophie,
der an seinen certistischen Prinzipien umso starrer festhielt, je fragwürdiger sie wurden und die
Krise des epistemologischen Fundamentalismus nur noch verdrängen, aber nicht fruchtbar ver-
arbeiten konnte (wie es später *Popper* getan hat).

695 KAMBARTEL 1968, S. 239. *Kambartel* spricht hier explizit nur vom mathematischen Formalismus und dürfte kaum geneigt sein, in diese Kritik auch den operativen Fundamentalismus einzubeziehen.

696 STEGMÜLLER 1969, S. 307.

697 JOURDAIN 1956, S. 67. *Jourdain* unterscheidet "between 'Mathematics', a collection of
truths of which we know something, and 'mathematics', our knowledge of Mathematics. Thus,
we may speak of 'Euclid's mathematics' or 'Newton's mathematics', and say truly that mathematics has developed and therefore had a history; but Mathematics is eternal and unchanging,
and therefore has no history ..." (S. 67).

698 Vgl. KALMÁR 1967.

699 Vgl. LAKATOS 1962 und 63/64. Dagegen hält PUTNAM 1967 nicht, was der Titel "Mathematics without Foundations" verspricht.

700 Vgl. FREGE 1903, § § 86 ff.

701 Vgl. HEYTING 1966, Kap. I.; in diesem Zusammenhang auch KASNER/NEWMAN 1968, S. 310/11. "As a result of the valiantly critical spirit which engendered the heresies, we have overcome the notion that mathematical thruths have an existence independent and apart from our own minds. It is even strange to us that such a notion could ever have existed. ... Today mathematics is unbound; it has cast off its chains. Whatever its essence, we rezognize it to be as free as the mind, as prehensible as the imagination. Non-Euclidean geometry is proof that mathematics, unlike music of the spheres, is man's own handiwork, subject only to the limitations imposed by the laws of thought."

Im Gegensatz dazu vertritt *Popper* — neuerdings durch expliziten Rekurs auf seine neoplatonistische Doktrin von der Existenz einer autonomen „dritten Welt" (vgl. POPPER 1967, 1968a und 1968b) — die These, daß wissenschaftliche Wahrheiten "an existence independent and apart from our own minds" haben. *Popper* wehrt sich allerdings gegen den Vorwurf des Neoplatonismus. Er rühmt *Platon* als Entdecker der „dritten Welt", betont jedoch die Unterschiede zwischen seiner und *Platons* Konzeption der „dritten Welt": "Plato's third world was divine; it was unchanging and, of course, true. Thus there is a big gap between his and my third world: my third world is man-made and changing. It contains not only true theories but also false ones, and especially open problems, conjectures, and refutations" (POPPER 1968b, S. 348). Trotz dieses "big gap" ist der Einwand des Neoplatonismus gegen *Popper* nicht völlig unberechtigt. Die *Popper*sche „dritte Welt" ist auch ein platonischer Ideenhimmel, der von der wirklichen Welt — der Wissenschaft zum Beispiel — kaum weniger weit entfernt ist (zur Kritik vgl. FEYERABEND 1974 sowie SPINNER 1977b).

702 Vgl. HARDY 1967, S. 123 ff. "I believe", schreibt *Hardy* (S. 123/24; Hervorhebung im Original), „that mathematical reality lies outside us, that our function is to discover or *observe* it, and that the theorems which we prove, and which we describe grandiloquently as our 'creations', are simple our notes of our observations." Die unentbehrliche Rolle der Erfahrung, ihre stimulierende und kritische Funktion für die mathematische Erkenntnis betont auch NEUMANN 1956. Vgl. in diesem Zusammenhang auch WHITE 1956.

Zur Renaissance des Empirismus in der Philosophie der Mathematik vgl. die Diskussionsbeiträge zu KALMÁR 1967, insbesondere LAKATOS 1967a, ferner auch GOODSTEIN 1969 und LAKATOS 1976a.

703 DUBISLAV 1932, S. 28. Dagegen hat schon RUSSELL 1903, § 341, S. 360, betont: "It is one of the chief merits of proofs that they instil a certain scepticism as to the result proved." Auch WILDER 1944 stellt die Testfunktion des mathematischen Beweises über die im certistisch-fundamentalistischen Erkenntnismodell dominierende Garantiefunktion: "... what we call 'proof' in mathematics is nothing but a testing of the products of our intuition. ... there is no such thing, generally, as absolute truth in mathematics ..." (S. 319).

704 FREGE 1893, S. VI (Hervorhebungen nicht im Original).

705 MACH 1933, S. 72.

706 Vgl. SZABÓ 1969. Eine kurze Zusammenfassung liefert SZABÓ 1967. Zur Beurteilung vgl. die obigen Ausführungen in Kap. 3, S. 131 ff.

707 Der wichtigste und entscheidende Unterschied zwischen der *Hegelschen Dialektik* und der hier propagierten *rationalen, kritizistischen Dialektik* liegt darin, daß die progressive Veränderung der Ideen — die beide Arten von Dialektik als ihre Hauptaufgabe ansehen — bei *Hegel* das Ergebnis einer *Selbst*bewegung des Begriffs ist und *nicht*, zumindest nicht primär, die *Frucht kritischer Argumentation*. Für die rationale Dialektik verkörpert dagegen progressive Veränderung *auf Grund von Kritik* ein Maximum an Rationalität und Erkenntnisfortschritt. Daraus ergibt sich die völlig verschiedene, fast entgegengesetzte Einstellung der *Hegel*schen und der rationalen Dialektik zur Idee der Kritik.

708 CARNAP 1963, S. 57.

709 STRAWSON 1959, S. 10. Vgl. auch die in Anm. 697 zitierte These *Jourdains* über den ahistorischen Charakter der Mathematik. Daß *Strawson* von einer anderen Problemsituation ausgeht und hier in einem „verfremdenden" Kontext zitiert wird, ist offensichtlich und sei deshalb nur am Rande erwähnt.

710 DINGLER 1931a, S. 22.

711 DINGLER 1931a, S. 22.

712 Vgl. zum Beispiel HABERMAS 1964.

713 Vgl. den Hinweis in Anm. 577 sowie die dort angegebene Literatur.

714 Vgl. BARTLEY 1964a.

715 WITTENBERG 1957, S. 245. *Wittenberg* fügt allerdings hinzu, „dass wir aber sehr wohl in der Lage sind, gewisse Begriffskomplexe nicht ein für allemal, wohl aber von Fall zu Fall und ad hoc zu privilegieren, um, anhand dieser, andere Begriffskomplexe zu untersuchen . . ."

716 NEURATH 1932/33, S. 206.

717 Vgl. *Gadamers* (in GADAMER 1965, S. 261 ff. und passim) Versuch einer „Rehabilitierung von Autorität und Tradition", der in der Behauptung gipfelt, daß „Autorität überhaupt nichts mit Gehorsam, sondern mit *Erkenntnis* zu tun" habe (S. 264; Hervorhebung im Original).

Die These der *Geschichtlichkeit* (des Menschen und der gesellschaftlichen Wirklichkeit), die im Zentrum des Erkenntnis- und Wissenschaftsprogramms der betont geisteswissenschaftlich orientierten „neuen Hermeneutik" (*Gadamer, Karl-Otto Apel*, mit Einschränkungen auch *Jürgen Habermas*) steht, ist vielleicht nicht der Intention nach, aber doch im Ergebnis nichts anderes als eine philosophisch hochstilisierte und auf die „geisteswissenschaftliche" Problematik zugeschnittene spezielle Version des erwähnten allgemeinen konservativen Prinzips. *Albert* (in ALBERT 1968, Kap. VI) sieht in dieser durchaus nicht so neuen Hermeneutik weniger eine Alternative als eine Parallelerscheinung zum sensualistischen Positivismus, nämlich einen *hermeneutischen Positivismus*, der das Problem der *Sinnes*erfahrung durch das der *Sinn*erfahrung (das Problem der Erfahrung, Deutung und „verstehend aufhebenden" Vererbung des tradierten, geisteswissenschaftlich verstandenen Sinnes) ersetzt, ohne an der positivistischen Grundstruktur des traditionellen Erkenntnismodells Wesentliches zu ändern. *Karl Mannheim* (Das konservative Denken, in MANNHEIM 1964, S. 408 ff.; vgl. insbes. S. 416 ff.) sieht mit Recht in der *Sinnorientierung das* Charakteristikum konservativen Handelns. *Habermas* (1964, S. 639 und passim) könnte hier mit etwas mehr, jedenfalls mit *noch* mehr Berechtigung als in der *Popper*schen Philosophie eine „positivistische Restproblematik" diagnostizieren.

Was die Positivismus-Kritik aus der hermeneutisch-dialektischen Ecke (von *Adorno* und *Gadamer* über *Apel* und *Habermas* bis *Wellmer*) aus ihrem undialektisch fixierten antipositivistischen Weltbild hartnäckig verdrängt, ist die schlichte Einsicht, daß es keinen erkenntnislogisch-strukturellen Unterschied macht, ob im positivistischen Rechtfertigungsmodell auf die „gewöhnliche" Erfahrung (wie es die „eigentlichen" Positivisten propagieren), auf die „reine Erfahrung" (wie zum Beispiel *Husserls* Phänomenologie), auf die historische Erfahrung (wie *Gadamer*), auf die Spracherfahrung (wie der späte *Wittgenstein* und, ihm folgend, *Winch*) oder auf irgendeine andere Spezialerfahrung rekurriert wird. Positivismus ist das allemal, wenn man – was man muß, sofern man mit dem Positivismus-Vorwurf eine bestimmte, strukturell charakterisierbare Rechtfertigungsstrategie und nicht nur eine „taktische" Variante der Erkenntnisbegründung treffen will – den Positivismus-Begriff nicht solange willkürlich manipuliert, bis er in die eigene Konzeption „paßt", d. h. den eigenen Standpunkt ausspart, aber alle mißliebigen Positionen und *nur diese* mit dem Kainszeichen des Positivismus brandmarkt.

*Vorsichtige* Kritik an *Gadamers* konservativer Hermeneutik mit ihrer „Rehabilitierung von Autorität und Tradition" üben BECKER 1962 und neuerdings sogar HABERMAS 1967 (Kap. III, § 8, bes. S. 174 ff.), der einwendet, daß sich „die Kraft der Reflexion . . . doch darin bewährt, daß sie den Anspruch von Traditionen auch abweisen kann" (S. 175). Warum sollte auch – im Hinblick auf ihre Erkenntnisfunktion, sei diese nun verifizierender oder falsifizierender, sinnstiftender oder anderer Natur – die *vergangene* Erfahrung *grundsätzlich* besser sein als die gegenwärtige oder zukünftige? Und wenn, was wohl unbestreitbar ist, selbst die *gegenwärtige* Erfahrung, die wir *jetzt* machen und deshalb unter vergleichsweise günstigen Bedingungen im voraus planen, anschließend ausführen, kontrollieren, kritisieren und notfalls gleich korrigieren können, solange sie sich noch nicht zu einer „Tatsache" verfestigt hat und zum historischen Mythos geworden ist, irren kann (und sogar *oft* irrt), warum sollten wir dann der *vergangenen* Erfahrung mehr vertrauen, die wir nur aus der Erinnerung und folglich immer nur *ungefähr* kennen, selbst wenn die Erinnerung durch schriftliche oder andere Zeugnisse gestützt wird? Ob die „äußere" sinnliche oder die „innere" intuitive, die geschichtliche oder die „reine" Erfahrung die für das Unternehmen der Erkenntnis *beste* Art der Erfahrung verkörpert, ist in diesem Zusammenhang unwichtig, weil auch die beste Erfahrung irrtumsanfällig und deshalb immer *kritisch* zu betrachten ist. *Keine* Art der Erfahrung (und, nebenbei bemerkt, auch keine epistemologische Instanz — gleichgültig, ob sie *vor, neben* oder *über* die Erfahrung gesetzt wird) taugt zum Fundament der Erkenntnis.

718  *Quine*, Two Dogmas of Empiricism, in QUINE 1961, S. 44.

719  Wenn ich im Zusammenhang mit *Quines* konservativem Prinzip — der Ausdruck „konservatives Prinzip" stammt übrigens von mir und findet sich nicht bei *Quine* — auch *Gadamers* Unternehmen der hermeneutischen „Rehabilitierung von Autorität und Tradition" (vgl. Anm. 717) erwähne, so soll damit nicht *mehr* an Gemeinsamkeit dieser beiden Standpunkte angedeutet werden als eben der einfache Tatbestand, daß beide statt an ein zeitloses-überzeitliches Fundament der Erkenntnis an den tradierten Bestand der Erkenntnis anknüpfen und Erkenntnisfortschritt nur als kontinuierliche, mehr auf vorsichtige Bewahrung des Besitzstandes an traditionsgeheiligten (*Gadamer*) oder in etwas unpathetischerem Sinne bewährten (*Quine*) Theorien denn auf revolutionäre Um- und Neugestaltung abgestellte Weiterentwicklung des *status quo* programmieren, wobei die Änderungen des „Ganzen" der Erkenntnis auf das notwendige Minimum beschränkt und wissenschaftliche Revolutionen nicht eingeplant sind. Darüber hinaus hat *Quines* Wissenschaftskonzeption, die im System der vorhandenen, bewährten Erkenntnis lediglich den *Ausgangspunkt* des Erkenntnisfortschritts und *Ansatzpunkt* für (kontinuierlich-nichtrevolutionäre) Veränderungen und Verbesserungen sieht, mit *Gadamers* ultrakonservativer Traditionsorientierung nichts gemein. Wenn ich im Haupttext von einem „totalen, schrankenlosen Kritizismus" spreche, dann habe ich dabei natürlich nur *Quine* im Auge.

720  KUHN 1967, S. 11.

721  Vgl. KUHN 1967 und 1970. In *Kuhns Entwicklungsschema der reifen Wissenschaft* wird die traditionsbewahrende, kumulativ-kontinuierlich sich entwickelnde „normale Wissenschaft" durch traditionszerstörende, nichtkumulative Phasen „außerordentlicher Forschung", die in wissenschaftlichen Revolutionen gipfeln und darin ihren Abschluß finden, ergänzt und unterbrochen.

722  Vgl. BAVINK 1947 und 1949, insbes. S. 264 ff.

723  BAVINK 1947, S. 130 (Hervorhebung im Original).

724  BAVINK 1947, S. 126 (Hervorhebung im Original).

725  BAVINK 1947, S. 126/27 (Hervorhebung im Original).

726  BAVINK 1947, S. 127 (Hervorhebung im Original).

727  Bekanntlich spielt die *Konvergenzthese* im *Peirce*schen Pragmatismus eine zentrale Rolle bei der Klärung unserer Ideen sowie bei der Festlegung von Überzeugungen (um es in Anlehnung an zwei berühmte Abhandlungen von *Peirce* zu formulieren) und überhaupt bei der Konstitution von Wahrheit und Realität. Auch er bringt Konvergenz mit Wahrheit und Realität in Verbindung — in eine ganz spezifische Verbindung, die nicht nur erkenntnislogisch enger und philosophisch tiefer angelegt ist als bei *Bavink*, sondern darüber hinaus auch den von *Bavink* postulierten Zusammenhang zwischen Konvergenz und Wahrheit umzudrehen scheint — Während bei *Bavink* Konvergenz doch mehr nur den Oberflächencharakter eines *Indizes* — wenn auch eines *untrüglichen* Indizes aufgrund überzufälliger, durchaus gesetzmäßiger Zusammenhänge — zu haben scheint, das uns zwar sicher, aber doch erst nachträglich anzeigt, daß wir uns der absoluten

Wahrheit nähern und deshalb eher als *Folge* denn als Grund der Wahrheit und ihrer Erkenntnis anzusehen ist, hat die Konvergenzthese in der *Peirce*schen Wissenschaftskonzeption einen fast konstitutiven Charakter, der das *Bavink*sche Grund-Folge-Verhältnis von Wahrheit und Konvergenz praktisch umdreht. (Von einem nur „*fast* konstitutiven" epistemologischen Status des Konvergenzprinzips muß man hier bei *Peirce* sprechen, sofern man das *Kant*sche Gardemaß für Konstitutivität anlegt, denn *so* konstitutiv wie in *Kants* Präformationstheorie der reinen Vernunft fungieren *Peirces* Leitprinzipien der Erkenntnis gerade nicht. Vgl. in diesem Zusammenhang auch die instruktiven Ausführungen *Apels* über das Verhältnis des *Peirce*schen „Fallibilismus" – der nicht mit dem in Bd. II erläuterten Fallibilismus *Popper*scher Prägung verwechselt werden darf – zum *Kant*schen Transzendentalismus, in PEIRCE/APEL I, S. 75 ff.)

Auf die *Peirce*sche Konvergenzthese komme ich noch zurück (siehe Bd. II); auf die methodologische Funktion der Konvergenzthese und verwandter Prinzipien oder Postulate (Permanenz-, Korrespondenz-, Dualitätsprinzip, u. dgl.) im Prozeß des Erkenntnisfortschritts kann hier nur am Rande hingewiesen werden (vgl. SPINNER 1974, S. 182 ff.).

728  BAVINK 1947, S. 130 (Hervorhebung im Original).

729  BAVINK 1947, S. 127. Vgl. auch BAVINK 1949, S. 268: Die Divergenz (als Falschheitsindiz) und Konvergenz (als Wahrheitsindiz), auf die *Bavink* sich beruft, sind „historische Tatsachen, die . . . einfach a posteriori festzustellen sind".

730  BAVINK 1949, S. 264.

731  BAVINK 1949, S. 266 (Hervorhebung im Original).

732  Der *Hexenglaube* ist nicht das einzige, aber vielleicht das eindrucksvollste historische Beispiel dafür, daß der Zielpunkt der „offenbaren Konvergenz" (*Bavink*), die „final opinion" (*Peirce*) – „in the long run" von immerhin rund zwei Jahrhunderten: wenn das nicht „lange Sicht" genug ist, dann ist die Redeweise „in the long run" kaum mehr als eine Leerformel –, ein allgemeiner Aberglaube und die *Peirce*sche heilige „Wahrheitskommune" (*Oehler*, in PEIRCE/OEHLER 1968, S. 145) eine geschlossene Narrengesellschaft, eine Kirche wider die Wahrheit, sein können. *Trevor-Ropers* Forschungen zum Hexenglauben (The European Witch-craze of the Sixteenth and Seventeenth Centuries, in TREVOR-ROPER 1967, S. 90 ff.) belegen in eindrucksvoller Weise die erstaunliche Konvergenz im Hexenglauben, die „remarkable identity" (S. 117) selbst in den *Details* der Augenzeugenberichte (d. h. der Geständnisse der Hexen) und ihre noch erstaunlichere „international consistency" (S. 123) – eine Konvergenz, die, wie das Beispiel England im allgemeinen und viele Einzelfälle in anderen Ländern zeigen, über das durch den Terror der Jnquisition (gleiche Fragen erzeugen gleiche Antworten, notfalls im peinlichen Verhör) erzwungene Ausmaß weit hinausgeht. „Again and again, when we read the case histories, we find witches freely confessing to esoteric details without any evidence of torture, and it was this spontaneity, rather than the confessions themselves, which convinced rational men that the details were true". Daß eine solche Unmasse *unabhängiger* Zeugnisse – bestätigende *Beobachtungsaussagen,* sorgfältig formuliert in *Protokollsätzen* (ein einzigartiger historischer Fall, den die Apologeten der neopositivistischen Protokollsatzlehre besser intensiv studiert hätten, bevor sie die Wissenschaft auf dieses Verfahren zu verpflichten suchten) – zugunsten des primitiven Hexenglaubens und der darauf aufgebauten ingeniösen Dämonologie sprach, konnte angesichts ihrer erstaunlichen Konvergenz gerade von *rational* eingestellten Menschen, wie es die Aristoteliker und scholastischen Theologen damals waren, vernünftigerweise kaum anders gedeutet werden denn als äußerst starkes *Wahrheitsindiz*, womit gleichzeitig eine rationale Erklärung dieser *Tatsache* (der Übereinstimmung unabhängiger Zeugnisse) geliefert ist. Die Konsequenz ist klar und vom Standpunkt der Konvergenztheorie auch kaum zu umgehen: „The sixteenth-century clergy and lawyers were rationalists. They believed in a rational, Aristotelian universe, and from the identity of witches' confessions they logically deduced their objective truth" (S. 123).

Diesem naheliegenden, durch überzeugende theoretische und historische Argumente gestützten Einwand gegen die *Konvergenztheorie der Wahrheit* hat *Peirce* mit seiner Theorie des *consensus catholicus* („catholic consent") einen Riegel vorgeschoben, wie er nur einem „scholastischen"

Philosophen einfallen kann. Denn dieser Riegel ist im Grunde definitorischer Natur, woran auch nichts ändern kann, daß *Apel*, mehr Andeutungen als detaillierten Explikationen und strengen Demonstrationen *Peirces* folgend, dessen definitorisch-konventionelle Vorentscheidung in die Nähe transzendentallogischer Notwendigkeit zu rücken versucht, wobei er die Gefahr übersieht oder gering zu achten scheint, daß der *Peirce*sche Fallibilismus in einen Infallibilismus umschlagen könnte (vgl. *Apel*, in PEIRCE/APEL I, S. 75 ff., S. 133 ff. und passim).

In seiner *Berkeley*-Rezension gibt *Peirce* zu seiner „realistischen" Theorie der Wahrheit und Realität folgenden Kommentar, wobei er selbst darauf hinweist, „wie sehr dieser Gedankengang mit dem Glauben an eine unfehlbare Kirche harmoniert und wie sehr viel natürlicher er im Mittelalter als in protestantischen oder positivistischen Zeiten sein mußte" (8.12; PEIRCE/ APEL I S. 261): „Wo auch immer allgemeine Übereinstimmung vorherrschend ist, *wird der Realist nicht derjenige sein, der die allgemeine Überzeugung durch unnütze und fiktive Zweifel stört*. Denn nach ihm ist es ja der Konsensus oder das allgemeine Bekenntnis, das die Realität konstituiert. Was er daher wünscht, ist, Fragen geschlichtet zu sehen. Und wenn eine allgemeine Überzeugung, die vollkommen gefestigt und unumstößlich ist, *auf irgendeine Weise hergestellt werden kann, sei es auch durch Scheiterhaufen und Folterbank*, so ist es ausgesprochen absurd, von irgendeinem Irrtum hinsichtlich einer solchen Überzeugung zu sprechen" (8.16; a.a.O., S. 262/63; Hervorhebungen nicht im Original).

Was den Segen des consensus catholicus hat, *muß* also wahr sein, was ihm widerspricht, *kann nicht* wahr sein − eine Theorie der Wahrheit und der Realität, deren extrem *monistische* Konsequenzen durch den qualifizierenden Zusatz „in the long run" praktisch gemildert, aber bezüglich der theoretischen Überzeugungskraft um nichts besser werden. Wenn die „lange Sicht" überhaupt keine zeitliche Begrenzung enthält, dann ist diese Zusatzformel leer und macht die ganze *Peirce*sche Bestimmung zu einer Leerformel ohne kognitiven „Barwert", um es mit *William James* zu sagen. *Für* diese Deutung spricht die Charakterisierung der Wahrheitskommune als „indefinite community", die „keinesfalls auf die Menschen in diesem irdischen Leben begrenzt (ist) oder auf die menschliche Gattung" (8.13; a. a. O., S. 261). *Dagegen* spricht allerdings, daß *Peirce* die „lange Sicht" nicht allzu lang gemeint haben kann, wenn er durchblicken läßt, daß der wahrheitskonstituierende consensus catholicus durchaus nicht in unerreichbarer Ferne, am Ziel eines unendlich weiten Konvergenzpunktes, liegt: „In vielen Fragen ist die endgültige Überzeugung bereits erreicht; sie wird in allen erreicht werden, wenn genügend Zeit dazu gegeben wird" (8.12; a.a.O., S. 259/60). Daß bestimmte Umstände das Erreichen des „catholic consent" und damit der Wahrheitslinie „unbegrenzt hinausschieben" können, wird von *Peirce* selbst hervorgehoben. Aber es ist kennzeichnend für diese ultrakonformistische Konvergenztheorie der Wahrheit, *welche* Umstände das nach *Peirce* vermögen: es sind dies „*eigenmächtige* Willkür oder *andere individuelle* Besonderheiten" (8.12; a.a.O., S. 260; Hervorhebungen nicht im Original). Individuen können irren, aber der consensus catholicus ist garantiert − garantiert durch die Definition von Wahrheit und Realität − irrtumsfrei, selbst wenn er mittels Scheiterhaufen und Folterbank zustande gekommen sein sollte. *Irren ist menschlich, aber die „Partei"* − die *Peirce*sche Wahrheitskommune − *hat immer recht!* (Das ist natürlich eine Pervertierung der *Peirce*schen Konzeption von Wahrheit und Realität, denn *Peirce* dachte bei seiner Wahrheitskommune an eine Forschungsgemeinschaft idealgesinnter Wahrheitssucher, die ihre eigene Seele opfern, „um die Welt zu retten" [5.353; a. a. O., S. 245] − allerdings eine konsequente Pervertierung, deren Möglichkeit *Peirce* selbst gesehen hat und zumindest zeitweise bejahen zu müssen glaubte, wie sein eigener Hinweis auf Scheiterhaufen und Folterbank zeigt.)

Es ist erstaunlich, wie *Apel* in seinem ansonsten sehr gelehrten und abgewogenen Kommentar diese freimütige Offenlegung der Konsequenzen eines philosophischen Standpunktes zu bagatellisieren − als eine „empiristisch-pragmatische Überspitzung der ‚sozialen' Realitätstheorie" (a.a.O., S. 280, in einer speziellen Anmerkung zu der zitierten *Peirce*-Stelle, in der er auch mit Recht darauf hinweist, daß *Peirce* später von dieser „Überspitzung" abgerückt ist), als ob der Autor sich hier nur in der Formulierung vergriffen hätte − oder gar als einen Standpunkt hinzustellen versucht, den sich *Peirce* nur „nahegelegt" habe (vgl. a.a.O., S. 130), ohne ihn jedoch in dieser „Überspitzung" jemals zu seinem eigenen zu machen. Dabei geht aus *Apels* direkt anschließenden Ausführungen klar hervor, daß *Peirces* Vorbehalte gegenüber dieser „Methode der Autorität" auf „äußere Faktoren", auf praktische Schwierigkeiten und nicht auf prinzipielle Einwände „in der Sache", zurückgehen, nämlich insbesondere auf die Unmöglichkeit, „alle Ansichten über jedes Thema zu regulieren" (5.381; a.a.O., S. 307). *Oehler* kommt in seinem Kommentar dem Kern der Sache näher, wenn er auf die theologisch-metaphysischen Motive verweist und *Peirces* Theorie der Wahrheit und der Realität „eine eschatologische Ontologie unter modernsten philosophischen Voraussetzungen" nennt (in PEIRCE/OEHLER 1968, S. 137).

Es geht hier ganz und gar nicht darum, einen philosophischen Standpunkt mit ethisch-moralischen Argumenten zu attackieren, obwohl solche Überlegungen in diesem Zusammenhang keineswegs abwegig sind. Es geht vielmehr ausschließlich um die Konsequenzen einer philosophischen Konzeption von Wahrheit und Realität, um deren *theoretische* Stärken und Schwächen als Problemlösungsinstrument – kurz: um die *Kritik einer Theorie* durch Konfrontation mit kritischen Argumenten, wie sie sich aus alternativen Theorien und aus der Erkenntnis der „Realität" (hier: des Hexenglaubens) ergeben. Der Hexenglaube spielt hier lediglich die Rolle einer kritischen Instanz für die Konvergenztheorie der Wahrheit. Nicht nur die Protokollsatz-Theoretiker sollten sich mit dem Hexenglauben auseinandersetzen. (Wobei dieser natürlich nur als *ein* möglicher Testfall, allerdings ein ganz besonders lehrreicher, für philosophische Theorien anzusehen ist, die eine monistisch-konformistische Auffassung von Erkenntnis und Wahrheit als „sozial" mißverstehen und für einen „Realisten" halten, wer klug darauf verzichtet, „die allgemeine Überzeugung durch unnütze und fiktive Zweifel" zu stören.)

Später hat *Peirce* der Theorie des consensus catholicus die Spitze genommen, indem er von der im Grunde apriorisch-definitorischen Gleichsetzung des tatsächlich – wie auch immer – erreichten Konsenses mit der Wahrheit vorsichtig abrückte und den faktischen Konsens von der „ultimate opinion" unterschied, „die am Ende eines hinreichend langen Forschungsprozesses erreicht sein *würde*" (*Apel*, a.a.O., S. 280; Hervorhebung im Original). Aber damit nahm er seiner Konvergenztheorie der Wahrheit und Realität ihre handfest-pragmatische Pointe, weil nun jede Berechtigung entfällt, von der *faktisch* erreichten Konvergenz irgendwelche Schlüsse in Richtung auf die definitive Wahrheit zu ziehen. Der Konvergenzpunkt – „diese vom Schicksal bestimmte Konklusion" – wird damit, um es mit *Peirces* eigenen Worten zu sagen, zu einer „Fiktion der Metaphysik" (8.12; a.a.O., S. 260/61). Mit dieser Übertragung der wahrheitskonstituierenden Kraft vom consensus catholicus auf die „ultimate opinion" läßt *Peirce* zwar die schärfste Kritik an der monistisch-konformistischen Tendenz seiner Konvergenztheorie ins Leere laufen, aber nur um den Preis, daß diese nun wieder dem ursprünglichen Einwand gegen die Koppelung von *faktischer* Konvergenz und Wahrheit ausgesetzt ist. Konvergenz verliert damit den Charakter eines Wahrheitskriteriums, und die Konvergenzthese wird, nachdem das apriorisch-definitorische Seil zwischen Konvergenz und Wahrheit durchschnitten ist, zu einer zwar gehaltvollen, aber äußerst fragwürdigen *Hypothese* über die Entwicklung unserer Erkenntnis.

733 In diesem Sinne kritisiert auch *Kröner* (in KRÖNER 1929, S. 216 ff.) eine spezielle Version des epistemologischen Fundamentalismus, nämlich die *Evidenzphilosophie*: „Eine Evidenz kann entweder für absolut erklärt werden, dann ist sie philosophisch nicht relevant. Wenn sie aber philosophisch relevant ist, dann ist sie sicher nicht absolut" (S. 229). Zum gleichen Ergebnis kommt SCHEFFLER 1967, S. 35, in seiner Auseinandersetzung mit *C. I. Lewis*: „In sum, if the given is indeed ineffable, it makes no philosophical *sense* to call it certain, whereas if it is describable, none of its descriptions will in fact *be* certain. To put the matter another way, the sense in which the given is not subject to error is one which is entirely incapable of showing reports of the given to be immune from mistake. The so-called certainty of the given is thus of no epistemological interest whatever" (Hervorhebungen im Original).

*Stegmüllers* (in STEGMÜLLER 1969; vgl. insbes. Teil I, Kap. 4) Rehabilitierungsversuch der Evidenzphilosophie – eine Rehabilitierung durchaus wider Willen und von besonderer Eigenart, die einerseits die Unzulänglichkeit und Unzuverlässigkeit der Evidenz als *index veri* in jedem tatsächlichen oder auch nur denkbaren *Einzelfall* zugibt, andererseits aber zugleich ihre prinzipielle Unentbehrlichkeit herausstellt und die philosophische Notwendigkeit nachzuweisen versucht, absolute Evidenz *überhaupt* vorausetzen und in allen Erkenntnisfragen „letztlich" doch immer auf Evidenz rekurrieren zu *müssen* – geht von der fundamentalistischen Problemsituation des Rechtfertigungsmodells aus und stützt sich auf Argumente, die nur *innerhalb* dieser Problemsituation Gültigkeit beanspruchen können: „Für uns ist nur das eine wesentlich, daß wir absolute Evidenz voraussetzen müssen, um Wissenschaft oder Philosophie betreiben zu können, daß wir aber nicht wiederum ein wissenschaftliches oder philosophisches Verfahren besitzen, um diese unsere Voraussetzung auf ihre Rechtmäßigkeit hin überprüfen zu können. . . . Zwar wird in der Wissenschaft mehr vermutet als gewußt, mehr hypothetisch angesetzt als mit dem Pathos der unbedingten Gewißheit proklamiert. Aber es kann nicht *nur* vermutet und nicht *nur* hypothetisch angesetzt werden. Es muß Stellen geben, wo das ‚Absolute in die Wissenschaft hereinbricht', zumindest müssen wir dies glauben. Ohne diesen Glauben wäre jede Art von Wissenschaft unmöglich" (S. 200, Hervorhebungen im Original).

Alle Erkenntnisprogramme, die das Absolute, Sichere in die Wissenschaft hereinbrechen lassen, um unsere Erkenntnis auf ein unerschütterliches Fundament zu stellen, müssen sich mit der *Popper*schen Entdeckung auseinandersetzen, derzufolge zunehmende Sicherheit nur durch abnehmenden Informationsgehalt erkauft werden kann (vgl. POPPER CAR, passim, zum Beispiel S. 218 f.). Der Grenzfall absoluter Sicherheit, den das certistische Vorurteil für Stabilität und Invarianz zum Idealfall erhebt, ist erreicht, wenn der Informationsgehalt unserer Theorien auf Null gesunken ist. Dann wird gar nichts mehr gesagt – das allerdings sicher!

Gerade am Beispiel des Rechtfertigungsmodells der Erkenntnis zeigt es sich deutlich, daß sehr umfassende, relativ geschlossene Konzeptionen nur dann mit Aussicht auf Erfolg kritisiert werden können, wenn sie mit radikal andersartigen *theoretischen Alternativen* konfrontiert werden. Rein immanente Kritik kann in solchen Fällen nicht viel erreichen. Theorien werden nur durch (bessere) Theorien überwunden. *Stegmüllers* Beispiel zeigt in sehr instruktiver Weise, wie das Ausgehen von einer *gegebenen* Problemsituation, an der angeblich nichts geändert werden kann oder darf, eine Lösung des Problems unmöglich machen kann.

734  Vgl. zum Beispiel die Kritik des Trilemma-Arguments in APEL 1975 sowie die zusammenfassende Darstellung der Gegeneinwände in SCHEFOLD 1975.

735  Vgl. AGASSI 1968, S. 483.

736  *Albert* besteht auf diesem Punkt; vgl. ALBERT 1971, S. 126, Anm. 2.

737  Diese Auslegung seiner eigenen Position vertritt *Albert* seit geraumer Zeit in mündlichen Diskussionen; so auch mehrmals im Gespräch mit dem Autor.

738  Vgl. *Feyerabends* diesbezügliche, selbst allzu grobschlächtig ausgefallene Kritik am kritischen Rationalismus (zum Beispiel in FEYERABEND 1976, Einleitung et passim).

739  Eine andere, ungenauere Formulierung für dieses Paradox findet sich in SPINNER 1974, S. 33/34.

740  Vgl. POPPER LF, passim; SPINNER 1974, S. 139 ff.

741  *Quine*, On What There Is, in QUINE 1961, S. 10.

742  Der Fundamentalismus in der Ethik und Rechtsphilosophie, der, in Analogie zum irrtumsfreien Fundament der Erkenntnis, das *Naturrecht* als unrechtsfreies Fundament des Rechts inthronisiert, zeigt genau dasselbe Bild des richtungslosen Pendelns zwischen theoretischem prinzipiengläubigem Rigorismus und praktischem Opportunismus – lediglich mit dem Unterschied, daß hier die Korruption des Fundaments noch weiter fortgeschritten ist als in der Wissenschaft.
Diese Situation der Naturrechtslehre haben *Ernst Topitsch, August M. Knoll* u. a. in sehr überzeugender Weise diagnostiziert und kritisiert. Es sei hierzu lediglich verwiesen auf TOPITSCH 1961 (vgl. insbes. S. 53 ff.) und KNOLL 1962.

743  AUSTEDA 1960, S. 80.

744  KAUFMANN 1966, S. 55. In dieser Hinsicht ist der Kritik *Zellingers* durchaus zuzustimmen, die der positivistisch-empiristischen Philosophie die Neigung vorwirft, „die Erfahrung entweder einfach als selbstverständliche Gegebenheit zu akzeptieren oder sie als eine Affäre mit bemerkenswert geringen Voraussetzungen zu bagatellisieren …" (ZELLINGER 1968, S. 102).

745  *Heller*, Die abenteuerliche Geschichte der modernen Poesie, in HELLER 1963, S. 101. *Heller* wirft dem Empirismus „klägliche Oberflächlichkeit" vor und plädiert für ein nichtempirisches Erkenntnisprogramm.

746  RUSSELL 1956a, S. 41.

747  *Hilbert*, Axiomatisches Denken (1918), in HILBERT 1964, S. 3.

748  BOLTZMANN 1905, S. 260.

749  Vgl. *Tugendhats* kritische Ausführungen zum Problem der Letztbegründung im Rahmen der konstitutiven Phänomenologie *Husserl*scher Prägung (siehe TUGENDHAT 1967, S. 215 ff.). „Letztbegründung" hat für die konstitutivtranszendentale Phänomenologie überhaupt nicht den Charakter einer eigentlichen Begründung, sondern den einer „letzten *Aufklärung*" (S. 216; Hervorhebung im Original), einer *Konstatierung von Hinzunehmendem* (vgl. S. 217). „Begründend ist die konstitutive Phänomenologie nur, sofern sie die komplexe Erfahrung in allen ihren Stufen beschreibt, aber die beschriebene Erfahrung wird nicht ihrerseits aus einem Prinzip begründet" (S. 216). *Tugendhat* schließt sein interessantes Buch mit einem Hinweis auf *Heideggers* philosophische Konzeption, in der „auf die transzendentalphilosophische Voraussetzung einer letzten Begründungsbasis verzichtet" werde (S. 405). Das ist ein Versprechen, auf dessen Einlösung man in der Hoffnung auf ein rechtfertigungsfreies Erkenntnismodell ohne Fundament gespannt sein kann.

Daß an der epistemologischen Basis der Erkenntnis die strenge Wissenschaftlichkeit des Rechtfertigungsprogramms aufhört, das wahrheitssichernde Beweisen in bloß konstatierendes *Aufweisen* angeblich „letzter" (oder „erster"), unhintergehbarer Faktizitäten übergeht und an die Stelle von Erklärung und Begründung die *nachträgliche Interpretation* dieser zu exklusiven „Bedingungen der Möglichkeit von Erkenntnis überhaupt" emporphilosophierten phänomenologischen oder transzendentallogischen „Faktizitäten" tritt, gilt durchaus nicht nur für die Phänomenologie. Das ist vielmehr ein allgemeiner Tatbestand, der sich in dieser oder jener Form im Rechtfertigungsmodell immer ergibt, wenn versucht wird, das Rechtfertigungsprinzip streng durchzuhalten. Er findet sich bei *Kant, Fichte* und *Fries* ebenso wie bei *Husserl, Dingler* und *Lorenzen* (vgl. LENK 1968, S. 132 ff., 478 ff., 498 ff., 611 ff. und passim; ferner LENK 1970, S. 193 ff. und passim). Nur für das Rechtfertigungsmodell gilt deshalb, was nicht nur *Toulmin* für ein universelles Charakteristikum *aller* Erkenntnisprogramme hält: „At the deepest level, conceptual judgments are thus a matter of *case*-law, not of *code*-law, of *precedents*, not of *principles*" (TOULMIN 1967, S. 346; Hervorhebungen im Original).

750  *Feyerabend* hat das in seinen hochinteressanten Studien zur Entwicklung der modernen Naturwissenschaft, in exemplarischer Weise vor allem im Falle *Galileis*, nachgewiesen, wobei sich wissenschaftshistorische und wissenschaftstheoretische Forschungsergebnisse in bemerkenswerter Übereinstimmung gegenseitig stützen (vgl. zum Beispiel *Feyerabend 1962a, 1965b, 1967, 1970a*). Auch *Kuhn* (KUHN 1967, insbes. Kap. IX und XIII) liefert dazu eine Fülle bestätigenden historischen Materials, aus dem klar hervorgeht, daß die vom Reduktionismus (vgl. FEYERABEND 1962a und SPINNER 1973) postulierte Beziehung zwischen aufeinanderfolgenden wissenschaftlichen Theorien im Prozeß des Erkenntnisfortschritts „eine historische Unwahrscheinlichkeit" (KUHN 1967, S. 135) ist.

751  Ein ausgezeichnetes Beispiel für diese „Verflüssigung" des angeblichen Fundaments der Erkenntnis ist die *Änderung* der scheinbar stabilen, invarianten *Erfahrung* im Verlauf des Erkenntnisprozesses, der zur Entstehung der modernen Naturwissenschaft führte. *Feyerabend* hat in seinen *Galilei*-Studien (vgl. vor allem FEYERABEND 1965b, 1967, 1970, 1970a und 1970b) gezeigt, wie hier eine *revolutionäre Praxis,* die sich die Kraft und Reichweite ihrer Ideen durch

keine Denkverbote aufgrund eines heiliggesprochenen „Fundaments der Erkenntnis" beschneiden läßt, unter dem Deckmantel einer in ihrem verbalen Credo weiterhin *fundamentalistisch interpretierten konservativen Wissenschaftsideologie* entsteht und den Propagandawert der tradierten Erkenntnisideologie in den Dienst der neuen, kritischen, *de facto* antifundamentalistischen Theorien und Methoden stellt.

752  Über den Gebrauch (oder Mißbrauch) der Bibel als Abwehrzauber gegen mißliebige wissenschaftliche Theorien berichtet *A. D. White* in seinem klassischen Werk mit einer Fülle von Beispielen aus allen Wissensbereichen (siehe WHITE 1896).

753  BORN 1964, S. 9.

754  DINGLER 1964, S. 48 (Hervorhebung im Original).

755  Die These *Machs*, auf die hier angespielt wird, lautet vollständig: „Das Weltsystem ist uns nicht *zwei*mal gegeben mit ruhender und mit rotierender Erde, sondern *nur einmal* mit seinen allein bestimmbaren Relativbewegungen" (MACH 1933, S. 226; Hervorhebungen im Original). Dieser *Mach*schen Doktrin hat allerdings *Russell* schon 1903 explizit und entschieden widersprochen: „This argument", wendet *Russell* gegen *Mach* ein, „contains the very essence of empiricism, in a sense in which empiricism is radically opposed to the philosophy advocated in the present work. The logical basis of the argument is that all propositions are essentially concerned with actual existents, not with entities which may or may not exist. For if ... the whole dynamical world with its laws can be considered without regard to existence, then it can be no part of the *meaning* of these laws to assert that the matter to which they apply exists, and therefore they can be applied to universes which do not exist. ... This being so, the universe is given, as an entity, not only twice, but as many times as there are possible distributions of matter, and Mach's argument falls to the ground" (RUSSELL 1903, § 469, S. 492/93; Hervorhebung im Original).

756  Vgl. *Planck*, Verhältnis der Theorie zueinander (1915), in PLANCK 1949, S. 106: „Denn das Hauptziel einer jeden Wissenschaft ist und bleibt die Verschmelzung sämtlicher in ihr groß gewordenen Theorien zu einer einzigen, in welcher alle Probleme der Wissenschaft ihren eindeutigen Platz und ihre eindeutige Lösung finden." Noch radikaler formuliert *Konrad Lorenz* dieses monistische Prinzip: „Die aller echten Naturforschung gemeinsame basale Arbeitshypothese liegt in der schlichten Annahme, daß es ein einziger Satz einander einschließender Naturgesetze sei, der die Vorgänge im ganzen Universum beherrscht" (LORENZ 1957, S. 1 des Sonderdrucks).

757  Das monistische *Prinzip der Parsimonie* hat eine lange, traditionsreiche Geschichte. Einen (leider ziemlich lückenhaften) Überblick liefert BECK 1943. Interessante Beiträge zu dieser noch ungeschriebenen Problemgeschichte bringen auch LAIRD 1919 und BUCHDAHL 1964.

Das berühmte *Ockhamsche Rasiermesser* ist in diesem Zusammenhang ebenso zu erwähnen wie *Newtons Regel IV* und *Machs Ökonomieprinzip.*

758  Die vor allem in der älteren Wissenschaftsgeschichte verbreitete Tendenz zur Schwarz-Weiß-Malerei wurde neuerdings von *Agassi* und *Kuhn* in sehr instruktiver Weise aufgezeigt und – vor allem durch *Agassi* – überzeugend kritisiert (siehe AGASSI 1963 und KUHN 1967, Kap. XI). *Kuhn* weist hier auf die allgemeine Tendenz der Wissenschaftler hin, wie sie insbesondere den Lehrbüchern ihren Stempel aufgeprägt hat, „die Vergangenheit ihrer Disziplin sich geradlinig auf den gegenwärtigen Stand entwickeln zu sehen" und „die Geschichte der Wissenschaft linear oder kumulativ erscheinen zu lassen" (S. 184) – eine Tendenz, die dazu führt, die Rolle und sogar die Existenz wissenschaftlicher Revolutionen zu verschleiern und diese dadurch „fast unsichtbar" (S. 181) zu machen.

759  Mit diesem Fall beschäftigt sich *Feyerabend* in seinen neueren Veröffentlichungen (vgl. insbesondere FEYERABEND 1970a).

760  Vgl. KRAFT 1950, S. 139 ff. und KRAFT 1960, S. 172 ff.

761  KRAFT 1950, S. 142.

762  KRAFT 1950, S. 142/43.
763  KRAFT 1960, S. 172 (Hervorhebung im Original).
764  MACH 1968, S. 283/84 (Hervorhebung im Original).
765  MACH 1911, S. 268 (Hervorhebung im Original).
766  MACH 1923, S. 366 (Hervorhebungen im Original).
767  KAMBARTEL 1966, S. 457/58 (Hervorhebungen im Original).

768  „Natürliche Interpretationen" von Sinnesdaten sind jene „theoretischen Annahmen, die sich so unmittelbar an die Sinneseindrücke anschließen, daß es scheint, als sprächen hier die Sinne selbst" (FEYERABEND 1967, S. 141/42). Bereits *Galilei* hat, wie *Feyerabend* in seinen brillanten *Galilei*-Studien nachweisen konnte (siehe insbesondere FEYERABEND 1967 und 1970a), die empiristisch-positivistische Doktrin, durch die Sinneseindruck-plus-natürliche-Interpretation zu einer für unauflöslich und in ihrem Wahrheitsanspruch für unangreifbar gehaltenen, schließlich als „einfach" präsentierten Einheit verschmolzen wird, in äußerst scharfsinniger Weise kritisiert und damit die *theoretische Komponente der Erfahrung* offengelegt. Damit ist auch diese Version der Stabilitätsthese widerlegt. Zur weiteren Kritik der Stabilitätsthese vgl. FEYERABEND 1957/58 und 1960.

769  Programmatisch: *Schlick*, Über das Fundament der Erkenntnis (1934), in SCHLICK 1969, S. 289 ff.

Eine ähnliche Konzeption findet sich bei JUHOS 1950 (vgl. S. 7 ff. und passim). *Juhos* betont zwar, daß sich *Schlicks* Konstatierungen „grundlegend von meinen empirisch-nichthypothetischen Sätzen" oder „Konstatierungen" unterscheiden (S. 10). Aber dieser Unterschied betrifft nicht den von beiden Autoren unterstellten *nichthypothetischen* und damit *stabilen* Charakter der Konstatierungen als garantiert irrtumsfreie epistemologische Basisinstanzen. Vgl. zu diesem Problemkomplex auch AYER 1940, bes. Kap. II, und AYER 1956, Kap. 3.

770  Daß auch Philosophen, die sich die „Überwindung des Positivismus" zur Aufgabe machen, dem positivistischen „Mythos vom Gegebenen", dem Mythos von der Autonomie und Invarianz der sogenannten Tatsachen, nicht ganz entziehen können, zeigt die Charakterisierung der Tatsachen im Rahmen der Phänomenologie. Vgl. STRASSER 1964, S. 110 ff.: An Tatsachen wird die Forderung gestellt, daß sie sich „nicht ändern, wandeln oder entwickeln" dürfen (S. 113). Eine ausgezeichnete Kritik der positivistisch-empiristischen These vom invarianten, durch den Wandel der Interpretation nicht berührten Tatsachen-Kern in der Erfahrung findet sich bei *Feyerabend* (vgl. die in Anm. 768 angegebene Literatur).

771  MCMULLIN 1967, S. 332.

772  Im Lichte der Stabilitätsthese ist das Veränderliche und Vorübergehende von geringerem (Erkenntnis-)Wert als das Beständige, Permanente, Invariante.

Die klassische Abhandlung, in der Stabilitätsüberlegungen im Zentrum stehen, ist *Peirces* „Fixation of Belief" von 1877 (deutsche Übersetzung in PEIRCE/APEL I, S. 293 ff.).

Der philosophische Weg zur Stabilitätsthese ist äußerst einfach (und wirkt deshalb auch so plausibel): Wenn *sichere* Erkenntnis das Ziel ist, wenn Sicherheit und Gewißheit zu Qualitätsmerkmalen guter Erkenntnis werden und wenn „das Kennzeichen der Dauer den Charakter eines Kriteriums für Gewißheit" erhält (WIEDMANN 1966, S. 161), dann ist die Stabilitätsthese in irgendeiner Form die unausweichliche Konsequenz.

*Agassi* hat in einer detaillierten kritischen Analyse einige wesentliche Komponenten des philosophischen, wissenschaftstheoretischen und -historischen Hintergrunds der Stabilitätsthese und der sie überwindenden *Einstein-Popper*schen Revolution aufgezeigt (vgl. AGASSI 1967 sowie 1975, S. 1 ff. et passim).

773  Das ist natürlich eine Anspielung auf DINGLER 1926, wo die certistische Reaktion auf wissenschaftliche Revolutionen — wie überhaupt im ganzen Werk *Dinglers* — ihr modernes Manifest gefunden hat.

774   Vgl. BAVINK 1949, S. 268.

775   Zur Problemgeschichte der Konvergenzthese vgl. BURTT 1965, Kap. 8. Ausgehend von der Idee, „that the concept of truth can properly be applied only in areas where a method is available by which differences of opinion can be resolved" (S. 193) und daß infolgedessen „an essential criterion of truth is just the bringing of disagreement to an end in agreement" (S. 195), ist es nur ein Schritt bis zur These, „that a solution which proves acceptable to all sincere thinkers is *for that reason* a sounder solution than one which does not" (S. 195; Hervorhebung im Original).
      Vgl. in diesem Zusammenhang auch AGASSI 1969, wo die philosophischen Zielsetzungen und vielfach offen ausgesprochenen mystischen Leitmotive aufgezeigt werden, die hinter dem Streben nach Einheitlichkeit der Meinungen und Einheit der Wissenschaft stehen.

776   Deutsche Fassung in PEIRCE/APEL I, S. 326 ff.; die zitierten Passagen sind 5.407 entnommen (a.a.O., S. 349). Die beiden anderen klassischen Abhandlungen, in denen *Peirce* seine Konvergenztheorie der Wahrheit und Realität erläutert, sind: *Peirces Berkeley*-Rezension von 1871 und „The Fixation of Belief", 1877 (deutsch – die *Berkeley*-Rezension gekürzt – in PEIRCE/APEL I, S. 250 ff. und 293 ff.).

777   *Peirce*, The Fixation of Belief, 5.384, in PEIRCE/APEL I, S. 310.

778   *Peirce*, The Fixation of Belief, 5.384, in PEIRCE/APEL I, S. 311.

779   Daß der epistemologische Fundamentalismus *Dingler*scher Prägung philosophisch berechtigt und auch praktisch in der Lage sei, dem Erkenntnisfortschritt die „Wahrheitslinie" oder „Linie der Treffsicherheit" als „überempirische Leitlinie" im Sinne einer absoluten Voraussetzung vorzugeben, wird – in der Nachfolge *Dinglers* – von *May*, der damit den Relativismus überwinden will, mit schwachen, aber entschieden vorgetragenen Argumenten behauptet (vgl. MAY 1942, S. 80 f., 117, 155 und passim). Diese Doktrin entspricht einer einseitigen Radikalisierung der certistischen Tendenz, die damit sogar auf die zukünftige Erkenntnis übertragen wird. Sie enthält die äußerst problematische These, daß bereits die gegenwärtig verfügbare Erkenntnis unverlierbare, garantiert irrtumsfreie Bestandteile enthalte, die durch den zukünftigen Erkenntnisfortschritt unter keinen Umständen widerlegt werden könnten – genauer: nicht widerlegt werden *dürften*, weil sie aufgrund der methodologischen Vorentscheidungen des operativen Fundamentalismus a priori fixiert und bedingungslos durchgehalten werden (vgl. MAY 1942, S. 59, 64, 80, 155 und passim.

780   Zu *Peirces* „Prinzip Hoffnung" vgl. *Apels* Hinweise und Kommentar in PEIRCE/APEL I, S. 325, Anm. 37.

781   Vgl. KRÖNER 1929.

782   KANT II, S. 20.

783   BUCHANAN/TULLOCK 1965, S. 6. Daß Meinungsdifferenzen nur dann rational ausgetragen und objektiv entschieden werden können, wenn auf der Meta-Ebene (hier: auf der Ebene der Regeln, Kriterien, Standards, etc.) Einigkeit besteht, ist eine weitverbreitete philosophische These – ein letzter Ausläufer des theoretischen Monismus, der die monistische Restriktion immerhin auf die Meta-Ebene einschränkt. Darauf läuft im Grunde auch *Bar-Hillels* Argumentation bezüglich der Vorbedingungen für rationale philosophische Diskussion hinaus (vgl. BAR-HILLEL 1962). Ähnlich auch FEIGL 1963, S. 139: „Justification is a form of argument which requires some platform of basic agreement on one level, even if on a different level there is doubt or disagreement". Daß auf diese Weise das Begründungsproblem nur „regional" verschoben oder gar völlig eliminiert, aber nicht gelöst wird, ist offensichtlich.

784   Zu dieser Einteilung der vorherrschenden Theorien des Erkenntnisfortschritts vgl. SPINNER 1974, S. 57 ff., 74 ff. und 182 ff.

785   Vgl. DEWEY 1929. Zur modernen, philosophisch nicht sonderlich hochstehenden Kontroverse *quest for certainty* versus *quest for uncertainty* vgl. NAGEL 1968.

786 Dieses falsche Mathematikverständnis ist von *Lakatos* überzeugend kritisiert worden; vgl. vor allem LAKATOS 1963/64 und 1976.

787 FLECK 1935, S. 123; Hervorhebung im Original.

788 DINGLER 1926, S. 18; Hervorhebung im Original.

789 Auf diese für das Rechtfertigungsmodell der Erkenntnis außerordentlich bedeutsame und im Effekt einschneidende Bedingung – die nur für die Eigenschaften der Wahrheit (des positiven Wahrheitswertes im Sinne der logischen Schlußtheorie) und der Wahrscheinlichkeit (im Sinne des Wahrscheinlichkeitskalküls) erfüllt ist – hat vor allem *Bartley* aufmerksam gemacht (vgl. BARTLEY 1962, Kap. V, § 2; sowie BARTLEY 1964). Wie sich das Problem der Wahrheits-wert-Übertragung für die kritische Argumentationsweise stellt und im Rahmen des fallibilistischen Erkenntnismodells gelöst werden kann, wird am gegebenen Platz in Bd. II zur Sprache kommen.

790 Bekanntlich hat sich *Peirce* in seiner programmatischen Abhandlung „Einige Konsequenzen aus vier Unvermögen" (1868; in PEIRCE CP, 5.265; in PEIRCE/APEL I, S. 186) dafür ausgesprochen, daß die Schlußfolgerungen der Philosophie „keine Kette bilden (sollten), die nicht stärker ist als ihr schwächstes Glied, sondern ein Tau, dessen Fasern noch so schwach sein mögen, wenn sie nur zahlreich genug und eng miteinander verknüpft sind".

791 Daß bezüglich der „letzten Voraussetzungen" rationale Argumentation unmöglich sei, daß wir in diesem Bereich nur noch kraft irrationalen Engagements akzeptieren oder zurückweisen könnten, ist eine unter Philosophen weitverbreitete Ansicht. Die Resistenz der Theologen gegen diesen irrationalistischen Virus scheint ohnehin vernachlässigenswert gering zu sein. Diese These von der Impotenz der rationalen Argumentation – die nur stichhaltig wäre, wenn die Klasse der rationalen Argumente mit der Klasse der rechtfertigenden Argumente zusammenfiele (was nicht der Fall ist), und die zeigt, daß die meisten Philosophen unter rationalen Argumenten stillschweigend rechtfertigende, nicht kritische Argumente verstehen – wird im Grunde sogar von *Wolfgang Stegmüller* vertreten, der in den sogenannten „letzten Fragen" nur die Berufung auf Evidenz gelten läßt (vgl. STEGMÜLLER 1969). In besonders klarer und konsequenter Ausprägung findet sie sich bei WHITTIER 1964. Es sei in diesem Zusammenhang an den Existenzialismus sowie an gewisse einflußreiche Strömungen der modernen protestantischen Theologie (insbesondere im Anschluß an *Paul Tillich*) erinnert. *Henry Millers* These könnte der Tendenz nach in fast jedem Werk der modernen protestantischen Theologie stehen: „It (das Universum, H. S.) cannot be understood; it can only be accepted or rejected. If accepted we are revitalized; if rejected we are diminished. . . . Acceptance is the solution . . ." (MILLER 1965, S. 27 und 269).

Eine systematische, detaillierte Kritik dieser certistisch, skeptizistisch oder fideistisch geprägten Ideologie der *halbierten Rationalität* (wie man diese Sammeldoktrin im Anschluß an eine bekannte Formulierung von *Habermas* zusammenfassend nennen könnte) vom Standpunkt des „pankritischen" *Popper*schen Rationalismus findet sich in den frühen Schriften *Bartleys* (vgl. BARTLEY 1962, 1964 und 1964a), der jedoch neuerdings seine konsequent kritizistische Rationalitätskonzeption selbst aufzuweichen beginnt (vgl. BARTLEY 1971 und 1975).

792 Vgl. POLANYI 1964.

793 Vgl. HARDY 1967, S. 61: „Exposition, criticism, appreciation is work for second-rate minds".

794 Auch hier zeigt es sich wieder, daß sich *Empirismus* und *Apriorismus* weit näher stehen, als die übliche polare Gegenüberstellung vermuten läßt. *Beide* Konzeptionen sind lediglich Varianten des Rechtfertigungsmodells. Nach AGASSI 1969 (S. 486; vgl. auch die näheren Erläuterungen in *Agassis* Anmerkungen Nr. 9, 17 und 24) besteht kein *epistemologischer* Unterschied zwischen Empirismus und Apriorismus. Die Tatsache, daß beide Positionen in erkenntnislogischer Hinsicht nur partiell verschiedene Spielarten eines gemeinsamen Grundmodells sind, erklärt die zunächst paradox erscheinende Tatsache, daß extreme Aprioristen nicht selten extreme Empiristen sind (und vice versa) und daß einige der größten Philosophen, die üblicherweise *entweder* als Aprioristen *oder* Empiristen abgestempelt werden, in ihrer Argumentation zwischen radikalem Apriorismus und ebenso radikalem Empirismus oder Positivismus „taktisch" pendeln

können, ohne ihr Erkenntnismodell inkonsistent zu machen oder sonstwie zu sprengen. Hervorragende Beispiele dafür sind *Descartes* und *Fichte, Russell* und *Carnap, Husserl* und (insbesondere der späte) *Wittgenstein.* Vgl. zum Beispiel *Fichtes* programmatische, extrem empiristisch-positivistisch ausgerichtete Ausführungen in der Einleitung zu seinem „Sonnenklaren Bericht an das größere Publikum, über das eigentliche Wesen der neuesten Philosophie" von 1801 (in FICHTE III, S. 547 ff., insbes. S. 555 f.; ferner auch S. 631: „Es ist gar kein Irrtum mehr möglich; denn die Anschauung irrt nie.") oder die Kombination von Induktivismus und Apriorismus in den Wissenschaftskonzeptionen von *Russell* und *Carnap* (siehe dazu LAKATOS 1968, S. 403 und passim). Im weiteren Zusammenhang vgl. auch WITTENBERG 1962.

Die empiristischen Komponenten ausgerechnet in den radikalsten Versionen des aprioristischen Rechtfertigungsmodells gehen auf Besonderheiten der allgemeinen erkenntnislogischen Problemsituation des Rechtfertigungsdenkens zurück, die nicht nur *Dingler* und seine Nachfolger zur „Erweiterung des operativen Ansatzes durch *deskriptive* Elemente" (LORENZ/MITTEL-STRASS 1969, S. 24; Hervorhebung im Original) gezwungen haben.

795   Zu diesem Ergebnis kommt auch STEGMÜLLER 1969 (vgl. die „Neue Einleitung 1969: Nach 15 Jahren"), dessen abschließende These in meine Formulierung eingegangen ist. Bei *Stegmüller* (S. 15; Hervorhebungen im Original) lautet sie: „Gleichzeitig begann damit (mit *Leibniz'* Versuch, durch verfeinerte gegenständliche Differenzierungen den Cartesischen Begründungszirkel auszuschalten, H. S.) erstmals ein Untersuchungstrend, der auf einem anderen *fundamentalen* Irrtum beruht und der trotz seiner ungeheuer mannigfaltigen Verzweigungen spätere Untersuchungen *in eine falsche Dimension* leitete. Es ist der Glaube, *daß mit Hilfe immer schärferer gegenständlicher Distinktionen das eigentliche philosophische Problem* (das Geltungsproblem der Erkenntnis im Sinne des Rechtfertigungsmodells — die Möglichkeit einer rechtfertigungs-freien Alternative wird von *Stegmüller* nicht erwogen, H. S.) *zu lösen sei.* Sicherlich können solche Überlegungen gewisse vorläufige Klärungen herbeiführen. Sie leisten aber im Endeffekt, *wie immer sie ausfallen mögen,* ausschließlich einen Beitrag zur Frage: ‚quid facti?' und *nicht* zur Frage: ‚quid iuris?' "

Der letzten Schlußfolgerung *Stegmüllers* kann jedoch nicht zugestimmt werden. Derartige Untersuchungen können durchaus Ergebnisse zeitigen, die für den „quid iuris? "-Aspekt des Erkenntnisproblems sehr wohl relevant sind, was allerdings keineswegs unabhängig davon ist, „wie immer sie ausfallen mögen". Sie können nämlich, wie es hier unternommen wird, das totale Scheitern des Rechtfertigungsmodells nachweisen und die Möglichkeiten einer fallibilistischen Alternative aufzeigen. Beides betrifft die Frage: *quid iuris?*

In seiner ebenso weitgespannten wie detaillierten kritischen Problemgeschichte der vielfältigen philosophischen Ansätze zur Begründung der Urteilformen — der logischen Konstanten — „vom Idealismus bis zur Gegenwart" (so im Untertitel) konstatiert LENK 1968 (siehe insbesondere die Zusammenfassung der Ergebnisse seiner Kritik: S. 619 ff.) mit überzeugenden Argumenten das Scheitern *aller* dieser — der Natur der (logischen) Sache gemäß vorwiegend apriorischen — Rechtfertigungsprogramme. Das gilt nach *Lenk* uneingeschränkt auch für die modernen Versuche, von *Wittgenstein* bis zum operativen Ansatz *Lorenzens,* der, wie schon seine Vorgänger, als „Begründung" mißversteht, was in Wirklichkeit „gar keine Ableitung, keine vollständige theoretische Erzeugungsbegründung, keine exakte Auszeichnung der sämtlichen logischen Partikeln als der *logischen* (ist), sondern nur eine nachträgliche Interpretation des Gebrauchs, die noch von ‚protologischen' Evidenzen und einer semantischen Interpretation abhängt. Dabei wird die Lösung des Problems, wie die *sämtlichen* logischen Partikeln als *die logischen* theoretisch *begründet auszuzeichnen* seien, stets schon vorausgesetzt. Jedoch zeigt gerade diese Untersuchung, daß dieses Problem (soweit es die hier erfaßten Autoren und jene betrifft, die sie mitrepräsentieren können) ungelöst und wahrscheinlich unlösbar ist" (S. 619; Hervorhebungen im Original).

Insoweit deckt sich *Lenks* Resultat mit dem allgemeinen Ergebnis der hier vorgetragenen Kritik des Rechtfertigungsmodells. Aber obwohl das Rechtfertigungsproblem der Erkenntnis „ungelöst und wahrscheinlich unlösbar" ist, möchte *Lenk* hier das Rechtfertigungsprinzip noch nicht schlechthin aufgeben und für die fallibilistische Alternative plädieren. Er hält „ein solches Aufgeben jedes a-priori-Rechtfertigungsanspruches beim Begründungsproblem der *Logik"* für „überflüssig" und sieht darin „ein voreiliges Selbstopfer des rationalen Geistes" (S. 628; Hervorhebung im Original).

*Wenn* überhaupt etwas apriorischer Rechtfertigung zugänglich sein könnte und sollte, dann nur die „leere" Wissenschaft der Logik. Informationslosigkeit und Sicherheit schließen sich gegenseitig nicht nur nicht aus, sondern bedingen sich sogar wechselseitig und finden in der formalen Logik in exemplarischer Weise zusammen. Aber selbst diese – durchaus fragwürdige und meines Erachtens durch *Lenks* Resultate nicht gedeckte, schon gar nicht erzwungene – Einschränkung kann die abschließende These des Haupttextes der vorliegenden Untersuchung, durch die das Rechtfertigungsmodell schlechthin und vorbehaltlos verworfen wird, nicht infrage stellen. Sie hindert *Lenk* lediglich, die *Popper-Bartley*sche Wende zum rechtfertigungsfreien Kritizismus, zum fallibilistischen Erkenntnismodell, mitzumachen, in der er noch „ein voreiliges Selbstopfer des rationalen Geistes" erblickt – eine Formulierung, die zeigt, daß *Lenk* bei aller Reserve gegenüber dem Rechtfertigungsdenken *hier* noch von der Grundgleichung des Rechtfertigungsmodells ausgeht: von der Gleichsetzung der Rationalität (der Argumentation) mit Begründung, durch die im Rahmen des Rechtfertigungsmodells die Idee der Kritik mit dem Rechtfertigungspostulat untrennbar verbunden wird. Diese unheilige Allianz zwischen Sicherheit und Erkenntnis, Gewißheit und Wahrheit – das klassische Erbe der Erkenntnislehre – aufzubrechen, ist Leitmotiv und Ansatzpunkt der fallibilistischen Alternative.

Inzwischen hat *Lenk* in einer späteren, hochinteressanten Arbeit zum Problem der Logikbegründung (gemeint ist LENK 1970) die fallibilistische These von der Unmöglichkeit der Erkenntnisbegründung auch für den Fall der logischen Regeln und Konstanten vorbehaltlos akzeptiert. Die Nichtbegründbarkeitsthese habe der fallibilistische Kritizismus „mit Recht zu einem Ausgangspunkt seiner Kritik am traditionellen Rationalismus gemacht" (S. 205). Vom fallibilistischen Erkenntnismodell trennt *Lenk* nun lediglich noch sein Vorbehalt bezüglich der *Nichtverwerfbarkeit* einer bestimmten Minimallogik. Auf diesen Vorbehalt komme ich in Bd. II anläßlich der Diskussion der vertikalen Grundlagenproblematik des Fallibilismus zurück.

Auch *Stegmüller* scheint nicht an die Möglichkeit einer konsequenten, durchgängig rechtfertigungsfreien Alternative zu glauben; jedenfalls faßt er diese Möglichkeit überhaupt nicht ins Auge. Was *Stegmüllers* Kritik des Rechtfertigungsdenkens für die hier vorgetragene Kritik so wertvoll macht, ist die Tatsache, daß er eine Rechtfertigungsstrategie kritisch analysiert, auf die ich hier überhaupt nicht eingehe, und dabei zu dem Ergebnis kommt, daß auch der Versuch einer Erkenntnisbegründung „via negationis", durch *Aufdeckung des Widersinns der Skepsis*, scheitern muß.

796  Vgl. *Spinner*, Fallibilismus und Pluralismus, in SPINNER 1974, S. 9 ff.

797  Zu diesem neuen Allerweltsprinzip vgl. NAESS 1972, S. 75 ff., und FEYERABEND 1976, passim; zur Kritik die lange Anm. 47 in SPINNER 1977. – Zu *Peirce'* „Prinzip Hoffnung" siehe oben Anm. 780.

798  Vgl. SPINNER 1974, S. 41 et passim.

799  Vgl. *Bartleys* Ausführungen zum *tu quoque*-Argument in BARTLEY 1964a, Kap. IV und V, insbes. S. 97 ff. und 160 ff.

800  Vgl. KUHN 1967, Kap. III.

801  Vgl. ALBERT 1968 und SPINNER 1974.

802  Vgl. die diesbezüglichen Einwände *Duerrs* gegen den kritischen Rationalismus (in DUERR 1974), die von *Albert* – wie noch vieles im Zusammenhang mit der erkenntnistheoretischen Grundlagenproblematik des kritischen Rationalismus, deren Analyse den ganzen zweiten Band der vorliegenden Arbeit ausfüllen wird – doch etwas unterschätzt werden (vgl. ALBERT 1975, Nachwort „Der Kritizismus und seine Kritiker"; ferner ALBERT 1975a).

# Literaturverzeichnis

Zur Zitierweise: Die benutzten Quellen werden grundsätzlich mit einer Abkürzung zitiert, die sich aus dem Namen (des Verfassers oder Herausgebers), dem Erscheinungsjahr und der Seitenzahl (für die Belegstelle) der Publikation zusammensetzt. Um die Identifizierung der Quellen zu erleichtern und beständiges Nachschlagen zu ersparen, ist in zwei verhältnismäßig seltenen Fällen von dieser allgemeinen Regel abgewichen worden: erstens bei häufig zitierten (zum Beispiel *Poppers*) und zweitens bei klassischen Werken (zum Beispiel *Descartes'*), da hier das Erscheinungsjahr der zufällig benutzten Edition eher irreführend als hilfreich wäre. In diesen Fällen wird mit Autor und abgekürztem Titel zitiert (zum Beispiel *Descartes'* „Discours de la Methode" mit DESCARTES DISC).

ADORNO/POPPER 1969: Adorno, Theodor W., Hans Albert, Ralf Dahrendorf, Jürgen Habermas, Karl Popper und Harald Pilot, Der Positivismusstreit in der deutschen Soziologie, Neuwied und Berlin 1969.

AGASSI 1963: Agassi, Joseph, Towards an Historiography of Science, 'S-Gravenhage 1963 (History and Theory, Beiheft 2).

AGASSI 1967: Science in Flux – Footnotes to Popper, in COHEN/WARTOFSKY 1967, S. 293–323 (auch in AGASSI 1975, S. 9–50).

AGASSI 1968: The Logic of Technological Development, in: Akten des XIV. Internationalen Kongresses für Philosophie (Wien, 2.–9. September 1968), Bd. II, Wien 1968, S. 483–488.

AGASSI 1969: Unity and Diversity in Science, in: Robert S. Cohen und Marx W. Wartofsky, Hrsg., Boston Studies in the Philosophy of Science, Vol. IV, Dordrecht-Holland 1969, S. 463–522 (auch in AGASSI 1975, S. 404–468).

AGASSI 1975: Science in Flux, Dordrecht und Boston 1975 (Boston Studies in the Philosophy of Science, Vol. 28).

AJDUKIEWICZ 1965: Ajdukiewicz, Karzimierz, Hrsg., The Foundation of Statements and Decisions, Warszawa 1965.

AJDUKIEWICZ 1965a: The Problem of Foundation, in: AJDUKIEWICZ 1965, S. 1–11.

AJDUKIEWICZ 1968: Abriß der Logik, Berlin 1968.

ALBERT 1956: Albert, Hans, Entmythologisierung der Sozialwissenschaften, Kölner Zeitschrift für Soziologie und Sozialpsychologie, Bd. 8, 1956, S. 243–271.

ALBERT 1961: Ethik und Meta-Ethik, Archiv für Philosophie, Bd. 11, 1961, S. 28–63 (auch in ALBERT 1972, S. 127–167).

ALBERT 1967: Marktsoziologie und Entscheidungslogik, Neuwied am Rhein und Berlin 1967.

ALBERT 1968 bzw. 1975: Traktat über kritische Vernunft, Tübingen 1968, 3., erw. Aufl. 1975.

ALBERT 1971: Kritizismus und Naturalismus, in: Hans Lenk, Hrsg., Neue Aspekte der Wissenschaftstheorie, Braunschweig 1971, S. 111–128.

ALBERT 1972: Konstruktion und Kritik, Hamburg 1972.

ALBERT 1975: siehe ALBERT 1968.

ALBERT 1975a: Transzendentale Träumereien, Hamburg 1975.

APEL 1965: Apel, Karl-Otto, Die Entfaltung der „sprachanalytischen" Philosophie und das Problem der Geisteswissenschaften", Philosophisches Jahrbuch, 72. Jg., 1965, S. 239–289.

APEL 1974, The Problem of (Philosophic) Ultimate Justification in the Light of a Transcendental Pragmatic of Language (An Attempted Metacritique of ‚Critical Rationalism'), Ajatus, Vol. 36, 1974, S. 142–165.

APEL 1975: The Problem of Philosophical Fundamental-Grounding in Light of a Transcendental Pragmatic of Language, Man and World, Vol. 8, 1975, S. 239–275.

ARNHEIM 1972: Arnheim, Rudolf, Anschauliches Denken, Köln 1972.

AUERBACH 1971: Auerbach, Erich, Mimesis, 5. Aufl., Bern und München 1971.

AUNE 1967: Aune, Bruce, Knowledge, Mind, and Nature, New York 1967.

AUSTEDA 1960: Austeda, Franz, Zur Eigenart und Typik der philosophischen Begriffsbildung, in: Ernst Topitsch, Hrsg., Probleme der Wissenschaftstheorie − Festschrift für Victor Kraft, Wien 1960, S. 73−100.

AYER 1940: Ayer, Alfred J., The Foundations of Empirical Knowledge, 1940; Nachdruck London und New York 1962.

AYER 1956: The Problem of Knowledge, Harmondsworth 1956 (Penguin Books).


BAR-HILLEL 1962: Bar-Hillel, Yehoshua, A Prerequisite for Rational Philosophical Discussion, in: Logic and Language − Studies Dedicated to Professor Rudolf Carnap on the Occasion of his Seventieth Birthday, Dordrecht-Holland 1962, S. 1−5.

BARNES 1975: Barnes, Jonathan, Aristotle's Theory of Demonstration, in: Jonathan Barnes, Malcolm Schofield und Richard Sorabji, Hrsg., Articles on Aristotle, Vol. 1: Science, London 1975, S. 65−87.

BARTLEY 1962 bzw. 1964a: Bartley III, William Warren, The Retreat to Commitment, New York 1962; überarbeitete und erweiterte, aber mangelhaft übersetzte deutsche Ausgabe: Flucht ins Engagement, München 1964.

BARTLEY 1964: Rationality versus the Theory of Rationality, in BUNGE 1964, S. 3−31.

BARTLEY 1964a: siehe BARTLEY 1962.

BARTLEY 1971: Morality and Religion, London und Basingstoke 1971.

BARTLEY 1975: Wissenschaft und Glaube: Die Notwendigkeit des Engagements, in: Hans-Georg Gadamar und Paul Vogler, Hrsg., Neue Anthropologie, Bd. 7: Philosophische Anthropologie, Zweiter Teil, Stuttgart 1975, S. 64−102.

BAVINK 1947: Bavink, Bernhard, Die Bedeutung des Konvergenzprinzips für die Erkenntnistheorie der Naturwissenschaften, Zeitschrift für philosophische Forschung, Bd. 2, 1947, S. 111−130.

BAVINK 1949: Ergebnisse und Probleme der Naturwissenschaften, 9. Auflage, Zürich 1949.

BECK 1943: Beck, Lewis White, The Principle of Parsimony in Empirical Science, The Journal of Philosophy, Vol. 40, 1943, S. 617−633.

BECKER 1927/28: Becker, *Oskar*, Das Symbolische in der Mathematik, Blätter für Deutsche Philosophie, Bd. 1, 1927/28, S. 329−348.

BECKER 1957: Frühgriechische Mathematik und Musiklehre, Archiv für Musikwissenschaft, 14. Jg., Trossingen 1957, S. 156−164.

BECKER 1962: Die Fragwürdigkeit der Transzendierung der ästhetischen Dimension der Kunst, Philosophische Rundschau, 10. Jg., 1962, S. 225−238.

BECKER 1963: Dasein und Dawesen − Gesammelte philosophische Aufsätze, Pfullingen 1963.

BECKER 1937: Becker, *Otfried*, Das Bild des Weges und verwandte Vorstellungen im frühgriechischen Denken, Berlin 1937 (Hermes-Einzelschriften, Heft 4).

BÉGOUEN 1929: Bégouen, Henri, The Magic Origin of Prehistoric Art, Antiquity, Vol. 3, 1929, S. 5−19.

BELAVAL 1969: Belaval, Yvon, Vico and Anti-Cartesianism, in VICO 1969, S. 77−91.

BENACERRAF/PUTNAM 1964: Benacerraf, Paul und Hilary Putnam, Hrsg., Philosophy of Mathematics − Selected Readings, Oxford 1964.

BERGMANN 1964: Bergmann, Gustav, Logic and Reality, Madison 1964.

BERLIN 1969, Berlin, Isaiah, A Note on Vico's Concept of Knowledge, in VICO 1969, S. 371−377

BETH 1965: Beth, Evert W., The Foundations of Mathematics, 2., rev. Auflage, Amsterdam 1965.

BIRKHOFF 1941: Birkhoff, George D., Three Public Lectures on Scientific Subjects, Rice Institute Pamphlets, Vol. 28, 1941, S. 1−76.

BLACK 1965: Black, M., The Justification of Logical Axioms, in AJDUKIEWICZ 1965, S. 65−71.

BLUMENBERG 1960: Blumenberg, Hans, Paradigmen zu einer Metaphorologie, Archiv für Begriffsgeschichte, Bd. 6, 1960, S. 7−142.

BLUMENBERG 1966: Die Legitimität der Neuzeit, Frankfurt am Main 1966.

BLUMENBERG 1973: Der Prozeß der theoretischen Neugierde, Frankfurt am Main 1973 (suhrkamp taschenbuch wissenschaft, Bd. 24; inhaltlich eine erweiterte und überarbeitete Neuausgabe des dritten Teils von BLUMENBERG 1966).

BOEDER 1962: Boeder, Heribert, Grund und Gegenwart als Frageziel der früh-griechischen Philosophie, Den Haag 1962.

BOEDER 1966/67: Parmenides und der Verfall des kosmologischen Wissens, Philosophisches Jahrbuch, Bd. 74, 1966/67, S. 30–77.

BOHNEN 1969: Bohnen, Alfred, Zur Kritik des modernen Empirismus, Ratio, Bd. 11, 1969, S. 33–49.

BOLLNOW 1968: Bollnow, Otto Friedrich, Erwägungen zum Aufbau einer Philosophie der Erkenntnis, Zeitschrift für philosophische Forschung, Bd. 22, 1968, S. 510–533.

BOLLNOW 1970: Philosophie der Erkenntnis, Stuttgart–Berlin–Köln–Mainz 1970 (Urban Bücher, Bd. 126).

BOLTZMANN 1905: Boltzmann, Ludwig, Populäre Schriften, Leipzig 1905.

BOMANN 1968: Bomann, Thorleif, Das hebräische Denken im Vergleich mit dem griechischen, 5., erw. Aufl., Göttingen 1968.

BORMANN 1971: Bormann, Karl, Parmenides, Hamburg 1971.

BORN 1964: Born, Max, Die Relativitätstheorie Einsteins, 4. Auflage, Berlin–Göttingen–Heidelberg 1964.

BOURBAKI 1971: Bourbaki, Nicolas, Elemente der Mathematikgeschichte, Göttingen 1971.

BOWRA 1937: Bowra, C. Maurice, The Proem of Parmenides, Classical Philology, Vol. 32, 1937, S. 97–112.

BOWRA 1952: Heroic Poetry, London und New York 1952.

BOWRA 1967: Poesie der Frühzeit, München 1967.

BOWRA 1970: Landmarks in Greek Literature, London 1970.

BOWRA 1972: Homer, London 1972.

BRAND 1971: Brand, Gerd, Die Lebenswelt, Berlin 1971.

BUCHANAN/TULLOCK 1965: Buchanan, James M. und Gordon Tullock, The Calculus of Consent, Michigan 1965.

BUCHDAHL 1962: Buchdahl, Gerd, The Relevance of Descartes's Philosophy for Modern Philosophy of Science, The British Journal for the History of Science, Vol. 1, 1962, S. 227–249.

BUCHDAHL 1964: Minimum Principles in Science and Philosophy during the 17th and 18th Centuries, Proceedings of the Tenth International Congress of the History of Science (Ithaca 26 VIII 1962 – 2 IX 1962), Vol. I, Paris 1964, S. 299–302.

BÜHLER 1965: Bühler, Karl, Die Krise der Psychologie, 3. Aufl., Stuttgart 1965.

BÜHLER 1965a: Sprachtheorie, 2. Aufl., Stuttgart 1965.

BUNGE 1964: Bunge, Mario, Hrsg. The Critical Approach to Science and Philosophy – In Honor of Karl R. Popper, Glencoe und London 1964.

BURKERT 1962: Burkert, Walter, Weisheit und Wissenschaft – Studien zu Pythagoras, Philolaos und Platon, Nürnberg 1962.

BURNET 1920: Burnet, John, Early Greek Philosophy, 3. Auflage 1920; 4. Auflage 1930; Neudruck der 4. Auflage Cleveland, Ohio, 1957.

BURTT 1965: Burtt, Edwin A., In Search of Philosophic Understanding, New York 1965.

BUTTS 1962: Butts, Robert E., Kant on Hypotheses in the „Doctrine of Method" and the *Logik*, Archiv für Geschichte der Philosophie, Bd. 44, 1962, S. 185–203.


CARNAP 1927: Carnap, Rudolf, Eigentliche und uneigentliche Begriffe, Symposion, Bd. I, 1927, S. 355–374.

CARNAP 1928: Scheinprobleme in der Philosophie, 1928; unveränderter Wiederabdruck in CARNAP 1961, S. 291–336.

CARNAP 1928a: Der logische Aufbau der Welt, 1928; unveränderter Wiederabdruck in CARNAP 1961.

CARNAP 1931: Die logizistische Grundlegung der Mathematik, Erkenntnis, Bd. 2, 1931, S. 91–105; englische Übersetzung in BENACERRAF/PUTNAM 1964, S. 31–41.

CARNAP 1939: Foundations of Logic and Mathematics, in: International Encyclopedia of Unified Science, Vol. I, No. 3, Chicago 1939, S. 143–213 (auch als selbständige Publikation erschienen).

CARNAP 1950: Empiricism, Semantics, and Ontology, Revue Internationale de Philosophie, Vol. 4, 1950, S. 2–40; abgedruckt im Anhang seines Buches: Meaning and Necessity, 2., erw. Aufl., Chicago 1956, S. 205–221.

CARNAP 1956: The Methodological Character of Theoretical Concepts, in: Herbert Feigl und Michael Scriven, Hrsg., Minnesota Studies in the Philosophy of Science, Vol. I, Minneapolis 1956, S. 38–76.

CARNAP 1961: Der logische Aufbau der Welt – Scheinprobleme in der Philosophie, 2. Auflage, Hamburg 1928.

CARNAP 1963: Intellectual Autobiography, in: SCHILPP/CARNAP 1963, S. 1–84.

CARNAP 1963a: Replies and Systematic Expositions, in: SCHILPP/CARNAP 1963, S. 859–1013.

CARNAP 1968: Logische Syntax der Sprache, 2. Auflage, Wien – New York 1968.

CASSIRER 1921: Cassirer, Ernst, Zur Einsteinschen Relativitätstheorie, Berlin 1921; Neudruck in CASSIRER 1964.

CASSIRER 1937: Determinismus und Indeterminismus in der modernen Physik, Göteborg 1937; Neudruck in CASSIRER 1964.

CASSIRER 1941: Logos, Dike, Kosmos in der Entwicklung der griechischen Philosophie, Göteborg 1941 (Göteborgs Högskolas Arsskrift, Bd. 47, 1941, Heft 6)

CASSIRER 1964: Zur modernen Physik (gemeinsamer Neudruck von CASSIRER 1921 und 1937), Darmstadt 1964.

CHADWICK 1932–40: Chadwick, H. Munro und N. Kershaw Chadwick, The Growth of Literature, 3 Bände, Cambridge 1932, 1936 und 1940 (Reprint 1968).

CHISHOLM 1963: Chisholm, Roderick M., Russell on the Foundations of Empirical Knowledge, in: SCHILPP/RUSSELL 1963, S. 421–444.

CLARK 1970: Clark, Grahame, Aspects of Prehistory, Berkeley, Los Angeles, London 1970.

CLARK 1952: Clark, Joseph, Contemporary Science and Deductive Methodology, Proceedings of the American Philosophical Association, Vol. 26, 1952, S. 94–131.

COHEN/NAGEL 1934: Cohen, Morris R. und Ernest Nagel, An Introduction to Logic and Scientific Method, London 1934.

COHEN/WARTOFSKY 1967: Cohen, Robert S. und Marx W. Wartofsky, Hrsg., Boston Studies in the Philosophy of Science, Vol. III, Dordrecht-Holland 1967.

COLLINGWOOD 1955: Collingwood, R. G., Philosophie der Geschichte, Stuttgart 1955.

CORNFORD 1965: Cornford, F. M., Principium Sapientiae, 1952; Neudruck als Harper Torchbook New York 1965.

CORSANO 1969: Corsano, Antonio, Vico and Mathematics, in VICO 1969, S. 425–437.

CROMBIE 1962/1963: Crombie, I. M., An Examination of Plato's Doctrines, Bd. I: Plato on Man and Society, London 1962; Bd. II: Plato on Knowledge and Reality, London 1963.

CURRY 1958: Curry, Haskell B., Outlines of a Formalist Philosophy of Mathematics, Amsterdam 1958.

CURTIUS 1973: Curtius, Ernst Robert, Europäische Literatur und Lateinisches Mittelalter, 8. Aufl., Bern und München 1973.


DEDEKIND 1965: Dedekind, Richard, Was sind und was sollen die Zahlen?, 10. Auflage, Braunschweig 1965.

DEICHGRÄBER 1958: Deichgräber, Karl, Parmenides' Auffahrt zur Göttin des Rechts, Akademie der Wissenschaften und der Literatur, Mainz, Abhandlungen der geistes- und sozialwissenschaftlichen Klasse, Jahrgang 1958, Nr. 11, Wiesbaden 1959.

DÉMONSTRATION 1968: Démonstration, Vérification, Justification, Louvain und Paris 1968.

DESCARTES DISC: Descartes, René, Discours de la Méthode, Hamburg 1964 (Philosophische Bibliothek, Bd. 261).

DEWEY 1929: Dewey, John, The Quest for Certainty, 1929, Nachdruck New York 1960.

DEWEY 1938: Logic – The Theory of Inquiry, New York 1938.

DICKS 1959: Dicks, D. R., Thales, Classical Quarterly, Vol. 53, 1959, S. 294–309.

DICKS 1966: Solstices, Equinoxes, & the Presocratics, Journal for Hellenic Studies, Vol. 86, 1966, S. 26–40.

DIELS 1969: Diels, Hermann, Kleine Schriften zur Geschichte der antiken Philosophie, hrsg. von Walter Burkert, Darmstadt 1969.

DIELS/KRANZ I–III: Die Fragmente der Vorsokratiker, hrsg. von Walther Kranz, Bd. I, 12. Aufl., Dublin und Zürich 1966; Bd. II, 14. Aufl., Dublin und Zürich 1970; Bd. III, 11. Aufl., Zürich und Berlin 1964.

DILLER 1946: Diller, Hans, Hesiod und die Anfänge der griechischen Philosophie, Antike und Abendland, Bd. 2, 1946, S. 140–151.

DILLER 1971: Kleine Schriften zur antiken Literatur, München 1971.

DINGLER 1926: Dingler, Hugo, Der Zusammenbruch der Wissenschaft und der Primat der Philosophie, München 1926.

DINGLER 1928: Das Experiment, München 1928.

DINGLER 1929: Metaphysik als Wissenschaft vom Letzten, München 1929.

DINGLER 1930: Zum Problem des Regressus in infinitum, in: Fritz-Joachim Rintelen, Hrsg., Philosophia Perennis – Festgabe Josef Geyser zum 60. Geburtstag, Bd. II, Regensburg 1930, S. 569–586.

DINGLER 1930a: Das System, München 1930.

DINGLER 1931: Philosophie der Logik und Arithmetik, München 1931.

DINGLER 1931a: Über den Aufbau der experimentellen Physik, Erkenntnis, Bd. 2, 1931, S. 21–38.

DINGLER 1936: Methodik statt Erkenntnistheorie und Wissenschaftslehre, Kant-Studien, Bd. 41, 1936, S. 346–479.

DINGLER 1938: Die Methode der Physik, München 1938.

DINGLER 1943: Von der Tierseele zur Menschenseele – Die Geschichte der geistigen Menschwerdung, 3. Aufl., Leipzig 1943.

DINGLER 1949: Grundriß der methodischen Philosophie, Füssen, 1949.

DINGLER 1952: Zu der Kritik von Silvio Ceccato, Methodos, Vol. 4, 1952, S. 291–296.

DINGLER 1955: Die Ergreifung des Wirklichen, München 1955.

DINGLER 1964: Aufbau der exakten Fundamentalwissenschaft, hrsg. von Paul Lorenzen, München 1964.

DINGLER 1967: Geschichte der Naturphilosophie, Darmstadt 1967 (unveränderter Nachdruck der Ausgabe Berlin 1932).

DOUGLAS 1974: Douglas, Mary, Ritual, Tabu und Körpersymbolik, Frankfurt am Main 1974.

DUBISLAV 1932: Dubislav, Walter, Die Philosophie der Mathematik in der Gegenwart, Berlin 1932.

DUERR 1974: Duerr, Hans Peter, Ni Dieu – Ni mètre, Frankfurt am Main 1974.


EGGER 1973: Egger, Paul, Studien zur Grundlegung der Logik und der logischen Interpretationsmittel, Hamburg 1973.

EHRENBERG 1921: Ehrenberg, Victor, Die Rechtsidee im frühen Griechentum, Leipzig 1921 (unveränderter Nachdruck Darmstadt 1966).

EINSTEIN 1960: Einstein, Albert, Mein Weltbild, Frankfurt am Main 1960 (Ullstein Taschenbücher, Bd. 65).

EPPEL 1958: Eppel, Franz, Fund und Deutung, Wien – München 1958.

FEIGL 1952: Feigl, Herbert, Validation and Vindication, in: Wilfrid Sellars und John Hospers, Hrsg., Readings in Ethical Theory, New York 1952, S. 667–680.

FEIGL 1963: De Principiis Non Disputandum . . .? – On the Meaning and the Limits of Justification, in: Max Black, Hrsg., Philosophical Analysis, Englewood Cliffs, N. J., 1963, S. 113–147.

FEIGL 1970: The „Orthodox" View of Theories: Remarks in Defense as Well as Critique, in: Michael Radner und Stephen Winokur, Hrsg., Minnesota Studies in the Philosophy of Science, Vol. IV, Minneapolis 1970, S. 3–16.

FEYERABEND 1957/58: Feyerabend, Paul K., An Attempt at a Realistic Interpretation of Experience, Proceedings of the Aristotelian Society – New Series, Vol. LVIII, 1957/58, S. 143–170.

FEYERABEND 1960: Das Problem der Existenz theoretischer Entitäten, in: Ernst Topitsch, Hrsg., Probleme der Wissenschaftstheorie – Festschrift für Victor Kraft, Wien 1960, S. 35–72.

FEYERABEND 1961: Knowledge Without Foundations, Oberlin, Ohio, 1961.

FEYERABEND 1962: Problems of Microphysics, in: Robert G. Colodny, Hrsg., Frontiers of Science and Philosophy – University of Pittsburgh Series in the Philosophy of Science, Vol. 1, Pittsburgh 1962, S. 189–283.

FEYERABEND 1962a: Explanation, Reduction, and Empiricism, in: Herbert Feigl und Grover Maxwell, Hrsg., Minnesota Studies in the Philosophy of Science, Vol. III, Minneapolis 1962, S. 28–97.

FEYERABEND 1963/64: Materialism and the Mind-Body Problem, The Review of Metaphysics, Vol. XVII, 1963/64, S. 49–66.

FEYERABEND 1965: Reply to Criticism, in: Robert S. Cohen und Marx W. Wartofsky, Hrsg., Boston Studies in the Philosophy of Science, Vol. II: In Honor of Philipp Frank, New York 1965, S. 223–261.

FEYERABEND 1965a: Eigenart und Wandlungen physikalischer Erkenntnis, Physikalische Blätter, 21. Jg., 1965, S. 197–203.

FEYERABEND 1965b: Problems of Empiricism, in: Robert G. Colodny, Hrsg., Beyond the Edge of Certainty – University of Pittsburgh Series in the Philosophy of Science, Vol. 2, Englewood Cliffs 1965, S. 145–260.

FEYERABEND 1967: Bemerkungen zur Geschichte und Systematik des Empirismus, in: Paul Weingartner, Hrsg., Grundfragen der Wissenschaften und ihre Wurzeln in der Metaphysik, Salzburg – München 1967, S. 136–180.

FEYERABEND 1967a: On the Improvement of the Sciences and the Arts, and the Possible Identity of the Two, in: COHEN/WARTOFSKY 1967, S. 387–415.

FEYERABEND 1970: Wie wird man ein braver Empirist? Ein Aufruf zur Toleranz in der Erkenntnistheorie, in: Lorenz Krüger, Hrsg., Erkenntnisprobleme der Naturwissenschaften, Köln und Berlin 1970, S. 302–335.

FEYERABEND 1970a: Problems of Empiricism, Part II, in: Robert G. Colodny, Hrsg., The Nature and Function of Scientific Theories – University of Pittsburgh Series in the Philosophy of Science, Vol. 4, Pittsburgh 1970, S. 275–353.

FEYERABEND 1970b: Classical Empiricism, in: Robert E. Butts und John W. Davis, Hrsg., The Methodological Heritage of Newton, Oxford 1970, S. 150–170.

FEYERABEND 1972: Von der beschränkten Gültigkeit methodologischer Regeln, Neue Hefte für Philosophie, Heft 2/3, 1972, S. 124–171.

FEYERABEND 1974: Popper's *Objective Knowledge*, Inquiry, Vol. 17, 1974, S. 475–507.

FEYERABEND 1974a: Einführung in die Naturphilosophie, unveröffentlichtes Manuskript 1974.

FEYERABEND 1976: Wider den Methodenzwang – Skizze einer anarchistischen Erkenntnistheorie, Frankfurt am Main 1976.

FICHTE I – IV: Fichte, Johann Gottlieb, Ausgewählte Werke in sechs Bänden, hrsg. von Fritz Medicus, Darmstadt 1962.

FINNEGAN 1970: Finnegan, Ruth, Oral Literature in Africa, Oxford 1970.

FIRTH 1968: Firth, Roderick, Lewis on the Given, in: SCHILPP/LEWIS 1968, S. 329–350.

FISCH 1969: Fisch, Max H., Vico and Pragmatism, in: VICO 1969, S. 401–424.

FLECK 1935: Fleck, Ludwik, Entstehung und Entwicklung einer wissenschaftlichen Tatsache, Basel 1935.

FRANK 1962: Frank, Erich, Plato und die sogenannten Pythagoreer, 2., unveränderte Aufl., Darmstadt 1962.

FRANKE 1913: Franke, Carl, Die mutmaßliche Sprache der Eiszeitmenschen, Halle 1913.

FRÄNKEL 1968: Fränkel, Hermann, Wege und Formen frühgriechischen Denkens, 3. Aufl., München 1968.

FRÄNKEL 1969: Dichtung und Philosophie des frühen Griechentums, 3. Aufl., München 1969.

FREGE 1893 bzw. 1903: Frege, Gottlob, Grundgesetze der Arithmetik, Bd. I: 1893, Bd. II: 1903; unveränderter Nachdruck Darmstadt 1962.

FREGE 1969: Nachgelassene Schriften, hrsg., von Hans Hermes, Friedrich Kambartel und Friedrich Kaulbach, Bd. I, Hamburg 1969.

FREUDENTHAL 1968: Freudenthal, Hans, The Implicit Philosophy of Mathematics Today, in: Raymond Klibansky, Hrsg., La Philosophie Contemporaine, Vol. I, Firenze 1968, S. 342–368.

FREY 1970: Frey, Gerhard, Philosophie und Wissenschaft, Stuttgart – Berlin – Köln – Mainz 1970 (Urban Taschenbücher, Bd. 133).

FREYER 1964: Freyer, Hans, Soziologie als Wirklichkeitswissenschaft, 2. Aufl., Darmstadt 1964 (unveränderter Nachdruck der 1. Aufl. 1930).

FRIEDLÄNDER 1964 I: Friedländer, Paul, Platon, Bd. I: Seinswahrheit und Lebenswirklichkeit, 3. Aufl., Berlin 1964.

FRITZ 1952: Fritz, Kurt von, Der gemeinsame Ursprung der Geschichtsschreibung und der exakten Wissenschaften bei den Griechen, Philosophia Naturalis, Bd. 2, 1952, S. 200–223; sowie „Berichtigung", S. 376–379.

FRITZ 1955: Das APXAI in der griechischen Mathematik, Archiv für Begriffsgeschichte, Bd. I, 1955, S. 13–103 (auch in FRITZ 1971, S. 335–429).

FRITZ 1961: Der Beginn universalwissenschaftlicher Bestrebungen und der Primat der Griechen, Studium Generale, Bd. 14, 1961, S. 546–583 und 601–636.

FRITZ 1967: Die Griechische Geschichtsschreibung, Bd. I: Von den Anfängen bis Thukydides, Textband und Anmerkungsband, Berlin 1967.

FRITZ 1968: Die Rolle des NOYE, in GADAMER 1968, S. 246–363.

FRITZ 1969: Platon, Theaetet und die antike Mathematik – Mit einem Nachtrag zum Neudruck, Darmstadt 1969.

FRITZ 1971: Grundprobleme der antiken Wissenschaft, Berlin und New York 1971.


GADAMER 1957: Gadamer, Hans-Georg, Vom Zirkel des Verstehens, in: Günther Neske, Hrsg., Martin Heidegger zum siebzigsten Geburtstag, Pfullingen 1959, S. 24–34.

GADAMER 1965: Wahrheit und Methode, 2. Auflage, Tübingen 1965.

GADAMER 1968: Um die Begriffswelt der Vorsokratiker, hrsg. von Hans-Georg Gadamer, Darmstadt 1968.

GADAMER 1968a: Platos dialektische Ethik, Hamburg 1968.

GEERTZ 1973: Geertz, Clifford, The Interpretation of Cultures, New York 1973.

GELLNER 1963: Gellner, Ernest, Words and Things, London 1963.

GEYL 1958: Geyl, Pieter, Die Diskussion ohne Ende, Darmstadt 1958.

GIEDION 1964/65: Giedion, S., Ewige Gegenwart, Bd. I: Die Entstehung der Kunst, Köln 1964; Bd. II: Der Beginn der Architektur, Köln 1965.

GIGON 1959: Gigon, Olof, Grundprobleme der antiken Philosophie, Bern und München 1959.

GIGON 1968: Der Ursprung der griechischen Philosophie, 2. Aufl., Basel und Stuttgart 1968.

GIGON 1972: Studien zur antiken Philosophie, Berlin und New York 1972.

GOMBRICH 1961 bzw. 1967: Gombrich, E. H., Art and Illusion, 2. Auflage, New York 1961; deutsch: Kunst und Illusion, Köln und Berlin 1967.

GOMBRICH 1969: The Evidence of Images, in: Charles S. Singleton, Hrsg., Interpretation: Theory and Practice, Baltimore 1969, S. 35–104.

GOODMAN 1963: Goodman, Nelson, The Significance of *Der logische Aufbau der Welt*, in: SCHILPP/CARNAP 1963, S. 545–558.

GOODMAN 1966: The Structure of Appearance, 2. Auflage, Indianapolis – New York – Kansas City 1966.

GOODSTEIN 1965: Goodstein, R. L., Essays in the Philosophy of Mathematics, Leicester 1965.
GOODSTEIN 1969: Empiricism in Mathematics, Dialectica, Vol. 23, 1969, S. 50–57.
GRANGER 1968: Granger, Gilles Gaston, Vérification et Justification comme auxiliaires de la Démonstration, in DÉMONSTRATION 1968, S. 231–246.
GUTHRIE 1963: Guthrie, W.K.C., Die griechischen Philosophen von Thales bis Aristoteles, 2. Aufl., Göttingen 1963 (Kleine Vandenhoeck-Reihe, Bd. 90/91).
GUTHRIE I – IV: A History of Greek Philosophy, 4 Bände (bis jetzt), Cambridge 1962, 1965, 1969 und 1975.

HABERMAS 1964: Habermas, Jürgen, Gegen einen positivistisch halbierten Rationalismus, Kölner Zeitschrift für Soziologie und Sozialpsychologie, 16. Jg., 1964, S. 636–659; abgedruckt in ADORNO/POPPER 1969, S. 235–266.
HABERMAS 1967: Zur Logik der Sozialwissenschaften, Tübingen 1967 (Philosophische Rundschau, Beiheft 5).
HABERMAS 1968: Erkenntnis und Interesse, Frankfurt am Main 1968.
HABERMAS 1968a: Technik und Wissenschaft als „Ideologie“, Frankfurt am Main 1968 (edition suhrkamp, Bd. 287).
HABERMAS 1971: Theorie und Praxis, 4., erw. Aufl., Frankfurt am Main 1971 (suhrkamp taschenbuch, Bd. 91).
HAGER 1972: Hager, Fritz-Peter, Hrsg., Logik und Erkenntnistheorie des Aristoteles, Darmstadt 1972.
HAHN 1933: Hahn, Hans, Die Krise der Anschauung, in: Krise und Neuaufbau in den exakten Wissenschaften, Wien 1933, S. 41–62.
HANSON 1969: Hanson, Norwood Russell, Perception and Discovery, San Francisco 1969.
HARDER 1960: Harder, Richard, Kleine Schriften, hrsg. von Walter Marg, München 1960.
HARDY 1967: Hardy, G. H., A Mathematician's Apology, Cambridge 1967.
HAVELOCK 1958: Havelock, Eric A., Parmenides and Odysseus, Harvard Studies in Classical Philology, Vol. 63, 1958, S. 133–143.
HAVELOCK 1963: Preface to Plato, Oxford 1963.
HAWKINS 1966: Hawkins, Gerald S. (in Zusammenarbeit mit John B. White), Stonehenge Decoded, London 1966.
HAWKINS 1973: Beyond Stonehenge, London 1973.
HEGEL ENZ: Hegel, Georg Wilhelm Friedrich, Enzyklopädie der philosophischen Wissenschaften im Grundrisse (1830), neu herausgegeben von Friedhelm Nicolin und Otto Pöggeler, 6. Auflage, Hamburg 1959 (Philosophische Bibliothek, Bd. 33).
HEGEL GPR: Grundlinien der Philosophie des Rechts, hrsg. von Johannes Hoffmeister, 4. Auflage, Hamburg 1955 (Philosophische Bibliothek, Bd. 124a).
HEGEL PHÄN: Phänomenologie des Geistes, hrsg. von Johannes Hoffmeister, 6. Auflage, Hamburg 1952 (Philosophische Bibliothek Bd. 114).
HEGEL LOG I–II: Wissenschaft der Logik, hrsg. von Georg Lasson, 2 Bände, unveränderter Nachdruck der 2. Auflage von 1934, Hamburg 1963 und 1966 (Philosophische Bibliothek, Bd. 56 und 57).
HEGEL 1968: Studienausgabe in drei Bänden, hrsg. von Karl Löwith und Manfred Riedel, Bd. I: Gymnasialreden, Aufsätze, Rezensionen, Frankfurt am Main und Hamburg 1968 (Fischer Bücherei, Bd. 876).
HEIJENOORT 1967: siehe VAN HEIJENOORT 1967.
HEINIMANN 1965: Heinimann, Felix: Nomos und Physis, Basel 1965.
HEISENBERG 1948: Heisenberg, Werner, Der Begriff „abgeschlossene Theorie“ in der modernen Naturwissenschaft, Dialectica, Vol. 2, 1948, S. 331–336.
HEITSCH 1966: Heitsch, Ernst, Das Wissen des Xenophanes, Rheinisches Museum für Philologie, N. F., Bd. 109, 1966, S. 193–235.
HEITSCH 1970: Gegenwart und Evidenz bei Parmenides, Akademie der Wissenschaften und der Literatur, Mainz, Abhandlungen der geistes- und sozialwissenschaftlichen Klasse, Jahrgang 1970, Nr. 4, Wiesbaden 1970 (durchlaufende Paginierung S. 313–376).

HEITSCH 1974: Parmenides – Die Anfänge der Ontologie, Logik und Naturwissenschaft, hrsg., über- $\lambda$ setzt und erläutert von Ernst Heitsch, München 1974.

HELLER 1963: Heller, Erich, Studien zur modernen Literatur, Frankfurt am Main 1963 (edition suhrkamp, Bd. 42).

HEMPEL 1953: Hempel, Carl G., On the Nature of Mathematical Truth, Mathematical Monthly, Vol. 52, 1945, abgedruckt in: Herbert Feigl und May Brodbeck, Hrsg., Readings in the Philosophy of Science, New York 1953, S. 148–162.

HERMANN 1961: Hermann, *Alfred*, Das steinharte Herz – Zur Geschichte einer Metapher, Jahrbuch für Antike und Christentum, Bd. 4, 1961, S. 77–107.

HERMANN 1923: Hermann, *I.*, Wie die Evidenz wissenschaftlicher Theorien entsteht?, Imago, Bd. IX, 1923, S. 383–390.

HEYTING 1931: Heyting, Arend, Die intuitionistische Grundlegung der Mathematik, Erkenntnis, Bd. 2, 1931, S. 106–115; englische Übersetzung in BENACERRAF/PUTNAM 1964, S. 42–49.

HEYTING 1966: Intuitionism – An Introduction, 2. Aufl. Amsterdam 1966.

HILBERT 1964: Hilbert, David, Hilbertiana – Fünf Aufsätze von David Hilbert, Darmstadt 1964.

HILBERT/BERNAYS 1968: Hilbert, David und Paul Bernays, Grundlagen der Mathematik, Bd. I, 2. Auflage, Berlin – Heidelberg – New York 1968.

HINTIKKA 1972: Hintikka, Jaakko, On the Ingredients of an Aristotelian Science, Noûs, Vol. 6, 1972, S. 55–69.

HIRSCH 1964/65: Hirsch, Eric D., Jr., Truth and Method in Interpretation, The Review of Metaphysics, Vol. 18, 1964/65, S. 488–507.

HIRZEL 1907: Hirzel, Rudolf, Themis, Dike und Verwandtes – Ein Beitrag zur Geschichte der Rechtsidee bei den Griechen, Leipzig 1907.

HOFFMANN 1925: Hoffmann, Ernst, Die Sprache und die archaische Logik, Tübingen 1925.

HOFFMANN 1951: Die griechische Philosophie bis Platon, Heidelberg 1951.

HOFFMANN 1961: Platon, Hamburg 1961 (rowohlts deutsche enzyklopädie, Bd. 142).

HOFFMANN 1964: Drei Schriften zur griechischen Philosophie, Heidelberg 1964.

HÖLSCHER 1969: Hölscher, Uvo, Parmenides: Vom Wesen des Seienden, hrsg., übersetzt und erläutert von Uvo Hölscher, Frankfurt am Main 1969.

HOLZKAMP 1968: Holzkamp, Klaus, Wissenschaft als Handlung, Berlin 1968.

HOLTON 1973: Holton, Gerald, Thematic Origins of Modern Science, Cambridge, Mass., 1973.

HUNTINGTON 1937: Huntington, Edward V., The Method of Postulates, Philosophy of Science, Vol. 4, 1937, S. 482–495.

HUSSERL 1910/11: Husserl, Edmund, Philosophie als strenge Wissenschaft, Logos, Bd. I, 1910/11; Neudruck als selbständige Publikation: Frankfurt am Main 1965.

HUSSERL 1954: Die Krisis der europäischen Wissenschaften und die transzendentale Phänomenologie, The Hague 1954 (Husserliana, Bd. VI).

HUSSERL 1968: Logische Untersuchungen, Bd. I und Bd. II, Teil I: 5. Auflage, Bd. II, Teil II: 4. Auflage, Tübingen 1968.


JAEGER 1953: Jaeger, Werner, Die Theologie der frühen griechischen Denker, Stuttgart 1953 (unveränderter Nachdruck Darmstadt 1964).

JAEGER 1959 I–III: Paideia – Die Formung des griechischen Menschen, Bd. I, 4. Auf., Bd. II und III, 3. Aufl., Berlin 1959

JANICH 1969: Janich, Peter, Die Protophysik der Zeit, Mannheim – Wien – Zürich 1969 (BI-Hochschultaschenbücher, Bd. 517).

JANICH 1973: Eindeutigkeit, Konsistenz und methodische Ordnung: normative versus deskriptive Wissenschaftstheorie, in KAMBARTEL/MITTELSTRASS 1973, S. 131–158.

JASPERS 1960: Jaspers, Karl, Psychologie der Weltanschauungen, 5., unveränderte Aufl., Berlin – Göttingen – Heidelberg 1960.

JENSEN 1960: Jensen, Ad. E., Mythos und Kult bei Naturvölkern, 2., bearbeitete Aufl., Wiesbaden 1960.

JORDAN 1951: Jordan, Pascual, Verdrängung und Komplementarität, 2. Auflage, Hamburg-Bergedorf 1951.

JOURDAIN 1956: Jourdain, Philip E., The Nature of Mathematics, in NEWMAN 1956 I, S. 4–72.

JUHOS 1950: Juhos, B., Die Erkenntnis und ihre Leistung, Wien 1950.

JUHOS 1965: Logische Ordnungsformen als Grundlage der empirischen Erkenntnis, in AJDUKIE-WICZ 1965, S. 251–261.

JUHOS 1966: Über die empirische Induktion, Studium Generale, Jg. 19, 1966, S. 259–272.

JUNG 1938: Jung, C. G., Wandlungen und Symbole der Libido, Leipzig und Wien 1938.


KAHN 1960: Kahn, Charles H., Anaximander and the Origins of Greek Cosmology, New York 1960.

KAHN 1966: The Greek Verb „to Be" and the Concept of Being, Foundations of Language, Vol. 2, 1966, S. 244–265.

KAHN 1969: The Thesis of Parmenides, The Review of Metaphysics, Vol. 22, 1969, S. 700–724.

KALMÁR 1965: Kalmár, László, On the Problem of the Foundation of our Knowledge, in AJDUKIE-WICZ 1965, S. 13–19.

KALMÁR 1967: Foundations of Mathematics – Whither now?, in LAKATOS 1967, S. 187–194.

KAMBARTEL 1963: Kambartel, Friedrich, Philosophische Perspektiven der Diskussion um die Grundlagen der Mathematik, Archiv für Geschichte der Philosophie, Bd. 45, 1963, S. 157–193.

KAMBARTEL 1966: Der Satz vom zureichenden Grunde und das Begründungsproblem der Mechanik, Zeitschrift für philosophische Forschung, Bd. XX, 1966, S. 457–470 (Sonderausgabe dieser Zeitschrift, hrsg. von E. Hochstetter und G. Schischkoff, Meisenheim/Glan 1966).

KAMBARTEL 1968: Erfahrung und Struktur, Frankfurt am Main 1968.

KAMBARTEL 1973: Ethik und Mathematik, in KAMBARTEL/MITTELSTRASS 1973, S. 115–130 (auch in KAMBARTEL 1976, S. 140–150).

KAMBARTEL 1976: Theorie und Begründung, Frankfurt am Main 1976.

KAMBARTEL/MITTELSTRASS 1973: Kambartel, Friedrich und Jürgen Mittelstraß, Hrsg., Zum normativen Fundament der Wissenschaft, Frankfurt am Main 1973.

KAMKE 1954: Kamke, Erich, Werden und Sicherheit mathematischer Erkenntnis, Jahresbericht der Deutschen Mathematiker-Vereinigung, Bd. 57, 1954, S. 6–20.

KAMLAH/LORENZEN 1967: Kamlah, Wilhelm und Paul Lorenzen, Logische Propädeutik, Mannheim 1967 (BI-Hochschultaschenbücher, Bd. 227/227a).

KANT I–VI: Kant, Immanuel, Werke in sechs Bänden, hrsg. von Wilhelm Weischedel, Darmstadt 1966.

KAPP 1965: Kapp, Ernst, Der Ursprung der Logik bei den Griechen, Göttingen 1965 (Kleine Vandenhoeck-Reihe, Bd. 214/216).

KASNER/NEWMAN 1968: Kasner, Edward und James Newman, Mathematics and the Imagination, Harmondsworth 1968 (Penguin Books).

KAUFMANN 1965: Kaufmann, Walter, Hegel, New York 1965.

KAUFMANN 1966: Religion und Philosophie, München 1966.

KELSEN 1939/40: Kelsen, Hans, Die Entstehung des Kausalgesetzes aus dem Vergeltungsprinzip, The Journal of Unified Science (Erkenntnis), Bd. 8, 1939/40, S. 69–130.

KELSEN 1941: Vergeltung und Kausalität, The Hague 1941.

KELSEN 1941a: Causality and Retribution, Philosophy of Science, Vol. 8, 1941, S. 533–556.

KIRK 1960: Kirk, G. S., Popper on Science and the Presocratics, Mind, Vol. 69, 1960, S. 318–339; auch in David J. Furley und R. E. Allen, Hrsg., Studies in Presocratic Philosophy, Vol. I, London 1970, S. 154–177.

KIRK 1965: Homer and the Epic, London 1965.

KIRK/RAVEN 1964: Kirk, G. S. und J. E. Raven, The Presocratic Philosophers, Cambridge 1963.

KLEIN 1968: Klein, Felix, Elementarmathematik vom höheren Standpunkte aus, Bd. I, 4. Auflage, Berlin 1933, Nachdruck Berlin – Heidelberg 1968.

KLOWSKI 1970: Klowski, Joachim, Zum Entstehen der logischen Argumentation, Rheinisches Museum für Philologie, N. F., Bd. 113, 1970, S. 111–141.

KNOLL 1962: Knoll, August M., Katholische Kirche und scholastisches Naturrecht, Wien – Frankfurt am Main – Zürich 1962.

KOLAKOWSKI 1967: Kolakowski, Leszek, Traktat über die Sterblichkeit der Vernunft, München 1967.

KÖNIG 1973: König, Marie E. P., Am Anfang der Kultur, 2. Aufl., Berlin 1973.

KOTARBIŃSKA 1962: Kotarbińska, *Janina*, The Controversy: Deductivism versus Inductivism, in: Ernest Nagel, Patrick Suppes und Alfred Tarski, Hrsg., Logic, Methodology and Philosophy of Science, Stanford 1962, S. 265–274.

KOTARBIŃSKI 1966: Kotarbiński, *Tadeusz*, Gnosiology, Oxford u. a. 1966.

KOTARBIŃSKI 1968: La Justification Active, in DÉMONSTRATION 1968, S. 273–281.

KRAFFT 1971: Krafft, Fritz, Geschichte der Naturwissenschaft, Bd. I: Die Begründung einer Wissenschaft von der Natur durch die Griechen, Freiburg 1971.

KRAFT 1957: Kraft , *Julius*, Die Unmöglichkeit der Geisteswissenschaft, 2. Auflage, Frankfurt 1957.

KRAFT 1950: Kraft, *Victor*, Einführung in die Philosophie, Wien 1950.

KRAFT 1960: Erkenntnislehre, Wien 1960.

KRAFT 1965: Die Begründung von Aussagen, in AJDUKIEWICZ 1965, S. 21–26.

KRANZ 1962: Kranz, Walther, Die griechische Philosophie, 5. Aufl., Bremen 1962.

KRANZ 1967: Studien zur antiken Literatur und ihrem Fortwirken, Heidelberg 1967.

KRÖNER 1929: Kröner, Franz, Die Anarchie der philosophischen Systeme, Leipzig 1929.

KUHN 1963: Kuhn, Thomas S., The Function of Dogma in Scientific Research, in: A. C. Crombie, Hrsg., Scientific Change, London 1963, S. 347–369.

KUHN 1967: Die Struktur wissenschaftlicher Revolutionen, Frankfurt am Main 1967.

KUHN 1970: Reflections on my Critics, in LAKATOS/MUSGRAVE 1970, S. 231–278.

KULLMANN 1974: Kullmann, Wolfgang, Wissenschaft und Methode – Interpretationen zur aristotelischen Theorie der Naturwissenschaft, Berlin und New York 1974.

KÜMMEL 1968: Kümmel, Friedrich, Platon und Hegel zur ontologischen Begründung des Zirkels in der Erkenntnis, Tübingen 1968.

LAIRD 1919: Laird, John, The Law of Parsimony, The Monist, Vol. XXIX, 1919, S. 321–344.

LAKATOS 1962: Lakatos, Imre, Infinite Regress and the Foundations of Mathematics, Proceedings of the Aristotelian Society, Suppl. Vol. 36, 1962, S. 155–184.

LAKATOS 1963/64: Proofs and Refutations, The British Journal for the Philosophy of Science, Vol. XIV, 1963/64, S. 1–25 und S. 120–139 und S. 221–245 und S. 296–342.

LAKATOS 1967: Lakatos, Imre, Hrsg., Problems in the Philosophy of Mathematics, Amsterdam 1967.

LAKATOS 1967a: A Renaissance of Empiricism in the Recent Philosophy of Mathematics? , in LAKATOS 1967, S. 199–202.

LAKATOS 1968: Changes in the Problem of Inductive Logic, in: Imre Lakatos, Hrsg., The Problem of Inductive Logic, Amsterdam 1968, S. 315–417.

LAKATOS 1970: Falsification and the Methodology of Scientific Research Programmes, in LAKATOS/MUSGRAVE 1970, S. 91–195.

LAKATOS 1976: Proofs and Refutations – The Logic of Mathematical Discovery, hrsg. von John Worrall und Elie Zahar, Cambridge – London – New York – Melbourne 1976 (erweiterte Buchausgabe von LAKATOS 1963/64).

LAKATOS 1976a: A Renaissance of Empiricism in the Recent Philosophy of Mathematics, The British Journal for the Philosophy of Science, Vol. 27, 1976, S. 201–223.

LAKATOS/MUSGRAVE 1968: Lakatos, Imre und Alan Musgrave, Hrsg., Problems in the Philosophy of Science, Amsterdam 1968.

LAKATOS/MUSGRAVE 1970: Criticism and the Growth of Knowledge Cambridge 1970 (deutsch: Kritik und Erkenntnisfortschritt, Braunschweig 1974).

LANDSBERGER/SODEN 1965: Landsberger, Benno, Die Eigenbegrifflichkeit der babylonischen Welt (1926); Soden, Wolfram von, Leistung und Grenze sumerischer und babylonischer Wissenschaft (1936); mit einem Nachwort zum ersten sowie Nachträgen und Berichtigungen zum zweiten Aufsatz zusammen nachgedruckt Darmstadt 1965.

LATTE 1968: Latte, Kurt, Kleine Schriften, München 1968.

LAUTH 1965: Lauth, Reinhard, Die Idee der Transzendentalphilosophie, München und Salzburg 1965.

LAUTH 1967: Begriff, Begründung und Rechtfertigung der Philosophie, München und Salzburg 1967.

LEE 1935: Lee, H.D.P., Geometrical Method and Aristotle's Account of First Principles, The Classical Quarterly, Vol. 29, 1935, S. 113–124.

LEIBNIZ MON: Leibniz, Gottfried Wilhelm, Monadologie, 2. Auflage, Stuttgart 1954 (Reclams Universal-Bibliothek Nr. 7853).

LEINFELLNER 1966: Leinfellner, Werner, Die Entstehung der Theorie, Freiburg und München 1966.

LEISEGANG 1951: Leisegang, Hans, Denkformen, 2., neu bearbeitete Aufl., Berlin 1951.

LENK 1968: Lenk, Hans, Kritik der logischen Konstanten, Berlin 1968.

⅄ LENK 1970: Philosophische Logikbegründung und rationaler Kritizismus, Zeitschrift für philosophische Forschung, Bd. 24, 1970, S. 183–205.

LEROI-GOURHAN 1971: Leroi-Gourhan, André, Prähistorische Kunst, Freiburg – Basel – Wien 1971.

LÉVI-STRAUSS 1971: Lévi-Strauss, Claude, Strukturale Anthropologie, Frankfurt am Main 1973 (suhrkamp taschenbuch, Bd. 15).

LÉVI-STRAUSS 1971a: Mythologica I: Das Rohe und das Gekochte, Frankfurt am Main 1971.

LÉVI-STRAUSS 1972: Rasse und Geschichte, Frankfurt am Main 1972 (taschenbuch suhrkamp, Bd. 62).

LÉVI-STRAUSS 1973: Das wilde Denken, Frankfurt am Main 1973 (suhrkamp taschenbuch wissenschaft, Bd. 14).

LEWIS 1946: Lewis, C. I., An Analysis of Knowledge and Valuation, La Salle 1946.

LINDBLOM 1965: Lindblom, Charles E., The Intelligence of Democracy, New York und London 1965.

LLOYD 1966: Lloyd, G.E.R., Polarity and Analogy – Two Types of Argumentation in Early Greek Thought, Cambridge 1966.

⅄ LOHMANN 1970: Lohmann, Johannes, Die Idee der Wissenschaft in verschiedenen Epochen und Kulturen, Philosophisches Jahrbuch (der Görres-Gesellschaft), Bd. 77, 1970, S. 180–186.

✗ LOHMANN 1972: Vom ursprünglichen Sinn der aristotelischen Syllogistik, in HAGER 1972, S. 175–210.

LORD 1960: Lord, Albert B., The Singer of Tales, Cambridge, Mass., 1960.

LORENZ 1957: Lorenz, *Konrad*, Methoden der Verhaltensforschung, in: J.-G. Helmcke, H. v. Lengerken und D. Starck, Hrsg., Handbuch der Zoologie, Bd. 8, 8. Lieferung, Berlin 1957.

LORENZ 1971: Die acht Todsünden der zivilisierten Menschheit, in: Hans Albert u. a., Hrsg., Sozialtheorie und soziale Praxis – Eduard Baumgarten zum 70. Geburtstag, Meisenheim am Glan 1971, S. 281–345.

LORENZ 1968: Lorenz, *Kuno*, Dialogspiele als semantische Grundlage von Logikkalkülen, Archiv für mathematische Logik und Grundlagenforschung, Bd. 11, 1968, S. 32–55 und 73–100.

LORENZ 1970: Elemente der Sprachkritik, Frankfurt am Main 1970.

LORENZ/MITTELSTRASS 1969: Lorenz, Kuno und Jürgen Mittelstraß, Die methodische Philosophie Hugo Dinglers (Einleitung zu: HUGO DINGLER, Die Ergreifung des Wirklichen, hrsg. von Kuno Lorenz und Jürgen Mittelstraß), Frankfurt am Main 1969, S. 7–55.

LORENZEN 1955: Lorenzen, Paul, Einführung in die operative Logik und Mathematik, Berlin – Göttingen – Heidelberg 1955.

LORENZEN 1965: Über eine Definition des Begründungsbegriffes in der Philosophie der exakten Wissenschaften, in AJDUKIEWICZ 1965, S. 157–170.

LORENZEN 1967: Das menschliche Fundament der Mathematik, in: Paul Weingartner, Hrsg., Grundfragen der Wissenschaften und ihre Wurzeln in der Metaphysik, Salzburg – München 1967, S. 27–36.

LORENZEN 1968: Methodisches Denken, Frankfurt am Main 1968.

LORENZEN 1970: Szientismus versus Dialektik, in: Rüdiger Bubner, Konrad Cramer und Reiner Wiehl, Hrsg., Hermeneutik und Dialektik, Bd. I, Tübingen 1970, S. 57–72.

LORENZEN 1974: Konstruktive Wissenschaftstheorie, Frankfurt am Main 1974 (suhrkamp taschen-buch wissenschaft, Bd. 93).

LORENZEN/SCHWEMMER 1973: Lorenzen, Paul und Oswald Schwemmer, Konstruktive Logik, Ethik und Wissenschaftstheorie, Mannheim – Wien – Zürich 1973 (BI-Hochschultaschenbücher, Bd. 700).

LÖWY 1900: Löwy, Emanuel, Die Naturwiedergabe in der älteren griechischen Kunst, Rom 1900.

LUCKEY 1933: Luckey, P., Was ist ägyptische Geometrie?, Isis, Vol. 20, 1933, S. 15–52.

LUNN 1950: Lunn, Arnold, The Revolt Against Reason, London 1950.

LUTHER 1966: Luther, Wilhelm, Wahrheit, Licht und Erkenntnis in der griechischen Philosophie bis Demokrit, Archiv für Begriffsgeschichte, Bd. 10, 1966, S. 1–240.


MACH 1911: Mach, Ernst, Die Analyse der Empfindungen, 6. Auflage, Jena 1911.

MACH 1923: Die Principien der Wärmelehre, 4. Auflage, Leipzig 1923.

MACH 1933: Die Mechanik historisch-kritisch dargestellt, 9. Auflage Leipzig 1933; Nachdruck Darmstadt 1963.

MACH 1968: Erkenntnis und Irrtum, 6. Auflage, Darmstadt 1968.

MANNHEIM 1964: Mannheim, Karl, Wissenssoziologie, Berlin und Neuwied 1964.

MANSTEIN 1969: Manstein, Erich von, Verlorene Siege, Frankfurt am Main 1969 (Erstveröffentlichung 1955).

MANSFELD 1964: Mansfeld, J., Die Offenbarung des Parmenides und die menschliche Welt, Assen 1964.

MANSION 1972: Mansion, Augustin, Der Ursprung des Syllogismus und die Wissenschaftstheorie bei Aristoteles, in HAGER 1972, S. 232–258.

MARQUARD 1964/65: Marquard, Odo, Hegel und das Sollen, Philosophisches Jahrbuch, 72. Jahrgang, München 1964/65, S. 103–119.

MARSHACK 1972: Marshack, Alexander, The Roots of Civilization, New York 1972.

MASON 1961: Mason, Stephen F., Geschichte der Naturwissenschaft in der Entwicklung ihrer Denkweisen, Stuttgart 1961.

MAY 1942: May Eduard, Am Abgrund des Relativismus, 2., verbesserte Aufl., Berlin 1942.

MAY 1943: Das Problem der Letztbegründung im Rahmen der Naturwissenschaft, Scientia, Vol. 73, 1943, S. 37–40.

MAY 1950/54: Wissenschaft als Aggregat und System, Philosophia Naturalis, Bd. I, 1950/52, S. 348–360 und 465–479, Bd. II, 1952/54, S. 19–34 und 332–349.

MCKEON 1947: McKeon, Richard, Aristotle's Conception of the Development of the Nature of Scientific Method, Journal of the History of Ideas, Vol. 8, 1947, S. 3–44.

MCKEON 1968: Discourse, Demonstration, Verification, and Justification, in DÉMONSTRATION 1968, S. 37–63.

MCLUHAN 1968: McLuhan, Marshall, Die Gutenberg Galaxis, Düsseldorf und Wien 1968.

MCMULLIN 1967: McMullin, Ernan, Empiricism and Scientific Revolution, in: Charles S. Singleton, Hrsg., Art, Science and History in the Renaissance, Baltimore 1967, S. 331–369.

MESSNER 1967: Meßner, Reinhold Oswald, Über Möglichkeit und Wünschbarkeit eines pankritischen katholischen Dogmenglaubens, in: Ernst Oldemeyer, Hrsg., Die Philosophie und die Wissenschaften – Simon Moser zum 65. Geburtstag, Meisenheim am Glan 1967, S. 206–227.

MILLER 1965: Miller, Henry, Sexus, New York 1965.

MISCH 1950: Misch, Georg, Der Weg in die Philosophie, 2., erw. Aufl., München 1950.

MITTELSTRASS 1962/66: Mittelstraß, Jürgen, Die Entdeckung der Möglichkeit von Wissenschaft, Archive for History of Exact Sciences, Vol. 2, 1962–66, S. 410–435 (auch in MITTELSTRASS 1974, S. 29–55).

MITTELSTRASS 1969: Die Begründung des principium rationis sufficientis, in: Kurt Müller und Wilhelm Totok, Hrsg., Studia Leibnitiana Supplementa, Bd. III, Wiesbaden 1969, S. 136–148.

MITTELSTRASS 1970: Neuzeit und Aufklärung, Berlin 1970.

MITTELSTRASS 1972: Das praktische Fundament der Wissenschaft und die Aufgabe der Philosophie, Konstanz 1972 (Konstanzer Universitätsreden).

MITTELSTRASS 1974: Die Möglichkeit von Wissenschaft, Frankfurt am Main 1974 (suhrkamp taschenbuch wissenschaft, Bd. 62).

MOURELATOS 1969: Mourelatos, Alexander P.D., Comments on „The Thesis of Parmenides", The Review of Metaphysics, Vol. 22, 1969, S. 735–744 (zu KAHN 1969).

MOURELATOS 1970: The Route of Parmenides, New York und London 1970.

MOURELATOS 1973: Heraclitus, Parmenides, and the Naive Metaphysics of Things, in: E. N. Lee, A.P.D. Mourelatos und R. M. Rorty, Hrsg., Exegesis and Argument – Studies in Greek Philosophy Presented to Gregory Vlastos, Assen 1973, S. 16–48.

MUGLER 1956: Mugler, Charles, L'Isonomie des Atomistes, Revue de Philologie, de Littérature et d'Histoire Anciennes, Bd. 82, 1956, S. 231–250.

MUGLER 1968: Kosmologische Formeln, Hermes, Bd. 96, 1968, S. 515–526.

MÜLLER 1975: Müller, Armin, Theorie, Kritik oder Bildung? – Abriß der Geschichte der antiken Philosophie von Thales bis Cicero, Darmstadt 1975.

MÜLLER 1965: Müller, Carl Werner, Gleiches zu Gleichem – Ein Prinzip frühgriechischen Denkens, Wiesbaden 1965.

MUELLER 1969: Mueller, Ian, Euclid's Elements and the Axiomatic Method, The British Journal for the Philosophy of Science, Vol. 20, 1969, S. 289–309.


NAESS 1972: Naess, Arne, The Pluralist and Possibilist Aspect of the Scientific Enterprise, Oslo und London 1972.

NAGEL 1956: Nagel, Ernest, Logic Without Metaphysics, Glencoe, Illinois 1956.

NAGEL 1968: The Quest for Uncertainty, in: Paul Kurtz, Hrsg., Sidney Hook and the Contemporary World, New York 1968, S. 407–426.

NAKHNIKIAN 1967: Nakhnikian, George, An Introduction to Philosophy, New York 1967.

NEBEL 1967: Nebel, Gerhard, Die Geburt der Philosophie, Stuttgart 1967.

NELSON 1967: Nelson, Benjamin, The Early Modern Revolution in Science and Philosophy, in COHEN/WARTOFSKY 1967, S. 1–40.

NELSON 1975: The Quest for Certitude and the Books of Scripture, Nature, and Conscience, in: Owen Gingerich, Hrsg., The Nature of Scientific Discovery, Washington 1975, S. 355–372 (sowie Diskussion S. 372–391).

NELSON 1911: Nelson, Leonard, Die Unmöglichkeit der Erkenntnistheorie, Abhandlungen der Fries'schen Schule, Neue Folge, Bd. III, Göttingen 1911, S. 585 ff.

NELSON 1930: Über das sogenannte Erkenntnisproblem, 2. Auflage, Göttingen 1930.

NELSON 1959: Beiträge zur Philosophie der Logik und Mathematik, Frankfurt am Main 1959.

NESTLE 1975: Nestle, Wilhelm, Vom Mythos zum Logos, Stuttgart 1975 (Nachdruck der 2. Aufl., 1941).

NEUGEBAUER 1954: Neugebauer, O., Ancient Mathematics and Astronomy, in: Charles Singer, E. J. Holmyard und A.R. Hall, Hrsg., A History of Technology, Vol. I, Oxford 1954, S. 785–803.

NEUMANN 1931: Neumann, Johann von, Die formalistische Grundlegung der Mathematik, Erkenntnis, Bd. 2, 1931, S. 116–121; englische Übersetzung in BENACERRAF/PUTNAM 1964, S. 50–54.

NEUMANN 1956: The Mathematician, in NEWMAN 1956 IV, S. 2053–2063.

NEURATH 1932/33: Neurath, Otto, Protokollsätze, Erkenntnis, Bd. 3, 1932/33, S. 204–214.

NEWMAN 1956 I–IV: Newman, James R., Hrsg., The World of Mathematics, 4 Bände, New York 1956.

NIETZSCHE I–III: Nietzsche, Friedrich, Werke in drei Bänden hrsg. von Karl Schlechta, München 1954/56.

NOTOPOULOS 1949: Notopoulos, James A., Parataxis in Homer: A New Approach to Homeric Literary Criticism, Transactions and Proceedings of the American Philological Association, Vol. 80, 1949, S. 1–23.

OEHLER 1969: Oehler, Klaus, Antike Philosophie und Byzantinisches Mittelalter, München 1969.
OLDENBURG 1919: Oldenburg, Hermann, Vorwissenschaftliche Wissenschaft – Die Weltanschauung der Brāhmana-Texte, Göttingen 1919.
OVERHAGE 1969: Overhage, Paul, Menschenformen im Eiszeitalter, Frankfurt am Main 1969.
OWEN 1960: Owen, G.E.L., Eleatic Questions, The Classical Quarterly, Vol. 54 (N.S. Vol. 10), 1960, S. 84–102.


PANOFSKY 1964: Panofsky, Erwin, Aufsätze zu Grundfragen der Kunstwissenschaft, Berlin 1964.
PARRY 1971: Parry, Adam, Hrsg., The Making of Homeric Verse – The Collected Papers of Milman Parry, Oxford 1971.
PATZIG 1969: Patzig, Günther, Die Aristotelische Syllogistik, 3. Auflage, Göttingen 1969.
PEIRCE CP: Peirce, Charles Sanders, Collected Papers, Bd. I–VI, hrsg. von Charles Hartshorne und Paul Weiss, Cambridge, Mass., 1931–1935, Nachdruck 1960; Bd. VII–VIII, hrsg. von Arthur W. Burks, Cambridge, Mass., 1958.
PEIRCE/APEL I–II: Schriften I und II, mit einer Einleitung hrsg. von Karl-Otto Apel, Frankfurt am Main 1967 und 1970.
PEIRCE/OEHLER 1968: Über die Klarheit unserer Gedanken, Einleitung, Übersetzung, Kommentar von Klaus Oehler, Frankfurt am Main 1968.
PERRY 1937: Perry, Ben Edwin, The Early Greek Capacity of Viewing Things Separately, Transactions and Proceedings of the American Philological Association, Vol. 68, 1937, S. 403–427.
PLANCK 1949: Planck, Max, Vorträge und Erinnerungen, Stuttgart 1949.
PLESSNER 1953: Pleßner, Helmuth, Zwischen Philosophie und Gesellschaft, Bern 1953.
POLANYI 1964: Polanyi, Michael, Personal Knowledge, New York und Evanston 1964 (Harper Torchbook).
POLANYI 1967: The Tacit Dimension, Garden City, New York, 1967 (Anchor Book).
POPKIN 1964: Popkin, Richard H., The History of Scepticism from Erasmus to Descartes, revised edition, Assen 1964.
POPPER 1963: Popper, Karl R., The Demarcation Between Science and Metaphysics, in SCHILPP/CARNAP 1963, S. 183–226 (auch in POPPER CAR, Kap. 11, S. 253–292).
POPPER 1965: Was ist Dialektik?, in: Ernst Topitsch, Hrsg., Logik der Sozialwissenschaften, Köln und Berlin 1965, S. 262–290 (englische Originalfassung in POPPER CAR, Kap. 15, S. 312–335).
POPPER 1965a: Das Elend des Historizismus, Tübingen 1965.
POPPER 1967: Quantum Mechanics without „The Observer", in: Mario Bunge, Hrsg., Quantum Theory and Reality, Berlin – Heidelberg – New York 1967, S. 6–44.
POPPER 1968: Is there an Epistemological Problem of Perception? in LAKATOS/MUSGRAVE 1968, S. 163–164.
POPPER 1968a: On the Theory of the Objective Mind, Akten des XIV. Internationalen Kongresses für Philosophie (Wien 1968), Bd. I, Wien 1968, S. 25–53 (auch in POPPER OK, Kap. 4, S. 153–190.
POPPER 1968b: Epistemology without a Knowing Subject, in: B. Van Rootselaar und J. F. Staal, Hrsg., Logic, Methodology and Philosophy of Science III, Amsterdam 1968, S. 333–373 (auch in POPPER OK, Kap. 3, S. 106–152).
POPPER 1970: Normal Science and its Dangers, in LAKATOS/MUSGRAVE 1970, S. 51–58.
POPPER 1970a: Reason or Revolution?, Archives Européennes de Sociologie, Bd. 11, 1970, S. 252–262 (Rezension von ADORNO/POPPER 1969).
POPPER LF: Logik der Forschung, 3. Auflage, Tübingen 1969.
POPPER OS I–II: The Open Society and Its Enemies, 2 Bände, 4. Auflage, London 1962.
POPPER CAR: Conjectures and Refutations, London 1963.
POPPER OK: Objective Knowledge, Oxford 1972 (deutsch: Objektive Erkenntnis, Hamburg 1973).
POPPER REP: Replies to my Critics, in SCHILPP/POPPER 1974 II, S. 961–1197.
POPPER IA: Intellectual Autobiography, in SCHILLP/POPPER 1974 I, S. 3–181.

PREUSS 1904/05: Preuß, Konrad Theodor, Der Ursprung der Religion und Kunst, Globus, Bd. 86, 1904, S. 321–327, 355–363, 375–379, 388–392; Bd. 87, 1905, S. 333–337, 347–350, 380–384, 394–400 und 413–419.

PUTNAM 1967: Putnam, Hilary, Mathematics Without Foundations, The Journal of Philosophy, Vol. 64, 1967, S. 5–22.


QUINE 1961: Quine, Willard Van Orman, From a Logical Point of View, 2. Auflage, New York und Evanston 1961.


RAUSCHNING 1938: Rauschning, Hermann, Die Revolution des Nihilismus, ergänzte und verbesserte Auflage, Zürich und New York 1938.

RAUSCHNING 1973: Gespräche mit Hitler, Wien 1973.

REIDEMEISTER 1974: Reidemeister, Kurt, Das exakte Denken der Griechen, Hamburg 1949; unveränderter Nachdruck Darmstadt 1974.

REICHENBACH 1938: Reichenbach, Hans, Experience and Prediction, Chicago 1938.

REICHENBACH 1965: Axiomatik der relativistischen Raum-Zeit-Lehre, 1924; Nachdruck Braunschweig 1965.

REICHENBACH OJ: Der Aufstieg der wissenschaftlichen Philosophie, Berlin-Grunewald o. J.

REINHARDT 1959: Reinhardt, Karl, Parmenides und die Geschichte der griechischen Philosophie, 2. Aufl., Frankfurt am Main 1959.

RENSCH 1962: Rensch, Bernhard, Gedächtnis, Abstraktion und Generalisation bei Tieren, Köln und Opladen 1962 (Arbeitsgemeinschaft Forschung des Landes Nordrhein-Westfalen, Natur-, Ingenieur- und Gesellschaftswissenschaften, Heft 114, S. 11–57.

RENSCH 1970: Homo Sapiens, 3., vermehrte und veränderte Aufl. Göttingen 1970 (Kleine Vandenhoeck-Reihe, Bd. 70S).

RENSCH 1973: Gedächtnis, Begriffsbildung und Planhandlungen bei Tieren, Berlin und Hamburg 1973.

RIESMAN 1958: Riesman, David, Die einsame Masse, Hamburg 1958 (rowohlts deutsche enzyklopädie, Bd. 72/73).

RITTER 1969: Ritter, Joachim, Metaphysik und Politik – Studien zu Aristoteles und Hegel, Frankfurt am Main 1969.

RIEZLER 1968: Riezler, Kurt, Das homerische Gleichnis und der Anfang der Philosophie, Die Antike, Bd. 12, 1936, S. 253–271; abgedruckt in GADAMER 1968, S. 1–20.

ROBINSON 1953: Robinson, Richard, Plato's Earlier Dialectic, 2. Aufl., Oxford 1953.

RÖD 1964: Röd, Wolfgang, Descartes, München und Basel 1964.

RÖD 1976: Die Philosophie der Antike 1: Von Thales bis Demokrit, München 1976.

ROSS 1970: Ross, Jacob Joshua, The Appeal to the Given, London 1970.

ROTENSTREICH 1968: Rotenstreich, Nathan, On the Justification of Philosophical Systems, in DÉMONSTRATION 1968, S. 305–314.

RUSSELL 1903: Russell, Bertrand, The Principles of Mathematics, London 1903; 2. Aufl. London 1937.

RUSSELL 1917: Mysticism and Logic and other Essays, London 1917.

RUSSELL 1919: Introduction to Mathematical Philosophy, London 1919.

RUSSELL 1956: An Essay on the Foundations of Geometry, 1897; Neuausgabe New York 1956.

RUSSELL 1956a: Portraits from Memory and other Essays, London 1956.

RUSSELL 1959: My Philosophical Development, London 1959.

RUSSELL 1963: Reply to Criticisms, in SCHILPP/RUSSELL 1963, S. 681–741.

SALOMONE 1969: Salomone, A. William, Pluralism and Universality in Vico's *Scienza Nuova*, in VICO 1969, S. 517–541.

SAMBURSKY 1965: Sambursky, S., Das physikalische Weltbild der Antike, Zürich und Stuttgart 1965.

SANTILLANA 1970: Santillana, Giorgio de, Reflections on Men and Ideas, Cambridge, Mass., 1970.

SANTILLANA/DECHEND 1969: Santillana, Giorgio de und Hertha von Dechend, Hamlet's Mill – An Essay on Myth and the Frame of Time, Boston 1969.

SELLARS 1963: Sellars, Wilfrid, Science, Perception and Reality, London und New York 1963.

SEXTUS EMPIRICUS 1968: Sextus Empiricus, Grundriß der pyrrhonischen Skepsis, Frankfurt am Main 1968.

SILAGI 1956: Silagi, Denis, Begegnungen mit Hugo Dingler, in: Hugo Dingler – Gedenkbuch zum 75. Geburtstag, hrsg. von Wilhelm Krampf, München 1956, S. 9–15.

SIMON/MENGER 1947/48: Simon Yves R. und Karl Menger, Aristotelian Demonstration and Postulational Method, The Modern Schoolman, Vol. 25, 1947/48, S. 183–192.

SNELL 1924: Snell, Bruno, Die Ausdrücke für den Begriff des Wissens in der vorplatonischen Philosophie, Berlin 1924 (Philologische Untersuchungen, Heft 29).

SNELL 1958: Von der Bedeutung der griechischen Denkformen für das Abendland, in: ACTA CONGRESSUS MADVIGIANI – HAFNIAE MDMLIV, Proceedings of the Second International Congress of Classical Studies, Vol. II, Copenhagen 1958, S. 47–55.

SNELL 1962: Die alten Griechen und wir, Göttingen 1962 (Kleine Vandenhoeck-Reihe, Bd. 138).

SNELL 1966: Gesammelte Schriften, Göttingen 1966.

SNELL 1975: Die Entdeckung des Geistes, 4. Aufl., Göttingen 1975.

SODEN 1965: Siehe LANDSBERGER/SODEN 1965.

SODEN 1974: Soden, Wolfram von, Sprache, Denken und Begriffsbildung im Alten Orient, Wiesbaden 1974 (Abhandlungen der Mainzer Akademie der Wissenschaften und der Literatur, Geistes- und sozialwissenschaftliche Klasse, Jahrgang 1973, Nr. 6).

SOLMSEN 1972: Solmsen, Friedrich, Aristoteles' Syllogismus und seine platonischen Voraussetzungen, in HAGER 1972, S. 122–133.

SPINNER 1967: Spinner, Helmut F., Wo warst du, Platon? – Ein kleiner Protest gegen eine „große Philosophie", Soziale Welt, Jg. 18, 1967, S. 174–189.

SPINNER 1968: Art. „Modelle und Experimente", in: Handwörterbuch der Organisation, hrsg. von Erwin Grochla, Stuttgart 1969, Sp. 1000–1010.

SPINNER 1968a: Theoretischer Pluralismus – Prolegomena zu einer kritizistischen Methodologie und Theorie des Erkenntnisfortschritts, Kommunikation, Vol. 4, 1968, S. 181–203.

SPINNER 1969: Wege und Irrwege der Wissenschaft – Die Soziologie zwischen Hegel und Comte, Soziale Welt, Jg. 20, 1969, S. 329–358.

SPINNER 1973: Science Without Reduction, Inquiry, Vol. 16, 1973, S. 16–94.

SPINNER 1974: Pluralismus als Erkenntnismodell, Frankfurt am Main 1974 (suhrkamp taschenbuch wissenschaft, Bd. 32).

SPINNER 1977: Die Bedeutung der modernen Wissenschaftstheorie für die Wissenschaft und die Gesellschaft, das Individuum und den Staat, in: Karl-Heinz Braun und Klaus Holzkamp, Hrsg., Kritische Psychologie – Bericht über den I. Internationalen Kongreß „Kritische Psychologie" vom 13.–15. Mai 1977 in Marburg, Bd. 2: Diskussion, Köln 1977; auch abgedruckt als Anhang in SPINNER 1977/78 I.

SPINNER 1977/78 I–II: Popper und die Politik, Bd. I: Geschlossenheitsprobleme, Berlin und Bonn-Bad Godesberg 1977; Bd. II: Offenheitsprobleme, 1978.

SPINNER 1977a: Mythos, Story, Wissenschaft – Eine Abhandlung über drei Erkenntnisstile und die sogenannte Geburt der Wissenschaft (Teil eines zur Zeit in Arbeit befindlichen Forschungsprojekts der Fritz Thyssen Stiftung über das Problem des wissenschaftlichen Erkenntnisfortschritts).

SPINNER 1977b: Die Entwicklung der Wissenschaft von der Wissenschaft im 20. Jahrhundert: Die Internalismus/Externalismus-Kontroverse in der Metawissenschaft (Teil eines zur Zeit in Arbeit befindlichen Forschungsprojekts der Fritz Thyssen Stiftung über das Problem des wissenschaftlichen Erkenntnisfortschritts).

SPRUTE 1968: Sprute, Jürgen, Über den Erkenntnisbegriff in Platons Theaitet, Phronesis, Vol. 13, 1968, S. 47–67.

SUPPES 1957: Suppes, Patrick, Introduction to Logic, Princeton u. a. 1957.

SZABÓ 1954: Szabó Árpád, Zur Geschichte der Dialektik des Denkens, Acta Antiqua Academicae Scientiarum Hungaricae, Bd. II, Budapest 1954, S. 17–62.

SZABÓ 1965: Anfänge des Euklidischen Axiomensystems, in: Oskar Becker, Hrsg., Zur Geschichte der griechischen Mathematik, Darmstadt 1965, S. 355–461.

SZABÓ 1967: Greek Dialectic and Euclid's Axiomatics, in LAKATOS 1967, S. 1–8 sowie S. 20–27.

SZABÓ 1969: Anfänge der griechischen Mathematik, München und Wien 1969.

SCHACHERMEYR 1966: Schachermeyr, Fritz, Die frühe Klassik der Griechen, Stuttgart – Berlin – Köln – Mainz 1966.

SCHACHERMEYR 1971: Geistesgeschichte der Perikleischen Zeit, Stuttgart – Berlin – Köln – Mainz 1971.

SCHÄFER 1963: Schäfer, Heinrich, Von ägyptischer Kunst, 4. Aufl., hrsg. und mit einem Nachwort versehen von Emma Brunner-Traut, Wiesbaden 1963.

SCHEFFLER 1967: Scheffler, Israel, Science and Subjectivity, Indianapolis – New York – Kansas City 1967.

SCHEFOLD 1975: Schefold, Christoph, Das verfehlte Begründungsdenken – Kritische und systematische Überlegungen zur Begründungskritik bei Hans Albert, Philosophisches Jahrbuch, 82. Jg., 2. Halbband, Freiburg und München 1975, S. 336–373.

SCHILPP 1935: Schilpp, Paul Arthur, The Nature of the „Given", Philosophy of Science, Vol. II, 1935, S. 128–138.

SCHILPP/CARNAP 1963: Schilpp, Paul Arthur, Hrsg., The Philosophy of Rudolf Carnap, La Salle und London 1963.

SCHILPP/LEWIS 1968: The Philosophy of C. I. Lewis, La Salle und London 1968.

SCHILPP/POPPER 1974 I–II: The Philosophy of Karl Popper, 2 Bände, La Salle 1974.

SCHILPP/RUSSELL 1963: The Philosophy of Bertrand Russell, 3. Auflage, New York – Evanston – London 1963.

SCHLICK 1925: Schlick, Moritz, Allgemeine Erkenntnislehre, 2. Auflage, Berlin 1925.

SCHLICK 1969: Gesammelte Aufsätze 1926–1936, Wien 1938; Neudruck Hildesheim 1969.

SCHMIDT 1930: Schmidt, Erhard, Über Gewißheit in der Mathematik, Berlin 1930.

SCHMIDT 1964: Schmidt, H. Arnold, Der Beweisansatz von L. Nelson für die „Unmöglichkeit der Erkenntnistheorie" als Beispiel eines retroflexiven Schlusses, in: Harald Delius und Günther Patzig, Hrsg., Argumentationen – Festschrift für Josef König, Göttingen 1964, S. 216–248.

SCHOLZ 1953: Scholz, Heinrich, Der klassische und der moderne Begriff einer mathematischen Theorie, Mathematisch-Physikalische Semesterberichte zur Pflege des Zusammenhangs von Schule und Universität, Bd. 3, Göttingen 1953, S. 30–47.

SCHOLZ 1969: Mathesis Universalis, Darmstadt 1969.

SCHÖNFLIES 1911: Schönflies, A., Über die Stellung der Definition in der Axiomatik, Jahresbericht der Deutschen Mathematiker-Vereinigung, Bd. 20, 1911, S. 222–255.

SCHREIBER 1975: Schreiber, A., Theorie und Rechtfertigung – Untersuchungen zum Rechtfertigungsproblem axiomatischer Theorien in der Wissenschaftstheorie, Braunschweig 1975.

SCHRÖDINGER 1955: Schrödinger, Erwin, Die Natur und die Griechen, Hamburg – Wien 1959.

SCHWABL 1953 bzw. 1968: Schwabl, Hans, Sein und Doxa bei Parmenides, Wiener Studien, Bd. 66, 1953, S. 50–75; abgedruckt mit Zusätzen in GADAMER 1968, S. 391–422.

SCHWABL 1956: Forschungsbericht Parmenides, Anzeiger für Altertumswissenschaft, Bd. 9, Innsbruck 1956, Sp. 129–156 sowie Nachtrag dazu Sp. 214–224.

SCHWABL 1968: Siehe SCHWABL 1953.

STACHOWIAK 1971: Stachowiak, Herbert, Rationalismus im Ursprung, Wien und New York 1971.

STANNARD 1960: Stannard, Jerry, Parmenidean Logic, The Philosophical Review, Vol. 69, 1960, S. 526–533.

STECK 1940: Steck, Max Hrsg., Ein unbekannter Brief von Gottlob Frege über Hilberts erste Vorlesung über die Grundlagen der Geometrie, Sitzungsberichte der Heidelberger Akademie der Wissenschaften – Mathematisch-naturwissenschaftliche Klasse, Jg. 1940, 6. Abhandlung.

STECK 1941: Unbekannte Briefe Frege's über die Grundlagen der Geometrie und Antwortbrief Hilbert's an Frege, Sitzungsberichte der Heidelberger Akademie der Wissenschaften – Mathematisch-naturwissenschaftliche Klasse, Jg. 1941, 2. Abhandlung.

STEGMÜLLER 1958: Stegmüller, Wolfgang, Der Phänomenalismus und seine Schwierigkeiten, Archiv für Philosophie, Bd. 8, 1958, S. 36–100; abgedruckt in STEGMÜLLER 1969a, S. 1–65.

STEGMÜLLER 1958a: Rezension von LORENZEN 1955, Philosophische Rundschau, 6. Jg., 1958, S. 161–182.

STEGMÜLLER 1959: Unvollständigkeit und Unentscheidbarkeit, Wien 1959.

STEGMÜLLER 1965: Hauptströmungen der Gegenwartsphilosophie, 3. Auflage, Stuttgart 1965.

STEGMÜLLER 1967/68: Gedanken über eine mögliche rationale Rekonstruktion von Kants Metaphysik der Erfahrung, Ratio, Bd. 9, 1967, S. 1–30, sowie Bd. 10, 1968, S. 1–31.

STEGMÜLLER 1969: Metaphysik, Skepsis, Wissenschaft, 2. Auflage, Berlin – Heidelberg – New York 1969.

STEGMÜLLER 1969a: Der Phänomenalismus und seine Schwierigkeiten – Sprache und Logik, Darmstadt 1969.

STEGMÜLLER 1970: Theorie und Erfahrung, Berlin – Heidelberg – New York 1970.

STEGMÜLLER 1973: Probleme und Resultate der Wissenschaftstheorie, Bd. IV, 1. Halbband: Personelle Wahrscheinlichkeit und Rationale Entscheidung, Berlin – Heidelberg – New York 1973.

STEINER 1964: Steiner, Hans Georg, Frege und die Grundlagen der Geometrie, in: Mathematik an Schule und Universität – H. Behnke zum 65. Geburtstag, Göttingen 1964, S. 175–186 und 293–305.

STEKLA 1970: Stekla, Herbert, Der regressus ad infinitum bei Aristoteles, Meisenheim am Glan 1970.

STENZEL 1956: Stenzel, Julius, Kleine Schriften, Darmstadt 1956.

STRASSER 1964: Strasser, Stephan, Phänomenologie und Erfahrungswissenschaft vom Menschen, Berlin 1964.

STRAWSON 1959: Strawson, P.F., Individuals, London 1959.

STRONG 1955: Strong, E.W., William Whewell and John Stuart Mill: Their Controversy about Scientific Knowledge, Journal of the History of Ideas, Vol. 16, 1955, S. 209–231.

STRUBECKER 1967: Strubecker, Karl, Mathematik und Anschauung, in: Ernst Oldemeyer, Hrsg., Die Philosophie und die Wissenschaften – Simon Moser zum 65. Geburtstag, Meisenheim am Glan 1967, S. 70–77.


TAGLIACOZZO 1969: Tagliacozzo, Giorgio, Epilogue (mit einem Anhang: „Tree of Knowledge") in VICO 1969, S. 599–613.

TARÁN 1965: Tarán, Leonardo, Parmenides, Princeton, N.J. 1965.

THÜRING 1967: Thüring, Bruno, Die Gravitation und die philosophischen Grundlagen der Physik, Berlin 1967.

TOPITSCH 1958: Topitsch, Ernst, Vom Ursprung und Ende der Metaphysik, Wien 1958.

TOPITSCH 1961: Sozialphilosophie zwischen Ideologie und Wissenschaft, Neuwied und Berlin 1961.

TOPITSCH 1969: Mythos, Philosophie, Politik, Freiburg 1969.

TOULMIN 1967: Toulmin, Stephen, Conceptual Revolutions in Science, in COHEN/WARTOFSKY 1967, S. 331–347.

TREU 1968: Treu, Max, Von Homer zur Lyrik, 2. Aufl., München 1968.


TREVOR-ROPER 1967: Trevor-Roper, H. R., Religion, the Reformation and Social Change, London, Melbourne und Toronto 1967.

TUGENDHAT 1967: Tugendhat, Ernst, Der Wahrheitsbegriff bei Husserl und Heidegger, Berlin 1967.


UCKO/ROSENFELD 1967: Ucko, Peter J. und Andrée Rosenfeld, Palaeolithic Cave Art, London 1967.

VAIHINGER 1922: Vaihinger, Hans, Die Philosophie des Als Ob, 7. und 8. Auflage, Leipzig 1922.

VAN DER WAERDEN 1966: Van der Waerden, B.L., Erwachende Wissenschaft, 2. Aufl., Basel und Stuttgart 1966.

VAN DER WAERDEN 1968: Die Beweisführung in den klassischen Wissenschaften des Altertums, in GADAMER 1968, S. 43–48.

VAN HEIJENOORT 1967: Van Heijenoort, Jean, Hrsg., From Frege to Gödel – A Source Book in Mathematical Logic, 1879–1931, Cambridge, Mass., 1967.

VERCOUTTER 1963: Vercoutter, J., Mathematics and Astronomy, in: René Taton, Hrsg., History of Science, Vol. I: Ancient and Medieval Science, New York 1963, S. 13–44.

VERDENIUS 1942: Verdenius, W.J., Parmenides, Groningen 1942; unveränderter Nachdruck Amsterdam 1964.

VERDENIUS 1949: Parmenides' Conception of Light, Mnemosyne, Serie IV, Vol. 2, 1949, S. 116–131.

VERDENIUS 1949a: Mimesis – Plato's Doctrine of Artistic Imitation and its Meaning to us, Leiden 1949.

VERDENIUS 1960: Partizipation und Kontemplation im altgriechischen und im modernen Denken, Ratio, Bd. 3, 1960, S. 8–21.

VERDENIUS 1962: Science grecque et science moderne, Revue Philosophique de la France et de l'Étranger, Bd. 87, 1962, S. 319–336.

VERDENIUS 1966: Der Ursprung der Philologie, Studium Generale, Bd. 19, 1966, S. 103–114.

VERDENIUS 1966/67: Der Logosbegriff bei Heraklit und Parmenides, I und II, Phronesis, Vol. 11, 1966, S. 81–98, sowie Vol. 12, 1967, S. 99–117.

VICO 1969: Tagliacozzo, Giorgio und Hayden V. White, Hrsg., Giambattista Vico – An International Symposium, Baltimore 1969.

VLASTOS 1945/46: Vlastos, Gregory, Ethics and Physics in Democritus, I und II, The Philosophical Review, Vol. 54, 1945, S. 578–592 ( = Part One), sowie Vol. 55, 1946, S. 53–64 ( = Part Two).

VLASTOS 1946: Parmenides' Theory of Knowledge, Transactions of the American Philological Association, Vol. 77, 1946, S. 66–77.

VLASTOS 1947: Equality and Justice in Early Greek Cosmologies, Classical Philology, Vol. 42, 1947, S. 156–178.

VLASTOS 1975: Plato's Universe, Oxford 1975.


WAISMANN 1947: Waismann, Friedrich, Einführung in das mathematische Denken, 2. Auflage, Wien 1947.

WATKINS 1965: Watkins, J.W.N., Hobbes's System of Ideas, London 1965.

WEBER 1956: Weber, Max, Wirtschaft und Gesellschaft, 4. Auflage, neu hrsg. von Johannes Winckelmann, 2 Halbbände, Tübingen 1956.

WEBSTER 1960: Webster, T.B.L., Von Mykene bis Homer, München und Wien 1960.

WEIL 1972: Weil, Eric, Die Rolle der Logik innerhalb des aristotelischen Denkens, in HAGER 1972, S. 134–174.

WEISS 1938: Weiss, *Helene*, Democritus' Theory of Cognition, The Classical Quarterly, Vol. 32, 1938, S. 47–56.

WEISS 1929: Weiss, *Paul*, The Nature of Systems, The Monist, Vol. 39, 1929, S. 281–319 und S. 440–472.

WEIZSÄCKER 1963: Weizsäcker, Carl Friedrich von, Zum Weltbild der Physik, 10. Auflage, Stuttgart 1963.

WEIZSÄCKER 1966: Die Tragweite der Natur, Band I, 2. Aufl., Stuttgart 1966.

WEIZSÄCKER 1971: Die Einheit der Natur, München 1971.

WELLMER 1967: Wellmer, Albrecht, Methodologie als Erkenntnistheorie – Zur Wissenschaftslehre Karl R. Poppers, Frankfurt am Main 1967.

WEYL 1918: Weyl, Hermann, Das Kontinuum, Leipzig 1918; Nachdruck New York o.J.

WEYL 1948: Wissenschaft als symbolische Konstruktion des Menschen, Eranos-Jahrbuch, Bd. 16, 1948, S. 375–431.

WEYL 1953: Über den Symbolismus der Mathematik und mathematischen Physik, Studium Generale, 6. Jg., 1953, S. 219–228.

WEYL 1965: Über die neue Grundlagenkrise der Mathematik, Mathematische Zeitschrift, Bd. 10, 1921, S. 39–79; Neudruck als selbständige Publikation: Darmstadt 1965.

WEYL 1966: Philosophie der Mathematik und Naturwissenschaft, 3. Auflage, Darmstadt 1966.

WHATMOUGH 1958: Whatmough, Joshua, Degrees of Knowing, Harvard Studies in Classical Philology, Vol. 63, 1958, S. 255–263.

WHEWELL 1968: William Whewell's Theory of Scientific Method, edited with an Introduction by Robert E. Butts, Pittsburgh 1968.

WHITE 1896: White, *A.D.*, A History of the Warfare of Science with Theology, 2 Bände, 1896; Nachdruck New York 1960.

WHITE 1956: White, *Leslie A.*, The Locus of Mathematical Reality: An Anthropological Footnote, in Newman 1956 IV, S. 2348–2364.

WHITEHEAD 1949: Whitehead, A.N., Wissenschaft und moderne Welt, Zürich 1949.

WHITTIER 1964: Whittier, Duane H., Basic Assumption and Argument in Philosophy, The Monist, Vol. 48, 1964, S. 486–500.

WIEDMANN 1966: Wiedmann, Franz, Das Problem der Gewißheit, München und Salzburg 1966.

WIELAND 1962: Wieland, Wolfgang, Die Aristotelische Physik, Göttingen 1962.

WIELAND 1966: Die Aristotelische Theorie der Notwendigkeitsschlüsse, Phronesis, Vol. 11, 1966, S. 35–60.

WILDER 1944: Wilder, Raymond L., The Nature of Mathematical Proof, The American Mathematical Monthly, Vol. 51, 1944, S. 309–323.

WILDER 1965: Introduction to the Foundations of Mathematics, 2. Auflage, New York – London – Sydney 1965.

WINCH 1966: Winch, Peter, Die Idee der Sozialwissenschaft, Frankfurt am Main 1966.

WITTENBERG 1957: Wittenberg, Alexander Israel, Vom Denken in Begriffen, Basel und Stuttgart 1957.

WITTENBERG 1962: May Philosophy of Science Preach Empiricism and Practice Apriorism? , Dialectica, Vol. 16, 1962, S. 15–24.

WITTGENSTEIN I–V: Wittgenstein, Ludwig, Schriften, Bd. I (nicht als Bd. I gekennzeichnet): Frankfurt am Main 1960; Bd. II: 1964; Bd. III: 1967; Bd. IV: 1969; Bd. V: 1970.

WITTGENSTEIN 1970: Über Gewißheit, Frankfurt am Main 1970.

WOLF 1950 I: Wolf, Erik, Griechisches Rechtsdenken, Bd. I: Vorsokratiker und frühe Dichter, Frankfurt am Main 1950.

WUCHTERL 1969: Wuchterl, Kurt, Die phänomenologischen Grundlagen mathematischer Strukturen, Philosophia Naturalis, Bd. 11, 1969, S. 218–246.

WUNDT 1886: Wundt, Wilhelm, Wer ist der Gesetzgeber der Naturgesetze? , in: Wilhelm Wundt, Hrsg., Philosophische Studien, Bd. 3, Leipzig 1886, S. 493–496.


ZELLINGER 1968: Zellinger, Eduard, Apriorität und Erfahrung, in: Johannes Tenzler, Hrsg., Wirklichkeit und Mitte – Festgabe für August Vetter zum 80. Geburtstag, Freiburg und München 1968, S. 95–128.

# VIEWEG

## HANS REICHENBACH

### Gesammelte Werke in 9 Bänden

Herausgegeben von Andreas Kamlah
und Maria Reichenbach

Die großen Werke des Physikers
und Philosophen Hans Reichenbach
sind in dieser Ausgabe — zum Teil
erstmals in deutscher Sprache — ver-
sammelt und mit kleineren Arbeiten und Zeitschriftenartikeln thematisch in neun Bände gegliedert.
Es ist die erste Gesamtausgabe
eines logischen Empiristen überhaupt.
Die ersten beiden Bände erschienen
Anfang 1977. Die weiteren Bände
folgen in etwa halbjährlichem Abstand. Die Bände werden einzeln
abgegeben. **Bei Gesamtabnahme des
Werkes gilt aber ein ermäßigter
Subkritionspreis.**
Der Vorzugspreis gilt nur, wenn
alle 9 Bände gleichzeitig bestellt
werden.

BAND I:
**Der Aufstieg der wissenschaftlichen
Philosophie**
1977. X, 490 S. Gebunden

BAND II:
**Philosophie der Raum-Zeit-Lehre**
1977. VIII, 442 S. DIN C 5. Gebunden

BAND III:
**Die philosophische Bedeutung
der Relativitätstheorie**
1978. Ca. 420 S. DIN C 5. Gebunden

BAND IV:
**Erfahrung und Prognose**
Ca. 450 S. Gebunden

BAND V:
**Philosophische Grundlagen der
Quantenmechanik und
Wahrscheinlichkeit**
1978. Ca. 390 S. DIN C 5. Gebunden

BAND VI:
**Grundzüge der symbolischen Logik**
Ca. 480 S. Gebunden

BAND VII:
**Wahrscheinlichkeitslehre**
Ca. 500 S. Gebunden

BAND VIII:
**Kausalität und Zeitrichtung**
Ca. 450 S. Gebunden

BAND IX:
**Wissenschaft und logischer Empirismus**
Ca. 420 S. Gebunden